Werner Hegemann

1930

Das
steinerne
Berlin

Geschichte der größten
Mietskasernenstadt der Welt

Ullstein Berlin Frankfurt/M Wien

Der Text der vorliegenden Ausgabe ist gegenüber der Originalfassung aus dem Jahre 1930 geringfügig gekürzt. Die Herausgabe erfolgt mit freundlicher Genehmigung von Jakob Hegner in Lugano. (12 Bilder: Landesbildstelle Berlin.)

VERLAG ULLSTEIN GMBH · BERLIN · FRANKFURT/M · WIEN
Umschlagentwurf von Helmut Lortz
© 1930 by Jakob Hegner, Lugano
Alle Rechte, auch das der photomechanischen Wiedergabe, vorbehalten
Printed in Germany, Berlin West 1963 · Gesamtherstellung Druckhaus Tempelhof

Inhalt

	Widmung an Hugo Preuß	7
I.	Die alte und die neue Hauptstadt	11
II.	»Die Stimme Gottes« in Berlin. — Wohnten im Jahre 1910 600 000 oder »nur« 567 270 Groß-Berliner in Wohnungen, in denen jedes Zimmer mit fünf oder mehr Personen besetzt war? —	17
III.	Von der Gründung Berlins bis zum Verlust seiner Freiheit	20
IV.	Von der Ankunft der Hohenzollern bis zum Dreißigjährigen Kriege	26
V.	Der Dreißigjährige Krieg in Berlin	33
VI.	Der »Große« Kurfürst macht Berlin zu einer Festung Frankreichs	38
VII.	Einquartierung für die Berliner und Privilegien für Ausländer	43
VIII.	Berlin wird königliche Residenz	50
IX.	Friedrichstadt, Dreifelderwirtschaft, Bodenreform und Groß-Berlin	58
X.	Schlüters Triumph als Berliner Bildhauer	63
XI.	Schlüters Niederlage als Berliner Baumeister	71
XII.	Der »Soldatenkönig« als Berliner Oberbürgermeister	88
XIII.	Friedrich der »Große« bringt Militär- und Mietskasernen nach Berlin	109
XIV.	Friedrich der »Große« begründet den Berliner Bodenwucher	117
XV.	Friedrich der »Große« baut Paläste	123
XVI.	Das Friedrichs-Forum und die Tragödie Knobelsdorffs	127
XVII.	Hof der Universität, Neue Bibliothek, Unter den Linden, Friedrichs II. Kolonnaden und Gendarmenmarkt	138
XVIII.	Friderizianische und Wilhelminische Denkmäler	148
XIX.	Schinkels Romantik und unsere neueste Baukunst	169
XX.	Steins Städteordnung macht in Berlin Fiasko	185
XXI.	»Hitzige Feindschaft gegen alle Forderungen der neuen Zeit.« Die künstlichen und verhängnisvollen Beschränkungen der Berliner Siedlungsfreiheit	192
XXII.	Berliner Wohnungsreformer von 1850—60 V. A. Huber, Prinz Wilhelm (Wilhelm I.), C. W. Hoffmann	200
XXIII.	Der Straßenplan von 1858 bis 1862. Die Polizei verordnet Mietskasernen für vier Millionen Berliner	207
XXIV.	Folgen, Kritik und Verteidigung des polizeilichen Planes von 1858 bis 1862	221
XXV.	Julius Faucher und die Berliner Volkszählung von 1861	234
XXVI.	Der Fünf-Milliarden-Schwindel und die Berliner Bau- und Bodenspekulation	243
XXVII.	Die verantwortungslosen »höheren Stände«, Treitschke, Schmoller. Gräfin Dohna: Der grüne Gürtel der Großstadt	258
XXVIII.	Bismarck als Berliner und als Gegner unserer Hauszinssteuer	276
XXIX.	Verkehrsanlagen in London, New York, Paris und die fehlende Schnellbahn-Milliarde Berlins	288
XXX.	Berlins Freiflächen, Bodenwucher und Bodenpolitik	318
Schluß:	Berlin, die »freie und Reichsstadt« der Zukunft	341

Brandenburger Tor. Stadtseite. Erbaut von C. G. Langhans 1789 bis 1793

Dem Andenken von Hugo Preuß

>*»Hugo Preuß ist es gewesen,
der den Berliner Gedanken
zum Aufbau der neuen Großstadt
die Form gab.«
Adolf Wermuth,
der letzte Oberbürgermeister
des alten Klein-Berlin und der
erste Oberbürgermeister der
großen Einheitsgemeinde Berlin*

Möge das steinerne Berlin unter der neuen, volkstümlicheren Staatsverfassung, die Hugo Preuß schaffen half, sich zur geistigen Hauptstadt Deutschlands entwickeln! Denn dieser höchste Rang blieb Berlin noch versagt unter der aristokratischen Verfassung, die 1918 auf die »inständigsten Bitten« der Heeresleitung und der Regierung vom alten Herrenhaus abgeschafft wurde, und deren Wesen schon früher die Preußische Kreuzzeitung in ihrem durch Bismarck inspirierten Aufsatze vom 18. April 1866 fast zu unfreundlich geschildert hat: »Das Dreiklassenwahlrecht ist nichts anderes als die Repräsentation des Geldkapitals mit dem lügnerischen Schein, daß es eine Vertretung des Volkes wäre. Es ist die Herstellung einer modernen Geldaristokratie, welche alles Höhere und Edlere nach oben wie nach unten je länger desto mehr in den Staub des gemeinsten Materialismus herunterzieht.«
Hugo Preuß ist mir seit 1910 ein unschätzbarer Förderer meiner städtebau- und geschichtskritischen Bemühungen geworden. Er wies mich als erster und einziger auf einen politisch bedeutsamen Irrtum hin, den ich als Generalsekretär der »Allgemeinen Städtebau-Ausstellung Berlin 1910« in meiner ersten Arbeit über die Berliner Baugeschichte veröffentlichte. Mein Buch war auf Grund eingehender Studien zu einer Verurteilung der im 19. Jahrhundert in Berlin geübten städtebaulichen Methoden gelangt, hatte aber für die vorangehenden Jahrhunderte ziemlich kritiklos die herrschende These von der Vortrefflichkeit des Berliner Städtebaues wiederholt. Nachdem meine Arbeit in allen Lagern eine ungewöhnlich gute Presse und sogar ungeteilten Beifall gefunden hatte, widmete ihr Hugo Preuß eine konstruktive Kritik (veröffentlicht im »Archiv für Rechts- und Wirtschaftsphilosophie«, 1913), für die ich im zweiten Teile meines Buches über die Berliner Städtebau-Ausstellung (veröffentlicht im Sommer 1913) folgendermaßen dankte:
»Sehr wesentlich für den Verfasser war eine zustimmende Äußerung von Herrn Stadtrat Professor Dr. Hugo Preuß über die im ersten Teile dieser Arbeit ausgesprochene Ansicht, daß der große Berliner Bebauungsplan von 1858-62 im wesentlichen eine Kraftäußerung des staatlichen Fiskalismus darstelle. Allerdings glaubte Professor Preuß hinzufügen zu müssen, daß der Verfasser zusammen mit Paul Voigt und Rudolf Eberstadt die Leistungen des absolutistischen Städtebaues im 17. und 18.

Jahrhundert überschätze. Nachdem der erste Teil dieser Arbeit in der Tat Anlaß zu diesem Verdacht gegeben hat, kann hier versichert werden, daß die für den zweiten Teil erforderlichen Studien den Verfasser von jeder Hinneigung zum Absolutismus im Städtebau geheilt haben, wie das ja auch im Texte klar zum Ausdruck gebracht ist. Wenn der städtebauliche Absolutismus in Berlin schon bald nach der Überschreitung der Bevölkerungszahl 100 000 versagte (wie doch vom Verfasser bereits bei der Beurteilung der zwangsweisen Miethausbauten Friedrichs des Großen deutlich ausgesprochen wurde), so hat sich der Absolutismus in Paris, wo es sich schon um eine Großstadt und bereits um das mit dem Wachstume der Großstädte noch heute verbundene politische Albdrücken handelte, mit seinen Versuchen, das städtische Wachstum zu beschränken, völlig lächerlich gemacht. Was eine wachsende Stadt zu brauchen scheint, sind weniger despotische Aufklärung und aus polizeilicher Einsicht festgelegte Bebauungspläne als vielmehr die Freiheit, sich auszudehnen und die Kinderkrankheiten durchzumachen nach dem Satze: »Wer Männer will, muß Knaben wagen.« Der im Auslande so viel bewunderte, früher absolutistische, heute polizeiliche Städtebau erinnert etwas an die scheußlichen Mittel, mit denen man an den Königshöfen der Renaissancezeit manchmal heranwachsende Knaben kuriositätshalber in ein gewolltes widernatürliches Wachstum zwängte, so daß keine Männer daraus wurden, sondern ihre Körper die Gestalt einer wandelnden Spottfigur, Vase oder Aschenurne annahmen. Die kasernierten Städte des europäischen Festlandes sind auch derartige widernatürliche Graburnen.«
Die folgende Baugeschichte Berlins enthält eine Zusammenfassung meiner hier erwähnten Studien, die zum Teil auf die Anregung von Hugo Preuß zurückgehen. Die Ergebnisse dieser Studien wurden in meiner 1924 zum ersten Male veröffentlichten Arbeit über Friedrich den Großen angedeutet; sie wurden großenteils mit Hugo Preuß durchgesprochen und haben seinen Beifall gefunden, wie er auch viel für das Bekanntwerden meines Buches über Friedrich den Großen getan hat.
Im Geiste von Hugo Preuß, der nicht nur Gelehrter war, sondern auch Politiker und ehrenamtlicher Stadtrat, möchte die vorliegende Veröffentlichung »über das steinerne Berlin« einen gefährlichen deutschen Wahn überwinden helfen. Es ist ein deutscher Wahn, eine geistige Hauptstadt könne möglich sein, solange die sogenannten Gebildeten sich beinahe etwas darauf zu gute tun, von städtebaulichen Dingen wenig zu verstehen. Nichts aber ist sicherer, als daß es auch beim Wachsen der Städte der Geist ist, der sich den Körper baut, und daß Berlin, wenn es in vieler Hinsicht verbaut, protzig und armselig ist, nur dann neu gestaltet werden und die Hoffnungen der besten Deutschen erfüllen kann, wenn vorher der deutsche Geist aufhört, in mancher Hinsicht unpraktisch, protzenhaft und armselig zu sein. Vorläufig heißt eine der umfassendsten und vielleicht die erstaunlichste Leistung des deutschen Geistes: Berlin, die größte Mietkasernenstadt der Welt.

Berlin, Januar 1930 *Werner Hegemann*

Denkmal Friedrichs II. Hauptansicht von Unter den Linden her. — Unter dem Pferdeschwanz: Kant, der nie nach Berlin kam, und Lessing, der aus Berlin vertrieben wurde, unterhalten sich hinter dem Rücken des Königs, der die Großen seines Landes nie kennenlernte. Enthüllt 1851. Von Rauch

Vom Reichstag (links unten) bis zum Rathaus (rechts oben). Der Turm des roten Rathauses beherrscht seit 1868 die Blickachse der Via triumphalis Berlins

Die alte und die neue Hauptstadt

> Ob jemand spricht, der nun mag leben,
> Daß er je sah reichlicher geben,
> Als wir zu Wien durch Ehre han empfangen!
> *Walther von der Vogelweide, im Jahre 1200*
>
> Nach Berlin kommt so leicht keiner zum Vergnügen.
> *Der Berliner Generalpolizeidirektor*
> *Wilhelm Stieber (1818—1882)*

»Man tut ihm zuviel Ehre, wenn man von Berlin das deutsche Licht und jedes edlere Streben ausgehen läßt... Nein, vom Süden und aus der Mitte Germaniens kam deutsche Kraft und jede edlere Bildung... die Berliner, wie die Gaskogner, haben häufig die Ausrufer dessen gemacht, was anderswo getan und gemacht war... Es ist auch unmöglich, daß in einem so strenge gehaltenen und gespannten Soldatenstaate je das Genialische und Künstlerische aufblühe, was Lebensfröhlichkeit bei den Menschen will.« So schrieb im Jahre 1805 Ernst Moritz Arndt, der nicht nur ein Preuße, sondern auch ein guter Deutscher gewesen ist und uns immer der Dichter des Liedes »Was ist des Deutschen Vaterland?« bleiben wird.

Gewiß darf beim Betrachten Berlins niemals vergessen werden, daß diese Hauptstadt ihren Vorrang in Mitteleuropa mit schweren Opfern für das gesamtdeutsche Vaterland und auf Kosten einer älteren und bessergelegenen, ruhmreicheren deutschen Hauptstadt erkauft hat. Der vaterländische Betrachter muß also fragen: was rechtfertigt diese großen Opfer und was ist endlich im neuen Berlin besser gemacht worden als im alten Wien, das Goethe noch »die Hauptstadt unseres Vaterlandes« nannte?

Wien, wo Kaiser Mark Aurel mehr als 1000 Jahre vor Berlins Gründung starb, wurde schon so früh eine Hochburg deutschen Geistes und deutscher Waffen, daß der Ritter Walther von der Vogelweide sich rühmte, dort »singen und sagen« gelernt zu haben, lange bevor Berlin-Cölln aus den Sümpfen eines wendischen Nebenflüßchens aufzutauchen anfing. Zur Zeit, als die ersten deutschen Ansiedler in Berlin-Cölln unternahmen, den wendischen Namen »Kollen« (d. h. ein von Sumpf umgebener Hügel) dem rheinischen Namen Köln *(colonia)* anzugleichen, wurden in Wien, am größten Strome West-Europas, schon die Nibelungenlieder und die Heere der kreuzfahrenden Hohenstaufenkaiser gesammelt. Der zu Wien regierende deutsche Fürst gewann damals eine Prinzessin aus Byzanz, das die letzte Hüterin antiker Kultur war. Wien war schon damals die volkreichste Stadt zwischen Byzanz und dem rheinischen Köln und wurde schnell die anerkannte Mitte jenes Mitteleuropa unter deutscher Führung, dessen Verteidigung nach Westen, dessen Ausbau nach Osten und dessen tausendjähriger Bestand schließlich scheiterte an dem »preußischen Partikularismus und seiner Auflehnung gegen das gesamtdeutsche Gemeinwesen«

(dies letzte Wort stammt von Bismarck), der Berlins Herrschaft über das verbleibende Kleindeutschland herbeiführte. Berlin hat im Mittelalter Künste und Wissenschaften vernachlässigt. Berlin besitzt keine bedeutende Kirche, und in seiner eigentümlichen geistigen Enge konnte sich auch eine Universität erst nach dem befreienden Eingriff Napoleons entwickeln. Dagegen ist der Wiener St.-Stephans-Dom eine der herrlichsten Kirchen des Abendlandes, die mittelalterliche Bauhütte Wiens war weltberühmt, und die Wiener Universität, 450 Jahre älter als die Berliner, wetteiferte schon im Mittelalter erfolgreich mit den berühmten Hochschulen von Paris und Prag. In Wien verfaßte seit 1808 Friedrich Schlegel die Vorlesungen zur Geschichte und die Aufrufe zum deutschen Freiheitskrieg, die schließlich auch in Berlin gehört wurden. Aber schon unter Kaiser Maximilian wurde die Wiener Hochschule die Lehrstätte führender deutscher Humanisten wie Celtis und Regiomontanus, während der Schüler des Celtis, der einst berühmte Tritheim, Berlin verließ mit den Worten: »Die Berliner sind zwar gut, aber allzu ungebildet.« Noch 260 Jahre später wurde dieser Ausspruch fast wörtlich von Lessing wiederholt, als er Preußen »das sklavischste Land von Europa« nannte und die Hoffnung, dort ein deutsches Theater zu begründen, endgültig aufgab. Musik und Theater Friedrichs des »Großen«* blieben trotz größten Aufwandes leblose provinzielle Angelegenheiten, zu deren Besuch der König Soldaten kommandieren mußte, um Leben vorzutäuschen. In Wien dagegen erwuchs aus dem quellenden Leben eines glücklich begabten Volkes früh Schauspiel und Musik von internationaler Bedeutung und auch die erste ständige deutsche Bühne. Später führte Wien mit seinem Hofburgtheater in der dramatischen Kunst Deutschlands noch lange, nachdem die Politik Berlins begonnen hatte, die östliche Hälfte Deutschlands aus dem Reich zu drängen. Aber in Berlin konnte das Wiener Vorbild eines staatlichen deutschen Theaters erst nach dem Tode jenes französelnden Königs Friedrich II. nachgeahmt werden, von dessen Wirken Ernst Moritz Arndt sagte: »Nun beginnt die letzte große *Scission* deutscher Nation, die unheilbare, die vielleicht mit dem Volke endigen wird ... Der König gewann seinen Zweck, Österreich verdächtig und schwächer zu machen, aber notwendig gewann er auch den, welchen er nicht wollte, Deutschland für immer zu lähmen.« Dieser große König zwang Deutschland in jene Bürgerkriege, die schließlich zum Verlust der östlichen Reichshälfte, der deutschen Kolonisationsgebiete an Donau, Weichsel und Ostsee, zum Verlust der deutschen Großmachtstellung und damit zum Sturz der alten Reichshauptstadt führten.

Vor diesem Sturz besaß Wien viele der wichtigen, in Berlin fehlenden Vorbedingungen zur Schaffung einer mächtigen Stätte deutscher Geistesbildung, die ihre vereinten Strahlen ebenso feurig und unwiderstehlich hätte in die Welt senden können wie etwa London und Paris. Selbst der Berliner Heinrich von Treitschke nannte noch 1874 das Fehlen einer »großen Stadt« in Deutschland ein »unnatürliches Gebrechen, das allein aus den Wirren und dem Unglück einer höchst verwickelten

---

* Da die Frage nach der Berechtigung von schmückenden Beinamen wie »der Große«, »der Blutige« oder »der Dicke« neuerdings wieder umstritten wurde, soll im vorliegenden Buch dem Beispiel Bismarcks gefolgt werden, der im dritten Band seiner »Gedanken und Erinnerungen« (S. 124) vom »großen« Friedrich mit Anführungsstrichen sprach.

Geschichte sich erklärt«. Das war keine falsche oder gar echte Bescheidenheit bei Treitschke. Weit entfernt, sich des »unnatürlichen Gebrechens« zu schämen, erklärte er vielmehr stolz: »Wir Deutschen sind das einzige Kulturvolk, das ohne eine große Stadt sich die Stellung einer Großmacht erobert hat.« Treitschke war zu sehr Berliner und preußischer Geschichtsprofessor, um verstehen zu können, daß ein Volk ohne große Stadt keine Großmacht ersten Ranges zu werden vermag.
Wenn Deutschlands Hoffnung auf Großmacht nicht am Partikularismus seiner reichsfeindlichen Territorialdynastien zerbrochen wäre, dann hätte das geistig früh und deutsch entwickelte Wien so vorteilhaft in der Mitte der deutschen Ausdehnungsmöglichkeiten gelegen, daß man sich die Gunst dieser Lage und die Nachteile der Lage Berlins kaum anders als durch Vergleiche mit Ländern klarmachen kann, die wie etwa England, Rußland oder Amerika wirklich Großmacht errangen. Wenn man z. B. die deutschen Verhältnisse mit den andersartigen amerikanischen vergleichen dürfte, dann entspräche Wiens Lage in der Mitte zwischen dem rheinischen Köln und dem Goldenen Horn Konstantinopels etwa der Lage Chicagos zwischen New York und dem Goldenen Tor von San Francisco. New York und das rheinische Köln lagen lange nahe den Quellen der amerikanischen und deutschen Volkskraft. Die amerikanischen Kräfte strömten im 18. und 19. Jahrhundert nach Westen, wie seit dem 8. und 9. Jahrhundert die deutschen nach Osten geströmt sind. Die Deutschen hatten den unbeschreiblichen Vorteil größerer Einheit der Sprache und Rasse, während sich die amerikanische Volkskraft aus den unvereinbarlichsten Überschüssen fremder Sprach- und Blutsgemeinschaften ergänzen mußte. Durch ihre Lage nahe den Quellen der Volkskraft waren New York und Köln bestimmt, auf einige Zeit volkreicher zu sein als Chicago und Wien, die lange als Grenzmarken am äußersten Rand der siedlungspolitischen Hoffnungen ihrer Völker lagen. Aber es wird ebenso unvermeidlich sein, daß New York von Chicago überholt wird, wie es unvermeidlich war, daß Köln von Wien überholt wurde. In Deutschland aber verhinderten die staatsfeindlichen Kämpfe der »territorialen« Raubfürsten, daß Wien wie Chicago in die Mitte des wachsenden Siedlungsgebietes rücken durfte. Berlin müßte man etwa mit Pittsburg (oder Buffalo) vergleichen, das wegen einiger bedeutsamer, aber nur zweitklassiger Vorzüge zur Hauptstadt des amerikanischen Siedlungsgebietes geworden wäre, wenn ein feindlicher Friedrich die Ausdehnung der Macht Chicagos nach Westen verhindert hätte, wie er dem sächsischen Vordringen in Polen und dem österreichischen Vordringen auf dem Balkan ein Ende machte, um seinem Berlin einen partikularistischen Scheinerfolg zu sichern. Wenn Pittsburg (oder Buffalo), ähnlich wie in Deutschland Berlin, zum Mittelpunkt der Kräfte Amerikas geworden wäre, dann hätte Chicago, ähnlich wie Wien in Deutschland, an der äußersten Grenze (statt in der Mitte) des Siedlungsgebietes liegen bleiben müssen, und San Francisco wäre von den Angelsachsen ebensowenig erreicht worden wie Konstantinopel von den Deutschen, die 1914 bis 1918 mit diesem längst verspielten Ziel noch einmal blutig kokettierten, um sich dann von ihren Überwindern überzeugen zu lassen, daß ein europäischer Völkerbund nur wünschenswert ist, wenn er nicht unter deutscher oder wenigstens nicht unter Berliner Führung steht.

Einsichtige Österreicher und sogar Preußen, denen die ungeschickten Germanisierungsversuche der habsburgischen oder preußischen Beamtenschaft im 19. Jahrhundert beschämend auf dem Gedächtnis lasten, halten es heute meist für unmöglich, daß Deutsche überhaupt je Volksstämme anderer Sprache so für sich gewinnen konnten, wie es etwa die Franzosen mit den Bretonen, den rasch eingegliederten Flamländern und den Elsässern oder die Engländer mit den Schotten, Buren und in Kanada mit den Franzosen vermochten. Diese Zweifler an deutscher Werbekraft vergessen, daß in der Vergangenheit auch die Deutschen mit den Wenden Erfolge erzielten, daß in alter Zeit sogar die Böhmen und unter Maria Theresia die Ungarn deutschfreundlich waren und daß Deutschland noch ganz andere Erfolge erzielt hätte, wenn es die kulturelle Werbekraft einer Hauptstadt besessen hätte, die seiner würdig gewesen wäre. Auch ist es falsch zu glauben, der europäische Staatenbund, der im Mittelalter unter deutscher Leitung stand und den wir in Zukunft noch größer und stärker brauchen, dürfe nur den eigensüchtigen Zielen der mächtigsten Sprachgemeinschaft und der Vergewaltigung der kleinsten Sprachgebiete dienen. Nicht die Germanisierung durfte Deutschland, als es noch mächtig war, wohl aber die führende Stellung im europäischen Völkerbund durfte es damals anstreben.
An Stelle der früher herrschenden Deutschen wurden die Angelsachsen Verwalter der Welt. Statt praktischer Staatsweisheit entwickelten die Deutschen nicht nur ihre dynastischen Partikularismen und ruhmreichen Lokalpatriotismen, sondern auch ihre eigene idealistische Philosophie, um sich über den Verlust ihrer Weltgeltung zu trösten und verständlich zu machen, daß es Dinge gibt, die wertvoller sind als Macht, Reichtum und die Führung im Rat der Völker. Soweit diese deutschen Werte nicht ausschließlich einer unsichtbaren, inneren oder überhaupt anderen Welt (also ganz der deutschen Metaphysik) angehören, müssen sie in der Würde und Gesundheit des deutschen Lebens und seiner sichtbaren Behausung, d. h. also besonders deutlich im Bau der deutschen Städte zum Ausdruck kommen. Vielleicht sogar im Bau der deutschen Hauptstadt.
Ist die Reichshauptstadt ein Ausdruck deutschen Geistes und ein Bild deutscher Bildung geworden? Diese Frage ist um so fesselnder und auch politisch bedeutungsvoller, als der letzte preußische Kaiser, Wilhelm II., am 3. Februar 1895 ungewöhnlich treffend erklären durfte: »Die Geschichte keiner Stadt der Welt läßt den Einfluß der Fürsten auf die Entwicklung und Förderung einer Stadt in so *interessanter* Weise erkennen wie die Berlins.« Ebenso treffend erklärte einer der gründlichsten Historiker Berlins, Eberhard Faden: »In ihrem äußeren Bild wie im Verfassungsleben ihrer Bürgerschaft ist die *Residenz* geradezu eine Selbstdarstellung dieses Staates und seines Herrscherhauses geworden.«
Ist Berlin, diese Selbstdarstellung des preußischen Staates, besser gelungen, ist es besser gebaut als andere Hauptstädte? Lohnten sich die unwiederbringlichen Opfer an deutschem Blut und deutschem Land, die Berlins Erhebung zur Hauptstadt dem »gesamtdeutschen Gemeinwesen« aufzwang? Oder gilt etwa noch von dem Staat, den Berlin so genau und so lange darstellte, das Wort, welches Ernst Moritz Arndt für den Staat Friedrichs des »Großen« prägte: »Der angestrengteste und despotischeste Soldatenstaat voll der unleidlichsten monarchischen Aristokratie hieß das

Werk des Weisen und Guten und das glücklichste Land Europas. Fremd war der Sinn dieser Monarchie allem, was deutsch heißt, und ist es noch; daher die Abneigung, ja fast der Abscheu der kleinen Staaten Deutschlands, wann es heißt, der preußische Adler soll über ihren Toren seine mächtigen Fittiche ausspreiten«? Trifft auf Berlin etwa zu, was später einer seiner besten neueren Kenner, Theodor Fontane, von dem Staat sagte, dessen »Selbstdarstellung« die Hauptstadt geworden ist? 1878 ließ Fontane einen seiner Helden erklären: »Alles was hier in Blüte steht, ist Rubrik und Formelwesen, ist Zahl und Schablone, und dazu jene häßliche Armut, die nicht Einfachheit, sondern nur Verschlagenheit und Kümmerlichkeit gebiert.« Vielleicht trifft dieses ungünstige Urteil gerade auf Berlin *nicht* zu, dessen unvergleichlicher Aufmarsch von fünfgeschossig prunkenden Hausfassaden doch manchen durchreisenden Fremden überredete, daß in der deutschen Hauptstadt wenigstens »jene häßliche Armut« nicht herrscht? Oder gilt, etwa sinnbildlich, gerade von diesen überraschenden Berliner Fassaden das andere Wort Fontanes: »Ich war noch ein Kind, da las ich auf der Schule von den alten Fritzeschen Grenadieren, daß sie Westen getragen hätten, die gar keine Westen waren, sondern nur rote dreieckige Tuchstücke, die gleich an den Uniformrock angenäht waren. Und, wahr oder nicht, diese dreieckigen Tuchlappen, ich sehe sie hier in allem, in Kleinem und Großem. Angenähtes Wesen, Schein und List, und dabei die tiefeingewurzelte Vorstellung, etwas Besonderes zu sein. Und worauf hin? Weil sie jene Rauf- und Raublust haben, die immer bei der Armut ist... Aber immer mit Tedeum, um Gott oder Glaubens oder höchster Güter willen. Denn an Fahneninschriften hat es diesem Land nie gefehlt.« In der Tat sind auch die Berliner Mietskasernen mit ihren übervölkerten Wohnungen an scheußlichen Hinterhöfen von preußischen Fachleuten als besondere Leistungen christlicher Moral gepriesen worden.

Wenn aber diese angeführten ungünstigen Urteile etwa wirklich auf Berlin zutreffen, kommen dort dann wenigstens geistige Kräfte zur Macht, die hoffen lassen, daß diese Schwächen überwunden werden? Über die in Berlin tonangebende Oberschicht scheint etwas wie Einstimmigkeit im Urteil der Jahrhunderte zu walten. Als der Humanist Tritheim Berlin verließ (1505), erklärte er, »die Herren, die er am Hof gesehen habe, seien wohl gutherzig, aber äußerst roh, als wäre ihnen das bäurische Wesen angeboren. Trinken und Müßiggang sei ihre Beschäftigung«. Etwas schärfer sprach Lessing in seinem Abschiedswort über den Berliner »Hofpöbel« (1767). Friedrich der »Große« versuchte, in seinen *Mémoires de Brandebourg* die sprichwörtliche Beschränktheit des brandenburgisch-preußischen Adels zu entschuldigen: »Die jungen Adligen, die sich dem Waffenhandwerk widmeten, glaubten durch Studieren ihrer Würde etwas zu vergeben; und da der menschliche Geist immer zu Ausschweifungen neigt, betrachteten sie ihre Unwissenheit als ein Verdienst und Kenntnisse als eine verschrobene Pedanterie.« Und es sieht genau aus wie eine Schilderung der »Verschlagenheit«, der »häßlichen Armut« und preußischen »Raub- und Raublust«, von der Theodor Fontane sprach, wenn Friedrich der »Große« fortfährt: »Diese ganze militärische Regierung beeinflußte die Sitten und bestimmte sogar die Mode: das Publikum tat sich etwas darauf zugute, sich wie verschlagene Gauner (*aigrefin*) zu gebärden; niemand hatte in preußischen

Staaten mehr als drei Ellen Stoff auf dem Leib und einen weniger als zwei Ellen langen Säbel an der Seite.« Ernst Moritz Arndts Ansicht (aus dem Jahre 1805) über die in Berlin tonangebende »unleidlichste Aristokratie« wurde bereits erwähnt.

Als treuer Berliner scheint Fontane an seinem Lebensabend hoffnungsvoll geworden zu sein. 1890 schrieb der Achtundsechzigjährige in einem vertraulichen Brief: »Unserem von mir aufrichtig geliebten Adel gegenüber habe ich einsehen müssen, daß uns alle Freiheit und feinere Kultur, wenigstens hier in Berlin, vorwiegend durch die reiche Judenschaft vermittelt wird. Es ist eine Tatsache, der man sich schließlich unterwerfen muß.« Waren diese also doch vorhandenen, wenn auch nicht urpreußischen Kulturbringer stark genug, Berlin zu einer Hauptstadt zu machen, die Deutschlands würdig ist? Oder sind, heute wenigstens, neue Kräfte am Werk, die zur Überwindung unseres »unnatürlichen Gebrechens« führen und uns Deutschen endlich das geben werden, was Goethe vermißte, als er bald nach seiner Rückkehr aus Berlin klagte: »Nirgends in Deutschland ist ein Mittelpunkt gesellschaftlicher Lebensbildung«? Spricht nicht gerade aus Fontane selbst und aus dem Kreis seiner Berliner Freunde und geistigen Vorfahren etwas von jener liebenswürdigen deutschen Kleinstadtromantik, die nach der Befreiungsschlacht von Jena auch in Berlin vorübergehend blühen und uns zwar keine geistige Heimat, aber doch etwas wie ein befreundetes Heim schaffen konnte? Ist dieser liebenswürdige Berliner Geist lebensfähig und großstadtfähig?

»Gesellschaftliche Lebensbildung« findet unvermeidlich ihren genauen Ausdruck in den Räumen, in denen sie sich bewegt, mögen sie Akropolis oder Forum heißen — oder St.-Stephans-Dom und »quetschende Enge« der mittelalterlichen Stadt — oder Place Royale, Champs Elysées und Revolutionsherde der Pariser Altstadt — oder Londoner City und Square, »Mein Heim ist meine Burg« und die Gartenstadt des Engländers — oder Menagerie am Denkmal Wilhelms I., Siegesallee und Dom Wilhelms II., Kurfürstendamm und Berliner Mietskaserne mit Hinterhöfen und achtundsiebzigköpfiger Durchschnittsbevölkerung. Jede Stadt ist der steinerne, aber genaue und untrügliche Ausdruck der geistigen Kräfte, die im Laufe der Jahrhunderte ihren Bau, Stein auf Stein, zusammenfügten. Eine Schlange, der die Haut zu eng wird, wirft sie ab und schafft sich eine neue geräumigere. Aber ihr neues Kleid sieht dem alten zum Verwechseln ähnlich. Manche Larve dagegen, die in ihrem Kokon wie in einem selbstgebauten Sarg fast erstickt, vermag ihn zu zerbrechen und neugestaltet zu farbigem Leben emporzusteigen.

Berlin erstickt in dem steinernen Sarg, in den es gezwängt wurde und den es selber bauen half. Die folgenden Bilder und Druckseiten schildern diesen Sarg sowie die Kräfte, die ihn bauten und die ihn hoffentlich zerbrechen, aber sie schildern auch die Übermacht des bürokratischen Schlendrians und die fast zwangsweise Gleichgültigkeit der in Mietskasernen und Paragraphen erstickenden Opfer dieser Bürokratie, die Berlins Neugestaltung zu verhindern droht, nachdem sie die Kraft zur Neugestaltung vielleicht schon vernichtet hat.

»Die Stimme Gottes« in Berlin

»Wenn du betest, so gehe in dein Kämmerlein und schließe die Tür zu und bete zu deinem Vater im Verborgenen.«
Evangelium Matthäi, 6, 6

Im Jahre 1871, als Berlin noch fast klein und ganz preußisch genannt werden durfte, waren seine Wohnungsverhältnisse womöglich schon schlechter und wurden noch viel bürokratisch verantwortungsloser vernachlässigt als heute in der deutschen Reichshauptstadt, die mit ihren vier Millionen Einwohnern das preußische Erbe antreten mußte. Im Jahre 1871 hatte Berlin zwar noch in allen Straßen sein mittelalterliches Kopfsteinpflaster mit den halbmetertiefen stinkenden Rinnsteinen, deren Sumpfwässer und Rattennester im In- und Ausland berühmt geworden sind. Aber schon lange vorher hatte man in Berlin die gute germanische Regel vergessen, die einst im mittelalterlichen Berlin genau wie im neuzeitlichen London ein eigenes Haus für jede Familie selbstverständlich machte. »Eigen Rauch und Schmauch« hatte es das alte Berliner Recht genannt. Schon 1871 wohnten in Berlin laut amtlicher Wohnungsstatistik 162 000 Menschen, d. h. ein Fünftel der damaligen Bevölkerung, in sogenannten »übervölkerten« Kleinwohnungen. Diese Kleinwohnungen lagen jedoch nicht etwa in kleinen Häusern, sondern waren schon damals streng nach den verwickelten Regeln preußischer Staatsämter und Kontrollbehörden um vorschriftsmäßig sonnenarme, kleine Höfe amtlich geförderter riesiger Mietskasernen zusammengedrängt. Diese von preußischer Staatsweisheit geschaffenen Kleinwohnungen bestanden meistens aus einem Zimmer mit Küche und waren im amtlich berechneten Durchschnitt mit je 7,2 Menschen besetzt. Heinrich von Treitschke, der heute zu den Würdeträgern preußischer Staatsweisheit zählt, aber damals noch als politischer Kopf galt, wurde auf diese zum Himmel schreienden Übelstände hingewiesen. Mit einem Blick zum Himmel antwortete darauf Herr von Treitschke in seiner Schrift »Der Sozialismus und seine Gönner« (1874): »Jeder Mensch ist zuerst selbst verantwortlich für sein Tun; so elend ist keiner, daß er im engen Kämmerlein die Stimme seines Gottes nicht vernehmen könnte.«

Diesem faulen Opportunismus oder anarchischen Individualismus Heinrich von Treitschkes entgegnete Gustav Schmoller, der damals noch nicht geheimrätliche Exzellenz war: »Sittlich und geistig verwahrlosten Proletariermassen von den Gütern des inneren Lebens vorzureden, ist ebenso müßig, als einem Blinden die erhabene Schönheit des Sternenhimmels zu erklären.«

Gustav von Schmoller wurde später zum Lobredner des heute viel angezweifelten preußischen Staatssozialismus und zum führenden Volkswirt der Wilhelminischen Zeit. Trotzdem vertrat er im Kampf gegen die staatspolitische Trägheit Heinrich von Treitschkes und seiner in Preußen allmächtigen Geistesverwandten die Wahrheit, daß die sozialen Mißstände der Großstädte durchaus nicht etwas Notwendiges, durch die Natur Gegebenes sind. In seinem »Offenen Sendschreiben an den Herrn Professor Dr. Heinrich von Treitschke« empfahl Schmoller diesem Professor: »Also keine dummen empfindsamen Klagen über die Natur des Geldes, über die großen Städte, die Maschinen, den Fabrikbetrieb im großen; aber schroffe Verteidigung des Satzes, daß die Übelstände, die wir heute im Gefolge dieser Tatsachen erblicken, Folge einer unvollkommenen wirtschaftlichen Lebensordnung, nicht etwas an sich Notwendiges, durch die Natur Gegebenes sind.«

Das bau- und wohnungspolitische Elend Berlins und anderer deutscher Großstädte ist in der Tat überflüssig. Es hat nichts zu tun mit der »Stimme Gottes«. Aber es stimmt zu dem Gott Treitschkes und der von ihm bestimmten Verfassung unseres Stadtbauwesens. Zersplitterung der städtebaulichen Verantwortlichkeit, mangelhafte Vorbildung, Willensschwäche und Phantasielosigkeit der zur Führung Berufenen und allgemeine Verflüchtigung der Baugesinnung und des Gemeinsinns wurden seit der Mitte des 18. Jahrhunderts und sind deshalb zum Teil auch heute noch die Kennzeichen der städtebaulichen Verfassung Berlins.

Auch in anderen Ländern sind beim Bau der Städte schwere Fehler gemacht worden. In Paris z. B. hat bis vor kurzem der Zwang der Festungswerke, in den amerikanischen Großstädten der überwältigende Anstrom von Einwanderern aus jedem christlichen und jüdischen Getto der Alten Welt die Beschaffung von gesunden Wohnungen und Park- und Spielflächen gehemmt und die Entschuldigung unerträglicher Mißstände geliefert. Städtebauliche Mißstände finden sich überall, sei es als Ausnahme oder als Regel. Die Gründe dieser Mißstände und die Art ihrer Verteilung sind verschiedenartig von Stadt zu Stadt, von Land zu Land. Wo in deutschen Städten fremde Einwanderung, Festungsenge und ähnlicher äußerer Zwang zum Schlechten fehlte, ist er durch innere Zwangsvorstellung ersetzt worden. Seit der Jugend Friedrichs des »Großen« war das Wachstum Berlins durch keine Festungswerke mehr beschränkt. Aber die geistige Beschränkung seiner Herrscher und die diensteifrige Bürokratie, mit der diese Herrscher das Wirken von Selbsthilfe und Bürgergeist verdrängten, wurden schädlicher, als physische Beschränkungen je werden konnten. Genau wie in entscheidender Zeit die Ausdehnung und die politische Erstarkung des deutschen Gesamtvaterlandes scheiterten an den Bruderzwisten eigensüchtiger Dynastien und der von ihnen gezüchteten Beamtenschaften und Lokalpatriotismen, so scheiterten städtebaulicher Aufstieg, Ausdehnung und gesunde Gestaltung der deutschen Hauptstadt an den Kirchturminteressen widerstrebender Gemeinden und ihrer kurzsichtigen bürokratischen Verwaltungen. »Die städtischen Machthaber Berlins«, so wurden sie früh entschuldigt, »sind keineswegs unbeschränkt, sie sind sogar sehr beschränkt.« Geschaffen und geführt oder geschützt von einer gleichwertigen Bürokratie konnten Hunderte von überflüssigen gemeindlichen Behörden auch gegen die bestbegründeten Forderungen städtebaulicher Vernunft jene ewig siegreichen Schlachten liefern, in denen Götter selbst vergebens kämpfen.

Ähnlich der deutschen Außenpolitik erkrankte auch der deutsche Städtebau mit furchtbaren Folgen an den Leistungen jener neunmalweisen, vielgeschäftigen, aber in jedem höheren Sinne verantwortungslosen Bürokratie, deren Eigenschaften von vielen als »echt preußisch« bewundert werden, obgleich uns schon Bismarck prophezeite, daß »früher oder später der Punkt erreicht werden muß, wo wir von der Last der subalternen Bürokratie erdrückt werden«. Mit einem Seitenhieb auf das »Militär alter Schule aus friderizianischer Zeit« klagte Bismarck, daß das eingeborene preußische Blut unfruchtbar an höheren staatsmännischen Begabungen und unwillig zur Übernahme eigener Verantwortlichkeit war.

Diese preußische Unfruchtbarkeit hat im höchsten Maße unserem Städtebau, namentlich dem schwierigen Bau unserer Hauptstadt geschadet. Was Bismarck von den Diplomaten aus dem preußischen Adel feststellte, trifft auch die staatlichen und städtischen Verwaltungsbeamten Berlins, denen »es nicht leicht gelingen würde, den spezifisch preußischen Bürokraten mit dem Firnis des europäischen zu übertünchen«. Aber es gelang ihnen, eine deutsche Reichshauptstadt zu schaffen, die als die größte Mietskasernenhäufung der Welt vielleicht die erstaunlichste Schöpfung des deutschen Geistes genannt werden muß. Diese Leistung kann nur durch Vergleiche gewürdigt werden. In der größten Stadt der Welt, in London, wohnen durchschnittlich 8 Menschen in jedem Haus; in Philadelphia wohnen 5, in Chicago 9, in der Insel- und Wolkenkratzerstadt New York 20, in der eingeklemmten alten Festungsstadt Paris 38 Menschen in jedem Haus. Aber in Berlin, das sich wie London, Chicago oder Philadelphia ungehemmt im flachen Land entwickeln konnte, wohnen durchschnittlich 78 Menschen in jedem Haus, und die meisten dieser Kasernen sind gartenlos.

In dieser einzigartigen Stadtschöpfung des bürokratisierten deutschen Geistes entbrannte kurz vor dem Krieg ein Streit zwischen den statistischen Ämtern der Städte Schöneberg und Berlin darüber, ob 600 000 oder »nur« 567 270 Großberliner in Wohnungen wohnten, in denen jedes Zimmer mit mehr als vier Personen besetzt ist. Gleichzeitig fehlten für eine halbe Million Kinder die Spielplätze. Dabei wurde aber weder vom Staat noch von den Berliner Städten etwas Wirksames zur Bekämpfung der Wohnungs- und Spielplatznot unternommen.

Das Geschick Berlins und sein »Geheimratgeschlecht lebender Leichen« (wie es schon früh von einem konservativen Sozialpolitiker genannt wurde) sind zum Schicksal des Deutschen Reiches geworden, dessen Städte vielfach die schlechte Berliner Boden- und Bauordnung nachgeahmt haben und wo (1928) nach der Berechnung des Reichsarbeitsministeriums 450 000 Wohnungen fehlen, weiter 300 000 abbruchreife Wohnungen nicht abgebrochen werden können, sondern bewohnt werden müssen, und beinahe 500 000 Wohnungen übervölkert sind, während jährlich nur etwa 300 000 Wohnungen gebaut werden, wovon etwa 250 000 für neue Haushaltungen benötigt sind. Und gleichviel, ob die fehlenden Wohnungen gebaut werden oder nicht, die riesige Berliner Mietskaserne, welche uns Wille, Unwille oder Willenlosigkeit der preußischen Machthaber und ihrer Bürokratie hinterließen, wird auf fast unabsehbare Zeiten die Wohnform bleiben, der sich die Masse des deutschen Volkes und Geisteslebens unweigerlich unterwerfen muß und von der uns nur lange Kämpfe frei machen können.

Von der Gründung Berlins
bis zum Verlust seiner Freiheit

Sehr verschieden von der Verwaltung »aus friderizianischer Zeit«, unter der sich unsere Hauptstadt in den letzten zwei Jahrhunderten so unvorteilhaft entwickelte, war die städtebauliche Verfassung, unter der Berlin zur Zeit der kraftvollen mittelalterlichen Siedlungstätigkeit im deutschen Kolonialland gegründet werden und zwei Jahrhunderte lang frei erblühen konnte.
Während die Römerstadt Wien, später die Stadt Etzels und Krimhilds, schon 791 durch Karl den Großen gelegentlich des ersten deutschen Vorstoßes nach Osten für die Deutschen gewonnen und 955 durch Otto den Großen endgültig gesichert wurde, finden sich die beiden Städte Berlin und Cölln vor 1238 in keiner erhaltenen Urkunde irgendwie erwähnt. Doch hat wahrscheinlich schon geraume Zeit vorher ein wendisches Fischerdorf da gelegen, wo noch heute die »Fischerstraße«, längst durch Eindämmung der Spree vom Wasser abgedrängt, den Fluß entlang läuft. Nahe diesem wendischen Dorf siedelten vielleicht schon vor dem Jahre 1227 Deutsche in dem noch heute erkennbaren kleinen Oval um die Cöllner Petrikirche, die Kirche der Fischer, und im kleinen Kreis um die Berliner Nikolaikirche, die Kirche der Schiffer (Seite 22). Beide Kirchen erstanden, ebenso wie das älteste Berliner Rathaus, auf den Höhen von Dünen, deren Überlegenheit später durch das allmähliche Aufhöhen der Nachbarschaft verschwunden ist.
Zur Zeit der Gründung Berlins blickte Paris schon auf tausend Jahre lebendiger bürgerlicher Kultur zurück. Seine mittelalterliche Einwohnerzahl von etwa 150 000 erreichte die preußische Hauptstadt erst ein halbes Jahrtausend später nach dem Tode Friedrich des »Großen«. Nach ihrer Gründung und nach kurzer Blüte ihres jungen Handels sollte sie durch die Hohenzollern auf Jahrhunderte in landwirtschaftliche Beschränkung zurückgeworfen werden. Aber zur Zeit ihrer Gründung gewann in Sizilien schon der Hohenstaufen-Kaiser Friedrich II. Wissenschaft, Kapitalismus und städtische Kultur für die Arbeit am modernen Staatsgedanken, dessen Zielen sieben oder acht Jahrhunderte später auch die heutige deutsche Hauptstadt endlich zustrebt.
Um das Jahr 1200 begann im volkreichen Westen Deutschlands der Raum zu eng zu werden, und nach dem Sieg der Holsteiner, Hamburger und Lübecker über die Dänen flutete eine neue Welle deutscher Ansiedler aus dem Westen zurück in die ostelbischen Gebiete, aus denen ihre Vorfahren früher einmal gekommen waren und in denen seitdem mehr Wölfe und Bären als nachdrängende Slawen wohnten. Die Deutschen hatten am Rand der römischen Kultur den schweren Eisenpflug zu brauchen gelernt, mit dem sie den »öden und entsetzlichen Wald, der Pommern von Polen trennt«, und das Land zu roden vermochten, von dem ein Zeitgenosse schrieb, »es war wüste von Volk und stand voll langen Rohrs«. Im ostelbischen Neuland wetteiferten slawische und deutsche Landesherren darum, deutsche Ein-

wanderer anzulocken und ihnen vorteilhafte Ansiedlungs- und Lebensbedingungen zu bieten, als in der westlichen Heimat zugänglich waren. Fern den wirtschaftlichen Lasten dieser engen Heimat genoß deshalb der deutsche Einwanderer in Ostelbien eine Freiheit, wie sie ähnlich im 18. und 19. Jahrhundert die Siedler in Amerika mit unbegrenzten Möglichkeiten und Erfolgen beglückte und wie sie zum Schaden für die deutsche Kultur in nachmittelalterlicher Zeit keine deutsche Staatskunst mehr für deutsche Pioniere zu schaffen vermochte.

Die Deutschen, die nach Osten wanderten, waren den spärlich verstreuten Slawen wirtschaftlich ähnlich überlegen wie etwa in Amerika die weißen Einwanderer den heimischen Indianern. Vor 1250 kamen nur Felle, Pelze, Honig und Wachs aus der armen Ostmark, welche die deutschen Ansiedler in den folgenden Jahrhunderten in eine der Kornkammern Europas verwandeln konnten. Die neue wirksame Art der Bodenerschließung war die Gründung von Ackerbürgerstädten. So entstanden (wahrscheinlich zwischen 1227 und 1238) auch bei dem wendischen Dorf Cölln zwei von jenen deutschen Unternehmerstädtchen, wie sie zu Hunderten in jenem Osten aufblühten, zu dessen Besiedlung die deutsche Volkskraft fähig war und berufen schien, bis die Blut und Geld schröpfenden Kriege Friedrichs des »Großen« gegen den dort mächtigen deutschen Kaiser und gegen den sächsischen Polenkönig die kolonisatorischen Anstrengungen Deutschlands überflüssig oder für immer hoffnungslos machten und schließlich sogar die schon 1714 von Preußen an Rußland verhandelten deutschen Ostseeprovinzen endgültig an Rußland auslieferten, zu dessen Vasallen sich das reichsfeindliche Preußen bald nach dem Siebenjährigen Krieg gemacht hat. Berlin sollte für immer nahe der östlichen Grenze des Reiches liegen bleiben, dessen geistiger Mittelpunkt es heute sein möchte.

Die neuen Schwesterstädte Berlin und Cölln waren — ähnlich wie Frankfurt an der Oder, Angermünde, Strausberg, Perleberg usw. — auch ihrem Straßenplan nach typische Kolonialgründungen. Man findet also selbst in ihren ältesten Teilen nicht das Straßengewirr der allmählich gewachsenen Städte des älteren deutschen Westens. Der Straßenplan einer Siedlungsstadt ist durch vieltausendjährige Übung geheiligt. Wie bei Neugründungen der Ägypter oder bei den Siedlungsstädten Alexanders des Großen oder der Römer oder wie bei den etwa gleichzeitig mit Berlin angelegten Siedlungsstädten der Engländer in Frankreich oder wie bei den amerikanischen Städtegründungen des 19. Jahrhunderts schneiden sich auch im alten Berlin-Cölln und in ähnlichen deutschen Siedlungsstädten die Straßen rechtwinklig, und der Markt ist auf geraden Straßen bequem zugänglich. Deutlich erkennt man die planmäßige Gründung und die Arbeit der Meßkette. Die aus kultischen Gründen nach Osten schauenden Kirchen liegen mit ihren Hauptschiffen quer im rechtwinkligen Straßenplan wie ankernde Fahrzeuge im Westwind.

War Wien nach seiner Gründung unter den römischen Kaisern lange besonders ein militärischer Stützpunkt gewesen, so war Berlin von vornherein Ackerbürger- und Handelsstadt. Für Verteidigungszwecke lagen Spandau und Köpenick wesentlich günstiger. Aber die Ackerbürgerstädte Berlin-Cölln erwuchsen an handelspolitisch bedeutsamer Stelle. Cölln entstand auf der Südhälfte der kleinen Spreeinsel, bei der sich von Norden und von Süden her zwei Hügelketten dem Fluß nähern

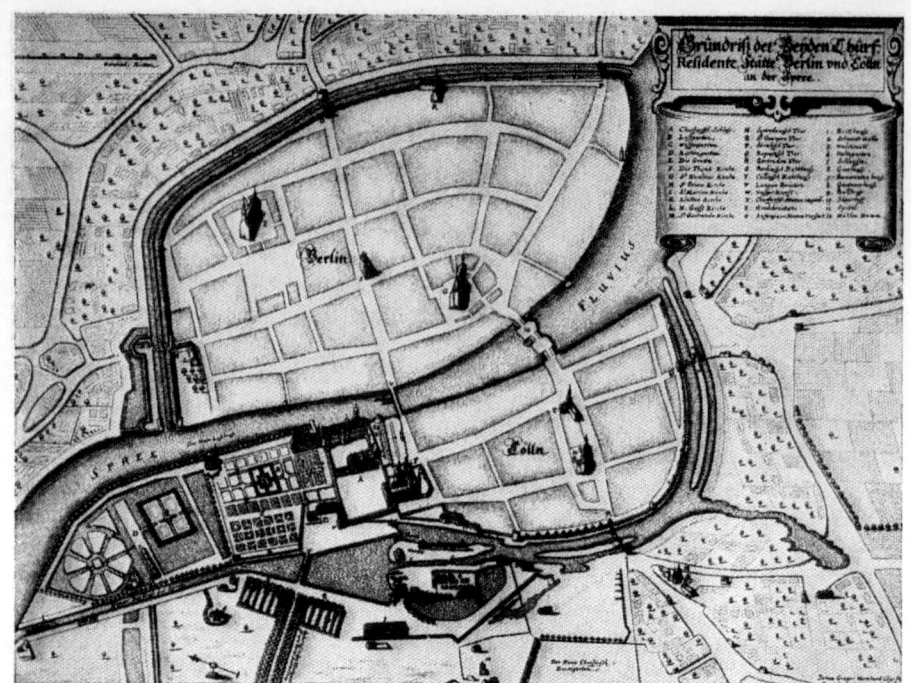

Der älteste Plan von Berlin-Cölln und sein Gebiet im Luftbild (S. 23). Von J. Gr. Memhard, um 1650. Durch G. E. Graf wurden die ältesten Teile der Stadt durch die dunkelste Schattierung angedeutet. Das Lichtbild des luftpolizeilichen Überwachungsdienstes wurde zuerst von dem Historiker Eberhard Faden veröffentlicht

(vgl. Plan) und den zuverlässigsten Paß zwischen den Seen der Havel und den damals unabsehbaren Sümpfen des Spreewaldes gewährten. Der südliche dieser Höhenzüge ist im heutigen Berlin am Kreuzberg noch deutlich sichtbar. Wo sich der rechte, breite Spreearm verengt, standen die alten Mühlen. Der »Mühldamm«, der noch heute den »Cöllnischen Fischmarkt« und den »Molkenmarkt« verbindet, war die älteste und lange die einzige Brücke hinüber zum rechten Spreeufer, wo das feste Berlin ihren östlichen Brückenkopf bildete. Dieser Mühldamm lag auch im Zug der ältesten städtischen Straßen; sie verbanden die Cöllner Petrikirche und die Berliner Nikolaikirche. Innerhalb Berlins gabelte sich ursprünglich auch der Weg nach Osten. Berlin lag so an einer Kreuzung der Straßen von Magdeburg, Wittenberg, Leipzig oder Dresden nach Oderberg im Nordosten und — längs der Spree — nach Frankfurt a. O. im Osten, an den Straßen also zu den beiden brauchbarsten Übergängen über die sumpfige Oder und in die weiten östlichen Gebiete, deren gewinnreicher Handel von und nach Westen in Berlin-Cölln zusammenfloß.

Den Ansiedlern boten sich unter den askanischen Markgrafen günstige Bedingungen: freies Ackerland, freie Baustellen und niedrige Abgaben an den Grund- und

Luftbild zu dem Plan auf S. 22

Landesherrn. Die Stadtgemeinde wurde bald selbst Obereigentümerin des gesamten städtischen Bodens. Sie wuchs schnell. Schon 50 Jahre nach der Stadtgründung wurde fast eine Verdoppelung des Berliner Geländes erforderlich. Das Gebiet nörd-

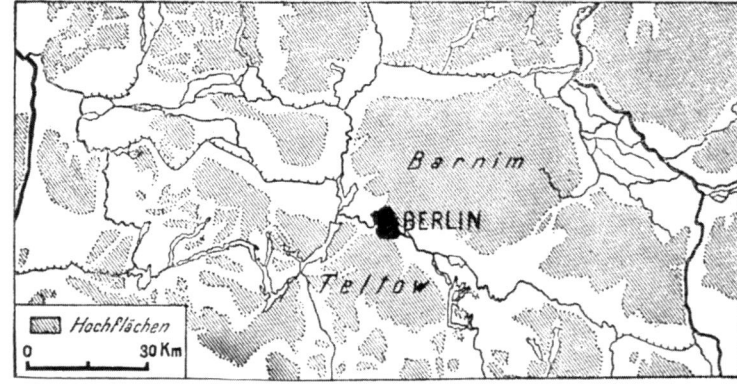

Zwischen den Hochflächen von Barnim und Teltow war das alte Berlin die Brücke über die Spree-Sümpfe

lich der heutigen Königstraße, also die Umgebung des »Neuen« Marktes und der Marienkirche, wurde dem älteren Berlin angegliedert (Seite 22).
Das Bauen ging leicht vonstatten. Der reiche Wald lieferte billigen Baustoff für die landesüblichen Holz- oder Fachwerkhäuser. Außer der Stadtheide mit ihrem Bauholz besaß die Stadt Teile der Rüdersdorfer Kalkberge, von wo die Steine auf einem städtischen Prahm nach Berlin geschafft wurden. Da auch der Ziegelofen und die Kalkbrennerei der Stadt gehörten, hatte sie fast ein Monopol für die Lieferung aller Baustoffe, die für den landesüblichen Hausbau erforderlich waren. Noch bis ins 18. Jahrhundert wurden Berliner Bauten gelegentlich mit dem früher vielgebrauchten wohlfeilen Schilfrohr gedeckt. Außer den Kirchen wurden lange Zeit so wenige steinerne Gebäude errichtet, daß die Feuersbrünste von 1348 und 1380 fast die ganze Stadt in Asche legen konnten. Auch bei dem schnellen Wiederaufbau blieb leichter Fachwerkbau die Regel. Heute ist deshalb nichts von den Berliner Privatbauten des Mittelalters erhalten. Man litt damals noch nicht an dem pyromanischen Bauordnungswahn, daß Wohnhäuser feuerfest, unerschwinglich teuer und für ewig haltbar sein müßten. Dieser Irrtum, der in Skandinavien, Amerika, Rußland oder Japan auch heute noch keine Köpfe verwirrt, hat erst im 19. Jahrhundert zu schweren Schäden in Berlins bürokratisch geregeltem Wohnwesen und zu heillosen Kapitalaufwendungen für die schwervertilgbare und doch längst als schlecht erkannte Hausform der feuerfesten Berliner Mietskaserne geführt. Statt der großen Feuer, die 1348 und 1380 Berlin oder 1666 London reinigen und neu erstehen lassen oder sogar gründlich umgestalten konnten, würde im heutigen Berlin ein Erdbeben erforderlich sein, um den städtebaulichen Irrtum der Berliner Geheimräte zu vertilgen, die wahrscheinlich auch den Segen eines derartigen göttlichen Eingriffs durch pünktlichen Wiederaufbau ihrer alten Scheußlichkeiten abzuwenden mächtig genug wären.
Nachdem Berlin-Cölln aus dem Feuer von 1380 phönixartig neuerstanden war, also gegen Ende des 14. Jahrhunderts, hatte die Stadt 10 000 Einwohner und gehörte schon zu den bedeutenderen Städten des mittelalterlichen Deutschland. (Noch 100 Jahre später zählte Nürnberg — zur Zeit seiner Blüte — nur etwa 20 000 bis 25 000 Einwohner.)
Seit 1307 waren Berlin und Cölln zu einer Stadt vereint. Ihr Reichtum ermöglichte es ihr früh, dem Landesherrn seine Rechte auf Hauszins, Münze, Zoll und auf Stände- und Budengeld, auch die Mühle und die Gerichtsbarkeit über die Stadt abzukaufen. Berlin-Cölln erwarb gemeinsam mit anderen märkischen Städten und mit der Ritterschaft das Recht, dem Landesherrn die Treupflicht zu kündigen, falls er gegen seine vertraglichen (d. h. also gegen seine verfassungsmäßigen) Pflichten verstieß. Sich geeignete Führer zu wählen und ungeeignete zu beseitigen, ist das Recht und das wichtigste Selbsterziehungsmittel jeder Selbstverwaltung und jedes Parlaments. Unter den Hohenzollern hat Berlin später dieses Recht und die entsprechenden Pflichten und damit die Hoffnung auf geistige Führung des Landes eingebüßt.
Das alte Berlin-Cölln erwarb besonders das Recht, ohne seine Bewilligung keine Soldaten des Landesherrn aufnehmen zu müssen. Der Verlust dieses Rechtes unter

dem »Großen« Kurfürsten wurde der Anfang der Übervölkerung und des Mietskasernenbaues Berlins. Das mittelalterliche Berlin vermochte sich selbst zu verteidigen. Es verschaffte sich zu diesem Zweck die strategisch wichtige Burg Köpenick, deren Besitz mehr wert war als die Befestigung Berlins, die später der »Große« Kurfürst 25 Jahre lang mit riesigem Aufwand betrieb und die beim Bau und gleich darauf beim Wiederabreißen den Berliner Stadtplan für immer in Verwirrung brachte.

Vor der Ankunft der Hohenzollern regierte der »immerwährende Rat« der Bürger die Stadt unbeschränkt vom Landesherrn, unterstand aber der Aufsicht des großen äußeren Rates, der etwa den heutigen Stadtverordneten entsprach. Außerhalb ihrer Mauern besaß die Stadt weites Gemeindeland, dessen Grenzen sich mit erstaunlicher Zähigkeit erhalten haben. Noch 1918 umfaßte das vom Hohenzollern-Staat eifersüchtig beschränkte Weichbild der Millionenstadt Berlin nur etwa die städtische Feldmark vom Jahre 1300, was die mittelalterliche Städteordnung und ihr Landstädtchen großartiger erscheinen läßt als die Weltstadt, die unter den staatlichen Hemmungen von sechs Jahrhunderten aus ihm erwachsen konnte. Auch außerhalb der eigenen Grenzen erwarb das alte Berlin Macht und Besitz. Im 14. Jahrhundert waren ihm große Teile der Kreise Barnim und Teltow wirtschaftlich und politisch unterworfen, ähnlich wie den großen süddeutschen Reichsstädten und italienischen Stadtgemeinden das umliegende platte Land untertan war. Es ist nicht unbillig anzunehmen, daß, bei gesunder Entwicklung der städtischen Kultur, Berlins Herrschaft den umwohnenden Bauern besser bekommen wäre als die Junkerherrschaft, der sie die Hohenzollern später auslieferten.

Berlin trat 1393 an die Spitze eines Bundes märkischer Städte und gehörte auch dem Bund der seebeherrschenden Hansestädte an, was weniger wundernimmt, wenn man bedenkt, daß auch heute Berlin zu den größten Häfen der Welt gehört. Politik trieb das mittelalterliche Berlin mit viel Geschick. So schloß Berlin ein Bündnis mit den weniger schädlichen Teilen des Adels und warf die mächtigen Raubritter von Quitzow nieder (1402). Als dann die Pommern das Land überfielen, holte Berlin einen dieser Quitzower aus dem Gefängnis und stellte ihn an die Spitze eines Heeres, das die feindlichen Pommern und Mecklenburger vertrieb. Im folgenden Frieden sollte sich erweisen, ob in diesem Bündnis Berlins mit den Quitzowern die Stadt oder die Ritter stärker blieben. Da kamen als Diener des deutschen Kaisers und Königs von Ungarn die Hohenzollern nach Berlin, die aber bald den kaiserlichen Auftrag, die drohende Übermacht des Adels zu brechen, vernachlässigten. Statt ihre Pflicht zu tun, bekämpften sie den deutschen Kaiser und wurden die Bundesgenossen des Adels und die gefährlichsten Feinde Berlins.

Von der Ankunft der Hohenzollern bis zum Dreißigjährigen Krieg

Die Kirchenversammlung zu Konstanz (1414 bis 1418) bleibt berühmt: sie ließ den Reformator Johann Hus verbrennen, dessen Rächer bald darauf das Kurfürstentum Brandenburg verwüsteten, und sie feierte die Belehnung eines hohenzollerischen Burggrafen von Nürnberg mit dem Kurfürstentum Brandenburg, das er nicht gegen die Hussiten zu schützen vermochte.

Dem Aufschwung Berlins machten die Hohenzollern ein Ende, und mehr sogar als der frühere Aufschwung ist der folgende Niedergang Berlins auch heute noch von Bedeutung. Denn was ursprünglich nur ein Landstädtchen wie hundert andere zu sein schien, war dazu berufen, den Kampf um die bürgerliche Kultur zu führen, in dem Berlins Niederlage das Verderben Deutschlands bedeutete. An immer neuen Beispielen wird sich zeigen, wie scheinbar geringe Veränderungen in der Geschichte des alten Berlin die ersten Ursachen von Mißständen geworden sind, gegen die wir noch heute vergebens kämpfen.

Anfangs bändigte der erste Hohenzoller im Dienst des deutschen Kaisers und im Bund mit Berlin den Raubadel, der gegen Berlin kämpfte. Dann aber benutzte der neue Kurfürst die so gewonnene Macht, um sich im Bund mit dem Adel gegen den Kaiser zu wenden und Berlin zu unterdrücken. Schon 1426 begann die hohenzollerische Politik, dem Adel das Recht zur Bewilligung von Steuern zu sichern, die nicht vom Adel, sondern von den Städten und von den Bauern bezahlt werden müssen. Dieses Recht blieb dann in mehr oder weniger verschleierter Form beinahe ein halbes Jahrtausend, also bis 1918, in Geltung.

Als sich die brandenburgischen Städte gegen den ersten Hohenzollern zu empören begannen, überließ er sein Kurfürstentum den Einfällen der Hussiten und den inneren Kämpfen, die seine Anwesenheit verschärft hatte. Sein Sohn Johann, der während der vierzehnjährigen Abwesenheit des Vaters die Mark vergebens vor den Hussiten zu schützen suchte, machte sich jedoch einen Namen auf einem anderen Gebiet, das für die spätere Geschichte Berlins und der Hohenzollern bedeutsam wurde. Er erwarb sich den Beinamen »der Alchimist«, weil er ähnlich (aber in einem schicklicheren Zeitalter) wie seine berühmteren Nachfolger Joachim II., Johann Georg, der »Große« Kurfürst, Friedrich I., Fridrich Wilhelm I. und Friedrich »der Große« viel Zeit und Geld für die Kunst Gold zu machen verausgabte. Es ist zu bedauern, daß die zahlreichen Goldmacherwerkstätten, die von so vielen Hohenzollern erbaut und betrieben wurden, nicht mit ihren Ausstattungen und Werkzeugen erhalten worden sind. Sie würden heute als historische Kuriositäten

Verkleinerter Ausschnitt aus dem Bild Berlins, gezeichnet 1688 von J. B. Schultz (vgl. S. 37)

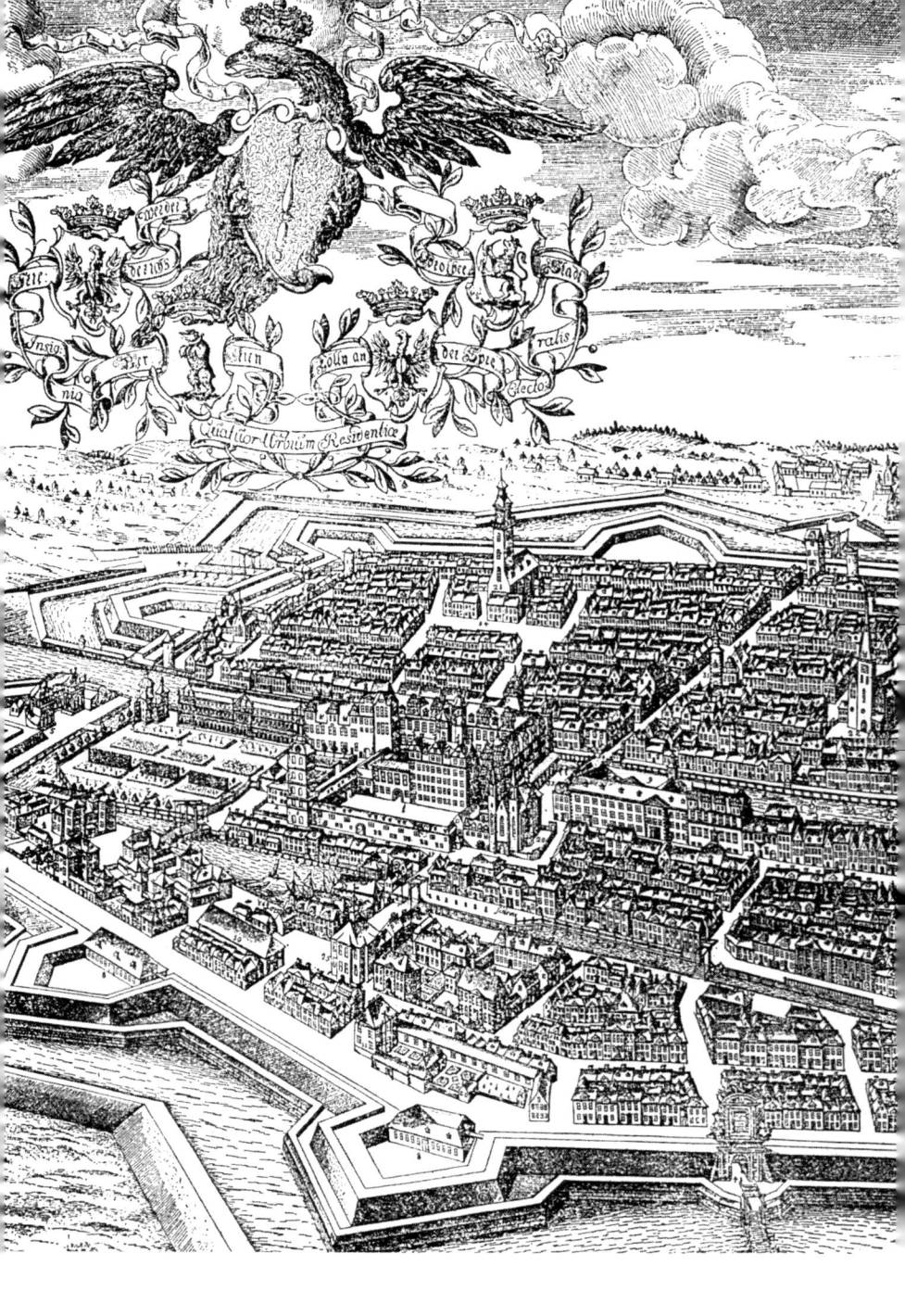

noch mehr als die Folterkammern im Märkischen Museum zu den unterhaltsamsten oder volkstümlichsten Sehenswürdigkeiten der Hauptstadt gehören.
Der Bruder dieses ersten hohenzollerischen Goldmachers, der Kurfürst Friedrich II., hatte, so hieß es, »eiserne Zähne«, die bald und besonders der Stadt Berlin unheilbare Wunden schlugen. Geschickt machte er sich die Eifersucht zwischen den Zünften und den Patriziern Berlins und die Eifersucht zwischen Berlin und den kleineren Städten zunutze. Aber nachdem er mit Hilfe der Zünfte Herr Berlins geworden war und die aristokratische Patrizierverfassung gestürzt hatte, maßte er sich für die Zukunft das Recht an, die Häupter der städtischen Selbstverwaltung zu bestätigen, das Recht also, in dessen Ausübung noch Wilhelm II. den fleißigen und harmlosen, aber liberaler Gesinnung verdächtigen Berliner Bürgermeister Kirschner von 1892 bis 1899 auf Bestätigung warten ließ.
Friedrich Eisenzahn war in Norddeutschland, ebenso wie sein Bruder Albrecht in Süddeutschland, Führer der Fürsten in ihren Kämpfen gegen die deutschen Städte. Im Jahre 1448 nahm er den Städten Berlin und Cölln alle Hoheitsrechte, nicht nur die Gerichtspflege, sondern auch die für ihr Leben wichtigen Stapel- und Niederlagsrechte. Gleichzeitig nahm er den meisten Berliner Bürgern ihren Landbesitz. Auf kurfürstlichen Befehl zeigte das Wappen Berlins künftig statt des aufrechten Bären einen an die Kette gelegten und von den Fängen des brandenburgischen Adlers überwältigten Bären (vgl. die Bilder). Dieser Friedrich II. nahm der Stadt auch die Verfügung über den städtischen Grund und Boden, die Straßen und Plätze der Stadt und schuf damit eine der wichtigsten Ursachen für die schlechte Entwicklung des späteren Berliner Städtebaues. Erst 1875 wurde der Stadt Berlin das Eigentum der Straßen und die Straßenbaupolizei durch einen feierlichen Staatsakt wieder zurückgegeben, nachdem der preußische Staat seine willkürlich angemaßten Pflichten als Bauherr städtischer Straßen namentlich in den vorangehenden 135 Jahren gröblich vernachlässigt oder zu seinem kurzsichtigen Vorteil mißverstanden und Schäden verursacht hatte, die sich bis heute als unheilbar erweisen. Auf der nördlichen Hälfte der Cöllner Insel erbaute sich Kurfürst Friedrich II. eine Zwingburg, von der noch heute ein schmaler hoher Bau und ein Turm mit grünlichem spitzem Dach zu sehen sind. Dieses Schloß baute er aber nicht zur Verteidigung Berlins, sondern zur dauernden Bewachung der unterworfenen Stadt. Das Schloß lag »ringsum durch Wasser und freie Plätze von beiden Städten geschieden und doch nahe genug, um sie bis in ihre letzten Enden nötigenfalls mit Geschoß zu bewerfen, nach Norden und Westen die allezeit sichere Verbindung nach außen: ein Zwing-Berlin« (Holtze). Vier Jahre nach der Grundsteinlegung versuchten die Berliner zum letzten Male die Vollendung dieser Bastille durch einen allgemeinen Aufruhr gewaltsam zu verhindern. Doch blieben sie nur kurze Zeit Herr ihrer Stadt. Friedrich II. ließ sie durch ein Gericht des Adels und der eifersüchtigen Kleinstädte verurteilen. Der Führer der Berliner Patrizier wurde verbannt oder ermordet. Von den übrigen Patriziern ließ sich der Fürst schwere Bußen zahlen. Bald nachher aber zog er sie zum Bund gegen die noch schwierigen Zünfte in die Verwaltung oder machte sie durch Einladungen zum Hof ihre verlorene politische Macht vergessen. Hier ist ein wichtiger Anfang der brandenburgischen Lakaienhaftigkeit, die noch

a b c

d e

BERLINS WAPPEN

Das Wappen a stammt aus dem 13. Jahrhundert. b ist das meistgebrauchte unter den ältesten Wappen der Stadt: der Reichsadler, beschützt von den Berliner Bären. Das Wappen c aus dem 14. Jahrhundert ist an die Unterwerfungs-Urkunde von 1448 angeheftet, mit der die Hohenzollern der Stadt Berlin den Verlust der Freiheit bescheinigten. Dieses Wappen, auf dem der Berliner Bär den Adler an einem Strick mit sich zieht oder von ihm gezogen werden soll, ist schon vor der Unterwerfung Berlins verwendet worden. Das Siegel mit dem Adler auf dem Rücken des Bären (d) vom 15. Jahrhundert wurde bis 1709 als großberlinisches Ratssiegel gebraucht. Nach der Vereinigung der vier Residenzstädte durch den ersten König wurde im neuen Wappen der Einheitsgemeinde dem Bären zwar wieder seine aufrechte Haltung zurückgegeben, doch verwandelte er sich dabei in ein machtloses Hündchen, das unter der Last von zwei übergroßen Adlern, dem brandenburgischen und dem preußischen, erdrückt wurde. Dieses Wappen ist als e abgebildet. Der Reichsadler des alten Wappens war verschwunden. Hoffentlich kehrt Berlin, nachdem die Schäden der kleinen Einzelstaaterei erkannt sind und Berlin allmählich zur Hauptstadt des Reiches wird, zu seinem alten Wappen zurück, das den Reichsadler im Schutze gutgewachsener hauptstädtischer Bären zeigt.

den Freiherrn vom Stein ärgerte und die Bismarck bereits als ein deutsches Nationallaster empfand.
Übrigens spielte der Name des Erbauers der Berliner Zwingburg, Friedrich II., nicht nur in der Berliner, sondern auch in der Wiener Geschichte eine verhängnisvolle Rolle. In Wien stürzte ein Friedrich II., der letzte Babenberger, die Stadt in verderblichen Zwist mit dem großen Hohenstaufenkaiser Friedrich II. In Berlin hat später ein Friedrich II. als »großer König« auf das schädlichste in die Bau-

geschichte der Stadt eingegriffen, der sein Vorfahr, Kurfürst Friedrich II. »mit den eisernen Zähnen«, Wohlstand und Selbständigkeit nahm.
Den naturgemäßen Zusammenschluß der beiden Städte Berlin und Cölln, der schon seit 140 Jahren (seit 1307) rechtskräftig war, beseitigte dieser erste Friedrich II. wieder (1448), als der letzte Hauch bürgerlicher Selbstverwaltung ertötet war, durften die Berliner Städte sich wieder zusammenschließen. Doch lebte die alte Großstadtfurcht der Hohenzollern nach den Revolutionen von 1789 und 1848 wieder auf und verhinderte bis zur Revolution von 1918 den notwendigen Zusammenschluß Groß-Berlins, dessen Zerrissenheit schweren städtebaulichen Schaden gebracht hat.
Nach 1448 waren nicht mehr die Rathäuser der Bürger, sondern das Schloß des landfremden Zwingherrn Sitz der Regierung und des öffentlichen Lebens. Bürgerstolz, Ansehen und Verantwortung des Magistrats schwanden. In gesellschaftlichen und bürgerlichen Rechten wurden dem Magistrat die Hofleute, die fürstlichen Beamten und die Adligen übergeordnet. Sie waren von Steuern frei. Ihnen nachzueifern blieb künftig das Hauptziel der unterworfenen Bürgerschaft und ihrer machtlosen Magistrate und ihrer Flucht vor ungerechten und auch vor notwendigen Steuern und vor Pflichten, mit denen keine Rechte verbunden waren. Die bürgerliche Widerstandskraft war bald so gelähmt, daß die Nachfolger Friedrich Eisenzahns seine Zwingburg verfallen lassen und durch einen unbefestigten Prachtbau ersetzen konnten.
1469 wagte Berlin noch einmal in Lübeck an einem Hansetag der meerbeherrschenden deutschen Städte teilzunehmen. Es sollte das letztemal sein. Im folgenden Jahr rafften sich zwar alle märkischen Städte zu einem gemeinsamen Kampfe gegen das Hohenzollernjoch auf. Fast ein halbes Jahrhundert wurde erfolglos gekämpft. Schließlich waren es die Adligen, die den Fürsten und die Städte zu einem Frieden zwangen: er unterwarf die Städte dem Kurfürsten, wofür der Fürst dem Adel die Bauern zu unbeschränkter Ausbeutung überließ. 1518 wurde Berlin unter die »abgedankten Städte« gerechnet.
Während Wien nach 1288 seine alten Rechte als freie deutsche Reichsstadt ohne Schädigung seiner Wirtschaft und Kultur an die Habsburger abgetreten hatte, folgten dem Verlust der Unabhängigkeit Berlins 200 Jahre wirtschaftlichen Niedergangs. Die fruchtlosen Raufereien zwischen den brandenburgischen Kurfürsten und den pommerschen Herzögen vernichteten den Berliner Handel. Als 1506 endlich der brandenburgische Kurfürst auch eine Universität zu gründen versuchte, verlegte er sie in das weniger daniederliegende Frankfurt an der Oder, wo sie infolge der hitzigen Feinschaft des Hohenzollern gegen die Reformation bedeutungslos blieb und ihre Studentenzahl zur Zeit des hohenzollerischen Ablaßhandels von 236 auf 20 sinken sah. Im November 1517 wurde in Berlin und in der Mark die Erlösung aus dem Fegefeuer gegen bares Geld verkauft, mit dem der berühmte Tetzel hohenzollerische Kassen füllen und aufs neue einen äußeren Anlaß zu der Reformation geben sollte, als deren erster Märtyrer Johann Hus verbrannt worden war. Auch nachdem die Hohenzollern später den Ablaßhandel aufgegeben und das Luthertum sowie das Einziehen der katholischen Kirchengüter als richtiger erkannt hatten,

wurde die Frankfurter Universität nicht die geistige Stütze, deren Berlin so dringend bedurfte, sondern eine Hochburg jener religiösen Heuchelei, deren Anblick es noch Friedrich dem »Großen« meist unmöglich machte, anders als höhnend über die Religion zu sprechen.

Der Vorteil, den Berlin als Sitz der oft verschwenderischen kurfürstlichen Hofhaltung vor den anderen brandenburgischen Städten genoß, war gering, denn die Gefolgschaft des Kurfürsten zahlte keine Steuern und kaufte nichts bei den städtischen Kaufleuten. Der Hof wurde aus den Gütern des Kurfürsten verpflegt. Statt Geld unter die Leute zu bringen, brachte vielmehr der Hof die einlaufenden Steuern durch Käufe bei durchreisenden fremden Händlern außer Landes. Auch der Adel lebte selbstherrlich in seinen großen Gutsbezirken, eher zum Schaden als zum Nutzen Berlins. Er baute mit Hilfe seiner billigen Bauern, die ihm recht eigentlich und im juristischen Sinn des Wortes versklavt waren, große Mengen billigen Getreides zum Verkauf ins »Ausland« (ähnlich wie es der russische Adel vor dem Weltkrieg tat). Aber er verkaufte sein Getreide nicht an Berliner Händler, sondern begab sich in die finanzielle Abhängigkeit von Kaufleuten der Hansa, aus welcher Berlin durch den Einspruch seines eigenen Fürsten ausgeschlossen blieb. Während Berlin heute endlich selber Handel, auch nach dem Ausland, betreiben kann, beherrschten damals Hamburger Kaufleute nicht nur die Elbe, sondern auch die Berliner Havel. Danzig und Stettin lagen damals noch außerhalb des brandenburgischen Machtbereiches; solange ihnen die kleinstaatliche Handelspolitik Preußens noch nicht Handel und Hinterland abdrosseln konnte, waren sie mächtiger und volkreicher als Berlin. Sogar Binnenstädte wie Leipzig und Breslau überflügelten Berlin, das nur dem Namen nach die Hauptstadt des Kurfürstentums war, dessen Einkommen noch im 13. Jahrhundert als das reichste hinter dem des Königs von Böhmen galt. Auch die Mark Brandenburg und die Ostseeländer, ihr Holz, ihre Wolle und besonders ihr Getreide wurden also in die neuerblühende Weltwirtschaft der Renaissance eingegliedert, aber es geschah nicht zum Segen der Bauern und nicht unter der Leitung Berlins, das seine Marktrechte eingebüßt hatte, sondern durch Städte, die freier waren oder geschickter regiert wurden.

Das einst so verheißungsvoll aufblühende Berlin sank zum Rang einer kümmerlichen Ackerbürgerstadt mit wenig entwickeltem Handwerk und Gewerbe zurück. Das Wachstum der früheren Jahre hatte aufgehört. War schon fünfzig Jahre nach der Stadtgründung fast eine Verdoppelung des umwallten Geländes der Stadt Berlin erforderlich geworden, so entstanden in den ersten 220 Jahren der Hohenzollern-Herrschaft nur unwesentliche Vorstädte ohne Erweiterung der Stadtmauer. Was an aufstrebendem Leben in dieser Zeit noch vorhanden war, vernichtete der ungeschickt verteilte Druck der schweren Steuern, die Kurfürst Joachim II. aus dem Land sog, um seine Feste und Frauen, seine Goldmacherei und den riesigen Prunkbau zu bezahlen, den er an Stelle der alten Zwingburg aufführen ließ und mit dem sein Baumeister, der Renaissancekünstler Caspar Theiß, seine sächsischen Vorbilder übertreffen sollte. Vor kurzem noch schmückte Kaiser Wilhelm II. Berlin und Spandau durch Denkmäler dieses Kurfürsten Joachim II., der unter dem Druck seiner leichtsinnigen Schulden dem Adel das unbeschränkte Recht Bauern zu legen verkaufte, der sich aber als der schneidigste Parteigänger des habsburgischen Kaisers und — gegen seinen Willen — als der erfolgreichste Förderer der Reformation Verdienste erwarb: durch eine Aktenfälschung verschaffte 1521 der hohenzollerische Kurfürst dem kämpfenden Luther zwar nicht die Märtyrerkrone des Johann Hus, aber wenigstens die Reichsacht und das Verbot seiner Lehre, womit damals noch ein Reformator mehr gefördert wurde als heute durch ein staatsanwaltliches Verbot seiner Bücher.

Im brandenburgischen Landtag, dem dieser Joachim II. in Widerspruch zu deutschem und römischem Recht die Befugnis Bauern zu legen verkaufte, hatten ursprünglich Städte und Adel sich und das Land zum Kampf gegen den Fürsten zusammengeschlossen. Der für die Einigung des Landes wichtige Landtag war dann aber schnell zum Werkzeug des ungebildeten Adels herabgesunken. Er war mächtig genug, den verschwenderischen Hohenzoller unter das erforderliche Kuratel zu stellen. Aber die sich immer neu häufenden Schulden des Kurfürsten wurden vom Landtag lieber den Städten als den Bauern aufgeladen, deren kurzsichtige Ausbeutung sich der Adel für eigene Zwecke vorbehielt.

Die städtischen Steuern waren ursprünglich besonders Grundsteuern und entsprachen etwa den Abgaben, die heute der Pächter eines in Erbpacht übernommenen Grundstückes an den Besitzer zahlt. Diese bei richtiger Einschätzung leicht zu tragenden Grundsteuern wurden jedoch in ungerechter Weise durch eine Art von Kopfsteuer ergänzt, welche die Grundsteuern nach unten *progressiv* machte. Während die Reichen nur 1,5 v. H. zahlten (ein Satz, dessen Höhe den heute in amerikanischen Gemeinden üblichen und sehr ergiebigen jährlichen Steuern nach dem gemeinen Wert entspricht), mußten die Ärmeren 3 bis 5 v. H. ihres eingeschätzten unbeweglichen Vermögens entrichten. Diese Ungerechtigkeit lastete noch schwerer infolge des Mangels regelmäßiger Einschätzungen. Eine dieser seltenen Einschätzungen ist 1557 und 1572 handschriftlich festgelegt worden. Sie entsprach bei dem Niedergang der Stadt, namentlich später im Elend des Dreißigjährigen Krieges, längst nicht mehr der Leistungsfähigkeit der Betroffenen. Während dieses Krieges stiegen die Steuersätze noch sehr viel höher. Die schweren landesherrlichen Kriegs- »Kontributionen« wurden auf dieselbe ungerechte Weise wie die anderen Steuern auf das unbewegliche Vermögen umgelegt. Derart schlecht verteilte Steuern konnten auf die Dauer nicht gezahlt werden. Die Zahlungsunfähigen ließen ihren Besitz »wüst« liegen. Die Steuerrückstände der Verbleibenden nahmen zu und veranlaßten neue Steuern auf Mehl, Wein und Wolle und führten schließlich nicht zu einer gerechten Reform, sondern zum allmählichen Aufgeben der Grundsteuern und zu dem in vieler Beziehung verhängnisvollen Übergang zur Verbrauchssteuer (»Akzise«) als Haupteinnahmequelle des Staates. Wenige Fehler wurden folgenschwerer für die städtebauliche Entwicklung Berlins als dieses Aufgeben der Grundsteuer. Die segensreiche Entwicklung der Grundsteuer war es, welche die vom Absolutismus freien angelsächsischen Länder gegen die Auswüchse jener Bodenspekulation sicherte, die — zusammen mit der schlechten Straßenbaupolitik des preußischen Staates und seinem falschen Hypothekenrecht — in Berlin die »Mietskaserne für alle« zur Herrschaft brachte.

Der Dreißigjährige Krieg in Berlin

Der Dreißigjährige Krieg hat für Berlin und die Mark Brandenburg von 1627 bis 1643 gedauert. Obgleich Berlin auch in diesen Jahren niemals erobert oder gewaltsam besetzt wurde — wenigstens nicht vom Feind —, hat die Stadt doch viel schwerer gelitten als andere Städte, denen dieses Schicksal auch erspart blieb. Der Dreißigjährige Krieg hat für die Baugeschichte Berlins sogar ebenso schwere Folgen gehabt wie später der Siebenjährige Krieg oder die Kriege Napoleons, Bismarcks und Wilhelms II.

Im Dreißigjährigen Krieg bot die geographische Lage der Mark Brandenburg ihrem Landesherrn eine beherrschende Stellung zwischen Ost- und Nordsee und die Vermittlung zwischen Schweden und Franzosen. Selbst bei bloßer Ausnutzung dieser ausgezeichneten Lage für eine starke Neutralität hätte die Mark Brandenburg im Krieg noch verhältnismäßig mehr wachsen können als etwa das kleine Hessen-Kassel, und Berlin hätte ebenso glücklich durch den Krieg kommen müssen wie z. B. Breslau oder Hamburg, dessen Einwohnerzahl während des Dreißigjährigen Krieges nicht abnahm, sondern wuchs. Berlin lag zwischen Oder und Havel im Schutz von schwer einnehmbaren Festungen, wie Küstrin, Oderberg und Spandau, das eigens zum Schutz Berlins als Festung ausgebaut war. Die Spree mit Berlin dagegen hatte wegen ihrer Innenlage keinen Wert für die Verteidigung des Landes. Auch nahmen die großen Truppendurchmärsche ihren Weg nicht über Berlin.

Daß die Befestigung Berlins und das Versammeln von Truppen dort nutzlos die Gefahr einer Belagerung heraufbeschwor, wurde von den leidtragenden Bewohnern Berlins besser gewürdigt als von dem Kurfürsten Georg Wilhelm, der damals (1619 bis 1640) Berlin beherrschte. Wie vorher und nachher viele andere Hohenzollern wurde er von seinen Freunden als »der höchste der Helden, größer noch als seine Ahnen« gefeiert, obgleich er — so urteilte sein Schwager, der heute berühmtere Schwedenkönig Gustav Adolf — die große Politik über ein paar Windhunden vergessen konnte. Aber Gustav Adolfs Zweifel an der Größe dieses Hohenzollern waren vielleicht ebenso kurzsichtig wie viele andere Zweifel an hohenzollerischer Größe mit oder ohne Windhunden. Wer die Größe des Kurfürsten Georg Wilhelm aller persönlichen Unzulänglichkeiten entkleidet und im großen geschichtlichen Zusammenhang prüft, wird zugeben müssen, daß vielleicht zwar kein anderer Hohenzoller Schädlicheres für Berlin und die Mark Brandenburg gewirkt hat, daß aber die wirkliche Macht der Hohenzollern später auf die Taten dieses Kurfürsten oder seines vielleicht ebenso großen Kanzlers Schwarzenberg gegründet worden ist. Dabei ist es gleichgültig, ob diese Taten als Ausfluß höchster Staatsweisheit, Verschlagenheit, Willensschwäche oder Charakterlosigkeit zu begreifen sind, was ja bei großen Taten selten eindeutig festgestellt werden kann. Nur die große Frömmigkeit dieses Kurfürsten scheint eindeutig festzustehen. Kein anderer Hohenzoller hat schärfer

die Theateraufführungen und Gaukler in Berlin verboten oder mehr Buß- und Bettage in Berlin angeordnet. Doch in fröhlichen Gelagen sah er nichts Böses, auch dann nicht, wenn sich sein Hoflager im Schloß der verarmenden Hauptstadt befand, wie z. B. noch im Jahre 1624, als er seine Hof- und Staatsdiener bei einer Kindtaufe 4000 Tonnen Bier austrinken ließ.
Statt die zur Neutralität einladende Lage der Mark Brandenburg für seine namentlich in Berlin wohnenden Steuerzahler auszunutzen, zog sich dieser merkwürdige Fürst zu scheinbar verschwenderischem Leben in das kriegsfernere Ostpreußen zurück, um das er selbst gerade durch geschickte Diplomatie und Beerbung eines blödsinnigen Herzogs die brandenburgischen Staaten vermehrt hatte. Von dem sicheren Königsberg aus ließ er Berlin und sein brandenburgisches Land bald auf protestantischer, bald auf katholischer Seite kämpfen und von beiden Gegnern brandschatzen. Die sich wiederholt bietende Gelegenheit, für Berlin und die Mark denselben Frieden zu schließen, den er selbst in Ostpreußen genoß, lehnte er zum Durchhalten entschlossen ab; angeblich weil er Erbansprüche auch noch auf Pommern geltend machen mußte, das ihm zuerst nur teilweise und schließlich überhaupt nicht zugestanden wurde. Doch war die wirkliche Ursache seiner kriegerischen Ausdauer vielleicht seine Erkenntnis, daß ein frühzeitiger Frieden seine Hauptstadt Berlin und namentlich den brandenburgischen Adel wieder wohlhabend und widerspenstig gegen die weitsichtigen kurfürstlichen Pläne machen mußte.
Bis zum Dreißigjährigen Krieg hatten die brandenburgischen Stände, d. h. also die adligen Gutsbesitzer, sich durch ihren Landtag auch die Werbung und Besoldung der Landestruppen vorbehalten und von diesem kostspieligen Recht sparsamen Gebrauch gemacht. Der Kanzler Schwarzenberg hatte zwar klug dafür gesorgt, daß die Städte — d. h. also vor allem Berlin — zwei Drittel aller Heereskosten zahlen mußten, so daß nur ein Drittel auf die Bauern fiel, während die Adligen selbstverständlich von Steuern ebenso wie vom Kriegsdienste frei blieben. Trotzdem wollten diese Adligen dem Landesherrn keine große oder unbeschränkte Kriegsmacht in die Hand geben, denn sie fürchteten sein »absolutes Dominat«. Aber die Bündnisse, die der Kurfürst im Krieg abwechselnd mit den katholischen und protestantischen Plünderern seines Landes schloß, ermöglichten ihm die Aufstellung von Truppen. Sein Geschick oder Glück erlaubte ihm, in der selbstgeschaffenen Verwirrung ohne Geldbewilligungen der adligen Stände auszukommen und die Truppen auf Kosten der Städte und Bauern, durch militärische »Exekution«, zusammenzubringen und dann zwar zum Verderben des Landes, besonders Berlins, aber zum Vorteil seines Hauses und schließlich auch des ursprünglich widerstrebenden Adels zu brauchen.
Berlin hat in seiner baulichen und gesellschaftlichen Entwicklung seit der Gründung der Stadt bis zum heutigen Tag nicht dieselbe Mitwirkung des Adels erfahren wie London, Paris und Wien, deren vorbildliche Adelssitze kein Gegenstück in Berlin haben. Das Sprichwort *my home is my castle* gehört zur englischen Verfassung und sichert dem niedrigst besteuerten englischen Bürgerhaus die Unantastbarkeit des höchst besteuerten Adelssitzes. Wieviel Segen die Geistes- und Lebenshaltung einer Großstadt von der Mitwirkung eines gebildeten Adels er-

fahren kann, beweist dem in Baufragen Unbewanderten ein Vergleich des unsterblichen Londoner und Pariser Theaters mit dem gleichzeitigen Tratsch der Meistersinger selbst in den reichsten deutschen Städten der Zeit vor dem Dreißigjährigen Krieg. Es ist uns deshalb für jedes Zeitalter eine fesselnde Frage, was Berlin eigentlich von den sogenannten Adligen Brandenburgs erfahren hat, denen noch der Freiherr vom Stein das Recht auf den Adelstitel bestritt, weil sie »in den brandenburgischen Sanddünen nichts als hinterliche und hinderliche Gedanken haben können« und weil sie einem »*genus hybridum*« angehören, »in welchem noch ein Stück von einem wilden, längst ausgestorbenen vorsintflutlichen Tier steckt«. Die große Soldatenwerbung, durch die sich der brandenburgische Kurfürst nach 1636 gegen den Widerstand seines Adels ein Heer zu verschaffen vermochte, verschaffte dann auch diesem Adel, trotz oder wegen seines Widerstandes, ein fruchtbares Feld zur Betätigung, die für Berlin wichtig geworden ist und die der bekannte Lobredner der Hohenzollern, J. G. Droysen, folgendermaßen geschildert hat: »Die 23 Obristen, ihre Obristlieutenants und Hauptleute, fast durchgehend Brandenburger und preußische Edelleute, leisteten Unglaubliches in Betrügerei und Gaunerei bei der Werbung. Freilich noch ärger verstanden sie zu prellen und Gewinn zu machen, nachdem sie ihre Kompanien und Regimenter beieinander hatten ... Nur die äußerste Gewaltsamkeit konnte noch Unterhalt für die Truppen schaffen; mit ›mehr als türkischen Tribulationen‹ erpreßten diese Obristen und Hauptleute Geld und Geldeswert und bereicherten sich an dem jammervollen Untergang ihres Heimatlandes, ihrer Landsleute; alles Entsetzliche, was das Land erst von den kursächsischen und kaiserlichen Völkern gelitten hatte, schien gering gegen die Habgier, Grausamkeit, Niederträchtigkeit der heimischen Soldateska.« Droysen erwähnt unter zahlreichen ähnlichen brandenburgischen Edelleuten den »Obristlieutenant von Milatz, der in Prenzlau, um Geld zu erpressen, die Bürger in ein infiziertes Pesthaus einsperrt oder schwangere Frauen, auch eine vom Adel, zu Tode prügeln läßt usw.«
Als es dem Kurfürsten so gelungen war, endlich den Eifer des brandenburgisch-preußischen Adels für die Schaffung eines Heeres zu wecken, schrieb der große Kanzler Schwarzenberg vermittelnd: »Die große Werbung hat dem Lande weh getan. Es ist ein elender Zustand, das Land geht vollends zugrunde.« Nachdem es aber einmal gelungen war, einen unternehmungslustigen Soldaten- oder wenigstens Offizierstand zu schaffen, über den die brandenburgisch-preußischen Herrscher selbständig verfügen durften, blieb als letztes Hindernis für einen raschen und ganz neuartigen Wiederaufstieg Berlins nur noch der Widerstand seiner eigenen Bürger. Den Widerstand der heruntergekommenen Berliner Steuerzahler vermochte der Kurfürst mit diesem neuen Heer beinahe bis auf den letzten Rest zu brechen. Seine Statthalter schienen sich nicht einig darüber werden zu können, ob sie das aufwendig gebaute, aber strategisch unwichtige Berliner Schloß verteidigen sollten oder nicht. Zur »*conservation* des in ganz Teutschland berühmten Residenzhauses« legten sie von Zeit zu Zeit brandenburgische Besatzungen in das widerstrebende Berlin, die dort ebenso schlimm oder ärger hausten als der gelegentlich durchziehende schwedische oder katholische Feind. Der Berliner Magistrat war bereit,

rechnungsmäßig zu belegen, daß die feindliche Einquartierung weniger kostete als die eigene brandenburgische. Sie schützte die Stadt nicht vor feindlichen Erpressungen, aber sie fügte ihr den schwersten Schaden zu, den sie während des langen Krieges erlitt: die Soldateska des eigenen Landesherrn brannte 1640 die Vorstädte Berlins und 1641 die Vorstädte Cöllns nieder, weil sie einer etwaigen Verteidigung, zu der es niemals kam, im Wege stehen konnten. Die adligen Offiziere beteiligten sich eigenhändig beim Brandlegen. Auch Häuser, welche den Verteidigern gar nicht hinderlich sein konnten, wurden bis auf den Grund niedergebrannt. Selbst das Hospital wurde nicht verschont. Für eine verarmende Stadt ist ein großer Brand kein Segen, der sie phönixartig verjüngt. Nach dem Feuer behandelten die brandenburgischen Truppen die eigene Hauptstadt in einer Weise, »welche sie ungescheuet ihre Berlinische Hochzeit öffentlich genannt haben«. So lautete ein städtischer Bericht über diese »Cavallerie Schwelgerei«. Der damalige Propst der Petrikirche berichtete, es seien seine »Pfarrkinder von einesteils übel disziplinierten Reitern und Soldaten mit Einquartierung, übermäßigem Fressen und Saufen, ja wohl gar harten Schlägen, Prügeln, nächtlich ungestraftem Einbrechen und ehrenrührigen Worten, als wären die Bürger Schelme, Diebe und Rebellen, übel traktiert« worden.

Wie sehr diese Berliner Ereignisse den ungelehrten oder oberflächlichen Betrachter an übertriebene belgische Kriegsberichte neuester Zeit erinnern mögen, so tief haben sie auf die Moral und Baugeschichte Berlins gewirkt und so segensreich sind sie für den Aufschwung des Hauses Hohenzollern geworden. Durch die in Berlin und der Mark Brandenburg angerichtete Verwirrung überwand der scheinbar kurz-, aber in Wirklichkeit vielleicht unsagbar weitsichtige Kurfürst bei seinen Adligen, Städten und Bauern den Widerstand gegen die Schaffung eines stehenden Heeres, ohne welches ruhmreiche Kriege gegen schlechter vorbereitete Nachbarn und die Eroberung ihrer Länder sowie die Errichtung des »absoluten Dominats«, d. h. also des unbeschränkten Absolutismus im eigenen Land schwer möglich sind. Namentlich die bauliche Entwicklung Berlins würde später durchaus andere Bahnen genommen und vielleicht nie ihr erstaunliches Maß oder schädliches Übermaß erreicht haben, wenn die Hohenzollern sich nicht auf das Heer hätten stützen können, über dessen erstes Auftreten in Berlin eben berichtet wurde. Nur mit seiner Hilfe konnten sie später Berlin so eigenartig nicht als Stätte bürgerlicher Kultur, sondern als Stätte militärischer Masseneinquartierung und als bequem greifbare Anhäufung widerstandsloser Steuerzahler mit der Machtvollkommenheit des Absolutismus gewaltsam vergrößern, wie es in den folgenden Kapiteln geschildert wird. Bismarck meinte: »Jeder Absolutismus ist ein fruchtbares Feld für die Saat der Revolution.« Der auf Berlin ruhende hohenzollerische Absolutismus war jedoch im Schutz seines wachsenden Heeres so machtvoll, daß seine Saat langsam und erst nach langer Blüte des Herrscherhauses zur Reife gekommen ist.

Bis zum Dreißigjährigen Krieg ist Deutschland ein besonders reiches Land gewesen. Der Gegensatz zu dem früher besonders armen England wird von angelsächsischen Schriftstellern gern betont. Friedrich List, der zu spät Deutschlands Führer zu verkehrspolitischem und nationalem Zusammenschluß geworden ist, sah die Ursache

Berlin um 1650, gesehen vom heutigen »Kastanienwäldchen« hinter der Universität. Ausschnitt aus Merians Topographie. Im Vordergrund die »Linden«

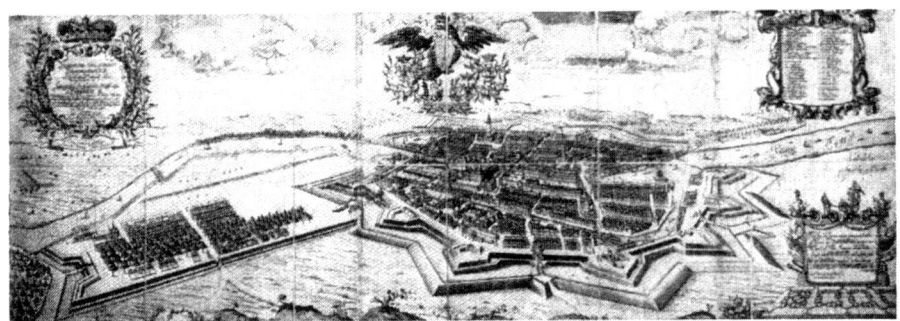

Berlin beim Tode des »Großen« Kurfürsten (1688) kurz vor dem Abbruch der neuen Festungswerke. Gezeichnet von Johann Bernhard Schultz. Links die neue Dorotheenstadt mit den Linden. (Von der Mitte des Bildes mit dem Schloß befindet sich ein Ausschnitt auf Seite 27)

für den Verfall des deutschen Reichtums in der Nachlässigkeit der lange fast allmächtigen Hansestädte bei der Wahrnehmung ihrer politischen Vorteile und Pflichten. Dem Hansebunde hat Berlin nur bis zu seiner Unterwerfung durch die Hohenzollern angehört. Nachher wurde es eine der belanglosen Binnenstädte, von denen Friedrich List sagt: »Die Binnenstädte fielen nach und nach unter die absolute Gewalt der Fürsten, und damit verloren die Seestädte ihre Verbindungen im Innern.« Die Unterwerfung der Städte unter die absolute Fürstengewalt hat den Fürstenhäusern ihr eigentliches Gedeihen und hat manchen Städten, namentlich Berlin, ein scheinbares Gedeihen, aber auch den Tod oder die Impotenz des bürgerlichen Geistes gebracht, die Berlins Anmaßung, eine deutsche Hauptstadt sein zu wollen, besonders ärgerlich macht. Dem Kurfürsten Georg Wilhelm, der in den Wirren des Dreißigjährigen Krieges das Werk Friedrichs II. »mit den eisernen Zähnen« vollendete, folgte Friedrich Wilhelm, der »Große« Kurfürst, unter dem Berlins scheinbares Gedeihen, aber auch die unheilbare Zerrüttung seines Wohnungswesens und seiner bürgerlichen Moral offenbar wurden.

Der »Große« Kurfürst macht Berlin zu einer Festung Frankreichs

> Die französische Politik hat von alters her den Machtzuwachs und die Herrschaft der (deutschen) Kaiser bekämpft. Preußen verfolgt dieselben Ziele.
>
> *Friedrich der Große in seinem »Testament« von 1752*
>
> Ich sehe in dem deutschen Nationalgefühl die stärkre Kraft überall, wo sie mit dem Partikularismus in Kämpf gerät, weil der letztre, auch der preußische, selbst doch nur entstanden ist in Auflehnung gegen das gesamtdeutsche Gemeinwesen, gegen Kaiser und Reich, im Abfall von Beiden, gestützt auf päpstlichen, später französischen, in der Gesamtheit welschen Beistand, die alle dem deutschen Gemeinwesen gleich schädlich und gefährlich waren.
>
> *Bismarck (Gedanken und Erinnerungen, 13. Kapitel)*

Der »Große« Kurfürst schien zuerst das große Werk seines Vaters und damit den eigenartigen Wiederaufstieg Berlins gefährden zu wollen. Als er zwanzigjährig zur Regierung kam, fehlte ihm noch die kriegerische Kraft seines Vorgängers. Er war zwei Jahre vor seiner Thronbesteigung aus den kultivierten Niederlanden zurückgekehrt. Vielleicht hatte der vierjährige Aufenthalt in diesem Land der Freiheit und des Bürgertums den Knaben verweichlicht. Jedenfalls zeigte er anfangs kein Verständnis für den mächtigen Kanzler seines kriegerischen Vaters, unterwarf sich den Forderungen des Adels, entließ mehr als die Hälfte seines Heeres mitten im Kampf, bat den schwedischen Feind um Frieden zu den Bedingungen, die sein Vater stets verächtlich abgelehnt hatte (also ohne Pommern); er billigte dem Feind Durchzugsrecht und Geldzahlungen zu und erlangte so schließlich einen Frieden, bei dessen Abschluß, drei Jahre nach seiner Thronbesteigung, er auch selber in das endlich vom Krieg erlöste, aber noch schwer leidende Berlin einzog. Die dann folgenden Unternehmungen des »Großen« Kurfürsten bewiesen aber, daß er als Staats- und Kriegsmann seinem Vater doch ebenbürtig war. Auch wurde er zu einem besonderen Förderer der Hexenprozesse und der Goldmacherkunst und gab bis zu hundert Taler im Jahr für Pomade und Puder aus.

Als der Kurfürst in Berlin-Cölln eintraf, fand er dort noch etwa 7500 Einwohner vor. Die Stadt hatte also weniger als die Hälfte ihrer rund 12 000 zählenden Vorkriegsbevölkerung verloren. Die Häuser waren mit Steuerrückständen belastet, viele Hausbesitzer waren deshalb geflohen, viele waren Opfer der Pest geworden. Von den 845 Häusern Berlins lagen auch weniger als die Hälfte, etwa 300, von den 364 Cöllner Häusern etwa 150 unbewohnt, halb verfallen, »wüst« oder »ungenießbar«, wie die Sprache der Zeit es nannte. Die zurückgebliebenen Bürger nährten sich ärmlich von der Landwirtschaft. Die zurückgebliebenen Schweine durften in den ungepflasterten Straßen Berlins wühlen. Erst dreißig Jahre später konnte der Kurfürst eine Verfügung gegen sie erlassen. »Schritt auch die Bebauung der wüsten Stellen in der *Residenz* nur langsam vorwärts, so ließ sich der Kurfürst um so mehr die Wiederherstellung des Schloßbezirks angelegen sein. Der Lustgarten wurde neu hergerichtet, und eine sechsfache Baumreihe zierte den Weg von der Hundebrücke nach dem Tiergarten. Die beweglichen Klagen der Bürger aber hielten weiter an. Der Staat des hochstrebenden Fürsten brauchte Mittel.« So berichtet der neueste Historiker des Dreißigjährigen Krieges, Eberhard Faden.

Die ersten Bauten, Orangerie und Lusthaus, errichtete 1650 der neuberufene holländische Baumeister Memhard. Das Lusthaus ist 1714 in eine Tapetenfabrik und 1738 in die Berliner Börse umgewandelt worden, von demselben »Soldatenkönig«, der aus dem Lustgarten einen Exerzierplatz machte. Die vorhin erwähnte Hundebrücke war ursprünglich für die Jagdhunde der Herrscher gebaut worden. Heute trägt sie den vornehmeren Namen »Schloßbrücke«. Die »sechsfache Baumreihe« bestand aus Nuß- und Lindenbäumen, die der »Große« Kurfürst 1647 angeblich nach einem Vorbild in der Stadt Cleve pflanzen ließ. Die Baumreihe führte von der Hundebrücke zum Tiergarten, der damals noch anfing, wo heute das Denkmal Friedrichs des »Großen« steht. Sie ist auf der ältesten Ansicht Berlins abgebildet (Seite 22). Elf Jahre nachdem er sie gepflanzt hatte, ließ der Kurfürst seine sechsfache Baumreihe wieder abhauen, weil er auf den Gedanken gekommen war, das Gelände, auf dem sie stand, für die großen neuen Festungswerke zu benutzen. Die heutigen »Linden« wurden später westlich der ersten »Linden« gepflanzt.

Vorerst erleichterte der Kurfürst scheinbar die Steuerlast der daniederliegenden Städte, so daß sie für die nächsten zwei Jahrhunderte nur sieben Zwölftel, statt wie früher drei Viertel der direkten Steuern zu zahlen brauchten. Doch gelang es ihm bald, durch kräftigere Entwicklung der indirekten Steuern, d. h. also der schnell berühmten Akzise, die Hauptlast der Steuern noch viel mehr als früher für die Städte und besonders für Berlin-Cölln tragbar zu machen.

Aber der Kurfürst wartete nicht, bis die neue Steuerernte aus den Städten einlief. Der Dreißigjährige Krieg war noch keine drei Jahre durch den Westfälischen Frieden zu Ende gebracht worden, als dieser »große« Fürst schon sich und seine Länder für neue kriegerische Taten reif erachtete. Er begann deshalb mit der Plünderung der Vorstadt Düsseldorfs und brach mitten im Frieden in Jülich ein, auf das er die üblichen Erbansprüche hatte, womit damals die deutschen Fürsten meist enger als durch Liebe zum gemeinsamen Vaterland verbunden waren. Damals begann die Abneigung der Deutschen gegen Berlin, die später für lange Zeit sprichwörtlich geworden ist. Sogar der Anwalt der Hohenzollern und ihres Einbruches in Jülich, J. G. Droysen, sagte zu diesem Berliner »Gewaltakt« von 1651: »Mit Mißachtung und Entrüstung nannte man den Namen Brandenburg: alle Gutgesinnten waren empört, daß es den teuer erkauften Frieden zu stören gewagt, die Gefahr eines neuen allgemeinen Brandes über das Reich gebracht habe.«

Obgleich der »Große« Kurfürst zum Zweck seines Einfalls in Jülich die Zahl seiner Truppen schon wieder mehr als verdoppelt hatte, endete sein erster Bruch des Friedens unrühmlich. Noch waren die brandenburgischen Heere klein. Auch machten

damals die adligen Stände noch Schwierigkeiten und erklärten: »Im ganzen römischen Reich sollte wohl kein Exempel zu finden sein, daß nach geschlossenem Frieden den Untertanen ein mehreres sollte aufgebürdet und lauter nichts abgedankt sein ... Bis hero haben die Soldaten den *armen* Leuten die Tränen ausgepreßt; nun *wir* in die Hand der Obrigkeit geraten, wollen wir nicht hoffen, daß dergleichen Sünde und Unglück *uns* treffen werde.«
Diese unritterlichen Klagen beruhigte der »Große« Kurfürst, indem er den Adligen ihre Steuerfreiheit und ihre bedingungslose Herrschaft über die Bauern erneut und vermehrt zusicherte. Aber die Soldaten, die ihm dafür nun auch gesetzmäßig bewilligt wurden, machten den Kurfürsten stark genug, gleich viele neue Truppen ohne Bewilligung der Stände mittels militärischer »Steuerexekution« zusammenzubringen und sich um die Stände wenig mehr zu kümmern. Da das Land von abgedankten Soldaten und verhungernden Bauern wimmelte, hatte er statt der bewilligten 3000 schnell 20 000 Mann beisammen und begann einen neuen Krieg, diesmal abwechselnd gegen und für Polen oder Schweden. Die neuen Kämpfe des großfürstlichen Condottiere von Brandenburg dauerten fünf Jahre, waren vielfach ruhmreich, aber wieder ganz erfolglos, sie brachten dem Kurfürsten nur die Souveränität über sein ostpreußisches Land, die ihm von seinem polnischen Lehnsherrn schon vor Anfang des Krieges ohne Kampf angeboten worden war. So sah der Kurfürst sich denn gezwungen, neue Maßregeln und diesmal größeren Stils zu ersinnen. Schon seit dem Jahre 1656 empfing er französische Staatsgelder, und 1658 begann er, ganz Berlin in eine Festung und in ein Massenquartier für ein sehr viel stärkeres Heer zu verwandeln, als je zuvor in hohenzollerischen Diensten gestanden hatte. Das älteste Bild und der älteste Plan Berlins (Seiten 22, 37) zeigen noch die mittelalterliche Befestigung, die der »Große« Kurfürst durch einen weiten Kreis von 13 kunstvollen Bastionen, mit breitem Graben davor, ohne irgendwelche Rücksicht auf vorhandene Besitz- oder Verkehrsverhältnisse umschließen ließ. Der Bau dieser neuen Riesenwerke war wegen des sumpfigen Untergrunds besonders schwierig und dauerte 25 Jahre (1658 bis 1683), während derer die Berliner Bürger wie leibeigene Bauern zur Schanzarbeit gezwungen wurden, was anfangs noch viel Bitterkeit auslöste. Der Kurfürst teilte die Bürgerschaft in vier Viertel, von denen täglich eines zur Schanzarbeit antreten mußte. Nachdem im Jahre 1683 endlich der Gürtel der neuen Festungswerke auf der Cöllnischen Seite geschlossen war, wurde mit dem Abreißen der sechs bis zehn Fuß starken alten Stadtmauer begonnen. Den neuen Festungswerken wurde gleich darauf dasselbe Schicksal zuteil. Sie erwiesen sich als veraltet, bevor sie fertig wurden. Eine kostspielige Neugestaltung wurde begonnen, aber nicht weit gebracht. Die Festungswerke wurden anschaulich abgebildet auf dem großen, perspektivischen Plan von J. B. Schultz aus dem Jahre 1688 (Seiten 27, 37) und auf dem Seutterschen Plan von 1733 (Seite 95) und wurden dann (zum Teil schon vorher) in langjähriger Arbeit wieder abgetragen. Verblieben sind als Rest der kurfürstlichen Anstrengung nur die Bastion, auf der heute das Märkische Museum steht, sowie allerlei Eigenheiten und störende Verwirrungen im Stadtplan, wie z. B. die häßlich ausgezackte Form der Plätze, die ehemals von Bastionen eingenommen wurden, als Hackescher

Markt, Alexanderplatz, Spittelmarkt, Hausvogteiplatz. Freundliche Beurteiler dieses kurzen Festungsdaseins wollen aber behaupten, gelegentlich der Schlacht von Fehrbellin sei die Berliner Festung zusammen mit Spandau doch einmal strategisch nützlich gewesen, also acht Jahre vor ihrer Vollendung. Dabei ist nicht ersichtlich, warum das näher bei Fehrbellin gelegene Spandau, das nach wie vor Festung blieb, nicht mit weniger Geld, als der Auf- und Abbau der großen Berliner Werke verschlang, sehr viel wirkungsvoller hätte ausgestaltet werden können, auch für Fehrbellin. Noch im Jahre 1890 eignete sich Spandau zum Ausbau in eine Festung ersten Ranges, während Berlin wieder unbefestigt blieb. (Unerörtert möge die Frage bleiben, ob es nicht segensreicher für Deutschland geworden wäre, wenn die Schweden statt des »Großen« Kurfürsten bei Fehrbellin gesiegt und weitere Stücke Ostelbiens gewonnen hätten, ähnlich wie sie Wismar bis 1903 behielten. Sicher ist, daß der schwedische Adel weniger ungebildet war als der brandenburgische und daß die schwedischen Bauern nie in Leibeigenschaft sanken wie die brandenburgischen. Dauerndes Zusammengehen schwedischer Könige mit Deutschland hätte vielleicht sogar Berlin vor dem russischen Vasallentum bewahrt, dem das reichsfeindliche Preußen sich nach dem Siebenjährigen Krieg ergeben mußte und von dem Bismarck und Goethe mit Mißfallen gesprochen haben.)
Unhaltbar ist schließlich der Einwand, die großen Summen, welche beim Auf- und Abbau der Berliner Festungswerke verbraucht wurden, seien doch nur französisches Geld, also kein ernstes Opfer für den brandenburgischen Staat und für den Berliner Städtebau gewesen. Gewiß empfing der »Große« Kurfürst, nachdem er sich gegen das Deutsche Reich in den Dienst Frankreichs gestellt hatte, stets wachsende französische Handgelder. Auch ist heute aus den Akten bekannt, daß die Geheimverträge, mit denen er sich immer enger an seinen französischen Geldgeber schloß, ziemlich genau in die Jahre fielen (1656, 1658, 1664, 1665, 1667, 1669, 1673, 1676, 1679, 1681, 1682 und 1683), in denen die teure Befestigung Berlins begonnen und durchgeführt wurde (1658 bis 1683). Doch muß im Auge behalten werden, daß der »Große« Kurfürst auf Wunsch seines französischen Geldgebers nicht nur Stettin, Stralsund, Rügen usw. (also den ganzen Scheingewinn des Fehrbelliner Sieges, den die Berliner Festungswerke angeblich erringen halfen) wieder an die Schweden abtreten mußte, was kein Unglück war, sondern daß er vor allem als Preis für das französische Geld vertragsmäßig den Franzosen ihren Raub Straßburgs und eines Achtels des Deutschen Reiches gegen den in ganz Deutschland aufflammenden Willen zur Rückeroberung schützen mußte. Er hatte den Franzosen freien Einmarsch in seine Länder und Festungen zusichern müssen. Als die Festung Wien im Jahre 1529 ruhmreich die Belagerung der Türken abgeschlagen hatte, erkannten auch Städte des deutschen Westens, wie Straßburg, Aachen, Köln, daß die Wiener Festungswerke eine nationaldeutsche Angelegenheit waren, und sandten Beiträge zu ihrer Verstärkung. Als Wien dann 1683 wieder von den Türken belagert wurde, kam Karl von Lothringen mit Truppen aus allen Teilen Deutschlands und sogar aus Polen dieser deutschen Festung zu Hilfe. Nur die bereits von Berlin unterworfenen Deutschen kamen zu spät, weil der deutschfeindliche Berliner Kurfürst seine Hilfe dem deutschen Kaiser lange nur dann

senden wollte, wenn sich vorher das Deutsche Reich mit dem französischen Raub von Straßburg usw. einverstanden erklärt hätte. Diese Berliner Unverschämtheit wurde zwar vom deutschen Kaiser mit der gebührenden Verachtung abgelehnt, und vor Wien erlitten die Türken ohne Berlins Hilfe die entscheidende Niederlage, seit der sie nie wieder neuen Landerwerb in Europa gemacht haben. Aber gleichzeitig war Berlin nicht nur eine mit französischem Geld gebaute Festung, sondern war, wie alle Festungen Brandenburg-Preußens, recht eigentlich französische Festung, deren Gebrauch im Kriegsfall den Franzosen vertragsmäßig zustand. Nur dieser Hochverrat des »Großen« Kurfürsten, der damals im Dienst Frankreichs seine Diplomatie und sein bereits 24 000 Mann zählendes Heer zugunsten der französischen Politik geltend machte, verdankten die Franzosen den Waffenstillstand von 1684 und damit Straßburg und sehr viel größere Stücke des Deutschen Reiches, als etwa im Weltkrieg von 1914 bis 1918 verlorengingen. Ein Deutscher kann es nicht als Entschädigung für diese nicht mehr gutzumachenden Verluste ansehen, daß der »Große« Kurfürst jährlich von den Franzosen 100 000 Franken oder später auch 300 000, 400 000 und schließlich 500 000 Franken im Jahr und einmal auch persönlich 100 000 Franken in baren Goldstücken ausgezahlt bekam, um Berlin für die Franzosen in eine Festung verwandeln, wachsende Truppenmassen aufstellen, erfolgreiche Kriege, unhaltbare Kolonialerwerbungen und wenig ergiebigen afrikanischen Sklavenhandel betreiben und die Macht des Deutschen Reiches gegenüber Frankreich schwächen zu können. Zum Dank für seinen Hochverrat von 1684 erhoffte der Kurfürst von Frankreich die Erlaubnis, ein Stück des schwedischen Pommern erobern zu dürfen. Aber Ludwig XIV. hatte ihn zum Narren. Frankreich steckte Straßburg und vieles andere ein, ohne dem »Großen« Kurfürsten auch nur die Erlaubnis zu geben, den Schweden den Krieg zu erklären.
Den greifbarsten Vorteil auf deutscher Seite scheint die Frau des »Großen« Kurfürsten aus seiner anrüchigen Politik gezogen zu haben. Am 14. Januar 1680 gelangte sie ungewöhnlich billig zu »zwei Ohrgehängen und einem Bruststück, welches auf 100 000 Taler angeschlagen wird«. Es war dies das Geschenk, welches Ludwig XIV. durch seinen Gesandten der Kurfürstin überreichen ließ zur Feier des Bündnisschlusses zwischen Ludwig XIV. und dem hochverräterischen Kurfürsten, der dem französischen König am 16. Mai 1679 versichert hatte: »Sie würden schwerlich auf der ganzen Welt einen Fürsten finden, der wahrhafter als ich und mit mehr Respekt und Eifer Ihr ergebenster Diener sein würde.«
Wer ungern annimmt, daß die Befestigung Berlins ein Millionen verschlingender Mißgriff des »Großen« Kurfürsten war oder daß dieser emsige Herrscher das Geld nur ausgegeben hat zur Verteidigung seines gerade neu ausgebauten Schlosses und Lustgartens oder »zur Versicherung dero hohen Person« (so hieß es im ersten Befehl zur Inangriffnahme der Schanzarbeit), der wird glauben müssen, daß die Berliner Festungswerke gegen einen doch noch gefürchteten inneren Feind gebaut wurden, ähnlich wie 1442 die Berliner Zwingburg Friedrichs II. »mit dem Eisenzahn«. »Das ganze Heer, sowohl Infanterie als Kavallerie, wurde den Städten in Quartier gelegt, um dort Disziplin einzuführen und zu erhalten«; so berichtete noch aus dem Preußen des 18. Jahrhunderts Friedrich der »Große«.

Einquartierung für die Berliner und Privilegien für Ausländer

> Was geht für ein Weltgeschrei,
> Wer sagt was von Frieden machen?
> Welches alte Weibermaul
> Plappert solche Narrensachen?
>
> *Landsknechtslied aus dem Dreißigjährigen Krieg*

Noch schwieriger als der Bau der neuen Berliner Festungswerke war die Schaffung der Quartiere für die militärische Besatzung dieser neuen großen Festung, die ja nicht der Selbstverteidigung einer wehrhaften Bürgerschaft, sondern den kriegerischen Plänen eines preußischen Condottiere in französischem Sold und seiner schnell wachsenden Soldateska dienen sollte. Der Bau besonderer Soldatenkasernen, nach französischem Vorbild, begann in Berlin erst nach dem Siebenjährigen Krieg und nach den ungeheuren Truppenvermehrungen Friedrichs des »Großen« Mode zu werden. Bis dahin – und noch lange nachher – bedeuteten Soldateneinquartierung für Bürgerhäuser und bei rasch wachsender Belegung einfach Verwandlung der Bürgerhäuser in kleine Kasernen und Verwandlung der gesamten Stadt in eine große Kaserne. Im preußischen Heer sammelte der »Große« Kurfürst die Hefe des Dreißigjährigen Krieges und bereitete daraus seinen Sauerteig für jedes Bürgerhaus und für die eigenartig preußische Förderung der bürgerlichen Kultur. Der Bürgerschaft war zwar schon durch die früheren hohenzollerischen Herrscher die politische Verantwortung genommen worden, aber sie hatte sich doch genug Urteil und Blick in die Zukunft bewahrt, um sogar nach den schwedischen Brandschatzungen des Dreißigjährigen Krieges immer noch die Einquartierung von Truppen des eigenen Landesherrn für schlimmer zu halten als drohende und manchmal Wirklichkeit werdende feindliche Überfälle. Gelegentlich der feindlichen Einquartierungen war es den Vornehmsten schlechter gegangen als den Handwerkern. Die neue Dauereinquartierung des »Großen« Kurfürsten dagegen schonte die bestausgestatteten Häuser der Leistungsfähigen, statt sie mit erhöhten Leistungen zu belegen. Diese Einquartierung wurde deshalb besonders schwer tragbar, weil die Häuserzahl seit dem allgemeinen Friedensschluß dank der unermüdlichen Kriege des Kurfürsten noch weiter gesunken war und weil von den 814 Häusern, welche es im Jahre 1657 in Berlin (ohne Cölln) noch gab, noch immer 156 »wüst« lagen und weitere 150 von bevorzugten und deshalb einquartierungsfreien Nutznießern der Hohenzollern-Herrschaft bewohnt wurden. Die Last der Einquartierung fiel also auf 508 Häuser, deren Bewohner die ihnen aufgezwungenen Soldaten des eigenen Landesherrn ohne Entschädigung aufnehmen mußten. Zuerst wurde ihnen eine Besatzung von etwa 2000 Mann nebst 600 Weibern und Kindern auferlegt. Das entsprach etwa einem Drittel der damals vorhandenen bürgerlichen Bevölkerung und einer Belegung jedes betroffenen Hauses mit fast drei *Militär-*

personen. Aber das war nur ein Anfang. Die Besatzung sollte bald sehr viel stärker werden. Denn nicht nur wollte sich der Kurfürst stark machen, um wachsende Handgelder von Frankreich verdienen zu können, sondern obendrein mußte er bei der Unterbringung des wachsenden Heeres die Mark Brandenburg, d. h. namentlich Berlin, viel stärker mit Einquartierung belegen als die ostpreußischen und gar rheinischen Länder, die, noch weniger geknechtet, rücksichtsvollere Behandlung erforderten. Der »Große« Kurfürst war also gezwungen, seine Aufmerksamkeit auf die Baupolitik Berlins zu lenken, das auch als vielverheißende Hauptquelle der neuen Verbrauchssteuern ausbauwürdig war.

So führte die Ironie der preußischen Geschichte zu einer kraftvollen Erneuerung des Berliner Städtebaues durch denselben »Großen« Kurfürsten, der getreu seinem größeren Vorbild, dem despotischen Ludwig XIV., bald die adligen Stände unterdrückte (die in England die bürgerliche Kultur zum Sieg führten), der aber, sehr im Gegensatz zu Ludwig XIV., sich nicht auf einen starken, hochgebildeten Bürgerstand, sondern zum Schaden der städtischen Kultur vor allem auf einen noch ganz rohen Militarismus stützte. Wie hoffnungslos aber die preußische Entwicklung der städtischen Kultur ohne Rückhalt in Selbstverwaltung und Bürgertum auch sein mußte, so bewunderungs- und zum Teil nachahmungswürdig bleibt doch die städtebauliche Leistung des »Großen« Kurfürsten, der zur Förderung seiner erfolglosen militärischen Politik plötzlich, und nach einigen Irrungen erfolgreich, die Siedlungspolitik aus der besten mittelalterlichen Zeit freien Städtewesens erneuerte, soweit dies unter seiner despotischen Herrschaft überhaupt möglich war.

Obgleich bei Beginn der großen Befestigungsarbeiten fast ein Fünftel der Berliner Häuser »wüst« lag, weil niemand die darauf lastenden Steuerrückstände übernehmen konnte, verband der »Große« Kurfürst seine Schanzarbeiten mit einer kühnen Stadterweiterung, die an das alte Cölln im Westen Werder und im Süden Neu-Cölln angliederte. (»Neu-Cölln am Wasser«, der Streifen am Südufer des linken Spreearms, ist nicht zu verwechseln mit dem späteren Rixdorf, das sich heute Neukölln nennt.) Werder wurde Friedrichswerder genannt und aus kleinlichen Absichten (um die Steuerrechte der Altstadt und die Rechte der Alt-Berliner Zünfte zu umgehen) zur selbständigen Stadt gemacht. Als sich die Verwaltung durch kurfürstliche Beamte als untauglich erwiesen hatte, wurde der holländische Architekt Memhard auf Lebenszeit zum Bürgermeister ernannt, ein Amt, das in neuerer Zeit viel zu selten mit tüchtigen, im Ausland gebildeten Baumeistern besetzt wird. Unter diesem baumeisterlichen Bürgermeister Memhard, demselben, der den ältesten Plan Berlins (Seite 22) gezeichnet hat, erblühte Friedrichswerder auf beinahe bodenreformerischer Grundlage. Straßen wurden abgesteckt, Baustellen vermessen und an Baulustige in Erbpacht gegeben. Der niedrige jährliche Grundzins von drei Silbergroschen war die einzige direkte Abgabe der Ansiedler. Ihre Steuerkraft wurde aber den neuen Verbrauchssteuern (Akzise) dienstbar gemacht. 1675 erneuerte der Kurfürst einen Brauch aus der besten Zeit mittelalterlicher Siedlungstätigkeit: er befahl die Versteigerung aller noch unbenutzten Baustellen. Gegen Ende des vierzigsten Jahres der kurfürstlichen Regierung war das neue Städtchen Friedrichswerder bebaut. Ähnlich wurden später in Neu-Cölln die Baustellen »um

ein billiges« an die Baulustigen ausgeteilt. Als wirksames Mittel gegen die Unlust der Bodenkäufer und gegen die Bodenspekulation wurde jedem, der mit dem Bauen zögerte, die Baustelle nach vier Wochen wieder abgenommen.
Wenn die neuen Festungsgräben auch nicht für die Verteidigung benötigt waren, so hatten sie doch den Wasserstand und die Breite der Spree verringert, das sumpfige Gelände entwässert und auf allerdings kostspielige Weise brauchbaren Baugrund geschaffen. Ein großer Teil des vor und hinter den Wällen liegenden Geländes kam teils durch Kauf, teils durch einfache Beschlagnahme in kurfürstlichen Besitz und konnte so ohne weiteres zur Förderung des Ausbaues der Stadt benutzt werden. Wo der Kurfürst eine Entschädigung der früheren Besitzer für angebracht hielt, wurde sie in kürzestem Verfahren nach der Höhe des obrigkeitlich geschätzten Ackerwertes bemessen, so daß es sich eigentlich um Zwangsverkauf handelte. Mit Recht wurde die Baupolitik als der wichtigste Zweck des Geländes allen anderen übergeordnet und seine Erfüllung geschützt vor Hemmungen durch veraltete oder weniger wichtige landwirtschaftliche Zwecke. So begann — für beinahe hundert Jahre — die kurfürstliche Anmaßung städtebaulicher Rechte und die Unterdrückung von Gemeinsinn und bürgerlicher Selbsthilfe zum vorübergehenden Segen für die Hauptstadt zu werden.
Des »Großen« Kurfürsten Baupolitik wurde noch ergänzt durch Gewährung von Bauholz, durch langjährige oder immerwährende Befreiung von allen Lasten (Kontributionen, Schoß*, Einquartierung usw.), durch all das, was in der Sprache des »Großen« Kurfürsten »empfindliche Ergötzlichkeit« hieß. Ebenso wie in den neuen Stadterweiterungsgebieten wurde im Innern der Stadt mit dem verlassenen Grundbesitz vorgegangen; »die wüsten Stellen« wurden »frei, umsonst und ohne einiges Entgelt« an Baulustige vergeben. Ebenso wurde in der Altstadt seit den achtziger Jahren das Gelände an der mittelalterlichen Stadtmauer in Berlin und Cölln vom Kurfürsten als Bauland an Baulustige verschenkt, wobei die Stadtmauer nicht immer niedergerissen, sondern manchmal als Rückwand für die neuen Häuser benützt wurde. Solange der »Große« Kurfürst sein kriegerisches Spiel trieb, war der Verkauf der »wüsten« Stellen in Berlin nicht leicht. »Wir haben schon manche wüste Stelle verkauft, aber es gehet wie einem alten zerissenen Kleide, wo wenn man ein Loch zuflicket, vier neue wieder vorhanden sind«, so berichtete 1665 der Magistrat, 22 Jahre nach Abschluß des Dreißigjährigen Krieges für Berlin.
Auch die neuen Siedlungsunternehmen des Kurfürsten warfen ihm nicht die erhofften Bargewinne ab, aber sie schafften doch allmählich Bevölkerung herbei, das heißt also Objekte für die kräftig anziehenden Verbrauchssteuern. Dieser Erfolg der Stadterweiterungen Friedrichswerder und Neu-Cölln, für die der Kurfürst innerhalb des Rahmens seiner Festungswerke Raum vorgesehen hatte, führte zum Bau der Dorotheenstadt, die außerhalb der Festung im Tiergarten angelegt wurde, wieder als kurfürstliche Privatstadt. Es war ein Vorspiel zur staatlichen Zersplitterung des städteschen Groß-Berlin im 19. Jahrhundert, daß bereits der »Große« Kurfürst vier Städte aus dem noch keine 20 000 Einwohner zählenden Berlin gemacht hat. Die neue Dorotheenstadt hatte in der Mitte ihrer rechteckigen Häuser-

---

* Alter Name für Steuern vom Besitz.

Die fünf Städte: Berlin, Cölln, Friedrichswerder, Dorotheenstadt und Friedrichstadt. Medaille aus dem Jahre 1700

blocks eine mit Bäumen bepflanzte Straße, heute »Unter den Linden« genannt, die gleichsam als Fortsetzung der älteren, von den Festungswerken verschluckten sechsfachen Baumreihe zum Tiergarten führte. Für die Dorotheenstadt (Seite 37) ließ die Kurfürstin Dorothea, welcher der Grund und Boden vom Kurfürsten geschenkt war, Grundstücke abmessen und an Baulustige gegen einen Grundzins von $1^{1}/_{2}$ Silbergroschen für die Quadratrute, also um die Hälfte billiger als auf dem Friedrichswerder, austeilen. Dazu gab es wieder besondere, über die übliche zehnjährige Baufreiheit hinaus dauernde Befreiung von Einquartierung, *Service*, Wachdienst usw. und unentgeltliche Überweisung von Bauholz. »Schließlich wurde auch diese neue Dorotheenstadt dem schon vollendeten Befestigungswerk noch nachträglich angestückt, indem sie durch einen schwachen Wall und Graben gesichert wurde. Selbst diese geringfügige Befestigung hat heute noch die schwersten Verkehrshemmungen zur Folge; der größte Teil des Südnordverkehrs vom Halleschen nach dem Oranienburger Tor muß sich durch den Friedrichstraßen-Engpaß zwischen Behrenstraße und Unter den Linden zwängen, während die von Süden herkommenden Mauer-, Kanonier- und Markgrafenstraßen an der Behrenstraße blind endigen« (Gg. Engelberg Graf).

Durch die kurfürstliche Baupolitik wurden rings um die Stadt Oasen geschaffen, die frei waren von den Steuerlasten, Schanz- und Einquartierungspflichten und sonstigen kurfürstlichen Schikanen Alt-Berlins. Die Nutznießer des kurfürstlichen Wohlwollens waren hauptsächlich Ausländer, die herbeizulocken sich der »Große« Kurfürst sehr bemühte, wenn er dabei auch nicht so viel Erfolg hatte, wie ihm oft nachgerühmt wird oder wie er hätte haben können, wenn die Regierung seiner Länder seinen unfruchtbaren kriegerischen Launen weniger widerstandslos unterworfen gewesen wäre. Die Bevölkerungszahl Berlins vermehrte sich zwar in den 48 Jahren seiner Regierung von 7500 auf 18 000 oder vielleicht sogar 20 000; aber der Zuwachs bestand größtenteils aus der Soldateska und ihrem Anhang, die er

zwangsweise in die Stadt legte. Die damit gebotenen Verdienstmöglichkeiten für Lieferanten, Handwerker und besonders viele Beamte lockten Einwanderer herbei. Sie kamen aus den eigenen Ländern des Kurfürsten, auch aus den kriegverfolgten Gebieten am Rhein und den Niederlanden. Dorthin hatte der »Große« Kurfürst verwandtschaftliche Beziehungen; aber er versäumte lange die einzigartige Gelegenheit, Hunderttausende von Einwanderern zu gewinnen, die ihm mehr genutzt hätten als alle Provinzen, um deren Eroberung er vergebliche Opfer brachte. Zur Zeit des »Großen« Kurfürsten und bis zum Erstarken der stehenden Heere war es nämlich noch üblich, daß die Regierungen volkreicher Staaten, wie England, Frankreich, Spanien oder Österreich, den jeweiligen religiösen Eigenbrötler als politischen Rebellen mißhandelten oder gar vertrieben. Zu diesen Rebellen rechnete, wer den besonders in Deutschland geltenden Satz *cuius regio, eius religio* nicht ernst nahm, d. h. wer nicht nach der Fasson des Landesherrn selig werden wollte und sich deshalb gelegentlich auch in Verschwörungen gegen den Landesherrn verwickeln ließ. (Seit 1562 haben die französischen Hugenotten in zwölf »Hugenottenkriegen« oft mit ausländischer Unterstützung gegen ihren König gekämpft.) Volkarme Fürsten dagegen, welche Bevölkerung anlocken wollten, um Steuerzahler und Soldaten zu gewinnen, rühmten sich gern ihrer Duldsamkeit und gewährten Andersgläubigen Zuflucht, wie einst das junge Rom sogar Verbrechern Zuflucht gewährt hatte, um Bevölkerung anzusaugen. Noch die australische Stadt Sydney ist später als Verbrecherkolonie groß geworden. Vielleicht die großartigste Gelegenheit der Weltgeschichte, nicht Verbrecher, sondern viel begehrenswertere Einwanderer in großer Zahl anzulocken, gewährte die Verfolgung der Hugenotten. Während seiner zweiundsiebzigjährigen Regierung gelang es Ludwig XIV., nicht nur seinen widerstrebenden Adel zu rückhaltlosem Gehorsam zu zwingen, sondern auch — nach 1666 — trotz seiner Auswanderungsverbote fast eine Million widerspenstiger Hugenotten aus dem katholischen Frankreich zu jagen, zu dessen fleißigsten und gebildetsten Bürgern sie gehört hatten. Schon 1685 glaubte Ludwig XIV. die Hugenotten endlich los zu sein und verbot deshalb die weitere Ausübung des reformierten Bekenntnisses; aber noch etwa 350 000 Hugenotten verließen Frankreich nach dieser sogenannten »Widerrufung des Ediktes von Nantes«.
Brandenburg-Preußen konnte diese reformierten Flüchtlinge besonders gut brauchen, nicht nur wegen seines Mangels an Bevölkerung, sondern auch wegen des reformierten Glaubensbekenntnisses seines Kurfürsten. Biegsamer als die strengen, frommen Franzosen, hatte nämlich schon der Großvater des »Großen« Kurfürsten den Glauben gewechselt. Und zwar hatte er zum reformierten Glauben hinübergewechselt, »um sich die Holländer geneigt zu machen« (so sagte Friedrich der »Große«); es handelte sich um die Gewinnung der Herrschaft im reformierten Cleve (1613). Daraufhin war er von seinem damals noch nicht militärfromm gemachten brandenburgischen Adel zu dem Versprechen genötigt worden, die streng lutherische Mark Brandenburg nicht zum reformierten Glauben zu zwingen. Trotzdem hatte die reformierte Unduldsamkeit des kurfürstlichen Proselyten lutherische Geistliche aus Berlin vertrieben und dort Straßenkämpfe entfacht. Die reformierten Pastoren des Kurfürsten hatten den lutherischen Berlinern die üblichen

reformierten Vorwürfe gemacht: die Jünger Luthers wollten beim Abendmahl den Leib Christi mit Zähnen zerbeißen und verlangten, daß Christus auch in Teufeln und Läusen wohne. In dem Streit über diese und ähnlich fromme Fragen hatte Berlin endlich seine erste literarische Blüte erlebt. Von 1614 bis 1617 waren 200 religiöse Kampfschriften erschienen. Als der reformierte Hofprediger ein frommes Gemälde in einer lutherischen Kirche »Hurenbild« genannt und als die Anhänger des neu reformierten Kurfürsten einen Bildersturm auf den Dom veranstaltet hatten, waren die Häuser der reformierten Pastoren gestürmt worden (1615), und der Bruder des Kurfürsten hatte sich, als »kalvinistischer Hurensohn« gehöhnt, vor den Steinwürfen der lutherischen Untertanen ins Schloß retten müssen. Während der jahrelangen, von der »steif lutherischen« Mutter des Kurfürsten begünstigten Unruhen war ihr der Enkel geboren worden (1620), der nach 1640 als reformierter und »Großer« Kurfürst herrschen sollte.

Dem »Großen« Kurfürsten hätte also das Herbeiholen möglichst vieler reformierter Flüchtlinge aus Frankreich keinerlei Zwang zu religiöser Duldsamkeit auferlegt, sondern außer großen wirtschaftlichen Vorteilen auch Rückhalt an Glaubensgenossen in seinem andersgläubigen Stammland verschafft. Aber er vernachlässigte die seit 1666 gebotene Gelegenheit. Solange er im engsten Bündnis mit Ludwig XIV., dem Verfolger dieser Flüchtlinge, stand, kamen ihrer nur wenige nach Berlin. Die meisten zogen kultiviertere und friedlichere Länder, z. B. die Schweiz, Holland und England, der halbbarbarischen Mark Brandenburg vor. Erst nach fast fünfundvierzigjährigem vergeblichem Dienst um die französische Gunst merkte der Kurfürst, daß ihn Ludwig XIV. zum besten hielt und ihm nie die oft erbetene Erlaubnis zur Eroberung des schwedischen Pommern geben würde. So kehrte der »Große« Kurfürst in den Schutz des deutschen Kaisers zurück und wagte, gleichsam als Rache an seinem Meister Ludwig XIV., eine Gegenkundgebung gegen dessen »Widerruf des Ediktes von Nantes«, im Potsdamer Edikt vom 8. November 1685 bot er den französischen Flüchtlingen viele Vorteile an, deren sich kein nichtadliger Brandenburger je erfreuen durfte. Daraufhin kamen von den vielen Hunderttausenden von Hugenotten, die Frankreich verlor, schließlich noch etwa 20 000 in die verschiedenen preußischen Länder. Auch von diesen 20 000 kamen viele erst unter der Friedensregierung Friedrichs I.

Größere Verdienste als um die Einwanderung seiner französischen Glaubensgenossen erwarb sich der damals wirklich einmal *tolerante* »Große« Kurfürst um das Herbeilocken von Andersgläubigen: den Juden gewährte er schon im Jahre 1671 wieder freundliche Aufnahme in Berlin, nachdem sein unduldsamer Vorgänger Joachim I. sie vertrieben und ihrer 38 auf dem Neuen Markt verbrannt hatte, worauf der duldsamere Joachim II. sie wieder zurückgeholt und zu seinen Vertrauten gemacht und dessen Nachfolger sie aufs neue geplündert und unter furchtbaren Grausamkeiten vertrieben hat. Die Berliner Judenpolitik der Hohenzollern war weniger einheitlich als einträglich. Der Mut der vom »Großen« Kurfürsten herbeigelockten Juden, die trotz der wieder von dem in ihrer Abwesenheit verarmten Berlin Besitz zu ergreifen bereit waren, muß um so mehr bewundert werden, als des Kurfürsten Leistungen bei der Verwaltung seiner Länder schon damals von

Berufenen viel weniger günstig beurteilt wurden, als die Hohenzollernverehrer von heute gern glauben machen möchten. Als der »Große« Kurfürst drei Jahre nach seinem verspäteten Erlaß zugunsten der Hugenotten starb, ließ sich sein besorgter Nachfolger, Kurfürst Friedrich III., von einem eingeweihten Diener der Krone eine Liste der »Schäden und allerhand Unordnung« aufstellen, unter denen die Regierung des »Großen« Kurfürsten besonders gelitten hat. Unter den 24 »Schäden« dieser von Droysen veröffentlichten Liste finden sich auch folgende, die besonders für das Schicksal Berlins verhängnisvoll gewesen sind:

»1. Dass bishero Schulen, Kirchen und Universitäten schlecht versorget, *Stipendia* und *piae causae* übel *administriret*, Auch in ein und Andern mancherley schädliche Neuerung eingeführet worden.

»2. Dass die Weitläufftigkeit und Nachlässigkeit in der Justiz zu vieler Boßheit Anlaß geben, und die Untertanen hierdurch mehr als durch Steuer und Gaben *gravirt* werden.

»3. Dass die Hauss Nahrung überall gefallen, und Theils die grosse Ungültigkeit, Theils die grosse Steigerung selbige beschwehret.

»4. Dass die Bergwercke im Lande sehr verhindert und denenselben nicht ergüblich geholffen worden.

»5. Dass die Handlung und *Commercia* gänzlich verabsäumet, und andern in die Hände gespielet worden.

»6. Dass die Hoffhaltung mit großer *Confusion* undt mit Anweisung und Lieferung geführet und daher viel unnöthige Ausgaben veruhrsachet worden ...

»9. Dass die Churf. Schulden mehr gewachsen als abgenommen ...

»12. Dass die Strassen und Wege, Brücken und Stege, die Wirths Häuser und Gasthöfe und alles was zur *Passage* und Gleite gehörig unverbessert geblieben ...

»16. Durch unterlassene *Revisiones* die Mängel in Städten und Ämbtern fast sehr eingerissen,

»17. Durch die grosse *Libertät*, so denen Räthen in Städten gelassen worden, die meiste Uhrsache des *ruins* gekommen,

»18. Die Sämbtlichen *Collegia* in *Confusion* und *Collision* gestanden unter einander, auch der *Numerus* derer *Assossorum* erhöhet gewesen,

»19. Die grosse Ungleichheit des Gewichts, Maaß, Ellen, Meilen, und Fus, viel Nachtheil und Betrug verursachet ...« usw.

Die Beseitigung dieser vielen Übelstände hätte unschätzbaren Segen für Berlins Handel, Gewerbe und allgemeine Entwicklung gebracht. Aber für solche friedliche Arbeit hatte der »Große« Kurfürst in den 48 Jahren seiner Regierung zuwenig Zeit gehabt, weil er mit zu großem Eifer und viel zu kleinen Machtmitteln die Politik des unermüdlichen Krieges und diplomatischen Verrates nachahmen zu müssen glaubte, mit der selbst sein unendlich viel mächtigerer Geldgeber Ludwig XIV. gescheitert ist. Mit dem Durcheinander und den Anmaßungen, die der »Große« Kurfürst hinterließ, mußte sich sein einsichtigerer Nachfolger abfinden; aber es gelang ihm, den vom Vater entfachten Ehrgeiz mit friedlichen Mitteln zu stillen und Berlin ohne Landesverrat und ohne Blutvergießen zur »*Residenzstadt*« eines »Königs« zu machen.

Berlin wird königliche Residenz

> Das brandenburgische Haus,
> die preußischen Adler sollen herrschen,
> sollten auch Millionen darum bluten und elend sein.
> *Ernst Moritz Arndt (über Friedrich den Zweiten)*
>
> O wie schön christlich der Papst uns verlacht,
> Wenn er zu seinen Wälschen sagt:
> Nun, hab' ich's gut gemacht?
> Ich habe zwei Tedeschi unter eine Kron' gebracht,
> Damit sie das Reich zerstören und verwüsten.
> *Walther von der Vogelweide (nachdem der Papst
> Friedrich den Zweiten zum Gegenkaiser gemacht hatte)*

Besser als unter dem »Großen« Kurfürsten gedieh Berlin unter dem buckligen Kurfürsten, seinem Sohn. Dieser Friedrich III., der sich bald zum »König« machte und sich dann Friedrich I. nannte, vermeinte, damit »nur das, was sein Vater begonnen und gewollt hatte, zum Schluß zu führen«. Die Folgen des ererbten Größenwahnsinns wurden gewaltig, für Berlin und für Deutschland. Auch ist bis in die Zeit des letzten preußischen Königs in Berlin niemand mit gewaltigeren Schmeicheleien gefeiert worden als der erste »König in Preußen«. Er hat zwar später den Ruf der Größe verloren, den auch blutigere Fürsten schließlich nicht immer bewahren; aber zu seinen Lebzeiten wurde der königliche Hof des armen Preußen einer der glanzvollsten Europas, und einige Strahlen dieses Glanzes durchbrechen noch heute das Grau des Berliner Himmels. Aus Frankreich schrieb damals die Pfalzgräfin Liselotte mit Erstaunen über den Berliner Aufwand; denn in Versailles lebte der kurz vorher noch »große« Ludwig XIV. bereits in strengster Frömmigkeit und ließ auf 42 Jahre königlicher Pracht 30 Jahre klösterlicher Zurückgezogenheit folgen. Die Mode königlicher Pracht war – nach dem Einströmen großer Reichtümer aus eigenen, fremden oder gar überseeischen Ländern – in Madrid, Paris und Wien erfunden und zu einem geistreichen Spiel gesteigert worden, dessen Leidenschaft unermeßliche wirtschaftliche Werte vernichtete, aber eine Zeitlang auch unermeßliche kulturelle Werte schuf. Nach dieser Leistung war die prächtige Mode an den politisch führenden Höfen wie ein lästiges Kleid wieder abgelegt worden. Aber sie erwies sich dann noch als sehr brauchbar für die Zwecke der Kirche und der jesuitischen Propaganda.

Auch in den geistigen Provinzen des habsburgisch-bourbonischen Absolutismus, zu denen mit anderen kleinen Höfen auch Berlin gehören wollte, wurde sie begierig nachgeahmt und ins Groteske verzerrt. Ähnlich sind einst die prächtigen Kleider der Städter von Bauern bewundert und nachgeahmt, in phantastische Bauerntrachten verwandelt und schließlich dem »Heimatschutz« anvertraut worden, nachdem

die Städter selbst schon lange zu viel einfacherer Kleidung übergegangen waren. In Berlin hat zwar der zweite König, der bauernschlaue Friedrich Wilhelm I., die königliche Pracht durch Bier und Tabakspfeife ersetzt. Aber noch Friedrich der »Große«, obschon er gern den »Philosophen« spielte, wetteiferte beim Bau seines »Neuen Palais« mit dem spanischen Escorial, kopierte noch als Greis die Pracht des alten Wiener Barock und ist in Berlin nie anders als sechsspännig gefahren.
Unter dem ersten »König in Preußen« fiel die Entscheidung, die Berlins künftige Erscheinung und seine Rolle im Leben Deutschlands bestimmen sollte. Das steinerne Berlin wurde zum Ausdruck großer geistiger und politischer Erlebnisse und Enttäuschungen. Vorher war das Gesicht von Paris und London durch größere politische und geistige Entscheidungen bestimmt worden. In Paris und London haben sich die katholischen und protestantischen Kräfte zu der gallikanischen und der englischen Kirche und zu wichtigeren nationalen Einheiten zusammengeschlossen. In London, nach dem großen Feuer von 1666, hat ein Zeitgenosse Schlüters und des ersten Preußenkönigs mit 60 neuen Kirchen und öffentlichen Gebäuden die klassische Baukunst Englands und die bauliche Erscheinung der neuen Hauptstadt der Welt bestimmt. In Paris begleitete der Bau des neuen Louvre (seit 1666) und der festlichen Königsplätze *Victoires* und *Vendôme* den Sieg der klassischen Baukunst Ludwigs XIV. und seine Niederlage im Kampf um die Universalmonarchie. Die französische Staatskunst hatte sich zu ihrem Verderben in barocke Ausschweifungen verirrt, die den Engländern und vorübergehend auch den Deutschen den Sieg brachten, obgleich in Berlin der »Große« Kurfürst die barocken politischen Torheiten Ludwigs XIV. mitgemacht und nachgeahmt hatte. Aber in Paris und London haben Sprache und Literatur, Baukunst und die ihr dienenden Künste das barock Ausschweifende überwunden und nationale Höchstleistungen ermöglicht.
In Deutschland dagegen waren die protestantischen Kräfte zu schwach, um sich in der Hauptstadt durchsetzen zu können. Zwar war Wien mit seiner großen Verteidigung Deutschlands gegen Franzosen und Türken »in den Mittelpunkt der siegverheißenden Bewegung getreten« und hatte »in der Größe wahrhaft welthistorischer Aktion« Frankreich den Rang abgewonnen (B. Erdmannsdörfer). Trotzdem blieb in Wien das Barocke und Katholische überwiegend. Es gedieh im Anfang des 17. Jahrhunderts namentlich in der Baukunst zu fast überreicher Blüte. Damals wurde dort neben zahllosen barocken Kirchen und Adelsschlössern das unaussprechlich schöne Sommerschloß des größten deutschen Feldherrn, Prinz Eugens, und auch jener Entwurf für eine Schauseite des Kaiserschlosses geschaffen, den Friedrich der »Große« 80 Jahre später beim Bau seiner Berliner Bibliothek nachahmte. Zur Zeit seines Großvaters, des ersten Königs in Preußen, entschieden sich in Berlin die großen deutschen Fragen: war Berlin auf derartige verspätete Nachahmung angewiesen oder würde Berlin eine eigene Kunst, eine strengere und mächtigere Geisteshaltung finden und sichtbar machen können als Wien? Würden sich in Berlin ähnlich wie in London und Paris, und vielleicht gar besser als in London und Paris, das geistige und sinnliche Wollen eines großen Sprachgebietes, die protestantischen und katholischen Kräfte der werdenden Nation zu machtvoller Einheit, zu vollendeter Form und sichtbarer Schönheit zusammenfassen lassen? Würde es auf die

Dauer nützlich oder schädlich sein, daß Berlin im Schutz des Kaisers und des Prinzen Eugen (den Friedrich der »Große« den »wahren Kaiser von Deutschland« nannte) friedlich und besonders schnell gerade in jenen schwersten Jahren wachsen konnte, in denen Deutschland vor der Katastrophe der Bürgerkriege von 1740 bis 1779 zum letzten Male seine Stellung als Großmacht ruhmreich verteidigte? Sollte das junge Berlin eine neue, eine bessere Stadt werden als die alten Städte Europas? Von den damals gemachten Berliner Anfängen waren einige vielversprechend; sie bewahren bis heute hohen Wert und sichern ihrem Förderer, dem ersten Preußenkönig, den Rang des kulturellen Führers der Hohenzollern.

Die großen Steuererleichterungen und sonstigen Vorrechte, durch die der »Große« Kurfürst und seine Frau ihre neuen Berliner Privatstädte für gebildete Ausländer einigermaßen bewohnbar gemacht hatten, bewirkten, daß namentlich die »Neustadt«, d. h. die neue Dorotheenstadt, sich als *le quartier des nobles*, d. h. als Heim französischer Einwanderer, entwickelte im Gegensatz zu der Altstadt, wo die eingeborenen und steuerbelasteten Berliner ihre Häuser der militärischen Einquartierung ausliefern mußten. Zu Ehren der *noblen* Ausländer hatte der »Große« Kurfürst sogar schon versucht, aus der Straße »Unter den Linden« die Misthaufen vor den beiderseitigen Häusern und die Schweine fortzuschaffen, die den Mittelgang der Allee aufwühlten. Die Schweine wühlten aber auch nach dem Tode des »Großen« Kurfürsten noch weiter und benagten die Rinde der Linden. 1680 war ein Gassenmeister eingesetzt worden, der täglich mit zwei Abfuhrkarren durch die Straßen zog und von jedem Haus, wo er etwas aufzuladen fand, für eine volle Ladung einen Groschen sechs Pfennig, vom Kurfürsten selbst aber jährlich 52 Scheffel Korn und freie Wohnung erhielt. Wer vor seinem Haus nicht gekehrt hatte, dem warf der Gassenmeister den Kot ins Haus. Die Pflasterung Berlins war im argen geblieben. Der »Große« Kurfürst hatte in seiner barocken Frömmigkeit an einen Zusammenhang zwischen Pflaster und Laster geglaubt; er hatte deshalb die Gotteslästerungen seiner Untertanen mit Geldbußen bestraft, deren Ertrag für die Pflasterung der hauptstädtischen Straßen dienen sollte. Aber die erschöpfende kurfürstliche Dauereinquartierung hatte die Untertanen so gottesfürchtig gemacht, daß die meisten Straßen Berlins wie der Weg zur Hölle mit guten Vorsätzen gepflastert blieben. Nach verschiedenen großen Bränden hatte der »Große« Kurfürst Feuerlösch-Ordnungen und Verbote der lehmernen und hölzernen Schornsteine erlassen. Seit 1679 sollte nachts aus jedem dritten Hause eine Laterne mit brennendem Licht herausgehängt werden. Seit 1682 wurden trotz der Bewohner, welche die Kosten scheuten, die Laternen auf Pfähle gesetzt.

Diese und ähnliche Fortschritte und Absichten übernahm der Nachfolger des »Großen« Kurfürsten und verlieh ihnen allmählich Wirklichkeit. Nach und nach wurden alle Scheunen aus den Ringmauern, die Schweinekofen aus den Straßen entfernt und schließlich sogar das Halten von Schweinen in der Stadt ganz verboten. Zusammen mit solchen Fortschritten wuchs die französische Gemeinde. Im Jahre 1677 wurden in Berlin erst 600, 22 Jahre später schon 5682 Franzosen gezählt. Dazu kamen die zahlreichen Franzosen im Heer, so daß vorübergehend fast ein Drittel der Gesamtbevölkerung Berlins Franzosen waren. Sie wurden nicht gehemmt durch die unwürdigen Gesetze, unter denen die unterworfenen Berliner Bürger leben mußten, und genossen Selbstverwaltung wie freie Menschen. Unter der Regierung ihres neuen buckligen Herrschers begannen diese französischen Flüchtlinge, Berlin zu einer Kolonie französischen Geistes zu machen, dem die entmannte deutsche Bürgerschaft keine heimische Kultur entgegenzustellen hatte. Diese französische *Immigranten-Kolonie* vermochte die damals nach Berlin heiratende Mutter Friedrich des »Großen« und ihren bald darauf heranwachsenden Sohn so widerstandslos gefangenzunehmen, daß ihm sein Leben lang alles eingeborene Berlinertum — vielleicht mit Recht — verächtlich und dann auch alles Deutsche, das mit Berlinertum wenig zu tun hatte, verhaßt und sogar politisch bekämpfenswert schien. Sein Vater und Großvater aber sträubten sich noch und blieben in ihrer Politik meist deutsch und reichstreu. Wenn beide heute nicht mehr groß genannt werden, sondern wegen mangelnder blutiger Taten dem Fluche der Lächerlichkeit verfallen sind, so haben doch Friedrich I. und sein Sohn Friedrich Wilhelm I. für die Entwicklung Berlins mehr getan als irgendein anderer Hohenzoller. Aber dieser Sohn, der friedliche »Soldatenkönig«, vermehrte die Bevölkerung Berlins, ähnlich wie der »Große« Kurfürst, vor allem durch eine ungeheure Vermehrung des stehenden Heeres, das mit seinem Troß von Beamten, Weibern, Kindern und Lieferanten großenteils in Berliner Quartier gelegt wurde. Der »Große« Kurfürst hat beim Regierungsantritt ein Söldnerheer von 6100 Soldaten vorgefunden und bei seinem Tode 29 000 Mann hinterlassen; er vermehrte sein Heer um 22 900, seine Hauptstadt um 11 500 Köpfe (von 7500 auf etwa 19 000 Einwohner). Berlin wuchs also nur um die Hälfte der Heeresvermehrung. Sein Nachfolger, König Friedrich I., vermehrte sein Heer nur um 1000 Mann (von 29 000 auf 30 000); aber seine Hauptstadt wuchs friedlich um das Einundvierzigfache der Heeresvermehrung, also um 41 000 Köpfe (von 19 000 auf etwa 60 000, oder um 216 v. H.). Unter seinem Sohn wuchs Berlin nur um 40 000 Einwohner (um 65 v. H.); aber gleichzeitig vermehrte dieser »Soldatenkönig« sein Heer von 30 000 auf 72 000, also um 42 000 Mann (oder um 140 v. H.); Berlin wuchs wieder vor allem durch Heeresvermehrung, aber es wuchs weniger als das Heer. Friedrich der »Große« schließlich vermehrte das Heer von 72 000 auf 200 000, also um 128 000 Mann. Gleichzeitig wuchs die Einwohnerzahl Berlins nur von 100 000 auf 150 000; das Heer nahm um 178 v. H., Berlin aber nur um 50 v. H. zu. Dabei hat König Friedrich I. nur 25 Jahre geherrscht, während sein Sohn 27 und die beiden »großen« Hohenzollern 46 und 48 Jahre lang ihren Willen haben durften. Nachdem Friedrich der »Große« schon länger geherrscht hatte als Friedrich I., war die Einwohnerzahl Berlins nicht größer, sondern infolge des Siebenjährigen Krieges sogar kleiner geworden und konnte sich erst nachträglich wieder erholen.

Mit seiner Friedensleistung für Berlin ist also König Friedrich I. seinen Vorgängern und Nachfolgern weit überlegen. Es ist begreiflich — da fürstliche »Größe« und Kriegslust sich meist decken —, daß der »große« Friedrich II. mit Verehrung von seinem Vater, dem »Soldatenkönig«, und mit Verachtung von seinem Großvater, dem ersten König in Preußen, spricht. Auch Bismarck sagte: »Friedliebende, zivilistische Volksbeglückung wirkt auf die christlichen Nationen Europas in der Regel nicht so werbend, so begeisternd wie die Bereitwilligkeit, Blut und Vermögen der Untertanen auf dem Schlachtfeld siegreich zu verwenden.« Aber sogar das Verdienst der »zivilistischen Volksbeglückung« wurde dem ersten König von seinem unchristlichen Enkel bestritten. Friedrich II. pflegte in einer einzigen seiner ein- oder zweitägigen Schlachten jeweils 10 000 bis 20 000 Soldaten zu verlieren und sich, der Anekdote nach, mit der falschen Rechnung zu trösten: »Eine Nacht in Berlin macht diese Verluste wieder gut.« Aber es war ihm Ehrensache, seine Soldaten eigenhändig zur Schlachtbank zu führen und seine eigenen Länder verwüstet zu sehen, und er nährte gegen seinen Großvater, der das lieber den Nachbarn gönnte, einen aufrichtigen Groll. Friedrich II. mußte aber zugeben, daß Charlottenburg, welches unter der eigenen Regierung Friedrichs II. von feindlichen Truppen geplündert wurde, unter der Regierung seines verachteten Großvaters stets Frieden genoß und »das Stelldichein der Leute von Geschmack« war; »alle Arten von Zerstreuungen und von unablässig neu gestalteten Festen machten diesen Aufenthalt entzückend und verliehen diesem Hofe höchsten Glanz«. So berichtete Friedrich II. Aber nach seiner Ansicht verdankte Berlin diese ganz unberlinische festliche Leistung nur seiner Großmutter, der ihr Enkel Friedrich II. das »Genie eines Mannes« nachrühmte, obgleich es ihre weiblichen Quertreibereien waren, die Friedrichs I. besten Minister, Danckelmann, zu Fall brachten. Ihr Gemahl, den sie mit dem Namen des buckligen Fabeldichters Äsop neckte, hat sich zwar ganz fabelhafte Verdienste um Berlin erworben, hat auf Anregung des großen Leibniz in der preußischen Hauptstadt eine Akademie geschaffen (1700), die sich besonders auch der Pflege der deutschen Sprache widmen sollte; er hat auch die Berliner Akademie der Künste gegründet (1699); er hat eine Anzahl hochgebildeter Deutscher nach Berlin gerufen, und Berlin war unter ihm, wie Friedrich II. selbst kühn behauptete, das »Athen des Nordens«. Aber diese Verdienste bemäkelte Friedrich II., der sich die Verwandlung der deutschen Akademie seines Großvaters in eine französische Akademie zum Verdienste anrechnete, mit den Worten: »Man überredete ihn, daß es sich für seine Königswürde schicke, eine Akademie zu haben, wie man einem Neugeadelten einredet, es sei anständig, eine Meute von Hunden zu halten.«

Das Geheimnis der Blüte Berlins und des Friedens in den preußischen Staaten unter Friedrich I. war auch das Geheimnis des Grolles, den Friedrich II. gegen seinen Großvater hegte. Friedrich II. sah nach seinem testamentarischen Bekenntnis Preußens Aufgabe darin, zusammen mit Frankreich die Macht des deutschen Kaisers zu bekämpfen. Er strebte darum immer (sogar während der Schlacht bei Roßbach) nach Bündnissen mit Franzosen und Türken. Dagegen mußte er feststellen, daß sein Großvater Friedrich I. stets ein Bundesgenosse des deutschen Kaisers im Kampfe gegen Türken und Franzosen gewesen war. Friedrich II. hat seinen Ländern im Kampfe gegen den deutschen Kaiser schwere Opfer von Gut und Blut auferlegt, ohne auch nur Berlin vor feindlichen Einfällen schützen zu können; aber er mußte feststellen, daß es seinem Großvater Friedrich I. gelungen war, »seine Staaten vor feindlichen Einfällen und vor den Verwüstungen und Zufällen des Krieges zu schützen, während die Staaten der Nachbarn vom Kriege verwüstet wurden«. Ja, Friedrich II. mußte zugeben, daß unter Friedrich I. die preußischen

Truppen nicht nur »kriegsgewohnt« und »diszipliniert« wurden, sondern daß sie sogar »die große Sauberkeit nachahmten, für welche die englischen Truppen vorbildlich waren«, was für Berlin mit seiner nie endenden Einquartierung nicht ohne einige segensreiche Nachwirkung bleiben konnte. Aber Friedrich II. warf seinem Großvater »blinden Haß für alles Französische« vor und konnte ihm nicht verzeihen, daß er das preußische Heer ruhmreich gegen Ludwig XIV. und seine Türken kämpfen ließ: in Ungarn, am Rhein, in den Niederlanden, in Italien und sogar in Irland, immer auf seiten des deutschen Kaisers und seiner für die Preußen vorbildlich sauberen Bundesgenossen aus England. Dem damaligen König von England, Wilhelm III., errichtete der letzte preußische Kaiser, Wilhelm II., ein Denkmal vor dem Berliner Schloß. Auf dem Sockel wird in wilhelminischem Deutsch der englische König gerühmt als »Vorkämpfer Europas gegen die französische Eroberungspolitik Ludwigs XIV.«. Ein solcher Vorkämpfer gegen die »französische« oder unfranzösische »Eroberungspolitik« der französischen Könige ist weder der »Große« Friedrich noch der »Große« Kurfürst, wohl aber König Friedrich I. von Preußen gewesen. Friedrich II. schrieb deshalb ärgerlich: »Friedrich I. verhandelte das Blut seiner Völker an die Engländer und an die Holländer, wie die Tataren ihre Herden an die Metzger von Podolien zum Schlachten verkaufen... Sein Hof war einer der herrlichsten Europas... Er plünderte die Armen, um die Reichen fett zu machen... Seine Marställe und seine Würdenträger trugen weniger europäische Würde als asiatischen Prunk zu Schau.«

Die reichstreue Politik des ersten Preußenkönigs war in der Tat sehr vorteilhaft für seine Hauptstadt Berlin. Er erhielt dafür so viele Geldzahlungen vom Kaiser und von England, daß Friedrich II. berichten mußte: »Infolge der fremden *Subsidien* hatte der Hof Friedrichs I. Geld in wachsendem Überfluß; der Luxus zeigte sich in Livreen, Kleidung, Tafelfreuden, Wagen, Pferden und Gebäuden; der König hatte zwei der geschicktesten Architekten Europas in seinem Dienst und einen Bildhauer, genannt Schlüter, der in seiner Kunst ebenso Großes leistete wie die besten und der obendrein ein großer Architekt war. Bott (Jean de Bodt) vollendete das Zeughaus von Berlin; er baute die schöne Säulenhalle des Schlosses von Potsdam, welche noch zu wenig gewürdigt wird. Eosander errichtete den neuen Flügel des Schlosses von Charlottenburg und den westlichen Teil des Schlosses von Berlin. Schlüter baute die südlichen und nördlichen Teile des Schlosses von Berlin, das Posthaus an der großen Brücke und den Münzturm, der später einstürzte; er schmückte das Zeughaus mit den Trophäen und den schönen Masken, welche die Freude der Kenner sind, und er schuf das Reiterbild des Großen Kurfürsten, das als ein Meisterwerk gilt, sowie die Statue Friedrichs I., die von Kennern geschätzt wird. König Friedrich I. schmückte die Stadt Berlin mit der Klosterkirche, mit Arkaden und mit anderen Gebäuden. Er verschönerte die kleinen Lustschlösser in Oranienburg, Potsdam und Charlottenburg auf die mannigfaltigste Weise. Die schönen Künste, die Kinder des Überflusses, begannen zu blühen.«

Friedrich II., der all dies in seinen *Mémoires* berichtete, nannte es eine »Gemeinheit« *(bassesse),* daß sein Großvater sich diesen Überfluß durch auswärtige *Subsidien,* statt durch Auspressung der eigenen Untertanen verschaffte; aber er mußte

seinem Großvater zugestehen: »Alle die (französischen *Immigranten-)Kolonien* des Großen Kurfürsten fingen erst unter Friedrich I. zu blühen an. Dieser Fürst zog Vorteil aus den Arbeiten seines Vaters. Wir bekamen damals Webereien, deren Stoffe denen von Brüssel gleichkamen. Unsere Bänder wurden ebenso gut wie die aus Frankreich. Unsere Spiegel von Neustadt übertrafen in ihrer Reinheit die von Venedig. Das Heer wurde immer in unsere eigenen Tuche eingekleidet.«
Aber auch damit erschöpften sich Kurfürst Friedrichs III. Verdienste nicht. Während er seinem Lande und seiner Hauptstadt mitten im länderverwüstenden europäischen Krieg den Frieden erhielt, die Bevölkerung der Hauptstadt verdreifachte und ihr Gewerbe zum Blühen brachte, gelang es ihm, mit der Erlangung der Königswürde das Staatsgeschäft erfolgreich abzuschließen, das Leibniz »eine der größten Begebenheiten dieser Zeit« und das Friedrich der »Große« abwechselnd eine »Frivolität«, ein »Werk der Eitelkeit« und ein »Meisterwerk der Politik« genannt hat; das Staatsgeschäft, das besonders für Berlins Entwicklung zur Hauptstadt Klein-Deutschlands bedeutsam geworden ist.
Diese Leistung fand neben vielem Spott auch die volle Anerkennung Friedrichs II., der erklärte: »Die Königswürde rettete das Haus Brandenburg vor dem Joch der Sklaverei, in der damals Österreich alle Fürsten festhielt.« Doch Friedrich II. berichtete auch, daß Prinz Eugen, den er (an anderer Stelle) »den Helden Deutschlands« nannte, nach der Genehmigung der preußischen Königswürde durch den deutschen Kaiser erklärte: »Der Kaiser müßte die Minister hängen lassen, die ihm einen so niederträchtigen Ratschlag gegeben haben.« Da Berlin trotz der wirksamen Reichsfeindschaft des »Großen« Kurfürsten noch dem deutschen Reich angehörte, durfte die Hauptstadt auch die Krönung ihres vom Prinzen Eugen verdammten Königs nicht zu sehen bekommen. Der Königskandidat zog zu diesem Zwecke nach dem entlegenen und bereits reichsfremden Königsberg, wo die Krönung sozusagen *derrière la mairie* vorgenommen werden mußte.
Von einem der beiden Jesuitenpater, denen der vom Kaiser genehmigte neue Berliner König Friedrich I. für ihre unentbehrliche Hilfe bei der Erlangung der Königskrone gedankt hat, ist eine sehr ausführliche Denkschrift in französischer Sprache erhalten. Sie bildet das erste Stück der *»Dignitäts-Akten«*, die vom preußischen Staatsarchiv als Belege für den langen Handel um die Königswürde aufbewahrt werden. Diese Denkschrift des priesterlichen Wohltäters Preußens zeigt, mit welchen Gründen sich der Kurfürst Friedrich III. zu der Tat aufreizen ließ, die schließlich zur Zersplitterung Deutschlands und zur Erhöhung Berlins in den Rang der Hauptstadt Klein-Deutschlands geführt hat. Es ist hier nicht der Ort, auf die einzelnen Beweggründe der für Berlin bemühten Jesuiten und darauf einzugehen, daß der Papst manchmal Grund zur Unzufriedenheit hatte, nicht nur mit Berlin, sondern auch mit Wien, und daß einige Jahre später bei Ferrara Berliner Truppen im Dienste des deutschen Kaisers ihren Sieg über das päpstliche Heer mit evangelischem Feldgottesdienst auf römischem Gebiet feierten, während in Wien an den Türen der Reichskanzlei der kaiserliche Befehl zu lesen war, »daß des Papstes Autorität in weltlichen Dingen null und nichtig sei, daß der Papst in anderen als geistlichen Dingen keine Macht habe, mit geistlichen Strafen zu verfahren, und daß der

Kaiser den in päpstlichen Bullen über ihn verhängten Bann feierlich und förmlich kassiere«. Hier drohte auf deutscher Seite eine Einigung, wie sie auf französischer Seite Ludwig XIV. und die Förderer einer selbständigen gallikanischen Kirche im Jahre 1682 verwirklicht hatten. Derartige nationale Einigungen sind von den Päpsten oft bekämpft worden, bis ihnen die Einigung Italiens den Kirchenstaat wegnahm. In Deutschland waren die Päpste seit langem erfolgreicher. Der päpstliche Gegenkaiser Friedrich II. von Hohenstaufen entwickelte sich zwar zum feierlich verdammten Antichristen, aber die Niederlage seines Hauses verschaffte den siegreichen Päpsten das Kaisertum der lange fügsameren Habsburger. Und Friedrich II., der Enkel des mit Hilfe der Jesuiten in Berlin erstandenen Gegenkönigs, galt zwar manchmal auch als Antichrist, aber er wurde der große Schützer der Jesuiten, als sie aus Österreich und dem Reiche des allerchristlichsten Königs in Paris vertrieben wurden. Aus Rom berichtete Goethe nach dem Tode Friedrichs des »Großen«, daß »dessen Taten ihn sogar des katholischen Paradieses wert machten«.

Dem Kurfürsten Friedrich III. empfahlen die klugen Jesuiten, die Wiedervereinigung des katholischen und protestantischen Glaubensbekenntnisses anzustreben. Ähnliches empfahlen ihm Leibniz und andere geistvolle Deutsche, die keine jesuitischen, sondern vaterländische Ziele verfolgten. Die Jesuiten wollten die Rückkehr des Berliner Kurfürsten unter päpstliche Botmäßigkeit erreichen, worauf der Papst, »der seit Urzeiten das Vorrecht Könige zu schaffen besitzt«, ihm »den schönen Namen eines Königs der Borussen und Vandalen« (Preußen und Pommern) verleihen sollte. Ähnlich wurde damals der Dresdner Kurfürst durch Verleihung der polnischen Königswürde katholisch gemacht.

Nachdem der Berliner Kurfürst Friedrich III. den Ratschlägen der Jesuiten gefolgt war und die Königskrone mit ihrer Hilfe, aber schließlich doch nicht aus päpstlichen Händen errungen, sondern dem Kaiser abgetrotzt hatte, erklärte der Papst, der »Markgraf von Brandenburg« habe »ein freches und bisher unter Christen fast unerhörtes *Sacrilegium*, einen strafwürdigen Bruch des Rechts« begangen. Die Päpste haben deshalb auch die Berliner Königswürde fast ein Jahrhundert lang nicht anerkannt und in Berlin bis 1787 statt des Königs immer nur einen *Marquis de Brandebourg* gelten lassen. Wenn der römische Statthalter Christi noch etwas länger als ein zweites Jahrhundert mit seiner Anerkennung des Berliner Königs gewartet hätte, wäre ihm diese Mühe *pour le roi de Prusse* erspart geblieben. Die *Marquis de Brandebourg* können sich heute der Wiedervereinigung des von ihnen zerrissenen Deutschland nicht mehr widersetzen; aber sie haben es dem Ausland ermöglicht, diese Wiedervereinigung mühelos zu verhindern.

Als sich die klugen Jesuiten mit Leibniz und anderen deutschen Vaterlandsfreunden in dem Streben nach Wiedervereinigung der katholischen und protestantischen Bekenntnisse einigten, rührten sie an eine der lebenswichtigsten Aufgaben Deutschlands. Wenn den Jesuiten nicht gelungen war, den Kurfürsten von Brandenburg bei der Königskrönung katholisch zu machen, so wird eines der nächsten Kapitel zeigen, daß doch die neue königliche Bau- und Bildhauerkunst Berlins damals für einige Zeit Schülerin und Meisterin und dann auch Überwinderin jenes Barock wurde, der die Kunst der Gegenreformation darstellt.

Friedrichstadt, Dreifelderwirtschaft, Bodenreform und Groß-Berlin

> Ihr sollt den Boden nicht verkaufen ewiglich, denn das Land ist mein; ihr seid nur Gäste und Lehnsträger von mir. *(3. Mos., 25, 23)*

»Ihr habt die Manufakturen nach Berlin gelockt, die für eure Länder lebendige Gold- und Silberbergwerke sind, und man kann Berlin das Paris Deutschlands nennen oder das zweite Potosi des germanischen Peru.« Mit diesen und vielen ähnlichen blühenden Worten hatte der Jesuitenpater Vota, dessen Denkschrift den Anfang der preußischen Staatsakten über die neue Königswürde bildete, die Lust des brandenburgischen Kurfürsten nach der Königskrone gereizt. Das »Paris Deutschlands« hatte beim Regierungsantritt des preußischen Königskandidaten etwa 19 000 Einwohner. Das Paris Frankreichs hatte gleichzeitig (nach einer Schätzung Vaubans) 720 000 Einwohner. Etwa um dieselbe Zeit überholte die Einwohnerzahl Londons die von Paris. Im kleinen Holland hatte Amsterdam nur etwa 100 000 Einwohner, aber es übertraf womöglich Paris und London an bürgerlichem Wohlstand und rasch fortschreitender bürgerlicher Kultur.

Es ist schwer zu sagen, was mehr Verwunderung verdient: die lächerlich geringe Grundlage, auf der sich der neue königliche Ehrgeiz Berlins aufbaute, oder die unverhältnismäßig große Leistung, die König Friedrich I. auf dieser geringen Grundlage aufzubauen vermochte. Der angehende König befand sich, ähnlich wie später sein Sohn, mit seinem Hauptstädtchen fast in der Lage der Bodenspekulanten und sonstigen Geschäftsleute unzähliger Kleinstädte des heutigen Amerika, die ihre einzige Aussicht auf den heißbegehrten Reichtum in der Hoffnung auf schnellen Bevölkerungszuwachs ihres Städtchens erblicken können und darum mit entschlossener Frömmigkeit darauf vertrauen, daß sich dieser ausgezeichnete Marktflecken ähnlich schnell wie Chicago zum Mittelpunkt eines von Menschen wimmelnden Wirtschaftsreiches entwickeln wird. Der Zuzug von neuen Ansiedlern soll ihnen mehr Nachfrage und höhere Preise für ihr Bauland, reichlicheren Umsatz für ihre Kramläden, persönlichen Wohlstand und einen Vorsprung vor den Nachbarstädten und als Folge davon neuen Menschenzuwachs usw. bringen. Zur Verwirklichung dieser fast greifbaren, unbegrenzten Möglichkeiten arbeiten die patriotischen Bürger mit allen Mitteln der Überredung und Übertreibung; sie überbieten und überschreien die Spekulanten der Nachbarstädte, sie überraschen und übertölpeln die Einwanderer und sich selbst mit Versprechungen und wirklichen Leistungen, mit dem Bau von Schulen, Gasthöfen, Parkanlagen und anderen nützlichen Lockmitteln, die oft weit über das wirtschaftlich bereits zu Rechtfertigende hinausgehen und manchmal zum verschleierten oder offenen Bankerott ganzer Unternehmerschichten führen. Ihr Besitz wird dann zu niedrigen Preisen von neuen Hoffnungsfrohen übernommen und weiter aufgebauscht. Das schließliche Gesamtergebnis ist manchmal erstaunlich gut. Die Beteiligten steigern sich in einen Taumel von Heimatliebe und patriotischer Opferfreude; sie tun ihr Letztes für ihre Stadt!, die beste, verheißungsvollste, wo sie genau besehen ein Städtchen ist wie tausend andere. Mit beinahe ähnlichen Mitteln kämpften die kleinen deutschen Fürsten des ausgehenden 17. und des angehenden 18. Jahrhunderts um Bevölkerungszuwachs, der ihnen besteuerbare Untertanen, Reichtum, Macht, Luxus, Ehre und die zum Opfertode bereite Liebe der Steuerzahler liefern sollte. Die Ansiedler wurden herbeigelockt durch Landschenkungen, Ausnahmerechte, Religionsfreiheit, Steuernachlässe, und sie wurden vertrauensselig gemacht durch königlichen Aufwand, der königlichen Wohlstand erzeugen oder einstweilen vortäuschen sollte und oft verderblich wurde. Diese Politik war vom »Großen« Kurfürsten beim Bau seiner Berliner Privatstädte eingeleitet und dann mit größerem Ertrag von seinem geschickteren Sohn weiter befolgt worden. Dabei wurden in der Hast des Geschäfts manche Fehler gemacht, die sich noch lange nachher als schädlich und unheilbar erweisen sollten. Trotzdem: wenn die erfolgreichen amerikanischen Bodenspekulanten von heute das ihnen oft gespendete Lob der Tüchtigkeit und Vaterlandsliebe verdienen, dann war König Friedrich I. mit seinem von 19 000 auf 60 000 Einwohner anwachsenden Berlin und seinen Baudenkmälern ein besonders tüchtiger Patriot.

Weder Neu-Cölln noch die Dorotheenstadt waren beim Tode des »Großen« Kurfürsten schon ausgebaut. Trotzdem begann sein Nachfolger gleich nach Regierungsantritt (1688) eine neue Stadterweiterung, die er mit königlichem Selbstvertrauen nach seinem eigenen Namen Friedrichstadt nannte. Die Aufstellung des Bebauungsplanes übertrug er einem leistungsfähigen Ausschuß, an dessen Spitze der Architekt Nering stand (der später bei der Erbauung des Zeughauses mithalf), und dem Danckelmann (der größte und später durch die Kurfürstin schnöde zu Fall gebrachte Staatsmann dieser Regierung) und Grumbkow angehörten (der unter dem folgenden König in den Vordergrund der Staatsgeschäfte treten sollte). Der Plan des neuen Stadtteils sorgte nur für gerade, breite Straßen zwischen geräumigen, rechtwinkligen Baublöcken, wie sie namentlich im flachen Holland bei Neuanlagen üblich waren. Künstlerische Absichten, schöne Platzanlagen, Straßenabschlüsse durch große öffentliche Bauten wurden damals erst in welschen Ländern Mode. Die Berliner Friedrichstadt erhielt sie deshalb erst bei der ehrgeizigen Erweiterung des Planes durch Friedrichs I. Nachfolger, der öfter versuchte, seine Sparsamkeit zu vergessen und dabei manchmal beinahe zu einem prunkliebenden Barockfürsten wurde. Friedrich I. dagegen, dessen Prunksucht oft getadelt wird, erwies sich im Städtebau vor allem als Praktiker. Seine neue Friedrichstadt sollte auf das Gemeindeland der Stadt Cölln zu liegen kommen. Dort herrschte Dreifelderwirtschaft, und die Cöllner Bürger hatten das Recht, dort zu gewissen Jahreszeiten ihr Vieh zu weiden. Die südliche Hälfte (die spätere Luisenstadt) ist bis gegen 1850 unter dieser Agrarverfassung geblieben. Es konnten also bis in die Mitte des rückständigen 19. Jahrhunderts keine einzelnen Grundstücke aus diesen landwirtschaftlichen Zusammenhängen gelöst und dem Bau menschlicher Wohnungen dienstbar gemacht werden.

Weniger rückständig als die nachrevolutionären Preußenkönige des 19. Jahrhunderts war der erste König in Preußen. Schon seit 1688 löste er mit mustergültiger Schnelligkeit die westliche Hälfte des Cöllner Gemeindelandes aus ihrer landwirtschaftlichen Verfassung und führte sie ihren höheren städtischen Aufgaben zu. Zur Anfeuerung der Baulust griff er aber zu einem gefährlichen Mittel: er gewährte den Ansiedlern nicht nur auf zehn Jahre, sondern für immer Freiheit vom Grundzins. Die Baustelle wurde umsonst und zu freiem Eigentum an Baulustige abgegeben. Damit kam die Entwicklung zum Abschluß, die der »Große« Kurfürst angebahnt hatte: der Grund und Boden wurde unter römisches Recht, d. h. unter das Recht der römischen Verfallszeit, gestellt. Das Bauland, das als Grundlage alles menschlichen Lebens ebenso wichtig ist wie Luft, Sonnenschein und Wasser, konnte künftig zur gewöhnlichen Handelsware und zum Spekulationsobjekt herabsinken. Diese gefährliche Befreiung des Bodens aus seiner früheren Gebundenheit unter germanischem Recht mochte für kurze Zeit als Ansporn für die Berliner Bautätigkeit wirken; sie hat aber bei der späteren Entwicklung Berlins zur Großstadt und bei dem gleichzeitigen Auftauchen und Wachsen der Bodenrente sehr schädliche Folgen für das Berliner Bauwesen gehabt. Die Befreiung des Baulandes vom Grundzins konnte dem König ungefährlich scheinen, weil das neue schlechte Steuersystem des »Großen« Kurfürsten das Einkommen des Staates längst nicht mehr aus dem Grundzins, sondern vor allem aus der Besteuerung des täglichen Verbrauches sog. Dadurch wurden die Ärmsten am schwersten belastet; gleichzeitig verloren der Staat und die Stadt durch ihren Verzicht auf den Grundzins die Aussicht auf vorteilhafte Gewinnbeteiligung an dem späteren Steigen der Grundwerte. Gerade die Einnahmen aus den wachsenden Bodenwerten, also die Beibehaltung des mit dem Bodenwert wachsenden Grundzinses, ist das Geheimnis der ungeheuren Steuerkraft der amerikanischen Städte und ihrer niedrigen Preise für Wohnbauland geworden. Den herbeigelockten Ansiedlern schenkte König Friedrich I. Holz, Kalk und Steine und zahlte ihnen obendrein 15 v. H. der aufgewandten Baukosten aus der Akzisekasse in bar. Dem eigenbrötlerischen *Individualismus*, der das Aussehen moderner Städte zur Grimasse verzerrt, steuerte der König durch die Vorschrift, daß alle Neubauten sich an die vom Baumeister Nering gefertigten oder gebilligten Zeichnungen halten mußten. Trotz der königlichen Beschränkung des wilden Bauens wuchs die neue Friedrichstadt schnell. Im Jahre 1695 waren dort bereits etwa 300 Häuser vorhanden; 1701 war der Anbau von der Dorotheenstadt (Behrenstraße) bis zur Leipziger Straße vorgedrungen. Die Behrenstraße trat an Stelle des früheren Grabens; nach Westen wurde eine Mauer gebaut, nach der die Mauerstraße ihren Namen hat. In den neuen Stadtteilen waren es besonders die bevorrechteten Ausländer, die mit ihren neuen Gewerbebetrieben Berlin zum »Potosi des germanischen Peru« machten. Die deutschen Ackerbürger, die in der Altstadt fast wie Leibeigene ihr Leben fristeten, ermutigte der König zur Umsiedlung in geeignetere Umgebung durch immer schärfere Verordnungen gegen Schweine und Scheunen im Innern der Stadt. Viele verkauften darum ihre Häuser in der Altstadt und siedelten in die alten Vorstädte über, die vom Dreißigjährigen Krieg her wüst lagen. In der Köpenickschen und Stralauer Vorstadt siedelten sich auch französische Gärtner an. Dort schützte der

König die Erwerbsbedingungen der landwirtschaftlichen Betriebe, indem er den Bau von Wohnhäusern nur da erlaubte, wo Landstraßen in die Nachbarorte führten. Leider weiß man heute nicht mehr, in welcher der Berliner Vorstädte sich der große Bildhauer und Baumeister Schlüter seine geheime Werkstatt einrichtete. Wir wissen aber, daß er im Jahre 1702 den König mit Erfolg um eine Gehaltsaufbesserung bat und bei dieser Gelegenheit erklärte, er könne in Berlin »vor allem Überlaufen der Leute nichts machen« und habe vor der Stadt einen weit abgelegenen Ort sich suchen müssen, um in Ruhe »was Rechtes *inventiren, modelliren* und zeichnen« zu können. Er sei nicht imstande, die Handwerker und Künstler, welche am Schloß arbeiteten, zu Fuß zu besuchen. Das Wachstum Berlins zwang Schlüter, seine Zuflucht in der Ruhe entlegener Vororte zu suchen. Er war in Berlin einer der ersten Vorkämpfer der Gartenvorstadt und der Dezentralisierung des Wohnwesens.
Schneller als die Cöllnischen wuchsen die Berliner Vorstädte, namentlich die Spandauer und Königsvorstadt, weil große Teile des Berliner Gemeindelandes im Gegensatz zum Cöllnischen schon im 16. Jahrhundert auf nicht recht aufgeklärte Weise in den Besitz der Kurfürsten übergegangen waren und deshalb vom ersten König ohne weiteres als Bauland verschenkt werden konnten. Damit aber selbst dieser tüchtigste unter den Hohenzollernfürsten nicht in jeder Hinsicht vollkommen genannt werden dürfe, versäumte er angesichts des überschnellen Wachstums dieser verschiedenen Vorstädte, die klare Straßenplanung zu erzwingen, die seine Friedrichstadt auszeichnet. Es erwuchs vielmehr ein planloses Gewirr von Straßen. Die städtebauliche *Regulierung* dieser wirren Vorstädte wurde auch von den folgenden großen oder kleinen Königen nicht als Notwendigkeit erkannt und hat deshalb der Stadt Berlin Ende des 19. Jahrhunderts große Kosten verursacht, nachdem die Bürgerschaft (1875) endlich wieder in den Besitz der Straßenbaupolizei gelangt war.
Trotz der Fehler, die Friedrich I. gemacht hat, bleibt seine Leistung erstaunlich. Während Berlin und Cölln vor dem Dreißigjährigen Krieg etwa 1300, nach dem Krieg etwa 900 bewohnte Häuser gehabt hatten, stieg die Gesamtzahl der Wohnhäuser bis zum Jahre 1711 auf 4100, von denen etwa 2500 nach dem Tode des »Großen« Kurfürsten gebaut worden sind. Die Bevölkerung war zwischen den Jahren 1654 und 1685 von etwa 9000 auf etwa 17000 bis 18000 Personen gestiegen; von 1685 bis 1709 erhöhte sie sich auf 55000 Köpfe, von denen 50000 auf die Zivilbevölkerung, 5000 auf die Garnison entfielen; besonders groß scheint die Zunahme der Bevölkerung im Jahrzehnt von 1695 bis 1705 gewesen zu sein. In den 24 Jahren von 1685 bis 1709 hatte sich also die Bevölkerung mehr als verdreifacht, die Zahl der Wohnhäuser um mehr als 150 v. H. erhöht; in jedem Jahre mußten durchschnittlich mindestens 1600 Menschen untergebracht, mehr als 100 Wohnhäuser neu errichtet werden. Etwa ein Zehntel der Bewohner und ein Fünftel der im Jahre 1685 vorhandenen Häuser kamen in jedem folgenden Jahre neu hinzu.
Mißt man diese Entwicklung an der damaligen Größe der Stadt, dem geringen Kapitalreichtum und der bescheidenen Entwicklung des Baugewerbes, so sieht man, daß die Zunahme der Bevölkerung und die Steigerung der Bautätigkeit in Berlin verhältnismäßig in keiner Weise hinter den Jahren des schnellsten Aufschwungs im 19. Jahrhundert zurücksteht; und dann lernt man erst die Leistungen Friedrichs I.

würdigen, der einen so bedeutenden Bevölkerungszuwachs zum großen Teil in eigenen Häusern unterbrachte und der Wohnungsnot und dem Mietwucher vorzubeugen verstand. Im Jahre 1709 kamen innerhalb der Festung (befestigt waren damals Berlin-Cölln, Friedrichswerder, Dorotheenstadt, Friedrichstadt) auf jedes Haus 16,2 Personen. In den Vorstädten dagegen, wo fast ein Fünftel der Bevölkerung wohnte, kamen nur 7,8 Personen auf jedes Haus. In diesen Durchschnittszahlen ist die militärische Einquartierung mitgerechnet: in jedem Haus lagen durchschnittlich 1,3 Soldaten. Da aber noch viele Häuser von Einquartierung befreit waren, wurden die übrigen um so schwerer getroffen.

Im Jahre 1709 befreite der erste König seine Hauptstadt auch von der kommunalpolitischen Zersplitterung, die von dem Kurfürsten Friedrich Eisenzahn eingeführt und vom »Großen« Kurfürsten verschlimmert worden war. König Friedrich I. schuf 1709 aus den vier Städten Berlin, Cölln, Dorotheenstadt und Friedrichswerder durch die »*Combinierung* der Rathäuslichen *Collegien*« eine einheitliche Gemeinde. Die Bedeutung dieser städtebaulichen Großtat Friedrichs I. ist fast zu vergleichen mit der organisatorischen Leistung der jungen Republik Preußen, die 211 Jahre später die 8 Städte, 59 Landgemeinden und 27 Gutsbezirke Groß-Berlins zu der notwendigen städtischen Einheit zusammenschloß, welche die Regierung der letzten Hohenzollernkönige hintertrieben hatte. Im Jahre 1709 wurden die bisherigen 17 Bürgermeister und 48 Ratsherren ersetzt durch 4 Bürgermeister, 2 Syndici, 3 Kämmerer und 10 Ratsherren. Sie führten die Verwaltung der geeinten Stadt wie bisher unter Aufsicht eines Gouverneurs und des Steuerkommissars und wurden in die Rangordnung der Staatsbeamten eingereiht. Das alte System des jährlichen Ratswechsels verschwand; es gab jetzt nur ein ständiges Kollegium, wie es zuvor schon in den beiden Privatstädten des »Großen« Kurfürsten üblich gewesen war. Der Zusammenschluß Groß-Berlins im Jahre 1920 wurde durch 132 sozialdemokratische und 33 demokratische Landtagsabgeordnete gegen die Stimmen der weiter rechts stehenden Parteien, aber ohne Verletzung bestehender Rechte bewerkstelligt. Der erste Preußenkönig dagegen vermochte bei seinem Zusammenschluß Berlins nicht, mit dem vom »Großen« Kurfürsten überkommenen System der Geringschätzung deutscher Rechte und der Bevorzugung von Ausländern zu brechen. »Durch die Auflösung der Stadtgemeinden mittels Kabinettsorder, ohne vorher die Wirkung auf die Rechtsverhältnisse zu prüfen, gab die Regierung zu erkennen, daß sie das alte Stadtrecht, wie es nach Herkommen und Privilegien noch bestand, für sich als unverbindlich betrachtete, daß es ganz von ihrem Belieben abhinge, was sie davon in das neue Gemeinderecht mit hinübernehmen wolle.« Während so die alten Rechte der deutschen Bürgerschaft zugunsten der notwendigen neuen Einheit rücksichtslos geopfert wurden, erfuhren die neuen Vorrechte der Ausländer sorgfältige Schonung. »Die Rechte der *Eximirten* erlitten keine Einschränkung zugunsten der obrigkeitlichen Gewalt des Magistrats; die Verfassung erweiterte sie vielmehr zum besonderen Vorteil der Franzosen durch die lästige, schwer zu befolgende Vorschrift, daß der Vorstand der französischen Kolonie erst gehört werden müsse, sobald eine Anordnung des Magistrats zugleich ihre Mitglieder beträfe.« So berichtet der Archivar der Stadt Berlin, P. Clauswitz, im Jahre 1893.

Schlüters Triumph als Berliner Bildhauer

> Ihr bleibet vor Verwunderung stehn,
> Und zweifelt doch an meinem Leben?
> Laßt meinen Reiter mir die Ferse geben:
> So sollt ihr sehn!
> *»Das Pferd Friedrich Wilhelms auf der Brücke zu Berlin«*
> Gedicht von Lessing

Wer noch zweifelt, daß König Friedrich I. der größte Hohenzoller gewesen ist, wird vielleicht durch seine Leistungen als deutscher Bauherr am Berliner Schloß und Zeughaus, sicher aber durch das unübertreffliche Reiterdenkmal bekehrt werden, mit dem Andreas Schlüter den deutschen Kunstsinn dieses ersten Preußenkönigs mehr als die Tugenden seines Vorgängers verherrlichte. Über die ehernen Reiter, vor denen die künstlerisch erwachte Christenwelt sich beugt, herrscht in fast unnahbarer Dreieinigkeit Schlüters Denkmal des ungespornten »Großen« Kurfürsten zusammen mit den gespornten Reiterfiguren von zwei anderen Söldnerführern (Gattamelata und Colleoni), deren Denkmäler ebenfalls weniger diese heute gleichgültigen *condottieri* als den Ruhm eines großen Bauherrn (also der Republik Venedig) und großer Bildhauer verewigen.

Zur Würdigung des Berliner Denkmals muß man seine Ahnen betrachten. Das Steinbild des Hohenstaufen-Kaisers im Dom zu Bamberg, in dem das Rittertum des Mittelalters lebt, war lange vergessen. Aber das kaiserliche Rom hatte in dem ehernen Mark Aurel des Capitols ein unvergeßliches Vorbild für alle nachfolgende Reiterplastik geschaffen. Mit diesem Vorbild vor Augen schuf Leonardo da Vinci das Reiterbild eines Mailänder Herzogs und bewies zugleich — als der größte Künstlerphilosoph aller Zeiten — den absoluten Fürsten der Neuzeit die ihnen gebührende Anhänglichkeit: das Reiterbild, mit dem er seinen Herzog unsterblich machen sollte, wollte Leonardo da Vinci nach dem Sturz des Herzogs in ein Denkmal des siegreicheren Franzosen-Königs verwandeln.

Aber Leonardos Königsbild ging verloren und erwachte zu neuem Leben erst 1687 in dem Reiterbild Ludwigs XIV., das auf dem Pariser Place Vendôme durch die große Revolution aufs neue zerstört wurde. Seine freie Nachbildung auf der Kurfürstenbrücke zu Berlin (gegossen 1700) stellt zwar nur den Kurfürsten dar, der Deutschland im Sold Ludwigs XIV. verriet und von ihm zum besten gehalten wurde; aber diese Reiterstatue des »Großen« Kurfürsten strahlt eigenes Licht aus und ist ein wichtiger Beweis dafür, daß deutsche Kunst Größtes vermochte, wenn sie gebildete deutsche Auftraggeber fand, statt durch Halbbarbaren, wie Friedrich Wilhelm I., oder nur nach dem Ausland und rückwärts blickende Fürsten, wie Friedrich II., gestört zu werden.

Der Prunkhelm des sterbenden Kriegers. Die Prunkhelme setzte Schlüter für die Straßenansicht auf die Außenseite des Zeughauses. Die Köpfe der sterbenden Krieger hängte er innen rings um den Hof

Schlüters Medusa auf der Rückseite des Zeughauses

Mit dem Meisterwerk Schlüters ließ Friedrich III. seinen Vater gleichsam feierlich entsühnen und ihm eine Würde verleihen, die er nie besaß. Friedrich der »Große« spottete noch in seinen *Mémoires* über das Pantoffelheldentum des »Großen« Kurfürsten, der in seinem Testament einer zweiten Frau und ihren Kindern zuliebe die preußische Monarchie in Stücke riß. Friedrich III. verabscheute diese Stiefmutter ebenso wie die politische Unzulässigkeit, die Reichsfeindschaft und erfolglose Franzosenfreundschaft seines Vaters und zerriß statt der Monarchie, die er rettete, das Testament des »Großen« Kurfürsten.

In künstlerischen Dingen hatte der »Große« Kurfürst entweder nur Belangloses gefördert oder sich willenlos fahrenden Niederländern, Italienern und Franzosen verschrieben. Aber das Denkmal, das sein Sohn ihm durch einen deutschen Künstler errichten ließ, ging nicht nur über den künstlerischen Ehrgeiz, sondern auch über die menschliche und staatsmännliche Haltung des »Großen« Kurfürsten hinaus. Den schlecht rechnenden Sanguiniker mit seinem keck zurückgeworfenen Kopf, den aufgepufften Backen und dem quellenden Doppelkinn enthüllt das Denkmal (mit Gavanis und Gulbransons würdiger Entlarvung) nur bei naher Betrachtung. Für den flüchtigen Betrachter dagegen, der zu blinder Heldenverehrung drängt, schuf Schlüter gnädig einen großen Mann aus dem kleinlichen Kurfürsten, der auch in der Stunde höchster Not (als die Franzosen ganz Deutschland und als die Türken vor Wien ganz Europa bedrohten) die preußischen Hilfstruppen zu spät kommen ließ, weil er ihre Hilfe dem deutschen Kaiser nur gegen Abtretung des Elsaß an Ludwig XIV. verhandeln wollte. Alle diese anationale Niedertracht, politische Kurzsicht und menschliche Erbärmlichkeit scheint überwunden, wenn man das Reiterbild auf der Kurfürstenbrücke aus mildernder Entfernung betrachtet. Dort verwandelt sich der betrogene Ränkeschmied in einen heldischen Reiter. Zwanglos im Staatsgewand römisch-französischer Imperatoren sitzt er auf einem kräftig vorwärtsschiebenden, aber mit festem Griff zurückgehaltenen Roß, das zwar schwer, aber weit edler ist als der von Jakob Burckhardt getadelte Gaul Mark Aurels und das einige aufmunternde Worte sogar zu Lessing zu sprechen vermochte, der sonst in Kunstfragen nur die Lehren seiner schwächere Kunst begehrenden Zeit nachsprach und ihrer Mode folgend sich lieber an römischen Kopien dritter Güte als an deutschen Meisterwerken begeisterte.

Die gefesselten Sklaven am Sockel des Kurfürstendenkmals sind spätere Zugabe, vielleicht von Schlüter verbesserte Arbeiten anderer Bildhauer, jedenfalls etwas geringere Ware. Doch Roß und Reiter ziehen stolz dahin auf höchstem Grat zwischen den beiden Abgründen des Überschwangs und der Kälte. Hier war in Berlin eine ganz große künstlerische Tat gelungen. Sie hätte am Eingang zu einer unaussprechlich großartigen deutschen Bildhauerkunst stehen und alle bildenden Künste mit sich reißen müssen, wie etwa die Pariser Louvre-Kolonnade der Auftakt zur großen französischen Baukunst geworden ist. Um die überragende Bedeutung des Schlüterschen Kurfürstendenkmals zu würdigen, muß man es vergleichen mit verwandten Arbeiten, die kurz vorher in Italien und Frankreich und kurz nachher in Deutschland entstanden sind. Bernini hatte gelegentlich seines feierlichen Aufenthaltes in Paris ein Reiterbild Ludwigs XIV. geschaffen, dessen barockes *Furioso* der

Gattamelata, Padua
von Donatello

Der antike Mark Aurel,
Rom

Colleoni, Venedig,
von Verrocchio

Allessandro Farnese,
Piacenza, von Mocchi

Ludwig XIV., Paris,
von Girardon

Ludwig XIV., Versailles,
von Bernini

Sechs Vorgänger des Schlüterschen »Großen« Kurfürsten

überlegenen Gemessenheit des französischen Hofes so sehr widersprach, daß man es in einen entlegenen Teil des Parkes von Versailles verbannte. Die Statuen Ludwigs XIV., die Girardon schuf, waren, soweit wir aus vorhandenen Nachbildungen und aus verwandten Arbeiten anderer französischer Künstler schließen können, leicht ins Fade hinein idealisiert und weniger kräftig als der »Große« Kurfürst Schlüters. Es gibt in Piacenza ein stark bewegtes Reiterbild des Herzogs Franese, das — älter als die Arbeiten Berninis und Girardons — ebenfalls Schlüters »Großen«

Schlüters »Großer« Kurfürst vom Westen gesehen. (Vor dem Umbau des Sockels)

Kurfürsten stark beeinflußt zu haben scheint. Aber auch dieses italienische Vorbild wird durch die Würde des Schlüterschen Kurfürsten übertroffen. Schlüters Leistung fand eine bewundernswürdige Nachwirkung in dem Werk eines anderen großen deutschen Bildhauers: Balthasar Permoser hat zusammen mit Schlüter am Berliner Schloß gearbeitet und ist wahrscheinlich der Meister der großen Faun-Hermen an dem von Schlütter entworfenen Schloßeingang auf der Lustgartenseite. Permosers berühmteste Werke finden sich im Dresdner Zwinger. Er bekam bald nach Entstehen des Schlüterschen »Großen« Kurfürsten den Auftrag für eine Büste Augusts des Starken, die in Anlehnung an Schlüter die lebendige Ähnlichkeit des »starken« August zu höchster bildhauerischer Wirkung steigert und ein Meisterwerk ersten Ranges geworden ist. Als es sich dann aber um mehr als eine Büste handelte und als Permoser, lange nach dem Sturz und Tode Schlüters, Standbilder Prinz Eugens und Augusts des Starken schaffen sollte, gelangen ihm zwar wieder Köpfe von hohem Wert, aber die damit verbundenen Leiber wurden nach französischen und italienischen Vorbildern in heute grotesk wirkende Spiralkurven geschlängelt und das Ganze mit allegorischen Beigaben so überladen, daß diese drei Werke weit hinter der Schlüterschen Meisterleistung zurückblieben.

Warum blieb die große Leistung Schlüters ein Schlag ins Wasser? Warum blieb nach so herrlichem Anfang die bildende Kunst Deutschlands noch für zwei bis drei Menschenalter belanglos? Warum blieb Schlüters große Leistung so unbekannt, daß des Franzosen Patte berühmtes Werk über die Reiterdenkmäler (Paris 1765) nichts davon erwähnte? Warum vermochten die Deutschen selber die deutsche Leistung nicht zu würdigen? Und wie kam es, daß nach einer so lebensvollen Leistung wie der Schlüterschen die deutsche bildende Kunst großenteils in literarischer Betrachtung und kraftlosem Klassizismus versandete und daß Goethe, der doch in Fragen bildender Kunst stets gelehrig bewunderte, was Lessing, Herder oder Winckelmann ihm empfahlen, gleichgültig am Denkmal des »Großen« Kurfürsten wie an den sterbenden Kriegern vorübergehen konnte, die Schlüter für das Zeughaus früher als das Reiterdenkmal geschaffen hatte? Goethes kurzes Berliner Tagebuch meldet den Besuch des Zeughauses. Er tat auch der grimassierenden, übergroßen Engel Erwähnung, die Friedrichs des »Großen« Neues Palais in Potsdam entstellen. Aber von Schlüters Werk ist bei Goethe nirgends ein Wort zu finden. 1827 scheint er sich einmal Radierungen der sterbenden Krieger angesehen zu haben. Warum fehlte vor Schlüters Reiterdenkmal der in deutscher Landschaft erforderliche Handweiser und Befehl zum Bewundern: »Schöne Aussicht!«?

Wer heute das Schlütersche Reiterdenkmal beträchtet, muß sich nicht nur daran erinnern, daß es 1895 beim wilhelminischen Umbau der Kurfürstenbrücke zu hoch gestellt wurde und durch die Aufhöhung und Vergröberung der Bauten auf beiden Seiten der Brücke einen schlechten Hintergrund erhielt. Wichtiger ist, daß das Denkmal nur einen Teil eines städtebaulichen Ganzen darstellt, das unausgeführt blieb. Ein zeitgenössischer Stich des französischen Architekten Broebes, der uns eine Vorstellung von diesem Entwurf gibt, gilt als die stadtbaukünstlerische Großtat Schlüters. Auf diesem Entwurf steht das Kurfürstendenkmal nicht wie heute zwi-

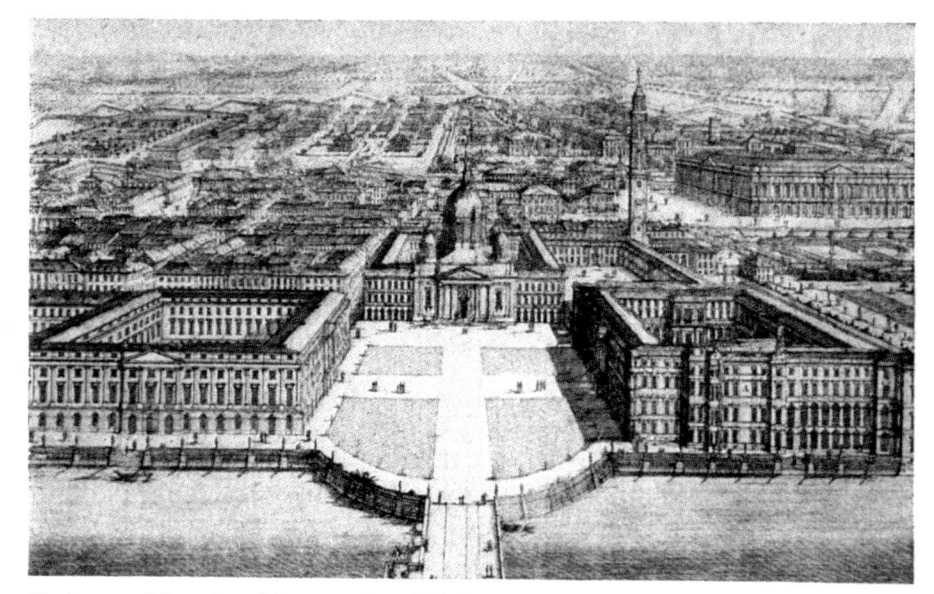

Idealentwurf für einen Platz vor dem Schloß (rechts). Der vielleicht von Andreas Schlüter stammende Entwurf wurde etwa 1705 von Jean Baptiste Broebes gezeichnet

schen die unruhigen Seitenwände von Geschäftshäusern und Marstall eingeklemmt, sondern die Bauten südlich der Kurfürstenbrücke treten ebenso weit zurück von der Brücke wie das Schloß auf der Nordseite. Die Kurfürstenbrücke sollte also nicht wie heute auf die Südseite, sondern auf die Mitte des vergrößerten Schloßplatzes führen, vor dessen Freiheit das Kurfürstendenkmal seine ruhmreiche Umrißlinie ungestört auf den Himmel zeichnen konnte. Der Beschauer erkennt plötzlich die Verwandtschaft mit der vorzüglichen Aufstellung Heinrichs IV. auf der Pariser »Neuen Brücke«, die Schlüter als Vorbild für sein eigenes Denkmal vorgeschwebt haben mag.

Den Hintergrund des derart umgestalteten Schloßplatzes sollte ein neuer Dom an Stelle der alten Dominikaner-Kirche bilden, und auf drei Seiten sollten sich die platzartigen Höfe des Schlosses, des Marstalls und der vom Münzturm beherrschte Platz anschließen.

Daß dieser großartige Platzentwurf Schlüters unausgeführt geblieben ist, gilt künstlerisch empfindenden Berlinern als die Tragödie der Berliner Stadtbaukunst. Fritz Stahl meinte, wenn dieser herrliche Platz gebaut worden wäre, hätte Berlin den großen künstlerischen Maßstab besessen, der die weitere Entwicklung beherrscht und gesteigert haben müßte. Mit diesem Platz vor Augen hätten die Berliner sich nicht in dem unarchitektonischen Durcheinander verlieren können, das später über ihre Stadt hereingebrochen ist. Vielleicht unterschätzte Fritz Stahl die verwüstende Allmacht wilhelminischer Geheimräte und ihren unbelehrbaren Dünkel.

Der Kupferstich von Broebes, der als Darstellung des großen Schlüterschen Gedankens gilt, ist beachtenswert auch deshalb, weil der entwerfende Baumeister augenscheinlich eine unglaublich kühne Vierteldrehung des Schlosses vorgenommen hat. Das Schloß und der Schloßplatz kommen damit rechtwinklig zu Zeughaus und »Unter den Linden« zu liegen, deren Achsen und architektonischen Kraftströme sich heute etwas gar zu zufällig am schief stehenden Schloß totlaufen. Die Ausführung des ehrgeizigen Entwurfes hätte den östlichen Arm der Spree vor dem Schloßplatz zu einem großen Becken erweitert. Das für Schlüters Dom und die anschließenden Plätze nötige Gelände wäre zum Teil durch die Verschmälerung des damals noch sehr breiten westlichen Armes (der später den Schinkelplatz gebildet hat) gewonnen worden.

Der Stich von Broebes zeigt auch — vielleicht zum ersten Male — die Straße »Unter den Linden« nicht mehr als verhältnismäßig kurze Baumreihe, sondern als mächtig in den weiten Westen vorstoßende Parkachse, wie sie früher schon in die Pläne für Paris und Versailles von Le Nôtre, einem der größten Künstler aller Zeiten, aufgenommen worden war. Im Tiergartenplan von 1685 (von La Vigne), also im Berlin des »Großen« Kurfürsten, fehlt diese machtvolle Westachse noch. Statt ihrer findet sich eine schräg nach Nordwesten abflauende Straße. Auch die große straffe Westachse ist also ein Geschenk Schlüters und Friedrichs I.

Im Zuge der Westachse von Versailles stürzte sich gleichsam ein großer mittlerer Strom von der Höhe des Schlosses hinab durch die Gärten in die Unendlichkeit und gewährte über seiner verebbenden Flut einen ergreifenden Ausblick in ewige Weiten. In Paris dagegen stieg die Kraftsäule von den Tuilerien empor zur traumhaft abschließenden Höhe des Etoile, wo heute der Triumphbogen steht und wo Le Nôtre und Colbert entgegenströmende Kaskaden planten. In Berlin war das Gelände weniger günstig für derart einheitlich-großartige Profilierung. Die Möglichkeit, jenseits der Wildnis des Tiergartens auf dem hochgelegenen Reichskanzlerplatz einen monumentalen Abschluß zu schaffen, ist zwar oft erwogen, aber nie bis zum überzeugenden Entwurf gefördert worden. Empfand Schlüter schon derartige große Raumgedanken, die weit über das einzelne Denkmal und das einzelne Bauwerk hinaus große Baumassen gruppieren und die weite Landschaft baukünstlerisch gestalten? Diese Gedanken schwebten damals in Italien und Frankreich, die Schlüter mit offenen Augen besucht hatte, in der Luft. Sie haben später einige ihrer schönsten Ausgestaltungen in Deutschland erfahren.

Woran ist der künstlerische Ausbau des Planes von Berlin gescheitert? Nicht am Widerstand des ersten preußischen Königs.

Schlüters Niederlage als Berliner Baumeister

»Ich glaube, der König in Preußen hat die *Pière philosophale* erfunden, wegen aller Magnificenz, so sie haben in Alles. Denn Bauen ist keine Vexirei, es kost' viel.«
Liselotte von der Pfalz (22. Oktober 1704), nachdem die preußische Königin Schlüters Entwurf für den Umbau des Berliner Schloßhofes »zur Approbation des französischen Hofes und der besten Kenner« nach Paris geschickt hatte.

Welche Hoffnungen sind in Berlin begraben worden und welche Tragödie bedeutet Schlüters Wirken am Hof des großen Preußenkönigs, der scharfsichtig den deutschen Bildhauer Schlüter erkannte und trotz starker Widerstände auch seinen Drang zur Baukunst in Berlin zu befriedigen suchte? Um dieser Leistung Friedrichs I. gerecht zu werden, muß man sich an den Tiefstand der deutschen Kunst und ihrer Auftraggeber erinnern, die während der Regierungsjahre Friedrichs I. außer Schlüter keinen einzigen ganz großen Bildhauer oder Baumeister hervorbrachten. Selbst Wien konnte die hohe Blüte seiner neuen Baukunst erst nach den schweren Kriegesund Siegesjahren Prinz Eugens, also erst gegen Ende der Regierung Friedrichs entfalten.
Der »Große« Kurfürst und sein Sohn König Friedrich I. waren zwar Mitglieder der »fruchtbringenden Gesellschaft«, in der sich damals die schöngeistigen Bestrebungen Deutschlands vereinigten, aber diese Gesellschaft baute nur das Feld der deutschen Sprache, nicht der bildenden Künste. Auch ging sie gegen Ende des 17. Jahrhunderts an den Folgen des Dreißigjährigen Krieges zugrunde. Sie wurde wirkungsvoll durch die beiden Berliner Gründungen König Friedrichs I. ersetzt, von denen die eine auch der deutschen Sprache, die andere den bildenden Künsten Deutschlands gewidmet war. Das Vorbild dieser preußischen Akademie der Künste waren ausländische Gesellschaften, von denen die Pariser Akademie der Maler und Bildhauer schon gegen Ende des Dreißigjährigen Krieges zu einem mächtigen Werkzeug französischer Kultur gemacht worden war. Die Antwerpener Künstlergesellschaft wurde erst 1663 Akademie genannt, aber sie ging aus weit ins Mittelalter zurückreichenden Bruderschaften hervor. In Berlin gab es keine derartigen kräftigen Wurzeln. Die Zeiten, in denen deutsche Baumeister wegen ihrer berühmten Tüchtigkeit zum Bau der Münster nach Mailand und Burgos berufen wurden, waren lange vorbei. Um so bewundernswürdiger war des Kurfürsten Friedrich III. Mut, deutsche Künstler zu beschäftigen.
»Die Geschichte der Berliner Monumentalbauten unter Friedrich III. bildet eine Kette der kläglichsten Unglücksfälle, von Einstürzen und Mauerrissen, Abtragungen und Senkungen, einen beschämenden Beweis, wie tief das praktische Vermögen der deutschen Bauleute gesunken war und wie recht in vielen Fällen die Fürsten

taten, bei großen Aufgaben sich fremder Kräfte zu bedienen, die allein Bürgschaft für das Gelingen der Werke boten. Kaum stand es aber in einer Stadt schlimmer um das Können der Maurer- und Zimmermeister als in Berlin, welches der Große Kurfürst hinterlassen hatte. Zahllose Mißgeschicke an den wichtigsten Bauwerken beweisen das zur Genüge.« So schrieb 1891 Cornelius Gurlitt, dessen Buch über Schlüter unübertroffen geblieben und schwer zu übertreffen ist.
Der »Große« Kurfürst verließ sich seit seiner Jugend gern auf niederländische Künstler, Festungs- und Kanalbaumeister. Als er aber fünf Jahre vor Abschluß des Dreißigjährigen Krieges den Wiederaufbau seines Landes mit einer prunkhaften Neugestaltung des Berliner Schloßbezirkes begann, brauchte er vor allem italienische »Grottirer« oder »Gipser«, die ihm sein neues »Lusthaus« und die neuen Räume seines Schlosses nach den Erfordernissen der ausländischen Tagesmode gegen hohen Lohn mit »Grottesken« ausschmücken mußten. Diese moderne Kunstübung hatte nichts mit dem reformierten Bekenntnis des »Großen« Kurfürsten zu tun, das gerade zur Zeit seiner Geburt in Berlin Bilderstürme entfesselt hatte. Sie war eher römisch-katholisch. »Mit den Jesuiten kamen aus den südlichen Abhängen der Alpen ununterbrochen jene faustsicheren Künstler, welche Süddeutschland bis zum Erwachen einer nationalen Kunst, also etwa bis 1680, völlig beherrschten. Sie drangen auf dem Landweg vor, und zwar kann man im allgemeinen annehmen, daß ihr Wert als Künstler mit der Entfernung von der Heimat nachläßt ... Ständige Begleiter der römischen Kirche in slawischen Ländern waren die Maurer der norditalienischen Berge, jene werktüchtige Schar von Bauarbeitern, welche einst den Deutschen die Renaissance lehrten, dann als Gipser ihnen die römischen Formen des Barock überlieferten...« (Gurlitt.)
Unter diesen italienischen »Gipsern«, die bis in das kunstarme Ostelbien vordrangen, befanden sich die nicht ganz unbedeutenden Brüder Baratta, die an manchem italienischen Palastbau mitgearbeitet hatten, bevor sie für mehrere Jahrzehnte nach Berlin übersiedelten. Der Umbau des Palazzo Madama in Rom war gerade fertig geworden und hatte den Reiz der Neuheit, als der »Große« Kurfürst den Umbau seines Berliner Schlosses in Angriff nahm. Später sandte der »Große« Kurfürst auch seinen Generalquartiermeister zur Ausbildung in der Architektur auf Staatskosten nach Rom (1666 bis 1668). Noch später, 1696, reiste Schlüter auf Kosten Friedrichs III. nach Italien. Es ist nicht sicher, wer der Vermittler der römischen Fassadenzeichnungen war; aber jedenfalls steht das Berliner Schloß noch heute in wesentlichen Außenteilen als freie, aber keineswegs geistreiche oder irgendwie mit dem Berliner Boden verankerte Kopie des römischen Palazzo Madama vor unseren Augen, und Gurlitt weigert sich, den Kopisten in Andreas Schlüter zu entdecken. Bodenständig ist an diesen wörtlich aus Rom übernommenen Teilen des Berliner Schlosses nur der eigentümlich schmächtige Erkerturm an der Südostecke. Er ist ein Überbleibsel des früheren Schlosses aus der Zeit jener deutschen Renaissance, die auch Schreinermeister-Renaissance genannt wird, weil ihre Formen aus der Zimmermannskunst übernommen und mit Schnitzwerk überladen sind. Die alte und neue Form des Schlosses zeigen die Abbildungen Seite 27 und 79.
Ein ausländischer Grottirer des »Großen« Kurfürsten bezog 700 Taler Gehalt,

während Nering, der Oberdirektor aller Bauten unter Friedrich III., nur 400 Taler erhielt. Als Oberdirektor überwachte Nering bis zu seinem Tode im Oktober 1695 auch den Bau des Zeughauses, den der »Große« Kurfürst schon in seinem Testament von 1667 anordnete, dessen Grundsteinlegung aber erst unter der Regierung Friedrichs III. (Mai 1695) stattfand. Des »Großen« Kurfürsten Vorliebe für seine Niederländer war keineswegs so weit gegangen, daß er ihnen auch den Entwurf für das neue Zeughaus anvertraut hätte. Gewiß war die Kunst ganz Europas seit Anfang des 17. Jahrhunderts durch die Niederländer beeinflußt. Selbst ein so echt italienischer Meister wie Bernini zeigte in seinen gewundenen Säulen, seinen Kinderleibern, seinen Wolken und Engelchören und in der Feinheit seiner Porträtbüsten den Einfluß nicht nur des großen Rubens, sondern sogar der protestantischen Niederländer. Gleichzeitig vollzog sich unter Ludwig XIV. in der Pariser Kunst eine noch strengere und geistvollere Verarbeitung niederländischer und protestantischer Einflüsse. Aber derartige kulturelle Leistungen durfte niemand vom »Großen« Kurfürsten oder seinen geknechteten Berlinern erwarten. Wenn es sich um Baukunst handelte, hat er sein Wort »Gedenke, daß du ein Deutscher bist« ebenso schnell vergessen wie in der Politik und gelehrig nach Paris geblickt. Solange dort die italienischen Baumeister geschätzt waren, ließ er sich von seinen italienischen Gipsern das modische Schmuckwerk seiner Bauten und vielleicht sogar die Baupläne machen. Als man in Paris die ausländische Baukunst durch heimische Leistung überwand, versuchte der »Große« Kurfürst nicht etwa ähnliches in Berlin, sondern übernahm aus Paris statt der italienischen die französische Baukunst. Für Berlin wurde zur neuen fremden Mode, was in Paris nationales Erlebnis war.

Der erste Preußenkönig dagegen versuchte Besseres als gedankenlose Übernahme des Fremden. Was sich kurz vorher in der französischen Baukunst ereignet hatte, wirkte wie ein nationales Festspiel mit internationaler Tragweite. Friedrich III. und Schlüter machten einen rühmlichen Versuch, auch in Berlin das Fremde mit heimischem Geiste zu beleben und ähnlich wie die Franzosen zu einer nationalen Baukunst vorzudringen. Dieser Versuch wurde in Schlüters Bildhauerei ein nationaler Triumph und ist auch in der Baukunst hoher Ehre wert, obgleich ein Trauerspiel daraus wurde.

Was hatte sich in Paris, was hat sich in Berlin begeben? Es war eines der ganz großen Ereignisse in der Geschichte des europäischen Bauens, daß Ludwig XIV. im Jahre 1665 den Cavaliere Bernini vom Hofe des Papstes, unter Beobachtung aller Formen einer diplomatischen Haupt- und Staatsaktion, nach Frankreich lud, damit der gefeierte Bild- und Baumeister in Paris selbst die Ausführung seines Entwurfes für den Umbau des Louvre überwachen möge. Wie ein fürstlicher Gast war Bernini im Triumphzuge von Rom nach Paris geführt, aber bald nachher wieder reich belohnt aus dem Lande hinauskomplimentiert worden. Die Fundamente seines neuen Pariser Königsschlosses blieben unvollendet liegen. Seine großartige Jesuitenkunst hatte sich als etwas zu reich, zu laut und zu großspurig für das strengere, vornehmere und von hugenottischem und jansenistischem Geist beseelte Frankreich erwiesen. Statt des berühmten Italieners Bernini baute der unberühmte Franzose Perrault den neuen Louvre, stark von Bernini beeinflußt und doch ganz anders als

Das Berliner Zeughaus, erbaut seit 1695. Wahrscheinlich nach einem 30 Jahre älteren Entwurf François Blondels, der Perraults Pariser Louvre (unten) nachahmen, aber dessen damals als Fehler betrachteten Doppelsäulen usw. vermeiden wollte

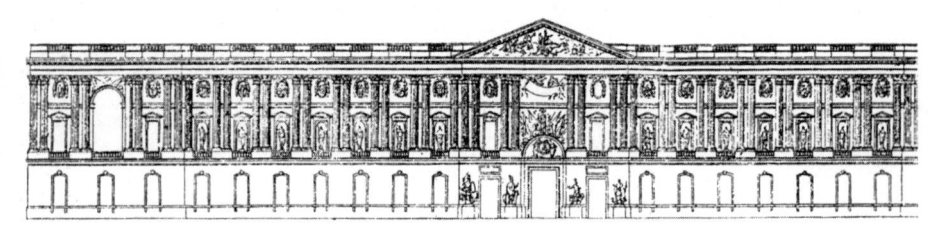

Die »Louvre-Kolonnade«. Ostfassade des Pariser Louvre nach dem Entwurf von Perrault, 1665

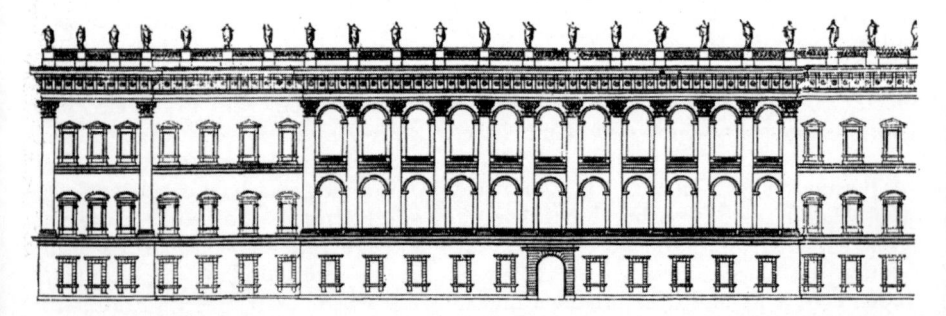

Der nichtausgeführte Pariser Louvre-Entwurf von Bernini, der durch Perraults Entwurf (oben) verdrängt wurde

Bernini gewollt hatte. Perrault war nicht einmal Baumeister, sondern Arzt. Seine Neider spotteten, die französische Baukunst müsse in der Tat sehr krank sein, daß man seiner bedürfe. Aber Perrault besaß einen ausgezeichneten und französisch gebildeten Geschmack. Die östliche Schauseite seines neuen Louvre, die sogenannte »Louvre-Kolonnade«, wurde zum gewaltigen Anfang und gleich zum europäischen Sieg der neuen französischen Baukunst.

»Ludwig XIV. liebte die Begabten«, so urteilte später der keineswegs unkritische Stendhal. Ludwig XIV. und sein begabter Minister Colbert hatten den Mut und die Kraft, ihrem unberühmten und technisch ungeschulten Landsmann Perrault den Vorzug vor dem in aller Welt berühmten Ausländer zu geben und mit dieser Kühnheit vor dem Richterstuhl der Kunstgeschichte recht zu behalten. Ähnliche Triumphe errang Ludwig XIV., als er Molière und Racine gegen die herrschende Tagesmeinung verteidigte. Er gewann sich durch derartige wahrhaft königliche Taten die Verehrung der besten Männer seines Volkes. Ebenso verdient der Berliner Friedrich III. Verehrung dafür, daß er mit dem wahrhaft würdigen Schlüter ähnlich Kühnes gewagt hat wie Ludwig XIV. mit Perrault. Warum war der Ausgang in Berlin so viel weniger glücklich als in Paris?

Wahrscheinlich in der Zeit nach 1670, als der Kampf um die baukünstlerische Überlegenheit im Norden sich zugunsten Frankreichs entschied, ließ der mit französischem Geld bezahlte »Große« Kurfürst sich für sein neues Zeughaus einen französischen Plan machen, nachdem er wahrscheinlich noch kurz vorher den Neu- und Umbau seines Schlosses als Kopie eines römischen Palastes aufgezogen hatte. Von 1657 bis 1658 war der französische Architekt Blondel als Gesandter Ludwigs XIV. in Berlin gewesen und hatte durch die Übernahme und Erledigung dieses politischen Auftrages mehr als die Reichweite tüchtiger architektonischer Vorbildung bewiesen. Es war derselbe Blondel, der 13 Jahre später (1671) Direktor der damals neugegründeten Pariser Bauakademie und der Vorkämpfer für den strengen französischen gegen den weniger strengen, den »barocken« Baustil der italienischen Bildhauer wurde. Dieser frühe Aufenthalt Blondels in Berlin hat (nach der heute durchgedrungenen These Gurlitts) dazu geführt, daß man ihm den Entwurf für das neue Berliner Zeughaus übertrug, in dessen Formengebung er die Strenge der berühmten Louvre-Kolonnaden zu übertreffen suchte, in dessen bildhauerischen Schmuck aber später eine Reihe unfranzösischer Bildwerke und einige Meisterwerke Schlüters übernommen worden sind. »Vergleicht man alle baukünstlerischen Werke, welche unter dem Großen Kurfürsten geschaffen wurden, z. B. das schwerfällige und in allen Gliederungen rohe Schloß von Köpenick mit dem Entwurf des Berliner Zeughauses, so erkennt man alsbald den ungeheuren Vorsprung an Schulung, welchen die Franzosen und besonders ihr damaliger Führer (Blondel) in der Baukunst besaßen« (Gurlitt).

Blondel starb zwei Jahre früher als der »Große« Kurfürst. Zur Verwirklichung des hinterlassenen französischen Zeughaus-Entwurfes hat der außerordentliche Hohenzoller Friedrich III. zuerst Nering und nach dessen Tode vertrauensvoll den Bildhauer Schlüter berufen.

Schlüter war 1664 als Sohn eines Bildhauers niederländischer Schulung in Hamburg geboren, das — ungleich Berlin — frei von Hohenzollern oder ähnlichen dynastischen Wohltätern während des Dreißigjährigen Krieges eine Zuflucht der Künstler hatte werden können. Als Knabe war dann Schlüter mit seinem Vater nach dem freien Danzig übergesiedelt, das bis zur Vernichtung seines Handels durch Friedrich den »Großen« auch den Künsten eine fruchtbare Stätte bot. In der Jugend Schlüters hatte Danzig viermal mehr Einwohner als Berlin. In Danzig wurde die Begabung des jungen deutschen Bildhauers vom Polenkönig Sobieski erkannt, und Schlüter erwarb sich seine ersten Lorbeeren in Warschau. Dort wurde die barocke italienische Jesuitenkunst gepflegt. Aber neben ihr waren durch die geistvollen französischen Gemahlinnen führender Polen die künstlerischen Einflüsse Frankreichs zur Geltung gekommen. (Im Gegensatz zu diesen aus Frankreich gebürtigen Frauen in Warschau waren in Berlin die Förderer französischer Einflüsse zuerst der aus Berlin gebürtige »Große« Kurfürst, später die auch aus Deutschland stammende erste Königin und schließlich ihr Enkel, Friedrich II.) Von Warschau, wo ihm als Protestanten dauernde Niederlassung verboten war, scheint Schlüter eine kurze, aber wichtige Studienreise nach Paris gemacht zu haben. Vielleicht hat er schon auf einer früheren Reise Berlin berührt und damals den »Großen« Kurfürsten, den er später so überzeugend porträtierte, noch selbst gesehen. In Paris traf Schlüter unter den Künstlern bedeutende Landsleute. Bei dem Pariser Erzgießer, der Girardons berühmte Reiterbilder Ludwigs XIV. goß, vollendete der Berliner Erzgießer Jacobi, der später Schlüters Kurfürstendenkmäler goß, seine Lehrzeit. Vielleicht war es dieser Berliner Jacobi, der den reisenden Schlüter aus Paris nach Berlin brachte. Jedenfalls wurde Schlüter, geschult an niederländischer, italienischer und französischer Kunst, 1694 zum Berliner Hofbildhauer ernannt. Schlüter erhielt »das Bestallungspatent ohne Bezahlung der *Marine-Jura«*, d. h., er brauchte nicht die Steuer für die Marinespielerei zu zahlen, mit welcher der »Große« Kurfürst auch die Berliner Künstler zu belästigen befohlen hatte. In Berlin gewann sich Schlüter schnell einen Namen: nach dem Vorbild eines unberittenen Ludwig XIV., den er in Paris gesehen hatte, schuf er, viel realistischer, ein wohlgetroffenes Standbild des Kurfürsten Friedrich III. für den Hof des Zeughauses. (Das Bild wurde später, nach dem Tode Friedrichs I. und Schlüters, schnöde beseitigt, beinahe eingeschmolzen und schließlich nach Königsberg geschafft. Es war zu gut für Berlin.) Nach seinem ersten Erfolg wurde Schlüter zum Bau des Zeughauses, und zwar nicht nur als Bildhauer, sondern auch als Baumeister herangezogen. Die gefährliche Mode, Bildhauer auch als Architekten gelten zu lassen, hat in Italien zu vielen barocken Ausschweifungen, doch auch zu großartigen Leistungen, wie Michelangelos St.-Peters-Kuppel und Berninis St.-Peters-Kolonnaden, geführt. Von dem großen Bildhauer Phidias wissen wir allerdings, daß er den Bau des Parthenon nicht allein, sondern in Zusammenarbeit mit zwei angesehenen Architekten vollendete.

Schlüters Teilnahme am Bau des Zeughauses brachte ihm weitere Triumphe als Bildhauer, aber auch seine erste Niederlage als Baumeister. Er scheiterte mit seinem Versuch, einen bereits durchaus geplanten und schon begonnenen französischen Bau nachträglich in ein Kunstwerk eigener Prägung umzuwandeln. Schlüter und die anderen Deutschen, die mit ihm am Zeughaus arbeiteten, versuchten, dem strengen französischen Bau die schlichte Zweckmäßigkeit zu nehmen und ihm den Schein eines Palastes zu geben. Die meisten Schlüterschen Zutaten, namentlich die überhöhte Attika, mit der Schlüter das Dach des Zeughauses belud, sind bei der Fertigstellung durch seinen französischen Nachfolger Jean de Bodt wieder beseitigt worden. Doch es blieb der reiche bildhauerische Schmuck, der die Umrißlinien des Baues barock verbrämt wie Straußenfedern einen Stahlhelm. Dieser Schmuck ist nur zum kleinsten Teil von Schlüters eigener Hand. Sie ist um so deutlicher in den unübertrefflichen federumrauschten, löwen- und drachenumzüngelten Prunkhelmen erkennbar, mit denen die Schlußsteine über den Fensterbogen rings um das Zeughaus sehr viel reicher verziert wurden, als die strengen Regeln der neuen französischen Baukunst erlaubten. Es wird vermutet, daß Schlüter der kriegsdienstverweigernden Sekte der Mennoniten angehört hat. Jedenfalls hat er nicht wie sein schließlich erfolgreicher Nebenbuhler, der Baumeister Eosander von Göthe, einen militärischen Rang bekleidet. War dieser Mangel am preußischen Hof selbst damals schwer entschuldbar? Und hat er zu Schlüters späterem Unterliegen unter den besser beratenen Eosander von Göthe beigetragen?

Die phantastischen Prunkhelme, mit denen der unkriegerische Schlüter das Äußere des Zeughauses umgab, waren leer; die zuckenden Häupter der Geschlagenen hat Schlüter auf die Schlußsteine der Fensterbogen rings um den inneren Hof des Zeughauses gehängt, wo sie als zuverlässige Sinnbilder eines Waffenlagers und als Kunstwerke unvergängliche Bedeutung behalten. »Er hat das Morden der Schlacht mit all seinem Grauen dargestellt, das mißtönende Röcheln, das Erschlaffen der Züge, das Schmerzenswelken des Mundes, das Brechen des Auges, den ganzen unsäglichen Jammer ohne Erhebung, ohne Versöhnung« (Gurlitt). Im heutigen Deutschland ist verfügt worden: »Wenn Verwundete den zum Gefecht vormarschierenden Truppen entmutigende Worte zurufen, so üben sie Verrat am Vaterland.« Heute wäre Schlüter vielleicht wegen seiner Darstellung der Sterbensqualen gerade im Zeughaus, wo sich die zum Gefecht eilenden Truppen ihre Trommeln und Mordwerkzeuge holen sollen, als Verräter bestraft worden. Aber König Friedrich I. wurde nicht an ihm irre.

Auf die Rückseite des Zeughauses schließlich hängte Schlüter, wieder auf die Schlußsteine der Fensterbogen, grauenhaft verklärte Medusenhäupter. Das feierliche Grauen dieser Medusen wäre vielleicht auch in der idealisierenden französischen Kunst von damals geduldet worden, aber aus den Köpfen der verendenden Krieger sprach eine realistischere Kunst, als die französische Ästhetik und ihr Schüler Lessing sie wollten. Lessings frommes Schriftchen »Wie die Alten den Tod gebildet« predigte andere künstlerische, aber kaum andere menschliche Ideale als Schlüters sterbende Krieger. Vielleicht vermied Schlüter bei diesen Sterbemasken nicht ganz die Gefahr »deutschen Wesens jener Zeit«, das Gurlitt beschrieben hat als »die Lust nach Auffallendem, Besonderem, die für feinere Unterschiede schwerer zugängliche Art der im Krieg verrohten Nation, das Suchen nach zuckendem Gesichtsausdruck und nach starker Erschütterung der Nerven. Damals gingen über die deutschen Bühnen die von furchtbaren Worten und Taten triefenden, bombastischen Stücke

des Lohenstein und Gryphius; die deutsche Baukunst erfreute sich der stärksten Formen, der gewundenen Säulen, der über die Gesimse weggreifenden Konsolen und des zweifellosesten Realismus, sei es an Gerippen oder an Blumengehängen — überall trat die Verhärtung des Herzens hervor.«
Konnte aber selbst die stärkste Mahnung des Künstlers in einem Waffenlager zu stark sein? Schlüters sterbende Krieger haben die Grenze bildender Kunst kaum überschritten, und sicher gehören seine Medusenhäupter und vor allem sein Reiterbild des »Großen« Kurfürsten zu der hohen Kunst, die zwischen Zuviel und Zuwenig das höchste an darstellbarer Leidenschaft vor Augen führt und die ihrer Ergänzung in einer gleich lebendigen Baukunst bedarf. Daß Lessing und Winckelmann und daß vor allem der nach bildender und baumeisterlicher Kunst strebende Goethe diese Werke sehen konnten, ohne sie über den Laokoon zu stellen und zum Anfang der neuen deutschen Ästhetik zu machen, beweist, wie wenig kulturelle Verbundenheit zwischen den führenden Künstlern unseres Volkes erreicht und wie wenig Schlüters große Kunst zum lebenden Besitz des Geschlechtes wurde, das den Spruch schuf:
> Was du ererbt von deinen Vätern hast,
> Erwirb es, um es zu besitzen,

das aber als schlechter Knecht mit seinem Pfunde nicht zu wuchern verstand, sondern es vergrub. Die einigende, belebende Hauptstadt fehlte.
Schlüters leidenschaftlicher Wunsch nach einer Baukunst, die seiner überlegenen und eigenartigen bildhauerischen Leistung entsprach, fand schroffe Gegner, die ihrem eigenen Vorteil oder den Lehren der strengen französischen Baukunst rückhaltlos folgen und den Bildhauer Schlüter aus dem höchsten Bauamte des Landes verdrängen wollten. Sie tadelten nicht nur seine freiere Auffassung der Baukunst, sondern wiesen ihm auch Mangel an bautechnischen Kenntnissen nach. Schlüter hätte antworten können, daß er von der Bautechnik vielleicht doch ebensoviel verstand wie der Mediziner Perrault, dessen Louvre-Kolonnade künstlerisch ein Vorbild für das Berliner Zeughaus geworden ist und in dessen Giebeln einige der technisch schwierigsten Steinverlegungen seit den Zeiten der Äypter geleistet worden sind. Schlüter hat von der Bautechnik auch kaum weniger verstehen können als sein großer englischer Kollege Christopher Wren, der sich in den ersten 30 Jahren seines Lebens nur mit Astronomie beschäftigt hat und dann doch mit seiner St.-Pauls-Kathedrale und anderen 60 Kirchen und öffentlichen Gebäuden der größte Architekt Englands geworden ist. Schließlich war ja wie Schlüter auch Bernini Bildhauer und hatte doch die großartigen Kolonnaden des römischen St.-Peter-Platzes, den Palast Barberini und viele andere wertvolle Bauten geschaffen, ohne die Bautechnik allzuviel zu seinem Ausgangs- oder Sondergebiet gemacht zu haben. Aber alle diese großen Meister des 17. Jahrhunderts wurden durch zuverlässige Handwerker unterstützt. Als Bernini mit seinen italienischen Maurern Bauweisen in Paris einführen wollte, die dort unbekannt und nicht bewährt waren, lachten ihn die Pariser Maurer aus. In dem dann veranstalteten Wettbauen stürzten die italienischen Probegewölbe ein, während die französischen siegreich stehen blieben und

Palazzo Madama, Rom. Vollendet 1642

Schloß und Kurfürstenbrücke (vor dem Umbau). Die Schloßfassade zerfällt in die Kopie des Palazzo Madama (oben) und in die unvermittelt davor gestellten Portale Schlüters (verschiedene Gesimsbreiten)

deshalb auch bei dem Weiterbau des Louvre angewendet wurden. Schlüter dagegen war nicht nur selbst kein Bautechniker, sondern ließ sich auch noch schlecht beraten. Manche seiner Vorschläge, z. B. das Abdecken seiner überhohen Attika auf dem Zeughaus mit Holz, wirken dilettantisch.

Als aber Schlüter die Bauleitung des Zeughauses im November 1699 wieder an einen Franzosen abgeben mußte, war das für ihn noch keine Niederlage als Baumeister. Im Gegenteil tauschte er damals den kleineren Bauauftrag des Zeughauses gegen die wichtigere Berufung zum Schloßbaumeister ein.

Schlüters Aufstieg zum Schloßbaumeister hängt zusammen mit dem Sturz des klugen Ministers Danckelmann, dem das Streben des Kurfürsten nach der Königskrone ebensowenig gefiel wie der Gedanke, einen in der Baukunst unerfahrenen Bildhauer zum Baumeister des größten Prunkbaues der Hauptstadt zu machen. An die Stelle des vorsichtigen Danckelmann trat der leichtsinnige Wartenberg, der kein anderes Ziel kannte, als sich durch rücksichtsloses Eingehen auf die Pläne des Kurfürsten Vorteile zu verschaffen. Wenn aber des Kurfürsten Streben nach der Königswürde jedem guten Deutschen ebenso schädlich erscheinen muß, wie es dem Prinzen Eugen, dem »Helden Deutschlands«, erschien, so verdient gerade des Kurfürsten Friedrich Wunsch, den deutschen Künstler Schlüter auf jedem Gebiete seines Strebens zu fördern, den höchsten Beifall.

Schlüters Beitrag zum Schloß in seiner heutigen Gestalt scheinen die großen Torbauten auf der Süd- und Nordseite zu sein sowie die Ausgestaltung des großen Schloßhofes *. Das nördliche Portal I hat Schlüter »nicht eben sehr geschickt« vor die viergeschossige Architektur des schon vorher vorhandenen römischen Palastes gestellt, so erklären selbst so warme Bewunderer wie Gurlitt, der auch Schlüters »etwas matt profilierten Sockel« beanstandet, »über welchem sich zwei Paare Riesensäulen erheben. Die Form ihrer übermäßig stark geschweiften Schäfte, ihrer reich durchgebildeten Kapitäle, namentlich aber die schwere, mit den Linien der Rücklage« (also des dahinter stehenden römischen Palastets, Seite 79) »nicht übereinstimmende Ausbildung des Gesimses lassen eine Hand von minderer Sicherheit erkennen. Es offenbart sich in dem Bau ein ins Große vorschreitender Künstlergeist, ein mächtiges Wollen, dem aber das tatsächliche Können nicht überall entspricht. Man merkt die fehlende Schule und die aus dieser ersprießende Gleichgültigkeit gegen die überlieferte Form und gegen das Abwägen der Baumassen und der Profile«. Von Schlüters »meisterhaftem, wenn auch willkürlichem und rein malerischem Prunkwerk« sagt Gurlitt aber auch: »Es steckt in dieser riesigen Ordnung ein hoher künstlerischer Mut, ein hinreißendes Selbstvertrauen. ›Richtiger‹ gebildet hätten diese Säulen vielleicht minder glücklich gewirkt. Damals standen sie vor der noch wesentlich kürzeren Fassade, welche nun mit einem Schlag an Stelle des italienischen ein ganz deutsches Eigenwesen erhielt. Nicht mehr herrschten die waagerechten Linien vor, nicht mehr war der Bau eine aus gleichwertigen Teilen ge-

---

* Der damals einzige Hof des Schlosses wird heute der »zweite Hof« genannt. Da das Schloß früher nicht so weit nach Westen reichte wie heute, hat Schlüter nur die Vorbauten Portal I und V errichtet; die Portale II und IV entstanden später als Wiederholungen der Schlüterschen Vorbilder. Das Portal III auf der Westseite stammt von Eosander von Göthe.

Schlüters Schloßhof mit den großen Säulenschäften (an den Portalen), die er von dem früheren Plan eines großen Säulenhofes beibehielt

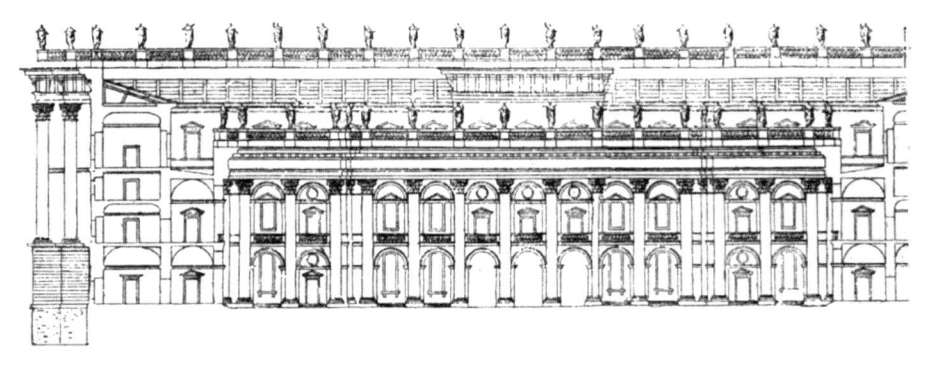

Querschnitt durch Berninis Louvre-Entwurf, der unausgeführt blieb, aber vielleicht das Vorbild des in Berlin vor Schlüters Zeit geplanten großen Säulenhofes war

schaffene Einheit: Ein kühner Eingriff hat ihn zu einem dem deutschen Empfinden mehr entsprechenden, aufstrebenden, senkrecht gegliederten Ganzen gemacht, ihm das Ansehen eines römischen Herrensitzes genommen, um ihn zum preußischen Königsschloß zu erheben, zu einem Bau, der sich festlich dem Volke (?) öffnet und der eine Steigerung der dienenden Teile zu einem herrschenden Glied darstellt.«
An Schlüters Portal V auf der Lustgartenseite tadelt Gurlitt »das Häufen der an sich ziemlich trockenen Motive, die Verwendung der Blattgehänge, die gewände-

Berliner Bau-Tragödien

Rechts: Titus Favres Entwurf für den Wiederaufbau des 1734 eingestürzten Petri-Turmes

Links: Schlüters zweiter Entwurf zum 1706 eingestürzten »Münzturm«. Die Altane rechts und links sollten den wankenden Turm stützen

losen, langgestreckten Fenster, die etwas nüchterne und nicht eben kraftvolle Form der Wandpfeiler...«

Im Gegensatz zu dieser in Deutschland heute üblichen Bewunderung des Barocken darf nicht vergessen werden, daß gerade das von Gurlitt getadelte Portal V den bedeutenden Vorzug hat, in seinem dreigeschossigen Aufbau eine getreue Darstellung der dahinter liegenden Räume zu sein, während das von Gurlitt gelobte Portal I mit seiner »*kolossalen*« Säulenordnung recht eigentlich eine falsche Fassade darstellt. Die Räume des Schlosses sind nämlich viel niedriger als die »*kolossalen*« Säulen, die Schlüter am Portal I davorgeklebt hat. Diese Säulen stehen als irreführender Schmuck oder als klassizistische *Attrappe* vor einem viergeschossigen Hause, statt, wie in ihrer antiken Heimat, vor einer hohen eingeschossigen Halle ihrer eigenen Größe. Gewiß haben Bernini und Perrault bei ihren Entwürfen für den Pariser

Louvre denselben Fehler gemacht wie Schlüter, aber Perrault hat wenigstens taktvoll vermieden, diesen Fehler nach außenhin in Erscheinung treten zu lassen — er ließ das Obergeschoß fensterlos —, und Perraults Bewunderer haben trotz dieser klugen Vorsicht ihres Meisters den Widerspruch zwischen seiner Louvre-Kolonnade und den dahinter liegenden Räumen als »Fälschung« anerkannt.

Der sogenannte zweite (innere) Schloßhof ist Schlüters reifstes architektonisches Werk. Dort fand Schlüter bereits Anfänge zu einer großen, den Hof umspannenden Säulenhalle vor. Vielleicht ging diese gewaltige Säulenreihe noch auf die italienischen Baumeister des »Großen« Kurfürsten zurück. Jedenfalls enthielt schon im Jahre 1666 Berninis echt italienischer Entwurf für den unausgeführt gebliebenen Hof des Louvre etwas Ähnliches (Seite 81). Es scheint, daß Schlüter diese wohl halbfertig vorgefundene Säulenhalle wieder abgerissen und an ihrer Stelle mit seinem heute noch vorhandenen Hof etwas viel weniger Einheitliches geschaffen hat. Doch rühmen ihm Bewunderer wie Gurlitt die Absicht nach, »an Stelle jener ruhmredigen Einfachheit, welche das Wesen des italienischen Barock ist, den Formreichtum und die lebensfrohe Vielgestaltigkeit deutscher Kunst zur Geltung zu bringen... Der Entwurf zeugt nicht immer von künstlerischer Sicherheit, aber von entschlossenem Handeln...« Es trifft sich, daß mit dem Hof des Pariser Louvre der berühmte Perrault vor einer ganz ähnlichen Aufgabe gestanden hatte, wie Schlüter mit dem Hof des Berliner Schlosses. Perrault fand alte Bauten, die er änderte, und Berninis großartigen Hofentwurf vor, den er nicht ausführte. Selbst Perraults französische Bewunderer (z. B. H. Lemonnier) geben zu, daß Perrault in diesem Louvre-Hof »nur Banales erfand«.

Neben dem Äußeren und dem Hof des Berliner Schlosses hat Schlüter im Inneren zahlreiche Räume in dem prunkenden Barockstil geschmückt, der für den heutigen Geschmack oft überladen wirkt, der aber seit den letzten Jahrzehnten des 19. Jahrhunderts wieder Bewunderer findet. Selbst einer ihrer wärmsten, Gurlitt, entdeckt jedoch an manchen Stellen der Schlüterschen Räume »ein merkwürdiges Tasten in das dem Bildhauer fremde Gebiet der Architektur, eine Unsicherheit in den Bauformen, die durch die derbe Kraft des Bildnerischen nur teilweise verdeckt wird...«

Während Schlüter am Schloß baute, entstand ein gefährlicher Riß in der Außenwand, die er auf der Nordseite errichtet hatte. Doch blieb dieser Zwischenfall ohne ernste Folgen für Schlüter. Verhängnisvoll wurde seine »Unsicherheit« erst beim Umbau des alten Münzturmes, der stark aufgehöht werden und Kessel für die Wasserkünste des Lustgartens und darüber ein Glockenspiel tragen sollte. Schlüter wollte mit diesem Turm an bekannte Kampanilen in Italien, Holland und England erinnern. Sein Wasserturm sollte als schlankes Ausrufungszeichen die nordwestlichste Ecke seines nordwestlich vor dem Schloß geplanten Platzes beherrschen (Seite 69 und 22). Schlüter hat drei verschiedene Entwürfe für diesen Turm gemacht. Gurlitt lobt keinen und findet den dritten »formlos«; er nennt ihn »den Bankrott Schlüters als Architekt« und findet seine Konstruktionen »sehr eigentümlich« und »unglücklich«.

Gegenüber den bautechnischen Fehlern, die Schlüter gelegentlich der großen

Mauerrisse im Zeughaus, Schloß und am Münzturm vorgeworfen werden, darf nicht vergessen werden, daß der Baugrund in diesen alten Spreesümpfen ungewöhnlich tückisch ist und daß alle technischen Vervollkommnungen des 20. Jahrhunderts nicht den Aufwand von Millionensummen ersparten, um beim Bau des noch heute unfertigen Pergamon-Museums einen unergründlichen Sumpf zu überbrücken. Weder bautechnische noch baukünstlerische Mißgriffe Schlüters würden uns zu einer endgültigen Verurteilung seines baumeisterlichen Ehrgeizes berechtigen. Es trifft sich, daß — in noch groteskerer Weise als der große Perrault im Hof des Louvre — Christopher Wren sich mit seinem ersten Entwurf für die Londoner St.-Pauls-Kathedrale gegen den guten Geschmack versündigt hat und daß auch in seinem durchaus geänderten Entwurf, wie er später zur allgemeinen Bewunderung ausgeführt wurde, an der wichtigsten Stelle, an der Kreuzung von Haupt- und Querschiff im Innenraum, ein plötzliches Versagen der Schöpferkraft des Künstlers peinlich bemerkbar bleibt. Trotzdem ist Wren der Führer der großen klassischen Baukunst Englands geworden. Vielleicht hätte Schlüter für Deutschland ähnliches geleistet, wenn er von den Berliner Bautechnikern tüchtiger unterstützt worden wäre und wenn Friedrich I. nicht zu früh seinem verständnislosen Sohn hätte weichen müssen.

Seit 1704 zeigten sich auch in Schlüters Münzturm Risse, die während des Emporwachsens des Turms allmählich größer wurden. Zwei Jahre lang versuchte er sie zu verheimlichen. Er wurde zwar von seinen Gegnern furchtbar angegriffen, aber der König bewahrte ihm sein Vertrauen. Schlüter hatte 1702 eine Zeichnung seines geplanten Turmes veröffentlicht, auf der geschrieben steht: »Mitten unter dem Lärm der Waffen und mitten unter tausend Sorgen für die Ruhe Europas ließ der König diesen Turm zum Schmuck der Stadt und zu öffentlichem Nutzen erbauen.« In demselben Jahre vermehrte der König Schlüters Jahreseinkommen um 1000 Taler. Im Juni 1705, also mitten in der Zeit des nordischen Krieges und inmitten der Angriffe, die wegen der Risse im Münzturm gegen Schlüter gerichtet wurden, würdigte Friedrich I. die Dienste, die Schlüter ihm »zu besonderem Vergnügen« geleistet hatte, und schenkte ihm 8000 Taler; wieder »ohne Abzug der *Marine-Jura*«! Erst als die stärksten Eisenanker, mit denen Schlüter seinen Turm zu halten gehofft hatte, zerrissen und als die Umgebung des berstenden Turmes gefährdet war, ließ der König die Sache untersuchen und dann, ohne ein Wort der Ungnade, Schlüter die Abtragung des Turmes fortsetzen, die Schlüter bereits heimlich begonnen hatte.

Der Bericht der Sachverständigen wurde vernichtend für Schlüter. Zum Sachverständigenausschuß gehörte der Direktor der Berliner Akademie der Künste, Professor Sturm. Er wetterte noch nach Schlüters Tod in seinen Schriften über die Leute, die noch keinen Kofen gebaut hätten, aber, von einer italienischen Reise zurückgekehrt, in Berlin, Dresden oder Hannover Aufträge für Paläste bekommen und »vor *Praxis* mäßige Herren passiren«, obgleich sie »groben Mangel in den *Principiis* litten«. Anfang 1707 wurde Schlüter durch Eosander von Göthe aus der Bauleitung des Schlosses verdrängt. Das bedeutete keinen Sieg der strengen französischen über die barocke deutsche Richtung in der Berliner Baukunst. Eosander

Kaiser-Wilhelm-Denkmal, Schloß, Dom, Börse, Altes Museum, National-Galerie, vom Südwesten gesehen

war durchaus nicht ein Anhänger der strengen französischen Richtung, sondern hat sich später in seinem großen Westportal (über dem sich seit 1846 die große Kuppel der Schloßkapelle erhebt, Seite 85) mindestens ebenso barock gebärdet wie Schlüter in den südlichen Schloßportalen.
Seit 1708 fehlte Schlüter im Hofbauamt; aber man darf deshalb noch nicht von Schwäche oder Charakterlosigkeit König Friedrichs I. sprechen und ihm Vorwürfe machen, daß er seinen größten Künstler nicht im Schloßbauamt zu halten verstand. Selbst der mächtigste Freund der Künstler, Ludwig XIV., vermochte nicht, seinen größten Maler, Le Brun, gegen den Widerstand des Ministers Louvois, und seinen größten Dichter, Racine, gegen den Ansturm der öffentlichen Meinung zu halten. Aber er bewahrte ihnen seine königliche Zuneigung und die Möglichkeit, neue Werke zu schaffen.
Auch Schlüter blieb Hofbildhauer, und es war wohl gerade nach seinem Ausscheiden aus dem Schloßbauamt, daß er die Aufträge für die Prachtsärge der 1705 verstorbenen Königin und des noch lebenden Königs ausführte. Beide Särge gehören zu den reichsten Leistungen des Barock, auch wenn sich die angesehenen Liebhaber

dieser Kunst nicht über alle Einzelheiten verständigen können. Gurlitt zum Beispiel rühmt die Gestalten am Kopfende des Königssarges: »Sie sind noch mehr im Sinne Rubens' gedacht, großartiger, schwungvoller, körperlicher«; während der letzte Biograph Schlüters (Ernst Benkard) von denselben Gestalten sagt: »Ihr Ausdruck spricht von einer Leere, die wir sonst nicht bei Schlüter gefunden haben.« Jedenfalls sind diese beiden Prunksägre sehr barock. An die edle Einfachheit des sargartigen Denkmals, das Peter Vischer für den Kurfürsten Johann schuf, darf man beim Betrachten »barocker« Kunst selbstverständlich nicht denken. Aber selbst an die Einfachheit des Schlüterschen »Großen« Kurfürsten darf man nicht denken, wenn man die in hundert Attributen, Symbolen und Maßstäben schillernden Prunksärge Schlüters bewundern will. Am Fußende des Sarges der Königin kauert ein Bild des Todes, wie ihn Schlüter ähnlich schon am Grabe Männlichs in der Nikolaikirche gebildet hatte: »eine Muskelfigur mit den Anzeichen der Verwesung, die um so grausiger wirken, als dieser Tod handelnd und redend eingeführt ist« (Gurlitt). Lessings Widerstand gegen derartige Ausschweifungen war nicht unberechtigt. Während so Schlüter von der Höhe, die er als Bildhauer mit seinem »Großen« Kurfürsten erreicht hatte, herabzusinken scheint, schuf er aber in der Dorotheenstraße das Landhaus Kamecke (heute *Loge Royal York* genannt), mit dem er sich als Baumeister glänzend bewährte. Dort gestaltete er die überlieferten Formen des Barock vielversprechend und neuartig: er verwandelte die Wandpilaster und Stützenordnungen in Rahmenbänder, so daß sie nicht mehr als falsch angewandte »kolossale« Pilaster wirken, sondern fast schon den Betonrahmenbau von heute ankündigen. Die Formen dieses also teilweise schon ganz modernen Bauwerkes klingen außerdem so glücklich mit den darübergesetzten Bildwerken zusammen (Seite 87), daß sicher für Berlin noch Großes, vielleicht sogar die Begründung einer großen deutschen Baukunst von diesem Bildhauer-Architekten zu erwarten gewesen wäre, wenn nicht der Nachfolger Friedrichs I. ihn und viele andere Künstler aus Berlin vertrieben und Banausentum zur preußischen Ehrensache gemacht hätte.
Schlüter rettete sich nach St. Petersburg, wo Peter der »Große« gewaltsam seine neue Hauptstadt baute. Zar Peter hatte zwar mehr Sinn für die Mitarbeit großer Künstler, aber er behandelte sie nicht weniger roh als König Friedrich Wilhelm I. seine unglücklichen Untertanen. So hatte der Zar neben Schlüter auch einen der gesuchtesten Pariser Künstler, den Architekten Le Blond, durch großes Gehalt nach St. Petersburg gelockt, aber er prügelte ihn bald eigenhändig, ganz wie es gleichzeitig in Berlin königliche Mode wurde. Schlüter wurde zwar reichlich beschäftigt mit »Erbauung vieler Paläste, Häuser, Akademien, Manufakturen, Buchdruckereien usw.«, aber die Petersburger Luft bekam ihm nicht. Er versteifte sich damals darauf, das *perpetuum mobile* zu erfinden, und starb ein Jahr nach dem Tode des Königs, der ihn in Berlin trotz mancher Mißerfolge gefördert und gehalten hatte. Schlüters Witwe, die mittellos in Berlin zurückgeblieben war, bat den neuen Berliner König um ein Witwengehalt und wurde von ihm angewiesen, »seine Königliche Majestät damit nicht wieder zu behelligen«.
Bernini, der ebenso wie Schlüter der Sohn eines kleinen Bildhauers gewesen war, wurde von Päpsten und Königen gefeiert und geadelt und hinterließ ein Vermögen

Schlüters »Landhaus Kamecke« in der Dorotheenstraße, 1712

von zwei Millionen Mark. Und doch hat Bernini nichts geschaffen, was bedeutender gewesen wäre als der »Große« Kurfürst Schlüters. Der Maler Le Brun war von Ludwig XIV. geadelt, der Baumeister Mansard von ihm zum Grafen gemacht worden. Aber Schlüter war Deutscher; ungeehrt wurde er aus Berlin, der Stätte seines ruhmvollsten Werkes, vertrieben, verdarb im Ausland und hinterließ eine darbende Familie. Selbst die Bauten, die Schlüter, einer der wenigen ganz großen bildenden Künstler Berlins, dort errichtet hat, sind nicht sicher vor Zerstörung gewesen. Das Landhaus Kamecke in der Dorotheenstraße wurde verständnislos zwischen überhohe Bauten eingeklemmt, und die »alte Post«, die Schlüter für den Minister Wartenberg gebaut hatte, wurde in Wilhelminischer Zeit abgerissen (1889). Muß Schlüter als zufälliger Komet des Berliner Himmels gelten? Konnte ein Künstler wie er unter keinen Umständen in Berlin Bürgerrecht oder Aussicht auf Nachfolge gewinnen? Das ist behauptet worden. Aber in den Schlössern von Berlin und Charlottenburg finden sich Bildhauerarbeiten, die aus seiner Zeit, wenn auch nicht von Schlüter stammen und doch seinen besten Leistungen gleichkommen. Daß alle diese großartigen Anfänge in Berlin verkümmern mußten, war großenteils Schuld des Nachfolgers Friedrichs I.

Der »Soldatenkönig« als Berliner Oberbürgermeister

> Mein Interesse ist Bürgermeister zu setzen, die platt von mir *dependiren*. Wenn Tieling oder Senning stirbt (d. h. die beiden Berliner Bürgermeister) werde ich wieder zwei von meinen Kreaturen setzen. Dann bleibe ich Herr. Sonst muß ich von die Leute *dependiren* und das steht mir nicht an.
> *Friedrich Wilhelm I.*, *1715*

König Friedrich Wilhelm I. war von 1713 bis 1740 recht eigentlich der Oberbürgermeister von Berlin und erwarb sich in dieser Eigenschaft mehr Ruhm als irgendein anderer Bürgermeister der Berliner Geschichte. Seine Eigenart und seine Verwaltung verdienen deshalb eingehende Betrachtung und, soweit er den Wohnungsbau praktisch förderte, noch heute Nachahmung. Man hat ihn früher gern den »Soldatenkönig« genannt. Aber neuerdings wird er besonders als »der größte innere König« Preußens gerühmt; namentlich von seinem Entdecker, dem Berliner Universitätsprofessor Gustav Schmoller, der diesen merkwürdigen Fürsten auch mit folgenden Worten würdigte:*

»In seinem scheinbar riesenstarken Körper steckte eine Seele von schlichtem klarem Verstand, mit seltener Fähigkeit, alles Praktische zu sehen und rasch zu erfassen, aber auch mit einem weichen, fast melancholischen Gemüt, mit einer seltenen Nervenreizbarkeit und *Sensibilität*.« Für diese melancholische Reizbarkeit fand Schmoller folgenden überzeugenden Grund: »Einfach gekleidet, später stets in der Uniform seines Regimentes, aß er einfach, aber viel... Dicke Erbsen waren sein Leibgericht; 100 Austern waren ihm nicht zu viel. Aus Sparsamkeit trank er mehr Bier als Wein; der österreichische Gesandte Graf Schönborn schreibt schon 1713, das ›lauter Bier trinken‹ sei ihm schädlich. Bei Trunk und Tabak liebte er lange zu sitzen... In der Nacht war er oft von so quälenden Träumen geängstigt, daß er aus dem Bett sprang und sich verfolgt glaubte... Da er sich körperlich und geistig stets zuviel zumutete, dabei alles schwer nahm und trug, so hatte er seine Kräfte früh verbraucht. Er wurde übermäßig stark (soll wahrscheinlich heißen: dick – oder schwach?), Gicht und andere Leiden stellten sich zeitig ein... Er hat furchtbare Leiden und Schmerzen geradezu heroisch und mit seltener Seelengröße ertragen, freilich nicht ohne zeitweise um so heftiger loszudonnern. Die Bilder, die er während der Gicht malte, tragen den Vermerk: *in tormentis pinxit* F. W.«

Die eigenhändigen Gemälde des von Verdauungsbeschwerden gefolterten Königs, die Schmoller hier erwähnt, bedeuten keine Bereicherung der Berliner Kunst; Kenner schätzen sie im Gegenteil noch geringer als die verwandten Dichtungen

---

* In seiner »Rede gehalten am Geburtstage des Kaisers in der Aula der Friedrich-Wilhelms-Universität zu Berlin am 27. Januar 1896«; dann gedruckt in der Deutschen Zeitschrift für Geschichtswissenschaft ff. N. F. Bd. I. Heft 1.

Friedrichs des »Großen«. Beide Kunstübungen scheinen nur zeigen zu sollen, welche königliche Kost ein despotisch regiertes Land sich von halbgebildeten oder ganz verbildeten Zwingherrn als geistige Nahrung widerspruchslos vorsetzen lassen muß. Allerdings erklärt selbst der bewundernde Schmoller: »Wir wissen heute aus den fremden Gesandtschaftsberichten, wie ab und zu sogar die vertrauten und treuen Räte Friedrich Wilhelms I. unter vier Augen erklärten, der Despotismus könne so nicht mehr lange fortgehen, es müsse ein Umschlag, ein Ausbruch, wenn nicht gar eine revolutionäre Erhebung erfolgen.«

Aber »derjenige, welchen der König am meisten mißhandelte, sein eigener Sohn« (so nennt Schmoller Friedrich den »Großen«), bewunderte seinen Vater ebenso sehr, wie Schmoller es tat, wenn auch nicht aus ganz denselben Gründen. Aus der von Schmoller gerühmten inneren Verwaltung Friedrich Wilhelms I. hob Friedrich der »Große« unter anderem folgendes hervor: »Unter Friedrich I. war Berlin das Athen des Nordens; Friedrich Wilhelm I. machte sein Sparta daraus. Die ganze Regierung wurde militärisch... Die Akademie der Wissenschaften, die Universitäten, die freien Künste und der Handel gerieten in tiefen Verfall... Gunst und Bestechung beherrschten die Besetzung der Professuren auf den Universitäten... Die Regierung erstickte den freien Handel, denn sie befolgte Grundsätze, die seiner Entwicklung durchaus widersprachen.«

Ein angesehener Bewunderer Friedrich Wilhelms I. warnte vor dem »Zerrbild« dieses Königs, das »aus unbeglaubigten Anekdoten entstand«, und versicherte: »Es genügt, daran zu erinnern, mit welcher Bewunderung derjenige von ihm spricht, der vor allen andern und in jeder Richtung den Wert dessen, was der König geleistet hat, zu erproben und danach zu urteilen berufen gewesen ist, sein Sohn und Nachfolger.«* Dieser Nachfolger ließ sich an seinen hier angeführten kritischen Worten nicht genügen, sondern gab anschließend daran eine (bereits auf Seite 15 mitgeteilte) Schilderung des üblen Einflusses, den die »ganz militärische Regierung« seines Vaters auf die Berliner Sitten hatte, und bemerkte dazu, wahrscheinlich im Hinblick auf das von seinen Eltern gegebene Vorbild: »Die Frauen flohen die Gesellschaft der Männer, und die Männer entschädigten sich bei Wein, Tabak und Narretei. So kam es, daß schließlich unsere Sitten nicht mehr denen unserer Vorfahren noch denen unserer Nachbarn glichen; wir waren *orginal* und hatten die Ehre, von einigen kleinen deutschen Fürsten nachgeahmt zu werden.« Diese Militarisierung einiger kleiner deutscher Fürsten genügte wiederum dem Berliner Professor Schmoller nicht; er behauptete vielmehr: »Das Fürstenideal, das von da an als der neue wahre Rechtstitel der Monarchie in *ganz Europa* galt, das haben Friedrich Wilhelm I. und Friedrich II. geschaffen.« Dieser Friedrich II. beschloß seine oben begonnene Schilderung der Idealregierung Friedrich Wilhelms I. folgendermaßen: »In den letzten Jahren dieser Regierung führte der Zufall einen verschlagenen Dunkelmann, Übeltäter und Alchimisten nach Berlin. Er machte Gold für den König auf Kosten des Geldbeutels seiner Untertanen und hatte damit eine Zeitlang Erfolg.« Während seiner ganzen Regierung hatte dieser »größte

* Vgl. Joh. G. Droysen, Friedrich Wilhelm I., Leipzig 1869, Bd. II, S. 424.

innere« König zwischen vorschnellem Vertrauen und tückischem Mißtrauen geschwankt und war von Schwindlern hinters Licht geführt worden. An seine kritischen Bemerkungen über die innere Regierung seines Vaters schloß Friedrich der Große folgende Betrachtung, die wahrscheinlich das Beste darstellt, was er je geschrieben hat: »In den Monarchien beruht die Regierungsform nur auf dem Despotismus des Souveräns: die Gesetze, das Heer, der Handel, das Gewerbe und alle anderen Teile des Staates sind den Launen eines einzelnen Mannes unterworfen, welcher Nachfolger hat, die ihm nicht gleichen. Infolgedessen wird der Staat nach dem Regierungsantritt eines neuen Fürsten meist auch nach neuen Grundsätzen regiert, was ein Nachteil der monarchischen Regierungsform ist. Die Politik der Republiken dagegen hat Einheitlichkeit, so daß sie ihr Ziel fast nie verfehlen, während auf den Thronen der Monarchien ein Nichtstuer einen ehrgeizigen Fürsten ablöst, dann folgt ein Frömmler, dann wieder ein Krieger, dann ein Weiser und dann wieder ein Wollüstiger; und während dieses gleitende Theater des Schicksals unablässig neue Szenen vorführt, gewinnt die geistige Verfassung der Nation keinerlei feste Grundlagen. Es müssen deshalb in einer Monarchie alle Einrichtungen, die dem Wandel der Jahrhunderte trotzen sollen, so tiefe Wurzeln haben, daß man sie nicht ausreißen kann, ohne die festesten Grundlagen des Thrones zu erschüttern.«

Als derartig unerschütterliche Grundlagen der Monarchie rühmte Friedrich der »Große« wiederholt die Achtung des Königs vor der Freiheit der Bürger; doch sprach er dabei von England. Für Preußen verließen sich Friedrich Wilhelm I. und später sein Sohn weniger auf die »Liebe des freien Mannes« als auf die beispiellose Vermehrung von »Roß und Reisigen«. »Nach der Bevölkerungszahl der dreizehnte oder vierzehnte unter den Staaten Europas, stand Preußen nach seiner Militärmacht auf der vierten oder dritten Stelle«, sagt Droysen schon über die Zeit Friedrich Wilhelms I., der ebenso wie sein Sohn zur Deckung der ungeheuer wachsenden Kosten für das Heer vor allem Berlin mit drückenden Steuern belastete.

Für den Geldmangel, unter dem Friedrich Wilhelm I. die Künste und Wissenschaften in Berlin leiden ließ, geben folgende Worte Friedrichs des »Großen« ausreichende Erklärung: »Friedrich Wilhelm I. unterhielt seit dem ersten Jahre seiner Regierung ein Heer von 50 000 Mann, ohne daß ihm irgendein Staat *Subsidien* zahlte.« Der Vorgänger, Friedrich I., der große *Subsidien* vom deutschen Kaiser und dessen englischen Bundesgenossen bezog, hatte nur 30 000 Soldaten. Friedrich der »Große« berichtete weiter: »Zwischen 1719 und 1734 vermehrte Friedrich Wilhelm I. das Heer auf 72 000 Krieger... Um das Jahr 1730 wuchs die Gier *(fureur)* nach großen Kerlen so, daß die Nachwelt es kaum glauben wird; der gewöhnliche Preis für einen Mann von fünf Fuß zehn Zoll (182 cm) war 700 Taler; für einen Mann von sechs Fuß (188 cm) wurden 1000 Taler gezahlt; wenn er noch größer war, wurde der Preis beträchtlich erhöht. Es gab mehrere Regimenter, die keine Leute unter fünf Fuß acht Zoll (176 cm) hatten.« Diese Preise, die Friedrich Wilhelm I., nach Angabe seines Sohnes, in seinem militärischen Sklavenhandel zahlte, müssen später mit den Summen verglichen werden, die er für die Erfordernisse des dringenden Berliner Hausbaues übrig hatte (siehe auch Seite 94).

In seiner »seltenen Fähigkeit, alles Praktische zu erfassen«, beschränkte der »schlichte, klare Verstand« Friedrich Wilhelms I. seine teuren Liebhabereien nicht auf die preußische Infanterie. Friedrich der »Große« berichtete vielmehr: »Die Kavallerie bestand ebenso wie die Infanterie aus sehr großen Menschen; sie saßen auf ungeheuren Pferden. Es waren Kolosse auf Elefanten, die weder manövrieren noch kämpfen konnten. Keine Parade wurde abgehalten, bei der nicht ein Reiter aus Ungeschicklichkeit von seinem Pferd fiel; sie waren nicht Herren ihrer Pferde.« Aber »die Mähnen der Pferde wurden mit Bändern geflochten... Die Reiter lackierten ihre Zügel, ihre Sättel und sogar ihre Stiefel, die Infanteristen ihre Gewehre und ihre Tornister.«

So urteilte Friedrich der »Große«. Man muß sich die Regimenter von »langen Kerlen«, für die der König eine pathologische, kostspielige Leidenschaft hatte, als ein Heer von gedrillten Hofhampelmännern vorstellen, die sich von den Hofnarren des helleren Mittelalters durch ihr massenhaftes Auftreten, ihre mangelnde Narrenfreiheit und ihre Witzlosigkeit unterschieden. Über den praktischen Nutzen dieser hauptsächlich auf Kosten Berlins betriebenen Soldatenspielerei Friedrich Wilhelms I. berichtet einer seiner entschlossensten neueren Bewunderer:* »Seine auswärtige Politik zögerte, schwankte, griff in entscheidenden Momenten fehl; immer mißtrauend wurde sie wiederholentlich getäuscht. Sie erschien die ersten Jahre von Rußland abhängig, im weitern noch abhängiger vom Wiener Hof; sie nahm von dem hannoverschen Hof mehr als eine *Insulte* hin. So allgemein war schließlich die Überzeugung, der König sei in den Fragen der äußeren Politik völlig unselbständig, völlig ratlos, ohne Einsicht oder Entschluß, die Zuversicht, er würde sich lieber alles gefallen lassen, als zu den Waffen greifen, daß selbst ein so kleiner Herr wie der Fürst-Bischof von Lüttich ihm jahrelang Trotz zu bieten und über die preußische Herrschaft Herstall das Recht der Landeshoheit zu behaupten wagte.« Im letzten Jahre seiner Regierung opferte Friedrich Wilhelm I. dann sein höchstes Verdienst, reichstreu gewesen und mit Menschenblut sparsam umgegangen zu sein, und schloß mit Frankreich das Bündnis gegen den deutschen Kaiser, das zu dem furchtbaren Blutvergießen der drei schlesischen Kriege und zum Zerfall Deutschlands in zwei machtlose Hälften führte.

Je unbrauchbarer aber das nach Zahl und Verfassung ungeheuerliche preußische Heer für die deutsche Politik war, desto schwerer lastete es auf dem eigenen Land und vor allem auf der geistigen und wirtschaftlichen Entwicklung Berlins. Neben dem Heer wählte nämlich Friedrich Wilhelm I. die Besteuerung Berlins als weitere unerschütterliche Grundlage seiner Monarchie. Er wurde gleich bei seinem Regierungsantritt durch ein ausführliches Schreiben »des wurkl. geheimb. Kriegs und Etats-Ministris Herrn von Grumbkow«, Mitglied seines Tabaks-Kollegiums, darüber aufgeklärt, daß »der Städte Nahrung, Wohlstand, Handel und Wandel diejenigen Quellen seynd, woraus die Accise und folglich die *Conservation* Ew. Königl. Majestät Militär-Etats herfließet,« und daß es besonders Berlin und Cölln sind, d. h. die »hiesigen *Residentzien*, welche an die Zweymahl Hundert Tausend Rthlr.

* Vgl. Joh. G. Droysen, a. a. O., S. 424.

der Accise-Gefällen bisher beygetragen, welches fast das dritte theil ist, so die gantze Chur-Mark (d. h. das ganze Kurfürstentum einschließlich aller im Deutschen Reich gelegenen Teile Preußens) kan aufbringen, und ebenso viel, wie das gantze Königreich Preußen« (das ist Ostpreußen). Was Grumbkow damals über die wirtschaftliche Abhängigkeit der Landwirtschaft von den Städten sagte, gilt noch heute; infolge der hohen landwirtschaftlichen Schutzzölle gilt es heute sogar in noch gesteigertem Maße und in überraschend neuem Sinne. Grumbkow schrieb: »Die zunehmende *Consumtion* in den Städten gereichte auch zum Gedeyen des umliegenden Landes, indem der Landmann sein Getreyde und *Victualien* mit gutem Nutzen zu Geld machen können... Je mehr Handwerker, je mehr Verkehrung; je mehr Verkehrung, je größere *Consumtion;* je größere *Consumtion,* je mehr *Accise* genießet davon die Herrschaft und je mehr Nutzen hat davon der Bauersmann, welcher, wann er keine Abnahme in den Städten hat, auch seine *Contribution* nicht abtragen kann.« Immerhin gab es damals noch eine lebhafte Getreideausfuhr aus den preußischen Staaten. Heute dagegen kann das Ausland Getreide ebenso wie Butter, Eier usw. sehr viel billiger liefern als die meist zu hoch finanzierten und oft veralteten landwirtschaftlichen Betriebe Preußens und Deutschlands, die deshalb ganz auf die von Grumbkow gerühmte »Abnahme in den Städten« des eigenen Landes angewiesen sind. Außerhalb der deutschen Städte gibt es auf der ganzen Welt keine nennenswerten Abnehmer, die gütig genug wären, für landwirtschaftliche Erzeugnisse die hohen Preise zu zahlen, welche die deutsche Landwirtschaft in ihrer gegenwärtigen, noch wilhelminischen Verfassung braucht, um leben zu können. Es kann kein stärkeres *Argument* für die pflegliche Behandlung des deutschen Städtebaues geben.
Während heute schon unser stetes Bemühen auf Dezentralisierung der städtischen Siedlungen dringen muß, war Friedrich Wilhelms I. letzte Weisheit noch die Vergrößerung der Städte, d. h. vor allem Berlins und seiner Industrie. »Menschen halte für den größten Reichtum«, schrieb er 1723 an seinen »alten Dessauer«, und in seinem »politischen Testament von 1722«, das Schmoller »das herrlichste Denkmal Hohenzollernscher schlichter Fürstengröße« nennt, schrieb Friedrich Wilhelm I.: »Ein Land sonder Manufacturen ist ein menschlicher Körper sonder Leben, *ergo* ein todtes Land, das beständig *power* und elendig ist und nicht zum *Flor*, sein Tage nicht gelangen kann. Derowegen bitte ich Euch, mein lieber *Successor*, *sonserviret* die Manufacturen, *protegiret* sie und pflanzet sie fort und fort, breitet sie weiter in Eure Lande aus.« Diese hohenzollerische Vorliebe für das Wachstum der Städte und die Vermehrung ihrer Industriebevölkerung hat sich im 19. Jahrhundert in Feindschaft verwandelt. Wirkliche Verdienste erwarb sich der König um die Industrie, indem er Wollweberei und Tucherzeugung, mit zwar oftmals fratzenhaften, aber schließlich doch nicht erfolglosen Erlassen, Verboten und Quälereien förderte. Zu den Waren des Massenverbrauchs gehörten im damaligen Preußen besonders die silbernen und goldenen Tressen und Borten. Für ihre Erzeugung schuf der König die Gold- und Silber-Galonenfabrik, von deren Haus Wilhelmstraße 79 noch die anderthalb Meter starken Mauern in der heutigen Hauptverwaltung der Reichsbahn vorhanden sind. Diese Tressenfabrik legte der König also

mitten zwischen die großen Adelspaläste. In dieser Fabrik wurden nur die Gold- und Silberfäden hergestellt, die dann aus dem Adelsquartier von Heimarbeitern abgeholt und in Mietwohnungen zu Tressen verarbeitet werden mußten.

Der Berliner Industrie zuliebe mußte der König die Stadt Berlin schließlich sogar bei seinen gewaltsamen Soldatenwerbungen schonen, derentwegen er 1728 dicht vor einen Krieg mit dem Kurfürsten von Hannover geraten war und von denen Friedrich der »Große« berichtete: »Im Feuer der ersten Werbungen für das Heer wurden einige Handwerker zu Soldaten gemacht, was den übrigen solches Grauen einjagte, daß ein Teil davon entfloh. Dieser unvorhergesehene Zwischenfall tat unseren Manufacturen wieder beträchtlichen Schaden.« Um keine *Manufacturiers* und Handwerksgesellen zu vertreiben, mußte der König nicht nur mit allgemeinen Versprechungen »den Mut und die Hoffnung der Handwerker, ihr Stückchen Brot weiter zu verdienen, *rassurieren*«. Er mußte vielmehr Berlin zu einer Freistatt gegen seine Soldatenpressungen machen und, 1733, sogar von der allgemeinen Wehrpflicht befreien (Kantonfreiheit), was bei der unbeschreiblichen Roheit, die im preußischen Heer herrschte, Berlin endlich zum anziehendsten Stückchen Erde in preußischen Landen machte. Dafür verbot allerdings der König nicht nur das Spielen und Tanzen, sondern auch das Schießen auf den Schützenplätzen der Berliner Schützengilden. Er erreichte damit nicht nur die Abschaffung der alten Volksfeste, sondern auch die Auflösung der Schützengilden und den Verkauf ihrer Schützenplätze. Er wollte in den Berliner Bürgern nur Arbeitsbienen sehen. Ihre Bewaffnung schien ihm überflüssig oder gefährlich, und er bereitete die Berliner Gemütsverfassung vor, die später in den Befreiungskriegen noch viele zu »unfreiwillig Freiwilligen« werden ließ. Als nach Abschluß der Befreiungskriege Friedrich Wilhelm III. nach Berlin zurückkehrte, wurde er von einem Ausschuß Berliner Bürger empfangen, die um Erneuerung des vom »Soldatenkönig« verliehenen Rechtes, um die erneute Befreiung der Berliner Bürgersöhne von der allgemeinen Wehrpflicht nachsuchten und ihr abgelehntes Gesuch in den folgenden Jahren dreimal wiederholten. Der »Soldatenkönig« fing an, zum Schutzheiligen der Berliner Bürger und beliebt zu werden.

Dem König Friedrich Wilhelm I. hatte Grumbkow auch empfohlen, die Ritter-Akademie nicht als »verfflicher Sache« zu behandeln und die Akademien der Wissenschaften und Künste beizubehalten, weil »dasjenige, so Sie etwa darauf wenden möchten durch die *Consumtion* der Fremden, welche solchen Künstlern nachreysen, reichlich ersetzet werden würde.« Aber zur Steigerung der »*Consumtion*« und Steuerkraft seiner Hauptstadt, deren Handel er nach Aussage seines Sohnes »erstickte«, fand Friedrich Wilhelm I. ein Mittel, das ihm verständlicher war und schneller wirkte als Akademien. Grumbkow hatte zwar gewarnt, daß die vom König gewünschte Vermehrung der militärischen Besatzung Berlins nur »dem Tobacks-Spinner, dem Brantweinbrenner, dem Brauer, dem Becker, und gar selten dem Fleischer etwas zu lösen giebet«. Aber der König vermehrte die Besatzung Berlins auf 7600 Köpfe; und nach dem Jahre 1721 wuchs sie weiter auf 18 200 Soldaten (einschließlich ihrer Frauen und Kinder) im Jahre 1735. Etwa ein Drittel der Bevölkerung Berlins gehörte somit zum Heer oder zur Beamtenschaft.

Um diesen Bevölkerungszuwachs unterzubringen und um die Steuerkraft Berlins zu heben, hat Friedrich Wilhelm I. auch »seines Vaters *Inklination* zum Bauen kontinuiert«. Die Stadterweiterungspolitik hatte für einige Jahre geruht; er belebte sie mit neuer Kraft. 1721 befahl er den Besitzern aller noch unbebauten Baustellen der Friedrichstadt, sich zum Bau bereit zu erklären, widrigenfalls sie ihrer Baustellen verlustig gehen würden; wer jedoch bauen wollte, sollte alles notwendige Bauholz, Steine und Kalk »an den gelegensten Orten ohnentgeltlich« angewiesen erhalten; außerdem sollten 10 000 Taler in bar unter die Baulustigen verteilt werden. Für den Ausbau seiner Friedrichstadt opferte der König also ebensoviel wie für zehn seiner heißbegehrten »langen Kerle« und erklärte, es werde ihm genügen, wenn dort künftig nur einstöckige Häuser errichtet würden. Es scheint demnach, daß vorher — vielleicht des stattlichen Aussehens wegen — in der Friedrichstadt nur mehrstöckige Häuser erlaubt waren und daß diese Bestimmung sich als ein Hemmnis erwiesen hatte (vgl. Seite 115).

1722 befahl der König dem Berliner Magistrat, auch in den übrigen Stadtteilen die Bautätigkeit möglichst zu fördern. Jeder Baulustige sollte anstatt der freien Lieferung von Baustoffen 10 v. H. des Hauswertes bar erstattet bekommen. 200 Häuser sollten jährlich in Berlin neu errichtet werden. Der König ließ sich über den Fortgang der Bautätigkeit regelmäßig Bericht erstatten und erklärte 1725 alle Baustoffe für zoll- und schleusenfrei. Der Ausbau der Friedrichstadt ging trotzdem zu langsam voran. 1725 gab es neben 719 bewohnten Häusern noch 149 wüste Stellen. Der König verteilte darum wieder den Gegenwert von zehn langen Hofhampelmännern, also wieder 10 000 Taler, als bare Bauunterstützung. Jeder Baulustige erhielt auf je drei Ruten Frontlänge 42 Taler bar sowie »ein Schock Mittelbauholz, vier Stück Sägeblöcke, vier Landprahmen Kalksteine und 30 Wispel Kalk«. Der Bau mußte bis Ostern beginnen, widrigenfalls den Grundbesitzern ihre »Stellen genommen und à zwei Taler die Quadratrute, denen so solche zu bauen *resolviren,* ohne *Contradiction* angewiesen werden sollen«. Im Juli desselben Jahres ließ der König bekanntmachen, daß die Baustoffe und baren Baugelder keineswegs, wie böswillige Leute ausgesprengt hätten, nur als Vorschuß gereicht seien, wofür er sich die Hypothek vorbehalte, sondern daß sie ein »wahres Geschenk zum Anbau« darstellten, das die freie Verfügung der Besitzer über ihr Haus in keiner Weise beeinträchtige; sie könnten es selbst bewohnen, vermieten, verkaufen und hypothekarisch belasten, wie sie wollten. Da diese Freigebigkeit des königlichen Sklavenhändlers augenscheinlich kein rechtes Vertrauen fand, wurde die Bekanntmachung 1729 ausdrücklich wiederholt. 1732 wurden dann die Lieferungen von Baustoffen und -geldern verdoppelt. Seit 1736 wurde statt der Baustofflieferung alles in bar, d. h. statt 49$^{1}/_{3}$ Taler wurden künftig 197 Taler 20 Silbergroschen auf je anderthalb Ruten Frontlänge bezahlt. 1732 glaubte der König eine bedeutende Vergrößerung der Friedrich- und Dorotheenstadt erzwingen zu können. Damals wurde die Friedrichstadt in südlicher Richtung bis zum Halleschen Tor, in westlicher Richtung ebenso wie die Dorotheenstadt bis zur heutigen Gustav-Stresemann-(Königgrätzer)Straße vorgeschoben (Seite 95). Für diese Erweiterung gab Friedrich Wilhelm große Stücke des Königlichen Tiergartens oder, genauer gesprochen, der städtischen Wälder (denn schon

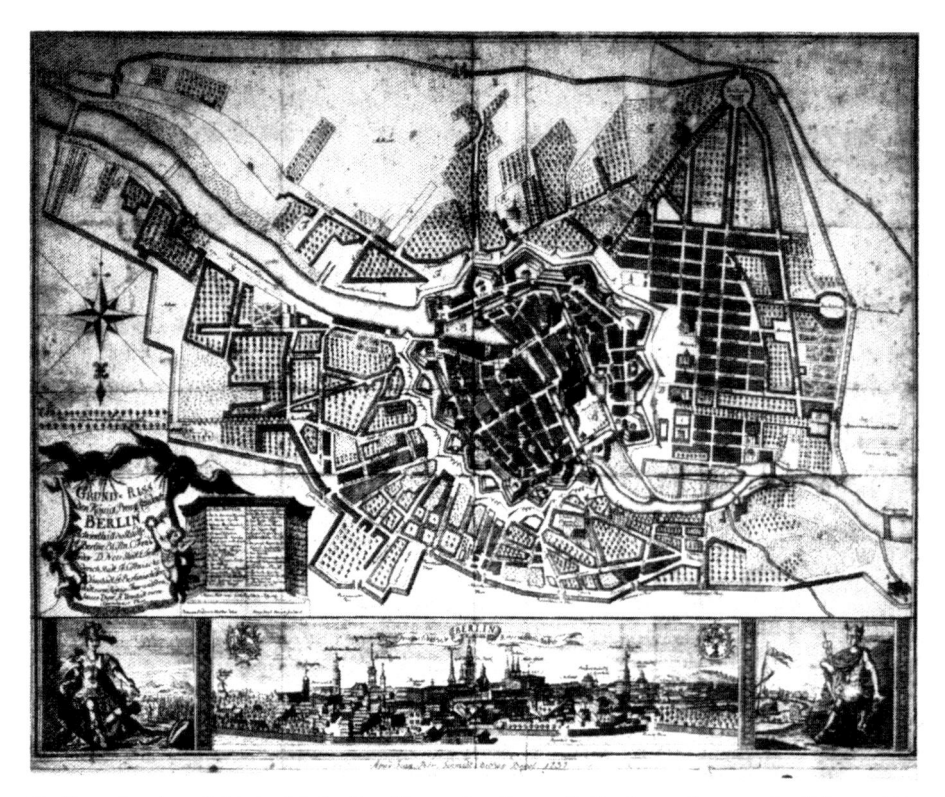

Berlin unter dem Soldatenkönig. Der Plan zeigt die große Stadterweiterung des Jahres 1688, die »Friedriche Vorstadt« (rechts oben), die im Jahre 1733 (Datum des Plans) bereits bis zur Mauer-, Behren-, Linden- und Kochstraße ausgebaut war und der sich seit 1721 die neue Erweiterung Friedrich Wilhelms I. bis Rondel Marckt (Belle-Alliance-Platz), Achteck Marckt (Leipziger Platz) und Quarre Marckt (Pariser Platz) anschloß. Auch die nördlichen (Stralauer, Königs- und Spandauer) Vorstädte (auf dem Plan unten) waren bis an die Linien (Linienstraße) mit den Oranienburger, Hamburger, Rosenthaler, Schönhauser, Prenzlauer, Landsberger und Frankfurter Toren entwickelt. Der Anbau in der Cöpenicker Vorstadt war gerade erst begonnen. Die Unterschrift des Planes lautet: »Berlin die Prächtigst und mächtigste Hauptstatt deß Churfürstenthums Brandenburg, auch Residenz deß Königes in Preußen und florissanter Handels-Platz, verfertigt und verlegt von Matth. Seutter, Ihro Röm. Kays. u. Königl. Cath. Majest. Geogr. in Augsp.«

1713 hatte eine Königliche Kommission zugegeben, daß zur Anlegung des Tiergartens Stücke der städtischen Heide und Hütung weggenommen worden waren). So konnte denn der König die neuen Baustellen in ungewöhnlicher Größe ausmessen; viele Häuser erhielten große Gärten mit dem Baumbestand des bisherigen Tiergartens. Die Baustellen wurden durchweg verschenkt. So geschah ein weiterer Schritt zur allmählichen Ausschlachtung des Tiergartens, dessen Überreste heute

nicht mehr für Wohnungsfürsorge, sondern für unverantwortliche Randbebauungen (Ladenbauten, Theater, zoologische Bauten, Festhallen, Planetarium usw.) Stück für Stück langsam, aber sicher abgenagt werden, obgleich heute die gewaltig gewachsene Stadt ihren historischen Park viel dringender und größer braucht als früher. Jeder Fußbreit müßte erhalten und der Wagenverkehr hinausgeworfen werden!
Von 1721 bis 1740 vermehrte sich die Bevölkerung Berlins um die Hälfte, aber die Bürgerschaft wuchs nur um etwa 20 000 Köpfe, also um 35 v. H., die Soldaten mit ihrem Troß dagegen vermehrten sich um 11 000 Köpfe oder um etwa 200 v. H. Es war dem König gelungen, Einwanderer aus Berchtesgaden und Böhmen heranzuziehen. Viele Böhmen wurden in der südlichen Friedrichstadt angesiedelt. Aber die vorteilhafteste Gelegenheit zur Vermehrung der Bevölkerung seines hart besteuerten Landes wurde dem König durch die Torheit des alten Erzbischofs von Salzburg gewährt, der sich infolge von Unruhen unter seiner protestantischen Bauernbevölkerung auf sein altes Recht *cuius regio, eius religio* besann, was viele seiner protestantischen Bauern zur Auswanderung trieb. Preußen hatte seit der Aufhebung des Ediktes von Nantes keinen größeren Glücksfall gehabt, und Friedrich Wilhelm I. schrieb:»Gottlob; was tut Gott dem Hause Brandenburg für Gnade; denn dieses gewiß von Gott herkommt... Die *Manufacturisten* nach der Neumark, die Ackersleute nach Preußen!« Professor Droysen berichtet:»In denselben Tagen, da von Hannover, Cöln, Münster usw. scharfe Edicte gegen die preußischen Werber in den Zeitungen die Runde machten, las man in denselben Zeitungen das preußische Edict wegen der Salzburger Emigranten und ihrer Aufnahme in den preußischen Staat... Sie alle fanden Aufnahme; ›wenn sie auch nichts an Vermögen mitbringen, so soll doch für ihr Auskommen gesorget werden.‹ Jedes folgende Jahr brachte neue Züge; ›je mehr Menschen, je lieber‹, lautet ein Marginal des Königs vom 11. März 1740. Er ruhte nicht, bis die Auswanderer auch zu dem kamen, was sie daheim noch zu fordern hatten; es kostete noch Schreiberei genug, bevor der Erzbischof die fast vier Millionen Gulden für den Erlös der Bauerngüter und ihrer Inventarien nach Preußen abführen ließ.« Wie gering die Summe gewesen sein mag, die der engherzige Erzbischof schließlich herauszahlte, so war sie doch um vier Millionen Gulden höher als die Beträge, die jeweils von Brandenburg-Preußen gezahlt wurden, nachdem mehr als einer seiner Kurfürsten reiche Juden aus Berlin oder nachdem Friedrich der »Große«, nach eigener Angabe, 4000 arme Juden aus dem neueroberten Westpreußen vertrieben hatte. In noch günstigerem Licht erscheint aber der unkluge Erzbischof von Salzburg, wenn man ihn mit Friedrich Wilhelm I. selbst vergleicht. Als dessen Soldatenpressung viele seiner Untertanen (anfangs besonders Berliner Handwerker) zur Landesflucht trieb, gestattete er nicht wie der Salzburger Erzbischof die Auswanderung, sondern verbot sie mit den strengsten Strafen. Den Entkommenen sandte er kein Geld nach, sondern ließ ihre Namen am Galgen anschlagen und ihr Vermögen einziehen. Die geflohenen Rekruten ersetzte er durch Salzburger.
Friedrich Wilhelm I. ist wegen seines erfolgreichen Entschlusses, protestantisches Rekrutenmaterial und neues Kapital in das protestantische Preußen zu locken, als besonders mildtätiger König oft gerühmt worden. Aber vielen von den Einwan-

derern, die er nach Berlin lockte, gewährte er zu geringe Bauprämien, als daß sie sich ihr eigenes kleines Haus hätten bauen können. Die vorhandenen schon mit Einquartierung belasteten Häuser mußten also neue Bewohner aufnehmen. In der Friedrichstadt waren zwar von 1721 bis 1737 beinahe 1000 neue Häuser errichtet worden, doch vermehrten sich die Häuser in ganz Berlin von 1711 bis 1740 nur von 4100 auf 5400. Die durchschnittliche Behausungsziffer stieg deshalb während dieser Zeit von 14 auf 17 Köpfe. Diese Kopfzahl erscheint gering, wenn man sich erinnert, daß 1910, zur Wilhelminischen Blütezeit, in jedem Berliner Haus durchschnittlich 78 Menschen wohnten. Daß aber 17 Bewohner in jedem Haus trotzdem schon eine sehr hohe Zahl darstellten — namentlich in einer so kleinen Stadt, wie es damals Berlin noch war —, zeigt der Vergleich mit Großstädten, wie London, Philadelphia, Baltimore oder Bremen (das länger als Berlin Festung war), wo überall auch heute durchschnittlich nur etwa 8 Personen in jedem Haus wohnen.

Aber Friedrich Wilhelm I., der wegen seiner unermüdlichen Fürsorge um den beschleunigten Ausbau Berlins gerühmt wird, dachte dort lieber an andere Bauten, als zur schnellen Behausung einwandernder Flüchtlinge benötigt waren. Er war der königlichen Bauleidenschaft verfallen, für die ihm Ludwig XIV. und der russische Peter das Vorbild gegeben hatten. In ihren Schöpfungen Versailles und St. Petersburg quälten sie zur Verwirklichung ihrer prächtigen Absichten unermüdlich die Baumeister und Bauunternehmer. In seiner erweiterten Friedrichstadt wollte Friedrich Wilhelm I. ebenfalls »*magnifique*« Häuser sehen und wählte zur Befriedigung dieses Wunsches so gewaltsame Mittel, daß er sich auf dem Sterbebett darum Sorgen machte. Als er zum letzten Male krank wurde, ließ er den Propst Rolof holen und fragte ihn, »ob er hoffe, daß Gott ihm gnädig sein und ihm seine Sünden vergeben werde, wenn er sterben sollte? Rolof antwortete: er hoffe es, doch müßte der König das Böse, welches er entweder unmittelbar oder mittelbarer Weise gethan habe, so viel als möglich abzustellen suchen. Der König verlangte ein Beispiel vom Bösen, welches er unmittelbarer Weise gethan habe oder wobei wenigstens sein Name und Ansehen gemißbraucht worden sei, und wollte die Person genannt haben. Da führte Rolof den harten Druck an, der durch den erzwungenen Anbau der Friedrichstadt vielen Leuten zu ihrem Ruin widerfahren sei, und nannte den Obristen von Derschau, der so viele Härte ausgeübt hatte und in dem Zimmer des Königs gegenwärtig war, mit Namen. Diesen stellte der König zu Rede; er war bestürzt, wandte sich und ging weg.«* Derschau hatte den erzwungenen Ausbau der Friedrichstadt geleitet. Aber wenn der König nicht bereits von Gedächtnisschwäche befallen gewesen wäre, hätte er sich selber Vorwürfe machen müssen, denn er selbst war es gewesen, der den eigenartigen Ausbau der Friedrichstadt mit dem Krückstock erzwungen hatte. Daß gelegentlich seiner Baubesichtigungen die Menschen vor ihm flüchteten und daß er ihnen dann nacheilte und sie prügelte, wurde lange Zeit in den preußischen Schulbüchern als besonders harmlose königliche Belustigung geschildert. Unbekannt aber blieb den meisten Lesern, daß die Bauleidenschaft Friedrich Wilhelms I. weniger auf praktische Ziele und auf die

---

* Patriotisches Archiv, Frankfurt 1785, Band II, S. 487 f.

schnelle Beschaffung der notwendigen, billigen Häuser für die mittellosen Einwanderer als auf möglichst kostspielige Häuser in möglichst ungeeignetem Gelände erpicht war.

Wie es bei der Befriedigung dieser eigenartigen königlichen Bauleidenschaft zuging, schilderte der allzu milde, aber deshalb nicht unzuverlässige Berliner Oberkonsistorialrat Büsching in seiner Lebensbeschreibung des Preußischen Geheimrats von Nüßler.* Dieser Staatsmann war auf Zureden seines Schwiegervaters, des Kanzlers von Ludewig, in den Dienst Friedrich Wilhelms I. getreten und bekam trotz seiner Verdienste in schwierigen diplomatischen Sendungen Grund zu allerlei berechtigten Klagen. Büsching berichtet: »Zu diesen Widerwärtigkeiten gesellte sich noch die sehr große, daß er Befehl erhielt, auf der Friedrichstadt ein Haus zu bauen. Der König, welcher Berlin vergrößern wollte, ließ auf der Friedrichstadt ganze Straßen abstechen. Einige bauten sich daselbst gegen gewisse Vortheile, welche sie sich ausbedungen, gutwillig an, die meisten aber wurden gezwungen zu bauen. Der Obriste von Derschau, welchem der König aufgetragen hatte, den Häuserbau zu besorgen, suchte diejenigen aus, welche bauen sollten, legte das Verzeichnis derselben dem König zur Unterschrift vor, und wenn diese erfolgt war, mußten die aufgeschriebenen Personen bauen, sie mochtn wollen oder nicht wollen ... Acht Personen ward ein großer und tiefer Sumpf mitten in der Friedrichstraße angewiesen, in welchem sie Häuser erbauen mußten, darüber sie meistens ganz verarmten. Von Nüßler ging zu dem Obristen von Derschau, und stellte ihm vor, daß er keinen Groschen Besoldung vom König erhalten, und Ihm dennoch treue und wichtige Dienste (von welchen er die letzten in der Königin Erbschafts-Sache anführte) geleistet, und während derselben sein Vermögen zugesetzt habe, so daß er nicht im Stande seye, ein Haus zu bauen, am wenigsten in einem Sumpf oder Morast. Der Obriste antwortete kurz: Der König will gebaut haben, will auch, wann Sie es verlangen, einen Befehl an Ihren Schwieger-Vater, den Canzler von Ludewig, ausfertigen lassen, daß er Ihnen einige 1000 Taler zum Hausbau geben sollte. Als von Nüßler sagte: Daß ein solcher Befehl ihm die Feindschaft seines Schwiegervaters zuziehen würde, antwortete der Obrist: Nun so bauen Sie ganz auf Ihre Kosten! und ließ ihn stehen. Von Nüßler nahm seine Zuflucht zu der Königin und diese schickte den Cammerherren von Morian an den Obristen, mit dem Verlangen, den von Nüßler, der Ihr erhebliche Dienste geleistet habe, von dem Bau zu befreyen, und er versprach es, zu thun. Als sich aber von Nüßler bey ihm meldete, zeigte er sich sehr ungehalten darüber, daß er die Königin um ihre Fürsprache gebeten, und ihm dadurch Verdruß gemacht habe und sagte: Er solle und müsse bauen. Vor diesem Obristen und seinem Zeitgenossen, dem Bürgermeister Koch, sind viele Leute geflohen, wenn sie des einen oder des anderen ansichtig geworden. Von Nüßlern blieb nun weiter kein Versuch übrig, als an den König zu schreiben, demselben vorzustellen, daß er während seiner vieljährigen Dienste noch nicht die geringste Besoldung bekommen, und seine beyde Güter in der Nieder-Lausiz schon verzehret habe, folglich demüthigst zu bitten, daß der König ihn mit dem kostbaren Hausbau

---

* In den Beiträgen zu den Lebensbeschreibungen merkwürdiger Personen, I. Teil, S. 321.

verschonen möge. Allein der König war schon eingenommen, meynte er habe einen reichen Schwieger-Vater, auf dessen Kosten er bauen könne, und gab also folgende schriftliche Antwort: Seine königliche Majestät von Preußen ertheilen dem Geheimen Rat von Nüßler auf dessen allerunterthänigste Vorstellung vom 29. voriges zur *Resolution*, daß derselbe sonder *Raisoniren* auf der ihm angewiesenen Stelle auf der Friedrichstadt ein Haus bauen oder aber Seiner Königlichen Majestät allerhöchsten Ungnade gewärtigen solle. Potsdam den 1. Febr. 1733. Friderich Wilhelm. Es währte lange, ehe von Nüßler sich in sein hartes Schicksal finden konnte ... Sein Schwieger-Vater gab von den ihm versprochenen Ehegeldern gegen 1500 Thaler her; seine Mutter versprach ihm so viel Geld zu schicken, als sie aufbringen könne, und eine vornehme Freundin, deren *Curator* er war, schenkte ihm aus Mitleiden, und, wie sie sagte, seine Feinde zu Schanden zu machen, die ihn von Berlin verjagen wollten, eine beträchtliche Summe. Er fieng also seinen Hausbau an. Die Stelle, welche ihm angewiesen wurde, war ein Fischteich, aus welchem noch während des Rammens große Karpfen hervorgezogen wurden. Es mußten Bäume, die 60 Fuß hoch waren, eingerammet werden und jeder kostete 20 biß 24 Thaler einzurammen, so daß blos der Rost zu dem Hause an 4000 Thaler Kosten verursachte, und das ganze Haus, welches nach seiner Vollendung etwa 2000 Thaler wert ware, kostete 12 000 Thaler. Wie gering der Werth der neuen Häuser nach ihrer Erbauung gewesen seye, kann man daraus erkennen, daß von Nüßler dasjenige Haus, welches der geheime Rath Klinggräf neben dem seinigen erbauet hatte, und welches ebenso groß, als das seinige war, zu diesem für 800 Thaler kaufte, damit es nicht einem Seifensieder oder Bierschenken zu Theil werde, der es an sich zu bringen im Begriff war. Im Junius des 1734sten Jahres bezog von Nüßler sein Haus und bewohnte es biß 1748, da er aus Berlin zog; hierauf stund es viele Jahre leer und unbewohnt.« Soweit des Berliner Oberkonsistorialrates Büsching Bericht, »bey dessen Lesung sich wohl jeder Deutscher Mann creuzigen und seegnen mag, eines solchen Herrn weder Diener noch Unterthan geworden zu seyn«. (Diese letzte Würdigung schrieb im Jahre 1786 Frid. Karl Freiherr von Moser.)
Es wird dem »Soldatenkönig« als besonderer Ruhm angerechnet, daß mehrere von den Palästen, deren Bau er gegen alle Regeln der Billigkeit und Wirtschaftlichkeit erzwang, in unsere Zeit herübergerettet wurden und heute zu den Sehenswürdigkeiten Berlins gehören. Ohne die »nüchterne, immer auf das nächste praktische Ziel gerichtete Sparsamkeit« des protestantischen »Soldatenkönigs« würde heute weder der Präsident der Deutschen Republik noch der jeweilige katholische oder sozialdemokratische Reichskanzler ein altertümlich-stattliches, wenn auch nicht gerade praktisches Heim zur Verfügung haben. Friedrich Wilhelm I. hatte 1722 in seinem bereits erwähnten »herrlichsten Denkmal Hohenzollernscher schlichter Fürstengröße« seinem Sohn empfohlen, »keine Maitressen, auch keine Komödien, *Operas*, Ballette zu dulden, das seien gottlose und teuflische Dinge, skandalöse *Plaisirs*, Tempel des Satans«. Aber derselbe Vater ließ mit dem Haus Wilhelmstraße 76 einen solchen »Tempel des Satans« errichten. Denn als der erste Besitzer 1750 starb, fand sich kein anderer Käufer als die Tänzerin Barberina. Da sie dem »großen« Sohn des »Soldatenkönigs« zwar nicht die Tugend, aber jahrelang das

Mehrfache eines preußischen Staatsministergehaltes abnahm, konnte sie sich den Palastluxus leisten, der den weniger »gottlosen« Preußen versagt blieb. Frau von Pompadour hatte im reichen Paris kein größeres Einkommen als die Tänzerin des »großen« Königs im armen Berlin. Im 19. Jahrhundert wurde der Palast der Barberina zur russischen Gesandtschaft umgebaut; 1862 bezog ihn (sehr ungern!) Bismarck, und bis vor kurzem genoß Gustav Stresemann die Früchte des königlichen Eifers von 1735.

Der größte der Paläste, den Berlin der weitblickenden Sparsamkeit Friedrich Wilhelms I. verdankt, ist das heutige Palais Prinz Albrecht, zu dessen Errichtung der König 1737 den französischen Baron Vernezobre zwang. Dieser französische Flüchtling rettete nach Berlin nicht seinen Glauben, sondern das Geld, mit dem er sich beim Zusammenbruch des großen Lawschen Finanzschwindels bereichert hatte. Solch unheiliger Reichtum gefiel dem frommen Preußenkönig so gut, daß er dem französischen Besitzer durchaus einen preußischen Tabakskollegen als Schwiegersohn aufdrängen wollte. Da der französische Börsenspieler aber kein so roher Vater zu sein vermochte wie der prügelnde Preußenkönig, mußte er seine Tochter von der königlichen Zudringlichkeit freikaufen. Der Preis war der Bau eines Palastes, der alle Berliner Verhältnisse hinter sich lassen und für den die Pläne aus Paris beschafft werden mußten. Als Bauplatz stellte der König ein großes Stück des Tiergartens zur Verfügung. Nach dem Tode des Erbauers, 1753, fand sich kein Käufer; auch nicht bei der Versteigerung, bei der ein Sohn Vernezobres den unbrauchbaren Palast zum Preise von 20 000 Talern übernehmen mußte. 1769 endlich fand sich ein Käufer, für 12 600 Taler; die französischen Kapitalien waren auf Drängen des sparsamen Königs scheinbar schlecht angelegt worden. Aber der neue Käufer verkaufte drei Jahre später mit 75 v. H. Gewinn an Friedrich II., der den Palast für 21 500 Taler für seine altjüngferliche Schwester Amalie übernahm. Ihr Erbe bezog den Palast nie. Seit seinem Tode, 1806, versuchte man ein Luisenstift, Malerateliers, eine Musikschule und eine Gemäldegalerie darin unterzubringen. Alle wurden verdrängt durch einen Sohn Friedrich Wilhelms III. Dieser Prinz Albrecht ließ den französischen Palast durch Schinkel umbauen, so daß ein Denkmal deutscher Kunst daraus wurde. Aber die späteren Nachkommen des preußischen Königs behandelten den Palast ebenso wie die dazugehörigen großen Gärten (Teile des Tiergartens, d. h. also der alten städtischen Wälder), als handele es sich dabei um gewöhnlichen Privatbesitz. Trotz des Widerspruches der Einsichtigen verkaufte ein Prinz im Jahre 1926 wichtige Stücke des Parkes an seine »Groß-Bauten-Aktien-Gesellschaft«. Sie errichtete im südlichen Teil des Parkes das riesige Stahlskelett eines Hochhauses, das dort jahrelang Zinsen fraß. Nachdem sich der allgemeine Unwille etwas gelegt hatte, genehmigten die Behörden den Ausbau zu einem vielgeschossigen Hotel. Dieses Hochhaus darf dem Überrest des Parkes, der selbstverständlich der übervölkerten Stadt zur öffentlichen Freifläche hätte werden müssen, die Sonne wegnehmen und ihn geradezu als seinen Licht- und Hinterhof benutzen. So sorgte der weitsichtige »Soldatenkönig« zwar nicht für die Bedürfnisse seiner eigenen Zeit, aber für die Augenweide der Reisegäste eines Berliner Gasthofes von heute. (Seinen eigenen Untertanen hatte er Reisen ins Ausland mit schweren Strafen verboten.)

Während der Palast Prinz Albrecht zur Zeit Friedrich Wilhelms I. ein rein französisches Erzeugnis war, entwickelte sich gleichzeitig in Berlin die Baukunst, die als »Berliner Barock« oft gerühmt wird. Friedrich der »Große« gebrauchte den Ausdruck *aigrefin* (den man in diesem Zusammenhang vielleicht besser mit dummdreist als mit gaunerhaft übersetzen kann) für die Berliner Sitten und Lebensäußerungen, wie sie sich unter dem Einfluß Friedrich Wilhelms I. entwickelten. Diese Würdigung trifft auf den »Berliner Barock« deshalb nicht zu, weil Friedrich Wilhelm I. die Wirkung seines größeren Vaters und dessen bedeutenden Künstlerkreises nicht ganz zu vernichten vermochte. Von den Architekten, die für den »Soldatenkönig« bauten, war Philip Gerlach am meisten beschäftigt. Er war bei der Vertreibung Schlüters und Eosanders schon 34 Jahre alt und hatte seine Bildung ganz unter diesen und den anderen Künstlern Friedrichs I., wie Broebes und de Bodt, erworben. Manche seiner Bauten, wie das Haus Splitgerber, Gertraudenstraße 16, mit seinem mageren Mittelresalit und seinen schreinermäßigen Konsolen wirken allerdings ganz im Sinne Friedrich Wilhelms I. etwas plump und langweilig. Der beste Baumeister war damals Grael, der deshalb auch nur ganz kurz in Berlin wirken durfte und vom König schmählich verjagt wurde. Später nannte der große Baumeister Schinkel allerdings sogar Graels Palast Kamecke (am Pariser Platz, an Stelle des späteren Hotels Adlon) »dürftig und verständnislos«, obgleich diese Arbeit Graels vielleicht der beste der damals gebauten Paläste gewesen ist. Aber Gerlach und der begabtere Grael haben der Stadt Berlin auch die Türme der Parochialkirche und der Sophienkirche geschenkt, die sich als einzige der vielen leichtfertigen Turmversuche des »Soldatenkönigs« standfest erwiesen und die einen sehr achtbaren Nachklang der vorangehenden Schöpferleistungen in Italien, England, Holland, Frankreich und der Schlüterschen Entwürfe für den Münzturm darstellen.

Gelegentlich der eifrigen Turmbauten des »Soldatenkönigs« trat häßlich zutage, wie sehr er nicht nur künstlerisch, sondern auch menschlich tiefer stand als sein Vater. Friedrich Wilhelm I. hat die Zahl der Berliner Kirchen mehr als verdoppelt. Er hatte das Bedürfnis nach *the biggest in the world*, das später den amerikanischen Kleinstädtern viel Spott einbrachte, und glaubte, hohe Gebäude würden den Berliner Fremdenverkehr und damit die Einkünfte aus den Berliner Verbrauchssteuern vermehren. Er befahl deshalb am 10. November 1730, »daß der Petriturm so hoch und womöglich noch höher als der Münsterturm zu Straßburg gebaut werden soll; und will ich die dadurch sich vergrößernde Kosten auch bezahlen«. Der Architekt des Turmes, Grael, wurde nach Straßburg geschickt, wohin er jedoch nur zu achttägigem Aufenthalt, aber mit der langsamen »*ordinären* Post« reisen durfte. Nach Berlin zurückgekehrt, fand er beim Fundamentieren des geplanten Riesenturms Grundwasserschwierigkeiten. Er baute deswegen seinen Turm langsam und vorsichtig; das Mauerwerk sollte vor weiterer Belastung fest werden. Der ungeduldige König war niederträchtig genug, dem gewissenhaften Baumeister deshalb die Bauleitung zu entziehen und sie seinem Nebenbuhler Gerlach zu übertragen. Gerlach baute so schnell, wie der König es befahl, und der Bau wurde bis zum zweiten Stockwerk gefördert, bevor er einstürzte. Wie seinerzeit bei Schlüter wurde ein

Untersuchungsausschuß eingesetzt, der den Architekten Grael jedoch nicht wie vormals den unglücklichen Schlüter für schuldig, sondern für unschuldig erklärte. Trotzdem ließ der König Grael ins Gefängnis setzen. Die Fürsprache mächtiger Gönner befreite den unglücklichen Künstler zwar wieder, er mußte aber das Land innerhalb 24 Stunden verlassen. Der wahrscheinlich schuldige Gerlach verblieb in der königlichen Gnade. Noch mehrere andere Bauten, die er auf den Wunsch des unverständigen Königs ungebührlich schnell ausführte, haben sich als untauglich erwiesen. So mußte seine 1722 errichtete Potsdamer Garnisonkirche 1730 wegen Baufälligkeit wieder abgebrochen werden. Später ging es in Berlin dem oberen Teil seines 1731 vollendeten Turmes der Jerusalemer Kirche ebenso.

Berlin verdankt dem »Soldatenkönig« die Planung seiner schönsten Plätze, des Pariser Platzes (Karreemarkt), des Wilhelmplatzes, Leipziger Platzes (»Achteckmarkt«) und des Belle-Alliance-Platzes (»Rondellmarkt«). Die vorhin gegebene Schilderung des Ausbaues der Friedrichstadt zeigte, daß der König seinen Bebauungsplan ohne Berücksichtigung der Geländeschwierigkeiten vom Reißbrett herunter liniiert hatte, wie das zahllose amerikanische Städte mit ihren unerbittlich geraden Straßen gemacht und dafür den gebührenden Spott eingeheimst haben. Aber nur wenige amerikanische Städte haben an die Enden ihrer Hauptstraßen Plätze gelegt, wie der »Soldatenkönig« es tat. Er hatte dabei die damals noch ziemlich neuen Pariser Vorbilder vor Augen: beim viereckigen Pariser Platz Berlins den Platz *des Vosges*, bei seinem Rondellmarkt den Platz *des Victoires* und für seinen Achteckmarkt den Vendôme-Platz. Aber seine Nachahmungen sind geistlos und beweisen, daß er bei einem Platz nur seine Ausdehnung, seine Eignung zum Soldatenexerzieren und zum Abhalten von Märkten, nicht aber die künstlerischen Möglichkeiten und Erfordernisse begriff. Die französischen Vorbilder sind höchste Leistungen der Stadtbaukunst. Die Wände dieser Plätze wurden einheitlich gestaltet und ihre Verhältnisse auf das feinste so abgewogen, daß die Platzwände den optisch vorteilhaftesten Rahmen für ein Königsdenkmal lieferten. Erheiternd wirkt der Vergleich zwischen dem Verhalten des französischen und des preußischen Königs gegenüber ihren Denkmälern. Ludwig XIV. hatte sich schon vor dem Bau der Victoires- und Vendôme-Plätze in arbeitsreiche Einsamkeit zurückgezogen; er gab seine Zeit seinen Ministern und hervorragenden Geistern wie Racine und Boileau, aber nur sehr ungern für Feierlichkeiten wie die Aufstellung der Denkmäler, die ihm von den Parisern aufgedrängt wurden. Dem Soldatenkönig drängten zwar die Berliner kein Denkmal auf, doch freute er sich um so mehr über die Kösliner, die ihn als römischen Caesar mit Rüstung, Kranz und Stab auf ihren Markt stellten. Die Vorbereitungen auf den Besuch des Königs und die Einweihung seines höchst barocken Denkmals wirken wie eine Travestie der früheren Ereignisse auf dem Pariser Vendôme-Platz.

Die großen Berliner Plätze blieben geometrische Löcher im Stadtplan. Sie konnten keine künstlerische Bedeutung gewinnen, weil ihre Umbauung dem Zufall überlassen blieb. Für den Belle-Alliance-Platz ist aus der Zeit des »Soldatenkönigs« ein Entwurf vorhanden, der die einheitliche Bebauung vorsieht, ohne die solche geometrische Platzanlagen wenig Sinn haben (Seite 103). Vielleicht hat Gerlach

Belle-Alliance-Platz. Nicht ausgeführter Entwurf für einheitliche Gestaltung des Belle-Alliance-Platzes (Rondell-Marktes) mit Wilhelm-, Friedrich- und Lindenstraße (rechts hinten Jerusalemer Kirche). Nach einem Ölbild aus dem 18. Jahrhundert im Märkischen Museum

diesen Entwurf gemacht, doch ist er unbeachtet geblieben. Der damals unfruchtbare Entwurf verdient, noch heute ausgeführt zu werden oder wenigstens unsere, neuere Forderungen erfüllenden Platzumbauungen zu beeinflussen. Der fruchtbare Wettbewerb, den Stadtbaurat Martin Wagner für den Alexanderplatz ausschrieb, war in verwandtem Geist gehalten. Eine ähnliche Lösung für den schwierigen Potsdamer Platz wird täglich dringender. Allerlei Vorschläge sind verschiedentlich gemacht worden (Seite 182).
Einen stadtbaukünstlerischen Erfolg erzielte Friedrich Wilhelm I. mit der Gegenüberstellung von zwei wenigstens einigermaßen gleichwertigen Baumassen an den beiden Ecken von Unter den Linden und Pariser Platz. Das Schicksal dieser beiden Ecken zeigt, wie gering die Wilhelminische Zeit und ihre Erben das künstlerische Vermächtnis des Soldatenkönigs bewertete. An der einen der beiden Ecken stand der bereits erwähnte Palast Kamecke, den Schinkel in den Palast Redern umbaute und der trotz allem, was gegen seine etwas romantische neue Form eingewendet werden konnte, den besten Berlinern liebgeworden ist. Über das Schicksal dieses umstrittenen Palastes erzählte Max Liebermann folgende Geschichte, die zeigt, daß der letzte Hohenzoller noch weniger künstlerisches Verständnis besaß als der »Soldatenkönig«. Nachdem 1906 der Palast Redern durch das Hotel Adlon verdrängt worden war, fragte Max Liebermann den damaligen Reichskanzler Bülow, warum er die Zerstörung des alten Palastes zugunsten eines Hotels zugelassen habe, nachdem doch so gut wie abgemacht gewesen war, daß der Kaiser dem fideikommissarisch gebundenen Besitzer den Verkauf des Palastes nur zwecks Erhaltung und für die Behausung der Akademie der Künste genehmigen würde; sie war damals aus dem alten Marstall vertrieben worden und sollte in das Palais Redern übersiedeln. Fürst Bülow bedauerte, daß der schöne Palast Redern nun plötzlich abgerissen wurde, und klagte sich reumütig an, es sei seine (Bülows) eigene Schuld. Aber was sollte er tun? Kurz vor dem Verkauf des Palais Redern an die Königliche Akademie verlor der Besitzer des Palais Redern in einer Nacht an Eduard von England so viele Millionen im Spiel, daß der vereinbarte Verkaufspreis für den Schinkelschen Palast nicht mehr genügte, um den Verlust zu decken. Der noble Besitzer mußte deshalb einen höher bietenden Käufer suchen und fand ihn in der Hotel-Aktien-Gesellschaft, die eine höhere Summe zu zahlen bereit war, wenn ihr gestattet würde, Schinkels Werk abzureißen und dafür einen höheren Neubau zu errichten. Und es wurde gestattet, auf Empfehlung Bülows. Er konnte seinem notleidenden Standesgenossen den Liebesdienst nicht abschlagen. Dieser vornehmen Brüderschaft mußten Schinkel und die Berliner Stadtbaukunst geopfert werden. Bülow besaß zwar nicht das Rückgrat, um das Opfer zu verhindern; doch ermöglichte ihm seine gerühmte geistige Überlegenheit über seine Standesgenossen, das Opfer wenigstens zu bedauern.
Gegenüber dem früheren Palast Redern steht heute die »Länderbank«. Die Massengruppierung ihres Baues paßt sich glücklicherweise, wenigstens einigermaßen, an das gegenüberstehende Hotel Adlon an; doch trägt sie allerlei Verzierungen in byzantinischem Stil, die lächerlich sind.
Noch mehr als auf dem Pariser Platz fehlt auf dem Leipziger und Belle-Alliance-

Platz die architektonische Einheit, die bei derartig symmetrischen Plätzen erforderlich ist. Der Wilhelmplatz hat durch den Durchbruch der Voßstraße und durch allerlei Park- und Untergrundbahnanlagen gelitten. Der »Soldatenkönig« hatte kein Glück mit seinen stadtbaukünstlerischen Schöpfungen.

Noch mehr als in diesem Feld der Stadtbaukunst hat der »Soldatenkönig« auf einem anderen städtebaulichen Gebiet seine Nachfolger des 19. Jahrhunderts übertroffen. Man hat ihm mit Recht oft den Vorwurf gemacht, daß er beim Abräumen der unnützen Berliner Befestigungen ganz planlos vorging und nicht dem guten Vorbild folgte, das Paris schon 50 Jahre vorher mit seinen baumbepflanzten Spazierwegen, den Boulevards, auf dem Festungsgelände gegeben hatte. Statt dessen ließen er und sein Sohn an vielen Stellen des freiwerdenden Berliner Festungsgeländes ein planloses Straßengewirr entstehen, dessen Bereinigung im 19. Jahrhundert große Kosten verursachte. Ein schwerer Vorwurf jedoch trifft seine Nachfolger im 19. Jahrhundert; sie nutzten die damals noch verbliebenen Stadtgräben nicht entfernt so großzügig aus, wie es sogar zu ihrer Zeit noch möglich gewesen wäre und von Einsichtigen (z. B. August Orth) auch gefordert wurde, sondern verwendeten sie nur für die Unterbringung der Stadtbahn (Seite 22/23).

Während des Abräumens der Festungswerke umspannte der »Soldatenkönig« Berlin einschließlich seiner kühnen Erweiterung der Friedrichstadt mit einer »Linie« von Mauern und Palisadenzäunen, um damit die Fahnenflucht einzudämmen, die er und sein Nachfolger zur dauernden und sich fast täglich wiederholenden Erscheinung im preußischen Heer machten. Gleichzeitig diente diese Mauer dem unsozialen Steuersystem der Akzise, auf das diese beiden Könige sich zum Schaden Berlins und des kleinen Mannes stützten. Die neue Mauer folgte der heutigen Stresemann-(Königgrätzer)Straße und reichte vom Halleschen über das Kottbusser und Schlesische Tor bis zur Spree (vgl. Seite 95). Auf der rechten Seite der Spree schloß sich ein Palisadenzaun (die Linie) an, im Zug der heutigen Linien-, Gollnow- und Weber-(Palisaden-)Straße. Diese königliche Hürde für preußische Fahnenflüchtige und Schmuggler hat noch heute ihre Bedeutung für Berlin nicht verloren. Hinter dieser weiträumigen Umzäunung des städtebaulichen Programms von 1732 durfte sich nämlich noch mehr als hundert Jahre später die Engstirnigkeit der Berliner Geheimräte verschanzen, die den Nord-Süd-Eisenbahnen den wünschenswerten Zutritt zum Zentrum der Stadt verwehrten. Die Mauer des ehrgeizigsten unter den hohenzollerischen Stadterweiterern wurde die Barrikade seiner blindesten Nachfolger. Außerhalb der Mauer des »Soldatenkönigs«, vor den alten Stadttoren, liegen noch heute als getrennte Fremdkörper die nördlichen und südlichen Bahnhöfe (Stettiner, Lehrter, Anhalter, Potsdamer). Ihre Verbindung durch nord-südliche Schienenstränge ist als eine dringende Notwendigkeit des Berliner Städtebaues erkannt, seitdem die von Ost nach West durch die Innenstadt laufende Stadtbahn (die geistige Schöpfung des genialen Außenseiters August Orth) die Überlegenheit einer derartigen Querverbindung erwies (Seite 227).

Da übrigens die älteste Altstadt in Berlin nicht wie in Wien gepflegt und entwickelt, sondern von den städtebaulichen Behörden vernachlässigt worden ist, hat sich das Zentrum der Stadt nach Westen, hinaus aus der Umfassungsmauer Fried-

rich Wilhelms I., verschoben in der Richtung des Leipziger Platzes. Der angrenzende Potsdamer Bahnhof ist trotz seiner Lage außerhalb der großen Stadterweiterung des »Soldatenkönigs« schon zum Berliner Zentrum geworden, das bald endgültig noch weiter nach Westen wandern wird, wenn nicht der schläfrige »City-Ausschuß«, der dagegen ankämpft, sich noch zu einer rettenden Tat für die Neugestaltung der vernachlässigten Altstadt zusammenrafft, statt nur nach noch dichterer Bebauung der schon zu dicht bebauten Altstadt zu streben (Seite 218).
Die schwerste Sünde, die der »größte innere König Preußens« als Berliner Oberbürgermeister auf sich geladen hat, war seine endgültige Vernichtung von allem, was etwa noch Hoffnung auf das Wiedererwachen einer bürgerlichen Verwaltung Berlins gab. Schon von allen seinen Vorgängern war die Berliner Selbstverwaltung mit Füßen getreten worden. Unter dem »Soldatenkönig« hörte Berlin eigentlich auf, eine Stadt zu sein. »Danach bildete die Stadtgemeinde, wenn man von einer solchen überhaupt noch sprechen darf, keine kommunale Körperschaft mehr, selbst keine Genossenschaft der im Stadtgebiet angesessenen Bevölkerung; die Stadt war nur ein Verwaltungsbezirk, der durch ein staatliches Steuersystem, die Akzise, abgegrenzt wurde.« So schrieb in seiner genauen Studie jener Zeit P. Clauswitz, der als Archivar der Stadt Berlin und auf Grund eingehender Studien nur maßvoll in die Bewunderung Friedrich Wilhelms I. einstimmte, die bei dem Universitätsprofessoren des Kgl. Preußischen Staatsdienstes zur Regel wurde.
Durch die Günstlingswirtschaft und Bestechlichkeit, mit der Friedrich Wilhelm I. nach Angabe seines Sohnes die Lehrstühle der preußischen Universitäten entehrte, verdarb dieser launische und unpraktische König auch seine Verwaltung Berlins. »Er stand den Verhältnissen zu fern, um die rechten Arbeitskräfte auszuwählen, und er konnte das Magistratskollegium nicht von Leuten frei halten, die bei ihrer Amtstätigkeit den persönlichen Vorteil im Auge hatten. Gerade durch königliche Ernennung fand bis 1740 eine Reihe wenig geeigneter Personen den Weg in die Ratsämter. Zu vielen Mißgriffen trug die Vorschrift bei, daß der in die Stelle einrückende Beamte eine Geldsumme an die Rekrutenkasse zahlen mußte. Häufig genug wurde die Stelle dem zugeschlagen, der das meiste für diese Kasse versprach, ohne Rücksicht darauf, ob er ein geeigneter Bewerber wäre« (P. Clauswitz).
Friedrich Wilhelm I. machte den Ämterkauf in seiner übelsten Form der Ämterversteigerung zur Regel. Ihm lag mehr daran, Geld für seine närrischen Käufe von »langen Kerlen« aufzutreiben, als Berlin ordentlich verwaltet zu sehen. Ein Amt in der Berliner Verwaltung, das jährlich 350 Taler einbrachte, konnte auch der Unberufene kaufen, wenn er 1600 Taler an die Rekrutenkasse zahlte; eine Gehaltserhöhung von 200 Talern jährlich war gegen einmalige Zahlung von 500 Talern käuflich. »Der Magistrat gebrauchte nach seiner Umgestaltung von 1709 in Geschäften erfahrene Beamte. Anstatt dessen wies man ihm weit öfter, als es unter Friedrich I. vorgekommen war, Personen zu, bei denen von Geschäftserfahrung kaum die Rede sein konnte, z. B. einen Hofkonditor oder einen Organisten« (P. Clauswitz).
Infolge der königlichen Mißwirtschaft fehlte in Berlin, was bei jeder Verwaltung und bei jeder Erziehung zu bürgerlicher Verantwortlichkeit die Grundlage bilden

muß: die ordnungsgemäße Bereitstellung der erforderlichen Geldmittel.»Kein Amt, keine Behörde stellte Voranschläge darüber auf, was die einzelnen städtischen Verwaltungszweige brauchten, welche Mittel zur Deckung bestimmt seien, mit einem Wort, es gab keinen Haushaltsplan für die Stadt. Darunter litten alle Wohlfahrtseinrichtungen, der Zustand der Straßen, das Armenwesen, die Schulen, die Kirchen« (P. Clauswitz). Dieselbe finanzielle Lotterwirtschaft herrschte später unter Friedrich dem »Großen«, der noch zerfahrenere Vorstellungen vom Finanzwesen hatte als sein Vater und der die königlichen und städtischen Kassen ebenso durcheinanderwarf. Der Vater glaubte seiner Mißwirtschaft durch die Einsetzung von zwei Untersuchungsausschüssen steuern zu können. Aber sie tagten von 1723 bis 1730, ohne auf dem ihnen zugewiesenen Gebiet des Finanzwesens etwas zu erreichen. Sie forderten die Aufstellung von jährlichen Voranschlägen, aber es wurde auch nachher ohne Voranschläge weiter gewirtschaftet. Gerade die aktiven Staatsbeamten, die sich nebenbei Ämter im Berliner Magistrat als Futterkrippen gekauft hatten, legten den königlichen Untersuchungsausschüssen Hindernisse in den Weg. Diese siebenjährige Verschleppung hatte immerhin den überraschenden Erfolg, dem König zum ersten Male gegen Ende seiner Regierung einen Einblick in die Mängel der Berliner Polizeiverfassung zu verschaffen. Fünf Jahre vor seinem Tode ließ er deshalb das Polizeipersonal des Berliner Magistrats ergänzen und befahl, daß sich sogar seine Soldaten und die französischen Privilegierten den städtischen Beamten fügen sollten. Aber auch dieser Befehl wurde nicht ausgeführt. Die Streitigkeiten über die Rechtsbefugnisse des Magistrats, der Militärbehörden und der französischen Privilegierten zogen sich noch durch die Regierung Friedrichs II. bis ans Ende des Jahrhunderts.

Die einzige Verwaltungsreform, die dem »Soldatenkönig« in Berlin geglückt ist, war seine Regelung des »Servis-Wesens«, welche die Kosten der Berliner Einquartierung etwas gerechter verteilte. Doch wurde auch dieses scheinbare Streben nach Gerechtigkeit wertlos infolge der willkürlichen Kabinettsjustiz des Königs, der seinen Offizieren und gemeinen Soldaten, gleichsam als Entschädigung für die Sklaverei, in die sie gefallen waren, jede denkbare Vergewaltigung der Berliner Bürger gestattete. Berliner Richter, die einmal gewagt hatten, Ausschreitungen von Soldaten pflichtgemäß zu bestrafen, hat der »Soldatenkönig« eigenhändig und ausdauernd durchgeprügelt. Daß die königliche Regelung der Soldateneinquartierung (1720) durch Bevorzugungen durchbrochen wurde, beweist sein Befehl aus dem Jahre 1737, daß alle Bürger ohne Unterschied Soldaten in ihre Häuser aufnehmen müßten, und zwar in Zimmer, deren Fenster auf die Straße gingen. Der Befehl wurde später so abgeändert, daß er nur noch für die Juden galt, von denen viele ihre Häuser gegen Baracken eintauschen mußten.

Eine eigenartige Berliner Schöpfung des »Soldatenkönigs« waren seine »Galgenhäuser«. Seine unverhältnismäßig grausame Gerichtspflege hatte zur Folge, daß Berlin nie unsicherer gewesen ist als unter seiner Regierung. Nicht nur wurde es ein häufiges Berliner Schauspiel, daß Räuber gerädert und mit glühenden Zangen gezwickt und Kindsmörderinnen in Säcke genäht und ertränkt wurden, sondern auch Diebe kleinster Werte wurden öffentlich gehängt. Hausbediente, die im Haus

ihres Brotgebers gestohlen hatten, mußten vor diesem Haus gehängt werden und einen Tag lang hängen bleiben. Die so ausgezeichneten Häuser hießen Galgenhäuser. Da die Hausbesitzer diese königliche Auszeichnung mehr fürchteten als den Verlust kleiner Werte, lernten die Hausbedienten unter dem »Soldatenkönig« ungehemmter zu stehlen als zuvor.
Friedrich Wilhelm I. erwarb sich Verdienste um den Berliner Schnellverkehr. Wenn er auch seinen Architekten mit der »*ordinären* Post« nach Straßburg reisen ließ, so hat er doch wenigstens für seine geliebten Austern eine Extra-Küchen-Post eingerichtet, welche die Entfernung Hamburg—Berlin in drei Tagen zurücklegte. Das war bei den damaligen Straßenverhältnissen eine königliche Leistung. Als besonderes Verdienst seines Vaters rühmt Friedrich II. die Einführung des Fiakers in Berlin. Der »Soldatenkönig« ließ ein Jahr vor seinem Tode zwölf Fiaker bauen und in Betrieb setzen.
Die Sklaverei, in die Friedrich Wilhelm I. sein Land herabgewürdigt hat, war ihm schließlich selber zuwider. 1738 wollte er sich in das republikanische Holland zurückziehen, um dort als »freier Bürger« zu leben. Er nannte sich gern einen »guten Republikaner«. Oft hat er beliebige Fußgänger zum Mittagessen ins Schloß geladen. Dem Berliner Bürger, der sich von dem bis ins Innere aller Häuser dringenden Spionagesystem des Königs umgeben wußte, konnte nichts Peinlicheres zustoßen. Denn mit einer Tracht Prügel entlassen zu werden, war die mindeste der damit verbundenen Gefahren. Stets drohte Zwangsarbeit im nahen Spandau. Auf derartige königliche Überfälle mit allen Waffen der Scheinheiligkeit, Biederkeit und des manchmal rettenden Witzes vorbereitet zu sein, galt als Selbsterhaltungspflicht jedes, der die Berliner Straßen benutzen mußte. Selbst den Berliner Schulkindern wird nachgesagt, daß sie sich mit den passenden Lügen auf die zudringlichen Fragen des unvermutet auftauchenden Königs vorbereiten mußten. Nie hat sich ein Mächtiger roher gegen seine Gäste benommen. Als Opfer waren ihm am liebsten Gelehrte, die zu verachten er den preußischen Adel lehrte. Er befahl sie zu seinen Saufgelagen und peinigte sie zum Beweis seines berühmten »derben Humors« bis aufs Blut. Mehrere von ihnen, denen die Flucht nicht gelang, endeten in geistiger Umnachtung oder in der Geistesverfassung des königlichen Hofes.
Auf den Grabstein des berühmtesten Oberbürgermeisters von Berlin passen die Worte, die er selbst auf den Sarg eines seiner Opfer schrieb; es war Gundling, ursprünglich Lehrer von höchster Begabung an der vernachlässigten Ritter-Akademie. Er wurde vom König zum Oberzeremonienmeister, zum Freiherrn, zum Königlichen Kammerherrn und Hofnarren gemacht und unter unbeschreiblichen Mißhandlungen der menschlichen Würde entkleidet. Der König ließ ihn in einem Faß begraben, auf das er schrieb:

      Hier liegt in seiner Haut,
      Halb Schwein, halb Mensch, ein Wunderding.

Friedrich der »Große«
bringt Militär- und Mietskasernen nach Berlin

> Gerechtigkeit, die ewige Königin des Königs und des Bettlers, milde Schonung des Menschengeschlechts, zarte Behandlung des Nationalsinns sucht der menschliche Forscher in den herkulischen Arbeiten des großen Königs vergebens. Der strengste Eigensinn, der wildeste Despotismus, das erbarmungsloseste Zertreten der zarten Keime der menschlichsten Gefühle ist allenthalben... Der Ruhm seines Namens, der auf alle zurückfiel, ließ oft vergessen, daß man in einem angespannten, knechtischen und atemlosen Zustand war. Wann sind die unglücklichen Menschen nicht durch Scheine und Klänge betört?... Welch ein Staat! und welch ein Regent! schrie man überlaut. Alles Weisheit, Gerechtigkeit, lebendige Beweglichkeit! und doch alles nur Maschine! Übereinstimmung und Gleichbeweglichkeit des Ganzen, totes Maschinenleben ohne Gefühl, als das der Ehre, von dem Einzigen bewegt und geleitet zu werden...
> Aus dem Toten wird nur Totes geboren, und hohl und gespenstisch mit dem Abscheu der Zukunft wird das Kunstgerüst zusammenbrechen.   *Ernst Moritz Arndt über Friedrich II., November 1805*

Nachdem sich sogar der größte »innere« König Preußens oft wie ein Halbnarr und nicht selten wie ein wildes Tier gebärdet hatte, darf es nicht wundernehmen, daß die Regierung seines Nachfolgers, der weniger auf das Innere als auf das Äußere bedacht war, noch schlimmere Folgen für Berlin brachte.

Friedrich II. ersetzte zwar das »Tabakskollegium« und die preußische Roheit seines Vaters durch ein Schnupftabakskollegium von »Schöngeistern« aus Frankreich und Italien, die unschätzbare Anregungen nach Berlin gebracht haben. Aber diese zum Teil hochgebildeten Fremdlinge standen dem Berliner Leben zu fern, als daß sie die geknechtete Stadt aus ihrer furchtbaren Demütigung hätten erlösen können. Vergebens haben deutsche Geister höchsten Ranges dem König ihre Dienste angeboten. Als er z. B. einen Bibliothekar suchte, »waren Winckelmann und Lessing die Vorgeschlagenen; aber ein mittelmäßiger, dem Amt in keiner Weise gewachsener Franzose wurde vom König, der dabei das Opfer einer Namenverwechslung wurde (!), ernannt. Damals verlor Berlin den Mann, durch den es eben erst zur führenden Literaturstadt Deutschlands geworden war. ›Ein böser Geist bringt Berlin um den Ruhm des deutschen Athens‹, so klagte Gleim«* in ungewollter, aber treffender Kennzeichnung Friedrichs des »Großen«, in dem ja auch Ernst Moritz Arndt den bösen Geist Deutschlands erkannte; »keiner hat uns so sehr geschadet wie dieser König, nicht nur scheinbar, sondern wirklich«.

---

* Die vorstehenden Zeilen stammen aus der Festrede des Professors Dr. Julius Petersen zur Lessingfeier der Friedrich-Wilhelms-Universität zu Berlin, 22. Januar 1929.

Von den Ausländern, die Friedrich II. an Stelle von Lessing, Winckelmann und anderen führenden Deutschen nach Berlin zog, sind die bedeutenden, wie Voltaire und d'Alembert, die des jungen Königs Kokettieren mit Kunst, »Philosophie« und »Antimachiavel« herbeigelockt hatte, bald wieder geflohen. Die Unbedeutenderen, die außerhalb des Berliner Hofes keine für sie passende Unterkunft finden konnten, wurden von ihrem Brotgeber kaum weniger herabgewürdigt als die gelehrten Hofnarren des »Soldatenkönigs«. Unter der französisch getünchten Höflichkeit, mit der sich der Sohn gern schmückte, lauerte stets zum Lospoltern bereit der prügelnde, vielbetrogene und unpraktische preußische Vater.

Aber der Sohn war gefährlicher und scheute, anders als der Vater, vor blutigen Kriegen nicht zurück. Ihre Folgen und einige der unbesonnenen friderizianischen Reformen taten Berlin mehr Schaden, als des Königs Nachahmung ausländischer Bauten je nutzen konnte. Der Kampf gegen Kaiser und Reich, den Friedrich II. sofort nach seinem Regierungsantritt vom Zaun brach und der während seiner 46jährigen Herrschaft nie ganz zur Ruhe kam, machte auch der Stadterweiterungspolitik seines friedlichen Vaters ein Ende. Zwar wirkte die bisherige Baupolitik insofern weiter, als Baustellen aus dem vorhandenen Vorrat gewöhnlich unentgeltlich abgegeben und Bauprämien in Baustoffen und barem Geld noch gewährt wurden. Auch wurde in Rixdorf (heute Neukölln) die vom verstorbenen König begonnene Ansiedlung böhmischer Kolonisten fortgesetzt; in Neu-Schöneberg wurden für böhmische Protestanten 20 Doppelhäuser und nördlich der Berliner Stadtmauer für die lange übel beleumdete Ansiedlung Voigtländer Handwerker 60 Doppelhäuser auf Staatskosten errichtet. Durch Niederlegen von weiteren Festungswerken wurde etwas neues Bauland gewonnen. Aber es wurde entweder den großen Prachtbauten des Königs vorbehalten oder planlos bebaut (Seite 111).

Zu einer nennenswerten, gut geplanten Stadterweiterung fand Friedrich II. nie Zeit, weder während seiner vier Kriege noch während seiner langen Friedensherrschaft. Er folgte auch auf städtebaulichem Gebiet dem verhängnisvollen Beispiel der spanischen und französischen Herrscher, welche die städtebaulichen Schwierigkeiten ihrer Hauptstädte vernachlässigten und sich dem Anblick der daraus entstehenden Übelstände durch die Flucht in ihren Escorial oder ihre Gartenstadt Versailles entzogen. Friedrich II. fürchtete sich geradezu vor seiner Hauptstadt und erklärte, »er kehre von Berlin nach Potsdam jedesmal mit einem Seufzer der Erleichterung zurück, als wenn er von schrecklicher Fronarbeit käme. Denn der Aufenthalt dort sei für ihn schlimmer als ein Feldzug, während er in seiner Einsiedelei sich 100 Meilen von Berlin entfernt und jenes Zwanges und jener Schrecken überhoben fühle.« In seiner Einsiedelei, *sans souci*, erledigte Friedrich II., ganz ähnlich wie Philipp II. in seinem Escorial, die Staatsgeschäfte schriftlich und aus der Ferne. Während aber Friedrich II. zum Dichten, Komponieren und eigenhändigen, vielfältigen Abschreiben seiner schriftstellerischen Arbeiten mehr Zeit als Philipp II. zum Beten fand, vernachlässigte er jene städtebaulichen Pflichten, die seine Vorgänger gewaltsam an sich gerissen hatten, und tat obendrein nichts für die Wiedererweckung der bürgerlichen Selbsthilfe, die vor dem gewaltsamen Eingreifen der Hohenzollern auch auf dem Gebiet der Stadterweiterung segensreich gewirkt hatte.

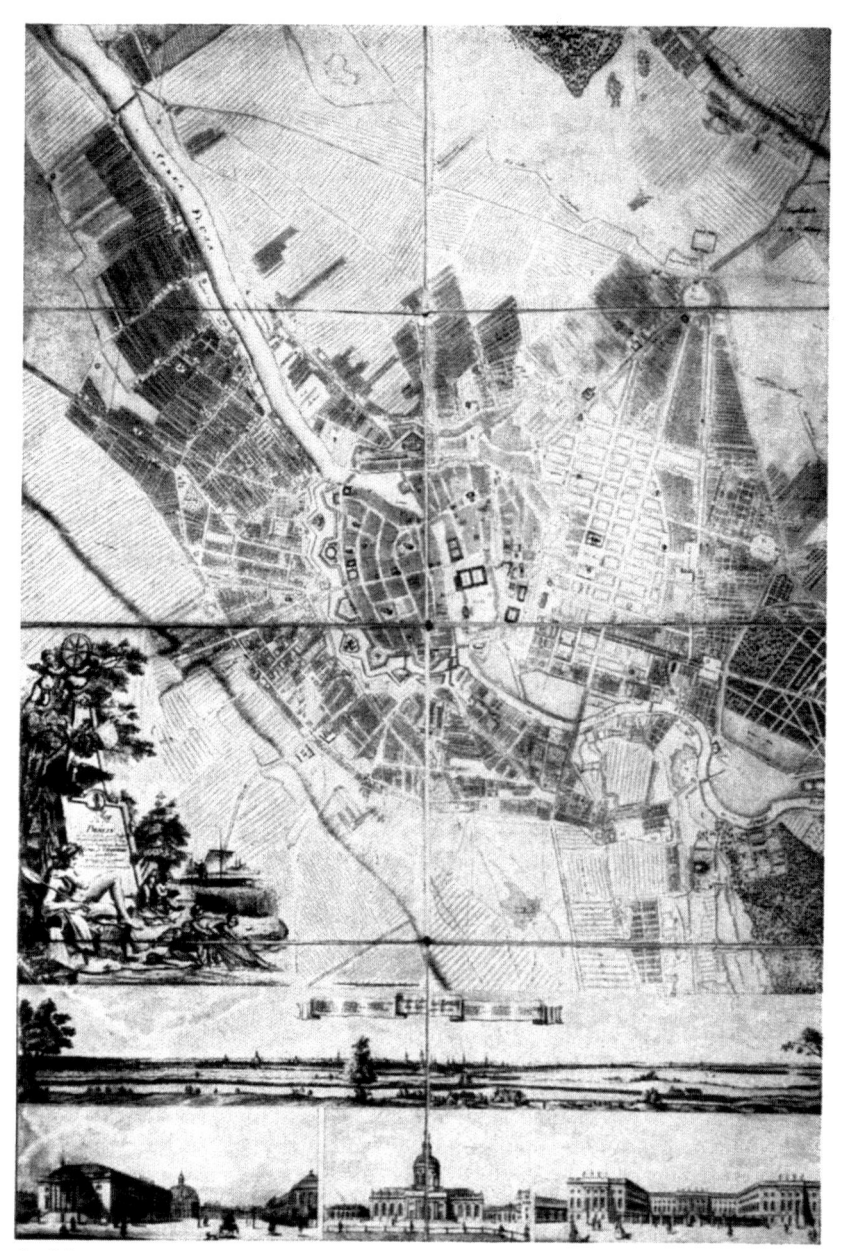

Der große Schmettausche Plan von etwa 1748

Mit Friedrichs II. Eroberungszügen hemmten zum ersten Male seit dem Dreißigjährigen Krieg wieder kriegerische Ereignisse die städtebauliche Entwicklung Berlins. Schon nach dem zweiten Schlesischen Krieg stiegen die Mieten, und bald entfesselten namentlich die von Friedrich II. bereicherten Militärlieferanten jene wilde Häuserspekulation, die nach zahlreichen zeitgenössischen Berichten einen ungeheuren Eindruck auf die damaligen Berliner gemacht hat. Welche Ausschweifungen damals möglich waren, zeigt der Verkauf des Hauses Königstraße 60, das noch 1750 für 19 000 Taler erworben worden war und im Jahre 1765 plötzlich 50 000 Taler brachte. Die Vorbedingungen zu dieser und zahllosen ähnlichen Preistreibereien hatte Friedrich II. selbst geschaffen: durch seine verhängnisvolle Hypothekenordnung von 1748 und durch seine hartnäckige Untätigkeit auf dem Gebiet der ausschließlich in seinen Händen liegenden Stadterweiterung.

Die durchschnittliche Behausungsziffer Berlins war schon in den 30 Jahren von 1709 bis 1740 von 14 auf 17 gestiegen. Aber in den 16 Jahren nach der Krönung Friedrichs II. stieg sie auf 21. In Berlin mit seinen 100 000 Einwohnern kamen also schon im Jahre 1756 etwa dreimal soviel Bewohner auf jedes Haus wie in dem siebenmal größeren London. Während des Siebenjährigen Krieges ging die Bevölkerungszahl Berlins um etwa 6000 Köpfe zurück. Gegen die trotzdem fortschreitende zügellose Steigerung der Boden-, Häuser- und Mietpreise oder »gegen lokale Lotter- und Gevatterwirtschaft« (wie er es nannte) unternahm Friedrich II. seinen oft gerühmten, aber wirkungslosen Kampf für »gute Polizei«. Er versuchte einige Eingriffe in das private Eigentumsrecht, das kurz vorher gerade vom preußischen Absolutismus und, seit 1748, besonders von ihm selbst gestärkt worden war. Dieses Vorgehen ergänzte er durch religiöse Ermahnung und den Bau von Kasernen. Der König tat also nichts, um das alte Cöllnische Gemeindeland aus der agrarischen Verfassung zu lösen, das darum dem städtischen Häuserbau verschlossen blieb. Der König tat nichts für die Erweiterung der Friedrichstadt im Südwesten, ja nicht einmal etwas für die naheliegende bauliche Erschließung des Charité-Viertels im Nordwesten. Friedrichs amtlicher Historiograph J. D. E. Preuß berichtet, daß Friedrich II. in seinem ganzen Land »höchstens eine oder die andere gewöhnliche Landstraße«, aber »keine einzige Meile Kunststraße gebaut hat... Selbst die vier kleinen Meilen zwischen Berlin und Potsdam blieben ein ewiger Wechsel von Berg und Tal in erschöpfender Sandfülle, wodurch dieser kurze Weg sich zu einer Tagesreise ausdehnte.« Friedrich der »Große« baute nicht einmal dort Straßen, wo sie innerhalb des Stadtgebietes liegendes Ackerland dem Häuserbau erschlossen hätten.

Als sich aber seine Generäle über die hohen Mieten beklagten, begann der untätige König sich mit seiner riesigen Einquartierung als der größte Mieter Berlins zu fühlen. Er befahl deshalb der Polizei und den Gerichten, zugunsten der Offiziere einzugreifen. Als das wenig nützte, erließ er im April 1765 eine Verordnung an das Kammergericht, die von den Kanzeln aller Kirchen verlesen werden mußte, was für das unfromme Berlin ungewöhnlich war. In dieser Verordnung erklärte der König: »Wir haben mit dem größten Mißfallen wahrgenommen, daß in unserer Residenzstadt Berlin der bisher eingerissene Wucher mit Häusern und die aufs höchste getriebene Steigerung der Hausmieten, ungeachtet unserer dieserhalb *immediate* erlassenen scharfen Verordnungen noch bis *dato* beständig fortdauere ... Da wir nun eine längere, den sich von ihren Häusern einen übertriebenen Wert einbildenden Eigentümern am Ende selbst nachteilige Nachsicht zu gestatten nicht gemeinet sind, so haben Wir nötig gefunden, bis Wir allenfalls noch würksamere Maßregeln ergreifen, indessen in unserer Residenz Berlin, die bis hero beobachtete gemeine Rechts-Regel: Kauf bricht Miethe, aufzuheben.« Zugunsten seiner Offiziere griff Friedrich II. also plötzlich von dem halbverstandenen römischen Recht, das er und seine Vorgänger in gefährlichem Schematismus eingeführt hatten, wieder auf das verachtete deutsche Recht zurück, das er — wenn es ihm paßte — gern Vernunft- oder Naturrecht nannte. Unser Bürgerliches Gesetzbuch enthält noch heute den § 570, der »Militärpersonen« und »Beamten« bei der Kündigung ihrer Mietverträge ein Vorzugsrecht verleiht und der auf Friedrich II. zurückgeht.

Gleichzeitig mit seinem Erlaß vom April 1765 befahl der König dem Polizeidirektorium folgende Begünstigung der Familien mit großer Dienerschaft (damals also des Adels) und folgende Maßregeln gegen die übrigen Einwohner Berlins. Das Polizeidirektorium solle darauf achten, daß »außer denjenigen, welche wegen ihrer Bedienungen, *nombreusen* Familien oder starken Verkehrs große Häuser allein zu bewohnen sich genötigt sehen, diejenigen Christliche *Particuliers* auch Juden, so die besten und größten Häuser an sich zu bringen Gelegenheit gefunden haben, auch noch damit *continuiren*, und dadurch guten Teils an der Steigerung der Mieten schuld sind, solche aus Übermut und zur Üppigkeit nicht ferner allein bewohnen, sondern so viele Familien, als nach Beschaffenheit der Häuser füglich darin wohnen können, mietsweise darin aufnehmen möchten«; und wenn sie sich dazu nicht gutwillig verständen, so sollten sie »durch rechtlichen Zwang« angehalten werden. So erwuchs aus den drei siegreichen Kriegen Friedrichs II. dieselbe Zwangsmiete, die uns als Ergebnis unserer Niederlage im Weltkrieg wieder bekannt wurde. Zur selben Zeit verausgabte Friedrich II. viele Millionen Taler für den Neubau seines unzeitgemäßen, unschönen und selten benutzten dritten Potsdamer Palastes, der eine längere Fassade hat als der berüchtigte spanische Escorial. Der amtliche Historiograph Friedrichs II., J. D. E. Preuß, berichtet, der Bau und die Möblierung dieses »Neuen Palais« hätten 22 Millionen Taler gekostet. Doch behaupten neuere Verteidiger des Königs, er habe für seine ganze Gartenstadt Potsdam insgesamt nur 10,59 Millionen Taler verausgabt, wovon die königlichen Privatbauten, Schlösser und Gartenanlagen nur 5,32 Millionen Taler verschlungen hätten. Was von den Baurechnungen für die Rohbauten des »Neuen Palais« erhalten war, berechnete Friedrichs Architekt Manger auf 2 880 443 Taler. Für die Inneneinrichtung des Palastes muß etwa dieselbe Summe eingesetzt werden. Selbst mit einem Teil dieser Summe wäre eine sehr wirksame Linderung der Berliner Wohnungsnot durch Stadterweiterung und Kleinhausbau möglich gewesen.

Friedrichs II. Verachtung für die Stadterweiterungspolitik, die Berlin im Mittelalter und unter seinen drei letzten Vorgängern groß werden ließ, wurde womöglich noch übertroffen durch seine Unkenntnis der großstädtischen Entwicklung anderer Länder. Er hatte zwar einmal — sehr flüchtig — Amsterdam, aber keine der größeren Städte je gesehen. Besonders war ihm alles Englische fremd. Er ahnte des-

halb auch nichts von der bedeutsamen Dezentralisation des Wohnungswesens, die das unbefestigte London nach dem großen Feuer von 1666 neu gestaltet hatte und die sich in dem ebenfalls unbefestigten Berlin leicht hätte nachahmen lassen. Er lauschte nur den Berichten der Pariser »Schöngeister«, mit denen er sich umgab, und ahmte nach, was in Paris, der Stadt mit den damals schlechtesten Wohnungsverhältnissen der Welt, vorgemacht wurde: Kasernen und hohe Mietshäuser.
Der militärische Kasernenbau, den Friedrich II. seit dem Siebenjährigen Krieg nach Berlin verpflanzte, war nützlich insofern, als er der Berliner Bevölkerung die Einquartierungslast erleichterte. Die Kasernen waren besonders auch deshalb notwendig, weil Friedrich II. die Besatzung Berlins zwischen 1763 und seinem Todesjahr, 1786, von 19 500 auf 36 000 Mann vermehrte, so daß sie weit mehr als ein Fünftel der Gesamtbevölkerung ausmachte. Friedrich II. baute von 1763 bis 1767 allein acht Kasernen. Auch dabei schuf er nicht etwa ein neues System (wie z. B. später die Engländer mit ihren dezentralisierten Kasernen), sondern er ahmte das französische »Zentralisations-System« nach, das möglichst viele Truppen mit allen Nebenräumen unter ein einziges Dach brachte. In diesen Kasernen wurden namentlich die verheirateten Soldaten mit ihren Angehörigen einquartiert und somit auch die Berliner Familie gleichsam systematisch zur kasernierten Wohnweise gedrillt.
Für das angehende Berliner Schlafburschenwesen und die Wohnungsverhältnisse, die Friedrich II. mit seinen Kasernen schuf, gibt es keinen zuverlässigeren Zeugen als Karl Friedrich von Klöden, der in einer Kaserne geboren und – nach dem Tode Friedrichs II. – Schöpfer der ersten preußischen Gewerbeschule geworden ist. Sein Vater mußte als preußischer Unteroffizier Klödens Mutter in einer friderizianischen Kasernenwohnung unterbringen. Der berühmte Sohn dieser Eltern erzählte in seiner Lebensbeschreibung: »Gar bald lernte meine Mutter mit Schaudern erkennen, in welch eine Hölle sie geraten sei, in welcher Umgebung sie künftig zu leben, mit welchen Menschen sie künftig umzugehen habe – und wer die Zusammensetzung des damaligen Heeres kennt, wird sich ein Bild von der *Existenz* in einer Regimentskaserne machen können. Nur ein Drittel des Heeres bestand aus eingeborenen und ausgehobenen Kantonisten und Landeskindern. Die beiden anderen Teile waren Söldlinge, die sich oft nur anwerben ließen, um dem Zuchthaus zu entgehen und bei erster Gelegenheit wieder davonliefen; ein anderer Teil war zusammengesetzt aus Leuten, welche sich als notorische Taugenichtse ausgewiesen hatten...
Wer die demoralisierenden Einflüsse einer solchen Zucht und die der nicht zu vermeidenden näheren Berührungen mit Auswürflingen der Menschheit zu würdigen weiß, der wird sich sagen müssen, daß eine große sittliche Kraft dazu gehörte, um sich in einer solchen Umgebung rein zu erhalten. Meine Mutter hatte sich die Sache, solange sie unverheiratet war, schlimm vorgestellt, aber von der Versunkenheit, welche sie vorfand, hatte sie doch keinen Begriff gehabt, und fast waren die verheirateten Frauen in der Kaserne noch schlimmer als die Männer... Am unangenehmsten aber war folgende Einrichtung: Jeder verheiratete Unteroffizier erhielt zur Wohnung in der Kaserne eine Stube und eine Kammer. In die letztere wurden ihm zwei der schlimmsten Ausländer, denen man am wenigsten trauen durfte, unter dem Namen von *Schlafburschen* gelegt, die er überwachen mußte. Desertierte ein

solcher Kerl, so hatte der Unteroffizier tausend Sorgen und Ängste auszustehen, und hatte er sich im geringsten nachlässig gezeigt, so wurde er hart bestraft. Er hatte dafür zu sorgen, daß sie morgens pünktlich aufstanden und des Abends pünktlich um 9 Uhr im Bett waren, aus dem sie dann nicht herauskonnten, weil sie durch sein Zimmer gehen mußten. Ertönte des Abends die Lärmkanone, was im hohen Sommer, wenn das Getreide Ähren hatte, jeden Abend mehrmals geschah, so war dies ein Zeichen, daß ein Soldat desertiert sei. Dann mußte jeder Unteroffizier seine Mannschaft genau *revidieren;* in der Umgegend der Stadt aber mußten die Bauern sich mit Hunden auf den Weg machen, Felder und Wälder durchstreifen, um den Flüchtling einzufangen. Auch am Tage durfte kein Soldat hinausgehen, wenn er nicht einen Erlaubnisschein vorweisen konnte, der nur den zuverlässigsten Leuten und möglichst selten erteilt wurde. War es ein Wunder, wenn sich das unschuldige Herz meiner Mutter vorkam, als wäre es in ein Zuchthaus geraten, schlimmer als irgendeines der jetzigen Zuchthäuser, wenn es sich empörte bei den unmenschlichen Strafen, die in der Form von Spießruten, Stockprügeln, Fuchteln, Krummschließen nicht selten Menschen bis zum Rande des Grabes führten?« So berichtete Karl Friedrich von Klöden.
Diese widerliche Abhilfe der Wohnungsnot durch Kasernierung führte Friedrich II. dann ähnlich auch für die Unterbringung der Berliner Zivilbevölkerung ein. Statt wie sein Vorgänger die Hauptstadt in waagrechter Richtung zu vergrößern, erweiterte er sie nämlich senkrecht nach oben, in die Luft statt in die Ebene. Als damals dem Kaiser von China zum ersten Male Bilder von Paris mit seinen hohen Häusern gezeigt wurden, meinte er verächtlich:»Europa muß ein sehr kleines Land sein, daß die Menschen dort nicht genug Platz haben, auf der Erde zu wohnen, sondern in der Luft wohnen müssen.«
Paris war bis etwa zum Jahre 1700 die volkreichste Stadt der Welt und blieb — noch länger als Wien — eine Festung, in deren Wällen es so wenig Platz gab, daß man der wachsenden Bevölkerung Unterkunft in immer höher übereinander getürmten Wohnungen verschaffen mußte. Berlin befand sich nicht in ähnlicher Zwangslage. Aber die Logik des »großen« Königs war auch hier widerspruchsvoll. Obgleich er selber den Abbruch der Berliner Festungswerke zu Ende führte, befolgte er doch bis an sein Lebensende die schädliche Wohnbauweise der größten alten Festungsstädte. Zu dieser gefährlichen Art der Stadterweiterung ermutigte ihn auch die Steigerung der Bodenpreise, für die er selbst verantwortlich war. Dieses Übel wurde die Ursache neuer Übel. So stiegen die Bodenpreise und Hausmieten, weil Friedrich II. die Hypothekenordnung in ein Mittel zum Aufblähen der Bodenpreise verwandelt hatte und weil keine Stadterweiterung neues Bauland auf den Markt brachte; das derartig verteuerte Bauland gewann Monopolcharakter und ließ sich nicht mehr so leicht enteignen wie die geringwertigen Flächen, die der »Große« Kurfürst noch — mit oder ohne Entschädigung — für den Wohnungsbau frei gemacht hatte. Auch war die Enteignung künftig dadurch erschwert, daß der preußische Absolutismus das ihm bequeme römische Recht mit seinen hochentwickelten Vorstellungen von der Unbeschränktheit des privaten Eigentumrechtes einzuführen vermocht hatte. Friedrich II. versuchte darum auch die Schwierigkeiten, die seine mangelhafte

städtebauliche und Hypothekenpolitik geschaffen hatte, mit jener koboldartigspaßhaften Willkür zu umgehen, die er liebte. Er verschaffte sich nämlich den Grund und Boden für seine drei- und vierstöckigen Miethausbauten zwar zwangsweise und kostenlos, indem er vorhandene ein- und zweistöckige Privathäuser, mit oder ohne Zustimmung ihrer Besitzer, niederreißen ließ. Sobald er aber die alten niedrigen durch neue drei- und vierstöckige Mietshäuser ersetzt hatte, beschenkte er die vergewaltigten Grundbesitzer mit den wertvollen Neubauten und besänftigte so in den meisten Fällen den Widerspruch der Vergewaltigten.

Je mehr Wohnungen der König auf derartig kostenlos beschlagnahmtem Boden übereinanderhäufte und verschenkte, um so billiger mußten die Wohnungen werden. Friedrich II. hatte also einen großen Vorsprung vor den heutigen Erbauern von Mietskasernen; für sie ist Bauland, auf dem Mietskasernen errichtet werden dürfen, von vornherein teurer als Bauland, auf dem nur Kleinhäuser errichtet werden dürfen, und zwar um so viel teurer, daß Wohnungen in der Mietskaserne (auf teurem Boden) schließlich ungefähr ebensoviel kosten wie Kleinhäuser (auf billigem Boden). Da der König die Wohnungen plötzlich massenhaft und *gratis* auf den Wohnungsmarkt warf, bedeutete sein Vorgehen in der Tat für den Augenblick eine wirksame Bekämpfung der Wohnungsnot.

Aber diesen Erfolg, wie so manchen anderen, erkaufte Friedrich II. um einen sehr gefährlichen Preis. Die Übertragung des Kasernierungsgedankens von der Garnison auf die Zivilbevölkerung mußte ungünstig auf die Wohnungsverhältnisse einwirken, sobald die geschenkweise Bautätigkeit des Königs und sein plötzliches Wohnungsangebot verschwanden. Wenn dann, wie es wirklich geschah, die königlichen Nachfolger auf dem Gebiet der normalen, d. h. also waagrechten Stadterweiterung bei Friedrichs II. verhängnisvoller Untätigkeit verharrten und, ebenso wie er, der zunehmenden und jeder Selbsthilfe gewaltsam entwöhnten Bevölkerung nicht genug neues und billiges Bauland erschlossen, dann wurde der Bau von Einfamilienhäusern auf absehbare Zeit oder für immer unmöglich. Es blieb dann nur ein Rettungsmittel: die noch vorhandenen ein- und zweigeschossigen Häuser mußten dann ausnahmslos durch vielgeschossige Häuser ersetzt werden; wie es später in Berlin tatsächlich geschah. Die Privatleute mußten nachahmen, was ihnen ihr gerühmter König vorgemacht hatte. Wenn irgendwelches Land für Bauzwecke auf den Markt kam, konnten die Verkäufer (mit einer Art Monopolstellung und gestützt auf die schädliche Hypothekenordnung) Bodenpreise erzwingen, die nur dann tragbar und verzinslich werden, wenn nach königlichem Muster viele übereinandergeschichtete Wohnungen zur Verzinsung des hohen Bodenpreises beitragen. In geringer Entfernung der Stadt konnten unabsehbare Flächen Landes ungenutzt liegen bleiben, bis endlich — viel zu spät — statt gesunder Kleinhäuser mit Gärten ungesunde Mietskasernen mit hochumbauten Hinterhöfen auf die Kartoffelfelder gestellt und ihre Besitzer zu »Millionenbauern« gemacht werden konnten. Ihre Bestimmung, die größte Mietskasernenanhäufung der Welt zu werden, ist also der Stadt Berlin von ihrem »großen« König vorgezeichnet worden. Zur Erfüllung dieser historischen Aufgabe Berlins war die verhängnisvolle Hypothekenordnung Friedrichs II. erforderlich, von der im nächsten Kapitel die Rede sein soll.

Friedrich der »Große« begründet den Berliner Bodenwucher

»Die Provinz« (d. h. Berlin, im Gegensatz zur Reichshauptstadt Wien) »hat der Welt zugleich einen Alexander und einen Salomon in der Person des großen Königs geschenket; dieser unvergleichliche Monarch hat als ein zweiter Alexander den Zweifelsknoten, welchen bisher niemand auflösen konnte, *koupieret* und das seit 700 *(sic)* Jahren in Teutschland eingeführte, *konfuse* römische Recht aufgehoben; zugleich aber, als ein anderer Salomon, ein neues Landrecht aus denen Aschen des in vielen Stücken nicht unvernünftigen römischen Rechtes verfertigen lassen.«

> *Cocceji über Friedrich den Großen, zur Zeit als Cocceji und Friedrich II. das bewährte deutsche Hypothekenrecht durch ihre höchst gefährliche Teilanwendung römischen Rechtes für immer verdrängten.*

Friedrich II., der sich gern rühmte, den Franzosen Elsaß-Lothringen gesichert zu haben, der den deutschen Handel Danzigs vernichtet und den Osten einschließlich Österreich-Ungarns dem Deutschen Reich für immer entfremdet hat, darf also — so wurde im vorigen Kapitel gezeigt — auch als der Vater der Berliner Mietskaserne verehrt werden. Es mag wahr sein, daß der Väter Segen den Kindern Häuser baut. Aber die Mietskasernen, die Friedrich der »Große« den Berliner Kindern baute, waren kein Segen, sondern eine der fluchwürdigsten Formen des großstädtischen Massenpferches.

Es wird selten gewürdigt, daß Friedrich II. durch seine durchaus umstürzende Reform des Hypothekenrechtes ganz eigenhändig die Grundlage für die monströse Entwicklung der Berliner Mietskaserne im 19. Jahrhundert geschaffen hat. Die Hypothekenordnung Friedrichs II. gilt in ihren schädlichsten Grundzügen noch heute. Sie galt lange vor der Einführung des neuen Bürgerlichen Gesetzbuches auch schon außerhalb Preußens. Seit 1896 ist durch das Bürgerliche Gesetzbuch (§ 879) der verhängnisvollste Grundgedanke der friderizianischen Hypothekenordnung von 1748 zum deutschen Reichsgesetz erhoben. Das soziale Elend und der wirtschaftliche Schaden, die Friedrich II. damit über das deutsche Volk gebracht hat, sind so groß und unheilbar, daß sie sogar von einigen unbefangenen Vertretern der amtlichen deutschen Wissenschaft bemerkt werden mußten. 1927 erklärte der Geheime Justizrat Dr. Heinrich Erman:

»Durch die Forschungen der Professoren Eberstadt (Berlin) und Weyermann (Bern) wurde als der ›Sündenfall‹ des preußisch-deutschen Hypothekenwesens das Gesetz Friedrichs II. von 1748 ermittelt, das die bis dahin bestehende absichtliche Zurücksetzung der Bodenkaufpreishypothek gegenüber den Baugläubigern ersetzte durch die noch heut geltende einfache Zeitfolge der Hypotheken. Sie ergab außer schwerster Gefährdung der Baugläubiger auch die frevelhafte Hochtreibung der deutschen

Baubodenpreise, die vor dem Krieg für Groß-Berlin *zehnmal* so hoch waren als für gleichartige Gelände von Groß-London, wie ja auch die Behausungsziffer für London nur den zehnten Teil der Berliner betrug. Unser Hypothekenwesen mit seinen Hypothekenbanken usw. fördert eben die Bodenpreistreibung und den Enghochbau der Mietskasernen statt des volksnotwendigen Weitflachbaues von Kleinhäusern mit Nutzgärten, wie sie jetzt der Artikel 155 der Reichsverfassung als ›Wohnheimstätten‹ für alle deutschen Familien verheißt und fordert. Diese Heimstätten-Verheißung kann erst dann zur Wirklichkeit werden, wenn die verfassungswidrige Bodenpreistreiberei beseitigt worden ist, die heute mittels unseres fehlgehenden Hypothekensystems möglich und zur Regel geworden ist.«

Eberstadts arbeitsreiches Gelehrtenleben war wie ein einziger großer Geisteskampf gegen die furchtbaren Folgen der Kurzsichtigkeit Friedrichs II., namentlich gegen das von ihm befohlene sinnlose Zusammenwerfen der Baugeldschulden mit den Bodenschulden, und ein Kampf für die »Rückkehr zu unserem deutschrechtlichen System und dem Grundsatz der Hypothekendifferenzierung«. In seiner »Geschichte des Immobiliar-Kreditwesens in Preußen« hat Weyermann gezeigt, daß die bis 1748 geltende preußische Hypothekenordnung, die von Friedrich II. umgestürzt wurde, unendliche Vorteile vor der heutigen friderizianischen Ordnung besaß. Nach überliefertem deutschem Recht sorgte die frühere Ordnung für mäßigen und vorsichtigen Bodenkredit, für die Notwendigkeit, das geliehene Hypothekengeld schnell zu amortisieren, für die Notwendigkeit niedriger Bodenpreise und für mäßigen Bedarf an Besitzkredit.

Friedrichs II. neue Hypothekenordnung übernahm blind schematisch Formeln des römischen Rechtes, ohne die Schutzmaßregeln des römischen Rechtes (die Privilegierung der Bauhypothek) mit zu übernehmen. Friedrichs II. Umsturz der alten deutschen Ordnung verwandelte den Bodenkredit in ein Mittel zu gleichsam untilgbarer Dauerverschuldung, die ohne Gefahr für den Geldgeber beständig gesteigert und zum Aufblähen der Bodenpreise benutzt werden kann. Der einzelne Grundbesitzer, der seinen Boden (bebaut oder unbebaut) zu dem aufgeblähten Preis verkauft, kann Nutzen aus diesem schädlichen Gesetz schlagen. Aber der gesamte Stand der Grundbesitzer und erst recht alle Mieter werden schwer geschädigt: »Was der Vorbesitzer *profitiert* hatte, mußte er oder sein Nachfolger irgendwann in irgendeiner Form zahlen. Regelmäßig war das Ergebnis eine Höherverschuldung des Grundstücks schon beim Erwerb.« Weyermanns eingehende Untersuchungen zeigen, daß z. B. in Berlin bei den Verkäufen von bebauten Grundstücken in der Breiten Straße die Kaufgeldverschuldung gleich nach Erlaß der friderizianischen Hypothekenordnung auf das Siebenfache angewachsen ist. Künftig war es möglich, Kaufgelder als Dauerverschuldung eines Hauses stehen zu lassen und alle kommenden Geschlechter von Mietern zur Weiterverzinsung und zu einer Art nimmer endender pfandbrieflicher Leibeigenschaft zu zwingen.

Es hatte eines gekrönten »Dichters« und »Philosophen« bedurft, um dieses phantastische Übermaß von Unwirtschaftlichkeit und volksfeindlichem Unverstand möglich zu machen. Am 4. März 1881 rief Bismarck im Reichstag: »Mir ist aus statistischen Daten zugekommen, daß der Feuerkassenwert der Berliner Häuser etwas

über 1900 Millionen beträgt, die Hypotheken aber, die darauf eingetragen sind, über zwei Milliarden; der Wert *unter* zwei Milliarden, die Schulden *über* zwei Milliarden!«
Die Schäden, die Friedrich II. eingeführt hatte, trafen das landwirtschaftliche Kreditwesen ebenso schwer wie das städtische. Im Jahre 1770 schilderte sie von Rohwedel, der Syndikus der Neumärkischen Landschaft, in seiner geheimen Denkschrift an den Justizminister von Fürst. Darin heißt es auch: »Wir sind zu der Gewohnheit geraten, daß unerschrocken Güter mit großen Schulden angenommen werden, ohne daß die Gruft, die wir den Unsrigen, unserm guten Namen, unsern Gläubigern und unsern in besseren Umständen befindlichen Mitbürgern bereiten, von uns wahrgenommen wird.« Diese Gruft hat Friedrich der »Große« gegraben. In dieser Gruft sind die wirtschaftlichen Hoffnungen ungezählter Bauhandwerker und immer neuer kleiner Sparer und — was schlimmer ist — die guten Wohnsitten, die »Wohnungskultur« und die Gesundheit von Millionen Frauen und Kindern Berlins und anderer großer deutscher Städte beerdigt worden. Die große Schuldentilgung der Inflation hat diese Gruft eine Weile vergessen lassen. Aber die auf Grund der friderizianischen Hypothekenordnung erwachsene Mietskaserne ist zu einem deutschen Ewigkeitswert geworden. Treffend nannte Hermann Muthesius die Berliner Mietskaserne eine »Unsumme von Unkultur, wie sie in den Wohnungsverhältnissen der Menschheit noch nicht dagewesen ist«. Aber der »große« König Preußens hatte dafür gesorgt, daß diese unmenschliche »Unsumme von Unkultur« stets neue Opfer fand, die darin wohnen und dafür zahlen mußten. Der wirtschaftliche Ruin, mit dem Friedrichs II. Hypothekenordnung nicht nur die städtischen, sondern auch die landwirtschaftlichen Grundbesitzer unablässig bedrohte, wenn sie nicht irgendwie wachsende Erträge einheimsen konnten, zwang die landwirtschaftlichen Großgrundbesitzer zur unablässigen Vergrößerung ihrer Güter mittels Bauernlegens und lieferte die von der Scholle vertriebenen Bauern unablässig als neues williges Futter in den Rachen der großstädtischen Mietskasernen, deren wirtschaftliche Daseinsmöglichkeit auf diese anhaltende Proletarisierung angewiesen war.
Friedrich der »Große« hat sich, nach Koser, »von der Rechtswissenschaft nie mehr als die all*gemeinsten* Grundbegriffe angeeignet«. Diese Schmeichelei des preußischen Professors ist dahin zu verstehen, daß dem unermüdlichen Gesetzgeber Friedrich II. die all*gemeinen* Grundbegriffe der Rechtswissenschaft in kaum faßlichem Maße fehlten. Wahrscheinlich ist es unmöglich, gleichzeitig ein so emsiger Rekrutenoffizier, unermüdlicher Briefschreiber, täglich vielstündiger Plauderer, Dichter, Geschichtsschreiber und Musiker zu sein, wie Friedrich II. es tatsächlich war, ohne dabei auf die Einzelstudien verzichten zu müssen, die zur Reform einer schwierigen Gesetzgebung, namentlich in wirtschaftlichen Dingen, erforderlich ist.
Bald nach Antritt seiner Regierung hatte Friedrich II. mit noch kronprinzenhaftem Anfängereifer den bis heute vielgerühmten und wenig gekannten Rechtsreformator Cocceji ermahnt, »die Reform zu fördern«. Drei Jahre nach der Thronbesteigung jedoch, so erzählt Friedrichs Anwalt Koser, »erhielt Cocceji unerwarteterweise den Bescheid, die Sache sei bei den gegenwärtigen Zeitläuften mit Rücksicht ›auf die

vielen unlöslichen Schwierigkeiten‹, die sich vor allem aus der Finanzlage des Staates ergaben, ›bis auf gelegenere Zeiten auszusetzen‹. So stockte das Werk von neuem.«
Cocceji, den Koser einen »sanguinischen Neuerer« nennt, hatte unter den preußischen Juristen starke Gegner, wie vor allem den Präsidenten des Oberappellations-Gerichtes von Arnim, die über Coccejis »verunglückte, nur durch Kriecherei vor dem einflußreichen Kabinettsrat Eichel überhaupt durchgesetzte Justizreform« spotteten. Von Coccejis Justizreform wissen auch Eingeweihte meistens nur, daß sie ausschließlich dazu da war, als Beweis für Friedrichs II. väterliche Fürsorge um die Rechtspflege den Ruhm des großen Königs zu vermehren, daß sie im übrigen aber schnell vergessenes und vielfach mit barocken Irrtümern des doktrinären Cocceji beschmiertes Papier geblieben ist.
Die wenigsten ahnen, daß außer der verlorenen, »verunglückten Justizreform«, die ein unpraktischer Jurist entworfen und sein in Rechtsfragen gleichgültiger König vergessen hatte, noch ein »*Projectum* des *Codicis Fridericiani Marchici*« von Cocceji hergestellt wurde und nicht seinem Namen gemäß *Projekt* blieb, sondern Leben und für alle preußischen Lande Geltung bekam, nämlich in der verhängnisvollen Hypothekenordnung von 1748, die auf Coccejis unpraktischem *Projekt* und seiner Konkursordnung fußt.
Friedrich II. wünschte seit seiner gescheiterten Justizreform nur noch Vereinfachung. Er wollte »alle drei Instanzen in einem Jahre« fertig gemacht sehen, und er hetzte »in hellem Horn« seine Richter mit empfindlichen Strafen. Der Wunsch nach Vereinfachung beherrscht die Hypothekenordnung Coccejis bis zur gefährlichen Oberflächlichkeit. Koser gibt zu: »Wohl wurde dabei bisweilen das Verfahren ein wenig stark abgekürzt. ›Marsch, marsch, was fällt, das fällt‹, soll Coccejis Gehilfe Jariges einmal gesagt haben.« So fiel in der Hitze des Eifers, dem König zu gefallen, auch die grundsätzlich wichtigste Unterscheidung zwischen Bodenschulden und Baugeldschulden unter den Tisch. Sie wurde ersetzt »durch die noch heute geltende einfache Zeitfolge der Hypotheken«, ohne daß Friedrich der »Große«, der sich gerade seine umfangreiche »schmutzige Wäsche« (seine vielen französischen Gedichte) von Voltaire reinigen lassen mußte, geahnt hätte, daß hier über das Wohl und Wehe von mehreren Hundertmillionen Menschen in schludriger Achtlosigkeit entschieden wurde. Hunderte von Millionen Kinder, Frauen, Greise und in ihrer Lebenskraft geschwächte Männer mußten im Lauf der Jahrhunderte durch die Mietskasernen ziehen, die der »aufgeklärte Despotismus« eines in allen Gebieten der Kunst, Wissenschaft, Gesetzgebung und Soldatenschinderei dilettierenden Königs verfügt hat. Wieviel Friedrich II. selber von diesen Dingen verstand, geht aus seiner berühmten Haltung im Prozeß des Müllers Arnold hervor, von der selbst sein Bewunderer Koser zugibt: »Friedrich hat mit seinem Machtspruch in Sachen des Müllers Arnold geirrt, im besten Glauben und aus dem edelsten Beweggrund Unrecht getan.« Und von den Richtern, die als Opfer der Kabinettsjustiz Friedrichs II. ins Gefängnis wanderten, sagt der geschickte Professor Koser: »So haben die Männer von 1779 in ihrem Männerstolz vor Königsthronen nicht geschickt, nicht klug gehandelt, aber untadelhaft, überzeugungstreu, gerecht.« Einer dieser »untadelhaften« Richter, der

Regierungsrat Neumann, hinterließ erstaunliche Aufschlüsse über Friedrichs II. Vertrautheit mit seinen einschneidenden königlichen Rechtsreformen. Der »untadelhafte« Neumann erzählte in seinem Tagebuch: »In der ersten Hitze hat der König nur gegen den einzigen *General von Buddebrock* geäußert, es hätte ihm sehr geärgert, daß die NeuMärckische Regierung das Römische Recht und mehr Sachen *allegirt*, die er gar nicht verstände, da er doch den *Codicem (Fridericianum Marchicum) publiziren* lassen — worauf ihm dann dieser geantwortet, der *Codex* enthalte nur eine *Proceß*ordnung; welches der König schlechterdings nicht glauben wollen, worauf der *v. B.* den *Codicem* hohlen laßen und es dem König nach gewiesen: dieser hat hierauf sehr gelärmt, daß man ihm bisher weiß gemacht, der *Codex* enthielte die Entscheidung aller möglichen Rechtsfälle.«
Nachdem Friedrich II. damals seinen Großkanzler ohne Grund beschimpft und Knall und Fall entlassen hatte, erließ er am 14. April 1780 die Kabinettsorder, mit der er und der neue Großkanzler wieder einmal den lange vergessenen Versuch einer Gesetzesreform erneuerten, obgleich der König noch drei Jahre vorher befriedigt geschrieben hatte: »Die Gesetze sind hierzulande hinreichend weise geordnet. Ich glaube nicht, daß man nötig hat, sie zu überarbeiten.«
Von dem nie wiedergutzumachenden Schaden, den Friedrichs II. schuldlose Machtfülle und widerstandslose Unwissenheit dem Berliner Wohnwesen zugefügt haben, ist nur selten die Rede, obgleich im Vergleich damit seine vielbesprochenen Berliner Mietshausbauten ziemlich belanglos sind. Von 1769 bis 1786 baute er in den alten Stadtteilen Berlins beinahe 300 seiner drei- und viergeschossigen Häuser. Von ihnen standen 15 vierstöckige in der Königstraße und 75 in der Leipziger Straße.
Noch eifriger als Friedrich II., der also etwa 17 Wohnhäuser im Jahr errichtete, setzte anfangs sein Nachfolger diese Baupolitik fort. Dieser Friedrich Wilhelm II. baute in den ersten beiden Jahren seiner Regierung je 50 Häuser; da er aber noch keine Schlachten gewonnen oder verloren hatte, brachte ihm auch die dreifache Bauleistung weniger Ruhm als die einfache seinem blutigen Vorgänger.
Da Friedrich II. den Hauptstraßen Berlins durch hohe Häuser ein großstädtisches Aussehen geben zu können glaubte, ließ er seine Wohnbauten auch nach seinen eigenen oder von ihm genehmigten Fassadenentwürfen ausführen. Die Grundbesitzer wurde nicht gefragt. Dann beklagte der König sich — das Folgende sind seine eigenen Worte —, daß die »unruhigen und querulierenden Einwohner von Berlin meine Gnade zu sehr mißbrauchen und sie mir sogar mit Undank belohnen und sie mit Verdruß verbittern«. Nach Friedrich Nicolais zeitgenössischen und vertrauenswürdigen Angaben scheint allerdings die Bürgerschaft der Willkür des Königs gewachsen gewesen zu sein. Eine Gruppe geschickter Bau- und Maurermeister scheint sich oft rechtzeitig in den Besitz der Häuser gesetzt zu haben, deren Abbruch und Neubau Friedrich II. gerade plante.
Wenn der König trotz seiner Ungeschicklichkeit auch auf wohnungspolitischem Gebiet einen scheinbaren Erfolg erzielte, so war es, weil die Bevölkerung Berlins unter seiner drückenden Regierung nur noch wenig wuchs; es war deshalb nicht schwer, ihr Wohnungsbedürfnis zu befriedigen. Während sich die Bevölkerung Berlins von 1685 bis 1709 verdreifacht (von 18 000 auf 56 000 Köpfe) und von 1720 bis 1754

noch einmal verdoppelt hatte (von 65 000 auf 125 000 Köpfe), ging sie während des dritten Schlesischen Krieges auf 119 000 zurück und vermehrte sich auch in den 15 Jahren des folgenden Friedens kaum. Friedrichs Kriege hatten dem Land zu schwere Wunden geschlagen, und seine in vieler Hinsicht schädliche und handelsfeindliche Wirtschafts- und Steuerpolitik sowie die Lasten, welche die rasche Vermehrung des Heeres mit sich brachte, führten zwar zur Vermehrung der Berliner Soldatenschaft um 14 000 Köpfe, aber die Bürgerschaft nahm zwischen 1769 und 1786 nur um 8000 Köpfe zu, und sie ging Anfang der siebziger Jahre sogar zeitweilig zurück. So stieg auch die Berliner Behausungsziffer trotz der mangelnden Stadterweiterung nicht mehr so schnell wie vor dem Siebenjährigen Krieg. Es kamen im Jahre 1784 auf jedes Gebäude 21,8 Menschen und sogar nur 16,8, wenn man die Soldaten, die jetzt zum Teil schon in Kasernen lagen, nicht mitrechnet.

Aber auch mit nur 114 000 Zivilisten war Berlin dank seiner 33 600 Köpfe zählenden Militärbevölkerung beim Tod Friedrichs II. eine der größten europäischen Städte. Mit seinen Soldaten hatte es ungefähr ebenso viele Einwohner wie Madrid und Rom. Seine Einwohnerzahl wurde nur von Wien und Amsterdam (die etwa 200 000 Einwohner zählten), von Paris (600 000) und London (800 000) übertroffen. Das polizeilich und militärisch so hochgradig überwachte Berlin war vorläufig auch noch eine verhältnismäßig gesunde Stadt, vorausgesetzt, daß die Berechnung des Berliner Statistikers Süßmilch richtig ist, der allerdings nicht nur Statistiker, sondern auch einer der eifrigsten und orthodoxesten Geistlichen gewesen ist und der als Zensor im Dienste Friedrichs II. den Druck von Lessings »Fragmenten aus den Papieren eines Ungenannten« in dem unfreien Berlin verboten hat. Diesem Süßmilch zufolge hatte Berlin vor dem Ausbruch des Siebenjährigen Krieges eine geringere Sterblichkeit als die anderen Großstädte. Die Sterblichkeit in Berlin betrug nur 36, in den übrigen Großstädten aber 40 bis 50 vom Tausend. Einen starken Gegensatz zu Berlin bot das in seine Festungswälle gepreßte Wien, wo die Sterblichkeit Ende des 18. Jahrhunderts 53 vom Tausend betrug, obgleich Wien nicht mehr erheblich größer war als Berlin. Diese Überlegenheit Berlins darf vielleicht als ein Ergebnis der unermüdlichen Stadterweiterungs- und Baupolitik der Vorgänger Friedrichs II. angesehen werden. In allen Großstädten überstieg im 18. Jahrhundert regelmäßig die Sterblichkeit die Zahl der Geburten. Nur in Berlin gab es — so berichtet Nicolai — einzelne Jahre (1777, 1780, 1781, 1782), in denen die Geburtenzahl die Zahl der Sterbefälle übertraf, wobei allerdings die große Zahl von Soldaten, die als gesunde Erwachsene außerhalb eingefangen und in die Berliner Kasernen gesperrt wurden, eine vielleicht entscheidende Rolle spielte. Hätte man unvorsichtigerweise etwa die Verluste der Berliner Garnison in Friedrichs II. Kartoffelkrieg gegen den deutschen Kaiser (1778 bis 1779) in die Berliner Bevölkerungsstatistik mit eingerechnet, dann hätte sich Berlin als eine sehr lebensgefährliche Stadt entpuppt. In diesem schlachtenlosen Krieg wurden die preußischen Gesamtverluste, allerdings einschließlich der in Friedrichs II. Heeren immer besonders zahlreichen Fahnenflüchtigen, auf 25 000 Mann geschätzt.

Friedrich der »Große« baut Paläste

Eine Stadt ist nicht schöner als ihre häßlichste Mietskaserne. Die Hinterhöfe einer Stadt und nicht die Schmuckplätze sind der wahre Maßstab ihres Wertes und ihrer Kraft.

Benjamin Marsh (in »City Planning« 1909)

Friedrich II. schrieb in der Lobrede seines Vaters: »Für seinen eigenen Aufwand brauchte er nur ganz wenig, denn er sagte: ein Fürst muß mit dem Gut und Blut seiner Untertanen sparsam umgehen. Er war in dieser Hinsicht ein Philosoph auf dem Thron ... Er baute verschwenderisch für seine Untertanen und gab nicht das geringste für seine eigene Behausung aus.« Friedrich II. selber war nicht »in dieser Hinsicht ein Philosoph auf dem Thron«. Weder mit dem Gut noch mit dem Blut seiner Untertanen ist er sparsam umgegangen. Goethes Verehrung für ihn »erkaltete«, weil »der König seine vortreffliche Armee ganz unnütz aufgeopfert«. Ebenso urteilte Napoleon I. über manche der Schlachten Friedrichs II.: »Friedrich lieferte seine Bataillone auf die Schlachtbank, wie sie nacheinander kamen, ohne Aussicht auf Erfolg.« Blutige Kriege und teure Bauten galten damals als erlaubt und wahrhaft königliche *Passionen*.

Ebenso verschwenderisch wie bei seinen *rendez-vous de la gloire* war Friedrich II. bei der Befriedigung seiner Bauleidenschaft. Ihm waren die zahlreichen Schlösser, die er erbte, nicht groß genug, obgleich das große Berliner Schloß gerade von dem philosophischen »Soldatenkönig« noch beträchtlich vergrößert und ausgebaut worden war. Friedrich Wilhelm I. hatte namentlich die Südseite des äußeren Hofes (mit Portal II ganz nach dem Vorbild von Schlüters Portal I) errichtet, alle Teile des Riesenhauses mit Wasserleitung ausgestattet*, die »Polnischen Kammern« für den Empfang des Polenkönigs möbliert, den »weißen Saal« und die Räume nach dem Lustgarten ausgebaut und überall seiner Liebhaberei für silberne Prachtmöbel und die Schaustellung kostbaren Silbergeschirrs gefrönt. Doch benutzte er einen Teil dieser unabsehbaren Räume für Bürozwecke und gab sich nach dem Ausbau dieses großen Schlosses zufrieden.

Friedrich II. dagegen fand sein Leben lang kein Ende mit neuen, kostspieligeren Schloßbauten für sich und, in bescheidenerem Maße, für seine Verwandten. Hat er dabei das Gut seiner Untertanen nutzbringender verwandt als ihr Blut?

Schon bevor er zur Regierung kam, begannen seine Bauten. 1732 ließ er sich Unter den Linden das Kronprinzen-Palais durch Gerlach umbauen; er brauchte für diesen Umbau so viel Geld, daß sein Vater, dem die Geduld riß, plötzlich die Rechnungen

---

* Nur warmes Wasser fehlte noch bis gegen Ende des 19. Jahrhunderts und mußte, wenn Kaiser Wilhelm der »Große« ein warmes Bad nehmen wollte, in einem Faß aus dem bequemeren Hotel de Rome ins Schloß getragen werden, wie viele Augenzeugen berichteten.

abschließen ließ (1733). So erhielt Friedrich einen neuen Vorwand für das Annehmen von Bestechungsgeldern, die ihm fremde Großmächte anfangs eifrig zusteckten und um die er während des Restes seiner Kronprinzenzeit zu oft und dringend bettelte. Nach seinem Kronprinzen-Palais ließ er sein neuerworbenes Rheinsberg durch seinen Freund von Knobelsdorff gründlich umbauen und mit Gärten, Park und Gewächshäusern ausstatten. Die Arbeiten begannen 1734. 1744 gab er den ganzen Besitz seinem Bruder Heinrich.
Gleich nach Regierungsantritt begann Friedrich II. mit Umbauten im Berliner Schloß. Er ließ sich die Räume über Portal I und II im Rokokogeschmack neu herrichten und durch seinen Freund Knobelsdorff ein Theater im alten Alabastersaal bauen. Den Rest des Schlosses ließ er für seine Frau und seine Geschwister einrichten. Obgleich von seinen dreizehn Geschwistern nur noch neun am Leben waren, fand der König das riesige Schloß zu klein. Aus der Scheu vor dem weiblichen Geschlecht, an der er seit seiner Geschlechtskrankheit litt, ließ er auch gleich nach seinem Regierungsantritt den hübschen barocken Bau Kurstraße 5 für die Unterkunft der Hofdamen errichten. Ihm war auch das Charlottenburger Schloß zu klein (seine überhohe Kuppel stammt noch von Eosander von Göthe); durch Knobelsdorff ließ Friedrich II. den östlichen Flügel neu hinzufügen.
Schon vorher hatte Friedrich II. das Palais Monbijou für seine Mutter stark erweitern und umbauen lassen, um es dann 1754 noch einmal zu vergrößern. Als die Mutter gleich darauf starb, blieb der Palast 30 Jahre lang unbewohnt liegen und ist trotz teurer und vielbeanstandeter Wiederherstellungsarbeiten in dieser Zeit verfallen. Als neues Quartier für seine Schwester Amalie erwarb Friedrich II., wie erwähnt, lieber den früheren Palast Vernezobre.
Diese Schloßbauten und die nebenher laufenden Eroberungszüge nach Schlesien waren noch kaum beendet, als Friedrich II., wieder mit Knobelsdorff, die Bauten für Schloß Sanssouci anfing. Zwei Jahre nach ihrem Abschluß begann Friedrich II. den großen Umbau des Potsdamer Stadtschlosses. Der Bau der Gärten von Sanssouci lief unterdessen unentwegt weiter und wurde auch während der Verluste des Siebenjährigen Krieges gefördert. Ein Jahr vor dem Friedensschluß wurde in der Mitte des Parkes die (heute wieder verschwundene) große Marmorkolonnade fertig, mit der Friedrich II. das 75 Jahre ältere, aber sehr viel reinere Vorbild der kreisrunden Kolonnade in Versailles nachzuahmen versuchte. Ebenso wie das französische Vorbild war Friedrichs Nachahmung als Wasserkunst gedacht; doch hier blieben Friedrichs große Aufwendungen auch in der Folge fruchtlos: anders als im wasserarmen Versailles gelang es in dem wasserreichen Potsdam dem König nie, der technischen Schwierigkeiten bei der Wasserbeschaffung für die Springbrunnen der Kolonnade und für die große Fontäne Herr zu werden.
Noch bezeichnender für Friedrichs II. ungeschickte Nachahmung von Versailles ist es, daß bei der Planung der Potsdamer Gärten die beglückenden Möglichkeiten vernachlässigt wurden, welche die Einbeziehung der Potsdamer Seen in die Gartenlandschaft einem geistvolleren Bauherrn gewährt hätte. Statt den *Grand Canal* von Versailles großartig zu überbieten, was billig gewesen wäre, ließ Friedrich II. ihn ganz weg und bekam dadurch eine höchst langweilige Stelle in seinem Park, die

er durch Nachahmung der teuren Springbrunnen von Versailles zu beleben erfolglos versuchte. Erstaunlicher als dieses technische Unvermögen war das künstlerische Versagen beim Bau der Potsdamer Gärten. Friedrich hatte die ausgezeichneten Pläne von Versailles vor Augen, wo die Stadt, das Schloß und die Gärten eine glückliche Einheit bildeten. Die Hauptachsen der Stadt Versailles, des Schlosses und der Gärten gehören zusammen; wie lebende Organismen entwickeln sich alle Teile, der eine aus dem anderen. Ganz ähnlich, aber unter viel schwierigeren Verhältnissen, entwickelte bereits damals der weitausschauende (und im Laufe der Jahrhunderte allmählich ausgeführte) Pariser Plan die große Achse des Louvre durch Tuilerien und Champs-Elysées zu höchster künstlerischer Einheit. Obgleich Nachahmung leichter ist als geistige Neuschöpfung, vermochte Friedrich II. nicht, den künstlerisch unentbehrlichen Zusammenhang zwischen seinem teuren Umbau des Potsdamer Stadtschlosses und seinen verschwenderischen neuen Schloß- und Gartenbauten um das Neue Palais zu schaffen. Die Nachahmung des Haupt- und Querachsensystems von Versailles ist unverkennbar, aber die große Hauptachse der Potsdamer Neuanlage läuft sich im Osten tot, ohne Zusammenhang mit der Stadt. Mit seinen Potsdamer Bürgerhäusern noch mehr als mit seinen Berliner Zwangsbauten schuf sich Friedrich II. eine etwas alberne Mustersammlung von Kopien nach palastartigen Gebäuden, deren Originale er nie gesehen hatte, sondern die er nach mehr oder weniger gut verstandenen Abbildungen aus seinen mehr oder weniger zuverlässigen Bilderbüchern wie Vitruvius Britannicus oder Veröffentlichungen nach Palladio, Sanmichele und Fuga zusammenstellte, gleichviel, ob kleinbürgerliche Räume hinter solchen Palastfassaden bequem bewohnbar waren oder nicht. In Friedrichs Bauten kann man manchmal mit den Hühneraugen, die man an den Zehen, aber nicht mit den Augen, die man im Kopfe hat, aus den Fenstern schauen. Für ihn mußten die Fenster in der Fassade immer da eingeordnet werden, wo seine ausländischen Bildvorlagen nach Palästen aus ganz anderen Lebens- und Größenverhältnissen es erforderten. Vor die Fenster der Potsdamer Nikolaikirche ließ Friedrich II. eine verkleinerte Kopie der schlecht passenden Fassade von Santa Maria Maggiore in Rom kleben. Als die Gläubigen infolge dieser Zuckerbäckerleistung sich bei ihm über die Dunkelheit in ihrer Kirche beklagten, fügte der baumeisterliche Friedrich II. zu ihrem Schaden noch den Spott über ihre Religion und antwortete mit dem Bibelwort: »Selig, die nicht sehen und doch glauben.«
Diese echt friderizianische Anekdote ist ein treffendes Sinnbild für das Wesen friderizianischer Baukunst. Dagegen dürfen Friedrichs II. greisenhafte Bemühungen um das Kopieren fremder Bauten nicht etwa mit den Arbeiten gewisser amerikanischer Baumeister verglichen werden, die auf Grund langjähriger, in Italien betriebener Studien berühmte klassische Bauten in Amerika rekonstruierten und verschiedentlich sehr geistvoll neugestalteten. Eine derartige neue Durchdringung ererbter Baukunst ist ebenso statthaft, wie die Studien antiker Bauten durch Baumeister der Renaissance es waren. Beides hat lebendige Früchte getragen. Aber Friedrichs II. Kopieren blieb unfruchtbar.
Etwa gleichzeitig (1748) mit den Bauten am Potsdamer Stadtschloß begann Friedrich II. den riesigen Palast, in dem nach Napoleons Berliner Besuch die größte

Das Friedrichs-Forum nach Norden zu gesehen

deutsche Universität Platz fand, den aber Friedrich II. nicht etwa der Wissenschaft, sondern dem Privatgebrauch seines Bruders Heinrich bestimmte. Die Fertigstellung des Riesenbaues dauerte bis 1766. Er war noch nicht vollendet, als Friedrich II. — sofort nach der furchtbaren Kapitalvernichtung durch seinen Siebenjährigen Krieg — den heute ganz unbegreiflichen Riesenpalast in Potsdam, das »Neue Palais«, begann, dessen gewaltiger, zweckloser Aufwand bereits erwähnt wurde und den Friedrich II. selber eine »*fanfaronnade*«, d. h. eine Prahlerei, genannt hat. Noch zwei Jahre vor seinem Tode ließ Friedrich II. den Bau des großen Schlosses Bellevue für den Prinzen Ferdinand beginnen.

Friedrichs II. Palastbauten in Berlin und Potsdam sind provinzielle Nachklänge aus der versunkenen Welt des jungen Ludwigs XIV., in der Friedrichs II. rückständige Phantasie gern lebte, obgleich Ludwig XIV. seine eigenen großen Schlösser schon ein halbes Jahrhundert früher gegen das viel kleinere Trianon vertauscht hatte und obgleich weder Friedrich II. noch sein Bruder Heinrich je vermochten, ihre neuen Riesenschlösser mit der hofstaatlichen Pracht zu füllen, die in der Jugend Ludwigs XIV. neu und geistreich, die aber zur Zeit der Erbauung des *Palais Henri* in Berlin und des Neuen Palais in Potsdam ebenso altmodisch und sinnlos war wie diese für derartig prächtigen Hofstaat gebauten Paläste. Ludwig XIV. begann seine baumeisterliche Laufbahn mit dem Bau großer Schlösser und zog sich dann, weiser geworden, in ein kleines Schloß zurück. Friedrich II. begann mit den kleinen Rheinsberg und Sanssouci und verstieg sich erst später zu der Maßstablosigkeit des überflüssigen Neuen Palais.

Das Friedrichs-Forum und die Tragödie Knobelsdorffs

> Ich habe noch nie etwas so Flaches in einem so schönen Saal gesehen. Das wirkte wie ein griechischer Tempel, in dem man Tatarenwerke aufführt.
>
> *Voltaire über eine Vorführung friderizianischer Hofkunst in dem Opernhaus von Knobelsdorff*

Das bedeutsamste an den friderizianischen Bauten ist die Mitarbeit Knobelsdorffs. Dieser große Künstler lieferte den seltenen Beweis, daß ausnahmsweise sogar ein preußischer Edelmann gebildet sein konnte. Wahrscheinlich erklärt sich diese damals unpreußische Geistesverfassung Knobelsdorffs daraus, daß er schon im 17. Jahrhundert geboren war und seine Knabenzeit noch unter dem gebildeteren Friedrich I. verlebte, also vor der Herrschaft des »Soldatenkönigs«, der seinem Adel Unbildung und Verachtung der Künste zur Ehrenpflicht machte. Auch an den Hof Friedrichs II. paßte Knobelsdorff nicht, und die anfängliche Freundschaft mit diesem König wandelte sich allmählich in einen erbitterten Kampf, der mit der Niederlage und dem frühen Tode Knobelsdorffs endete.

Knobelsdorff war 13 Jahre älter als Friedrich II. Er besaß nicht nur eine gründlichere baukünstlerische Bildung, sondern er hatte, anders als Friedrich, etwas von der Welt gesehen und hatte vor allem die wichtigsten Kunststätten Frankreichs und Italiens besucht. Wichtiger noch war, daß Knobelsdorff trotz seines höheren Alters in die Zukunft blickte, während Friedrich II., abgesehen von seiner umstürzlerischen

Das Friedrichs-Forum nach Südosten zu gesehen. Die Aufnahmen stammen aus der Zeit vor der Säuberung des Platzes von Vase, Denkmal, Hügel, Buschwerk und vor der neuen Verschandelung des Opernhauses

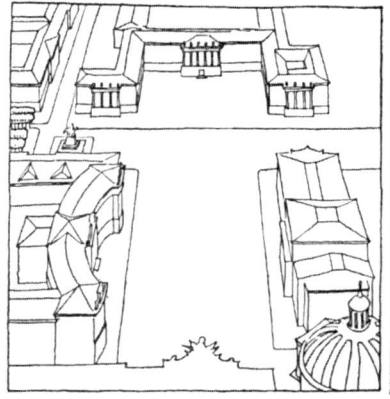

Außenpolitik, auch von seinen Bewunderern besonders als ein großer Konservativer gerühmt wird.
In künstlerischen Dingen, vor allem in Musik, Dichtung und Baukunst, war Friedrich II. sogar Reaktionär. Sein größter Jugendeindruck war sein Besuch in Dresden, einer der Stätten, in denen damals die barocke deutsche Baukunst eine ihrer schönsten Blüten erlebte. Friedrich II. hat später Dresden grausam und zwecklos beschießen und die schönsten Schlösser seiner politischen Gegner in Sachsen absichtlich, unter seinen Augen, verwüsten lassen. Aber den großen künstlerischen Eindruck, den Dresden seiner Jugend schenkte, hat er bis zu seinem Tode festgehalten; er hat die Grundstimmung seines Strebens in Baukunst und Musik daraus gemacht. Im großen Entwicklungsgang der Baugeschichte war jedoch Dresden, verglichen mit Paris, wahrscheinlich immer ein wenig Provinz. Selbst wenn man dem entzückenden Dresdner Barock (der uns heute durch die glückliche Reinigung des Zwingers zu einer neuen künstlerischen Offenbarung wird) einen eigenen Ewigkeitswert zugesteht, so war er sicher im Jahre 1740, als Friedrich II. zur Regierung kam, schon historisch geworden, und Friedrichs Leidenschaft für diese Kunst war rückständig und gefährlich.
Ganz anders als Friedrich II. lebte Knobelsdorff im Geist der neuen und kommenden Baukunst, die viel strenger und reiner sein wollte als der Dresdner Barock. Gleichzeitig von Frankreich und England ausgehend, gewann die neue klassizistische Kunst allmählich auch das zurückgebliebene Deutschland, wo Knobelsdorff, Winckelmann, Lessing und später Goethe ihre Vorkämpfer und schließlich Gilly und Langhans ihre Neugestalter, Schinkel ihr Vollender von europäischem Rang und Weinbrenner ihr Stadtbaukünstler geworden sind.
Der größte Gegner der neuen deutschen Baukunst war Friedrich II. Zu Anfang seiner Regierung ließ er sich von dem älteren und weiter gereisten Knobelsdorff leiten. Dann aber stiegen dem König die militärischen Erfolge der preußischen Prügeldisziplin zu Kopf. Als gar von den Franzosen, deren »Spiel er gespielt« (wie er sich selbst ausdrückte) und als deren Bundesgenosse er gegen den deutschen Kaiser gekämpft hatte, der Titel »der Große« an ihn verliehen worden war, ließ er sich auch von Knobelsdorff keine Vorschriften mehr machen. Der Beifall, den die Franzosen seinem Kampf gegen das Deutsche Reich spendeten, versicherte den König, daß er auch ohne Reise in das französische Kunstzentrum ein besserer Beurteiler baulicher Fragen sein müsse als Knobelsdorff.
Die Freundschaft zwischen König und Baumeister zerbrach beim Bau von Sanssouci, mit dessen Kuppel Friedrich II. seinen barocken Jugendtraum einer von Satyrn gehaltenen, umgestülpten Punschbowle verwirklichen wollte, während dem weniger literarisch-dilettantischen Knobelsdorff eher das strenge Trianon von Versailles als Wunschbild vorschwebte. Man einigte sich mühsam dahin, daß Knobelsdorff die Nordseite von Sanssouci einigermaßen streng gestalten durfte, während Friedrich II. auf der Südseite seine barocken Satyr-Hermen etwas unvermittelt in den Sand stellte. Doch diese Zusammenarbeit erwies sich als unmöglich. Knobelsdorff floh als erster von den vielen Baumeistern, die Friedrich II. während seiner Regierung mißhandelt hat. Es kam nicht wieder zu einer Verständigung zwischen den früheren

Freunden. Knobelsdorff starb verärgert, obwohl die schwersten Schläge, die sein Wirken und seinen Ruhm treffen sollten, vom König erst später geführt werden konnten.
Das große »Neue Palais«, das Friedrich II. gleich nach dem Siebenjährigen Krieg begann, ist eine nur barocke und ganz gegen den Geist Knobelsdorffs verstoßende Schöpfung; sie ist mit Geschmacklosigkeiten überladen. Goethes lakonischer Reisebericht über Berlin und Potsdam war nur 200 Worte lang. Er enthält nach der Bemerkung über den flegelhaften Kastellan von Sanssouci auch die Notiz: »Engelsköpfe pp.«, die der Berliner Professor Otto Pniower folgendermaßen deutete: »An der Fassade des Neuen Palais werden Goethe die zu groß geratenen, stark grimassierenden, mit breiten Flügeln versehenen Engelsköpfe aufgefallen sein, die an den kleinen Fenstern des obersten Geschosses aller Fronten als Schlußsteine angebracht sind.«
Noch verhängnisvoller für Knobelsdorffs geistiges Weiterwirken wurde Friedrichs II. altmodischer Eigensinn bei der Gestaltung des Friedrichs-Forums, der größten Bauleistung seiner Regierung. Aus dem Entwurf für diese große Baugruppe auf dem alten Festungsgelände Berlins spricht deutlich das französische Erlebnis des großen Baumeisters Knobelsdorff. In Frankreich ging man damals von den straff gefaßten Architekturplätzen, wie dem Vendôme-Platz, zu geräumigeren Plätzen über. Paris und Nancy standen damals kurz vor der Schöpfung der großartigen Plätze de la Concorde (seit 1748) und Place Royale (seit 1752), die wie das Berliner Friedrichs-Forum beinahe zu geräumig und ebenfalls von klassizistischen Bauten umgeben sind. Die Planung des Friedrichs-Forums ist sogar älter als die Ausführung der französischen Plätze, und wenn das Friedrichs-Forum im Sinne Knobelsdorffs ausgeführt und erhalten worden wäre, würde es sich mit diesen französischen Leistungen nicht nur an Umfang, sondern auch künstlerisch messen können (Seite 126, 127).
In dem heute schändlich verunstalteten Berliner Opernhaus (eröffnet 1741) hat Knobelsdorff beinahe alles Barocke überwunden. (An dem gegenüberliegenden Palast des Prinzen Heinrich haben bereits unreinere Kräfte mitgearbeitet.) In feierlicher Einfachheit und Klarheit bieten sich die Baumassen dem Auge dar. Nach dem Besuch dieses Opernhauses und nach einer Opernaufführung, die ganz den besonderen Wünschen Friedrichs II. angepaßt worden war, schrieb Voltaire an seine Nichte: »Ich habe noch nie etwas so Flaches in einem so schönen Saal gesehen. Das wirkte wie ein griechischer Tempel, in dem man Tatarenwerke aufführt.«
Friedrichs »griechischer Tempel« hatte — man muß leider sagen glücklicherweise — keinen Einfluß auf das Berliner Leben. Das größenwahnsinnige Opernhaus des Königs galt als das größte Europas. Es faßte ursprünglich 2044 Zuhörer. Erst nach seinem Brand von 1843, als sich die Einwohnerzahl Berlins seit der Erbauung des Opernhauses mehr als verdreifacht hatte, kam man zur Besinnung und verminderte die Zahl der Sitze im immer leeren Haus auf 1500. Obgleich das Opernhaus dem Publikum bis 1806 unentgeltlich geöffnet war, konnte es namentlich unter Friedrich II. nicht entfernt mit Berlinern gefüllt werden, die sich etwa freiwillig so hoffnungslos veraltete Opern anhören wollten, wie sie sich ihr »großer«

König entweder selbst schrieb oder von seinen unbedeutenden Leibkomponisten Graun und Hasse dutzendweise komponieren ließ. Von dem Geist, der das schöne Knobelsdorffsche Opernhaus infolge der Volks- und Kunstfremdheit Friedrichs II. umwehte, gibt folgende Schilderung seines amtlichen Historiographen J. D. E. Preuß ein typisches Bild:

»Der König trat unter kriegerischen Trompetentönen in das Opernhaus in den Kreis seiner Generale und Offiziere auf dem vorderen Parterre, dessen Hälfte mit denen, aus allen Regimentern kommandierten gemeinen Soldaten sich füllte; und pflegte wohl, auf die Scheidewand des Orchesters aufgelehnt, dem dirigierenden Kapellmeister in die Noten zu sehen. Der König klatschte bisweilen, er allein, dem Orchester oder einer Sängerin Beifall zu.« Der Kapellmeister Reinhardt hat nach dem Tode Friedrichs II. bekannt: »Jedermann weiß es, daß die berlinische italienische Oper, die ich seit zwölf Jahren dirigiere, in den letzten Jahren der vorigen

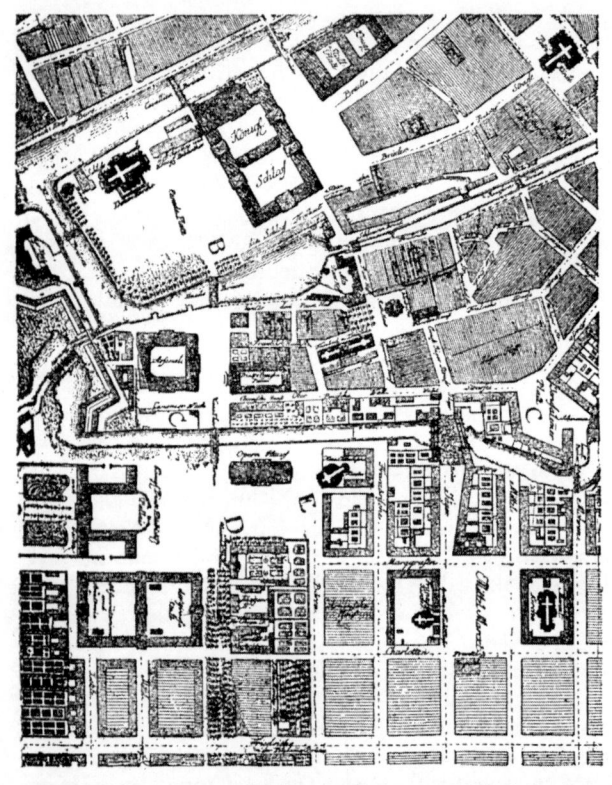

Friedrichs-Forum, wie es ursprünglich symmetrisch geplant war: die (heutige) Universität war nach Norden (links) geschoben. Nach dem Schmettauschen Plan in seinem ältesten Zustand (Besitzer: Werner Hegemann). Seite 111 zeigt den späteren Zustand.

Das Berliner Opernhaus, wie Knobelsdorff es geplant und nach dem Schmettauschen Plan (S. 111) ausgeführt hat. Opernhaus und Kirche gewannen durch die niedrigen Bauten der Nachbarschaft

Regierung zu einer solchen Schlechtigkeit herabsank, daß sie auch von keiner einzigen Seite mehr für den Künstler wahren Wert hatte.«
Der ursprüngliche Entwurf für das Friedrichs-Forum zeigte, wie die Straße Unter den Linden etwa durch die Mitte der großen quer gestellten Platzanlage führen sollte (vgl. Plan auf Seite 130). Erst die späteren Abzüge des großen Schmettauschen Planes von Berlin zeigen die Anordnung der Bauten, wie sie später zur Ausführung kam (Seite 111). Die heutige Universität wurde dabei näher an Unter den Linden herangeschoben. Aber was der Platz durch diese Verschiebung an Symmetrie verlor, gewann er an festerem Zusammenhang. Die Beziehung zwischen dem Vorhof der Universität und der Platzhälfte westlich der Oper wurde klarer. Auf einem Rundbild des großen Schmettauschen Stadtplanes kann man sehen, mit welchem ruhigen und niedrigen Abschluß des Platzes im Süden und Westen Knobelsdorff rechnete (Seite 131). Durch diese niedrigen Bauten kamen das Opernhaus und die eigenartig über Eck stehende Hedwigskirche (deren Säulenvorhalle gleichzeitig als Abschluß der Behrenstraße gedacht ist) kräftig zur Geltung.
Aber Friedrich II. machte auch auf dem Friedrichs-Forum seinen bizarren Widerspruch gegen die neue Baukunst geltend und erschlug noch als alter Mann die klassizistische Schöpfung des verstorbenen Jugendfreundes Knobelsdorff durch einen barocken Neubau auf der Westseite des Platzes. Der Neubau sollte als Bibliothek dienen; er hatte geschweifte Formen wie ein altväterisches Möbelstück, und er wurde vom treffenden Berliner Volkswitz »Bücherkommode« getauft. Friedrich II. selbst nannte sein Werk »*nutrimentum spiritus*«, wohl um darzutun, daß sein Latein nicht weiter reiche oder nicht weniger barock sei als sein Architekturverständnis. Die geschweifte Schauseite dieser friderizianischen Bibliothek wurde

Unter den Linden mit dem Zeughaus, 1780

nach einem achtzig Jahre älteren Entwurf des großen Wiener Barockkünstlers Fischer von Erlach gebaut (Seite 133). Dieser alte Plan für die kaiserliche Hofburg war im alten Wien Entwurf geblieben (er wurde dort erst 1889 ausgeführt). Friedrich II. erwarb sich nach Ansicht seiner Bewunderer ein großes Verdienst um die deutsche Kunst, indem er diesen Wiener Schatz der Vergessenheit entriß und in Berlin zu Ehren brachte. Seine Kritiker dagegen spotten über den »großen« König, der Europa in Flammen setzte und fast eine Million Menschen umbrachte, angeblich um Berlins Herrschaftsrecht und kulturelle Überlegenheit über Wien zu beweisen und der dann kurz vor seinem Tode bei einer ganz großen Bauaufgabe vor der Wiener Kultur die Waffen streckte, veraltete Wiener Baukunst sklavisch nachahmte und gutes Eigengewächs damit schädigte. Aber dieser Triumph Wiens war kein Sieg über Berlin, sondern nur ein Sieg über Friedrich II., dessen geistige Beschränktheit allein die Berliner Niederlage erklärt. Um dieselbe Zeit, als dieser Friedrich II., kurz vor seinem Tode, in einer klassizistisch gewordenen Welt plötzlich wieder »Barock« (und gar Wiener Barock!) zu bauen anfing, schrieb er auch sein Lehrbuch »über die deutsche Literatur«, in welchem er Goethe »ekelhafte Plattheit« vorwarf und den Hofdichter seiner Mutter, Freiherrn von Canitz, als den besten deutschen Dichter pries. Dieser Canitz (geboren 1654) war

Friedrich II. Wiener Bibliothek, 1782. Nach einem Kupferstich von Johann Georg Rosenberg

der genaue Zeitgenosse des Wiener Baumeisters Fischer von Erlach (geboren 1656), dessen Entwurf Friedrich II. für seine Bibliothek entlieh. Was in der deutschen Dicht- und Baukunst jünger war, widerstrebte dem rückständigen Berliner König. Aber gegen den Willen Friedrichs II. waren in Berlin neue Kräfte tätig, die Berlin nach 1806 zu einer hervorragenden Stätte der Baukunst machten.
Man darf es kaum »deutsche Kunst zu Ehren bringen« nennen, daß Friedrich II. einen für ganz andere räumliche Verhältnisse und in einer ganz anderen Zeit entworfenen, barock geschweiften Bau beziehungslos in die Ecke eines klassizistisch straffen Platzes stellte. Die Schauseite des alten Wiener Vorbildes trat in der Mitte konkav zurück. Dieses konkave Zurücktreten hatte in Wien einen künstlerischen Sinn, der bei Friedrichs II. Berliner Nachahmung fehlte und mißverstanden war. Die konkave Form des Wiener Palastes fing wie eine große Nische die Bewegung der gegenüber einmündenden Straße. Der Entwurf paßte sinnreich auf den Michaeler Platz in Wien, für den er entworfen war. Aber für die Ecke des Berliner Opernplatzes, für den er nicht entworfen war, paßte er nicht. Der Bau ist auch zu kurz für die Baustelle, die er füllen soll, und bei der Aufstellung ist nicht einmal die einfachste Achsenbeziehung zum gegenüberliegenden Opernhaus gewahrt. Und selbst wenn sie gewahrt wäre, würde doch die großartigere Barockgebärde des

Wiener Hofburgentwurfes nicht in die Nähe des niedrigeren Opernhauses und der Hedwigskirche passen.

Friedrich II. brauchte und baute für seine Bibliothek nur zwei Geschosse; aber er maskierte sie nach außen, dem Wiener Vorbild zuliebe, als vier Geschosse, und schadete durch diese überflüssige Höhe dem Opernhaus und der Hedwigskirche ebensosehr wie durch die willkürliche Fremdheit des Stils. Und doch war das Opernhaus als früher Vorläufer der strengen klassischen Baukunst Deutschlands eines der bedeutsamsten Gebäude des europäischen Ostens und verdiente größte Verehrung und Zurückhaltung bei der Bebauung seiner Nachbarschaft; und die Hedwigskirche vertrug in ihrer Nähe vor allem keine hohen Bauten, die ihrer Kuppel das Herrschende und den Sinn nehmen.

Im 19. Jahrhundert haben sich die Nachfolger Friedrichs II. bemüht, sein Beispiel in der Verballhornung des schönsten Berliner Platzes noch zu übertreffen. Unter Wilhelm II. wurde in der Mitte der größeren Südhälfte des Platzes ein romantischer Hügel aufgefahren, der die Platzfläche zerriß. Um diese Zertrennung noch ärger zu machen, wurde der Hügel mit dem Denkmal einer Kaiserin sowie mit Baum- und Buschwerk bepflanzt. Genau vor das Denkmal wurde eine große Vase und vor die Vase ein hoher Laternenmast gestellt und alles mit närrischen Teppichbeeten umzingelt. Dieser erst 1928 beseitigten Dummheiten muß man sich erinnern, wenn man fassen will, bis wohin sich das wohlmeinde Banausentum der preußischen Bürokratie verirren konnte, wenn sie sich künstlerisch betätigen wollte. Oder glaubte sie sich etwa zur amtlichen Förderung des Fremdenverkehrs verpflichtet und wollte deshalb das Friedrichs-Forum in ein Lachkabinett zur Erheiterung gebildeter Reisender verwandeln? Jedenfalls gab sie sich mit der Verschandelung der Platzfläche nicht zufrieden, sondern errichtete über dem früher eindeutig klaren, rechteckigen Opernhaus Knobelsdorffs einen die Baumasse beunruhigenden Schnürbodenaufbau, der die Hedwigskirche möglichst zwerghaft erscheinen lassen sollte. Auch umhängte sie die Hauptfassade des Opernhauses von außen mit vielen eisernen Korridoren und Feuerleitern. Ferner hielt Kaiser Wilhelm II. das Friedrichs-Forum für geeignet, durch einen 70 Meter langen, 8 Meter breit klaffenden Einschnitt aufgeschlitzt zu werden, durch den zwei Straßenbahnwagen nebeneinander in einen offenen Keller einfahren konnten, den die phantasievollen Berliner Geheimräte genau unter dem Denkmal der Kaiserin und als Verzierung des stolzesten Schauplatzes der Berliner Baukunst für nötig befanden, um ihn später wieder zumauern zu können.

Als Wilhelm II. bald darauf Berlin endgültig verlassen hatte, versuchten seine Nachfolger, seine Entweihung des Friedrichs-Forums noch weiter zu überbieten. Zuerst errichteten sie statt der früher taktvollen, bereits verdorbenen, aber wenigstens noch nicht übermäßig hohen Bauten auf der Südseite des Platzes ein hohes Bankgebäude, welches der Hedwigskirche nicht nur durch seine Höhe, sondern auch durch seine aufdringliche hochgestellte Säulenordnung noch mehr schadet, als es der bedauerliche Schnürbodenaufbau auf dem Opernhaus zu tun vermag (Seite 131, 135). Dann ersetzten sie diesen Schnürbodenaufbau, von dem die wilhelminischen Bauherren wenigstens versprochen hatten, er solle wieder verschwinden, durch eine

Die Hedwigskirche an der Südostecke des Friedrichs-Forums nach einer Aufnahme von 1881

Die Hedwigskirche 1926. Früher hat sich das Nachbarhaus mit seiner Gesimshöhe und der Einfachheit seiner Schauseite der Kirche taktvoll untergeordnet. Der protzenhafte Neubau der Dresdner Bank erschlägt die Kirche nicht nur durch seine übermäßige Höhe, sondern auch durch seinen Säulenprunk, der frech höher als die Säulenvorhalle der Kirche ist

hohe und für alle Zeiten bestimmte Konstruktion. Auch damit nicht zufrieden, zerrissen sie die glatten östlichen und westlichen Seitenwände des Opernhauses durch große Vorbauten. Namentlich der westliche Vorbau schadet dem Friedrichs-Forum, denn er stellt sich vor die Hedwigskirche, die bereits von rechts und links durch überhohe Bauten gedrückt und künftig durch den Vorbau am Opernhaus noch hoffnungsloser in die Ecke gedrängt wird.

Diese neue, kaum glaubliche Schädigung eines der wertvollsten historischen Architekturplätze Deutschlands geschah gegen das einmütige Urteil aller Fachleute. Sie wurde verübt von einem Geheimrat aus Wilhelminischer Zeit unter dem Vorwand, Berlin brauche außer dem großen Opernhaus in Charlottenburg und der Kroll-Oper noch ein drittes umfangreiches Opernhaus für die Aufführung von großen Opern mit Maschinerie im Wagnerstil, und diese Verschwendung brauche nicht durch die Theaterbesucher, sondern müsse durch staatliche und städtische Zuschüsse der Steuerzahler bezahlt werden. Aus diesem Grunde, so folgerten die Toren, deren Willkür hier walten durfte, mußte eines der ältesten, schönsten und größten Opernhäuser der Welt zerstört werden. Knobelsdorffs Opernhaus war in seiner alten Form ein unübertrefflicher Rahmen für die vornehme Opernkunst aus der alten Zeit vor dem Wagnerschen Inflationsstil gewesen. Die Vernichtung des unschätzbaren Bauwerkes sollte anfangs vier Millionen kosten, dann fünf oder sechs, später sieben bis neun; sie kostete schließlich *offiziell* zwölf Millionen, wobei man sicher sein kann, daß diese bekanntgegebenen Ziffern mit vorsichtiger Zurückhaltung errechnet worden sind. Trotz dieses Riesenaufwandes, für den man an geeigneter Stelle ein neues und durch die doppelte Zahl seiner Sitze beinahe ertragreich zu gestaltendes Opernhaus hätte bauen können, wurde in dem verwüsteten Werk Knobelsdorffs die Zahl der Sitze nur von 1500 auf 1700 gesteigert. Es wurde also ein hoher alter Kunstwert zerstört, ohne wenigstens etwas wirtschaftlich Brauchbares zu schaffen.

Ihren Frevel am Opernhaus glaubten die Narren, die ihn verübten (es ist unmöglich, hier an der parlamentarischen Redeweise festzuhalten), durch vier Zugeständnisse an die öffentliche Meinung sühnen zu können. Sie beseitigten die häßlichen Eisentreppen, mit denen die Vorderseite des Opernhauses jahrzehntelang verschandelt war. Sie stellten die fehlende Achsenbeziehung zwischen der Mitte der alten Bibliothek und dem westlichen Vorbau des Opernhauses her, und sie reinigten den Opernplatz von dem lächerlichen Hügel, Grünkram und Denkmal, die seine Einheit zerstört hatten; auch verstopften sie endlich in der Südseite des Platzes den riesigen Schlitz, der als Kellereingang für die Straßenbahn gebaut und — nachdem sein Bau viel Geld gekostet hatte — für überflüssig erklärt worden war.

Aber auch dieser Versuch, zu guten Sitten zurückzukehren, mußte an der künstlerischen Unbildung der aufsichtführenden Beamten scheitern. Sie hatten wohl läuten gehört, daß es auf einem städtischen Platz auch Platz geben müsse, und sie räumten eifrig die Wilhelminischen Narreteien weg, die den Opernplatz verstopften. Aber sie hatten von dem Wesen eines Architekturplatzes so wenig Ahnung, daß sie die zurückgewonnene Pflasterfläche nicht optisch begriffen. Das Pflaster des St.-Peters-Platzes im Rom ist nach der Mitte hin vertieft; der Berliner Opernplatz gleicht der Form nach eher dem saalartigen St.-Markus-Platz in Venedig, dessen Fußboden

scheinbar ganz eben ist. Statt sich derartige grundlegende optische Wirkungen zu überlegen und sich von einem gebildeten Mann beraten zu lassen, traten die Neugestalter des Opernplatzes mit der Vorbildung von Chausseeingenieuren vertrauensvoll an ihre Aufgabe heran und gaben dem Platz einen Buckel, wie ja auch eine Chaussee in der Mitte einen Buckel hat, damit das Wasser besser abläuft.
Die Folge dieses unkünstlerischen Ingenieurstreiches ist, daß der Platz trotz des Aufwandes für die Beseitigung der Wilhelminischen Albernheiten noch immer nicht die Wirkung eines feierlichen Saales unter freiem Himmel hat. Wenn man z. B. das Friedrichs-Forum auf dem Bürgersteig von Unter den Linden durchquert und Menschen auf der Südseite des Platzes stehen sieht, erscheinen ihre Beine bis fast an die Knie durch die schlechte Profilierung des Pflasters abgeschnitten. Der unfaßbar taktlos aufgestellte Laternenmast, der früher, vom Bürgersteig Unter den Linden aus gesehen, genau vor dem Denkmal der Kaiserin stand, steht noch immer da, obgleich er selbstverständlich verschwinden und durch Lichtmaste links und rechts der Platzfläche (unter Freilassung der Mittelaches) ersetzt werden müßte (Seite 131).
Für die bauliche Würde des wichtigsten Berliner Platzes ist es unweigerlich nötig, daß das teure neue Pflaster wieder herausgerissen und tiefer gelegt, ferner daß die unverzeihliche Aufstockung der Dresdner Bank und die überreiche Säulenverbrämung ihrer Fassade wieder abgerissen, und schließlich, daß der Schnürbodenaufbau und der westliche Vorbau des Opernhauses wieder beseitigt wird. Wenn Berlin durchaus ein Opernhaus für ganz große Opern nahe der historischen Heimat der Berliner Oper brauchte, müßte es in den Hintergrund, südöstlich des alten Opernhauses, gestellt werden, wie dies 1926 vorgeschlagen wurde.
Verantwortlich für die unverzeihliche Aufstockung der Dresdner Bank (sowie für die ebenso bedauerliche Aufstockung der Disconto-Gesellschaft Unter den Linden) ist der frühere Stadtbaurat Ludwig Hoffmann. Er hat Berlin mit vielen ausgezeichneten Bauten, Schulen, Feuerwachen, Badeanstalten und dem neuen Stadthaus beschenkt, aber in der Inflationszeit den Kopf verloren. Er hat sich später selbst so sehr darüber geschämt, daß er den witzigen Vorschlag einer diagonalen Bepflanzung des Opernplatzes machte, die von der Südwestecke bis vor den neuen westlichen Vorbau des Opernhauses reichen und mit hohen Bäumen alle dahinter liegenden neuen Scheußlichkeiten einschließlich der erschlagenen Hedwigskirche und der von Hoffmann selbst entworfenen Fassade der aufgestockten Dresdner Bank verbergen sollte.

Hof der Universität, Neue Bibliothek, Unter den Linden, Friedrichs II. Kolonnaden und Gendarmenmarkt

> ... Der Pappeln stolze Geschlechter
> Ziehn in geordnetem Pomp vornehm und prächtig daher.
> Regel wird alles, und alles wird Wahl und alles Bedeutung;
> Dieses Dienergefolg meldet den Herrscher mir an.
> Prangend verkündigen ihn von fern die beleuchteten Kuppeln,
> Aus dem felsigten Kern hebt sich die türmende Stadt.
>
> *Schiller*

Die neuzeitlichen Angriffe gegen die künstlerische Würde des Friedrichs-Forums beschränkten sich nicht auf seine Platzfläche und seine Platzwände, sondern richteten sich auch gegen seine nächste Nachbarschaft. Gelegentlich eines solchen Angriffes hat der gerade erwähnte Ludwig Hoffmann sehr viel mehr Takt bewiesen als bei der Aufstockung der Dresdner Bank südlich des Forums.

Im Jahre 1911 war der Palast, den Friedrich II. zusammen mit Knobelsdorff für den Prinzen Heinrich erbaut hatte, nicht mehr groß genug für die Bedürfnisse der größten deutschen Universität. Darum plante der Kultusminister ein neues Hörsaalgebäude mitten auf dem Gelände der Palastgärten Prinz Heinrichs, die als »Kastanienwäldchen« und »Botanischer Garten« in unsere Zeit gerettet und uns lieb geworden waren. Dieser Plan des Ministeriums war in demselben Geist preußischer Unordnung gehalten, wie er sich in dem Durcheinander der beziehungslos zusammengewürfelten oder schematisch aufgereihten öffentlichen Bauten der Museumsinsel oder der Prinz-Albrecht-Straße oder der Invalidenstraße oder der Hardenbergstraße unfehlbar erschreckend offenbart. Nicht nur sollte das historische »Kastanienwäldchen« hinter der Universität verbaut werden, sondern das neue Hörsaalgebäude sollte ohne künstlerische Beziehung hinter den friderizianischen Palast gestellt werden, wie vorher auf dem Friedrichs-Forum Laternenpfahl und Vase vor die Statue der Kaiserin oder wie die barock geschweifte alte Bibliothek neben das strenge Opernhaus. Zu Nutz und Frommen künftiger Verfechter anständiger Baugesinnung soll hier geschildert werden, wie es kurz vor dem Weltkrieg einmal ausnahmsweise gelang, das machtvolle preußische Bedürfnis nach baulicher Unordnung erfolgreich zu bekämpfen und dann zu der vornehmen Baugruppe zu gelangen, die Ludwig Hoffmann seit 1912 in nördlicher Verlängerung des alten Heinrich-Palastes für die Universität errichtet hat (Seite 127).

Gleich nachdem der kulturlose Bauplan des Kultusministeriums veröffentlicht worden war, ernannte sich der Verfasser dieses Buches, der damals ehrenamtlicher Geschäftsführer des Berliner Waldschutzvereins war, zum ehrenamtlichen Geschäftsführer des damals noch zu gründenden »Ausschusses Alter Herren der Berliner

Universität zum Schutze des Universitäts-Gartens«. Er verfaßte eine eindringliche Schilderung der unmanierlichen Absichten des Kultusministeriums und versandte sie als Brief an 20 000 deutsche Akademiker mit der Einladung, jeder frühere Student der Berliner Universität möchte dem neuen Ausschuß »Alter Herren« beitreten und seinen Namen und sein Geld gegen die ministerielle Torheit einsetzen. Zahlreiche führende Männer und mehrere tausend frühere Schüler der Berliner *alma mater* traten dem Ausschuß bei, und ihr brüderliches Zusammenwirken erschreckte die denkfaulen Geheimräte des Ministeriums so sehr, daß sie ihren lächerlichen Plan fallenließen und die Hoffnung aufgaben, aus ihrem eigenen Schoß etwas Brauchbares zu gebären. Sie wandten sich endlich an einen gebildeten Außenseiter, an den bereits erwähnten Ludwig Hoffmann, der ihnen einen verständigen Plan entwarf. Nachdem dieser Plan dem Geschäftsführer des Ausschusses »Alter Herren« vorgelegt worden war und dessen Billigung erhalten hatte, verpflichtete sich der Ausschuß, seinen Feldzug gegen die Bebauung des Kastanienwäldchens einzustellen; der neue Plan beschränkte die Bebauung verständnisvoll auf die Außenränder und hielt die große Mitte des Kastanienwäldchens als schönen Innenhof frei. Was Ludwig Hoffmann hier geschaffen hat, schließt sich an den alten Prinz-Heinrich-Palast an, auch in der Formgebung. Ein etwas ursprünglicherer Künstler als Hoffmann hätte dabei wahrscheinlich auf Wiederholung des zopfigen Schmuckwerkes verzichtet, mit dem Friedrichs II. barocker Eigensinn die reinen Fensterprofile Knobelsdorffs verbrämt hat. Aber der von Hoffmann neugeschaffene große Universitätshof mit seinem geretteten alten Kastanienwäldchen kann sich mit den schönsten Höfen angelsächsischer Universitäten vergleichen. Der Plan Ludwig Hoffmanns ging noch weiter und sah nördlich der Dorotheenstraße quer durch Hegelplatz und Bauhofstraße eine innige Verbindung mit dem

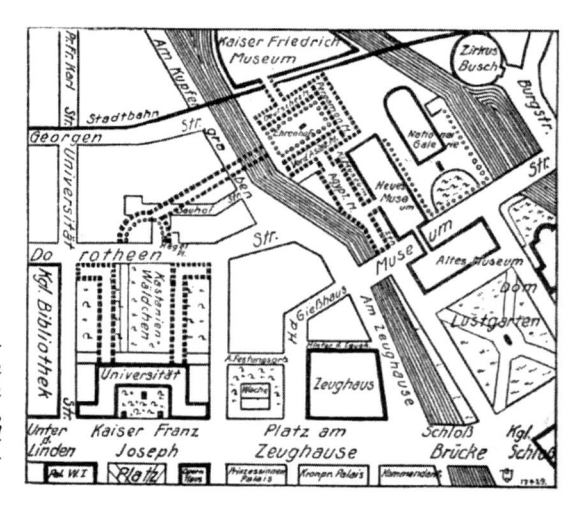

Die Rettung des »Kastanienwäldchens«. Ludwig Hoffmanns Plan für die Verbindung zwischen dem Friedrichs-Forum (Opernplatz, Kaiser-Franz-Joseph-Platz) und dem Ehrenhof des Pergamon-Museums.

Pergamon-Museum Messels vor. Dieser bisher noch nicht ausgeführte Vorschlag ist viel kritisiert worden. Trotzdem bleibt seine Ausführung als beste Lösung einer sehr schwierigen Aufgabe dringend zu wünschen. Die Verbindung vom alten Opernhaus (das in einer besseren Zeit dann hoffentlich wieder von seinen Auf- und Anbauten gereinigt dastehen wird) nach der Universität und nach Messels neuem Pergamon-Museum mit seinem sehr schönen Vorplatz und den unermeßlichen Schätzen seiner riesigen Hallen würde stadtbaukünstlerisch zum Besten gehören, was irgendeine Großstadt besitzt. Die Schwierigkeit der tieferliegenden Straße Am Kupfergraben könnte durch eine ansteigende Brücke überwunden werden, auf der Stufen (ähnlich der Treppe vor den Propyläen Athens) zum höheren Ostufer emporführen.

Nicht unerwähnt darf bleiben, daß bei der Aufstellung des Hoffmannschen Planes der *Ressort-Partikularismus* noch schädlich im Wege stand, mit dem sich die preußischen Ministerien seit alters her anarchisch befehden. Dicht neben der Universität des Kultusministeriums besitzen die Finanz- und Kriegsministerien die Gelände hinter dem Zeughaus und der Schinkelschen Wache, die selbstverständlich in einer monumentalen Lösung Berücksichtigung gefunden hätten, wenn den darüber verfügenden Geheimräten nicht meist verboten wäre, über die Barrikaden ihrer Aktenschränke hinauszuspähen. Ganz erfolglos empfahl 1898 ein ausgezeichnetes Gutachten der Königlichen Akademie des Bauwesens, den so beschränkten Geheimräten der feindlichen Ministerien endlich die Zusammenarbeit in städtebaulichen Fragen zur Pflicht zu machen. Vielleicht kommt es schließlich auch in Berlin noch einmal so weit wie in manchen amerikanischen Universitätsstädten, wo die erfolgreichen Schüler der Hochschulen auch nach Überwindung der Prüfungen sich ihrer *alma mater* verbunden fühlen und sich zum Kauf der benachbarten Gelände zusammenschließen, die dann für die Erweiterungsbauten der Universität bereitstehen.

Mit feinem Verständnis für die städtebauliche Lage und die kulturelle Bedeutung der Berliner Universität erklärte am 3. August 1870 einer ihrer berühmtesten Professoren, DuBois-Reymond: »Die Berliner Universität, dem Palast des Königs gegenüber einquartiert, ist das geistige Leibregiment der Hohenzollern.« Etwas ferner vom Schloß, unmittelbar westlich der Universität, lag früher der königliche Marstall, für den kluge Lateiner des 18. Jahrhunderts das Wort *musis et mulis* ersannen (»Den Musen und den Maultieren gewidmet«), weil dort nach alter preußischer Sitte die Akademie der Künste und Wissenschaften zusammen mit den Pferdeställen ihres Brot- und Kriegsherrn untergebracht war. Der Bruch mit dieser geheiligten preußischen Überlieferung und der · Versuch einer Trennung der Wissenschaften von den Ställen hat dem Friedrichs-Forum sehr geschadet. Der Neubau der Bibliothek, die Wilhelm II. dort errichtete und mit seinem Bild schmückte, ist nämlich zu hoch geraten. Die nur in grauem Putz gehaltenen Bauten des Friedrichs-Forums sind niedriger als dieser aufwendigere steinerne Neubau der Bibliothek, der — in der Anmarschstraße zum Forum gelegen — selbstverständlich niedriger sein müßte als die Bauten des eigentlichen Forums. Ihre notwendige künstlerische Herrschaft wird durch den protzenhaften Neubau angetastet. Der Vor-

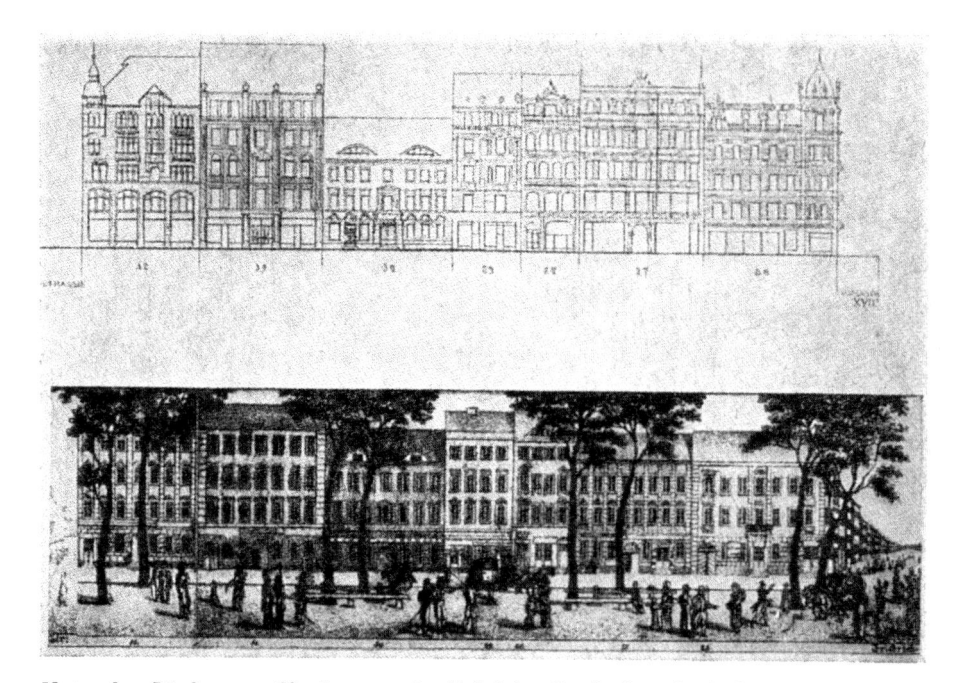

Unter den Linden von Charlottenstraße (links) bis Friedrichstraße (rechts) im Jahre 1825 und (darüber) 1925

gänger der neuen Bibliothek, der alte Marstall, war in sehr einfachen Formen und niedrig gehalten und ließ deshalb die Universität so groß wirken, wie sie es verdient. Die neue Bibliothek schadet dem Friedrichs-Forum besonders auch durch ihren ungeschickten Kuppelaufbau, der eine Betonung dahin verlegt, wo sie nicht hingehört und wo nur die dienende Vorbereitung für den Hauptakkord der Baugruppe des Friedrichs-Forums statthaft ist. (Der alte Zustand ist auf Seite 157 sichtbar.)
Die Erscheinung des Straßenzuges Unter den Linden vom Pariser Platz bis zum Friedrichs-Forum war nie vorbildlich. Die 44 Häuser, die Friedrich II. dort baute, sollten großartig wirken und wurden deshalb meist — aber auch wieder nicht einheitlich — vier Geschosse hoch, was verglichen mit dem Zeughaus schon zu hoch ist. Im 19. und 20. Jahrhundert wurden die Häuser noch höher, und ihre Architektur verwilderte (Seite 141). Alle Privathäuser Unter den Linden müßten sich den öffentlichen Bauten an beiden Enden der Straße dienend unterordnen, wie sich etwa dem Karlsruher Schloß die Bauten der Nachbarschaft oder wie sich die Bauten der Rivoli-Straße dem Pariser Louvre und den Bauten am Platz de la Concorde unterordnen. Statt sich in den großen Zug von Unter den Linden künstlerisch einzugliedern, haben dort die meisten der Berliner Privathäuser, ähnlich wie die Bibliothek Wilhelms II., versucht, jedes auf eigene Faust eine Hauptrolle zu

Berliner Kunstpflege: Die Spittelkolonnaden als Rahmen für Litfaßsäulen. Lange bevor die Stadt Berlin anfing, diese von Friedrich II. und Gontard erbauten Säulenhallen ohne verständigen Grund abzureißen, hat sie (schon vor dem Kriege) das Kunstwerk durch unschickliche Umbauung geschädigt und sich durch die symmetrische Aufstellung ihrer Reklamealbernheiten lächerlich gemacht

spielen; das Ergebnis ist Anarchie. Die ungebührliche Überhöhung der wilhelminischen Bibliothek lieferte dann auch noch den Vorwand für die Aufstockung der gegenüberliegenden Disconto-Gesellschaft, die nicht nur das daranstoßende »Niederländische Palais« erdrückt, sondern auch die Bauten des Friedrichs-Forums taktlos überragt, ganz zu schweigen von Kronprinzenpalais und Zeughaus.

Wenn die wirtschaftlichen Erfordernisse der Privathäuser Unter den Linden hohe Bodenausnutzung und große Geschoßzahl nötig machen, müssen diese Aufstockungen in den hinteren Teil der Baublöcke verlegt werden. Noch mehr als in New York, wo höhere Häuser nach der Straße zu abgetreppt werden, müssen die nahe an der Straße Unter den Linden gelegenen Teile der Privathäuser niedrig gehalten werden. Die beste künstlerische Wirkung würde erreicht, wenn sie wieder auf drei Geschosse herabgedrückt würden. Solange nicht die Gesimshöhen aller Häuser einheitlich und möglichst niedrig und ihre Fassaden harmonisch entwickelt werden, darf die Hauptstraße und *via triumphalis* Berlins keinen Anspruch auf künstlerische Würde machen. Der Vorschlag des Verfassers, die Aufstockungen in den hinteren Teil der Baublocks zu verlegen, ist in dem 1925 veranstalteten Wettbewerb »Wie soll Berlins Hauptstraße Unter den Linden sich im Lauf des 20. Jahrhunderts gestalten?« preisgekrönt worden, doch ist bisher noch nichts zur Erfüllung dieser künstlerischen Notwendigkeiten geschehen.

Welche künstlerischen Möglichkeiten in dem großen Straßenzug Unter den Linden versäumt werden, sollte den Gleichgültigen unter den Berlinern durch ausländische Urteile wie das folgende klarwerden. Einer der angesehensten Städtebauer, der englische Professor Abercrombie, schrieb kurz vor dem Krieg über die Bauten am östlichen Ende von Unter den Linden: »Diese riesenhafte Gebäudegruppe ist ein wirkungsvoller Abschluß für die große Zufahrtsstraße; auch der wildeste amerikanische Traum kann diese städtebauliche Leistung nicht überbieten. In Paris würde man die halbe Stadt absuchen, um eine ähnliche Anzahl öffentlicher Bauten um den Louvre zu gruppieren, und dann muß man noch im scharfen Winkel den Platz de la Concorde überqueren, um im Strom des Verkehrs zu bleiben. Und dennoch kann kein Zweifel sein, daß an Schönheit die Pariser Perspektive bei weitem die Berliner übertrifft, nicht nur weil sie besser entworfen ist ...« Die Überlegenheit des plastischen Profils der Champs-Elysées, deren Schwung das Auge spielend zur Höhe des Etoile emporträgt, wurde ebenso wie die einheitliche architektonische Ausgestaltung der Rue de Rivoli bereits erwähnt.

Die Durchbildung der königlichen, aber seit 1869 bedeutungsvoll vom Turm des Rathauses beherrschten Hauptstraßenachse Berlins und die Steigerung ihrer Wirkung bis zur künstlerischen Vollendung ist ein großes Ziel der monumentalen Entwicklung der kommenden Hauptstadt Deutschlands. Die unkünstlerische Torheit, die auf dem Friedrichs-Forum wüten durfte, hat sich auch gegen andere Schöpfungen Friedrichs II. gewendet. Eine seiner harmlosesten und sogar reizvollen Liebhabereien war die Erbauung von Kolonnaden auf den Brücken über die alten Stadtgräben Berlins. Nachdem die Gräben später ausgefüllt worden waren, blieben die Kolonnaden Friedrichs II. als bedeutsame historische Gliederungen des alten Stadtleibes für jeden stadtbaukünstlerisch fühlenden Menschen von hohem Wert.

Die schönsten der reizvollen Kolonnaden Friedrichs II. waren die Königskolonnaden vor dem Alexanderplatz. Sie waren seit alters ein Gegenstand der schildbürgerlichen Liebe Berlins. Der geistige Schöpfer der Berliner Stadtbahn, August Orth, erzählte zum Beweis für die amtliche Gründlichkeit im Berliner Städtebau, wie die Brücke, auf der diese Königskolonnaden standen, mit größter Umsicht ganz neu gebaut und gerade in demselben Augenblick vollendet wurde, in dem man den Graben, über den sie führte, zuzuschütten begann (1874). Die Kolonnaden blieben trotzdem schön. Erst 1911 ließen die staatlichen und städtischen Geheimräte sie abreißen und in dem fernen Kleistpark ziemlich sinnlos wieder aufstellen. Diese dekorative Weisheit entspricht etwa dem Eifer eines Dummkopfes, den seine Ohrmuschel beim Aufsetzen des Hutes stört und der sie sich deshalb abschneidet und als Verzierung *präserviert* auf den Hut steckt.

Nachdem die Geheimräte der Wilhelminischen Zeit diese Geschmacklosigkeit begangen hatten, wollten ihre Nachfolger in der deutschen Republik nicht ruhen, ohne sich ebenso geistlos benommen zu haben. Das nächste Opfer wurden die Spittelkolonnaden in der Leipziger Straße. Nach der Vernichtung dieses Kunstwerkes sind noch die (erst 1787 gebauten) Kolonnaden in der Mohrenstraße vorhanden, gegen die sich der nächste Ausbruch baurätlicher Zerstörungswut richten kann.

Der bereits erwähnte Gendarmenmarkt ist nach dem Friedrichs-Forum der schönste Platz Berlins (Seite 145). Hier hat Friedrich II. die eben erwähnten schönen Türme Gontards dicht neben den schon früher vorhandenen Kirchen, der »deutschen« und »französischen« Kirche, aufführen lassen. Es könnte nichts Schöneres geben als Gontards Zwillingstürme, wenn nicht unglückseligerweise der kreuzförmige Grundriß des Unterbaues dieser Türme die Vermutung erwecken müßte, es befände sich die eigentliche Kirche als kreuzförmiger »Zentralbau« jeweils *unter* der Mitte der hohen Kuppel. Wer dann den hohen Raum ehrfurchts- und erwartungsvoll betritt, findet sich unvermittelt in einem scheußlichen Schacht. Statt in den lichten Raum unter einer besonders hochgewölbten Kuppel schaut er in eine angsterregende hohe Röhre hinein. Diese beiden Kirchen Friedrichs II. sind nur verblüffende, aber inhaltlose Attrappen, Sinnbilder des »hohlen und gespenstischen Gerüstes«, mit dem Ernst Moritz Arndt den friderizianischen Staat verglich. Was von außen als die eigentliche Kirche erscheint, ist nur ein turmartiger Anbau an die kleinen Kirchen, die wie Sakristeien daneben stehen. Auch diese kleineren Kirchen aber sind als selbständige Zentralgebäude entwickelt. Es ist das Unmögliche versucht worden, zwei in sich geschlossene symmetrische Zentralgebäude dicht aneinanderzukleben. Das Nebeneinander von Kugel und Zylinder wird nie zur künstlerischen Einheit, sondern nur zum abenteuerlichen Kirchkonglomerat werden. »Das Innere unter der Kuppel ist nichts als ein hohler, völlig unbenutzbarer Mauerzylinder, der nur als Unterbau für den hochragenden Turm dient. Nirgends tritt die bei der Bautätigkeit des großen Königs so häufig bemerkbare Richtung auf den äußeren prächtigen Schein schärfer zutage als bei dem Bau der Türme auf dem Gendarmenmarkt« (Borrmann). Sie sind nicht nur die schönsten, sondern auch die lehrreichsten Bauten dieses prunklustigen Königs.

Außer den schönen Türmen baute Friedrich II. auf dem Gendarmenmarkt ein

Gendarmenmarkt vom Nordwesten gesehen

Schauspielhaus. Die Schauspiele, die er dort den Berlinern aufzuzwingen versuchte, waren aber ebenso volksfremd wie die veraltete italienisierende Musik in seinem Opernhaus. Sein Historiograph Preuß berichtet darüber: »1775 baute Friedrich II. für die französischen Komödianten in der Mitte des Gensd'armenmarktes ein Schauspielhaus mit der Aufschrift: ›*Ridentur et corriguntur mores*‹, welches 1200 Plätze hatte, aber nur von kurzem Bestand war, weil das deutsche Theater ihm großen

Schaden tat.« Die Berliner behandelten das französische Schauspielhaus Friedrichs II. mit demselben schweigenden Widerstand wie sein Opernhaus. Selbst die Aufführung des Stückes *Minna de Barnhelm*, einer Übersetzung von Lessings deutscher Minna ins Französische, die Friedrich II. erlaubt hatte, lockte nur jenen Berliner Pöbel ins Theater, den Lessing in seiner Verurteilung Preußens als des »sklavischsten Landes Europas« den »vornehmen Hofpöbel« und den Goethe gelegentlich seines Berliner Besuches die »eigenen Lumpenhunde« des großen Königs genannt hatte. Die wirklichen Berliner hörten lieber in ihrer eigenen Sprache das Lessingsche Lustspiel, dem Friedrichs Zensur so viel Schwierigkeiten in den Weg gelegt hatte, daß Lessing angeekelt für immer Berlin verließ. Das Berliner Theaterleben mußte hinter dem Rücken Friedrichs II. die aufstrebenden Talente entwickeln, von denen Friedrichs II. Biograph Preuß anerkennend berichtet: »Alle diese herrlichen Talente erfreuten die gebildete Berliner Welt in engen und unscheinbaren Räumen: in Buden, auf dem Rathaus, in Hintergebäuden.« Dieser Satz des amtlichen preußischen Historikers zeigt nebenbei schlaglichtartig, welche Bedeutung dem bürgerlichen Rathaus im friderizianischen Berlin zugemessen wurde und welcherlei Räume dem bürgerlichen und deutschen Kunstleben unter Friedrich II. zur Verfügung standen.

Nach dem Tode des französischen Friedrichs II. wurde endlich sein Theater auf dem Gendarmenmarkt deutschen Leistungen zugänglich gemacht. Langhans ersetzte es bereits 1800 durch einen größeren Bau. Auf seinen Grundmauern errichtete Schinkel, nach dem Brand von 1817, ein noch größeres Schauspielhaus und damit das erste Berliner Gebäude, das nicht wie die von Friedrich II. beliebten Bauten nur provinzielle oder wie Knobelsdorffs einsames Opernhaus deutsche Bedeutung hatte, sondern eine bauliche Angelegenheit von internationaler Bedeutung genannt zu werden verdient. Von Schinkel wird später die Rede sein.

Obgleich somit drei der eigenartigsten architektonischen Schaustücke auf dem Gendarmenmarkt vereinigt sind, ist seine Umbauung der privaten Willkür überantwortet worden und ungepflegt verwildert. Der französische Architekt Bourdet hatte Friedrich dem »Großen« Vorschläge für eine einheitliche Umbauung des Platzes und für eine Überbrückung der klaffenden Eingänge zur Jäger- und Taubenstraße gemacht. Aber Friedrich II. hat niemals die Notwendigkeit einheitlicher Bebauung in der Umgebung und als Rahmen großer Monumentalbauten begriffen. Während dieses höhere Ziel der Stadtbaukunst schon seit langem die wichtigsten Kunststätten der Welt beschäftigte, verharrte Friedrich II. meist noch in dem vorangehenden Stadium, der Aufstellung von zusammenhanglosen Einzelbauten. Er ließ auch Bourdets neuzeitliche Vorschläge für den Gendarmenmarkt nicht ausführen. Nicht einmal die einheitlichen Geschoßhöhen wurden gesichert. Statt der dreigeschossigen Bauten, wie sie für die gute Wirkung der beiden Kirchen und des Schauspielhauses vorteilhaft wären und von denen Gontard selbst noch einige errichtete, wurden allmählich fünf Geschosse gebaut und weitere Aufstockungen in der Nähe gestattet, wodurch die drei großen Monumentalbauten auf dem Platz sehr geschädigt werden. Nebenbei wurde der verwilderte Platz mit Pflanzungen, Scharen von Litfaßsäulen, Pissoiren, Zeitungskiosken und besonders mit einem marmornen Schiller-

Denkmal bedeckt, das die Hauptachse des Platzes verbarrikadiert und nur während der sechs Wintermonate jedes Jahres in einen hölzernen Verschlag gesperrt wird, um dann einigermaßen monumental zu wirken.

Neuerdings haben eine Anzahl deutscher und ausländischer Architekten Studien für die künstlerische Rettung des Gendarmenmarktes gemacht. (Sie wurden in der Monatsschrift »Städtebau« 1928 und 1929 veröffentlicht. Hier sind Proben davon.)

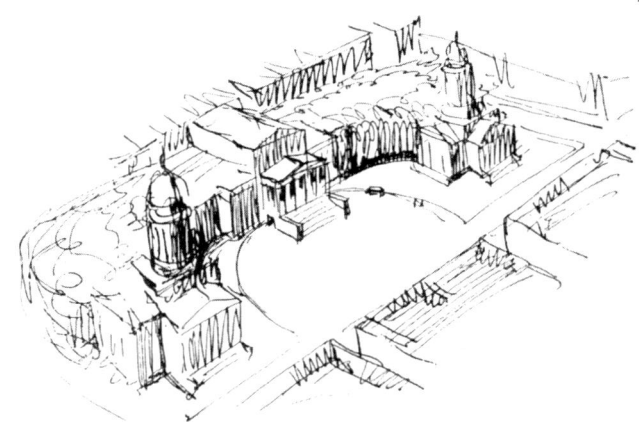

Vorschlag zum Verbergen der zwitterhaft wirkenden Anbauten an die Bogen des Gendarmenmarktes. Architekt: Steen Eiler Rasmussen, Kopenhagen

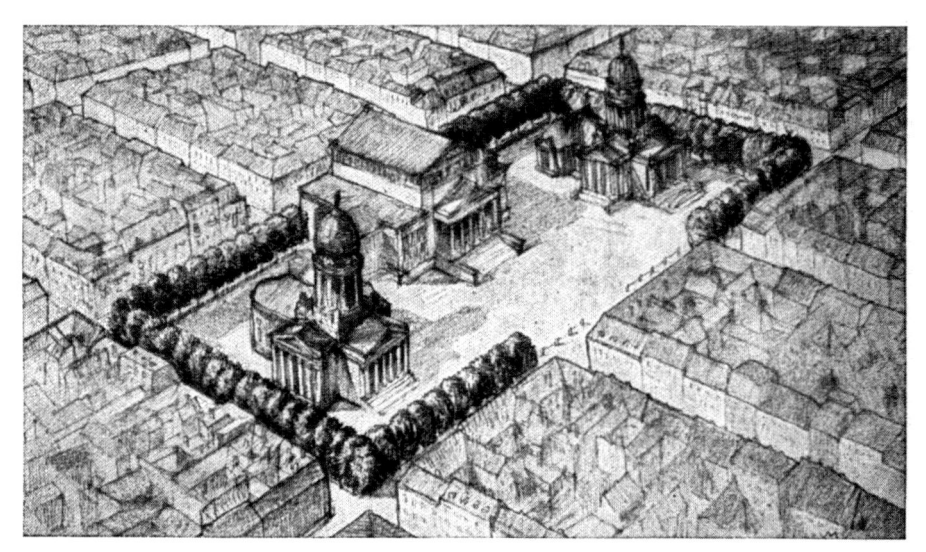

Vorschlag zur einheitlichen Zusammenfassung des Gendarmenmarktes durch einen dichten Baumrahmen; im übrigen völlige Freilegung des Platzes. Architekt: Werner Hegemann

Friderizianische und Wilhelminische Denkmäler

> Aber was muß ich sehen!
> Kann das natürlich geschehen?
> Ist es ein Schatten? Ist's Wirklichkeit?
> Wie wird mein Pudel lang und breit!
> Er hebt sich mit Gewalt!
> Das ist nicht eines Hundes Gestalt!
> Welch ein Gespenst bracht' ich ins Haus!
> Schon sieht er wie ein Nilpferd aus,
> Mit feurigen Augen, schrecklichem Gebiß.
> O! du bist mir gewiß!
> Für solche halbe Höllenbrut
> Ist Salomonis Schlüssel gut.
> *Faust*

Es war, als ob nur der Tod Friedrichs II. erforderlich gewesen wäre, um die Berliner Baukunst zur Blüte zu bringen. Der Nachfolger, Friedrich Wilhelm II., holte den unglücklichen Manger, einen der Architekten des Potsdamer »Neuen Palais«, aus dem Gefängnis, in das ihn sein Bauherr Friedrich II. gesteckt hatte. Manger nannte den Tag der Thronbesteigung Friedrich Wilhelms II. den schönsten seines Lebens. Es war der Todestag des »großen« Königs, der seine Architekten zu oft gegen ihr bauliches Gewissen zu bauen gezwungen, sie »Diebe« und »Ertzschäkers« genannt und sie ebenso wie Manger bei den unwahrscheinlichsten Gelegenheiten mit Gefängnis bestraft hatte. »Nur allmählich also, durch einzelne Liebhaber gefördert, sozusagen im verborgenen, hatte sich in den siebziger und achtziger Jahren ein neuer Geschmack in die Berliner Architektur einführen können; der alte König, der seine Abneigung gegen die neu erblühte deutsche Literatur offen aussprach, hatte auch auf dem Gebiet der Architektur das Eindringen eines neuen Zeitgeistes bis zuletzt verhindert« (Hermann Schmitz).
Der neue König verhundertfachte die lächerlich geringen Einkünfte, die Friedrich II. der Akademie der Künste gewährt hatte. Er gab dem von Friedrich II. mißhandelten Gontard den Auftrag für das Potsdamer »Marmor-Palais« und berief ausgezeichnete Künstler, wie Erdmannsdorf aus Dessau, Langhans aus Breslau, den älteren Gilly aus Stettin und Gottfried Schadow aus Rom, nach Berlin. Mit ihnen wirkte bald auch der etwa gleichaltrige Gentz. Nur auf den Schultern dieser Künstler konnte später Schinkel die hohe Stellung erklimmen, in der er nicht nur Berliner, sondern internationalen Baumeisterruhm gewann und von der er zum Vorläufer oder gar zum Begründer der wilhelminischen Baukunst herabsank.
Langhans baute das Wahrzeichen von Berlin: das Brandenburger Tor. (Seiten 149, 151) Es schließt die steinerne Stadt gegen die davorliegende grüne Wildnis des Tiergartens und schließt auch den Pariser Platz glücklich zum einheitlichen Platz-

Das Brandenburger Tor mit dem Pariser Platz

raum, obgleich ihn die Hauptstraße der Stadt durchflutet. Von demselben Carl Gotthard Langhans stammt am entgegengesetzten Ende der großen West-Ost-Straße die gotische Turmspitze auf der Marienkirche. Langhans baute auch das neue deutsche Nationaltheater (1800) auf dem Gendarmenmarkt, dessen Grundmauern und Säulen in Schinkels neuem Schauspielhaus noch heute erhalten sind. Er baute auch die Mohrenkolonnade, die bis heute der Zerstörungswut der Berliner Stadt- und Staatsbaubeamten getrotzt hat, so daß der Berliner noch heute auf dem Dach dieser Kolonnaden die Gestalten der größten Flußgötter bewundern kann, des Rheins, des Nils, des Ganges und der Spree. Derselbe Langhans baute auch den schönen Hörsaal der Tierarzneischule in jenen alten Gärten, deren sinnvolle Erhaltung noch 1874 der einsichtige August Orth forderte, die aber trotzdem der wilden Bebauung im obrigkeitlichen Stil preußischer Unordnung ausgeliefert worden sind. Die eigentümliche Konstruktion der Kuppel dieser Tierarzneischule war von der Pariser Getreidehalle angeregt, und Gilly meinte, daß durch sie »wirklich eine eigene Epoche in die Geschichte der vaterländischen Baukunst gebracht würde«. In technischer Hinsicht hatte die Baukunst gerade im friderizianischen Berlin tief danieder gelegen. Nach dem Tode Friedrichs II. sagte Wilhelm von Erdmannsdorf über Berlin: »Alles, was im Fach der Baukunst seit Knobelsdorffs Zeiten für so viele Millionen Taler gemacht worden ist, kommt einem, wenn man's genau betrachtet, so vor, als wenn's nur der *Brouillon* (der rohe Entwurf) der Sache wäre, die es hätte werden sollen.« Er bedauerte, daß die Berliner noch nicht an

den neuen einfachen Geschmack gewöhnt waren; besonders vermißte er Ordnung im Bauwesen; nur mit Mühe fand er Leute, die ihm beim Zeichnen helfen konnten. Erst 1797 bekam Berlin eine Bauschule.
Der Erbauer des Brandenburger Tores machte auch einen der erträglichsten unter den vielen, heute schwer genießbaren Entwürfen für ein Denkmal Friedrichs des »Großen«. Die achtzigjährige Geschichte des Friedrich-Denkmals, von seinem ersten Entwurf bis zu seiner endlichen Enthüllung, zeigt, wie tief seit der Vertreibung Schlüters die Künste in Preußen unter dem »Soldatenkönig« und unter Friedrich II. verfallen waren. Die Geschichte dieses Reiterdenkmals ist zugleich die Tragödie Gottfried Schadows, des größten Bildhauers, den Berlin hervorgebracht, und des ersten und letzten würdigen Nachfolgers, den der zugewanderte und bald wieder verbannte Schlüter in Berlin gefunden hat.
Friedrich II. ließ sich auf seinen Münzen heroisch und mit Lorbeer gekrönt darstellen. Gelegentlich erkannte er zwar das Lächerliche dieser Selbstverherrlichung; angesichts seines heroisch gehaltenen Bildes von Chodowiecki spottete er: »Dieses Kostüm paßt nur für die Heroen des Theaters.« Doch es war nur sein üblicher Widerspruchsgeist, der so aus Friedrich II. sprach. Als er seinem Freund Schwerin ein Denkmal auf den Wilhelmplatz stellte, zog er ihm das verspottete heroische Theatergewand an. Als dem König nach seinem »Kartoffelkrieg«, in dem er keine Schlacht gewonnen, aber 25 000 Mann verloren hatte, eine Ehrung bereitet werden sollte — auf Kosten seiner Offiziere vom Hauptmann aufwärts —, lehnte Friedrich II. das bereits von seinem französisch-niederländischen Hofbildhauer entworfene Denkmal ab. Julius Cäsar hatte die ihm angebotene Krone dreimal abgewiesen. Das Entwurfsmodell des Ehrenmals, das dem »großen« König nicht zum zweiten Male angeboten wurde, verzichtete im Sinn der damals neuen französischen Mode auf das heroisierende antike Gewand, das der konservative König liebte. Der Entwurf zeigte ihn zwar nicht lebenswahr, aber im Kostüm seiner Zeit. Immerhin saß er noch hoch zu Roß auf einem Sockel, den die Götter der Weisheit und des Krieges zu Fuß umringten, in Nachahmung des Denkmals Ludwigs des »Vielgeliebten«, das die Pariser verspotteten: »Die Tugenden zu Fuß und das Laster zu Pferd.«
In der Werkstatt des Hofbildhauers, der diesen Entwurf gemacht hatte, füllte ein Sechzehnjähriger namens Schadow die Zirkulare aus, in denen die Generalinspektoren und Festungskommandanten aufgefordert wurden, die Zubußen zum Denkmal auf ihre Offiziere umzulegen. Seine so begonnene Arbeit für das Denkmal des Königs fortsetzen zu dürfen, blieb der große Traum im Leben Schadows. Er war der Sohn eines armen Schneiders. Aber ein freundliches Geschick führte ihn bald in die gebildete Welt der Berliner Juden. Die schöne Henriette Herz hatte in der geistigen Öde der friderizianischen Hauptstadt die Oase des ersten Berliner »Salons« eröffnet. Dort lernte Schadow die rundliche Tochter des Wiener Juweliers Devidels kennen und ließ sich durch ihr reiferes Alter und ihr uneheliches Kind um so weniger stören, als er die Hilfe ihres wohlhabenden Vaters bald dringend brauchte. Schadow hatte in jugendlichem Vertrauen auf die angebliche friderizianische Preßfreiheit eine Zeichnung für eine satirische Schrift gegen Friedrichs Regierung gemacht und mußte fliehen. Der Vater seiner neuen Freundin nahm nicht nur die

Flüchtlinge in Wien freundlich auf, sondern holte sogar die Versäumnisse Friedrichs II. nach und bezahlte Schadows Ausbildung in Rom. Theodor Fontanes Feststellung, »daß uns alle feinere Kultur, wenigstens hier in Berlin, vorwiegend durch die reiche Judenschaft vermittelt wird«, ist also dahin zu ergänzen, daß es kein Berliner, sondern ein Wiener Jude war, der dem größten Bildhauer Berlins, dem Bildhauer der Königin Luise, die Ausbildung bezahlt hat. Friedrich II. versagte seinem Hofbildhauer Tassaert, dem Lehrer Schadows, den Besuch der Antikensammlung Dresdens: »*il pourra s'instruire suffisament par la vue du cabinet d'ici dont le Roi lui a permis l'entrée.*«

Als 25 Jahre vor Schadow ein anderer großer Preuße nach Rom floh, schrieb er über Friedrich II.: »Es schaudert mich vom Wirbel bis zur Zehe, wenn ich an den preußischen Despotismus und den Schinder der Völker denke. Lieber ein beschnittener Türke als ein Preuße!« Wie Winckelmann trat Schadow in Rom zum Katholizismus über; aber er lebte in einer glücklicheren Zeit als Winckelmann. Schon ein Jahr später starb Friedrich II., und Schadow konnte an baldige Rückkehr nach Berlin denken. Wie so mancher andere deutsche Künstler in Rom hoffte er auf den Auftrag für das damals fällige Denkmal Friedrichs II. Er machte ein Modell des deutschfeindlichsten aller Könige in »alter germanischer Tracht«. Denn, so fügte

Das Brandenburger Tor im Jahre 1903. Es wurde von C. G. Langhans in den Jahren 1789 bis 1793 erbaut

er hinzu, »wer überhaupt noch Liebe für Kunst und guten Geschmack hat, der muß den Gedanken, in unserer Tracht (des 18. Jahrhunderts) zu bilden, gar nicht hegen«. So begann der 50jährige Kampf um die Frage, ob Friedrich II. im Anzug seiner Zeit oder in einem altertümlichen Gewand Denkmal werden sollte. Schadow hat diesen Kampf schließlich zusammen mit dem erhofften Auftrag für das Friedrich-Denkmal verloren. Er war ein Verehrer Friedrichs II.; trotzdem hätte der Künstler seine Niederlage und Berlins widerstrebende Langsamkeit bei der Errichtung des Denkmals vielleicht mit denselben Worten erklären können, mit denen Schiller seinen Plan für ein Epos zu Ehren Friedrichs II. aufgab: »Friedrich II. ist kein Stoff für mich ... er begeistert mich nicht genug, die Riesenarbeit der Idealisierung an ihm vorzunehmen.«

Schadows erster idealisierender Entwurf für ein Denkmal Friedrichs II. »in alter germanischer Tracht« fand in Berlin Anklang bei dem frommen Minister Heinitz; er ermöglichte dem vorurteilslosen Schadow die Rückkehr in die Heimat und in den protestantischen Glauben (erst Schadows Sohn wurde wieder katholisch). Aber gleichzeitig mit Schadow machten viele andere auftragslustige Künstler Entwürfe für ein Denkmal Friedrichs II. Die einen wollten ihm eine ägyptische Pyramide, die anderen einen hohen Felsenberg oder ein großes Mausoleum errichten, wieder ein anderer wollte ihn auf das Brandenburger Tor stellen. Aber der deutschgesonnene Friedrich Wilhelm II. gewöhnte sich schwer an den Gedanken eines Denkmals zu Ehren seines französelnden Vorgängers. Erst nach fünf Jahren (1791) erging die Kabinettsorder, die zur Lieferung von Entwürfen einlud; im Geist Friedrichs II. wurde sie auf französisch abgefaßt. Sie hatte viel Erfolg. Ein alter General, ein Kupferschmied, ein Fourageschreiber, ein Abbé und ein Leutnant wetteiferten mit den besten Künstlern Berlins. »Es kamen denn«, so schrieb Chodowiecki, »allerley Geschöpfe zum Vorschein, mehrentheils schlechte, keine ganz gute.«

Die Bildhauerkunst, die unter Friedrich I. auf die höchste Höhe gelangt war, hatte unter seinen beiden Nachfolgern wieder den alten Berliner Tiefstand erreicht. Schlüters ausgezeichnetes Standbild Friedrichs I. war in dem barbarisierten Berlin nur durch einen Zufall dem Einschmelzen entgangen und wurde erst spät in einem Winkel des Zeughauses wieder entdeckt und nicht etwa mit Dank gefeiert, sondern mit Undank nach Königsberg abgeschoben. Das einzige praktische Ergebnis des ersten Wettbewerbes um das Denkmal Friedrichs II. war die Erkenntnis, daß in Berlin die Kraft zur Schaffung eines Denkmals fehlte, und die Entsendung Schadows auf eine Studienreise ins Ausland. Die Bildhauerwaren, die Friedrich II. massenhaft hatte anfertigen lassen, entsprachen seinem schlechten Geschmack. Auf dem »Neuen Palais« Friedrichs II. wimmeln die Vorarbeiten für die »Siegesallee« Wilhelms II. Seinem Freunde Keith hatte Friedrich II. auf dem Wilhelmplatz 1769 eine Statue errichten lassen, die von Schadow »ein *exécrables product*« genannt wurde. Ähnlich war das Denkmal, das Friedrich II. seinem Retter Schwerin auf den Wilhelmplatz stellte, »tänzerhaft ausschreitend, mit einem faden Lächeln im Gesicht, in altrömischem Kostüm, vom Mantel krinolinenhaft umwallt, die Fahne mit überreichen Faltenbrüchen in der Linken, den Kommandostab in der ausgestreckten Rechten: das Bild des Helden von Prag in der ganz äußerlichen Auf-

machung eines französischen Routiniers. Gebilligt von dem Geschmack des Königs, zeigte dies nach langer Zwischenzeit wieder errichtete öffentliche Denkmal auf das erschreckendste, wie wenig der Monarch Fühlung mit seinem Volk hatte. Ebenso unerfreulich fiel die Statue Winterfeldts aus« (Mackowsky).
Neben diesen heute beseitigten friderizianischen Marmorschwulst stellte Schadow 1794 seinen Zieten, dem der »verdienstvolle Zietenforscher« Graf Lippe-Weißenfeld vorwarf, er sehe aus »wie ein Schulfuchs, der bei einer Morgenpromenade sich einer tiefsinnigen Meditation unterzieht«. Ernster als dieser gräfliche Kritiker stimmt Schadows mangelndes Verständnis für das Berliner Klima. Sein marmorner Zieten vertrug die frische Luft so schlecht, daß er unter Dach gebracht werden mußte. Wilhelm II. stellte ihn in eine spiegelnde Nische im kleinen Treppenhaus des Kaiser-Friedrich-Museums, wo Schadows freiplastisch gedachtes Werk ungünstig beleuchtet, schlecht und nur von vorn sichtbar ist. Die Gießkunst, die im 18. Jahrhundert in Berlin vergessen worden war und für die Schadow nicht zu arbeiten gelernt hatte, wurde zwar im 19. Jahrhundert wieder eingeführt, aber die Kopien, die sie vom Zieten Schadows und von anderen seiner Arbeiten schuf, sind wenig wert, weil diese Arbeiten für Marmor entworfen waren und in der dunklen Bronze zu helle Lichter und zu schwache Schatten zeigen.
Ein ähnliches Schicksal wie dieser Zieten hatte das Standbild Friedrichs II., das Schadow für Stettin schuf, als sich Berlin nicht zu einem Denkmal des Königs aufraffen wollte. Friedrichs II. Minister Herzberg war unter dem Nachfolger in Ungnade gefallen und machte sich in der erzwungenen Muße eine Ehrensache daraus, wenigstens in seiner pommerschen Heimat seinem toten Gönner Friedrich II. ein Denkmal zu verschaffen. Durch ein kostspieliges »großes Diner, Reisekosten und andere kleine Ausgaben« gelang es ihm allmählich, das Geld zusammenzubekommen, obgleich die kleineren pommerschen Städte sich weigerten, mehr als zwei Taler für ihren »großen« König zu zahlen. Schadows Stettiner Standbild wurde ein wichtiger Vorläufer des späteren Berliner Reiterdenkmals von Rauch. Schadow hatte schon angefangen, an der früher von ihm angestrebten Art der Heroisierung des Königs zu verzweifeln. Er hängte ihm zwar einen gewaltigen Hermelinmantel um, aber unter dem Mantel erschien schon die sehr grob ausgefallene preußische Uniform, über die Schadow später urteilte: »Die Uniform mit dem Hut auf dem Kopf ist mit einem Königsmantel unverträglich.« Witzig brachte Schadow den friderizianischen Grundgedanken, Macht geht vor Recht, zum Ausdruck: er ließ seinen König mit übertrieben großer Hand einen Feldherrnstab in Gestalt eines mehr als armlangen, dicken Prügels auf zwei Gesetzbücher stemmen, die neben seinen Reiterstiefeln am Boden liegen. Aus der Seitenansicht dieses nach Schadows eigener Meinung »in den Falten und Details mißglückten« Denkmals aber wetterleuchtet schon die Idealisierung des Königs, die später nicht den Bildhauern, sondern dem Maler Menzel gelang; sie brachte Geist in das Profil, das in Wirklichkeit besonders stark die zurückfliehende Stirn und das zurückfliehende Kinn dekadenter Hohenzollern aufwies. Schadow schenkte seiner Statue ein dem Urbild fehlendes starkes Kinn und verdeckte die zurückfliehende Stirn durch einen hohen Hut. Rauch machte das später am Berliner Denkmal nach, denn (so schrieb er an den Bildhauer

Rietschel): »Ohne Hut — lachen Sie nicht — ist dieser geistreiche Kopf gar nicht darstellbar, da der Winkel des Profils gar zu widerstrebend ist.« Auch das Stettiner Denkmal Schadows war für Marmor entworfen und mußte durch einen Bronzenachguß ersetzt werden, dessen Lichter und Schatten irreführend und der deshalb wertlos ist. Das vom Wetter verdorbene Original steht heute im schlechten Licht eines Treppenhauses.

Der Tiefstand der Berliner Handwerkskunst zeigte sich auch bei der Aufstellung von Schadows schönem Viergespann auf dem Brandenburger Tor, von dem die unausrottbare, aber falsche Legende behauptet, daß es vor Napoleons Berliner Besuch nicht nach dem Pariser Platz, sondern nach dem Tiergarten geschaut hätte. Die gewaltigen dorischen Säulen des Brandenburger Tores waren mehr als stark genug, ein bronzenes Viergespann zu tragen, aber der Berliner Gießerei traute man keinen Guß zu, der schwieriger war als der von Kanonen. Schadow mußte sein Viergespann durch eingewanderte wallonische Kupferschmiede über ein Holzmodell hämmern lassen.

Zu seiner höchsten Geltung kam Schadow, wo er in Marmor arbeiten konnte, der ihm durch seine römische Schulung vertraut geworden war. Aber auch für seine Marmorarbeiten waren ihm Berlin und das preußische Königshaus schlechte oder undankbare Auftraggeber. Nur unter Friedrich Wilhelm II., der ein eifriger Jäger minderwertiger Schürzen war, aber schon 1797 starb, gab es wenigstens Duldung für Schadows reizende Sinnlichkeit. Er durfte den heute längst verschwundenen Charlottenburger Landsitz einer der Nebenfrauen des Königs mit wenig gekannten Reliefarbeiten schmücken und dem früh sterbenden (oder, wie Mackowsky für wahrscheinlich hält, von der Hofkamarilla ermordeten) Sohn, den sie dem König oder seinem Kammerdiener geboren hatte, ein Marmordenkmal in der Dorotheenstädtischen Kirche errichten. Der süße Reiz dieses unübertrefflichen Kunstwerkes machte dem muckerhaften Bruder des verherrlichten Bastards, dem kurz darauf gekrönten Friedrich Wilhelm III., ebensowenig Freude wie das andere Hauptwerk Schadows, die liebreizende Marmorgruppe der Kronprinzessin (der angehenden Königin Luise) und ihrer Schwester (Seite 155). Des Königs Zurückhaltung erklärt sich zum Teil aus Schadows Urteil über den preußischen Hof in der gerade vorangegangenen Zeit: »Alles besoff sich in Champagner ... ganz Potsdam war ein Bordell; alle Familien dort suchten nur mit dem König, mit dem Hof zu tun zu haben; Frauen und Töchter bot man um die Wette an, die größten Adligen waren am eifrigsten.«

Aber des Königs sittliche Entrüstung über den sinnlichen Reiz und das leichte Kleid der königlichen Schwestern von Schadow war um so lächerlicher, als aus des Königs drollig-spießerhaften Aufzeichnungen hervorgeht, daß seit der ersten Bekanntschaft seine Schwägerin ihm besser gefallen hatte — weil sie »mehr formiert schien« — als seine Luise, an deren »mangelnder Fülle« er so lange nörgelte, bis sie ihrem geliebten Tanzen und Reiten entsagte und zu den von ihm geschilderten wechselnden »Kuren« griff mit »sehmigem, sehr nahrhaftem Gerstenschleim, Stettiner Bier vor, während und nach der Mahlzeit und täglicher Bettruhe bis zum späten Mittagessen«. Schadow zeigte auf das liebenswürdigste das schöne Ergebnis dieser königs-

Schadows Königin Luise und ihre Schwester, 1795. Nach »Johann Gottfried Schadow« von Hans Mackowsky

lichen Kuren, bevor es durch die zehn Wochenbetten geschädigt wurde, von denen der König, sehr im Gegensatz zu anderen Beobachtern, jedes als »eine wahre Kur« für Königin Luise ansah. Die königlichen Schwestern gestatteten Schadow, »die erforderlichen Maße nach der Natur zu nehmen«, und er näherte sie so weit als möglich dem rundlich-vollen Stil, den er zu Ehren seiner jüdischen Frau aus Wien und den Goethe zu Ehren seiner ebenso rundlichen Christiane auf lange Zeit zum fraulichen Idealstil der Deutschen erhoben haben. Schadows Luise und Friederike und Goethes Pandoren sind schwesterliche Göttinnen.

Als aber Friederike, die verwitwete und seitdem um so lebenslustigere Schwester der Königin (ihr verstorbener langweiliger Mann war der Bruder des langweiligen Königs), kurz nach der Vollendung der Schadowschen Marmorgruppe wegen Schwangerschaft vom Hof entfernt werden und eine Notehe schließen mußte, ließ der König das unübertreffliche Marmorbild seiner Frau und Schwägerin drei Jahre lang eingekistet in Schadows Werkstatt stehen, wo es zum Ärger des Künstlers vom Mäusedreck »viel litt« und »häßliche Flecken« bekam. Schadow versuchte das Schwesternbild durch kleine Nachbildungen in Porzellan volkstümlich zu machen, aber es fand keine Käufer, obgleich beide Figuren zusammen nur drei Taler kosteten. Als später die Luisenmode in Berlin einsetzte, wollte man die Königin als die »Heilige«, zu der die Legende sie machte, und nicht als die behagliche Berlinerin verehren, zu der sie dank ihrer vom König geschilderten »Kuren« in Wirklichkeit gediehen war. Vor Schadows Kunst stammelte der König sein übliches »Mir fatal!«; er ließ sich von ihm eine Büste Luises machen, die anders als das Original ein Untergewand mit Umlegekragen trug und so die ihm anstößige Entblößung vermied, und wählte für seine zweite Ehe eine frömmere, katholische Frau.

Bis in die vierziger Jahre blieb Schadows marmornes Schwesternbild, dieses schönste Stück des steinernen Berlin, so gut wie vergessen. Schadows ausgezeichneter Biograph, Hans Mackowsky, stellt fest, daß erst nach der Revolution von 1918 ein einigermaßen würdiger Platz »in unbewußter Verfolgung eines Vorschlages von Schadow im Parolesaal« für dieses Meisterwerk gefunden wurde. Dort hat die Marmorgruppe wenigstens Seitenlicht, aber ihre schöne Rückseite mit dem hochmodernen, sehr tiefen Kleidausschnitt der heiteren Friederike ist nach wie vor den Blicken entzogen.

Das Berlin der Hohenzollern war keine würdige Heimat für seinen größten Bildhauer. Während der Ruhm seiner Zeitgenossen Houdon, Canova und Thorwaldsen alle Länder erfüllte, blieb Schadows Name so unbekannt, daß eines seiner Hauptwerke, das ins Ausland kam, dort als Arbeit des keineswegs ebenbürtigen, aber berühmteren Thorwaldsen zu Ehren kam und verlorenging, wahrscheinlich weil es als unechter Thorwaldsen entdeckt wurde. Die echten Arbeiten Thorwaldsens sind alle in dem schönsten Museum versammelt worden, das je einem einzelnen Künstler gebaut wurde. Wie armselig, verglichen mit Kopenhagen, hat das siebenmal volkreichere Berlin seinen besten Bildhauer behandelt!

Der 1791 eingeschlafene Plan eines Denkmals für Friedrich II. erwachte zu neuem Leben erst 1795, nachdem Preußen wieder einmal, ganz im Sinne Friedrichs II., dem Deutschen Reich in den Rücken gefallen war und einen Sonderfrieden mit

Entwurf zum Denkmal Friedrichs des »Großen« von C. G. Langhans, 1797. Die Ausführung dieses Entwurfes ist nur durch den Tod Friedrich Wilhelms II. verhindert worden

Frankreich geschlossen hatte, der den Sieg Deutschlands unmöglich machte. Damals machte Schadow sieben Entwürfe für das Friedrich-Denkmal, von denen keiner den Beifall des noch lebenden Friedrich Wilhelm II. fand. Einer dieser Entwürfe — vielleicht ein Scherz? — zeigte Friedrich höchst barock auf hochaufsprengendem Pferd in der Tracht eines römischen Kaisers; um *und unter* seinem Sockel ließ Schadow sechs Gottheiten gestikulieren. Ein anderer, heute sehr viel genießbarerer Entwurf zeigt den König in der preußischen Uniform mit lebenswahr gebeugtem Rücken (ein Vorbild des späteren Denkmals von Rauch). Die noch beibehaltenen üblichen vier Allegorien brauchten nicht mehr zu stehen, sondern hatten wie am Sockel des »Großen« Kurfürsten ihren alten Sitzplatz zu Füßen des Reiters wieder eingeräumt bekommen.

Mehr Erfolg als Schadow hatte Langhans mit seinem bereits erwähnten Entwurf (Seite 157). Er wollte die Straße Unter den Linden, der er im Westen ihr würdiges Eingangstor gegeben hatte, am östlichen Ende durch einen kleinen Rundtempel abschließen, in dem ein Standbild Friedrichs II. zu Fuß Platz finden sollte. Auf Wunsch des Königs sollte das Denkmal zwischen »dem Palais des Prinzen Heinrich Königl. Hoheit und dem Opernplatz die Mitte einnehmen und die Statue mit dem Gesicht nach dem Schloß zu gerichtet« sein. Die nach allen Himmelsrichtungen hin geöffnete runde Form des Tempels milderte den Mißstand, daß die Statue der ganzen Straße Unter den Linden den Rücken zukehrte.

Unter dieser Schwäche leidet erst recht das Reiterdenkmal Friedrichs II. — um es gleich vorwegzunehmen —, das Rauch ein halbes Jahrhundert später schließlich aufstellte: auf dem Weg vom Brandenburger Tor zum Denkmal bleiben der Rücken des Reiters und die Hinterbacken seines Pferdes das Blickziel. Unter dem Reiter umwuchert zwar den Sockel ein Relieffries, der sich in selbständige Plastik auflöst. Zu den Figuren dieses Frieses gehören auch die Standbilder Lessings und Kants, die unter dem Schwanz des großen königlichen Pferdes zwischen zwei berittenen *Militärs* sichtbar werden. Aber diese geistesgroßen Schwanzwärter sind physisch zu klein, um dem vom Brandenburger Tor her kommenden Wanderer ein wirkungsvolles Blickziel werden zu können. Ähnlich alten gotischen Gemälden hat nämlich das Rauchsche Friedrich-Denkmal zwei verschiedene Maßstäbe. Nach Art der Menschlein unter dem Mantel der großen Jungfrau Maria wimmeln kleine Geister wie Lessing, Kant und selbst berittene *Militärs* unter dem Pferd des »großen« Königs. Das Bild auf Seite 9 zeigt diesen beinahe humorvollen Versuch zur Irreführung der öffentlichen Meinung und zur Heroisierung Friedrichs II.: die Verbannung der Geistesgrößen unter den Pferdeschwanz — im Gegensatz zu den Generälen auf den Vorderseiten des Denkmals — soll wie eine historisch treue Wiedergabe der gehässigen Abneigung Friedrichs II. gegen deutsche Kultur wirken. Indem aber Lessing und Kant auf dem Denkmal im vertraulichen Gespräch dargestellt sind, wird dem ahnungslosen Betrachter der Wahn aufgedrängt, als hätten Lessing, der aus Berlin vertrieben wurde, und Kant, der nie bis Berlin vordrang, wenigstens hinter dem Rücken des Königs Gelegenheit zum Geistesaustausch gefunden und Berlin zu dem gemacht, was es in beschämender Weise trotz der entgegengesetzten Behauptungen Friedrichs II. nicht war: ein »Tempel der großen Männer« und eine geistige Hauptstadt.

Als Goethe einmal den Unterschied zwischen »einer dumpfen geistlosen Zeit« und einer geistig wirksamen Zeit klarzumachen versuchte (3. Mai 1827), sprach er über die Einsamkeit Kants und Lessings sowie über das Fehlen einer geistigen Hauptstadt Deutschlands: »Wir andern im mittleren Deutschland haben unser bißchen Weisheit schwer genug erkaufen müssen. Denn wir führen doch im Grund alle ein isoliertes armseliges Leben! Aus dem eigentlichen Volk kommt uns sehr wenig Kultur entgegen, und unsere sämtlichen Talente und guten Köpfe sind über ganz Deutschland ausgesät. Da sitzt einer in Wien, ein anderer in Berlin, ein anderer in Königsberg, ein anderer in Bonn oder Düsseldorf, alle durch fünfzig bis hundert Meilen voneinander getrennt, so daß persönliche Berührungen und ein persönlicher Austausch von Gedanken zu den Seltenheiten gehört. Was dies aber wäre, empfinde ich, wenn Männer wie Alexander von Humboldt hier durchkommen und mich in dem, was ich suche und mir zu wissen nötig, in einem einzigen Tag weiter bringen, als ich sonst auf meinem einsamen Weg in Jahren nicht erreicht hätte. Nun aber denken Sie sich eine Stadt wie Paris, wo die vorzüglichsten Köpfe eines großen Reiches auf einem einzigen Fleck beisammen sind und in täglichem Verkehr, Kampf und Wetteifer sich gegenseitig belehren und steigern, wo das Beste aus allen Reichen der Natur und Kunst des ganzen Erdbodens der täglichen Anschauung offensteht; diese Weltstadt denken Sie sich, wo jeder Gang über eine Brücke oder einen Platz an eine große Vergangenheit erinnert und wo an jeder Straßenecke ein Stück Geschichte sich entwickelt hat!« Ähnlich sprach Goethe über Rom. Ähnliches ist oft über London gesagt worden. Es ist ein wichtiges Stück deutscher Geschichte und deutschen Schicksals, daß sich in Berlin große Deutsche schließlich doch, wenigstens nach ihrem Tode, unter dem Pferdeschwanz des »großen« Königs treffen dürfen. Auch als Sinnbild dieses Zusammentreffens und als Meilenstein auf

Berlins Weg zur »Weltstadt« im Sinne Goethes ist das Berliner Friedrich-Denkmal wertvoll.
Wenn trotzdem der Anblick des Rauchschen Friedrich-Denkmals von Westen her enttäuscht, wirkt es um so vorteilhafter vom Friedrichs-Forum her gesehen. Es ist kein Schade, daß sich das Denkmal nicht, wie ursprünglich geplant, in der Mitte des Forums aufbaut, sondern auf einer Längsseite des Platzes steht und zusammen mit den Lindenbäumen zur geschlosseneren Wirkung dieser langen Platzwand beiträgt.
Aber bevor dieses Friedrich-Denkmal Rauchs geboren wurde, kreißten die Gebirge des Tiefsinns Berliner Künstler mit riesigen Entwürfen, die wegen ihrer berühmten Urheber und ihrer bis heute schrecklich sichtbaren Folgen aufmerksame Betrachtung verdienen. Sie zeigen den deutschen Heroenkult bei der Arbeit, der noch heute nüchternes politisches Denken unmöglich macht und der Berlin und seinen geistigen Provinzen zahllose Denkmäler von höchstem materiellem und geringstem geistigem Wert beschert hat und beschert.
Die Ausführung des Rundtempels von Langhans wurde durch den Tod des Königs (1797) verhindert. Sein Nachfolger, Friedrich Wilhelm III., erkannte, daß es wichtigere Dinge gibt, als Friedrich dem »Großen« ein Denkmal zu errichten. Er stellte gleich nach seinem Regierungsantritt als Grundsatz auf, was von der heutigen denkmalfreudigen Zeit beherzigt zu werden verdient, »der Staat sei nicht reich genug, die Kosten eines solchen Gebäudes tragen zu können. Es wären noch viele Verbesserungen in der Kultur zu machen, und dafür müsse eher gesorgt werden, als für ein so teures Monument.«
Aber das damals in Berlin wirkende Geschlecht von Künstlern hatte angefangen, sich an den ausschweifenden baulichen Entwürfen der Französischen Revolution und ihrer verstiegenen Denkmalsromantik zu berauschen. Da diese jüngeren Berliner Künstler selber nicht mehr die Opfer der Demütigungen geworden waren, die Friedrich II. seinen Baumeistern unermüdlich zugefügt hatte, bemühten sie sich um das Entwerfen gewaltiger Denkmäler für den »großen« König beinahe ebenso eifrig wie viele deutsche Professoren und Dichter um die Verherrlichung Napoleons.
Das Kuriosum der Friedrich-Legende, die damals aufblühte und zum Werbemittel preußischer Politik gemacht wurde, hat Ernst Moritz Arndt uns erklärt und hat damit auch einen Schlüssel zum Verständnis der maßstablosen Denkmalentwürfe gegeben, mit denen Berlin während des ganzen 19. Jahrhunderts überschwemmt wurde, bis in den letzten Jahrzehnten vor dem Weltkrieg in ganz Deutschland die geschmacklosen Verwirklichungen aus dem Boden schossen, bei denen die Friedrich-Denkmal-Gedanken auf Millionenbauten für Wilhelm den Großen, Bismarck oder Befreiungskriege, Arminius, Barbarossa usw. übertragen wurden. Die Nachblüte zu Ehren des Weltkrieges umgibt uns noch heute. Wie Arndt das eigentümliche Aufblühen der Legende zum Ruhm Friedrichs II. erklärte, wurde bereits mitgeteilt. Arndt fügte seinen auf Seite 109 wiedergegebenen Worten auch folgende hinzu: »Wie durch Friedrichs II. Namen auch der deutsche Name weit und breit klangvoll geworden war, so gab das betörte Volk ihm alles zurück, auch was es nicht von ihm empfangen hatte: ja selbst die Schwäche und das Unglück der nach-

Friedrich Gilly, 1793. Entwurf zum Denkmal Friedrichs des »Großen« in Form eines Grabmals des Hadrian auf dem Kreuzberg

folgenden *Decennien* haben nach dem teuren Haupt eine Sehnsucht erregt und einen Heiligenschein der Größe und Güte um ihn geschaffen, die er im Leben nicht so hatte.«
Ganz maßlos, verglichen mit dem vorhin geschilderten Denkmalentwurf von Langhans, waren die Riesenentwürfe, die der jüngere Gilly im neuen Stil der Französischen Revolution für Friedrich II. ausführen wollte. Da dieser Gilly fast noch mehr als Gentz und die anderen damals in Berlin wirkenden Baumeister der geistige Vater des großen Friedrich Schinkel wurde, sind seine Entwürfe wichtige Schlüssel zum Verständnis Schinkels, dessen eigene Vorschläge zur Ehrung Friedrichs II. heute schwer verständlich bleiben.
Gilly plante ein gewaltiges Mausoleum des Hadrian (Seite 160) und forderte, daß drinnen Friedrich II., dessen sterbliche »Hülle« (nach Angabe seines amtlichen Biographen Preuß) »eher den Gebeinen eines Kindes als denen eines Mannes ähnlich war«, in Gestalt eines muskulösen Herkules sitzen sollte: »Entkleidet von allen Zufälligkeiten des Lebens, der Nation und des Zeitalters muß dieser Heros der Menschheit ähnlich dem im Olymp von seinen irdischen Taten ausruhenden und von allen Schlacken der Menschheit durch oktäisches Feuer gereinigten Herkules erscheinen.« Noch berühmter wurde ein anderer Vorschlag Gillys (Seite 161). In der Mitte des Leipziger Platzes wollte er einen riesigen assyrisch-ägyptischen Unterbau aus schwarzen Steinen errichten, um darin die französische Bibliothek Friedrichs II. unterzubringen, die doch in Sanssouci ein viel geistvolleres und gemütlicheres Heim hat. Auf dem Unterbau sollte sich ein Tempel erheben, dessen dorische Formen der hartnäckigen Vorliebe des »großen« Königs für die Ornamentik des versunkenen Barock und Rokoko widersprochen hätten. Das zauberflötenhafte Denkmal sollte von Obelisken und wasserspeienden Sphinxen umgeben sein.

Kurz bevor die Staatsmaschine Friedrichs II. »hohl und gespenstisch mit dem Abscheu der Zukunft« zusammenbrach, im Jahre 1806, machte der ausgezeichnete Berliner Baumeister Gentz einen etwas maßvolleren Denkmalentwurf. Die Schwierigkeit der Rückansicht des Denkmals umging er mit dem Vorschlag, hinter dem Friedrichs-Forum ein zweites, kleineres Forum östlich des Prinz-Heinrich-Palastes (der späteren Universität) und des Opernhauses anzulegen. Das neue Forum sollte zwei halbkreisförmige Hälften haben; die eine sollte nördlich von Unter den Linden liegen und das Denkmal Friedrichs II. (etwa an Stelle der heutigen Neuen Wache) umschließen. Die andere, genau gleichförmige Hälfte sollte südlich der Linden liegen; Schlüters Denkmal des »Großen« Kurfürsten sollte in der Mitte des Halbkreises als Gegenstück zum Friedrich-Denkmal neu aufgestellt werden. Gentz plante also eine Gegenüberstellung von Schlüterscher und Schadowscher Kunst. Diese maßvolle Ankündigung der späteren Siegesallee fand sogar Goethes Beifall, obgleich Schadow für die Umrahmung der Reiterbilder noch 24 Standbilder von friederizianischen Generälen und Tugenden liefern sollte.

Aber erst der Zusammenbruch des friderizianischen Preußen und der Berliner Besuch Napoleons gaben den Berliner Hoffnungen auf ein Friedrich-Denkmal Aussicht auf Erfüllung. Kaiser Napoleon, der damals schon beinahe ebensoviel Blut vergossen hatte wie Friedrich II., empfand sich schon als einen gesteigerten »großen König«. Er ließ deshalb einen der oft gefügigen Berliner Historiker, Johannes von Müller, vor Friedrichs II. Stall- und Akademiegebäude eine Rede zu Ehren des »großen« Königs halten, die noch mehr eine Ehrung Napoleons war und deshalb von Goethe gebilligt und übersetzt worden ist. Gleichzeitig übertrug Napoleon dem Bildhauer Schadow die Ausführung eines Friedrich-Denkmals. Nur wegen der unschätzbaren Gestaltungskraft Schadows ist es zu beklagen, daß Napoleon nicht länger in Berlin blieb und nicht dauernd für die künstlerische Tätigkeit Schadows die Vorbedingungen schuf, die das hohenzollerische Berlin seinem größten Künstler versagte.

Nachdem Napoleon Berlin verlassen und, erst recht, nachdem er dem preußischen König Ostelbien (als Pufferstaat zwischen Frankreich und Rußland) geschenkt und

Entwurf zum Friedrich-Denkmal auf dem Leipziger Platz von Friedrich Gilly, 1797

die Rückkehr nach Berlin erlaubt hatte, schien die Aufstellung eines Friedrich-Denkmals zwecklos geworden zu sein. »Mit der Rückkehr des Königspaares nach Berlin schien auch das Hofleben in altem Glanz wieder auferstanden«, so berichtet der preußische Historiker Bailleu. Der König ließ, wie er selbst berichtet, in dieser Zeit tiefster Erniedrigung Preußens seine Zimmer in Sanssouci und im Schloß von Charlottenburg neu möblieren, »für die Luise alle Bestellungen selbst übernommen, ... um mir eine Freude zu machen und für meine Bequemlichkeit zu sorgen«. Aber der Plan des Friedrich-Denkmals blieb liegen, bis ihn nach den Freiheitskriegen Friedrich Schinkel in noch gewaltigeren Ausmaßen zu verwirklichen trachtete. Zu seinem ersten Entwurf schrieb Schinkel selbst: »Aufgefordert durch mancherlei Andeutung und selbst durch Allerhöchst ausgesprochene Bestimmungen des Platzes, habe ich gewagt, den vorliegenden Entwurf zu machen. Auf einer *Quadriga* steht der König, mit Lorbeer bekränzt, in einer idealen Bekleidung mit

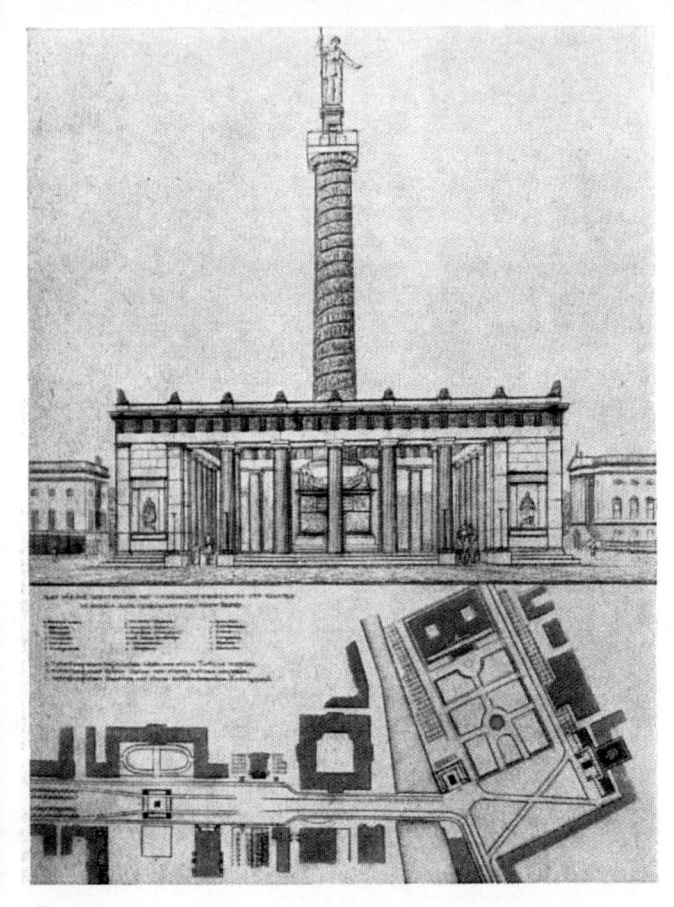

Zwei Entwürfe Schinkels für ein Denkmal Friedrichs des »Großen«: in Form eines Septizoniums und einer Trajanischen Säule (Seite 162)

dem Königsmantel, das Scepter haltend und mit segnend ausgestreckter Hand. Diese ganze Gruppe, in einem *kolossalen* Maßstabe ausgeführt, wonach die Gestalt des Königs wenigstens 10 Fuß hoch sein müßte, ist mit dem gegliederten, niedrigen *Socle*, welcher die Verbindung der Gruppe ausmacht, in vergoldeter Bronze auszuführen gedacht. Um dieser Gruppe eine für die Beschauung des Kunstwerkes angemessene erhabene Stellung zu geben, ist ein Unterbau aus weißem Marmor angenommen.«

Doch fehlte dem wieder auferstehenden Preußen der Eifer für ein Friedrich-Denkmal. Erst 15 Jahre später schrieb Schinkel im geheimrätlichsten Altersdeutsch Goethes: »Indeß ward im Jahre 1829 der Gegenstand erneut zur Sprache gebracht, und der Gedanke: daß sich eine Trajanische Säule für dies Denkmal vorzugsweise eignen möchte, gewann Teilnahme.« Schinkel lieferte den gewünschten Entwurf für eine Trajanische Säule (Seite 162) und überbot ihn dann mit immer abenteuerlicheren Vorschlägen. Statt der vom Pariser Napoleon-Denkmal geborgten Trajanischen Säule schlug er für Friedrich II. wieder seine *Quadriga* vor, diesmal als »Krönung einer Architektur wie am berühmten Mausoleum von Halikarnassus«. In einem anderen Entwurf empfahl Schinkel einen Turm (Seite 163): »Ein Denkmal, welches einigermaßen nach der Form der alten *Septizonien* gebildet ist.« *Septizonium* ist der Name eines Gebäudes im antiken Rom, das angeblich sieben Geschosse gehabt hat. Schinkel wollte sich an vier Geschossen genügen lassen, in deren unterstem die Statue des Königs sitzen sollte. Von den oberen Geschossen versprach Schinkel dem Denkmal »den Vorteil, daß es bei seiner bedeutenden Höhe und seiner Ausdehnung nach der Breite eine große Wirkung nach der Ferne machen und der Ansicht der ganzen Stadt einen bedeutenden Schmuck verleihen würde. Das Ganze bildet in drei Hauptgeschossen zwölf offene korinthische Hallen.« Dieser antikisierende Entwurf verbarg die neuzeitlichen Anregungen, die Schinkel auf einer Pariser Reise empfangen hatte. Baugeschichtlich bedeutsam sind das Dach und die offenen Geschosse des *Septizoniums*, ganz im Sinn der heutigen modernistischen Architektur eines Le Corbusier, »gegen die Mitte geneigt und lassen dahin das Regenwasser abfließen«. Vor der Gefahr, durch Frost gesprengt zu werden, schützte Schinkel sein antikisierendes Denkmal ebenfalls in noch heute neuzeitlicher Weise: »Fußböden und Gebälke der Hallen bestehen aus freigesehener Eisenconstruction, bei welcher jeder Teil eine in sich vollendete architectonische Form zeigt und angemessen verziert ist.« Nur das nierostende Eisen fehlte Schinkel noch, um sein *Septizonium* zu Ehren Friedrichs II. *aere perennius*, dauerhafter als Bronze zu machen.

In wieder einem anderen und besonders riesenhaften Denkmalentwurf (Seite 165) empfahl Schinkel: »Eine korinthische Säulenhalle füllt gemächlich die ganze Breite des Platzes zwischen dem Lustgarten und dem Schloß. Hinter dem *Portikus* ist auf hohem Unterbau eine tempelartige Halle errichtet, deren *Frontispice* die Höhe des benachbarten Schlosses noch übersteigen. Der *Peripteros* gewährt von allen Seiten eine Übersicht der Stadt. An den Seiten erheben sich hinter dem *Portikus* große Mauermassen, welche oberhalb Terrassen bilden, in welchen ein *Yystus* von Bäumen mäßiger Größe gepflanzt ist, deren Wipfel die Höhe der Schloßbalustrade erreichen, und unter welchen die Promenade durch die oberen Säulengänge zu beiden Seiten weiter fortgeführt wird ... Zu dem erhabenen Mittelplatz, auf welchem die *Quadriga* steht, führen Stufen, an deren Anfang *Candelaber* aufgestellt sind, welche mittels großer Gasflammen das Denkmal in der Nacht erleuchten.«

Das Viergespann, dem Schinkel die Gasbeleuchtung zugedacht hatte, war sein liebster Vorschlag zur Verherrlichung Friedrichs II., der die vier Pferde selbst lenken sollte. Da Friedrich II. in Berlin nie anders als sechsspännig gefahren ist, während das Vierspännigfahren eine Beschränkung war, die sein Nachfolger seinen Nebenfrauen auferlegte, müssen besondere Gründe für Schinkels oft wiederholten Vorschlag vorgelegen haben. Wahrscheinlich wollte Schinkel mit seinem Viergespann zu Ehren Friedrichs II. am Ostende von Unter den Linden ein Gegenstück zu dem Viergespann am Westende von Unter den Linden schaffen. Dieses Gespann auf dem Brandenburger Tor galt als das Sinnbild des Friedens. Friedrich II., auf vierspännigem Streitwagen aus dem Berliner Schloß ausrückend, wäre ein glaubhaftes Sinnbild

Entwurfs Schinkels für ein Denkmal Friedrichs des »Großen« als Rosselenker

des Krieges gewesen. Erstaunlich wirkt auch Schinkels Absicht, Friedrich den »Großen«, der seine eigenen sechsspännigen Wagen nie selbst kutschierte, als selbsttätigen Wagenlenker vorzuführen. Vielleicht sollte der französisch gesonnene König irgendwie in einer deutschen Eigenschaft dem Herzen des Volkes nahegebracht werden? Er hat sich gerühmt, die deutsche Sprache nur »wie ein Kutscher« sprechen zu können. Da dem Denkmal Kaiser Wilhelms I., das siebzig Jahre später vor dem alten Schloß entstand, statt des einen Viergespannes, das Schinkel geplant hatte, gleich zwei Viergespanne einverleibt wurden, mußte der im Denkmal gefeierte »Wilhelm der Große« das Lenken der Siegeswagen (genau wie in der historischen Wirklichkeit) an untergebene Handlanger abtreten. Ihnen gehorchen auch die brüllenden Löwen, die dem Kaiser und seinem Denkmal den Berliner Scherznamen »Daniel in der Löwengrube« eingetragen haben (Seite 167).
Der Spott, mit dem die Riesendenkmäler der Wilhelminischen Zeit und ihre Maßlosigkeit verfolgt werden, träfe gerechter ihren Wegbereiter Schinkel. Wenn auch ein von Schinkel und Schadow hergestelltes antikisierendes Riesendenkmal wahrscheinlich noch heute den Betrachter mehr gefesselt hätte als Schinkels gotisches Gußeisenmal auf dem Kreuzberg oder als das Begassche »Nationaldenkmal« Kaiser Wilhelms des Großen vor dem westlichen Schloßeingang, so muß doch zu Ehren von Begas gesagt werden, daß sein vier Millionen Mark kostendes Denkmal dem alten Schloß nicht ganz so rücksichtslos dicht auf den Leib rückt, wie Schinkel es tun wollte mit seinen hängenden Gärten und Baumpflanzungen über einer »tempelartigen Halle, deren *Frontispice* die Höhe des benachbarten Schlosses noch übersteigen«.
Angesichts der maßstablosen Denkmäler der Wilhelminischen Zeit muß an das verheißungsvolle Wort Alfred Lichtwarks erinnert werden, der nicht lange vor seinem Tode im Jahre 1914 bei einer Besichtigung Berlins versicherte: »Ein großer Teil der modernen amtlichen Architektur ist nur als mehr oder weniger genialer Versuch, nicht als etwas Entgültiges aufzufassen; sehr viel davon wird in absehbarer

Zeit wieder abgetragen werden.« Eine derartige Neuordnung mancher monumentaler Fragen Berlins würde durchaus nichts Revolutionäres oder für irgend jemanden Verletzendes haben dürfen. Diejenigen Baudenkmäler, deren Wirkung in ihrer gegenwärtigen Umgebung nachträglich und auf die Dauer den gehegten Erwartungen nicht entspricht, würden in einer anderen Umgebung vielleicht sehr glücklich wirken. Ein etwas vorschneller Anfang in dieser Richtung war die Versetzung von Gontards Königskolonnaden in den Kleistpark. Indem so für den Anfang dieser Neuaufstellungen öffentlicher Gebäude ein altes Baudenkmal von unzweifelhaftem künstlerischem Rang gewählt wurde, ist den nachfolgenden Versetzungen auch neuerer Gebäude jeder Schatten einer Strafversetzung genommen. Der »Rolandbrunnen«, den Wilhelm II. vor die Charlottenburger »Gedächtniskirche« stellte, nimmt sich heute in Riesenburg (Westpreußen) sehr viel besser aus. Wenn sich in der Umgebung Berlins oder im Deutschen Reich kein geeigneter neuer Aufstellungsort für die wilhelminischen Bauleistungen entdecken läßt, muß — genau wie bei Zeppelinen oder bei ruhmvoll ausgedienten Kriegsschiffen — der Verkauf an einen zahlkräftigen Liebhaber im Ausland statthaft sein. Als das Aufräumen der Denkmäler aus Wilhelminischer Zeit mit der »Berolina« des Alexanderplatzes fortgesetzt wurde, hat sich zwar kein passender Käufer gefunden. Die dringendste dieser Aufräumungsarbeiten ist aber die Beseitigung des Riesendenkmals Kaiser Wilhelms des Großen und des kaiserlichen Domes, die heute beide der Wirkung von Lustgarten, Schloß und Altem Museum schwer schaden. Den kaiserlichen Dom hat zwar der gewiß nicht anspruchsvolle Bismarck am 2. März 1890 als »unschön« und »künstlerisch den Anforderungen eines geläuterten Geschmacks nicht entsprechend« abgelehnt, und der Dom hätte nie gebaut werden können, wenn nicht Bismarck 14 Tage später als Opfer seiner von ihm selbst verfaßten Verfassung dem Wunsch des kaiserlichen Neulings zuliebe sein Amt verlassen hätte. Trotzdem ist es nicht ausgeschlossen, daß sich als Käufer für den kaiserlichen Dom und das Denkmal Kaiser Wilhelms des Großen ein aufstrebender Negerstaat oder vielleicht sogar der erfolgreiche Präsident einer kleineren südamerikanischen Republik finden ließe, namentlich, wenn bei dieser Gelegenheit der Kaiserdom nach dem verständigen Vorschlag Bestelmeyers von den gemeinsten Überladungen gesäubert würde. Nach seinem Abbruch ist das riesige alte Postgebäude von Chicago als recht geschmackvoller katholischer Dom im Staate Wisconsin neu aufgestellt worden. Ein gewandter Bildhauer könnte auch das Berliner Denkmal Kaiser Wilhelms des Großen ebenso leicht in das Denkmal einer glorreichen südamerikanischen Revolution umfrisieren, wie der französische Bildhauer Bartholdi 1879 seine in Paris erfolglose Statue der Industrie in die höchst erfolgreiche Freiheitsstatue des New Yorker Hafens umfrisiert hat. Es kommt bei Baudenkmälern sehr viel auf die Umgebung an.

Hans Delbrück hat zwar die Legende zerstört, Wilhelm I. sei ein Genie gewesen, das scharfsichtig geniale Menschen erkennen und an den richtigen Platz stellen konnte. Im Gegenteil, so beweist Delbrück, »ließ nur die äußerste Not den alten König, sehr gegen seine Neigung und Ansicht, Bismarck rufen, und Moltke glaubte er in einen Winkel geschoben zu haben, bis ihn glückliche Fügungen, ohne den

»Nationaldenkmal Kaiser Wilhelms des Großen« vor dem alten Schloß, 1897. Von Reinhold Begas und vielen anderen Bildhauern. 30 Meter hoch. Kosten: 4 Millionen Mark

Willen des Königs, daraus hervorzogen.« Viel schlimmer ist im Zusammenhang dieses Buches, daß Wilhelm I. für den unbeschreiblich schlechten Bebauungsplan verantwortlich ist, der seit 1858 ein Verhängnis Berlins wurde (und von dem deshalb noch ausführlich die Rede sein muß). Trotzdem sind die Verdienste Wilhelms I. groß genug, daß seine Verehrer (zu denen der Verfasser gehört) sein Andenken vor Beleidigung schützen und einen Ausschuß bilden müßten, der nicht eher ruhen darf, als bis des Kaisers unschickliches Riesendenkmal beseitigt und durch ein schicklicheres Kunstwerk in der Nähe des alten Schlosses ersetzt ist.
Sein Denkmal in der Siegesallee ist keine genügende Ehrung unseres »alten Kaisers«. Andererseits braucht das große Marmorpanoptikum der Siegesallee nicht so scharf verurteilt zu werden, wie es gewöhnlich geschieht. Seine Kritiker machen den Fehler, es mit den schönen Reihen römischer Kaiserbüsten zu vergleichen, wie manche alte Gärten und auch der Charlottenburger Schloßpark sie noch aufweisen. Gewiß hat es einen anderen Reiz, sich zwischen den bescheidenen Büsten von Weltherrschern zu ergehen, als es mit einem Kilometer von überlebensgroßen und teilweise schlechten Statuen meist bangloser Duodezfürsten nebst Gefolge zu tun zu haben. Aber das Urteil über diese Kilometerleistung Wilhelms II. kann sogleich milder werden, wenn man den falschen Vergleich mit den römischen

Kaiserbüsten unserer Barockgärten ersetzt durch den viel richtigeren Vergleich aus der ägyptischen Kunst: die kilometerlangen Widderalleen der Pharaonen des ägyptischen Hochbarock waren zwar künstlerisch wertvoller als die Berliner Hohenzollernallee, aber beiden ist der Gedanke gemeinsam, nicht durch die Alleinherrschaft des ausgezeichneten Einzelwesens, sondern durch massenhaftes Auftreten gleichartiger Individuen, also in einem heute wieder beliebten Sinn durch »Masse Mensch« oder »Masse Widder« wirken zu wollen. Wenn Herrscher von einem Mitglied ihres eigenen Hauses zum Massenaufgebot auf die Straße gerufen werden, zeugt das von einer gewissen Bescheidenheit, beinahe von politischer Einsicht oder wenigstens von einer Auffassung, die Anhängern von Demokratie und Massenvertretung nicht unwillkommen sein sollte.

Glücklicherweise sind auch die beiden Blickziele dieser Hohenzollernallee künstlerisch so bedeutungslos, daß niemand zum Besuch des Panoptikums verpflichtet ist (sein Glanz wird obendrein noch durch reiches Baum- und Buschwerk gemildert). Die Siegessäule am einen Ende ist nach dem alten Berliner Witz nur »deshalb kein Schornstein, weil die ihr entflatternde Siegesgöttin nicht von Rauch ist.« Sie könnte wirkungsvoll ersetzt werden durch ein Denkmal Kaiser Wilhelms II., dem Berlin die beliebte Sehenswürdigkeit seiner »Siegesallee« verdankt. Der minderwertige Roland am anderen Ende steht an dieser Stelle allzu spöttisch als das Sinnbild der städtischen Freiheit, die der Stadt von den Hohenzollern genommen wurde. Da Paris und London um ihre sinnigen Gräber des »unbekannten Soldaten« auch in Deutschland viel und mit Recht beneidet werden, ist es Zeit, diese Leistungen des Auslandes in Berlin wirkungsvoll durch ein Denkmal des »bekannten Soldaten« zu übertreffen. Statt des Roland, der angesichts der kilometerlangen Hohenzollernreihen Berlins verlorene Freiheit darstellt, könnte ein Denkmal erstehen, auf dem die heute noch bekannten Namen von rund vier Millionen Soldaten in Erz gegraben und so vor unserer Vergeßlichkeit bewahrt werden: die Namen der vier Millionen »bekannten Soldaten«, die im Weltkrieg ihr Leben unter Führung eines hohenzollerischen Kriegsherrn opferten. Für die sieben Millionen, die außerdem verwundet wurden, wird das Denkmal vielleicht keinen Platz haben. Doch wäre es im Sinn der Völkerversöhnung und des Fremdenverkehrs zu begrüßen, wenn außer den Namen der vier Millionen, die auf seiten der Zentralmächte fielen, wenigstens noch die sechs Millionen namentlich aufgeführt würden, die als unsere »Feinde« im Weltkrieg fallen durften. Da sich das »Grab des Unbekannten Soldaten« in Paris bereits zu einer wirkungsvollen Belebung des Fremdenverkehrs entwickelt hat, muß in dem stets rührigen Berlin etwas geschehen, um diesen Vorsprung einzuholen. Die Berliner »Siegesallee« hätte dann vielleicht noch eine bedeutsame Zukunft. Nach Ausführung dieser Vorschläge würde sie die gesamte Geschichte der Hohenzollern umfassen.

Schinkels Romantik und unsere Neueste Baukunst

Die Kritiker Schinkels werfen seinen Bauten vor, daß sie zu oft nicht nur durch schöne Massen, sondern durch theatralische Aufmachung wirken, daß sie also den Entwürfen der Schein-Architektur gleichen, in denen hohe Sockelbauten und riesige Treppen sich zwecklos mit überflüssigen, ungeheuren Säulenhallen vereinigen. Es fehlt die notwendige Beziehung zwischen dem Inneren und Äußeren der Schinkelschen Bauten, zwischen ihrem Aussehen und ihrem Zweck. Das Fehlen dieser notwendigen Eigenschaften ergab sich aus Schinkels Hang, durch die Außenseite seiner Bauten zu verblüffen ... Unter vier Augen war Schinkel oft selbst sein bester Kritiker, und er bedauerte diesen unwiderstehlichen Hang seiner Einbildungskraft.

J. I. Hittorf, Präsident der Pariser Akademie der schönen Künste, in seiner Rede zu Ehren des verstorbenen Schinkel, auswärtigen Mitgliedes dieser Akademie.

Karl Friedrich Schinkel (1781 bis 1841) war schon der führende Baumeister nicht nur Berlins, sondern Deutschlands, als er seinen wohlerworbenen Baumeisterruhm für seine im vorigen Kapitel geschilderten Ausschweifungen der Denkmalsphantastik einsetzte, die trotz ihres antikisierenden Gewandes recht eigentlich romantische Leistungen darstellten. Er hatte schon den griechischen Tempelvorbau seiner Neuen Wache geschaffen und stand ein Jahr vor dem Bau seines antikisierenden Schauspielhauses, als ihn der fromme Romantiker Clemens Brentano noch als »den größten Architekten seines Jahrhunderts« feierte.

Schinkel war anpassungsfähig. Er begann als Schüler des Klassizisten Friedrich Gilly, der die Pariser Revolutionsarchitektur und ihr Streben noch dorischer Strenge und römischer Massigkeit nach Berlin verpflanzen wollte. Diesen Lehrer klassischer Baukunst verehrte Schinkel beinahe abgöttisch, aber, so berichtet er in seiner eigenen Lebensbeschreibung, »die Verhältnisse nach dem bald darauf eingetretenen unglücklichen Krieg von 1806 ließen wenig Gelegenheit fürs praktische Baugeschäft«. Der Schüler des Klassizisten Gilly widmete sich deswegen der romantischen Malerei und fand Anklang und Brot mit seinen Dioramen und Panoramen, die sich liebevoll in die Baukunst und in die Kostüme aller Zeiten und Länder, einschließlich Perus, einfühlten, wie es die romantische Laune jener Zeit liebte. Auch viele Theaterkulissen hat Schinkel damals gemalt, z. B. ägyptische für die Zauberflöte. General Gneisenau wurde ein besonderer Verehrer der Schinkelschen Malerei. Ihre romantische Grundstimmung klingt aus der Erläuterung, die Schinkel unter eine seiner vielen Darstellungen von gotischen Kirchen im Walde schrieb: »Versuch, die liebliche, sehnsuchtsvolle Wehmut auszudrücken, welche das Herz beim Klang des Gottesdienstes, aus der Kirche herschallend, erfüllt.«

Die Königin Luise nahm sich dieses frommen, jungen Malers an, und Schinkel scheint das königliche Wohlwollen ziemlich rücksichtslos gegen den fünfzehn Jahre älteren Architekten Gentz ausgenutzt zu haben, in dessen Fußstapfen er später seine wirklichen, d. h. baulichen Erfolge erzielte. Dank Königin Luises Vorliebe für die romantischen Gemälde Schinkels wurden ihm die mangelnden *Examina* erlassen, und 1810 wurde Schinkel zum königlichen Bauassessor ernannt. Ein preußischer Beamter, der keine Prüfungen bestanden hat, bedeutet eine große Hoffnung. Er machte gleich einen Entwurf für das Mausoleum der unterdessen verstorbenen Königin in dem geliebten »vaterländischen«, d. h. neugotischen Stil. Er nannte die »Architektur der früheren griechischen Antike für uns kalt und bedeutungslos«. Aber der König wünschte für das Mausoleum die Form eines antiken Tempels, wofür schon ein ausgezeichneter Entwurf von Gentz vorlag. So gab Schinkel seine gotischen Absichten auf und machte sich zum Mitarbeiter an den Plänen für den heute noch erhaltenen klassizistischen Bau im Charlottenburger Schloßpark, den Gentz entworfen hatte, ohne sich diesen wetterwendisch romantisierenden Mitarbeiter zu wünschen.

Als die vaterländische Erregung gegen Napoleon trotz der Hemmungen des preußischen Königs schließlich auch Berlin erreichen durfte, wurde der zweiunddreißigjährige Schinkel Freiwilliger im Landsturm. Das war im Sommer 1813, aber seine militärischen Erfolge waren gering. Er wurde bereits im August wieder entlassen und malte weiter. Sehr zum Schaden des Vaterlandes versäumten im letzten Weltkrieg viele ausgezeichnete Maler und Baumeister, dem Beispiel Schinkels zu folgen, sondern eilten wie der Maler Marc oder der vierundvierzigjährige Baumeister Ostendorf in den freiwilligen Heldentod, lange bevor es dem Vaterland so schlecht ging wie 1813. Für seine weiterkämpfenden Landsleute entwarf der besonnenere Schinkel das Eiserne Kreuz, das noch 1870 und im Weltkrieg vielen zu Trost und Ehre gereichte; er »will aber«, so schrieb Schinkels Freund Achim von Arnim an Clemens Brentano, »auswandern, ich auch, nach schönen Gegenden — auf Felsen, wo nur der seltene Sturm den Staub des zerstiebten Vaterlandes in die Augen weht«.

Diesem unpatriotischen Traum hing Schinkel nicht lange nach, sondern wurde 1815 Geheimer Oberbaurat in Berlin. Schon ein Jahr später durfte er zum ersten Male selbständig einen Bau ausführen. Über die Folgezeit berichtete er in seiner eigenen Lebensbeschreibung: »Seit der Beendigung des für die Preußen so glücklichen und denkwürdigen Krieges von 1813, 1814, 1815 wurden durch des Königs großen Sinn für die Beförderung der Künste mehrere wichtige Bauten im Land und besonders in der Hauptstadt unternommen. Ebenso lebte auch der Sinn bei den Privatleuten für Bauen wieder auf, so daß Schinkel durch Entwürfe und Bauausführungen in beständiger Tätigkeit blieb.«

Der erste Bau, den der sechsunddreißigjährige Geheimrat Schinkel selbständig ausführte, war die Neue Wache neben dem Zeughaus. Er hat sie, wenn man seinen eigenen Angaben trauen dürfte, »einem römischen *Castrum* ungefähr nachgeformt, deshalb die vier festen Ecktürme und der innere Hof«. Aber diese militärische Bauphilologie wird von den wenigsten Betrachtern gewürdigt, denn vor sein

»Castrum« (zu deutsch: Waffenplatz, Festung) stellte Schinkel die Kulisse einer dorischen Säulenhalle mit Tempelgiebel. Sie war musikalischer als der Dorismus seines Lehrers Gilly oder als irgendein bis dahin in Berlin gebautes Gebäude. (Das kleine »Castrum« der Neuen Wache ist auf Seite 127 rechts sichtbar.) Gleichzeitig mit dieser antikisierenden Arbeit machte der vielseitige Schinkel Entwürfe für einen gewaltigen gotischen Dom, den er gern als Abschluß der Leipziger Straße mitten auf den Potsdamer Platz gestellt hätte. Da er nicht wußte, daß die gotische Baukunst aus Frankreich stammt, glaubte er sie mit vielen seiner Zeitgenossen als »altdeutsch«, vaterländisch und franzosenfeindlich bewundern und pflegen zu müssen. Aber er wollte »mit dem ergreifenden Stil altdeutscher Baukunst ein zu seiner Vollendung noch fehlendes Element verschmelzen«. Er machte deshalb, als der König für den gotischen Riesenbau nicht zu gewinnen war, einen Entwurf für ein Denkmal auf dem Kreuzberg, bei dem er die Spitze eines gotischen Kirchturms auf einen eigenartigen dorischen Tempel türmte. Nachdem der König diesen Tempel weggestrichen hatte, verblieb die gotische Kirchturmspitze, die in Eisen gegossen wurde und noch heute auf dem Kreuzberg zu sehen ist. Mehr noch als die steifen gotischen Bauten Schinkels (gleichviel ob sie in Gußeisen oder in Stein geformt wurden) überrascht seine Absicht, seine Gotik mit griechischen Formen an ein und demselben Bauwerk zu mischen, und seine Fähigkeit schnellster Anpassung an verschiedenartige königliche Wünsche. Schinkel war nicht nur, wie er an der Spitze seiner Selbstbiographie von 1825 mitteilt, »Ritter des Roten Adler-Ordens III. Classe«, sondern auch Sohn eines Pastoren zu Neuruppin in der Mittelmark. Die Kunst, sich höheren Wünschen zu fügen, lag ihm im Blut.
Trotzdem scheint ihm die Anpassung manchmal nicht leichter geworden zu sein als dem unglücklichen Knobelsdorff oder den anderen Architekten Friedrichs II. oder, später, dem Hofarchitekten von Ihne unter Wilhelm II. Einmal hat von Ihne versucht, seine sauber gezeichneten Zeichnungen vor den groben Buntstiften Wilhelms II. dadurch zu schützen, daß er sie dem Kaiser unter Glas und Rahmen einreichte. Aber er bekam sie entglast und rotstift-durchkreuzt zurück. Es klingt wie ein Ergebnis ähnlicher Erfahrungen, daß Schinkel bei der Planung seines Schauspielhauses besorgt an den Intendanten, den Grafen Brühl, schrieb, »es könnte sich wohl zutragen, daß ... die Arbeit so ausfiele, daß Allerhöchsten Ortes wegen einzelner Anstöße mittels eines Bleistiftstriches das *Resultat* vieler angestrengt durchwachter Nächte vernichtet würde, und nun von neuem Zeit und Mühe aufgewendet werden müßten, woraus die Förderung des Werkes nicht erwachsen kann«. Schinkel setzte seine Hoffnung auf den Kronprinzen, den späteren König Friedrich Wilhelm IV., der ihn manchmal aufmunterte: »Kopf oben, Schinkel! Wir wollen einst zusammen bauen!« Von diesem kronprinzlichen Gönner erklärte Schinkel, »daß er ihn, wenn ein solches Verhältnis hätte stattfinden können, als den ersten der lebenden Architekten würde anerkennen müssen«. Aber die Langlebigkeit des Vaters ließ diesen ausgezeichneten Gönner erst 1840 König werden, also zu einer Zeit, in der Schinkel schon der Gehirnerweichung zum Opfer gefallen war, der sein neuer König 17 Jahre später ebenfalls verfiel. Von den gewaltigen Berliner Bauentwürfen dieses Königs kam der heute wieder verschwundene Unter-

bau für einen riesigen *Campo Santo* am Lustgarten zur Ausführung und galt im Berliner Volkswitz als die Ruine, auf der »das teuerste Gras von Europa wächst«. Erfolgreicher war dieser königliche Baumeister mit seinem Entwurf der preußischen Pickelhaube, die als Mischung aus mittelalterlicher Romantik und neupreußischer Überlegenheit heute noch in Bayern volkstümlich ist und die Erinnerung an die eigenen malerischen Raupenhelme überstrahlt. Der romantische Baugeschmack, von dem Friedrich Wilhelm IV. und sein Bruder Wilhelm, der spätere Kaiser, beseelt waren, spricht aus dem Schloß auf dem Babelsberg bei Potsdam, wo ihnen Schinkel die ungeschickten gotisierenden Burgbauten liefern mußte, die den Besucher noch heute erschrecken, obgleich sie Schinkel eine »bedeutende Verschönerung des bis dahin ganz wüsten Berges« genannt hat (Seite 173).

Die noch heute schöne, antikisierende Wache in Dresden erbaute Schinkel ungefähr um dieselbe Zeit, als er die fade Babelsberger Romantik und Pseudogotik pflegte, deren Folgen noch heute an mancher Berliner »Villa« der Vorkriegszeit peinlich erkennbar sind. Mit dieser Rückkehr zur gleichzeitigen Verwendung gotischer und antiker Formen beschloß Schinkel die Reihe seiner eigenartigen Versuche zur Schaffung »eines neuen Stils«, zu denen auch die Konstruktion des (auf Seite 164) erwähnten »Septizoniums« für Friedrich den »Großen« gehört und von deren zweifelhaften Ergebnissen seine heute noch erhaltene Berliner Bauakademie das bekannteste Beispiel ist. Allerdings darf Schinkel für den schlechten Zusammenklang zwischen dem Grau des alten Schlosses und dem Ziegelrot der Bauakademie nicht verantwortlich gemacht werden, weil beide Bauten zu Schinkels Zeit durch eine Reihe ziemlich hoher Wohnhäuser (an Stelle des heutigen Kaiser-Wilhelm-Denkmals) getrennt waren. Daß in Nachahmung der roten Bauakademie später auch noch ein rotes Bankgebäude und das »rote Schloß« einer Schneiderakademie dicht neben das graue Königsschloß gesetzt wurden, sind Geschmacklosigkeiten, für die Schinkel erst recht keine Verantwortung trägt.

Schinkels erfolglose Bemühungen um die Schaffung eines »neuen Stils« haben seine entschlossensten Bewunderer ermuntert, ihn »den kommenden Mann unserer Baukunst« zu nennen, der, »wie alle Genies, seiner Zeit um ein Jahrhundert voraus war«. Schinkel soll als Baukünstler »durch und durch Realist« gewesen sein; der *dezidierte* Berliner Fritz Stahl meinte sogar, daß die »tiefe und ernste Wahrhaftigkeit, die bereichernde gemeinsame Eigenschaft aller großen Künstler, die sich in Berlin vollendet haben«, nicht nur Schadows und Menzels, sondern auch Schinkels Haupttugend genannt werden müsse. Wenn man aber näher zusieht, findet man, daß Schinkel weniger neuerungssüchtig als konservativ war und daß er auch die »Wahrhaftigkeit« nicht übertrieben hat. Sein bauliches Streben umschrieb er einmal mit den Worten: »Das Wertvolle früherer Zeiten innerlich unverfälscht unter uns lebendig zu erhalten und das Maß der Anwendung für die Gegenwart zu finden, ist eine der Hauptbestimmungen eines Architekten.« Dem unbefangenen Betrachter von heute muß scheinen, als ob Schinkel diese Hauptbestimmung nicht erfüllt, sondern der Entwicklung der Berliner Baukunst durch zu ängstliches Kleben am Überlieferten wie durch allzu eiliges Überbordwerfen der Überlieferung fast ebensoviel geschadet wie genützt hat.

Schinkels Entwurf für das Landhaus des Prinzen Wilhelm auf dem Babelsberg bei Potsdam. Eines der schlimmsten Beispiele der Romantik Schinkels

Schinkels eigentümliches Hin- und Herspringen zwischen klassischen und keineswegs »innerlich« unverfälschten gotischen Formen erklärt sich aus seiner romantischen Auffasung, der »Stil« eines Gebäudes solle nach seinem »Zweck« bestimmt werden, und dieser »Zweck« fordere das eine Mal gotische und das andere Mal antike Formen. Nicht nur 1810 beim Mausoleum, sondern noch 1829 bis 1837 bei der Potsdamer Nikolaikirche glaubte Schinkel den »Zweck« dieser Bauten am besten durch gotische Formen erfüllen zu können. Als aber der König gleichwohl klassische Formen befahl oder wenn er bei der Friedrichswerderschen Kirche seinen Baumeister vom Klassizismus zur Gotik kommandierte, fand er in Schinkel einen stets zweckentsprechenden Diener, der die befohlenen Schwenkungen mit militärischer Pünktlichkeit ausführte und seine Leistung dann rechtfertigte mit Worten wie: »Unter den Entwürfen (für die Kirche auf dem Werderschen Markt), welche ich bearbeiten mußte, wurde auch einer im Mittelalter-Styl verlangt, und dieser erhielt die Genehmigung.« Schinkel hatte auf seinen Reisen die verschiedenartigsten Bauten bewundert und ihr Andenken in einem feinen Herzen bewahrt, nicht nur die gotischen und antiken, sondern sogar barocke Bauten und die »sarazenische« Kunst Siziliens. Statt »durch und durch Realist« zu sein, darf Schinkel auch für allerlei in seiner eigenen Kunst und besonders für seine Bemühungen um den

»neuen Stil« die spöttische Schilderung gelten lassen, die Gottfried Keller 1840, also noch zu Schinkels Lebzeiten, von der damals entstehenden Münchner Ludwigstraße gemacht hat. Auch Schinkels Kunst und die ganze von ihm beeinflußte Baukunst des 19. Jahrhunderts wurde als eine »Mustersammlung für lernbegierige Schüler aufgestellt. Da und dort verschmelzten sich die alten Zieraten und Formen zu neuen Erfindungen, die verschiedensten Gliederungen und Verhältnisse stritten sich und verschwammen ineinander und lösten sich wieder auf zu neuen Versuchen; es schien, als ob die tausendjährige Steinwelt, auf ein mächtiges Zauberwort in Fluß geraten, nach einer neuen Form gerungen hätte und über dem Ringen in einer seltsamen Form wieder erstarrt wäre. Wie zum Spott ragte tief im Hintergrund eine kolossale alte Kirche im Jesuitenstil über alle diese Schöpfungen empor.«

Wie in München die Theatinerhofkirche die Neubauten der Ludwigstraße, so überragt in Berlin das barocke Königsschloß das bunte Gemisch der benachbarten Gebäude Schinkels: das Museum am Lustgarten, wo Schinkel eine riesige eingeschossige Säulenkulisse und eine ebenso hohe fensterlose Wand vor ein zweigeschossiges Haus stellte, in dessen Untergeschoß, für Werke der Bildhauerei bestimmt, die Hauptsüdräume der südländischen Fassade zuliebe kein Südlicht haben dürfen, sondern auf Nordlicht von kleinen Höfen angewiesen und deshalb »Kunstkammern« sein müssen (Seite 175); die Neue Wache, die ein »römisches *Castrum*« für preußisches Militär sein soll und wie ein griechischer Tempel aussieht; die Bauakademie, die durch Verbindung von Gotik und Klassik einen Weg zu neuer Renaissance suchen soll und heute nur aus der Ferne genießbar ist; die Werdersche Kirche, deren steife Gotik niemand bewundert; die Verschlimmbesserung des Palais Redern, dessen Räume beziehungslos nebeneinander liegen, dessen Fenster Schinkel halb der Beziehungslosigkeit der Räume entsprechend, halb für die Ansicht über Eck asymmetrisch gruppierte und dessen Fassaden er im Stil der italienischen Gotik dekorierte und mit einem verdorbenen Zinnenkranz romantisch krönte; und das neue Schauspielhaus, dessen große Freitreppe wieder nur Dekoration ist; sie läuft sich tot in einem Flur hinter den Logen, der nur ein Viertel so hoch ist wie die davorstehenden Säulen, und hilft, den wahren Eingang zum Theater im Keller zu verstecken; und während diese widersinnige Dekorierung der Ostseite des Schinkelschen Schauspielhauses wenigstens verblüffend und ungemein wirkungsvoll ist, sind auf seiner Westseite zwei »klassische« Giebel in derselben Ebene übereinandergetürmt und widersprechen nicht nur der Logik, sondern auch der klassischen Überlieferung und dem guten Geschmack (Seite 145).

Trotz allem ist aber das Schauspielhaus mit seinen strengen und dennoch leicht gegliederten kubischen Massen vielleicht das schönste Gebäude Berlins und ein Bau, dessen internationale Bedeutung schon früh auch von angesehenen Kritikern des Auslandes anerkannt wurde. Auch Schinkels Altes Museum war nicht, wie alles frühere Berliner Bauen, nur eine Leistung der deutschen Provinz, sondern der erste Museumsbau des Festlandes und als Kunstwerk mit der hinreißenden Gebärde seiner großen Säulenhalle mindestens ebenbürtig dem gleichzeitig in London entstehenden Britischen Museum, dessen hohe Säulenvorhalle eine Zwillings-

Altes Museum, erbaut 1824 bis 1828 nach einem Entwurf von Schinkel

schwester der Halle Schinkels ist. Aus der Provinzstadt Berlin machte Schinkel eine Hauptstadt der Baukunst. Was er für Berlin tat, ist mindestens gleichwertig dem Geschenk, das Goethe dem kleinen Weimar machte. Schinkel ist in mancher Hinsicht der stärkste unter den Vollendern des klassizistischen Zeitalters und seines etwas literarischen Bauwillens. Er führte nicht nur die Berliner Entwicklung, die mit dem unglücklichen Knobelsdorff begann, sondern auch die europäische Entwicklung, die mit Palladio begann, zu einem gemeinsamen Gipfel. Schinkel ist nicht nur der größte Baumeister Berlins, sondern einer der großen Baumeister aller Zeiten.

»Narren reden immer vom König und von Gott«, sagte Napoleon. Die Zahl der Narren, die dem König Friedrich Wilhelm III. Schinkels Verdienste in die Schuhe schieben wollen, ist gering. Immerhin haben Friedrich Wilhelm II. und III., anders als Friedrich II., den Aufschwung der Berliner Baukunst nicht verhindert. Wenn sie mit ihrer altpreußischen Treulosigkeit auch der deutschen Politik beinahe ebensoviel geschadet haben wie Friedrich II. oder der »Große« Kurfürst, so verdienen sie doch auf baukünstlerischem Gebiet zusammen mit Friedrich I. als die wenigst schädlichen Hohenzollern verehrt zu werden.

Der wirtschaftliche Mangel des Schinkelschen Zeitalters verhinderte die Verwirklichung seiner häufig ausschweifenden Architekturphantasien und schützte gnädig sogar die Athenische Akropolis vor dem zudringlichen bayrischen Königspalast, dessen First Schinkel höher plante als die Ruinen des Parthenon. Der wirtschaftliche Mangel seines Zeitalters zwang Schinkel oft zum Verharren bei den überlieferten antikisierenden Formen, die sich nach seiner Ansicht »über die physische Zweckmäßigkeit nicht erhoben«, die er aber mit so selbstherrlicher Musikalität zu handhaben verstand, daß seine antikisierenden Bauten dem gebildeten Betrachter noch heute Freude machen. Noch in seinen letzten Jahren nannte Schinkel die klassische Kunst »naiv« und »ursprünglich«, die mittelalterliche dagegen »erhaben« und »vielfachgestaltet«. Schinkel war 29 Jahre alt, als er erklärte: »Die mittelalterliche Architektur trachtete danach, eine unmittelbare geistige Idee darzustellen, wogegen die Antike sich größtenteils über die physische Zweckmäßigkeit nicht erhob.« In der bildenden Kunst und besonders in der Baukunst gibt es nichts Gefährlicheres als die Darstellung »unmittelbarer geistiger Ideen«. Der wirtschaftliche Mangel seines Zeitalters schützte Schinkel meistens vor dieser Gefahr. Es ist eine echt preußische Demütigung, den Mangel loben zu müssen; aber nur der Mangel war es, der Schinkel vor romantischer Zuchtlosigkeit bewahrte.

Der wichtigste Grundsatz allen Bauens bleibt das alte Wort: »Notwendigkeit ist das oberste Gesetz der Baukunst.« Schinkel hat oft gegen dieses Gesetz gesündigt und hat dazu gelegentlich sogar die Formen der klassischen Baukunst mißbraucht, welche in ihrer Heimat das Gesetz der Notwendigkeit vielleicht treuer erfüllten als irgendeine frühere oder spätere Baukunst. Wahrscheinlich war Winckelmann, als er die »Ernsthaftigkeit der Alten« rühmte, nicht ausschließlich Opfer eines seiner Mißverständnisse. Es war ganz im Sinn dieser »Ernsthaftigkeit der Alten«, daß Schinkel seinen bedeutenden Grundsatz aufstellte: »Das Ideal in der Baukunst ist nur dann völlig erreicht, wenn ein Gebäude seinem Zweck in allen Teilen und im Ganzen in geistiger und physischer Rücksicht vollkommen entspricht.«

Nach seinen Reisen in Städte wie Paris und London, wo mehr Leben pulsierte als in Berlin und wo z. B. neue Eisenkonstruktionen erprobt wurden, hat Schinkel sich bemüht, sein hohes Ideal zu verwirklichen. Er stellte Forderungen auf, die ihn zum Vorläufer gewisser Bemühungen unserer Zeit machen. Er erklärte: »Überall ist man nur da wahrhaft lebendig, wo man Neues schafft«, und er schrieb die Sätze, die wie das Programm der modernen Baukunst und beinahe auch wie Schinkels Kritik an manchen seiner eigenen Bauten wirken: »Es wäre ein ärmliches Ding um die

Schinkels Entwurf für eine Bibliothek (hinter der Universität, rechts) in seinem halb romantisch-»vaterländischen«, halb »neuen« Stil

Schinkels Entwurf zu einem Kaufhaus an Stelle der heutigen neuen Bibliothek

Baukunst, und sie verdiente wahrhaftig nicht den Platz im Rang der anderen Künste, wenn alle notwendigen besonderen Stücke wie z. B. bestimmte Säulenordnungen, Gesimse pp. in der Antike schon vorgerichtet und fertig dalägen und auf nichts zu sinnen wäre, als auf einige neue Zusammensetzung dieser Stücke — ein kärgliches Geschäft für den Verstand. Auch würde, da diese bestehenden Mittel endliche Größen sind, das Zusammenpassen und Verhältnißsuchen einmal erschöpft werden; ein widerlicher Kreislauf finge nun an, wenn noch Kraft dazu übrigbliebe, und nicht die Martyrien von fortlaufenden Jahrtausenden das Menschengeschlecht hierin so erschlafften, daß reiner Tod entstände. Der erste, welcher die korinthische Säule erfand und sie an den Ort stellte, der allein ihr zukommen kann, war ein Künstler im wahren Sinne des Worts, aber wahrhaftig keiner, der ihm folgt und nachahmt, was er vortat, darf sich mit diesem Namen schmeicheln, er mag sein Verdienst haben, daß er das Gute anerkannte und verwandte, aber er ist nicht mehr Schöpfer, in ihm ist nicht mehr die ursprüngliche Tätigkeit, er lebt nicht sein eigenes Leben, sondern lebt noch das Leben eines anderen, welches in jenem anderen wahrhaft lebendiges Leben ist.«

Die Bauten, die Schinkel in neuem Geiste zu entwerfen versuchte, sind um so überzeugender, je weniger sie sich von der überlieferten Formgebung entfernen. So wirken seine Bauakademie und sein Entwurf zum Bibliotheksgebäude (Seite 176) der Universität noch 100 Jahre nach ihrem Entstehen fremdartig und gewollt. Dagegen gefällt noch heute sein Militärgefängnis in der Lindenstraße und sein Entwurf zu einem Kaufhaus (auf dem Gelände des alten Marstall- und Akademiegebäudes, Seite 177). Beide wirken ungezwungen, namentlich das leider nie gebaute Kaufhaus, das, wirklich mehr als 100 Jahre seiner Zeit voraus, ein ganz modernes Warenhaus darstellt. Sogar die Bürgersteige sind schon mit leichten Dächern geschützt, und die Beleuchtung des Erdgeschosses dringt durch Fenster über diesen Bedachungen des Bürgersteiges. Dieser letzte Gedanke blieb bis heute in Berlin unverwirklicht, und der Fußgänger ist, sogar in den Hauptgeschäftsstraßen, die wie ein einziger bequemer, großer Basar sein müßten, noch immer dem häufigen Berliner Regen ausgesetzt.

Der Gedanke des sichtbaren Pfeilergerüstes, mit dem Schinkel die Fassaden seiner vier letztgenannten Entwürfe gliederte, ist namentlich seit Alfred Messels Wirken zu einer regelmäßigen, leider oft übertriebenen Eigenheit des Waren- und Geschäftshausbaues in Berlin und in fast allen Städten der Welt geworden. Messel und seine Schüler haben Schinkels Anregungen, nicht ganz ohne Schinkels Schuld,

Eingang zur Leipziger Straße. Die strenge Symmetrie des Leipziger Platzes wird zerstört durch das beziehungslose Nebeneinanderstehen der nachschinkelschen Porzellanmanufaktur (rechts) und des gotisierenden höheren Wertheimbaues (links)

mißverstanden. Schinkels Kaufhausentwurf zeigte ein klares Gerüst von Stützen und Querbalken, also einen Rahmenbau für zweckmäßige (wenn auch wohl zu nahe an den Fußboden reichende), deutlich eingeschossige Fenster. Messel und seine Schüler haben daraus die Pseudokathedralen des Berliner Warenhausbaues gemacht, deren schönste Messels Wertheim-Haus am Leipziger Platz (Seite 178) und deren neueste und gewaltigste Philipp Schäfers Karstadt-Haus am Hermannplatz ist. Der Zweck dieser Häuser ist, Verkaufsräume in übereinanderliegenden Geschossen zu beherbergen, aber für den Betrachter auf der Straße sind die übereinanderliegenden Geschosse ziemlich geschickt versteckt, nur die senkrechten Teilungen des Baues sind betont. Das Ganze wirkt, als läge hinter den Fassaden nur ein gewaltiger vielgeschossiger Lichthof, ein gottesdienstlicher hoher Raum. Der »Zweck« ist vertuscht. Die Gebärde nach außen wirkt »kolossal«, aber der ungeheure Maßstab ist falsch, verlogen, »wilhelminisch«. Die hier geschilderte senkrechte Baumode hat ihr genaues Gegenstück in der seit einigen Jahren um sich greifenden waagerechten Baumode, die ihren gefügigen Anhängern befiehlt, plötzlich alle senkrechten Stützen an den neuen Hausfassaden zu verbergen und die einseitige Betonung aller waagerechten Glieder des Baues mit Torheiten zu begründen wie: das Zeitalter der Eisenbahnen verträgt nur noch die waagerechte Ausdehnung. Selbstverständlich können in der übertrieben waagerechten Manier genauso schöne und genauso verlogene Bauten geschaffen werden wie in der übertrieben senkrechten Manier. Waagerecht gestreifte Bauten von Luckhardt und Anker (Seite 179) können ebenso hohen Reiz haben wie Messels senkrecht gestreifte Wertheim-Fassade in der Leipziger Straße. Doch besser als beide wirkt ein Bau wie Mendelsohns Herpich-Haus in der Leipziger Straße, bei dem ein glücklicher Ausgleich zwischen Waagerechten und Senkrechten gelang.

An der Stelle von Unter den Linden, für die Schinkels noch heute gewinnender Entwurf eines zweigeschossigen Kaufhauses bestimmt war, erstand die überhohe wilhelminische Bibliothek im mittelmäßigen Barock von Ihnes. Schinkels Mißerfolge bei seinen Versuchen mit neuen Formen und auch der moralische Erfolg seines unausgeführten Kaufhausentwurfs rechtfertigen seine Prophezeiung über den neuen Baustil: »Dieser neue Styl wird nicht so aus allem Vorhandenen und Früheren heraustreten, daß er ein Phantasma ist, welches sich schwer allen aufdringen und verständlich werden würde, im Gegenteil, mancher wird kaum das Neue darin bemerken, dessen größtes Verdienst mehr in der *consequenten* Anwendung einer Menge im Zeitlaufe gemachter Erfindungen werden wird, die früherhin nicht kunstgemäß vereinigt werden konnten.« Gegen diese reife Erkenntnis Schinkels haben viele unserer jüngsten Architekten, gerade auch in Berlin, gesündigt, indem sie nicht nach der folgerichtigen Anwendung neuer bewährter Erfindungen, sondern oft nach dem Phantasma eines aufdringlichen und schwerverständlichen neuen Stils strebten, der um jeden Preis alle paar Jahre in schnellem Wechsel »aus allem Vorhandenen und Früheren« heraustreten wollte und neuerlich im Zickzackstil der Inflation oder in dem übertriebenen Horizontalismus, Streifband- oder Bauchbindenstil von 1929 Ausdruck fand. Die jungen und alten Architekten, die in der Befriedigung dieser kindlichen Neuigkeitssucht ihr Verdienst suchen, hemmen den Fortschritt der neuen Baukunst, in der Berlin eine Führerrolle zugefallen ist, und erwecken ihr Gegner unter pflichtbewußten Baumeistern.

Im Schutz dieser gewissenhaften Gegner verantwortungsloser Neuerungssucht spreizen sich die Gegner des neuen Bauens, die aus Rückständigkeit und Vorurteil nicht erkennen können, daß sich ihre Einwände gegen das Neue in erster Linie gegen Schinkel richten müßten. Schinkels schönes Kavalierhaus im Charlottenburger Schloßpark (Seite 181) gehörte recht eigentlich zu den kubischen Bauten, die mancher deutsche Bürgermeister oder Rassentheoretiker als semitische oder marokkanische Baukunst mit blindem Eifer befehdet. Namentlich das vielbekämpfte flache Dach, das heute von manchen seiner Gegner als asiatische Angelegenheit bezeichnet wird, war eine Liebhaberei Schinkels, der dabei ebensosehr durch seine romantische Vorliebe für spätgotische Vorbilder wie durch seine nicht weniger romantischen Reiseerinnerungen aus Italien geleitet wurde. Daß er für einen seiner großen Friedrich-Denkmal-Entwürfe besonders das flache Dach empfahl, das nach der Mitte des Baues entwässert, wurde erwähnt. Diese Empfehlung könnte wörtlich von dem französischen Baumeister Le Corbusier übernommen werden, dessen Flachdachbauten manchem jungen deutschen Baumeister und in »neuer« Baukunst dilet-

Preisgekrönter Entwurf für die Neugestaltung des Alexanderplatzes, 1928. Architekten Brüder Luckhardt und Anker

tierenden deutschen Bürgermeister als Vorbild dienen, auch wenn er nicht, wie Schinkel, ein teures Denkmal aus Eisen, sondern billige Kleinhäuser bauen muß. Auch wo Schinkel kein flaches Dach bauen konnte (wie beim Palais Redern, der Neuen Wache oder der Bauakademie), machte er gern ein nach hinten abfallendes Pultdach, das von der Straße aus nicht sichtbar ist. Wenn er schräge Dächer sichtbar machte, so zog er die geringsten Neigungen vor, die sich nicht aus den Eigenheiten unserer Dachbaustoffe, sondern aus der romantischen Erinnerung an antike Tempel ergab. Dieselbe romantische Grundstimmung beherrscht viele unserer jungen, »modernen« Baumeister. Aber nur wenige von ihnen sind klug und ehrlich genug, einzugestehen, daß ihr Streben nach dem flachen Dach weniger ein Ergebnis technischer Notwendigkeiten und verbilligter Konstruktion als ein Kleben an der romantischen Überlieferung und ein treues Schwärmen für Vorbilder aus der Renaissance darstellt. Einer der besten der heute gerade in Deutschland besonders geschätzten jüngeren Baumeister Hollands, J. J. P. Oud, selber ein Liebhaber des flachen Daches, hat den Tatbestand gewissenhaft aufgedeckt. Auf eine Umfrage der »Bauwelt« (1926, Seite 225) antwortete er: »Billige Konstruktionen soll man eigentlich für flache Dächer nicht machen... die Renaissance hat uns äußerlich schon lange das horizontale Dach gebracht (die Ziegel waren da sehr oft verdeckt), und daß z. B. das *Petit Trianon* zwischen den Bäumen schlechter aussehen sollte als die schräggedeckten englischen Landhäuser, kann doch nur derjenige behaupten, der voreingenommen ist... Nicht richtig scheint mir (Ihre Umfrage beweist es übrigens), daß das horizontale Dach aus den Fortschritten der Technik sich ergeben haben sollte. Meiner Meinung nach ist es erstens ›eine Sache des ›Zwecks‹, zweitens — wenn nicht erstens? — eine rein ästhetische Angelegenheit, wofür man erst nachher die richtige technische Lösung zu suchen angefangen hat. Es ist überhaupt heute sehr viel ideelles Wollen da (ich finde das gar nicht schlimm), das der Technik Richtung gibt und Richtung geben muß: mehr eigentlich als technisches Können, das diesem Wollen entspricht.«
Mit den schönen offenen Loggien seines Charlottenburger Kavalierhauses (Seite 181) bewies Schinkel einen anderen Irrtum der unpraktischen »modernen« Baumeister, die künstlerischen Renaissanceträumen nachstreben und sich gleichzeitig als Anwälte der Sachlichkeit und als unentwegte Gegner alles Überlieferten aufspielen. Schinkel hat diese Loggien unmittelbar von einem *villino* bei Neapel übernommen. Sie sind durch seine Schüler eine besonders kennzeichnende Eigenheit der Berliner Tiergartenvillen geworden, die dem sogenannten alten Westen seine heute leider verschwindende Vornehmheit gaben, die aber noch heute einen Spaziergang längs der Südseite des Tiergartens zu einem Genuß machen. Während aber die vornehmen alten Tiergartenvillen rasch verschwinden, leben ihre Loggien weiter; in vielfach verdorbenen Formen sind sie ein beliebter und beinahe unentbehrlicher Bestandteil der gartenlosen Berliner Mietskasernen geworden.
Leider können sich nicht nur die Freunde der neuen Baukunst, sondern auch die Anhänger der baulichen Reaktion auf Schinkel berufen. Er ist nicht nur der Vater der anständigen Tiergartenvilla, sondern auch der Vorläufer der Grunewaldvillen, gleichviel, ob sie im Burgenstil oder in schlechter Gotik oder in anderen mißver-

Schinkels Kavalierhaus im Park des Charlottenburger Schlosses

standenen Bauformen erbaut wurden, wie sie Schinkel gebaut oder gemalt hat. Noch schlimmer ist, daß Schinkels Hausgrundrisse oft schlecht waren und daß er, wenn auch nicht der Vater, so doch ein Verbreiter des häßlichen »Berliner Zimmers« war, des Zimmers also, das wegen der bedrängten Raumverhältnisse auf dem überteuerten Berliner Mietskasernengelände nur an einer Ecke ein Fenster hat.
Auf dem wichtigen Gebiet des Städtebaues hat Schinkel beinahe ganz versagt. Er hat schöne Einzelstücke geschaffen, wie den längst wieder verschwundenen Eingang zur neuen Wilhelmstraße und seine Entwürfe für die Neugestaltung von Leipziger und Potsdamer Platz. Aber Schinkel kann sich nicht mit Friedrich Weinbrenner (1766 bis 1826) messen, der sich der Berliner Romantik früh und entschlossen entzogen und in Karlsruhe als Stadtbaukünstler das geleistet hat, was Schinkel in Berlin versäumte. Schinkels »landschaftliche Bauweise« wollte auch die Bauten der Innenstadt nicht durch die Einheitlichkeit ihrer Formen, sondern durch romantische Baumassen zusammenfassen. Er verkündete als »Haupt*princip*« einen Satz, der die Bankrotterklärung der Stadtbaukunst genannt werden kann: »Jede Construction sei rein, vollständig und in sich selbst abgeschlossen. Ist sie mit einer anderen, von einer anderen Natur verbunden, so sei diese gleichfalls in sich abgeschlossen und finde nur den bequemsten Ort, Lage, Winkel, sich der ersteren anzuschließen.«
Das Ergebnis dieses »Haupt*princips*« Schinkels ist die romantische Verwilderung des Städtebaues; jeder baut »von innen nach außen« und kümmert sich nicht mehr um den Nachbar. Weinbrenner hinterließ in Karlsruhe den Entwurf einer idealen Stadt. Schinkels letzte Arbeit war auch ein Idealentwurf, aber nicht für ein

bürgerliches Gemeinwesen, sondern für den Wohnsitz eines Fürsten. Im 18. Jahrhundert, als die Stadtbaukunst in Frankreich und Deutschland in höchster Blüte stand, waren in Berlin infolge der rückständigen Kunstanschauungen des »Soldatenkönigs« und Friedrichs II. fast nur Einzelbauten beziehungslos nebeneinander gestellt worden. Schinkel hat diese überlieferte *Schwäche* der Berliner Baukunst nicht überwinden helfen, sondern hat sie eher verschlimmert. Kein einziger einheitlicher Platz, kein einziges wirklich gut aufgestelltes Gebäude ist entstanden. Die »landschaftliche« Umgebung des Alten Museums und das riesige Friedrich-Denkmal, die Schinkel für den Lustgarten plante, überzeugen wenige. Sein Entwurf für den Leipziger Platz wurde nicht ausgeführt. Die große Zeit stadtbaukünstlerischer Ordnung ist in Berlin übersprungen worden. Aus dem 17. Jahrhundert, in dem die Welt lernte, Bauten zu großen städtebaukünstlerischen Wirkungen zusammenzufassen, ging Berlin unmittelbar in das 19. Jahrhundert hinüber, in dem man diese große Kunst schon wieder vergessen hatte. Selbst die zahlreichen Bauten des ausgezeichneten Stadtbaumeisters Ludwig Hoffmann leiden oft darunter, daß sie ohne stadtbaukünstlerische Beziehung wie zufällig zwischen die Mietskasernen gestellt wurden. Erst nach dem Weltkrieg wurde angefangen, die stadtbaukünstlerische Unordnung oder Willenlosigkeit zu überwinden, zu der Friedrich II. und Schinkel Berlin verleitet haben. Einheitliche Bebauung ganzer Straßenzüge ist heute dank der »Siedlungsbauten« endlich Regel geworden. Stadtbaurat Martin Wagner und Peter Behrens erwerben sich durch ihre einheitliche Umbauung des Alexanderplatzes ein großes Verdienst (Vgl. den preisgekrönten Entwurf der Brüder Luckhardt auf Seite 179).

Schinkels Entwurf für Potsdamer und Leipziger Platz. Das Bild zeigt die noch heute erhaltenen Torhäuschen Schinkels, dahinter die Leipziger Straße mit dem Kirchturm, den Schinkel als ihren monumentalen Abschluß plante. Der Vordergrund mit den ballspielenden Knaben ist heute (wie die Gedächtniskirche im Westen) einer der beiden stärksten Verkehrsknoten Berlins. Sein heutiges Aussehen ist auf Seite 183 abgebildet.

Der Potsdamer Platz (im Vordergrund ein Stück des Leipziger Platzes)

Angesichts der Dinge, die Schinkel in England sah, sind ihm mehrere Male neue Gedanken eingefallen; sie wiesen hinaus über den engen Kreis des kleinen Berlin, seiner »Berliner Zimmer« und seiner schon damals großen Mietskasernen in die Richtung des modernen Städtebaues, die Schinkel verschlossen blieb. Aus London schrieb er 1826: »Die Ausdehnung der Stadt nimmt nie ein Ende; will man drei Besuche machen, so kostet dies einen vollen Tag, denn schon in der Stadt wird jede Distanz nach Meilen berechnet, wenn man fahren will. 10 000 Häuser werden jährlich gebaut, lauter Spekulation, die durch die sonderbarsten Gestaltungen reizbar gemacht werden soll. Oft sieht man lange Reihen von Palästen, die nichts anderes als viele, 3 und 4 Fenster breite, aneinandergeschobene Privatwohnungen sind, denen man gemeinschaftliche Architektur gegeben hat.« Später schrieb er: »Die ungeheuren Baumassen in Manchester, bloß von einem Werkmeister ohne alle Architektur und nur für das nackteste Bedürfnis allein aus rotem Backstein, machen einen höchst unheimlichen Eindruck.« Hier blickte Schinkel in die Zukunft und sah die Großstadt, die zu meistern er wenig geholfen hat. Die Zukunft, in der für Millionen von Großstädtern eine »3 und 4 Fenster breite, aneinandergeschobene Privatwohnung« wichtiger sein würde als »alle Architektur«, war für Schinkel »höchst unheimlich.« Diese drei Fenster breite Privatwohnung ist gerade das englische (oder westdeutsche, bremische oder »germanische«) Einfamilienreihenhaus, dessen maßvolle Sachlichkeit der neuzeitliche Städtebau endlich auch dem Inneren

Der Große Stern im Tiergarten, wie Schinkel ihn wünschte (oben) und wie Kaiser Wilhelm II. ihn ausgestaltete (links)

der deutschen Städte an Stelle ihrer maßstablosen Mietskasernen verschaffen will. Wenn es endlich gelungen sein wird, das aus Paris übernommene und in Deutschland schlecht nachgeahmte Vorbild der Mietskasernenstadt durch das englische Vorbild der Kleinhausstadt zu ersetzen, werden die Teilnehmer an der Berliner »Schinkelfeier« vielleicht ein poetischeres Lied singen können, als Geibel für ihr Fest gedichtet hat. Er schrieb zu Ehren Schinkels:

> Wenn beim Wein die Herzen klopfen...
> Soll gerühmt der Meister sein...
> Er, der von dem trüben Drucke
> Welscher Mißkunst unberührt,
> Siegreich aus erlerntem Schmucke
> Uns zum ew'gen Maß geführt.

Steins Städteordnung macht in Berlin Fiasko

> Setzen Sie an Stelle Preußens, was Sie wollen, lösen Sie es auf, verstärken Sie Österreich mit Schlesien und der Kurmark und dem nördlichen Deutschland und machen Sie Österreich zum Herrn von Deutschland — ich wünsche es, es ist gut, wenn es ausführbar ist.
>
> *Freiherr vom und zum Stein, Vater der preußischen Städteordnung, am 1. Dezember 1812 an den Grafen Münster*

Im Todesjahr Friedrichs II. berichtete Friedrich Nicolai in seiner »Beschreibung« Berlins, »daß fast die Hälfte der Häuser ansehnliche Seiten- und Hinterhäuser haben, welche in manchen Gegenden der Stadt beynahe stärker bewohnt sind, als die Vorderhäuser. Es gibt Häuser, in welchen an 16 Familien wohnen. Sehr wenige Städte werden in nicht völlig 6500 Häusern 145 000 Einwohner haben.« Nicolai war stolz darauf, daß Berlin die am dichtesten besetzten Häuser der Welt hatte. Nach seinen Zahlen haben damals von den 145 000 Bewohnern der offenen Stadt Berlin je 22,3 in einem Haus gewohnt. Nach Nicolais Zahlen wohnten gleichzeitig von den 600 000 Bewohnern der Festung Paris nur je 12 in einem Haus, von den 56 000 Bewohnern der Festung Straßburg einschließlich der Garnison je 14, von den 200 000 Amsterdamern und von den 100 000 Dublinern nur je 7,7. »Das einzige Wien übertrifft Berlin, da es nur 5376 Häuser, aber etwa 210 000 Einwohner hat.« Auch diesen traurigen Ruhm sollte die offene Stadt Berlin der geschlossenen Festung Wien bald streitig machen. Dafür sorgten die friderizianische Hypothekenordnung, die Verkümmerung der Selbstverwaltung und das Fiasko des Steinschen Versuches, ihr 1808 durch eine bessere Städteordnung zu helfen.

Die preußischen »Reformer« vermochten zwar dem gemeinen Mann die »Freiheit des Rückens« zu erkämpfen: es wurde seit 1807 im preußischen Heer weniger barbarisch geprügelt als unter Friedrich II. Sie konnten auch den kleineren Städten etwas mehr von der Selbstverwaltung verschaffen, ohne die ein Gemeinwesen auf die Dauer nicht gedeihet. Aber die hoffnungslos zerfahrene Verwaltung Berlins konnten sie nicht zur Selbstverwaltung umgestalten. »Die Freiheit des Rückens« wurde dort auch von der neuen Städteordnung nicht durch die ebenso dringende Freiheit der Stadterweiterung ergänzt. Im Gegenteil, die Städteordnung oder wenigstens ihre geistlose Auslegung durch die preußische Regierung hat die städtebaulichen Verhältnisse Berlins noch verschlimmert. Die folgende Zusammenstellung Berliner Ereignisse von 1786 bis 1860 wird es beweisen.

Wie bereits erwähnt, setzte Friedrich Wilhelm II. zu Anfang seiner Regierung die unfruchtbare Wohnungspolitik Friedrichs II. fort. Er erweiterte wie sein Vorgänger Berlin himmelwärts, senkrecht statt waagerecht. Er errichtete bis zum Jahre 1795 im ganzen 133 »Immediatbauten«. Er stellte dann nach Abschluß dieser

Tätigkeit noch einen mustergültigen Grundsatz auf, gegen den sein Vorgänger und seine Nachfolger bis zum Weltkrieg unermüdlich gesündigt und damit Berlin recht eigentlich zu einer Stadt häßlicher Hinterhöfe gemacht haben. In einem *Reskript* vom 13. Juli 1795 gab Friedrich Wilhelm II. den Befehl, »nicht mehr Hinter- und Nebengebäude ... in Anschlag zu bringen, weil dies gänzlich gegen den Endzweck läuft, die Stadt zu *embelliren*«. Der König ahnte nicht, daß die Hypothekengesetzgebung seines Landes die Ausnutzung des Bodens durch Hinter- und Nebengebäude nicht nur ermutigte, sondern geradezu erzwang. Das Verbot der Hintergebäude, das der König 1795, zu spät für seine eigenen Bauten, erließ, konnte für die Allgemeinheit erst nach über hundert Jahren und als Folge einer Revolution endlich Gesetz werden: durch die Bauordnung von 1925.
Nachdem die Folgen der Kriegs- und Friedenspolitik des »großen« Königs allmählich überwunden waren, stellt sich in Berlin sogar auf dem Gebiet des Wohnwesens einiger Wohlstand ein. Im Jahre 1796 hielt sich der Berliner Schriftsteller Königs darüber auf, daß es in Berlin »allmählich ein Bedürfnis wird, fast zu jeder Verrichtung im menschlichen Leben besondere Örter im Hause zu haben ... Diese Sucht erstreckte sich auch auf die unteren Volksklassen bis zu den Handwerkern, die bisher genügsam gewesen waren und die Gewerbe in eingeschränkten Wohnungen ruhig betrieben hatten.« Von diesen »besonderen Örtern für jede Verrichtung« bis zu der Übervölkerung der Berliner Wohnungen, wie sie die Volkszählungen von 1861 oder 1905 ans Licht brachten, führte eine verhängnisvolle Entwicklung, deren einzelne Schritte die folgenden Kapitel schildern sollen.
Wenn man jene Zeit zwischen den Kapitalverwüstungen Friedrichs II. und Napoleons I. mit den heute herrschenden Verhältnissen vergleichen will, muß man auch einen Blick auf die Ernährung werfen, die heute in verhängnisvoller Weise durch die Höhe des für Miete aufzuwendenden Anteils des Einkommens beeinträchtigt wird. Dabei überrascht es, daß im Jahre 1799 auf etwa 8 Bewohner Berlins ein geschlachtetes Rind, auf 4 ein Kalb, auf $1^{1}/2$ ein Schaf und auf $4^{1}/2$ ein Schwein kam. Die zahlreichen Hausschlachtungen von Schweinen sind dabei nicht mitgerechnet. Dagegen kamen 1904 erst auf 18 Bewohner, im Jahre 1924 sogar erst auf 25 Berliner ein Rind; in den Jahren 1904 und 1924 auf 14 Berliner ein Kalb, 1904 auf 6, 1924 auf 9 ein Schaf und 1904 auf 2 und 1924 auf jeden Berliner 1 geschlachtetes Schwein. Allerdings spielen die früher häufigen Hausschlachtungen von Schweinen heute keine Rolle mehr. Jedoch war der Berliner Wohlstand von 1799 nur ein kurzes Aufblühen zwischen den Verwüstungen zweier blutiger Herrscher. Nachdem der Gott der Schlachten einen Friedrich II. geschaffen hatte, gab er den Völkern einige Jahre Ferien, bevor sie sich im Dienst eines Napoleons schlachten mußten.
Die Kriege des großen Napoleon erwiesen sich als beinahe ebenso schädlich für das Wachstum Berlins wie die vorangehenden Kriege des großen Friedrich. Während des Siebenjährigen Krieges hatte Berlin (ohne die Garnison) 6000 Einwohner verloren, also 850 im Jahre. In der Zeit von 1801 bis 1811 verlor Berlin 3700 Einwohner, also 370 im Jahre. Doch war in Zukunft das Wachstum Berlins nicht mehr im selben Maße wie bisher auf die Vermehrung der Garnison angewiesen. In den 32 Jahren von 1754 bis zum Tode Friedrichs II. war die Bevölkerung einschließ-

lich des Militärs um 22 000 Köpfe gewachsen. In der folgenden, halb so langen Frist, in den 15 Jahren von 1786 bis 1801, wuchs die Bevölkerung Berlins um 26 000 Köpfe. In den sechs Jahren von 1811 bis 1817 stieg sie um 23 000 Köpfe, also auf 196 000. Viel stärkeres Wachstum setzte nach 1822 ein. Schon 1831 zählte man 248 000, im Jahre 1840 bereits 322 000, 1852 schon 421 000 Einwohner, und bald wurden die Sprünge noch sehr viel größer.
Diese rasche Entwicklung verdankte Berlin teils der Bauernpolitik Friedrichs II., teils den zudringlichen Besuchen Napoleons, die Preußen und seine Reformer zum Bruch mit der alten verfehlten preußischen Handelspolitik zwangen. Friedrichs II. kurzsichtiger Fiskalismus hatte nicht nur die verschiedenen Fetzen Preußens vom übrigen Deutschland (aus dem er Preußen zu trennen erfolgreich bestrebt war), sondern auch die zerstreuten Provinzen Preußens gegeneinander abgesperrt, namentlich die westlichen zugunsten der östlichen, deren Gutsbesitzer damals noch ihren Vorteil in der Getreideausfuhr nach England fanden. Als Napoleons Kontinentalsperre und später die englischen Schutzzölle dem ostelbischen Junker den englischen Markt abschnitten, sah sich Preußen zu einer weniger deutschfeindlichen Zollpolitik gezwungen. Berlin, das im 18. Jahrhundert vor allem die Kaserne eines großen, zwangsweise festgehaltenen Söldner- oder Sklavenheeres gewesen war, wurde durch das Zollgesetz von 1818 und durch den Zollverein von 1834 zum ersten Male die wirtschaftliche Hauptstadt eines ansehnlichen Zollgebietes. Gleichzeitig wirkte sich die friderizianische Bauernpolitik aus und lieferte einen nie versiegenden Zustrom entrechteter Bauern nach Berlin. Friedrich II. war nur scheinbar bauernfreundlich gewesen; in Wirklichkeit hatte er die Verwaltung seines überwiegend landwirtschaftlichen Staates den steuerfreien Bauernvögten, d. h. also »der unleidlichsten monarchischen Aristokratie« ausgeliefert, von der Arndt sprach. Die unverwüstliche adelfreundliche Bürokratie Preußens machte auch aus den Stein-Hardenbergschen Reformen, besonders aus der sogenannten »Bauernbefreiung«, ein mächtiges Werkzeug zum Plündern der Bauern, zum »Bauernlegen«, zur schnellen Vergrößerung der ostelbischen Rittergüter und zur massenhaften Proletarisierung der Bauern, von denen viele in die Städte und besonders nach Berlin getrieben wurden, um dort zur Steigerung der Wohnungsnot, der Mieten und zur erschreckenden Verringerung der Wohnungsansprüche beizutragen. Welche verheerende Wirkung das ostelbische Bauernproletariat auf die großstädtischen Wohnungsverhältnisse gehabt haben muß, läßt sich aus der Gleichgültigkeit schließen, mit der selbst Bismarck den Wohnungsverhältnissen seiner Gutsarbeiter begegnete.
Die Gutsbesitzer wiederum wurden ähnlich wie die städtischen Grundbesitzer durch die endlose Schraube der friderizianischen Hypothekenordnung zu immer rücksichtsloserer Ausnutzung ihrer politischen Vorteile gezwungen und lieferten der in Berlin aufblühenden Industrie und der Berliner Mietskaserne immer neue und immer widerstandslosere Landflüchtige. In dem entscheidenden Augenblick, in dem Berlin durch den Zustrom entrechteter Bauern zur Großstadt werden sollte, erwies sich seine städtebauliche Verfassung, diese gerühmte Schöpfung der »großen« Hohenzollern, als unbrauchbar. Sie konnte schon unter Friedrich II. nur deshalb in Gang bleiben, weil die Bevölkerung Berlins kaum zunahm, und sie war auch damals

auf die »alles wie eine Maschine bewegende Selbstherrschaft« des großen Königs angewiesen gewesen (das Wort stammt von Preuß, dem Historiographen Friedrichs II.). Auf städtebaulichem Gebiet genau wie auf politischem und militärischem erfüllte sich die bereits erwähnte Propheceiung Ernst Moritz Arndts, der schon 1805 in seiner Kritik des friderizianischen Staates gewarnt hatte: »Alles nur Maschine! Ja, Maschine!... Aus dem Toten wird nur Totes geboren, und hohl und gespenstisch mit dem Abscheu der Zukunft wird das Kunstgerüst zusammenbrechen.«
Die Kritik Freys (Steins wichtigsten Mitarbeiters am Entwurf zur Städteordnung von 1808) richtete sich recht eigentlich gegen dieses scheußliche preußische Maschinensystem, das »Bürgersinn und Gemeingeist ertötete und eine verhängnisvolle Geringschätzung des Bürgers erzeugte«. Diese Leistung des »absoluten Polizei- und Bevormundungsstaates« wurde von Otto von Gierke 1911 in einer Schrift über die preußische Städteordnung von 1808 geschildert mit den Worten: »Schroffer und zielbewußter als irgendwo war in Brandenburg-Preußen die Verfassung und Verwaltung der Städte vom obrigkeitlichen Staatsgedanken durchsetzt. Sie waren Staatsanstalten für lokalobrigkeitliche, vom Staat delegierte, von ernannten (oder wenigstens erst durch staatliche Bestätigung autorisierten) Magistraten wahrzunehmende Funktionen!... Der Kreis der eigenen Gemeindeangelegenheiten war auf Vermögensverwaltung zurückgeschraubt! Auch dieser Rest von selbständiger Persönlichkeit war ein unsicheres staatliches Geschenk, eine von außen her angeschaffene künstliche Einheit, ein scheinlebendiges und ewig unmündiges fingiertes Subjekt, das vormundschaftlicher Leitung bedurfte! Daher auch auf diesem Gebiet alle korporative Lebensbetätigung ununterbrochener staatlicher Kontrolle unterworfen, jeder irgend erhebliche Beschluß an staatliche Genehmigung gebunden und schließlich gar das Gemeindevermögen als mittelbares Staatsgut willkürlichem staatlichem Eingriff preisgegeben! Das was das ideale Schema, dessen Verwirklichung man sich seit den einschneidenden Reformen Friedrich Wilhelms I. mehr und mehr genähert hatte; den Gedanken des sich selbst verwaltenden städtischen Gemeinwesens schienen sie für immer ertötet zu haben. Eine wunderbare Fügung war es, daß an die Spitze des Reformwerkes der Mann berufen wurde, dessen staatsmännischer Genius die Bewegung auf eine Höhe hob, die jenseits des Horizontes und der Leistungsfähigkeit der eingeborenen preußischen Bürokratie lag. Der Mann, der nicht bloß preußisch, sondern deutsch empfand. Der Freiherr vom Stein!... Von einer Wiederherstellung der städtischen Freiheit, von einer Wiederbeseitigung der staatlichen Bevormundung, von einer Rückgabe usurpierter Rechte an die Bürgerschaft ist in der Begründung des Freyschen Entwurfes die Rede. War doch das Gedächtnis der Blütezeit des deutschen Städtewesens unauslöschlich in das Herz der Nation eingegraben... Mit zündenden Worten hatte ein Jahr vor Erlaß der Städteordnung Fichte in den Reden an die deutsche Nation das alte deutsche Städtebürgertum gefeiert und seine republikanische Selbstverwaltung als einzigartig in Europa gepriesen... Gewiß war es ein Wagnis, über Jahrhunderte hinweg an die ehemalige Städteherrlichkeit anzuknüpfen. Ja, es fehlt diesem Beginnen nicht ein romantischer Zug. Allein das kühne Werk gelang... Gemessen an Steins großartigem Programm war die Städteordnung freilich nur ein Fragment. Und sie

blieb, da ihrem Erlaß alsbald Steins Rücktritt folgte, auf lange hinaus ein Fragment... Endgültig erlag die Städteordnung von 1808 der Städteordnung von 1853... Keine der Nachfolgerinnen der Steinschen Städteordnung atmet den gleichen freien Geist, der uns aus dem Werk Steins entgegenweht.«
Besonders unvorteilhaft für Berlin war, daß ihm auch der geringe Gewinn der neuen Städteordnung gleich von Anbeginn verwässert wurde. »Die Städteordnung ist nur allmählich, unter wesentlicher Veränderung der leitenden Grundsätze, unter mannigfachen Ausgleichsverhandlungen zwischen Staat und Stadt, und niemals vollständig in der Residenz Berlin Stadtrecht geworden« (P. Clauswitz).
Mit dem Gemeingeist und der Würde des Bürgers war von den preußischen Herrschern auch die Möglichkeit wirksamer Reform zerstört worden. Die Steinsche Städteordnung mag als ein genialer Versuch gelten, die Mängel des alten Systems zu überwinden. Sie brachte den lebenspendenden Gedanken der Selbstverwaltung und kommunalen Freiheit wieder in das öffentliche Gedächtnis zurück. Otto von Gierke erklärte: »Sie übernahm bewußt die in der französischen Gesetzgebung von 1789 bis 1795 für die Nationalvertretung ausgesprochenen Grundsätze, so daß ihre Stadtverordnetenversammlung im Grunde das erste moderne Parlament auf deutschem Boden war ... Jedoch ist in den preußischen Städten zwar das allgemeine, nicht aber das gleiche Wahlrecht, das die Steinsche Städteordnung gewährte, aufrechterhalten. Vielmehr erfolgte die Wahl (seit 1850) nach dem Dreiklassensystem... Das Dreiklassensystem bleibt ja schon wegen seiner einseitigen Bemessung des Stimmgewichts nach der Steuerleistung eine unvollkommene Ordnung, die ihren kapitalistischen Ursprung nicht verleugnen kann... Die lebendige Teilnahme aller Bürger, die den Gemeinsinn wecken soll, wird nur allzu leicht zur Fiktion... Nur auf eine verhältnismäßig kleine Schicht innerlich interessierter Bürger stützt sich die vom Zentrum aus geleitete Verwaltung, als deren Werkzeug ein riesiges Beamtenheer tätig ist. Mit einer gewissen Naturnotwendigkeit wächst eine städtische Bürokratie empor, die sich von ihrem staatlichen Vorbild nur durch die Farbe unterscheidet.« Unter dem Einfluß dieser Bürokratie wurden die Steinschen Gedanken so umgedeutet oder abgeändert, daß ihre segensreichen Möglichkeiten großenteils verkümmerten. Otto von Gierke urteilte 1911: »In der Hauptsache beschränkt sich das Gebiet der Gemeindeangelegenheiten auf Verwaltung. Aus der Verwaltung aber schied die Städteordnung von 1808 die gesamte Polizei aus und überwies sie dem Staat. Die Stadtgemeinde trägt nur die Kosten und ist (kraft der ihr im Gesetz vom 11. März 1850 auferlegten Haftung für Aufruhrschäden) in gewissem Umfang für unzureichendes Funktionieren der staatlichen Polizeiorgane verantwortlich. Der deutschen Rechtsauffassung und eigentlich auch dem Grundgedanken der Steinschen Städteordnung entspricht diese Verstaatlichung der Ortspolizei *nicht*. In der Tat ist die völlige Loslösung der Polizei von der städtischen Verwaltung eine Verkümmerung der Selbstverwaltung... Vor allem war der Städteordnung von 1808 noch die Vorstellung fremd, die in Preußen später vielfach Boden gewann und auf die jüngeren Städteordnungen oder mindestens auf ihre Handhabung nicht ohne Einfluß blieb, als sei die Gemeinde im Gegensatz zum Staat ein wesentlich wirtschaftlicher Verband. Durchaus vielmehr ist ihr die Stadt ein politisches Gemein-

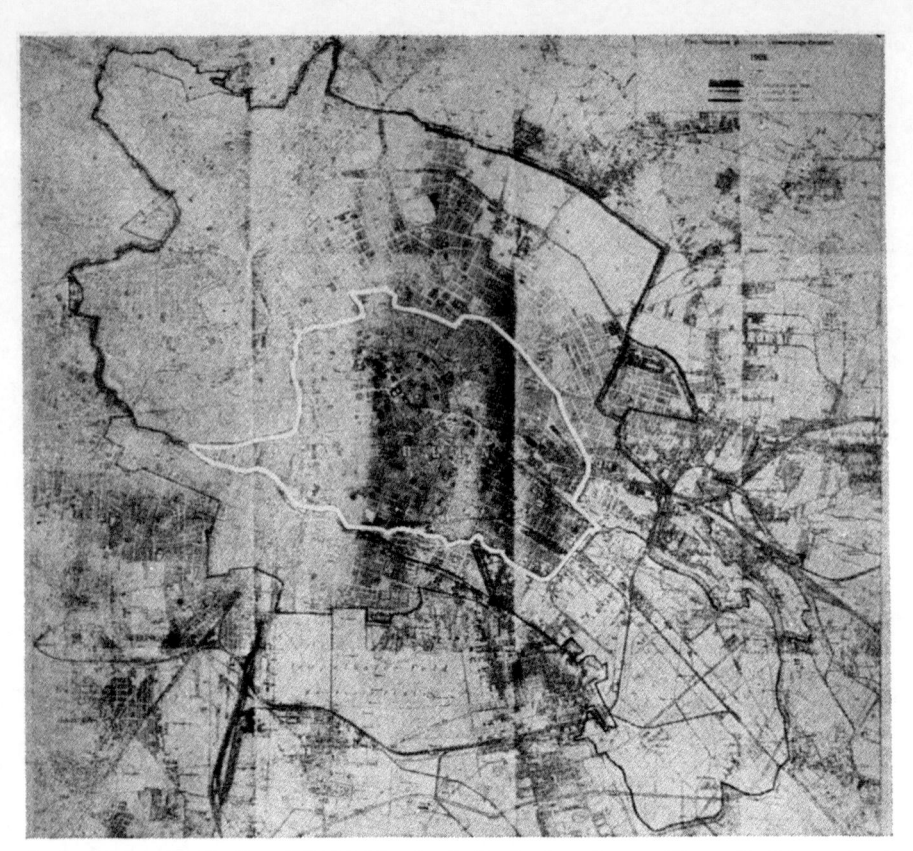

Beschränkung des Berliner Weichbildes durch die Städteordnung. Die weiße Linie zeigt das verstümmelte Klein-Berlin von 1808, die viel umfassendere dunkle Linie das mittelalterliche Weichbild, das nur langsam wieder erreicht und bis 1920 festgehalten wurde

wesen... Neben der wirtschaftlichen Förderung der Gemeindegenossen liegt ihr auch die Sorge für deren leibliches und geistiges Wohl und die Vervollkommnung der sozialen Sittlichkeit ob. Auch Armenpflege, Gesundheitswesen, Jugendfürsorge, Berufsfortbildung, Wohnungsverbesserung fallen in den Bereich der Gemeindeangelegenheiten... Für die Gegenwart ist die Erkenntnis der Universalität der Gemeindeaufgaben von besonderer Bedeutung. Sozialpolitik aber ist eben Politik. Mit dem riesigen Wachstum der Städte sind ihre Aufgaben umfangreicher, in der zunehmenden *Kompliziertheit* der Lebensverhältnisse verwickelter, mit der Steigerung der Interessengegensätze und des Klassengeistes dornenreicher geworden.«
So schilderte Otto von Gierke die Unzulänglichkeit der städtischen Selbstverwaltung in Preußen. Namentlich in Berlin wurde sie im Sinn des überlieferten preußischen Schlendrians noch weit unter das geringe Maß herabgedrückt, das ihr die Städte-

ordnung von 1808 zumessen wollte. Der »anstaltliche Obrigkeitsstaat« (wie von Gierke ihn nannte) hatte Angst vor der heranwachsenden Großstadt.
Die Berliner Entwicklung wurde von vornherein schwer geschädigt durch den viel zu eng gefaßten Begriff, den die Städteordnung von 1808 von der Stadt hatte. Ihr vierter Paragraph setzte nämlich fest, daß »zum städtischen Polizei- und Gemeindebezirk alle Einwohner und sämtliche Grundstücke der Stadt und der Vorstädte gehören«. Gleich meldeten sich Zweifel, was man zu den Vorstädten rechnen dürfe. Die Stadt stritt sich mit den Landräten wegen militärischer Einquartierung in den Ortschaften der alten städtischen Feldmark. Dabei bewies sich die Staatsregierung als strenge Kirchturmpolitikerin und erklärte 1810 dem Berliner Magistrat, daß unter dem Gemeindebezirk nur die eigentliche Stadt innerhalb der Mauer nebst einigen kleinen, dichtbebauten Gebieten gleich außerhalb der Mauer zu verstehen sei und daß nur diese noch zur Stadtgemeinde gehören sollten (Seite 190). Die ganze Feldmark, die bisher mit der Stadt das Weichbild gebildet hatte, wurde dadurch von ihr abgetrennt und dem platten Land zugewiesen. Das platte Land aber unterstand den uralten landwirtschaftlichen Gerechtsamen und war dem Städtebau verschlossen. Der Berliner Polizeipräsident verschärfte dann sogar die Erklärung der Regierung und verordnete, das Bürgerrecht dürfe nur an Einwohner erteilt werden, die innerhalb der Mauer wohnten. Damit wurde mancher in die Stadt gedrängt, der sonst draußen gewohnt hätte; denn nach der Städteordnung gab nur das Bürgerrecht die Befugnis, »städtische Gewerbe zu treiben und Grundstücke im städtischen Polizeibezirk der Stadt zu besitzen«. Die Häuser außerhalb der Mauer wurden auch nicht in die städtische Feuerversicherung aufgenommen und die dortigen Straßen von der öffentlichen Beleuchtung ausgeschlossen. Durch derartige Maßnahmen wurden die gefährlichen monopolartigen Eigenschaften und der Wert des Bodens innerhalb der Stadtmauer gesteigert, seine erhöhte Ausnutzung erzwungen, die Stadterweiterung verzögert und der Wohnungsbau gehemmt. Da gleichzeitig, wie der Magistrat 1829 feststellte, die Zahl der unbemittelten Familien unverhältnismäßig stieg, war auch von dieser Seite die Möglichkeit zur Herabdrückung der Wohnungsansprüche gegeben. Die Ausnutzbarkeit des Bodens wurde durch den Ausbau der vorhandenen Häuser für immer zahlreichere und kleinere Wohnungen gesteigert. 1815 lassen sich durchschnittlich sechs Wohnungen auf ein Berliner Haus berechnen, 1830 sieben, 1840 beinahe acht, 1850 etwas über neun und 1860 fast zehn. 1815 kamen noch nicht 30 Bewohner auf ein Haus, 1828 35, 1848 43, 1850 48, 1860 49. Der Magistratsbericht von 1829 verzeichnete ein bedeutendes Steigen des Mietwertes, und die »Vossische Zeitung« klagte 1830, daß es für ärmere Leute an kleinen Wohnungen mangele, die Mieten zu teuer wären und die Wirte lieber die Wohnungen leer stehen ließen als den Preis herabzusetzen und so den Wert ihrer Häuser zu vermindern. Von 1830 an läßt sich das Steigen des Mietwertes von Jahr zu Jahr nachweisen. Er erhöhte sich von 4 400 000 Talern (für sämtliche Wohnhäuser) im Jahre 1830 auf 12 300 000 Taler 1860, was weniger aus der vermehrten Zahl der Häuser als aus dem Steigen der Mieten zu erklären ist. Der durchschnittliche Mietwert einer Wohnung betrug 1850 noch 98, 1860 schon 130 Taler im Jahr.

»Hitzige Feindschaft gegen alle Forderungen der neuen Zeit«

> Das Ideal des Königs (Friedrich Wilhelms IV.) und seiner Freunde will nicht Wirklichkeit werden, eine organisch ständische Neugründung von unten herauf wird nicht durchgesetzt, bei eifriger Arbeit der Gesetzgebung und der Verwaltung kommt man doch über einen unlebendigen Widerstand, über eine hitzige Feindschaft gegen alle Forderungen und Menschen der neuen Zeit, über ein System des dumpfen Druckes und Zwanges nicht hinaus, das seiner selbst inmitten einer ganz anders gerichteten Welt nicht sicher bleibt.
> *Erich Marcks (im 42. Band der »Allgemeinen deutschen Biographie«)*

Was taten die Stadt- oder die Staatsbehörden, um den Bau neuer Wohnungen für die reißend anwachsende Bevölkerung zu erleichtern? Innerhalb der Berliner Ringmauer gab es noch lange nach der Einführung der Städteordnung große Ackerflächen. Bauland hätte dort mühelos erschlossen werden können; aber es fehlte der schwächlichen Selbstverwaltung, genau wie früher dem allmächtigen Friedrich II., die Einsicht zum Bau der nötigen Straßen. Das Polizeipräsidium hatte zwar, ohne Mitwirkung der städtischen Behörden, 1825 für mehrere Stadtteile Bebauungspläne festgesetzt (für die Gegend innerhalb des Landsberger Tores bis zum Stralauer Tor hin, nördlich der Spree für das Gartenland in der Friedrich-Wilhelm-Stadt und für das sogenannte Köpenicker Feld im Südosten). Doch nur in der Friedrich-Wilhelm-Stadt wurden endlich — erst nach 1830 — auch wirklich Straßen nach diesen Plänen angelegt. Die übrigen Gelände blieben ungenutzt liegen; ihr Straßenplan wurde später wieder geändert und erst nach 1859 endgültig festgesetzt. Denn erst 1858 bis 1862 fand die verblendete Regierung mit ihrem noch zu schildernden großen Mietskasernenplan das Mittel, die Kosten für den Bau der Berliner Straßen wieder auf die Stadt abzuwälzen (vgl. Kapitel XXIII und XXIV), nachdem sie sich das Recht zum Straßenbau schon 1448 angemaßt hatte, um es erst 1875 nach schwerer Vernachlässigung ihrer Pflichten wieder an die Stadt zurückzugeben (vgl. Seite 28).

Das Köpenicker Feld innerhalb der Mauer (Seite 193) lag damals am günstigsten für die drängende Bebauung. Aber in diesem Teil der Großstadt Berlin hatte noch das Vieh verbrieftes Recht zu weiden. Bevor dieses Vorrecht des Viehs abgelöst war, durfte der bedrängte Großstädter dort nicht bauen, nicht einmal die Grundstücke einzäunen. Der Einteilungsplan des Polizeipräsidiums von 1825 ließ sich also erst nach der im Jahre 1840 vollendeten Ablösung des Weiderechts anwenden. Inzwischen aber hatte er sich als unzweckmäßig herausgestellt und mußte durch einen anderen ersetzt werden, was wieder einige Jahre dauerte. Die königliche Hauptstadt Berlin unterschied sich vom bürgerlichen Schilda oder Krähwinkel nicht durch die Art ihrer Verwaltung, sondern durch die größere Masse des Elends, das sich in Berlin unter den zufriedenen Augen seiner Machthaber zusammendrängte.

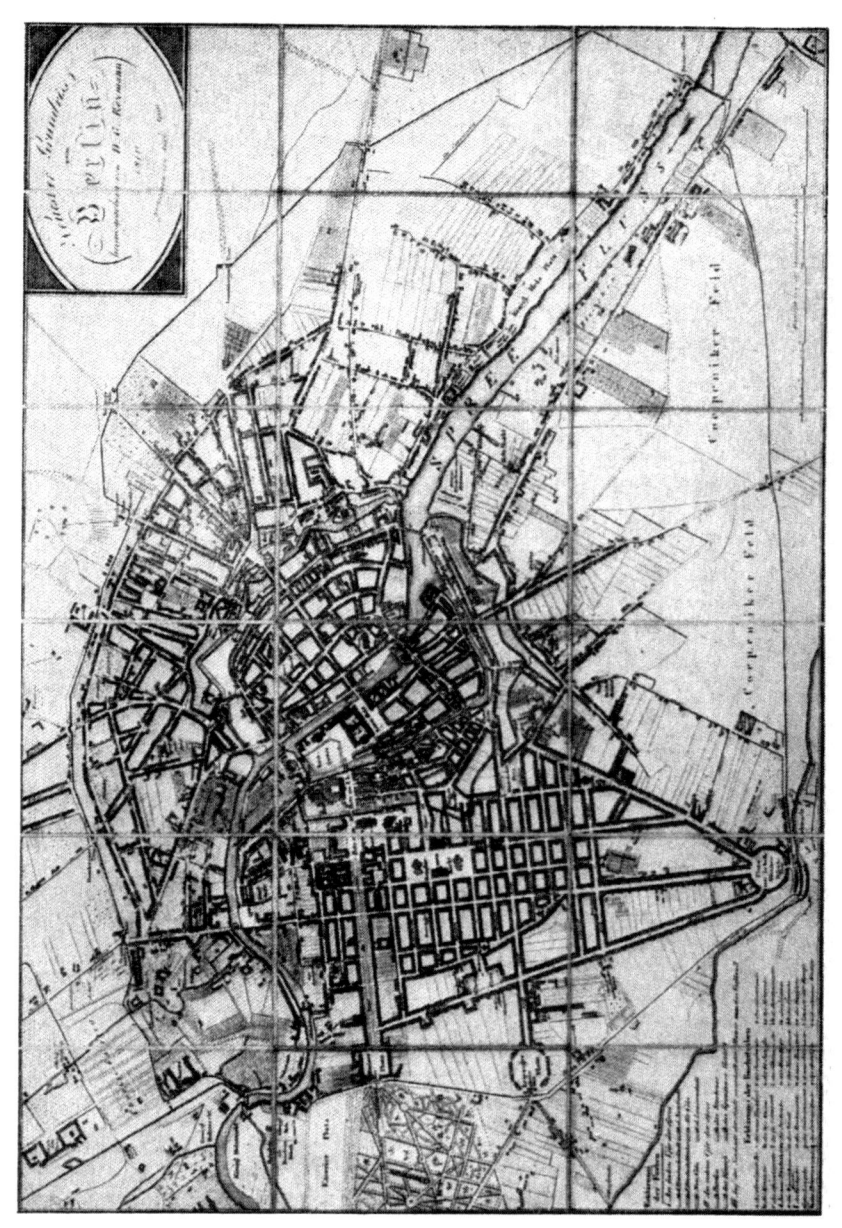

Berlin im Jahre 1810. Die Stadt Schinkels. An der Straße und außerhalb der Tore zeigen sich die ersten Häuser

Womöglich noch größere Hemmnisse als innerhalb der Stadtmauer setzte die Langsamkeit der Bürokratie dem Anbau außerhalb der Berliner Ringmauer entgegen. Außer den bereits erwähnten Schwierigkeiten, die in der Städteordnung begründet waren, hinderten, ähnlich wie auf dem Köpenicker Feld, die Rechte der Dreifelderwirtschaft und die wohl für Landwirtschaft, aber nicht für Häuserbau zweckmäßige Gestalt der Grundstücke den Anbau vor den Toren. Mit der Ablösung der Hütung und mit der Befreiung der Grundstücke von den Pflichten gemeinschaftlicher bäuerlicher Bestellung (»Gemeinheitsteilung«) begann man bei den sogenannten Berliner Hufen, den großen Ackerflächen vor dem Hamburger, Rosenthaler, Schönhauser und Prenzlauer Tor, die damals wirklich noch in der alten Weise der Dreifelder bewirtschaftet wurden. Diese »Gemeinheitsteilung« dauerte bis 1826. Die ersten preußischen Könige hatten ihre städtebaulichen Ziele schneller erreicht; doch ihre Diktatur war das Grab des bürgerlichen Gemeinsinnes geworden. Als nach der Vernichtung des Bürgersinnes durch die preußischen Herrscher schon Friedrich II. und seine Nachfolger aufhörten, ihre städtebaulichen Pflichten zu erfüllen, unterblieb die Stadterweiterung, und der Berliner Wohnungsbau war dem Unwesen halbgebildeter Spekulanten und dem durch Gesetz und Verwaltung begünstigten Siegeszuge der Mietskaserne ausgeliefert.

Daß wenigstens das Land in der unmittelbaren Umgebung Berlins während der ersten Hälfte des 19. Jahrhunderts aus der landwirtschaftlichen Verfassung gelöst wurde, war noch eine Auswirkung des Reformeifers, den Napoleon ausgelöst hatte und dem dank Napoleons Sturz schleunig wieder Halt geblasen werden konnte. Die Umwandlung des Ackerlandes in städtischen Grundbesitz stieß auch bei dem mangelnden Gemeinsinn und der staatlich gepflegten politischen Beschränktheit der Berliner Bürgerschaft auf erbitterten Widerstand. Nicht nur die Bürger widerstrebten, sondern auch die Verwaltungen der Kirchen, die ansehnlichen Ackerbesitz hatten. Es machte viele Mühe, für die Durchführung der Maßregel die größere Hälfte der Beteiligten zu gewinnen, wie es das Gesetz verlangte. Da Berlin schon seit einem Jahrhundert keine größere Stadterweiterung mehr erlebt hatte und da der in Berlin statt dessen übliche Mietskasernenbau wenig Gelände braucht, konnten die Berliner Grundbesitzer an die Wahrscheinlichkeit, ihren Grund und Boden je als Baustellen verwerten zu können, lange nicht glauben. Im Gegenteil wollte jeder seinen neuen Anteil in möglichst weiter Entfernung von der Stadt zugeteilt bekommen, um die Flurschäden zu vermeiden, die ihnen die Städte zufügen könnten. Zur Überraschung der Besitzer stiegen dann später gerade diejenigen Grundstücke am meisten im Preis, die der Stadt am nächsten lagen. Doch wehrten sich viele noch lange gegen die Einführung neuer Wege, um kein Ackerland zu verlieren.

Auf der cöllnischen Seite wurde die Feldmark erst viel später von ihren die Bebauung hindernden Lasten befreit: das Köpenicker Feld außerhalb der Stadtmauer (zwischen Kottbusser und Halleschem Tor) erst 1859 (Seite 195). Daß dieses spät vollendete Befreiungswerk ohne die mindeste Rücksicht auf städtebauliche Notwendigkeiten erfolgte und deshalb dem Berliner Wohnwesen ebensoviel schadete wie nützte, wird später noch näher gezeigt werden.

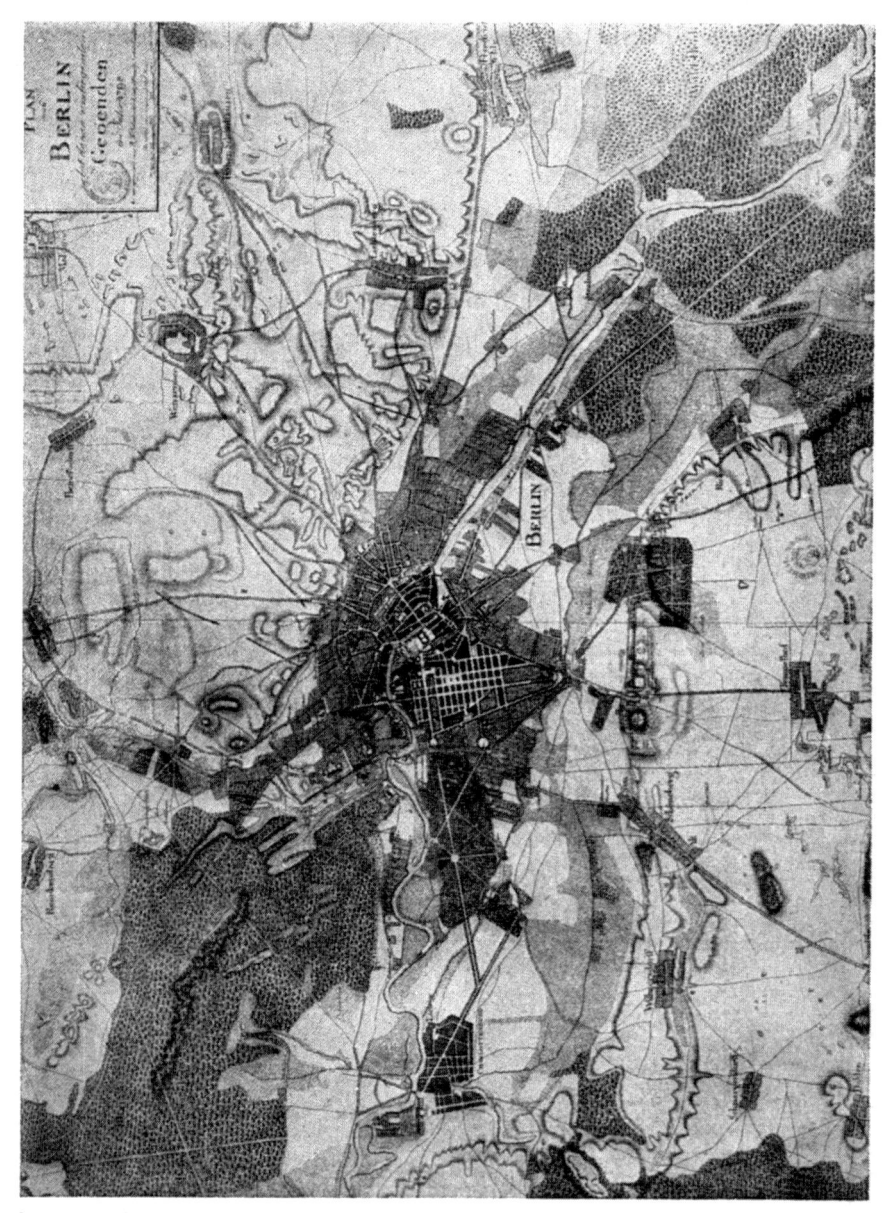

Berlin nebst den umliegenden Gegenden 1798. Herausgegeben von J. F. Schneider, Kgl. Preuß. Artil.-Leutnant. — Dieser Plan war für 30 Jahre (bis 1829) der amtliche Plan von Groß-Berlin, namentlich bei den Verhandlungen über die Weichbildgrenzen Berlins

Das ganze Jahrhundert von den Freiheitskriegen bis zum Weltkrieg zeigt fast immer dasselbe Bild staatlicher Krähwinkelei und städtischen Schildbürgertums. Nicht nur der preußische König und seine Regierung kämpften in ihrer von Erich Marcks geschilderten »hitzigen Feindschaft gegen alle Forderungen der neuen Zeit«, sondern die Berliner Stadtverordneten und Hausbesitzer, denen die Städteordnung die Übermacht im Stadtparlament gab, eiferten ihrem König nach. Sie verstanden es, wie bei den Verhandlungen über die Aufbringung der *Kontributionen* in den Befreiungskriegen, auch in Zukunft stets, sich trotz gewaltig steigender Mieten gegen direkte Besteuerung (Grundsteuern) zu wehren. Ihr Mangel an Opferwilligkeit machte es schwierig, die unbesoldeten Ehrenämter in der städtischen Verwaltung zu besetzen. Der Stadtverordnetenvorsteher mußte die Mitglieder durch unablässig wiederholte Mahnungen zu den Sitzungen zusammentreiben. Seit allzulanger Zeit hatte Selbstverwaltung nicht zu den Gepflogenheiten eines echten Berliners gehört.

Von dem unermüdlich-unfruchtbaren Hin und Her zwischen der staatlichen und städtischen Unfähigkeit folgen hier einige Stichproben.

Die enge Begrenzung des Weichbildes, wie sie die Regierung nach ihrer engherzigen Auffassung der Städteordnung festgestellt hatte, konnte nicht lange aufrechterhalten bleiben. Zu den geschilderten Übelständen der Ausschließung ehemaliger Stadtteile kamen die Schwierigkeiten der Besteuerung und der Zuständigkeit der Polizei. Die Städteordnung enthielt aber keine Vorschriften, wer über die Änderung der Grenzen eines Stadtgebietes zu verfügen hätte. Es waren also langwierige Verhandlungen zwischen dem Magistrat, den beteiligten Nachbargemeinden und, da es sich um eine Erweiterung im Norden handelte, der Verwaltung des Kreises Niederbarnim notwendig; schließlich mußte auch das Einverständnis der Regierung errungen werden. 1829 einigte man sich endlich, daß wenigstens das nunmehr durch die Flurbereinigung nutzbar werdende Berliner Hufenland wieder in das Weichbild einbezogen wurde. Im Norden und Osten reichte also das Weichbild wie früher bis an die Gemarkungen von Pankow, Weißensee und Lichtenberg.

Erst die Städteordnung von 1831 enthielt dann die Bestimmung, daß die Regierung selbständig Eingemeindungen »nach Anhörung der Beteiligten« anordnen könne. Nach dieser Vorschrift erweiterte die Regierung, obwohl die Städteordnung von 1831 in Berlin gar nicht in Kraft trat, die Stadtgrenzen. Im Jahre 1832 hatte das Weichbild auf dem rechten Spreeufer den alten Umfang ziemlich erreicht, nur im Westen fehlten noch Moabit, Wedding und die ehemaligen Heideländereien. Der in zwei Jahrzehnten errungene Fortschritt war noch immer ein Rückschritt.

Auf dem linken Spreeufer hatte die Beschränkung des Stadtbezirkes auf das Gebiet innerhalb der Stadtmauer ebenso geschadet wie auf dem rechten. Die städtischen Behörden erweiterten ihn im Einverständnis mit der Regierung bald wieder bis an den damaligen Lauf des Landwehrgrabens. Als aber die Regierung 1830 eine Ausdehnung über den Graben hinaus in das Tempelhofer Unterland wünschte, weil dort schon Ansiedlungen vorhanden seien, an die sich weitere anschließen könnten, lehnten die Stadtverordneten diesen Zuwachs mit Entschiedenheit ab. Die Regierung gab nach; 1840 wurde der Landwehrgraben als Grenze zwischen der Stadt und den anstoßenden Gemeinden festgesetzt. Der Tiergarten blieb außerhalb des Weichbildes.

Die Stadtverordneten sträubten sich aus kurzsichtiger Sparsamkeit gegen Vergrößerung des Stadtgebietes. Nach der Entscheidung des Obertribunals von 1826 und dem Ausgleich mit dem Fiskus von 1838 wäre der Stadt die Unterhaltung des Straßenpflasters in den neu hinzukommenden Stadtteilen zugefallen; auch hätten vielleicht neue Straßen angelegt werden müssen. Die dort Wohnenden hätten städtische Straßenbeleuchtung verlangen können; auch würden sich die Kosten der Armenpflege erhöht haben. Die Versuche, sich wechselseitig die Straßenbaukosten aufzubürden, sollten in Zukunft eine Quelle schwersten Übels werden. Zwischen den Zuständigkeiten des Staates und der Stadt wurde die wachsende Not der Wohnungsuchenden behandelt wie ein Verunglückter, der auf der Grenze zwischen den Revieren zweier Schutzleute verblutet, weil jeder der beiden gewissenhaften Beamten dem andern die Pflicht des Helfens zuschiebt.

Nach jahrzehntelangen Kämpfen kam es schließlich trotz des Widerstandes der Stadtverordneten zu einer umfangreichen neuen Eingemeindung. Die wachsende Bevölkerung südlich des Landwehrkanals wollte in das Stadtgebiet aufgenommen werden; der Magistrat wünschte zur Erleichterung der Verwaltung die Einbeziehung des Weddinglandes, das der Stadt gehörte und schnell mit neuen Wohnhäusern besetzt wurde; die Regierung wünschte die Eingemeindung der fiskalischen Moabiter Ländereien. Die Stadtverordneten zeigten sich wohl einer Vergrößerung des Weichbildes durch Tempelhofer und Schöneberger Gebiet geneigt, wollten aber von allen Einverleibungen im Norden nichts wissen. Die Regierung kam allmählich zu der Forderung, daß nicht eine einseitige Erweiterung im Süden, sondern eine umfassende vorzunehmen sei, die aus polizeilichen Gründen die Ansiedlungen im Nordwesten mit einbeziehe. Der Berliner Magistrat gab endlich nach, aber die Stadtverordneten beharrten bei ihrem Widerstand gegen die nordwestlichen Gebiete. Da die Verhandlungen mit der Vertretung des Kreises Teltow wegen der Abtretung von Teltower und Schöneberger Gebiet ebenfalls scheiterten, so hätte die Eingemeindung unterbleiben müssen, wenn die Regierung nicht endlich von dem zweiten Paragraphen der Städteordnung von 1853 hätte Gebrauch machen können, wonach bei mangelnder Einwilligung der Gemeinden und Vertretungen die Veränderung des Weichbildes mit Genehmigung des Königs geschehen könnte, sobald ein Bedürfnis »im öffentlichen Interesse« vorlag. So kam die Eingemeindung von 1861 zustande; mit ihr wurde die Weichbildgrenze geschaffen, die dann ein halbes Jahrhundert lang, also bis zum Weltkrieg, nicht mehr wesentlich erweitert werden durfte, weil künftig der Staat auch notwendige Erweiterungsbegehren Berlins als politische Gefahr ablehnte. Nur der Tiergarten, das Gelände der Schlachthäuser im Osten und einige kleine Streifen im Norden kamen noch hinzu.

Erst 1861 also, nach endlosem Hin und Her zwischen den verschiedenen *Instanzen*, hatte sich die Stadt Berlin wieder einigermaßen auf das Gebiet erweitert, das ihre Feldmark im 13. Jahrhundert gewesen war. Nur im Südwesten hatte Berlin vor dem Weltkrieg etwas mehr Gelände als 600 Jahre früher. Dafür fehlte aber bis 1920 im Südosten noch ein viel größeres Stück der alten Feldmark (Seite 199).

Die eben geschilderten Hindernisse erschwerten die Anlage neuer Straßen in vielen Gegenden der Stadt. Der Häuserbau suchte daher zunächst die Lücken in den alten Straßen auszufüllen und fand vor allem in dem damaligen Westen und Südwesten Gebiete, wo die Bedingungen für ihn günstig waren. Damals wurde das Anhalter Tor durch die alte Zollmauer gebrochen, und vor ihm entstand ein neues Stadtviertel. Im allgemeinen aber erweiterte sich die Stadt mehr in die Höhe als in die Breite. Überall wurden kleine Häuschen durch Mietskasernen verdrängt und alte Gärten bebaut. Der Mangel an neuem Bauland gab dem bereits vorhandenen Bauland den unnatürlich hohen Wert — acht- bis zehnmal höher als in London —, der später als ein natürlicher ortsüblicher Wert von den Bodenbesitzern in Anspruch genommen wurde, als ihre Außengelände durch den polizeilichen Mietskasernenplan von 1858 endlich erschlossen wurden. So wurde amtlich das gezüchtet, was später Geheimrat Hartwich (der erste Ingenieur beim Bau der Berliner Stadtbahn) »diese entsetzliche Sparsamkeit im Grund und Boden« nannte, »welche gerade in Berlin das gute und angenehme Wohnen so erschwert«.
Unter den Folgen der kleinlichen Beengungen, die damals den gesunden Wohnungsbau hemmten, leidet die Bevölkerung Berlins bis auf den heutigen Tag. Ähnliche Beengungen schwebten Goethe vor, als er »Wilhelm Meisters Wanderjahre« schrieb und offen zum Opfer des Vaterlandes und zur Auswanderung riet. »Wenn dort« (Goethe meinte die neue Welt Amerika) »das Grenzenlose als unüberwindliches Hindernis erscheint, so setzt hier (d. h. im Vaterland) das Einfachbegrenzte beinahe noch schwerer zu überwindende Hindernisse entgegen. Je älter dergleichen Zustände sind, je verflochtener, je geteilter, desto schwieriger wird es, das Allgemeine durchzuführen, das, indem es dem einzelnen etwas nähme, dem Ganzen und durch Rück- und Mitwirkung auch jenem wieder unerwartet zugute käme... Dort (d. h. in der Neuen Welt) hat die Natur große weite Strecken ausgebreitet, wo sie unberührt und eingewildert liegt, daß man sich kaum getraut, auf sie loszugehen und ihr einen Kampf anzubieten. Und doch ist es leicht für den Entschlossenen, ihr nach und nach die Wüsteneien abzugewinnen und sich eines teilweisen Besitzes zu versichern. Das Jahrhundert muß uns zu Hilfe kommen, die Zeit an die Stelle der Vernunft treten und in einem erweiterten Herzen der höhere Vorteil den niederen verdrängen... Genaue Vermessungen sind geschehen, die Straßen bezeichnet, die Punkte bestimmt, wo man die Gasthöfe und in der Folge vielleicht die Dörfer heranrückt. Zu aller Art von Baulichkeiten ist Gelegenheit, ja Notwendigkeit vorhanden. Treffliche Baumeister und Techniker bereiten alles vor; Risse und Anschläge sind gefertigt; die Absicht ist, größere und kleinere *Akkorde* abzuschließen und so mit genauer *Kontrolle* die bereitliegenden Geldsummen, zur Verwunderung des Mutterlandes, zu verwenden. Da wir denn der schönsten Hoffnungen leben, es werde sich eine vereinte Tätigkeit nach allen Seiten von nun an entwickeln.«
So schrieb Goethe; ihn zwangen die Unfähigkeit unserer Gesetzgeber und die Rückständigkeit unserer Siedlungsweisen zur dichterischen Verherrlichung der Heimatflucht und der Auswanderung, die Millionen von Deutschen das höchste Gut, ihre Muttersprache, opfern und damit zum »Kulturdünger« anderer Völker

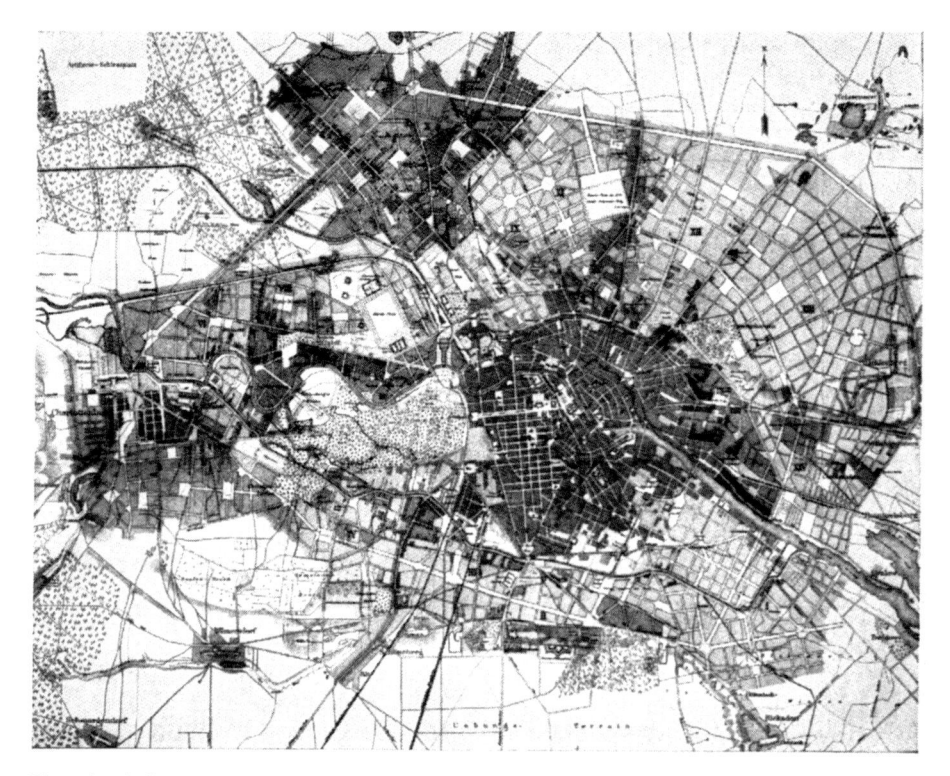

Plan des Polizei-Präsidenten (1862): Mietskasernen für 4 000 000 Berliner

werden ließ, gerade um dieselbe Zeit, als die neue Industrialisierung uns die Möglichkeit schuf, die überströmende kostbare Kraft der Nation im eigenen Land festzuhalten. Diesen Millionen von Deutschen hat kein »wechselseitiges Vertrauen ein reinlich Häuschen mit Hof- und Gartenzaun« gebaut, obgleich in der unmittelbaren Umgebung Berlins und anderer deutscher Städte günstige und ganz neuartige Vorbedingungen, lohnende Arbeitsgelegenheit und – für die neuartigen Zwecke – geradezu unbeschränkte Landflächen, bequem erreichbar durch neuartige Verkehrsmittel, vorhanden waren. Der Plan auf Seite 195 zeigt die unbeschränkten und von der Bebauung noch fast unberührten Gelände, auf denen die schönste und volkreichste Stadt der Welt entstanden wäre, wenn es Männer gegeben hätte, um die Volks- und wirtschaftliche Kraft sowie die künstlerischen Fähigkeiten der Deutschen in segensreiche Bahnen zu lenken. Statt dessen wurde das unberührte Gelände nach den Weisungen des Berliner Polizeipräsidenten in wenigen Jahrzehnten mit unwürdigen Mietskasernen bepackt, zu deren Beseitigung wahrscheinlich Jahrhunderte erforderlich sein werden.

Berliner Wohnungsreformer von 1850 bis 1860
V. A. Huber, Prinz Wilhelm, C. W. Hoffmann

> So entsage man endlich diesem unfruchtbaren, kleinlichen, feigen, kindischen Keifen und Zappeln impotenter, dürrer, negativ konservativer Doktrin oder Antipathie gegen Riesenmächte der Zeit ... Aufs Allerentschiedenste muß die schwere Verantwortlichkeit, wenn in allen diesen Fragen der Wohnungsreform nichts oder nicht das geschieht, was wirklich konservativ, d. h. kreativ und konstruktiv ist, immer wieder denen zugewiesen werden, welche ihre Stellung als konservative Autoritäten nur dazu benutzen, jede wirklich fruchtbare Entwicklung durch den Bann dürrer doktrinärer Formeln und negativer Kritik, oder durch selbstzufriedenes Ignorieren zu ertöten.
>
> *Victor Aimé Huber (1800 bis 1869), Professor an der Universität Berlin, Gründer der konservativen Zeitschrift »Janus, Jahrbücher deutscher Gesinnung, Bildung und Tat« (1845 bis 1848) und der ersten »Berliner gemeinnützigen Baugesellschaft«*

Während die staatliche und städtische Verwaltung Berlins sich in Reaktion, Unfähigkeit und geschäftiger Faulheit erschöpfte, erstanden dort eine Reihe von so weitsichtigen Sozial- und Wohnungspolitikern, daß ihre Erkenntnisse und Schriften noch heute Wert behalten, obgleich sie im jeweils entscheidenden Augenblick ihrer eigenen Zeit meist durch die Bürokratie der staatlichen und städtischen Ämter Berlins zur praktischen Wirkungslosigkeit verdammt wurden.

Gegen das Verzweifeln am Vaterland und die Auswanderung, die von Goethe dichterisch verherrlicht wurde, wandte sich der Professor der Berliner Universität Victor Aimé Huber (1800 bis 1869), ein von tiefem politischem und sozialem Verständnis erfüllter Mann. Sein Vater war mit Goethe befreundet gewesen; seine Schwester war die Schwiegertochter Herders. Huber stand politisch am äußersten rechten Flügel. Aber er erkannte weitsichtig den (von den liberalen Arbeitgebern bekämpften) Zusammenschluß der Industriearbeiter zu »*Associationen*«, nach englischem Vorbild, als notwendige Lösung der sozialen Frage. Er hatte mehr von der Welt gesehen als Goethe; folgende Worte Hubers sind wie eine Antwort auf Goethes amerikanische Auswanderungs- und auswärtige Kolonisationspläne: »Zunächst ist es die innere Kolonisation an geeigneten Punkten, in den Vorstädten großer Städte, auf Knotenpunkten der großen Bahnnetze, in passender Mittelstellung zwischen mehreren Gütern oder Dörfern oder Fabriken, oder als ganz neue Anlagen in manchen, noch den ersten Anbau erwartenden Strecken des nördlichen Deutschlands. Aber auch die äußere Kolonisation ist ein geeignetes, ja für die Zukunft das bedeutendste Feld der *Association*, wo sie die größten Aufgaben zu lösen, am meisten zur Lösung der sozialen Fragen beizutragen hat. Freilich ist dabei nicht an die, Blut und Geldkapital in Strömen und ohne alle Frucht dem

Mutterland entziehende, transatlantische Kolonisation zu denken, sondern an die, Deutschland welthistorisch und naturgemäß angewiesene, Entwicklung nach Südost — an der Donau... Freilich scheint es zu einer gewissen conservativen *Orthodoxie* zu gehören, daß eben die Auswanderungs- und Colonisationsfrage in ächter Straußenweisheit ganz *ignoriert* wird.« Diese Worte Hubers wurden geschrieben, bevor es zu spät war, und zeugen von einer im preußischen Deutschland fast unglaublichen politischen Weisheit.

Der neuzeitliche Kampf um die Ausgestaltung der Städte zu segensreichen menschlichen Wohn- und Arbeitsstätten begann in Deutschland naturgemäß später als in den früher von der Industrialisierung erfaßten Belgien, Frankreich und England. Auf dem Gebiet städtebaulicher Organisation waren im Ausland ernste Erfahrungen gemacht, Mißerfolge erzielt und Abhilfen gefunden worden, bevor die Lage in Berlin unerträglich wurde. Es ist beschämend, daß diese ausländischen Erfahrungen und zum Teil erfolgreichen städtebaulichen Anstrengungen in Berlin, wo die Industrialisierung erst seit 1840 um sich griff, eine Wiederholung und Übertreibung der wohnungspolitischen Fehler nicht verhindern konnten. Aber geradezu tragisch ist, daß in Berlin während der kritischen Jahre immer Männer wirkten, die nicht nur die im Ausland gemachten Fehler und ihre Abhilfe genau kannten, sondern die auch den Berliner Wohnungsbau in ähnliche und in schlimmere Fehler hineintreiben sahen, die eindringlich davor warnten und bis zum heutigen Tag bewährte Schutzmittel empfahlen, daß aber ihre Warnungen und ihre hingebende Arbeit unfruchtbar blieben, weil die schlechte politische Verfassung Berlins und die Beschränktheit seiner Verwalter die erforderlichen Taten unmöglich machten oder zuschanden werden ließen.

Der erste und letzte Zweck des Städtebaues ist die Schaffung würdiger Wohn-, Arbeits- und Erholungsstätten. Die ernsten, aber nicht unüberwindlichen Schwierigkeiten, die sich dem gesunden Städtebau plötzlich entgegenstellten, als die neue Industrie gleichsam über Nacht Hunderttausende von Arbeitern in die Städte rief, wurden in London durch Wort, Schrift und praktische Unternehmungen mit nachhaltigem Ernst bekämpft, seit dem Anfang der vierziger Jahre besonders durch den Grafen Shaftesbury und seine Freunde. Die gebildeten Klassen gaben durch eine umfangreiche gemeinnützige Vereinstätigkeit, besonders aber durch eigene hohe Wohnungsansprüche ein Beispiel, das zwar machtlos geblieben wäre, wenn es keine Nachfolge gefunden hätte, dem aber bald zahllose durch die Politik der englischen Liberalen geförderte Baugenossenschaften wirkungsvoll nacheiferten.

Diese wichtigen englischen Vorgänge hatten einen aufmerksamen Beobachter in Louis Napoleon gefunden, der während seiner zweiten Verbannung seit 1838 in London weilte und nach seinem zweiten fehlgeschlagenen Staatsstreich im französischen Gefängnis Gelegenheit bekam, Vorschläge für den Bau von Arbeitersiedlungen auszudenken. Zur Verwirklichung ihrer Einzelheiten machte er nach seinem dritten und erfolgreichen Staatsstreich allerdings keine ernsthaften Anstrengungen, sondern erschöpfte die beinahe übermenschliche Tatkraft seines Seinepräfekten Hausmann in der alle Welt verblüffenden riesenhaften Neugestaltung des alten und des gerade vorher (1841 bis 1845) neu befestigten und dabei stark erweiterten neuen Paris. Im übrigen verließ sich Napoleon III. zur Sicherung seiner politischen Anmaßung auf das Heer und die Außenpolitik, die ihn zu Fall brachten. In beiden Richtungen regte Napoleon die »führenden Kreise« Berlins zur Nachahmung an. Von der schlechten Berliner Nachahmung des napoleonischen Städtebaues wird im folgenden Kapitel ausführlich die Rede sein. Vergebens versuchte V. A. Huber seine konservativen Parteigenossen über die andersartigen, aber ebenso dringenden städtebaulichen Notwendigkeiten Berlins aufzuklären. Er predigte unermüdlich, daß, wie in Frankreich und England, auch in Deutschland und namentlich in Berlin »die gegenwärtigen Zustände der Wohnungsverhältnisse der Arbeiter, der kleinen Leute, des Volkes, schon jetzt eines der größten und dringendsten sozialen Übel der Gegenwart sind und daß sie es nach Maßgabe der Zunahme der Bevölkerung in zunehmender Progression mehr und mehr werden, wenn nicht baldmöglichst dem Übel mit kräftiger Abhilfe in großem Maßstab praktisch entgegengewirkt wird«. Die Ursache dieses dringendsten Berliner Übels erkannte Huber in einer durch die »Privat-Spekulation« verursachten »tiefen *Depravation* derjenigen Gewerbe, welche für die Befriedigung des Wohnungsbedürfnisses zu sorgen haben«. Daß diese »tiefe Verkommenheit« des Berliner Baugewerbes großenteils eine Folge der schlechten friderizianischen Hypothekengesetzgebung war, die Bauhandwerker und Baugläubiger schutzlos dem gesetzlich geschützten Bodenwucher auslieferte, ist eine Erkenntnis, die Hubers spätem Nachfolger an der Berliner Universität, Rudolf Eberstadt, vorbehalten blieb. Huber glaubte deshalb an die Möglichkeit, das verkommene Berliner Baugewerbe könne reformiert werden. Er empfahl die Organisation einer »umfangreichen Konkurrenz«, d. h. einer starken, vorbildlichen und maßgebenden Bautätigkeit auf gemeinnütziger, vor allem baugenossenschaftlicher Grundlage mit kräftiger Unterstützung durch private und öffentliche Arbeitgeber sowie mit gesetzgeberischer, verwaltungspolitischer und finanzieller Förderung durch Staat und Gemeinde. Ähnliches haben 1886 der preußische Finanzminister Miquel und Gustav Schmoller gefordert. Doch konnten diese Forderungen erst auf der durch Weltkrieg und Revolution geschaffenen neuen Grundlage, also 80 Jahre nachdem sie zum ersten Male aufgestellt wurden, in nennenswertem Maß verwirklicht werden.

Zur Bekämpfung der Berliner Bodenspekulation und ihrer verderblichen Wirkungen auf den Kleinwohnungsbau forderte Huber ferner »Ansiedlungen rings um die großen Städte innerhalb eines *Rayons*, dessen Entfernung von den Mittelpunkten der städtischen Industrie mittels Dampfwagen innerhalb einer Viertelstunde zurückgelegt werden kann«. Da die so erschließbaren Geländeflächen nicht etwa ebenso schnell wachsen wie die Entfernung, sondern sehr viel schneller (nämlich im Quadrat der Entfernung), hätte eine umsichtige Regierung Raum für alle Auswanderer schaffen können, die Deutschland als »Kulturdünger« nach Amerika lieferte. Die städtebaulichen Taten, die Huber derart für die jungen Industriestädte und besonders für Berlin forderte, gemahnten nach einem Jahrhundert gefährlicher Vernachlässigung dieser wichtigen Gebiete wieder an das Beispiel der gerühmten hohenzollerischen Dorfgründer und Städtebauer.

Die Neusiedlungen in der Umgebung dachte sich Huber jedoch nicht als Willensäußerung des Königs, sondern, den sozialen Verhältnissen der neuen Zeit entsprechend, sollte ihnen neues Leben und werbende Kraft durch starke, auf freier Selbsthilfe beruhende Genossenschaften mit ausgedehntem Wirkungskreis (Konsumvereine usw.) eingehaucht werden. Huber wurde bei diesem Plan gleichermaßen durch genaue Kenntnis ausländischer Ansätze in dieser Richtung wie durch eine ganz ungewöhnliche Fähigkeit, wirtschaftlich-soziale Möglichkeiten vorauszuahnen, geleitet. In allem, was im elsässischen Mülhausen auf paternalistischer Grundlage mit bonapartistischer Geldunterstützung erreicht worden war, in der damals von ganz Europa bewunderten Arbeitervorstadt Mülhausens, mit Badehaus, Waschhaus, Speisehalle und Schlafstellen, Basar, Lesesaal, Herberge für Wanderarbeiter, Kleinkinderschule, Arzt und Diakonissinnen, in allem entdeckte Huber den schlummernden Grundsatz der *Kooperation*, den er in England wirksam gesehen hatte und dessen ungeheure Entwicklungsfähigkeit, nach Loslösung von paternalistischen und bonapartistisch-sozialistischen Ideen, auf der Grundlage freier Arbeiterverbände, er eindringlich prophezeite.
Hier drängte Huber tatenlustig aus der Richtung der »organisch-ständischen Neubegründung von unten auf«, von der damals der König von Preußen und sein Bruder Prinz Wilhelm tatenlos träumten. Zwar fühlte sich Huber stets als Konservativer. Aber er wählte den Leitspruch von Kant: »In welcher Ordnung allein kann der Fortschritt zum Bessern erwartet werden? Nicht durch den Gang der Dinge von unten hinauf, sondern durch den von oben herab.« In der Wohnungsreform und in den ansehnlichen Kapitalien, die für sie beschafft werden mußten, sah Huber einen glücklichen Hebel, um von oben her die gewaltige Tätigkeit freier Selbsthilfe in Bewegung zu bringen, die von dem erst entstehenden vierten Stand erwartet wurde: »Die *subsidarische* Mitwirkung der oberen Stände kann soweit berechtigt sein, als die Unzulänglichkeit der Selbsthilfe zur Erreichung notwendiger und nützlicher Ergebnisse notorisch vorliegt.« Damals hielt es Huber noch für unmöglich, daß der notwendige Zusammenschluß der Arbeiter zur freien Selbsthilfe »von oben her« nicht gefördert, sondern aus politischer Angst »von oben her« gehemmt und daß nicht nur die Arbeiterschaft in staatsgefährliche Opposition gezwungen, sondern auch die Möglichkeit der Wohnungsreform vernichtet oder wenigstens um viele Jahrzehnte verzögert werden sollte.
V. A. Huber fand einen ebenbürtigen Mitarbeiter in C. W. Hoffmann, einem Architekten des preußischen Staatsdienstes. Durch die vereinten Bemühungen beider Männer kam es mitten in der politischen Erregung des Jahres 1847 zur Gründung der ersten »Berliner gemeinnützigen Baugesellschaft«, die mit dem verkommenen Berliner Baugewerbe in »*reformatorische Konkurrenz*« treten sollte Der englische Prinzgemahl Albert von Sachsen-Koburg-Gotha, den uns neuerdings der englische Historiker Strachey als einen Staatsmann höchsten Ranges glaubhaft machte, war auch der erfolgreiche Förderer der englischen Wohnungsreform. Er übernahm die Ehrenmitgliedschaft des Berliner Unternehmens, und der »Prinz von Preußen«, der spätere Kaiser Wilhelm I., wurde sein eifrigster Förderer. Die Revolution von 1848 und die Demütigung durch seine Flucht nach England hatten

die Augen dieses Prinzen von Preußen wie seinerzeit die Augen Louis Napoleons vorübergehend geschärft. In London hatte er sich eingehend mit den englischen Bestrebungen zur Wohnungsreform beschäftigt. Zwar zeichnete er nach seiner Rückkehr nach Berlin nur für 2000 Taler Aktien der Berliner gemeinnützigen Baugenossenschaft und verpflichtete sich nur zu einem jährlichen Beitrag von 200 Talern, doch übernahm er das tätig wirkende Protektorat der »Baugesellschaft« und erklärte 1851: »Der *Argumentation*, daß diese Baugesellschaft erst durch eine ausgedehntere Beteiligung des Publikums in den ihr zufließenden Beiträgen ihrer Mitglieder die Mittel erlange, um sich eine nachhaltige Wirkung zu sichern, kann ich durchaus nicht beistimmen, da nach meiner Ansicht erst durch eine Mitwirkung seitens der Regierung eine ausgedehntere Beteiligung des Publikums angeregt wird und deshalb die Regierung darauf bedacht sein muß, durch ihre Hilfe die Teilnahme des Publikums für den Verein zu erwecken.«

Während sich Regierung und Publikum gegenseitig die Verantwortung für die Wirkungslosigkeit der neuen Baugesellschaft zuschoben, führte Prinz Wilhelm regelmäßig den Vorsitz ihrer Generalversammlungen, die mit einem dreimaligen Hoch auf den Prinzen eröffnet und beschlossen wurden. In der Versammlung von 1850 erklärte der Prinz, »daß gerade die Art der Lösung der Aufgabe, wie wir sie hier versuchen, die einzig glückliche ist unter den vielen Versuchen, die man seit der Katastrophe, die uns betroffen, gemacht hat«. Da Prinz Wilhelm kurz vorher beim Niederwerfen der Revolution als »Kartätschenprinz« berühmt geworden war, ist es nicht undenkbar, daß in den Augen der Wohnungsuchenden seine politische Auffassung der schon technisch und sozial mehr als schwierigen Berliner Wohnungsreform geschadet hat.

Die Hauptschuld an ihrer Unfruchtbarkeit lag aber nicht unten, sondern oben. Trotz des von Huber und Hoffmann mit den wärmsten Worten anerkannten »Beispiels der Treue und des Ernstes für die Sache, welches von dem hohen Protektorat gegeben wurde..., wobei der Prinz mit einer Entschiedenheit auftrat, welche auch die kühnsten Hoffnungen befriedigt haben muß«, gelang es dem Prinzen Wilhelm nicht, den muffigen Widerstand der oberen Klassen und namentlich seiner eigenen Umgebung zu überwinden. Alle Bestrebungen, das nötige Kapital flüssig zu machen, scheiterten bei dem damals noch ausschlaggebenden Adel und Beamtentum an jener Verständnislosigkeit für brennende Tagesfragen, die gefährlicher ist als der plumpeste Radikalismus.

Von dem für den Anfang auf eine Million geplanten Aktienkapital der gemeinnützigen Baugesellschaft konnten nur 211000 Taler aufgebracht und nur 209 Musterwohnungen für 1168 Seelen gebaut werden. Der Durchschnittspreis von 3000 Mark für Wohnungen, deren Grundrisse zwar heute den Meister der neuzeitlichen Kleinwohnungs-Grundriß-Analye, Alexander Klein, nicht mehr ganz befriedigen können, die aber meist ein geräumiges Zimmer, Kammer, Küche und weitere Nebenräume hatten, war ein Ergebnis, um das Hoffmann und Huber beneidet werden müssen. Allerdings konnten diese »Musterwohnungen« zum Leidwesen Hubers wegen des aufgetriebenen Preises der erreichbaren Bauplätze und der schlechten Verkehrsmittel meistens nicht als Einfamilienhäuser geliefert werden.

Zu diesem Mißerfolg äußerte sich Huber gelegentlich einer Studienreise nach Paris, wo er denselben Schlendrian wie in Berlin vorfand: »Übrigens ist das Kasernierungssystem (wie ich mich sattsam überzeugt habe) keineswegs etwa eine Liebhaberei der Arbeiter, sondern nur eine Ausgeburt und gedankenlose, schlechte Gewohnheit der Presse, der öffentlichen Meinung und der von ihr beherrschten *Routine*.«

Hubers Versuch mit einigen »*cottages*« in einiger Entfernung vom damaligen Berlin, bei dem Dorf Schöneberg auf der sogenannten »Bremer Höhe«, blieb wirkungslos; Hubers Schwiegervater, bezeichnenderweise kein Berliner, sondern ein Senator Bremens, der deutschen Hochburg des Einfamilienhauses, hatte 5300 Taler dazu vorgeschossen, aber keine Nachfolger gefunden. Auf der Urkunde im Grundstein des ersten Hauses war »die Verwandlung eigentumsloser Arbeiter in arbeitende Eigentümer« »eine der dringendsten Aufgaben der verhängnisvollen stürmischen Gegenwart« genannt worden.

»Hauptsächlich aus Aktionärmangel« siechte die Berliner Baugenossenschaft dahin, und die großen Hoffnungen ihrer Gründer mußten zu Grabe getragen werden. Huber sprach manches kräftige Wort über die träge Gleichgültigkeit der oberen Klassen und über dieses »Geheimratsgeschlecht, das jetzt überall wieder das große Wort hat, ... ein gräßliches Geschlecht lebendiger Leichen«. »Jetzt wieder« heißt: nachdem die Beflügelung der Denktätigkeit durch die Revolution nachgelassen hat, genau wie es bald nach 1918 geschah. Von der preußischen Aristokratie, die 1850 schon vergessen, was sie 1848 gelernt hatte, sagte Huber: »Diese Aristokratie, die noch nichts gelernt hat und mit Skorpionen gepeitscht und im Mörser zerstampft werden muß, ehe sie lernt, was Pflicht, Ehre, Vorteil, Existenz von ihr fordert.« Huber brach mit seiner Partei, den Konservativen, deren Impotenz er erkannt hatte, und schrieb sein Buch »Bruch mit Revolution und Ritterschaft« (Berlin 1852). Schon vorher hatte er sein Abschiedsgesuch eingereicht und begab sich auf Studienreisen nach Belgien, Frankreich und England. Als 1865 Bismarck einen Schlag gegen die »liberalen« Peiniger der schlesischen Weber führte, empfahl er »Professor Huber« für den Untersuchungsausschuß. Im übrigen versuchte Huber vergebens die unschätzbaren Ergebnisse seiner Reisen den beamteten Kreisen Berlins zugänglich zu machen. Kurz vor seinem Tode (1869) schrieb er: »Die Leute können sich nicht denken, daß sie von irgend jemand noch etwas Neues lernen können, sondern setzen voraus, daß jeder nur kommt, um sie zu hören und zu bewundern ... Dies war schon früher die Berliner Signatur, die aber seit 1866 aufs höchste gesteigert ist.« Nach dem Erfolg von 1866 scheint auch Wilhelm I. seine »gemeinnützige Baugesellschaft« vergessen zu haben.

Dem geistvollen und erfolglosen Kampf Hubers schrieb 1873 der Direktor des Preußischen Statistischen Büros, Ernst Engel, den Nachruf: »Gegen das Jahr 1840 tauchte die Wohnungsnot — und mit ihr die Wohnungsreformfrage auf. Es war V. A. Huber, der sie aufwarf und mit der ganzen ihm zu Gebot stehenden Gefühlswärme und Überzeugungstreue für sie eintrat ... niemals bloß kritisierend, sondern zugleich ratend und helfend ... So ward Huber gleichsam der Begründer einer jetzt kaum noch zu bewältigenden Literatur über die Wohnungsnot und

Wohnungsreform.« Das war 1873! Seitdem ist Hubers Saat erst recht aufgegangen. Die Literatur hat sich vertausendfacht; aber es wurden, sehr spät, auch praktische Wirkungen erzielt.

C. W. Hoffmann, der andere treibende Geist der Berliner Baugesellschaft, ebenso wie Huber ein Mann von Herz und Bildung, sollte früh — so neckte ihn Huber noch — »kraft bürokratischer Weisheit als Wegebauinspektor in die Regionen der Wasserpolacken und Masuren versetzt, die Leiden der Wohnungsnot aus eigener Erfahrung kennenlernen«. Mit Hoffmanns Versetzung fiel auch sein ausgezeichneter Plan eines »Preußischen Musterbauvereins, einer Aktiengesellschaft mit einem bedeutenden Kapital und dem Beruf, überall auf Bestellung gemeinnützige Bauten, namentlich Kleinwohnungen, Wasch- und Badehäuser usw. möglichst wohlfeil und zweckmäßig auszuführen und auch sonst zur Gründung von Baugesellschaften Anregung und Anleitung zu geben«. Ebenso wie Huber schon seit 1837 vergeblich über die »Wohnungsfrage« geschrieben hatte, so hatte auch Hoffmann schon 1841 einen vergeblichen Versuch zur »Bildung eines Häuserbauvereins« gemacht. Gleichzeitig war sein Vorschlag eines Preisausschreibens für Arbeiterwohnungen vom Berliner Architektenverein abgelehnt worden, »weil eine solche Aufgabe zu wenig architektonisches *Interesse* biete«.

In seiner Schrift »Die Wohnungen der Arbeiter« (1852) kennzeichnete C. W. Hoffmann die arglose Verdummung der Berliner Bürokratie mit den Worten: »Ganz abgesehen von aller anderen Not sind die Wohnungsverhältnisse nicht nur bei den Arbeitern und bei den Ärmsten Berlins, sondern auch in den meisten anderen Volksschichten von der allererbärmlichsten Art, vergiftete Quellen des traurigsten Siechtums für Leib und Seele. Wir wollen den Stab nicht brechen über diejenigen, welche vorzugsweise berufen sind, hier mit aller ihrer Kraft helfend aufzutreten, und dies unterlassen. Sie befördern sogar das Umsichgreifen des Verderbens in einer Weise, welche der Vermutung Raum geben könnte, daß man die ganze Lebenshaltung einzelner Klassen und mit ihr Staat und Kirche, Gesetz und Sitte unterwühlen wolle. Doch aus der Planlosigkeit des Treibens und seinem Zusammenhang mit anderen Erscheinungen der Zeit geht deutlich hervor, daß jene Arbeiten und Maßregeln nur immer den allernächsten, gewöhnlich untergeordneten, meist mehr oder weniger selbstsüchtigen, oft gleichgültigen Zweck verfolgen. Die weiteren Wirkungen aber — wären sie auch noch so verderblich und gefährlich — werden ganz unbeachtet gelassen, oft gar nicht geahnt, so daß von einer bösen Absicht allerdings nicht die Rede sein kann.« Diese Worte C. W. Hoffmanns liefern die erforderliche Erklärung des abenteuerlichen und folgenschweren Unfugs, den bald darauf der Berliner Polizeipräsident mit der Aufstellung des großen Bebauungsplanes verübte, von dem das folgende Kapitel berichtet.

Der Straßenplan von 1858 bis 1862
Die Polizei verordnet Mietskasernen für vier Millionen Berliner

> Ich habe heute die alten Deutschen Farben angenommen und Mich und Mein Volk unter das ehrwürdige Banner des Deutschen Reiches gestellt. Preußen geht fortan in Deutschland auf.
> *Aus Friedrich Wilhelms IV. Aufruf*
> *»An mein Volk und die Deutsche Nation« vom 21. März 1848*

> Wer hat selbst das geringe Maß freien Staatslebens, das in Preußen unter Friedrich Wilhelm III. aus den Zeiten Steins übriggeblieben, vollends vernichtet, und alle Staatsstellen mit conservativen, ultraconservativen, oder, was gleich ist, reactionären Kreaturen besetzt, welche jede freie Regung des Geistes anfeindeten, hemmten und unterdrückten? — SIE!
> *Aus einer Antwort auf Friedrich Wilhelms IV. Aufruf,*
> *die von den Revolutionären als Flugblatt verteilt wurde.*

Berlin hatte 450 000 Einwohner, als sein Polizeipräsident die seit zwanzig Jahren dringend wiederholten Forderungen einsichtiger Sozialpolitiker in den Wind schlug und den kühnen Bebauungsplan (d. h. hier Straßenplan) aufzustellen begann, der unabsehbare grüne Flächen der Umgebung Berlins für den Bau dichtgepackter großer Mietskasernen mit je zwei bis sechs schlecht beleuchteten Hinterhöfen amtlich herrichtete und vier Millionen künftiger Berliner zum Wohnen in Behausungen verdammte, wie sie sich weder der dümmste Teufel noch der fleißigste Berliner Geheimrat oder Bodenspekulant übler auszudenken vermochte.

Gegenüberstellungen wie auf den Seiten 208-211 zeigen dem politisch Unbefangenen und auch dem baulichen Laien, was der Berliner Polizeipräsident und seine Geheimräte angerichtet haben und was aus Berlin hätte werden können, wenn es etwas früher von den weniger geheimrätlichen, aber den Bedürfnissen unseres praktischen Lebens näherstehenden Wählerschaften aufgebaut worden wäre, die nach dem »Umsturz« von 1918 die Mehrheit im preußischen und Großberliner Parlament gewannen. Das dicht verbaute Schöneberg und das viel luftiger gebaute Britz (Seite 211), die Tempelhofer Mietskasernen und die Tempelhofer Gartenstadt sind auf genau gleichartigen offenen Feldern erstanden. Nur der Unbelehrbare wird behaupten, daß die viel zu dichte, unschöne und ungesunde Bebauung, unter der fast das ganze Berlin der Vorkriegszeit leidet, notwendig, gemeinnützig oder »gottgewollt« gewesen sei. Wer hat sie gewollt?

Da Friedrich Wilhelm IV. schon seit seiner politischen Anstrengung von 1848 Anwandlungen von Irrsinn hatte und 1857 wegen Gehirnerweichung entmündigt wurde, fällt der große Bebauungsplan von 1858 bis 1862 zu Lasten des Protektors der ersten »Berliner gemeinnützigen Baugesellschaft«, d. h. also Wilhelms I. und

Straßenansicht   Dritter Hof

Eine Berliner Mietskaserne mit drei Hinterhöfen (Schönhauser Allee 62 B). Typisches Beispiel der schlechten Bodenaufteilung, die der polizeiliche Bebauungsplan (Seite 199) mit seinen zwischen breiten Straßen liegenden, tiefen Blocks und mit seinem Mangel an schmalen, für Kleinhäuser geeigneten Wohnstraßen erzwungen hat. Diese Höfe zeigen bereits die Verbesserungen der Bauordnung von 1887. Vorher waren Höfe von 5,1 m im Geviert erlaubt. Es gibt in Berlin Häuser mit 5 bis 7 Hinterhöfen

seiner von Vater und Bruder übernommenen Beamtenschaft, die mächtiger war als der König und deren folgenschwerstes Unternehmen dieser Bebauungsplan darstellt.

Dieser Bebauungsplan Wilhelms I. ist so ungeheuerlich, daß es sich lohnt, über sein Entstehen die Zeugnisse von Zeitgenossen zu sammeln wie Aussagen über ein großes unbegreifliches Naturereignis. Ein solches Zeugnis stammt von Professor K. E. O. Fritsch, dem Begründer der ältesten in Berlin erscheinenden Bauzeitung, der einen zuverlässigen Überblick über die Personen und Verhältnisse der kritischen Jahre gehabt hat. Kurz vor seinem Tode schrieb er: »Als sich in den fünfziger Jahren des 19. Jahrhunderts die Bautätigkeit in den Außenbezirken Berlins zu regen begann, kam man zu der Einsicht, daß man sich mit Teilbebauungsplänen nicht länger genügen lassen könne, sondern daß es zweckmäßiger sei, nunmehr einen einheitlichen Bebauungsplan für das gesamte Weichbild der Stadt aufzustellen. Wie es scheint, ist dieser Gedanke im Schoß der Staatsbehörden entstanden, die es als ihre Obliegenheit betrachteten, ihn zu verwirklichen. Der Weg, den man

zu diesem Zweck einschlug, ist allerdings für die damaligen Verhältnisse Preußens charakteristisch. In Österreich, wo etwa gleichzeitig (1857) die durch Auflassung der alten Festungswerke ermöglichte Stadterweiterung Wiens in Frage kam, war man darauf bedacht, zunächst Ideen für die Aufstellung eines neuen Planes zu sammeln, indem man zu diesem Zweck einen öffentlichen Wettbewerb ausschrieb. Ein Weg, der seither schon öfters gewählt worden ist und noch heute als der beste gilt. In dem damaligen Preußen würde die Staatsbehörde geglaubt haben, durch ein derartiges Vorgehen sich ein Armutszeugnis auszustellen. Von seiten der höchsten *Instanz* wurde der zuständigen Behörde, dem Berliner Polizeipräsidium, daher einfach der Auftrag zur Aufstellung eines Bebauungsplanes erteilt, und hier wurde dieser Auftrag wie jeder andere als »Nummer« erledigt; nur daß diese Erledigung nicht im gewöhnlichen Geschäftsgang geschah, sondern daß man für diesen Zweck einen befähigten jüngeren Baubeamten, den Baumeister James Hobrecht, *engagierte*. Ein Verfahren, dem es etwa entsprochen hätte, wenn man z. B. die Ausarbeitung des Deutschen Bürgerlichen Gesetzbuches einem jungen Assessor gegen zwei Taler Diäten übertragen hätte.« Soweit Professor Fritsch.
Wie nachhaltig die Überlieferung und Beschränkung der preußischen Beamtenschaft wirkt und wie sehr ihre Mitglieder sich noch heute mit ihren *Kollegen* aus der Reaktionszeit lange vor dem Weltkrieg verkettet fühlen, wurde heiter bewiesen durch die Rundfunkzensur des Jahres 1929, welche die eben als Zitat angeführten Worte des alten Professors Fritsch aus dem Werbevortrag einer Berliner Garten-

Siedlung der »Gehag« (Flachdachhäuser rechts) und der »Gagfah« (Steildachhäuser links) in Zehlendorf, 1925—28

vorstadt strich. Der polizeiliche Bebauungsplan war und blieb der Feind und der Tod der Berliner Gartenstädte. Er duldete nur Mietskasernen.

Es waren keine bösen Absichten, sondern wirklich nur »untergeordnete, mehr oder weniger selbstsüchtige Zwecke« (vgl. oben S. 206), welche die preußische Regierung bei diesem ihrem größten Schildbürgerstreich verfolgte. Sie fand sich in den Anmaßungen ihrer eigenen Paragraphennetze gefangen, und die kleinen Kniffe, durch die sie sich frei zu machen suchte, waren es, die großen und unheilbaren Schaden anrichteten.

In früheren Kapiteln ist gezeigt worden, wie schädlich und aufreizend die königliche Willkür im Berliner Städtebau oft gewirkt hat. Doch war diese Willkür oft von gutem Willen beseelt, und selbst ihre Ungeschicklichkeiten waren erträglicher als die städtebauliche Anarchie, die von der preußischen Regierung im 19. Jahrhundert heraufbeschworen wurde. In dieser Anarchie wurde planmäßiges Wollen unmöglich. Im Kampf zwischen Staat und Stadt wurde das öffentliche Wohl dem Zufall oder dem gemeinsten Vorteil des Augenblicks geopfert. Wie konnte es zu dieser Anarchie kommen?

Die Regierung hatte sich ihrer angemaßten Pflicht der Stadterweiterung seit über hundert Jahren zu entziehen vermocht. Plötzlich die Kosten für den Bau der schließlich unvermeidlichen neuen Straßen tragen zu sollen, dagegen sträubte sich die Regierung um so mehr, als die Städteordnung von 1808 die staatlichen und städtischen Kassen getrennt hatte. Der Sinn dieser Städteordnung war nicht zum wenigsten, daß der Staat in der Geldnot der Napoleonischen Kriege von den un-

Schöneberg, Prager Platz, Motzstraße 1900 bis 1910. Eines der vielen hoffnungslosen westlichen Wohnviertel der Wilhelminischen und Haberland-Zeit, die in freiem Felde eng verbaut wurden, als stünden sie in einer Festung. Links »Renaissance«, im Vordergrund rechts neumodischer »Barock«

Neuzeitlicher Wohnungsbau. Gehag Siedlung Britz im Süden Berlins, 1927. Architekten: Martin Wagner und Bruno Taut

mündigen Städten verlangte: Helft euch künftig selbst! Trotzdem konnte sich die Regierung aber nicht entschließen, die zur städtebaulichen Selbsthilfe erforderlichen obrigkeitlichen Pflichten und Rechte an die Hauptstadt abzutreten. In einem Land jedoch, wo der Absolutismus die bürgerliche Selbsthilfe (und sogar die Fähigkeit selbst wohlhabender Bürger, sich ein wohnliches Haus zu verschaffen) geschwächt oder getötet hat, darf ohne öffentliche Gefahr nichts ohne Vorschriften, Verbote und Paragraphen jeder Art geregelt werden. Auf dem besonders gefährlichen Gebiet des Städtebaues muß also in Preußen das öffentliche Wohl gegen die Übergriffe der privaten Gewinngier mit besonders starken obrigkeitlichen Waffen geschützt werden. Diese städtebaulichen Waffen heißen Bauordnung und Bebauungsplan, zwei Dinge, die, wenn sie wirksam sein sollen, genauso zusammengehören wie die Patronen zum Gewehr oder das Gewehr zu den passenden Patronen. Zum bleibenden Verhängnis für Berlin gelang es der preußischen Regierung im 19. Jahrhundert, diese Waffe wirkungslos zu machen; was zusammengehörte, warf sie auseinander. Warum? Aus reaktionärer Angst vor der Selbstverwaltung, aus dem ererbten Bedürfnis, in alles dreinzureden, kurz aus politischer Unfähigkeit. Die Regierung behielt sich das Anfertigen der Bauordnung vor. Die Aufstellung und Einzelbearbeitung der Bebauungspläne trat sie zögernd an die preußischen Städte ab, nachdem sie vorher — nicht dem Gemeinwohl, sondern den Grundbesitzern zu Gefallen — den unerhört schlechten Berliner Bebauungsplan selbst aufgestellt und zum vielnachgeahmten Muster erhoben hatte. So kamen Bauordnung und Bebauungsplan, die hier mit einem Gewehr und den dazugehörigen Patronen verglichen wurden, in die Hände von zwei verschiedenen Behörden, deren Unverträglichkeit und gegenseitiges Mißtrauen viel schlimmere Folgen hatten als die schlimmste Beamtenbestechlichkeit, die je amerikanische Städte geschädigt hat. Vorteilhaft war die Entwertung der obrigkeitlichen Schutzwaffe des Städtebaues nur für die Bodenschlächter, die mit dieser Waffe im Zaum gehalten werden sollten und die der preußische Staat durch seine schlechte städtebauliche Verfassung geradezu einlud, sich auf Kosten des öffentlichen Wohles ungestört, rücksichtslos und gesetzmäßig zu bereichern. Den Nachteil hatte die hilflose Bürgerschaft, die große Masse der Stadtbewohner, die der preußischen Fehlregiererei wehrlos ausgeliefert waren und in eine Mietskasernenhörigkeit gerieten, wie die Welt sie sonst nirgends kennt. »Der Wohnungsfeudalismus und die Miettyrannei sind die Hauptmerkmale der Berliner Wohnungsnot«, schrieb 1872 der Direktor des Kgl. Preußischen Statistischen Büros, Geheimrat Engel.

Bauordnung und Bebauungsplan lassen sich auch mit Aufriß oder Ansicht eines Hauses und dem dazugehörigen Grundriß vergleichen; bauen kann nur, wer beides in der Hand hat. Wenn man sich aber vorstellt, daß Aufriß und Grundriß von zwei blindlings gegeneinander arbeitenden Architekten gemacht und von zwei feindlichen Maurern ausgeführt werden, dann hat man ein Bild der staatlichen Weisheit, mit der im vorkriegszeitlichen Preußen und manchmal noch später Städtebau getrieben wurde.

Städtebau und Bauwesen Berlins unterstanden bis 1853 der Bauordnung aus dem Jahre 1641, die ergänzt wurde durch eine Verordnung aus dem Jahre 1763 sowie durch die sich anschließenden »Spezial-Bau-Observanzen für Berlin«. (Diese drei Rechtsquellen galten auch nach 1853 noch für manche Fragen des Nachbarrechtes, z. B. für Traufrecht, Fensterrecht.) Die neue »Baupolizeiordnung für Berlin und dessen Baupolizeibezirk« von 1853 dachte fast nur an möglichste Sicherung vor Feuergefahr. Ihre sanitätspolizeilichen Vorschriften waren dürftig und unbestimmt. Dieser Feuerschutz (»Pyromanie« nannte ihn später Ernst Bruch, einer der besten Kritiker des Berliner Bebauungsplanes) war so übertrieben und stellte so kostspielige Anforderungen, daß der Bau vernunftgemäßer billiger Häuser unmöglich wurde. Dafür durfte aber an Straßen von mehr als 15 Metern Breite beliebig hoch gebaut werden; auch an Straßen von weniger als 15 Metern waren noch Gebäudehöhen von $1^{1/4}$ Straßenbreite zulässig. Selbst diese ungenügende Beschränkung galt nur der Fassade. Auf den großen Hintergeländen gestattete die Regierung die berühmten Berliner Höfe; sie brauchten nur 5,3 Meter breit und 5,3 Meter tief zu sein und wurden von Hinterhäusern umgeben, die 22 Meter oder genauso hoch sein durften wie die Vorderhäuser an der Straße. Mindestens die Hälfte der Fenster dieser Häuser gingen auf die kleinen Hinterhöfe. Eine Beschränkung der ausnutzbaren Baufläche gab es nicht. Die Beziehung zwischen Straßenbreite und Haushöhe war also nur eine Art Fassadenprahlerei. Auf dem Hintergelände wäre die preußische Regierung wohl auch ganz ohne Luft- und Lichtschächte ausgekommen — gegen fensterlose Räume machte sie keine Einwendungen —, wenn sie nicht vor dem Feuer Angst gehabt hätte: Die von ihr geforderten Höfe hatten gerade die

Mindestbreite, die zum Umdrehen der Feuerspritze erforderlich war. Den ein- und ausfahrenden Feuerspritzen zuliebe forderte die Bauordnung auch die teuren 5,3 Meter breiten Zufahrten; doch erlaubte sie den Fenstern der fünfgeschossigen Hinterhäuser, sich benachbarten Brandgiebeln auf 250 Zentimeter zu nähern, denn das genügte dort, wo keine Fassadenwirkung erforderlich schien, zum Durchbringen der Feuerspritze. Auf diese säuberliche kgl. preußische Manier konnten auf jedem Berliner Grundstück von 20 Metern Breite und 56 Metern Tiefe bei mäßiger Besetzung (1,5 Menschen in jedem Raum und unter Freilassung der Küchen) 325 Menschen ganz nach ihrer eigenen Fasson selig werden. Doch sorgte wenige Jahre nach Erlaß dieser Bauordnung der Berliner Polizeipräsident mit seinem neuen Bebauungsplan für Tausende von sehr viel tieferen und aufnahmefähigeren Grundstücken. Diese tüchtige Bauordnung konnte sich voll auswirken und ihren unauslöschlichen Eindruck im Leben der Hauptstadt und des Deutschen Reiches machen, denn sie blieb mit unwesentlichen Änderungen bis 1887 bestehen und wurde von vielen deutschen Städten ehrfurchtsvoll nachgeahmt.
Als sich die Regierung nach mehr denn dreißigjähriger Wirksamkeit dieser Bauordnung daranmachte, sie ein wenig zu verbessern, kämpften die Grundbesitzer wie Löwen um das »wohlerworbene Recht«, auch künftig ihren Boden so gemeinschädlich ausschlachten und entsprechend teuer in Rechnung stellen zu dürfen, wie es ihnen seit einem Menschenalter vom preußischen Staat empfohlen worden war. Im Jahre 1885 veröffentlichte deshalb der Ingenieur und Stadtverordnete Wieck die hier wiedergegebene Zeichnung und Berechnung (325 Menschen auf das Normalgrundstück!) und schrieb scheinheilig dazu: »Es mag hier gleich erwähnt werden, daß eine solche höchstmögliche Ausnutzung glücklicherweise selten ist — aber sie ist möglich und kommt vor und muß deshalb bei unserer Vergleichsberechnung zugrunde gelegt werden.«

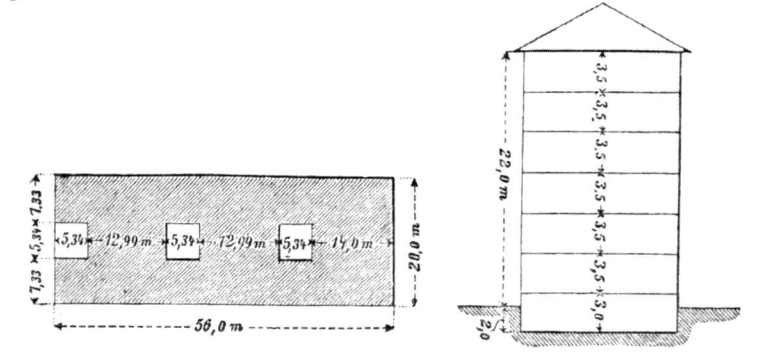

Grundriß und Querschnitt eines typischen Berliner Hauses (mit 20 m Straßenfront und 3 Höfen von je 5,34 m im Quadrat), wie es nach der von 1853 bis 1887 geltenden, vom preußischen Staat verfaßten Berliner Bauordnung gebaut wurde. In sieben bewohnbaren Geschossen konnten (bei 1,5 bis 3 Personen in jedem Zimmer von 15 bis 30 qm und ohne Belegung der Küchen) 325 bis 650 Menschen untergebracht werden. Die beiden 56 m langen Seitenwände sind natürlich fensterlose Brandmauern. (In der Ackerstraße 132 wohnten lange über 1000 Menschen.)

Ungeklärt für Berlin ließ die vorsichtige staatliche Bauordnung von 1853 die damals gerade wichtigste Frage: wer denn bei den überall besonders dringenden Straßenbauten für das erforderliche Straßenland zahlen müsse. Nach dem preußischen Landrecht konnte eine Beschränkung des Eigentums nur durch Gesetz begründet werden. Jeder Grundbesitzer hatte das Recht, auf seinem Gelände auch dann zu bauen, wenn sein neues Haus z. B. mitten auf eine vom Polizeipräsidenten geplante, aber noch nicht durchgeführte Straße zu stehen kam. Wer den Grundbesitzern dieses Recht verkümmern wollte, mußte auch für die Schadloshaltung der bekümmerten Eigentümer sorgen. Infolge der zahlreichen Kriege, die Preußen für die Vorherrschaft seiner Mietskasernen und gegen den »Anschluß« Österreichs ans Reich führen mußte, konnten seine Herrscher erst 1875 das lebenswichtige Gesetz schaffen, das nötig war, um ein Stück Land zwecks Durchführung des städtischen Straßennetzes für unbebaubar zu erklären. Bis 1875 war darum die sparsame Regierung beim Bau neuer Berliner Straßen auf die unentgeltliche Ablassung des Straßenlandes durch die Grundbesitzer angewiesen. Sie versuchte deshalb die städtischen Grundbesitzer freundlich zu stimmen. Die Schwächen des Berliner Bebauungsplanes sind die Folgen dieses freundlich-listigen Versuches der Regierung. Waren nämlich die Grundbesitzer nicht zu kostenloser Überlassung ihres Landes geneigt, so war, wie das Ministerium des Innern 1840 feststellte, auch die Stadtgemeinde nicht verpflichtet, das Straßenland käuflich zu erwerben. Es blieb dem Polizeipräsidenten unbenommen, Straßen- und Bebauungspläne zu machen, aber er konnte der Stadtgemeinde nie die Verpflichtung auferlegen, diese Papierpläne Wirklichkeit werden zu lassen. Im Gegenteil war nach Ansicht hervorragender Rechtslehrer jener Zeit (vgl. F. A. C. Grein, Baurecht, S. 45 ff.) beim Wegnehmen von Land für Straßenzwecke immer derjenige zur Entschädigung verpflichtet, von dem die Versagung der Bauerlaubnis ausging. Die nach dem Landrecht (§ 67) erforderliche Bauerlaubnis sowie ihre Verweigerung gingen durch die Polizeibehörde vom Staat aus. Der Staat war also in erster Linie entschädigungspflichtig. Er konnte versuchen, seine Verpflichtungen auf die Gemeinden abzuwälzen, doch gab ihm die Gesetzgebung keine geeigneten Mittel dazu. Die neue preußische Verfassung von 1850 hatte sogar den besorgten Grundbesitzern ihr Recht auf freie Verfügung über ihr Grundeigentum erneut eingeschärft.

Aber die Bevölkerung Berlins wuchs immer rascher, und die vorhandenen Mietskasernen waren übervoll. Kasernen und ihre Hinterhäuser hatten die alten Gärten und die noch herübergeretteten kleineren Häuser überrannt, soweit nicht Eigenbrötler darin wohnten, die ihren Tod abwarten wollten, bevor sie ihren Besitz der Mietskaserne auslieferten. Schließlich wurden sogar in der geduldigen Kasernenstadt Berlin neue Straßen notwendig. So sah sich der Polizeipräsident bei emporschnellenden Bodenpreisen vor die Wahl gestellt, entweder den Staat zur Zahlung für Straßenland zu bewegen oder durch einen geschickten Kunstgriff die Entschädigungspflicht auf die Stadt Berlin abzuwälzen oder die Grundbesitzer zum Verzicht auf die ihnen zustehende Entschädigung und zur kostenlosen Hergabe des Straßenlandes zu bringen. Die Regierung liebte es zwar, den Untertanen vorzuspiegeln, Staat und Staatssäckel (der sogenannte Fiskus) seien zwei verschiedene Wesen, von denen sich der Fiskus fast wie ein gewöhnlicher Sterblicher dem Privatrecht beugen müsse. Aber eine alte Regel lautete: »Der Fiskus kennt keine Scham.« Noch weniger schämte sich der allmächtige Staat, stets zarteste Rücksicht auf seinen Fiskus zu nehmen.

Den Gemeinden die Entschädigungspflicht für Straßenland aufzubürden versuchte 1855 der Handelsminister, dem in Preußen auch die öffentlichen Arbeiten unterstanden. Durch einen Erlaß über die Aufstellung städtischer Bebauungspläne wurde die Anregung zur Aufstellung dieser Pläne »in Anbetracht des anerkannten (!) vorwiegenden *Interesses* der Kommunalbehörden und der größeren Wirksamkeit der Einwirkung derselben auf die Beteiligten« großzügig den Gemeinden überlassen. In Zukunft sollten es also die Gemeinden sein, welche die Bebauung des Straßenlandes verhinderten und also auch dafür zahlen mochten. Diesem Ansinnen stand in Berlin nur die Kabinettsorder vom Jahre 1843 entgegen, die ausdrücklich für Berlin und Potsdam die Anlegung neuer oder die Veränderung vorhandener Straßen jederzeit von der unmittelbaren Genehmigung des Königs abhängig machte. Auf Grund dieser Kabinettsorder hatte Friedrich Wilhelm IV. seine baukünstlerischen Liebhabereien in der angeblich sich selbst verwaltenden Hauptstadt walten lassen wollen. Als aber Berlin weniger königliche Baukunst als Wohnungen für Arbeiter brauchte, wurde der kategorische § 10 der staatlichen Berliner Bauordnung von 1853 (»Die Fluchtlinie für Gebäude und bauliche Anlagen an Straßen und Plätzen wird von dem Polizeipräsidium bestimmt«) zur Ausführungsbestimmung der Kabinettsorder.

Trotz des Erlasses von 1855, der die Anregung zur Beschaffung des Fluchtlinienplanes den Gemeinden überließ, beharrte darum der Berliner Polizeipräsident bei seinem Anspruch, Straßen und Plätze nach eigenem Ermessen zu planen, da dies ja gleichbedeutend mit der Festsetzung von Baufluchtlinien sei. Wer aber die Straßen plant, der plant auch die Baublocks, die zwischen den Straßen liegen, und damit auch die Art der Häuser, die auf diese Baublocks passen. Wer hartnäckig darauf besteht, A zu sagen, ist auch für das B und C verantwortlich. Die Verantwortlichkeit folgt der Zuständigkeit; das ist ein unumstößlicher Rechtsgrundsatz.

Im Schutz des Regierungserlasses von 1855 wollte endlich der Polizeipräsident jetzt nach bereits zwanzigjähriger Verzögerung mit dem Erweitern der alten Bebauungspläne beginnen. Aber dieser verspätete Tatendurst erschreckte die vorsichtige preußische Regierung. So gab sie ihrem Polizeipräsidenten abschlägigen Bescheid auf sein Gesuch, die Regierung möge wenigstens die Kosten der Aufstellung — nicht der Durchführung — des von der Polizei neu zu bestimmenden Fluchtlinienplanes tragen. Die sparsame Regierung ließ erst die Sache wieder einige Jahre ruhen, beauftragte dann endlich doch, im Jahre 1858, trotz ihres eigenen entgegenstehenden Erlasses von 1855, den Polizeipräsidenten, einen allgemeinen Bebauungsplan aufzustellen. Gleichzeitig forderte sie den Berliner Magistrat auf, die entstehenden Kosten zu tragen. Die Stadt protestierte. Darauf wurde sie mit Exekution bedroht und zahlte.

So durfte der Polizeipräsident meinen, endlich seinen Anspruch auf die Planaufstellung durchgesetzt zu haben und die Kosten der Planaufstellung sowie die gesetz-

liche Entschädigung für die Hergabe des Straßenlandes aus dem Beutel der Stadt Berlin eintreiben lassen zu können. Da diese polizeilichen Absichten aber noch immer der gesetzlichen Grundlage entbehrten, mußte das Polizeipräsidium auch weiterhin mit ungewöhnlich weicher Hand die gefährlichen, gesetzlich begründeten und in keiner Weise beschränkten Ansprüche der Grundbesitzer auf Entschädigung für das von ihnen zu opfernde Straßenland zu zähmen versuchen. Eine verständige Regierung hätte für die gesetzliche Aufhebung dieses Anspruches gesorgt. Schließlich brachte ja bei großer Bautätigkeit die Hergabe des Straßenlandes dem Grundbesitzer mehr Gewinn als Opfer; und auch ein Opfer zu bringen, wäre er gern bereit gewesen, wenn ihn nicht die unbrauchbaren preußischen Gesetzesparagraphen eines anderen belehrt hätten. Auch lag der Ausweg nahe, vor der endgültigen Feststellung des Planes die Grundbesitzer durch geschicktes Verhandeln zum Wettbewerb um den für sie dringenden Straßenbau anzufeuern und von ihnen Leistungen für einen wahrhaft gemeinnützigen Straßenplan zu erlangen. Von Regierung und Polizeipräsidium hätte trotz der verfahrenen Rechtslage vieles für die Durchführung eines verständigen Bebauungsplanes getan werden können. Das aber hätte Verständnis und Teilnahme an der Zukunft Berlins bei Behörden vorausgesetzt, die nur fiskalisch zu denken vermochten. Um nicht für die Kosten der Planaufstellung aufkommen zu müssen, Kosten, die damals auf 12 000 Taler veranschlagt wurden (Berlin mußte nachher 30 000 Taler für dieses staatliche Kunstwerk zahlen), hatte die Regierung die brennende Frage mehrere Jahre ruhen lassen; um die Kosten der Entschädigung für Straßenland zu vermindern und aus allgemeiner Gedankenlosigkeit scheute der Polizeipräsident vor der Häufung der größten Übel nicht zurück.
Der im Auftrag des Handelsministeriums vom Polizeipräsidium ausgearbeitete Bebauungsplan ging nämlich an Schädlichkeit noch weit über das hinaus, was bei einer genauen Befolgung des Erlasses von 1855 zu fürchten gewesen wäre. Da der Polizeipräsident das Mittel gefunden zu haben glaubte, die Entschädigungspflicht auf die Stadt Berlin abzuwälzen, sah er bei der Ausarbeitung des Planes keinen Vorteil darin, sich durch den Erlaß von 1855 beschränken zu lassen, der den Bebauungsplan nur für die »Befriedigung des voraussichtlichen Bedürfnisses der näheren Zukunft« aufgestellt wissen wollte und einen für beträchtliche Ausdehnung entworfenen Plan ausdrücklich ablehnte. Statt dessen stellte der Polizeipräsident einen Plan auf, der nach den Worten eines *Reskriptes* des Handelsministeriums vom 2. August 1862 »auf ein Jahrhundert hinaus berechnet« war.
Wie durfte aber der Berliner Polizeipräsident Pläne aufstellen, die weit über das Gebiet Berlins hinausgingen? Dank eines Taschenspielerkunststückes der Regierung. Sie deutete die Städteordnung verschieden aus, je nachdem ihre Deutung für die städtische Selbstverwaltung oder für den staatlichen Polizeipräsidenten Berlins bestimmt war. Nach dem verhängnisvollen vierten Paragraphen »gehören zum städtischen Polizei- und Gemeindebezirk alle Einwohner und sämtliche Grundstücke der Stadt und der Vorstädte«. Also, so folgerte die findige Regierung, gehörte die alte Feldmark Berlins künftig nicht mehr zur Stadt Berlin. (Dieser Kniff ist oben, Seite 191, geschildert worden.) Für die staatlich gebliebene Polizei dagegen folgerte

die findige Regierung das Gegenteil. 1836 dekretierte der Minister des Innern und der Polizei, von Rochow: »Da zu den Grundstücken der Stadt und der Vorstädte auch diejenigen gehören, welche in der Feldmark liegen, so kann nach § 4 der Städteordnung ebensowenig als nach dem Sprachgebrauch ein Zweifel darüber obwalten, daß auch die Feldmark zu dem städtischen Polizeibezirke gerechnet werden müsse. Dies alles ergiebt sich von selbst.« Gegen eine derart zweideutige Regierung war Berlin machtlos. Statt der unentbehrlichen Zusammenarbeit zwischen Staat und Stadt führte die Regierung von Anfang an den Kleinkrieg ein.
Aber die polizeiliche Anmaßung beim Aufstellen des Straßenplans hätte segensreich wirken können, wenn sie vernünftig gehandhabt worden wäre, nämlich in dem Sinne, wie es die erste Generalversammlung der Deutschen Architekten- und Ingenieurvereine im Jahre 1874 forderte: daß nämlich nur die Hauptverkehrslinien festgelegt und dadurch die künstliche Bodenwertsteigerung in den Gebieten zwischen den Hauptverkehrsstraßen vermieden werden sollte. In der Tat, wenn ein Bebauungsplan sich auf die Hauptverkehrslinien beschränkt und wenn diese Straßen obendrein noch über ein sehr großes Gebiet zerstreut sind (je größer, desto besser; das war auch auf der Generalversammlung von 1874 betont worden), dann fehlen der Bodenspekulation viele der Handhaben, die sie braucht, um wirklich schädlich werden zu können. Im Gegenteil häufte aber der Berliner Polizeipräsident die beiden Übel und schaltete den jedem Übel entsprechenden Vorteil aus: er beschränkte sich nicht auf die Feststellung der Hauptverkehrslinien, sondern entwarf ein ziemlich weit in Einzelheiten gehendes Straßennetz; er beschränkte dann obendrein dieses Straßennetz nicht auf die »Bedürfnisse der näheren Zukunft«, sondern gab der Spekulation »Tips« auf die nächsten hundert Jahre hinaus.
Aber der vom Polizeipräsidenten angerichtete Schaden ging noch weiter. Den Straßen seines Planes fehlt die zielbewußte Führung und die große Breite, die sie zu Verkehrsstraßen erster Ordnung, zu »Ausfallstraßen« gemacht hätte. Für Wohnzwecke dagegen waren sie zu breit, d. h. zu teuer. Sie waren zwar viel zahlreicher, als für die Durchführung des Hauptverkehrs erforderlich gewesen wäre, aber sie ließen noch Baublöcke zwischen sich liegen, die so groß waren wie vier bis zehn Baublöcke der alten Friedrichstadt. (Die letzteren sind auf Seite 218 gut zu sehen, während der Plan auf Seite 199 die verschieden großen Baublöcke der Friedrichstadt und des Bebauungsplanes von 1858 nebeneinander zeigt.) Wenn nicht etwa auf allen Baublöcken Paläste im Stile des »Soldatenkönigs« mit großen »Ministergärten« angelegt werden sollten, dann hatten diese Baublöcke von 1858 keine Beziehung zu einer bis dahin in Berlin oder sonstwo denkbaren Form der menschlichen Behausung. Das aufstrebende Berlin war auf dem Wege, mit Hilfe seines Polizeipräsidenten etwas ganz Neues zu erfinden. Ja, dem Genius der preußischen Ordnungsliebe und paragraphenseligen Schlamperei war es beschieden, ganz zufällig auf eine Form des großstädtischen Massenpferches zu stoßen, die in ihrer Ungeheuerlichkeit noch nie und nirgends dagewesen war und der die preußische Verwaltung dann während der folgenden dreißig Jahre mit der ihr eigenen Gründlichkeit und mit berechtigtem Erfinderstolz Allgemeingültigkeit in Berlin und Deutschland verschaffen durfte.

Friedrichstadt. Die Leipziger Straße zieht durch die Mitte des Bildes vom unteren Rand links zum oberen Rand rechts; die Friedrichstraße von der Mitte des rechten Randes (oben) zum oberen Rand (links). Obgleich diese Geschäftshaus-Blocks schon so eng und hoch gebaut wurden, daß viele ihrer Höfe zu ewiger Dunkelheit verdammt sind, erlaubt die Bauordnung von 1925 noch eine wesentliche Steigerung der Bauhöhe und weitere Verdunkelung der Höfe, an denen Tausende von Menschen ihr Leben lang unter ungesunden Verhältnissen arbeiten müssen

Von einem greisen Gewährsmann, der in jenen bedeutsamen sechziger Jahren dem Polizeipräsidium nahegestanden hatte, erhielt Reichsminister Bernhard Dernburg 1912 die Auskunft, der Berliner Bebauungsplan von 1858 sei eigentlich nur ein Hauptlinienplan gewesen und der Polizeipräsident habe eigentlich zwischen die im Plan ausschließlich eingetragenen breiten Verkehrsstraßen je nach Bedarf die erforderlichen schmaleren, billigeren und für Wohnzwecke brauchbareren Nebenstraßen einfügen wollen. Solche Wohnstraßen wären in der Tat erforderlich gewesen, wenn die sonst übergroßen Baublöcke anders als mittels ganz neuartig monströser, vielhöfiger Mietskasernen erschlossen werden sollten. Da nun aber — so berichtete der Gewährsmann weiter — der Straßenbau bis in die 1870er Jahre nicht eine Angelegenheit der Stadt Berlin war, sondern dem staatlichen Fiskus zur Last fiel, entschloß man sich auf dem Polizeipräsidium nachträglich, die Wohnstraßen lieber nicht zu bauen und damit dem Staat wesentliche Ersparnisse zu ermöglichen. Gereicht es doch, wie der Geheime Baurat Kyllmann noch im Jahre 1905 in der

Berliner Stadtverordnetenversammlung feststellte, dem zum Straßenbau Verpflichteten zum Vorteil, wenn er möglichst wenig Straßen und dafür möglichst tiefe Baublöcke herstellt.
Nachdem also der Polizeipräsident ursprünglich ganz treue Absichten gehabt hatte, beschloß er erst nachträglich, die Hälfte der Berliner Bevölkerung an Hinterhöfen wohnen zu lassen. Statt eine anständige Stadt zu planen, sah er lieber davon ab. Der Polizeipräsident hatte nur das eine Ziel: die schmerzlose Abwälzung der nach dem Allgemeinen Landrecht und der Ministerialentscheidung von 1840 zu Recht bestehenden staatlichen Entschädigungspflicht für geopfertes Straßenland, eine Abwälzung, die nach der Rechtslage auch den betreffenden Grundbesitzern, auf die abgewälzt wurde, mundgerecht gemacht werden mußte. Zur Erreichung dieses einzigen, bescheidenen Zieles war der eingeschlagene Weg des kurzsichtigen Polizeipräsidenten gar nicht schlecht. Er ließ die von Grundbesitzern beherrschte Stadt Berlin an seinem Plan mitarbeiten. Als er die notwendigen Wohnstraßen wegließ, machte er die Grundbesitzer zur kostenlosen Hergabe des Landes für die Verkehrsstraßen sowie zur Pflasterung der (an Stelle der Wohnstraßen) entstehenden ersten, zweiten, dritten und vierten Hinterhöfe willig: durch die breiten Straßen und die riesigen Baublöcke seines Planes gab er ihnen die Möglichkeit, die schlechte Bauordnung von 1853 ganz überraschend gründlich und neuartig auszunützen und sich durch fünf- bis siebengeschossige Überbauung mit Vorder-, Neben- und Hinterhäusern nebst Eskamotierung der unentbehrlichen Hausgärten überreichlich schadlos zu halten.
Die brandenburgischen Herrscher haben einst bei der Vergewaltigung Berlins die

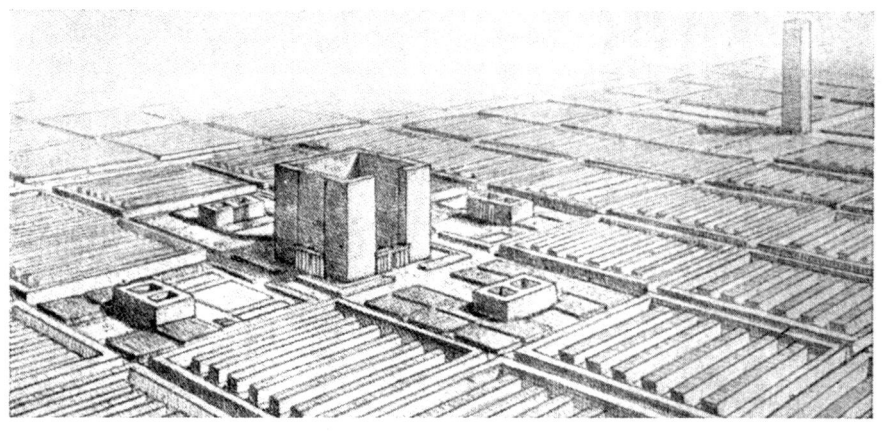

Schema der besten Belichtbarkeit und höchsten Ausnutzbarkeit eines Geschäftsviertels. Das Bild zeigt, daß Turmhäuser keine gesteigerte Ausnutzbarkeit bedeuten, weil sie, um selbst gut beleuchtet und kein Sonnenschirm für benachbarte Häuser zu sein, von großen Flächen unbebauten Landes umgeben sein müssen. (Aus Werner Hegemann: »Kritik des Großstadt-Sanierungs-Planes Le Corbusiers«, der die gedrängtesten Geschäftsviertel von Paris durch Turmhausbau sanieren zu können glaubt. Vgl. »Städtebau« 1927, S. 69)

städtebaulichen Vollmachten der Stadt an sich genommen, wie etwa ein Einbrecher seinem Opfer ein wichtiges Werkzeug wegnimmt. Sie haben das vergewaltigte Berlin angehalten, den Gebrauch des Werkzeuges zu verlernen und zu vergessen. Als sie dann im 19. Jahrhundert endlich bemerkten, daß der Gebrauch dieses Werkzeuges schwierig, verantwortungsvoll und kostspielig sei, warfen sie es weg und überließen es dem Mißbrauch durch die private Spekulation und durch die Gemeinden, die von der Regierung durch Hausbesitzerprivileg und Dreiklassenrecht zu Sachwaltern der privaten Spekulation gemacht worden waren. Nachdem so der preußische Staat sich verantwortungslos seiner angemaßten städtebaulichen Pflichten wieder entledigt hatte, befreite er in seiner Erläuterung seines Berliner Bebauungsplanes durch das *Reskript* des Handelsministeriums vom 2. August 1862 auch die Hauptstadt von der Sorge, beim Straßenbau für das Straßenland zahlen zu müssen. Der Minister hoffte, daß es der »fortdauernden Fürsorge« der Residenzstädte Berlin und Charlottenburg gelingen werde, anderweitig eine »den Privatinteressen der Einwohner wie den öffentlichen Interessen in gleicher Weise Rechnung tragende Durchführung des Bebauungsplanes« zu finden. Die Haus- und Bodenbesitzer, die ja das Stadtparlament verfassungsmäßig beherrschten, hatten nach der Behandlung, die ihnen vom Polizeipräsidium zuteil geworden war, allen Grund, sich freundschaftlich abfinden zu lassen: an Hand der neuen Bauordnung von 1853 und des Bebauungsplanes konnte sich jeder Bodenbesitzer im einzelnen die Gewinne ausrechnen, die er und seine Rechtsnachfolger zu machen von Gott bestimmt waren und die ihm der Berliner Polizeipräsident und die Hypothekenordnung Friedrichs II. gleichermaßen garantierten. Das Ergebnis des staatlichen Eifers hat der Berliner Magistrat in seinem Schreiben vom 23. Oktober 1871 dem Handelsminister folgendermaßen geschildert: »Die Ausarbeitung des Bebauungsplanes für Berlin — richtiger des Straßenplanes von Berlin —, ohne daß diese Straßen wirklich angelegt wurden, hat eine große Zahl von Flächen zwar nicht der Bebauung erschlossen, denn die Straßen existierten nur auf dem Papier, wohl aber hat er den Inhabern dieser Flächen Veranlassung gegeben, Baustellenpreise dafür zu fordern, und er hat somit zur Preissteigerung der Baustellen wesentlich mitgewirkt.«

So wurden nach fünfzigjähriger Wirksamkeit der Städteordnung von 1808 fast alle Teile befriedigt: der Berliner Polizeipräsident durfte seinen Plan aufstellen, der Staat und die Gemeinden hatten keine Entschädigungen für Straßenland zu zahlen, und die Grundbesitzer fuhren dank der amtlich aufgetriebenen Preise sehr wohl dabei; nur das öffentliche Wohl, vertreten durch die 4 Millionen Menschen, die sich auf dem vom Polizeipräsidium bearbeiteten Gebiet allmählich ansiedelten, blieb unberücksichtigt. Der Berliner Bebauungsplan ist das überzeugendste Beispiel für die unübertrefflich gründliche, allen Beteiligten (soweit sie »*Interessenten*« und nicht machtlos sind) gerecht werdende und durchaus unbestechliche Verwaltungstüchtigkeit des damaligen preußischen Beamtentums. *Fiat iustitia, pereat mundus* hieß damals auf deutsch: das öffentliche Wohl geht zuschanden, denn der preußische Beamte hat seine Pflicht getan.

Folgen, Kritik und Verteidigung des polizeilichen Planes von 1858 bis 1862

> Müssen nicht die künftigen Bewohner der Häuser (die auf den verteuerten Baustellen gebaut werden) die Verzinsung der jetzt von wenigen so leicht gewonnenen Millionen auf ihre Schulter nehmen, ohne je wieder davon entlastet zu werden? Jedes Hundert Thaler *pro* Quadratrute belastet dauernd eine Familienwohnung mit 17 bis 20 Thalern jährlichen Mietzins.
>
> *Geheimer Oberregierungsrat Ernst Engel, Direktor des Kgl. Preußischen Statistischen Büros (1873)*

Als der Berliner Magistrat 1871 feststellte, daß der neue papierene Bebauungsplan »zur Preissteigerung der Baustellen wesentlich mitgewirkt hat«, stützte er sich auf die Ergebnisse einer kurz vorher veröffentlichten Arbeit des Statistikers Ernst Bruch, von dessen eingehender Kritik des polizeilichen Bebauungsplanes noch die Rede sein wird. Vorher verdienen einige Begleiterscheinungen und Folgen der polizeilich herbeigeführten Bodenwertsteigerungen Erwähnung. Die Kritik und Verteidigung des Bebauungsplanes wird dann um so besser gewürdigt werden.

Gleichsam um es den Grundbesitzern zu erleichtern, ihre amtlich zugesicherten Gewinne zu berechnen, hatte schon 1855 ein Erlaß des Handelsministeriums die wichtige Entscheidung getroffen: alle städtischen Bebauungspläne sollen öffentlich bekanntgemacht werden. Den dagegen geltend gemachten Bedenken, die »namentlich in der Veranlassung zur Spekulation in Grund und Boden und der Hervorrufung unbegründeter Widersprüche beruhen«, stellte der Minister die »überwiegende Rücksicht auf das Eigentum der Beteiligten« entgegen. Diese Rücksicht hatten die »großen« hohenzollerischen Städtebauer nicht gekannt. Sie hatten nicht nur das Recht der Aufstellung von Bebauungsplänen, sondern auch die Anlage der Straßen, die Bereitstellung des Baulandes, die Ausmessung und billige oder kostenlose Zuteilung der Baustellen als ein Stück ihrer landesherrlichen Oberhoheit und darum als Aufgabe ihrer Baupolitik in Anspruch genommen. Diese Aufgabe erfüllten sie auf dem Wege der entschädigungslosen Enteignung, bestenfalls im abgekürzten Verfahren des staatlichen Zwangskaufs zum obrigkeitlich festgestellten Ackerwert. Im Jahre 1855 dagegen hatte die preußische Regierung den Staatssozialismus oder Kommunismus der »großen« Hohenzollern abgelegt. Minister und Polizeipräsident nahmen zwar noch immer das Recht der Planaufstellung für sich in Anspruch, aber die damit verbundene Pflicht der Planausführung und Bereitstellung des Baulandes hatten sie vergessen. Im mißverstandenen Geiste der Revolution von 1789 und ihrer wirtschaftlichen und rechtlichen Anschauungen befleißigte sich die preußische Regierung individualistischer Ideen und peinlicher Hochachtung vor dem Privateigentum, ohne jedoch die dazugehörigen Schlüsse zu ziehen und die Entwicklung des Bebauungsplanes dem freien Spiel der privaten Wirtschaftskräfte freizugeben. Sie wollte künftig nur noch dreinreden, ohne selbst etwas zu leisten und ohne von den Fragen, in die sie sich hineinmengte, etwas zu verstehen. In Ausübung des Rechtes der Planaufstellung ohne die Erfüllung der dazugehörigen Pflichten bestimmte der Berliner Polizeipräsident die städtebauliche Entwicklung »für das voraussichtliche Bedürfnis der näheren Zukunft« und verstand darunter etwa 100 Jahre.

Um die Bedeutung dieses verwegensten Schrittes der preußischen Bürokratie zu ermessen, muß man an England und Amerika denken, denen Preußen seiner industriellen und städtischen Entwicklung nach sonst am nächsten steht oder stehen möchte, wo aber die Mehrzahl auch der großstädtischen Arbeiter in kleinen Häusern statt in Kasernen wohnt. In England wurde die Möglichkeit, nicht der Zwang, zur Schaffung rechtskräftiger Bebauungspläne erst im Jahre 1909 durch Gesetz geschaffen. In den Vereinigten Staaten besteht sie noch heute nicht überall; obendrein sind dort überall der Bodenspekulation die Ketten einer starken Besteuerung nach dem gemeinen Wert angelegt. Aber um derartige Vergleiche kümmerte sich der Berliner Polizeipräsident nicht.

Der Berliner Bebauungsplan war eines der wesentlichsten Werkzeuge zur Inflation der »Gründerjahre« (vgl. das XXVI. Kapitel) und zur allmählichen Steigerung der Berliner Bodenwerte auf das Acht- bis Zehnfache dessen, was im doppelt so großen London gezahlt wird. Was in Berlin unter dem Mantel gesetzlicher Vorgänge geschah, ist ein erstaunliches Beispiel des Mißbrauches staatlicher Macht; aber es ist kein Gegenstand akademischer Betrachtung. Es ist auch keine Frage der Vergangenheit, sondern eine Frage, die (wie im letzten Kapitel dieses Buches gezeigt werden wird) in allernächster Zeit wieder große politische Bedeutung zu gewinnen droht.

Es ging vor 1914 und wird wieder um Milliardenwerte gehen, und nicht in Berlin allein. So betrug nach der Berechnung des Berliner Privatdozenten Paul Voigt die Bodenwertsteigerung in den Berliner Vororten von 1887 bis 1898 eine Milliarde Mark. Nach der Schätzung Rudolf Eberstadts war der deutsche Haus- und Grundbesitz vor dem Krieg mit mindestens 75 Milliarden Goldmark verschuldet. Ein sehr großer Teil dieser riesigen Wertsteigerung und Verschuldung konnte nur auf dem unmoralischen Boden des technisch und sozial falschen Bebauungsplanes von 1858 und seiner Nachahmungen in anderen deutschen Städten entstehen. Der Köder, den die Möglichkeit derartiger Wertsteigerungen und Kapitalisierungen darstellt, ist zu fett, der Zusammenschluß der großen Banken, die diesen Köder schon einmal vor dem Krieg, fest zwischen den Zähnen zu halten glaubten, ist zu mächtig, der Schaden, den diese Verteuerung des städtischen Bodens der körperlichen und geistigen Gesundheit unseres Volkes zufügt, ist zu gefährlich, als daß schwere Kämpfe vermieden werden könnten, sobald wir wieder von den gründlich verdorbenen Bau- und Bodenverhältnissen der Vorkriegszeit bedroht werden. Sie sind durch kein wesentliches Gesetz geändert, sondern nur durch das Fegefeuer von Krieg und Inflation vorübergehend gereinigt worden. Wenn ihr vorkriegsmäßiger Schmutz wiederkehrt, wird er kaum mehr mit der Ergebenheit getragen werden, die vor

dem Krieg üblich war. Bei der erforderlichen sorgfältigen Prüfung, was alles in diesen hohen deutschen Bodenwerten drinsteckt und als Kapitalisierung welcher Rechte und Ansprüche, welcher Anmaßungen und Steuerhinterziehungen und welcher bürokratischen Torheiten sie geduldet oder bekämpft werden müssen, verdient die Entstehung des Berliner Bebauungsplanes besondere Aufmerksamkeit. Der zu Beginn der städtebaulichen Ausdehnung Berlins festgelegte Grundsatz der polizeilichen und fiskalischen Planaufstellung und der öffentlichen Bekanntmachung der Einzelheiten des städtischen Bebauungsplanes gehört zu den bürokratischen Torheiten, die heute kein Ernsthafter mehr billigt und für die trotzdem jeder Großstädter in Form von Miete, Zinsen und Unbequemlichkeit jahraus, jahrein Buße zahlen muß. Ihre teuren Torheiten hat aber die preußische Regierung in gefährlicher Weise ergänzt. Sie überwies die nachträgliche Einzelbearbeitung des Bebauungsplanes an die Gemeinden, deren Parlamente verfassungsmäßig zu mindestens 50 v. H. aus Hausbesitzern bestanden, selbst wenn diese Hausbesitzer, wie in Berlin bis zum Weltkrieg, nur 1 v. H. der Gesamtbevölkerung ausmachten. Diese schon 1855 erfolgende Überweisung der Planbearbeitung an die Gemeinden war gefährlich. Seit dem Jahre 1850 wurden nämlich die Gemeindeparlamente nicht mehr nach den Bestimmungen der Steinschen Städteordnung von 1808 gewählt, die allen zur Teilnahme an der Wahl berechtigten Personen das allgemeine gleiche Wahlrecht gewährte, sondern nach dem Dreiklassensystem, das nach dem reaktionären Muster des »oktroyierten« preußischen Wahlgesetzes von 1849 für die Wahlen zur zweiten Kammer gebildet war. In die ungesunden Berliner Bodenwerte ist also auch ein Stück reaktionärer Angst hineinkapitalisiert worden. Ganz ähnlich nämlich wie Bismarck und die unerbittliche »Preußische Kreuzzeitung« 1866 (vgl. Seite 7) mußten später gewissenhafte neuzeitliche Wohnungspolitiker die Wirkungen des Dreiklassensystems beurteilen. Noch 1912 zitierte Stadtrat Hugo Preuß im »Berliner Tageblatt« (11. Juni) beifällig das Wort Rudolf Eberstadts: »In den kasernierten Städten ist der Hausbesitz eine Organisation zur Beherrschung der öffentlichen Verwaltung. Hierzu bedient er sich der Machtmittel des politischen Parteiwesens. In Berlin nennt sich die Organisation freisinnig, in Berliner Außengemeinden konservativ, in Wien christlich-sozial. Ein sachlicher Unterschied besteht nicht. In allen drei Fällen handelt es sich um einen Verband zur Ausnutzung der Verwaltungsbefugnisse. Unter einem solchen System befindet sich die städtische Bevölkerung in einem scharfen, sittlich und wirtschaftlich begründeten Gegensatz zu der Gemeindeverwaltung.«
Diese Worte des Berliner Universitätsprofessors klingen zwar etwas scharf, aber sie entsprechen genau den Tatsachen und ihren bedenklichen Folgen, die schon 20 Jahre vorher der preußische Finanzminister von Miquel ins Auge faßte, als er zur Begründung seiner Reform des preußischen Steuerwesens schrieb: »Ungerecht und unbillig ist diese Art der kommunalen Besteuerung (die den Steuerbedarf der Gemeinde zum größten Teil durch Einkommensteuer aufbringt), weil die Gemeinde einen vorzugsweise wirtschaftlichen Verband darstellt, dessen Aufwand in vielfachen und erheblichen Beziehungen an erster Stelle den Grund- und Hausbesitzern sowie den Gewerbetreibenden zugute kommt und deshalb vorzugsweise von diesen zu

tragen ist.« Auf diese von den Haus- und Grundbesitzern nicht gezahlten, sondern hinterzogenen Steuern, die kapitalisiert in den hohen deutschen Bodenwerten drinstecken, wies lange vor Miquel schon Faucher hin, wovon noch die Rede sein wird. In der Tat nahm die kommunale Steuergesetzgebung Preußens, im Gegensatz zu den Gemeindebesteuerungen Englands und Amerikas, den wesentlichen Teil des finanziellen Aufwandes der Gemeinde nicht von den Grundbesitzern (welche doch in erster Linie Vorteil davon haben), sondern von der Gesamtbevölkerung. Die von Miquel kritisierte preußische Steuerordnung lud nicht zu sparsamem Städtebau ein, sondern gab im Gegenteil den das Parlament beherrschenden Grundbesitzern die Möglichkeit, sich für die Vorteile, die ihrem Grundbesitz aus kommunalen Mitteln zufallen, in Gestalt gesteigerter Mieten bezahlen zu lassen, obgleich sie selbst für diese Vorteile nicht bezahlt haben, sondern andere zahlen ließen. Öffentliche Bekanntmachung eines Bebauungsplanes, der den Planbearbeiter (den Polizeipräsidenten) zu keiner Leistung verpflichtet, aber der Spekulation das Tor weit auftut, und Durchführung des Planes durch eine zweite, einseitig private Vorteile verfolgende Behörde (die kommunale Vertretung) auf Kosten eines Dritten (der Masse der Steuerzahler), das sind zwei der wesentlichen Ursachen für die grundverschiedene Entwicklung des Wohnbauwesens in der Mietskasernenstadt Berlin, verglichen mit den großen englischen und amerikanischen Kleinhausstädten, wie London, Philadelphia und Baltimore. Daß alte Festungsstädte, wie Paris und Wien, oder Inselstädte, wie die ältesten Teile von New York, Boston, Stockholm, unter besonderen Gesetzen stehen und deshalb für den Vergleich mit der ganz offenen Stadt Berlin weniger geeignet sind, wurde bereits erwähnt.
Die Ausarbeitung des Bebauungsplanes für Berlin fiel obendrein noch besonders ungünstig aus, weil sich seit 1861 mit der »neuen Ära« der »große Zug« in der Politik Preußens bemerkbar machte. Er kam nicht der Lösung städtebaulicher Fragen zugute, sondern entfremdete die Aufmerksamkeit der Staatsmänner, auf die es ankommt, erst recht den schwierigen städtebaulichen Aufgaben. Ihre Lösung konnte nicht nebenbei durch einen Bauassessor erfolgen, sondern hätte die gespannte Aufmerksamkeit der ersten praktischen Köpfe erfordert. Von Bismarck aber lief damals der Ausspruch um: »Die großen Städte müssen vom Erdboden verschwinden.« Dieses Wort wäre höchst billigenswert gewesen, wenn ihm weise Taten zur Dezentralisierung der großstädtischen Industrie und zur inneren Kolonisation, wie sie V. A. Huber seit 1837 forderte, gefolgt wären. Statt dessen aber lieferte das schneidige Bismarck-Wort nur Entschuldigung und Vorwand für faule Vernachlässigung großstädtischer Notwendigkeiten.
Nichts in den Bestimmungen des Erlasses von 1855 oder in der späteren Ausarbeitung des Berliner Bebauungsplanes war im entferntesten dazu angetan, dem für das ganze deutsche Volk lebenswichtigen Wohnwesen der angehenden Reichshauptstadt die tätige Aufmerksamkeit zu sichern, die zur Befriedigung der bereits damals im In- und Ausland zur Genüge klargestellten Bedürfnisse erforderlich war. Als die preußische Regierung aus fiskalischen Gründen versäumte, die dringend benötigten Gebiete für Kleinhausbau mittels Eisenbahnen und Wohnstraßen zu erschließen, glaubte sie mit ihrer sorglosen, über 100 Jahre hinausgreifenden Regelung der

Maßstab
= 400 Ruthen
(1 Ruthe = 3.766 cm)

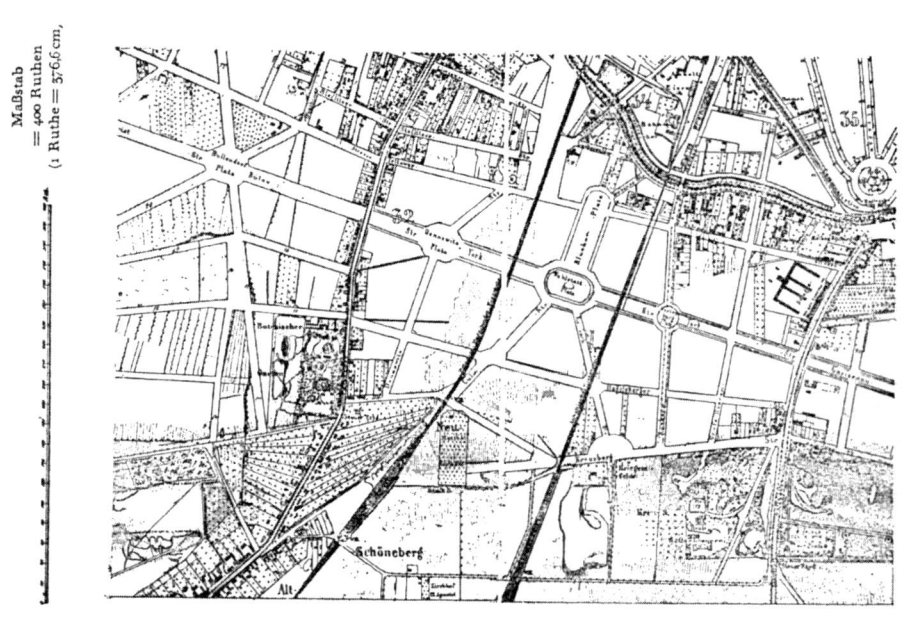

*»Wahlstattplatz« und »Blücherplatz« auf dem Eisenbahngelände (vgl. das Bild auf Seite 227).
Ausschnitt (Maßstab 1 : 25 000) aus dem polizeilichen Bebauungsplan von 1862 (Tafel S. 199).*

baulichen Zukunft, der sozialen Verhältnisse und der Milliarden bewegenden Bodenwertbildung Berlins dem besten Vorbild ihrer Zeit zu folgen. Sie nahm sich aber keine angelsächsischen Städte zum Muster, sondern der Berliner Bebauungsplan war eine geistlose Nachahmung dessen, was unter Napoleon III., nach dem Hinausschieben der Befestigungen (1841 bis 1845) und der darauf folgenden Stadterweiterung, innerhalb der neuen Befestigung aus Paris gemacht wurde. Hier wie dort die geschlossene, vielgeschossige Häusermasse, in Paris durch den Festungscharakter erzwungen oder entschuldigt, in Berlin sinnlos und obendrein durch die Tiefe der Baublöcke schädlicher gemacht als in Paris. Hier wie dort ein äußerer und innerer Ringboulevard, in Paris (wie der alte Name *boulevard* = Bollwerk sagt) eine Folge der alten und neuen Befestigung, in Berlin so unwesentlich, daß die Durchführung an vielen Stellen von vornherein schon im Plan Löcher hatte oder unbedenklich später vergessen wurde. Hier wie dort Rundplätze im Stile der Place de l'Etoile und der Place du Trône, in Paris die großartigen Überreste königlicher Parkanlagen und lebendige Teile großer städtebaulicher Gedanken, in Berlin sinnlos umhergestreute Mißverständnisse. Hier wie dort noch andere geometrische Plätze, in Paris die alten Vorbilder dieser stadtbaukünstlerischen Anlagen, köstlich gegliederte Räume, von den ersten Künstlern der Nation abgewogene Flächen und Baumassen, die Platzflächen in gleichzeitig entworfene Bauten gefaßt; in Berlin dagegen massenhaft auftretend, bloße Löcher im Plan, deren Umbauung dem Zufall preisgegeben, deren Wand beliebig durch Straßen zerrissen war. Hier wie dort die für einfache Wohnzwecke zu breite und zu teure Straße, in Paris eingestandenermaßen aus militärischen Rücksichten zur »Aufschlitzung des Bauches der Revolution«, zum Ersticken der winkligen Revolutionsherde in den mittelalterlichen Quartieren und zur artilleristischen Beherrschung einer politisch gärenden Stadt, die mehr als doppelt soviel Einwohner hatte wie Berlin; dagegen in Berlin unter scheuer Umgehung der Altstadt und der sich auftürmenden Verkehrshindernisse. In Berlin wie im Haussmannschen Paris die städtebauliche Leistung weniger von Künstlern oder Volkswirten als von Kanalisationsingenieuren mit einer lobenswerten Passion für die neuesten Errungenschaften des englischen Kloakenwesens und mit strafwürdiger Unkenntnis der Errungenschaften des englischen Wohnwesens, dessen bescheidener Diener das neue englische Kloakenwesen war.

Von der kindlichen Sorglosigkeit, mit welcher der Polizeipräsident seine Straßen und Plätze an den unmöglichsten Stellen ins Berliner Gelände legte, zeugt ein Beispiel, über das der einsichtige Ernst Bruch schon 1870 spottete. Auf besonderen Wunsch »von höchster Stelle« war nach dem Muster der Festungsboulevards von Paris bei der Aufstellung des Berliner Bebauungsplanes die erwähnte Ring- oder Gürtelstraße vorgesehen worden (vgl. oben und Seite 199). Für ihre Lage wurde jedoch dem Planbearbeiter die Weichbildgrenze maßgebend, die mit der damaligen oder irgendeiner zukünftigen Baugrenze nicht den mindesten Zusammenhang hatte und die zu einer höchst exzentrischen Anordnung dieses »Rings« führte, dessen später noch weiter verkümmerte Schöpfung wohl kaum je für einen Berliner lebendig geworden ist. Im Norden entfernte sich der Ring bis fast nach Weißensee, im Süden blieb er auf wenige Ruten bei der alten Stadtmauer. Im Süden in der vornehmen Nachbarschaft der Tiergartenvorstadt und des »Geheimratsviertels« sollte dann dieser Grenzboulevard besonders großartig ausgestaltet werden. Da der Staat nicht für das Straßenland zahlen wollte und da er die Preise des ganz unbebauten Geländes, auf dem er plante, noch nicht in die Höhe getrieben hatte, durfte er mit gutem Gewissen Straßenbreiten von 55 bis 75 Metern freigebig verteilen. Alle 450 bis 750 Meter wurde ein mächtiger Platz aufgereiht, durch den nicht nur der Boulevard mittendurch schnitt, sondern der auch meist noch von zwei oder mehr anderen Straßen durchpflügt wurde, so daß sich spitzwinklig-ungünstige Baublöcke und zerrissene Platzflächen oder aufgeschlitzte Platzwände oder Verkehrsschwierigkeiten oder alle drei Übel auf einmal ergaben. Zum damaligen fünfzigjährigen Jubiläum der Freiheitskriege erhielten diese Plätze Heldennamen, wie Wittenberg-, Nollendorf-, Dennewitz- und Wartenburgplatz; die schönsten und größten dieser Perlenschnur von Plätzen aber wurden dem Marschall Vorwärts zu Ehren Wahlstattplatz und Blücherplatz getauft, sie waren als die abschließenden Prunkstücke des Geschmeides gedacht und bildeten auf dem Papier zusammen eine Platzgruppe, deren Umfang alle Pariser Vorbilder so zwergenhaft erscheinen ließ, wie es sich gebührte, nachdem Blücher die Franzosen doch besiegt hatte. Der Polizeipräsident gewährte diesen breiten Plätzen zusammen die Länge von einem halben Kilometer (508 m). Sie lagen sehr monumental gerade zwischen den beiden Rangierbahnhöfen der bereits seit 1838 und 1841 gebauten Potsdamer und Anhalter Bahnlinien. Auch Laien ahnten, daß diese Rangierbahnhöfe und die dazugehörigen

Die riesigen Flächen des Anhalter und Potsdamer Bahnhofs, die an Stelle des »Blücherplatzes« und »Wahlstattplatzes« (Bebauungsplan von 1858 bis 1862) liegen, bilden einen unverdaulichen Fremdkörper im Magen von Berlin. Anhalter und Potsdamer Bahn würden weniger Platz einnehmen und könnten mehr leisten, wenn sie zum Stettiner und Lehrter Bahnhof schlank durchgeführt worden wären, wie die Stadtbahn vom Alexanderplatz nach Charlottenburg. Diese Durchführung ist unvermeidlich nachzuholen

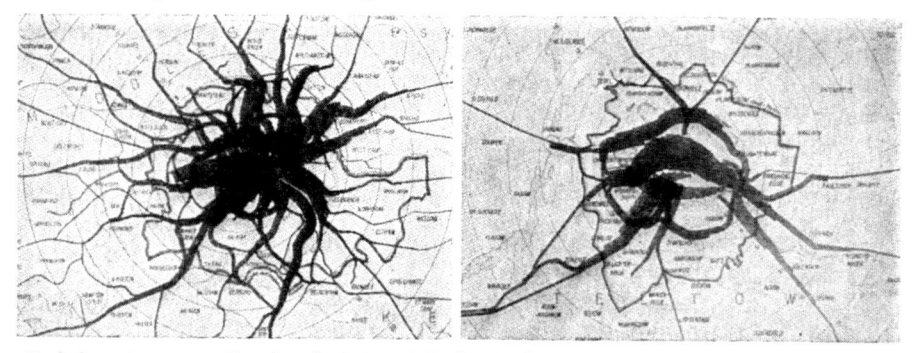

»Verkehrsspinnen« in London (links) und Berlin (rechts), 1910; nach Kemmann. Die Breite der Streifen entspricht der täglichen Personenbewegung auf Stadt- und Vorort-Schnellbahnen und zeigt die zentrifugale Entwicklung der Kleinhausstadt London, verglichen mit der in den Kreis der Ringbahn gepackten Mietskasernenstadt Berlin

Kopfbahnhöfe ausdehnungsfähig waren. Wenn sogar der Polizeipräsident bemerkt hätte (was für niemanden sonst ein Geheimnis war), daß das Gelände, auf dem er seine Blücher-Ehrung plante, von den beiden Bahngesellschaften für Bahnhofserweiterungen erworben war, dann hätte seine selbstherrliche Künstlerphantasie mit dem Wahlstatt- und dem Blücherplatz keine dem Tode geweihten Zwillinge geboren; obgleich damals die beiden Bahngesellschaften noch in privaten Händen waren und somit noch nicht die Allmacht der späteren Staatsbahnverwaltung besaßen, konnte der Polizeipräsident gegen ihren Widerspruch seine Platzentwürfe nicht am Leben erhalten. Nur drucken lassen und veröffentlichen konnte er seinen haltlosen Plan.

Nicht nur die großartige Platzgruppe und der Traum der Ringstraße wurden nachträglich wieder geopfert. Statt der fortlaufenden Ringstraße entstand der nach Süden ausschweifende Winkelzug der Yorckstraße, die sich mühsam unter den vielen Bahngeleisen durchzwängt. Sogar die bereits vorhandene, also nicht nur geplante Teltower Straße zwischen der heutigen Teltower und Kurfürstenstraße wurde klanglos kassiert. Auf einer Entfernung von über 1100 Metern wurden alle durchgehenden Straßen gesperrt und damit eines der verhängnisvollsten Verkehrshindernisse des heutigen Berlin geschaffen als böse Entschädigung für die geplante boulevarddurchquerte Platzgruppe (Seite 227). Ganz ähnliche Vorgänge spielten sich beim Bau des Ostbahnhofs, des Lehrter Bahnhofs, der Ringbahn, des Viehmarkts und Schlachthauses, der Wasserleitung (das Werk einer englischen Gesellschaft), bei der Verlegung der Abdeckerei und bei anderen Gelegenheiten ab. Alles bewies die Haltlosigkeit der polizeilichen Anmaßungen. Mangels einheitlicher kraftvoller Leitung gelang es jedesmal den zahlreichen Beteiligten und den mitsprechenden *Instanzen*, sich gegenseitig an gemeinschädlichen Untugenden zu überbieten. Diese vielfachen, später vorgenommenen Veränderungen des Bebauungsplanes von 1858 zeigen, daß auch eine »*Revision* des Bebauungsplanes im Hinblick auf den Kleinhausbau«, welche Praktiker des Städtebaues, wie Stübben, noch 1910 für möglich hielten, ein Menschenalter früher erst recht möglich gewesen wäre, wenn es in dem Chaos von sich befehdenden Behörden und *Interessenten* nicht an Einsicht und gutem Willen gefehlt hätte.

»Eine zeitgemäße Reform des Berliner Bebauungsplanes und des zu seiner Durchführung bisher innegehaltenen Verfahrens« war auch das Ziel der Schriften, die der bereits erwähnte Statistiker Ernst Bruch seit 1869 veröffentlichte.* Er faßte die überall laut werdende Kritik am neuen Bebauungsplan zusammen und ergänzte sie wirkungsvoll. Bruchs Einwände richteten sich hauptsächlich gegen die »überflüssige Breite der Straßen«, die »ihr entsprechende riesige Ausdehnung der Quartiere« (Baublöcke) mit ihren der Bauordnung entsprechenden »acht- und siebzehnfüßigen Höfen und Quergebäuden«. (Die auf Seite 208 gezeigten Höfe stellen schon eine wesentliche Verbesserung des früher erlaubten Hofes dar.)
Ganz im Sinne der Entwicklung von 1929 empfahl Bruch schon 1869 die Nachahmung der Augsburger »Fuggerei«, also der alten Arbeitersiedlung, deren Zeilen-

---

* Zuerst in der »Deutschen Bauzeitung«, später in Buchform: »Berlins bauliche Zukunft und Bebauungsplan«, Berlin 1870.

bau heute wieder als die sachlichste und wohlfeilste Form des Kleinstwohnungsbaues gilt. Bruch empfahl auch das, was erst 50 Jahre später endlich, also seit 1925, zur Regel geworden ist. Er nannte es »Gruppenbau«, d. h. »die Vereinigung der einem Straßenviertel angehörigen Häuser zu einem organischen Ganzen, mit einer größeren zentralen offenen Park- und Hofanlage, wodurch erreicht wird, was das Streben aller Wohnungsreformen ist, Licht, Luft, Sonne nach allen Seiten; vorn die mäßig breite Straße, hinten der stattliche Hof mit Gartenanlagen, bei dem die Gefahr nicht vorliegt, durch Hintergebäude und Fabriken verdrängt zu werden, wie dies bei noch so gutem Willen des ersten Bebauers in Berlin doch selten abgewendet werden kann. Für bescheidenere Verhältnisse, wie sie bei uns Regel sind, paßt ein derartiger Gruppenbau ungleich besser, als die (von privater Seite) vielfach vorgeschlagenen Villenanlagen.« Solche klaren, selbstverständlichen Dinge konnten empfohlen werden, ohne auf die preußischen Behörden den mindesten Eindruck zu machen. Dabei gab es für das, was Bruch empfahl, auch in Berlin gute Beispiele. Verständnisvoll konnte Bruch noch auf ein gutes altes Berliner Vorbild verweisen, das heute längst zerstört ist, das aber in der Erörterung des Berliner Städtebaues eine Rolle gespielt hat: die alte Umgebung der Marienkirche, wie sie damals noch bestand. In den regelmäßigen Stadtanlagen östlich der Elbe pflegten die gotischen Stadtbaumeister der Deutschen, die etwa 1280 auch die Marienkirche anlegten, ihre Kirchen mit dem Friedhof abseits vom Verkehr und vom Geschrei des Marktes anzulegen (vgl. auf Seite 22 Memhards Plan links oben). Um Kirche und Friedhof erwuchs dann, vom Verkehr getrennt, ein Stilleben von Wohnhäusern. Diese schöne Wohnhausgruppe (und die verwandte Anlage bei der Nikolaikirche) konnte Bruch »nicht dringend genug zur Nachahmung empfehlen«. Statt aber nachgeahmt zu werden, wurde sie zerstört, ein Opfer des bald darauf um sich greifenden Freilegungs- und Denkmalwahns. Was durch diese Zerstörung entstand, ist später (1898) einschließlich des »Luther-Denkmals« von der Akademie des Bauwesens scharf verurteilt worden; sie empfahl vergebens die Wiederherstellung der alten Umbauung.

Wer von rechts oder links her diese Vorgänge vorurteilslos betrachtet, wird gewissenhaft die für manchen überraschende Feststellung machen müssen, daß die städtebaulichen Maßnahmen der preußischen Staatsregierung den Geist anarchischer Unordnung atmeten, daß sie das brauchbare Werk und die Überlieferung tüchtiger mittelalterlicher Baumeister zugrunde richteten und daß erst die sozialistischen Regierungen der Nachkriegszeit im Berliner Wohnwesen den amtlichen preußischen Hunger nach Unordnung überwanden und zu geordneten Anlagen im Geist der guten alten Zeit zurückgekehrt sind. Wenn das Wort wahr ist: »An ihren Früchten sollt ihr sie erkennen«, dann darf nicht vergessen werden: die auf der nächsten Seite *oben* gezeigten Darstellungen kulturlosen, unhygienischen, kurz volksfeindlichen Durcheinanders zeigen typische Berliner Bauleistungen nach den Regierungsvorschriften der reichen Vorkriegszeit. Dabei haben sich obendrein diese Baublocks nicht nach den noch sehr viel schlechteren Bauordnungen von 1853 oder 1887, sondern nach der schon durch jahrzehntelange Kämpfe wesentlich verbesserten Berliner

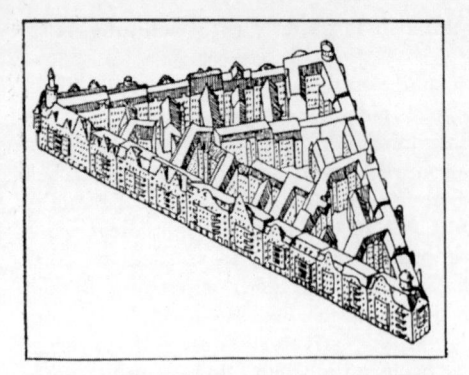

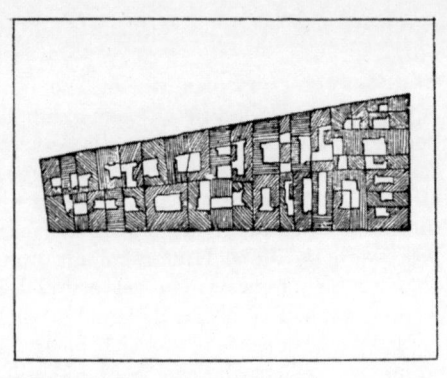

Häuserblocks (Ansicht und Grundriß) nach der Berliner Baupolizeiordnung von 1897, die eine Verbesserung der Bauordnung von 1853 darstellt. Meist waren die Blocks größer und hatten mehr Hinterhöfe. (Zeichnungen von Magistratsbaurat Grobler.)

Bauordnung von 1897 (die bis 1925 galt) entwickelt. Dagegen entsprechen die beiden auf der nächsten Seite *unten* gezeigten Bilder anspruchsloser baulicher Würde oder wenigstens Ordnung Bruchs Empfehlungen aus dem Jahre 1869 und sind typische Leistungen der armen Nachkriegszeit. Davon wird noch später die Rede sein.

Der Schaffung der von Bruch empfohlenen und im Berliner Bebauungsplan fehlenden Wohnanlagen (durch geschickte Aufteilung des Hinterlandes der übergroßen Baublocks) stellte nicht nur der Berliner Bebauungsplan, sondern auch die vor 1925 geltende Berliner Bauordnung fast unüberwindliche Schwierigkeiten in den Weg, die mancher private und baugenossenschaftliche Besserungsversuch der Vorkriegszeit kennengelernt hat.

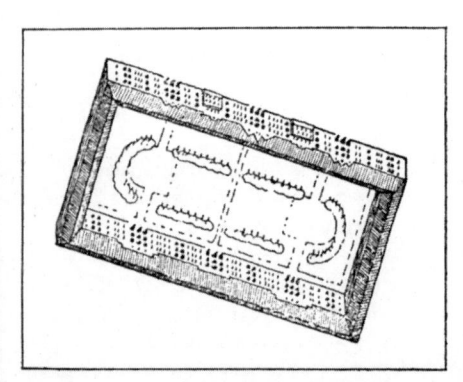

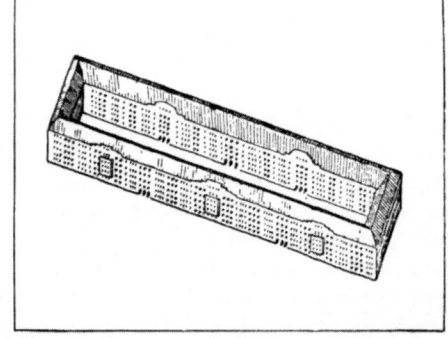

Typische dreigeschossige und fünfgeschossige Häuserblocks nach der Berliner Bauordnung von 1925

Bruch forderte ferner statt des vom Berliner Bebauungsplan in Aussicht genommenen dichten Ineinanderbauens und Verschmelzens von Berlin und seinen Vororten ihre planmäßige Trennung durch Parkanlagen und Promenaden und nannte die schematisch wiederkehrenden übergroßen Plätze und die mit kümmerlichen Bäumen verzierten überbreiten Straßen einen schlechten Ersatz für die im Bebauungsplan fehlenden Parkanlagen. Er stellte auch der baumbesetzten Straße und der städtischen »Schmuckanlage mit Teppichbeet« die stillen Oasen der Londoner *Squares* gegenüber. Der Berliner Plan war zwar übersät mit etwa hundert regelmäßigen und unregelmäßigen Plätzen, von denen viele den Dönhoffplatz viermal in sich aufnehmen konnten; viele wurden später aus dem Plan wieder ausgemerzt, viele sind ausgeführt worden; aber fast alle waren zu groß, um als straff umbaute Architekturplätze, zu klein, um als Parks wirken zu können; in *Squares* im Londoner Sinne konnten sie nicht umgewandelt werden, weil die Straßenführung keine Ehrfurcht vor ihnen hatte; statt abgeschlossener *Squares* waren sie ein häßliches Gewirr von gefährlichen Kreuzwegen. Erst sehr viel später wurden einige von ihnen wenigstens als Kleinkinderspielplätze brauchbar gemacht, obwohl sie dafür wieder nicht genügend abgelegen vom Verkehr sind.

So beleuchtete Ernst Bruch das Durcheinander des Bebauungsplanes, den der Berliner Polizeipräsident und seine städtischen Gehilfen geschaffen hatten. Bruch baute dabei auf den kritischen Schriften seiner Vorgänger, namentlich Fauchers, auf und nahm dabei, wie Faucher, den Städtebauern von heute einen großen Teil ihrer besten Schlagworte vorweg. Er machte einen Vorschlag für einen Generalregulierungsplan, der viele treffliche Gedanken enthielt. Die den Bebauungsplan in verhängnisvoller Weise ergänzende Baupolizeiordnung kennzeichnete Bruch als eine von wahrer »Pyromanie« diktierte »Feuerpolizeiverordnung« und zeigte, wie ihre nur scheinbar auf Hygiene, in Wirklichkeit nur auf Feuersicherheit zielenden Bestimmungen auf das Entstehen der Berliner Mietskasernen hingearbeitet haben.

Die Bruchsche Arbeit muß als eine für den damaligen Stand der städtebaulichen Erkenntnis geradezu erstaunliche Leistung bezeichnet werden. Aber man findet ihr Echo nur in einigen Äußerungen des Berliner Magistrats. Schließlich ist sie wirkungslos geblieben. Hat der preußische »Eisenbahnkönig« Strousberg sie gekannt? Kaum; obgleich sein gescheites Urteil über den polizeilichen Straßenplan (das im XXVI. Kapitel mitgeteilt wird) es fast glauben machen könnte. Bruch, der zur Zeit der Abfassung seiner Schrift im statistischen Büro der Stadt Berlin arbeitete, ist bald darauf als Leiter desselben Büros der Stadt Breslau sechsunddreißigjährig gestorben. Weder der Berliner Polizeipräsident noch die Stadt Berlin, der die Weiterbearbeitung ihres neuen Bebauungsplanes übertragen war, hatten den geringsten Versuch gemacht, diesen bedeutenden Mann für die dringende Neugestaltung des verpfuschten Werkes zu gewinnen. Welche Leistungen waren geeignet, sich dem Polizeipräsidenten als Mitarbeiter zu empfehlen?

Wenn man sich erkundigt, auf Grund welcher fachmännischen Leistungen der dreiunddreißigjährige Baubeamte James Hobrecht vom Polizeipräsidium mit der unendlich folgenschweren Aufstellung des Berliner Bebauungsplanes betraut wurde,

so findet man bezeichnenderweise, daß er sich vorher und nachher ausschließlich durch Kanalisationsarbeiten ausgezeichnet hat. Erst lange nachdem er das große Vergehen seines Berliner Bebauungsplanes begangen hatte, wurde er auf preußische Staatskosten nach England entsandt, wo er wohnungspolitisch sehr viel hätte lernen können. Aber sein Auftrag richtete sich auch damals nicht auf das Studium der englischen Gartenvorstädte und der erstaunlichen wohnungspolitischen Dezentralisation, die London seit der Pest und dem großen Feuer von 1666 neugestaltet und die Hobrechts Zeitgenossen wie Huber und den noch zu würdigenden Faucher begeistert hatte. Statt dessen sandte der preußische Staat den Baurat Hobrecht nach London zum Studium der neuesten englischen Kanalisationsmethoden. In London scheint Hobrecht dann endlich bemerkt zu haben, daß die Berliner Mietskasernen keine großstädtische Notwendigkeit waren und daß die sehr viel größere Stadt London ohne diese Gefängnisse auskam. Damals machte Hobrecht einen Versuch zur Rechtfertigung des Verbrechens, das an der Bevölkerung Berlins verübt wurde. Er schrieb für seinen Mietskasernenplan folgende Verteidigung, die als eine Gipfelleistung sozialpolitischer Beschränktheit und aufreizenden preußischen Bürokratismus in den eisernen Bestand der politischen Literatur gehört. In seiner Schrift »Über die öffentliche Gesundheitspflege« (Stettin 1868) schrieb Baurat James Hobrecht:
»Unsere Art zu wohnen steht — wie bekannt — in einem *prinzipiellen* Gegensatz zu der englischen. In einer sogenannten Mietskaserne befindet sich im I. Stockwerk eine Wohnung zu 500 Talern Miete, im Erdgeschoß und II. Stockwerk je zwei Wohnungen zu 200 Talern, im III. Stockwerk je zwei Wohnungen zu 150 Talern, im IV. drei Wohnungen à 100 Taler, im Keller, auf dem Bodenraum, im Hinterhaus oder dergleichen noch mehrere Wohnungen à 50 Taler. In einer englischen Stadt finden wir im Westend oder irgendwo anders, aber zusammenliegend, die Villen und einzelnen Häuser der wohlhabenden Klasse, in den anderen Stadtteilen die Häuser der ärmeren Bevölkerung, immer in Gruppen nach dem Vermögen der Besitzer zusammenliegend, ganze Stadtteile dabei lediglich von der Arbeiterbevölkerung bewohnt. Wer möchte nun bezweifeln, daß die *reservierte* Lage der je wohlhabenderen Klassen und Häuser Annehmlichkeiten genug bietet, aber — wer kann auch sein Auge der Tatsache verschließen, daß die ärmere Klasse vieler Wohltaten verlustig geht, die ein Durcheinanderwohnen gewährt. Nicht ›Abschließung‹, sondern ›Durchdringung‹ scheint mir aus sittlichen und darum aus staatlichen Rücksichten das Gebotene zu sein. In der Mietskaserne gehen die Kinder aus den Kellerwohnungen in die Freischule über denselben Hausflur wie diejenigen des Rats oder Kaufmanns auf dem Weg nach dem Gymnasium. Schusters Wilhelm aus der Mansarde und die alte bettlägerige Frau Schulz im Hinterhaus, deren Tochter durch Nähen oder Putzarbeiten den notdürftigen Lebensunterhalt besorgt, werden in dem I. Stockwerk bekannte Persönlichkeiten. Hier ist ein Teller Suppe zur Stärkung bei Krankheit, da ein Kleidungsstück, dort die wirksame Hilfe zur Erlangung freien Unterrichtes oder dergleichen, und alles das, was sich als das *Resultat* der gemütlichen Beziehungen zwischen den gleichgearteten und wenn auch noch so verschieden *situierten* Bewohnern herausstellt, eine Hilfe, welche ihren veredelnden Ein-

fluß auf den Geber ausübt. Und zwischen diesen *extremen* Gesellschaftsklassen bewegen sich die Ärmeren aus dem III. und IV. Stock, Gesellschaftsklassen von der höchsten Bedeutung für unser Kulturleben, der Beamte, der Künstler, der Gelehrte, der Lehrer usw. In diesen Klassen wohnt vor allem die geistige Bedeutung unseres Volkes. Zur steten Arbeit, zur häufigen Entsagung gezwungen und sich selbst zwingend, um den in der Gesellschaft erkämpften Raum nicht zu verlieren, womöglich ihn zu vergrößern, sind sie in Beispiel und Lehre nicht genug zu schätzende *Elemente* und wirken fördernd, anregend und somit für die Gesellschaft nützlich, und wäre es fast nur durch ihr Dasein und stummes Beispiel auf diejenigen, die neben ihnen und mit ihnen untermischt wohnen. Ein englisches Arbeiterviertel betritt der Polizeibeamte und der Sensationsdichter. Wenn die junge *Lady* seinen alarmierenden Roman gelesen hat, bricht sie wohl in Schluchzen aus, läßt anspannen und fährt in die von ihresgleichen nie betretene Gegend, nach welcher der Kutscher kopfschüttelnd den Weg sucht. In der Regel wird das Bad zu stark für ihre Nerven sein; sie schaudert vor der Armut; sie schaudert vor der Schlechtigkeit und dem Verbrechen, welche überall die Begleiter der sich selbst überlassenen Armut sind, fährt zurück, um nie wieder die schreckliche Gegend zu sehen, und *salviert* ihre Seele durch einen Geldbeitrag an eine Armenkommission.«
Über diese Verteidigung der Berliner Mietskaserne schrieb Rudolf Eberstadt: »Eine schärfere Verurteilung der Mietskaserne läßt sich kaum finden, als sie in den Worten des Verteidigers ausgesprochen ist, mit ihrer knappen Charakterisierung des Bausystems und ihrer ungeheuerlichen Verkennung und Herabdrückung des Standes der werktätigen Bevölkerung. Eine minderwertige Bauform für untergeordnete Kostgänger aus dem Hinterhaus — das sollte die Mietskaserne nach den Absichten ihrer Urheber sein, und das ist sie geworden. Bei der Herrschaft solcher Auffassungen bedarf es allerdings keiner weiteren Erklärung für die Herbeiführung der in Berlin herrschenden politischen Zustände.«
Die sozialpolitische Quacksalberei James Hobrechts entsprach der städtebaulichen Weisheit der preußischen Regierung auch noch lange, nachdem ihr Verfasser aus dem Polizeipräsidium zum Berliner Stadtbaurat (1885) aufgerückt war. Als die Regierung endlich dem Druck der wohnungsreformerischen Aufklärung zu weichen anfing und — allerdings ungeschickt und meist erfolglos — in den Berliner Vororten eine Bauordnung einführen wollte, die dem Kleinhaus günstiger war, setzte der damals achtundsechzigjährige Hobrecht hartnäckig seinen Einfluß gegen die Regierung ein. Im Berliner Architekten-Verein und in der »National-Zeitung« (21. und 28. Januar 1893) wiederholte er wörtlich seinen veralteten Unsinn von 1868. Trotz schrankenloser Entwicklung der von Hobrecht gepriesenen Mietskaserne bildeten sich in Berlin Arbeiterwohnviertel genau wie in London und anderen Großstädten.
Glücklicherweise gab es in Berlin auch Männer, die London mit besseren Augen besuchten, als der Gewährsmann der preußischen Regierung je zu öffnen vermochte. Einer der verständnisvollsten Erforscher des englischen Wohnwesens und seiner Vorteile war damals Julius Faucher, von dem im nächsten Kapitel die Rede ist.

Julius Faucher und die Berliner Volkszählung von 1861

> Die Baustellenbesitzer vermögen nicht bloß der ihnen wehrlos gegenüberstehenden städtischen Bauunternehmung, ohne die Hand zu rühren, das ganze Fett abzuschöpfen, sondern, durch sie, auch noch der gesamten Bevölkerung.
>
> *Julius Faucher, 1869*

Das Mietskasernenideal des Berliner Polizeipräsidenten und seines Baurats Hobrecht, wie es im letzten Kapitel geschildert wurde, verhieß die gegenseitige friedliche Durchdringung aller Stände. Obgleich dieses Ideal Anfang der sechziger Jahre in Berlin bei einer gemischten Besetzung jedes Hauses mit durchschnittlich 48 Personen schon viel besser erreicht war als in Paris mit seiner 35köpfigen Belegung der Häuser, erlebte Berlin dieselben Mieterrevolten wie Paris und andere, sonst weniger revolutionär gestimmte Mietskasernenstädte Europas. Fast an jedem Quartalwechsel gab es in Berlin gefährliche Reibereien zwischen Hauswirten und Mietern. Diese geradezu aufrührerischen, aber ganz führer- und planlosen Ausbrüche des Massenzorns sind von Julius Faucher näher geschildert worden. Solche Volksbewegungen waren zuerst in Paris aufgelodert, ohne daß vorher die Presse die Gefahr auch nur angedeutet hätte. Die Milliarden bewegende Neugestaltung von Paris, die Napoleon III. und Haussmann durchführten, war großenteils die Folge dieser Unruhen. Die verwandten Störungen, welche die Wohnungsnot bald darauf in Wien zeitigte, führten dort zu der Bewegung für den Bau von Wohnhäusern auf dem ausgedehnten Umwallungsgelände der Altstadt und schließlich zu dem berühmten kaiserlichen Handschreiben von 1857, das in sehr großzügiger Weise die bauliche Neugestaltung des alten Wien einleitete. Ähnliche Mieterrevolten sind Ende der fünfziger und Anfang der sechziger Jahre in Hamburg, Breslau, Magdeburg und Stettin ausgebrochen und hätten der Aufmerksamkeit deutscher Beamten Anregungen zum Wetteifer mit der neuen städtebaulichen Tätigkeit in Paris und Wien oder, vielleicht sogar, zum Studium solcher Städte geben können, die wie London nach anderen Grundsätzen gebaut waren und nicht unter Mieterrevolten litten. In Berlin schlug beim Wohnungswechsel zu Ende des zweiten Vierteljahres von 1863 die Erbitterung besonders hohe Wogen. Es kam zu großen Volksaufläufen und sogar zu Barrikadenkämpfen, die anregender auf die öffentliche Meinung wirkten als die gelegentlich auftauchende Cholera. Kein Wunder, daß in der Berliner Literatur der nächsten Jahre die »Wohnungsnot« viel erörtert wurde.

Aber der bekannten unermüdlichen Arbeit der »großen« Hohenzollern war es gelungen, den zuverlässigen preußischen Beamtenstand heranzubilden, der fiskalische Notwendigkeiten würdigte, selbständiges Denken pflichtmäßig als unpassend begriff und verstand, warum seit 150 Jahren in Preußen kritisch veranlagte, selbst denkende oder allzu gewissenhafte Beamte (wie die Minister Jariges oder Fürst) an »höchster Stelle« beschimpft oder Knall und Fall entlassen oder (wie manche allzu

gerechte Richter) gar geprügelt oder zu Gefängnis verurteilt wurden. Auch unter der schwächeren Regierung Friedrich Wilhelms III. und IV. hielten die Verfolgungen (unter denen z. B. Arndt zu leiden hatte) oder die drohende Versetzung in die Provinz (wie sie der beamtete Wohnungsreformer C. W. Hoffmann erfuhr) die Besonneneren im Zaum. Als Selbstschutz der Beamtenschaft und zur dauernden Stabilisierung ihres Gleichgewichtes wirkte schließlich ihre Gleichgültigkeit oder gar Gehässigkeit gegen hervorragende Leistungen außerhalb der Beamtenschaft. Das derart herangebildete preußische Beamtentum nahm begreiflichen Anstoß an der literarischen Tätigkeit Julius Fauchers (1820 bis 1878), der 1848 im Frankfurter Zollparlament gesessen und dann überflüssigerweise in Berlin die kritische und freihändlerische »Abendpost« herausgegeben hatte. Nach der Unterdrückung der »Abendpost« durch die preußische Regierung war Faucher nach England gegangen und hatte dort seinen Freund, den gleichaltrigen Theodor Fontane, getroffen, der als Berliner Außenseiter und eigentümlich geistvoller Mann ein Bewunderer Fauchers war und sich auch später in Berlin darauf versteifte, bei Faucher die überlegene Geistigkeit zu würdigen, die ihn im beamteten Berlin unmöglich machte. Trotz der offenkundigen amtlichen Ablehnung, die dem angeblich »Lügen fauchenden Faucher« in Berlin zuteil wurde, verdient dieser bedeutende Mann einen Ehrenplatz im Herzen jedes guten Berliners. Er war einer der »Sieben Hippelschen«, denen Theodor Fontane in seinem Buch »Von Zwanzig bis Dreißig« ein Denkmal gesetzt hat und die aus der Berliner Erinnerung nicht verschwinden dürfen; »denn«, so erklärte Fontane, »Berlin hat kaum jemals – natürlich den einen Großen abgerechnet, der um jene Zeit noch die Elbedeiche *revidierte* – *interessantere* Leute gesehen als diese ›Sieben‹«. »Mit Ausnahme von Bismarck – von diesem dann freilich in einem guten Abstand – wüßte ich keinen Menschen zu nennen, der die Gabe geistreichen und unerschöpflichen Plauderns über jeden Gegenstand in einem so *eminenten* Grade gehabt hätte wie Faucher. Er schwatzte nie bloß drauflos, jeder Hieb saß.« Dasselbe gilt von Fauchers wohnungspolitischen Schriften; doch war der altpreußischen Beamtenschaft das sozialpolitische Geschwätz eines James Hobrecht willkommener als die treffenden Hiebe Fauchers.
Fontane schildert auch die monatelang fortgesetzten täglichen und nächtlichen Studienreisen, die Faucher zur Erforschung Londons unternommen hat und von denen man wissen muß, um Fauchers genaue Kenntnis der Londoner Wohnungsverhältnisse und die Bedeutung seiner Berliner Reformvorschläge zu würdigen. Nach Berlin zurückgekehrt trat Faucher als der bestgerüstete Kämpfer gegen die Mietskaserne und für das »Kleinhaus in der Gartenvorstadt« auf den Plan, als gerade sein Vorgänger V. A. Huber die Waffen streckte und angesichts der amtlichen Gleichgültigkeit und der gewaltig um sich greifenden privaten Bodenspekulation am Einfamilienhaus für den Arbeiter verzweifelte. Der bedeutende Professor Adolf Wagner hat später das eigentümliche Versagen seiner Amtsgenossen auf dem Gebiet der Wohnungsfrage folgendermaßen erklärt: »Damals liefen die Ansichten in der Theorie und in der Praxis vorwiegend darauf hinaus, nur nicht irgendwie dem Privateigentumsprinzip zunahe zu treten! Und daraus leitete man die Notwendigkeit und Rechtfertigung ab, mit dem Grundeigentum wie mit einem ge-

wöhnlichen Gegenstand spekulieren zu können.« Die »überwiegende Rücksicht auf das Eigentum der Beteiligten«, welche der Erlaß der preußischen Regierung von 1855 empfohlen hatte, herrschte also auch bei den beamteten »Kathedersozialisten«.

Im Gegensatz zu dieser manchesterlichen Auffassung der nur halb sozialdenkenden Professoren bewies Faucher hohe geistige Unabhängigkeit und Einsicht, indem gerade er, der doch als Freihändler befehdet wurde, schon 1865 zwecks schneller und sicherer Bekämpfung der Wohnungsnot wirklich sozial die Enteignung alles Bodens empfahl, der für Wohnzwecke gebraucht wurde, aber der privaten Spekulation ausgeliefert war, und zwar infolge der besonders volksfeindlichen preußischen Gesetzgebung rücksichtsloser ausgeliefert war als irgendwo anders. Ohne daß Faucher also das Vorbild der älteren hohenzollerischen Städtebauer gekannt zu haben scheint, forderte er, ganz im Widerspruch zu den bei einem Freihändler vermuteten Dogmen, eine Behandlung des Grund und Bodens, die der von den preußischen Professoren später gerühmten Auffassung der Hohenzollern des 17. und 18. Jahrhunderts entsprach und dem Monopolcharakter des Bodens gerecht wurde. Sehr überzeugend sagte Faucher: »Wo es sich um Chaussee, Kanal oder Eisenbahn handelt, da schützt die deutsche Gesetzgebung den Bauunternehmer gegen das Monopol (der Bodenbesitzer) durch die Enteignung. Wo das Monopol sich weigert, die Schätze im Schoß der Erde für Menschenwohlfahrt auszunutzen, da hat die Gesetzgebung seit uralter Zeit in der Bergbaufreiheit die Abhilfe bereitzuhalten gewußt. Wer aber Dach und Fach für die Menge des Volkes zu schaffen hat, erfreut sich keines solchen gesetzgeberischen Schutzes, obgleich es sich doch bei ihm um weit brennendere Notwendigkeiten des menschlichen Daseins handelt.« Diese Forderung des Enteignungsrechtes für Wohnungsbauland hat bald darauf der Universitätsprofessor Adolf Wagner von Faucher übernommen und hat sie während seines langen arbeitsvollen Lebens verteidigt — vergeblich. Er wurde deswegen zu den »Staatssozialisten« gerechnet, die man, nach Wagners eigenen Worten, »neuerdings durch Vertreter einer milderen Tonart auf den Kathedern zu ersetzen strebt«. Wagners Tod macht bald darauf *seinen* Kathedar frei. Schon vorher hatte sich Hugo Preuß, der ursprünglich ein besonders scharfer Kritiker der »Bodenbesitzreformer« gewesen war, der Forderung Fauchers und Wagners angeschlossen. Es ist ihm gelungen, den vielumstrittenen Satz in den Artikel 155 der neuen Reichsverfassung zu bringen: »Grundbesitz, dessen Erwerb zur Befriedigung des Wohnungsbedürfnisses, zur Förderung der Siedlung und Urbarmachung oder zur Hebung der Landwirtschaft nötig ist, kann enteignet werden.« Faucher hat also recht behalten. Aber die Frage, zu welchen Bedingungen die Enteignung erfolgen darf, wird noch schwere Kämpfe auslösen.
Hier muß noch einmal den Steuerfragen eine Druckseite gewidmet werden.
Faucher empfahl, unsere Besteuerung des Bodens nach angelsächsischem Vorbild einzurichten. Er zeigte, wie bereits angedeutet, daß die aufgeblähten Berliner Bodenwerte zum Teil als Kapitalisierung einer dauernden Steuerhinterziehung zu verstehen sind, zu der das preußische Gesetz die Hausbesitzer einlud und die später Finanzminister Miquel nur teilweise unterbinden konnte (vgl. Seite 223 f.). Die

Berliner Kommunalbesteuerung ließ die stets steigenden Höchstbeträge für Miete, die sich bei rasch wachsender Bevölkerung und zurückbleibendem Wohnungsangebot aus den Mietern herauspressen lassen, den Haus- und Grundbesitzern ungeschmälert zufließen. Die gewaltigen Aufwendungen, welche die Stadt Berlin machte, kamen als Wertsteigerungen den Grundbesitzern zugute, entweder unmittelbar durch verbesserte oder neue Straßen, Brücken, Parkanlagen oder mittelbar, z. B. in Verbesserungen des städtischen Bildungswesens, das neue Mieter in die Stadt oder das Stadtviertel zieht. Alle diese Aufwendungen mußten durch die Masse der Bevölkerung, d. h. in der Kasernenstadt Berlin also durch die Mieter aufgebracht werden, namentlich durch Einkommensteuer und durch die Berliner Schlacht- und Mahlsteuer. In einer derart besteuerten Stadt graben sich also die Mieter ihr eigenes Grab. Sie zahlen für alle kommunalen Errungenschaften doppelt. Einmal an die Gemeinde mit erhöhter Einkommensteuer und zum zweiten Male an den Grundbesitzer mit der Miete, deren gesteigerte Sätze jeden der Wohnung zufließenden Vorteil, wie Verbesserungen des Pflasters oder der Beleuchtung der Straßen, zum Ausdruck bringen. Durch seine Doppelzahlung ermöglichte der wehrlose Mieter erst die hohen Berliner Bodenwerte; diese stellen zu einem Teil die Kapitalisierung der Steuern dar, die infolge des »ungerechten und unbilligen« (Miquel) Steuersystems den Hausbesitzern gleichsam erlassen und von den Mietern doppelt gezahlt worden sind. Diese tragikomische Regel herrschte in Berlin bis zur Miquelschen Finanzreform in wirkungsvollster Weise; vor der Reform wurden in Berlin 82 v. H. des Gesamtsteuerbetrages aus der Einkommensteuer gewonnen. 1910 wurde noch immer die Hälfte der Berliner Gemeindesteuern aus Zuschlägen zur staatlichen Einkommensteuer aufgebracht und half also zum Aufbau der gefährlichen wohlerworbenen Rechte, die in der 75-Milliarden-Verschuldung des deutschen Haus- und Grundbesitzes ihren phantastischen Ausdruck fanden.

Während also die Berliner Besteuerung der Grundbesitzer diesen gleichsam eine dauernde Steuerhinterziehung gestattete, die kapitalisiert in hohen Bodenwerten und in einer Dauerbelastung der Mieter zum Ausdruck kommt, bewirken im Gegenteil die angelsächsischen Grundsteuern die Verbilligung des Bodens und seine leichte Bebaubarkeit mit kleinen Häusern. In Berlin wurde es fast unmöglich, Geld und Hypotheken für kleine Häuser zu beschaffen. In angelsächsischen Ländern findet sich die Hypothek sozusagen von selbst ein. Faucher sieht nämlich treffend in der Grundsteuer die Zinsen für eine unkündbare Hypothek, die dem Bauherrn eines kleinen Hauses wie gerufen kommt und deren Eigentümer die steuererhebende Gemeinde ist. Ist nicht der Boden in den weiten Kleinhausvierteln der amerikanischen Städte deshalb so billig, weil der Käufer eigentlich nur das Restkaufgeld zahlen muß und weil er den Boden gleichsam mit einer bequemen Hypothek übernimmt, deren Zinsen er in der Grundsteuer (nach dem gemeinen Wert) an die Gemeinde zahlt, wo sie ihm selbst wieder zugute kommen? Dieses amerikanische System ist beinahe so wirkungsvoll wie das kostenlose Überlassen des Baulandes an Baulustige, wie es die »großen« Hohenzollern zwischen 1650 und 1750 geübt hatten. Und wirkt nicht die besonders in England gebräuchliche Vergebung des Baulandes in Erbpacht ähnlich? Bei der Bodenbesteuerung nach dem gemeinen

Wert, in Amerika, steigt die Größe der zu verzinsenden gemeindlichen Hypothek in leicht erträglicher und zuverlässig gerechter Weise mit jedem Steigen des Bodenwertes; bei der Erbpacht, in England, wird die mit dem Erbpachtzins zu verzinsende hypothekarische Belastung alle 99 Jahre neu festgelegt, d. h. gesteigert. Dagegen verteuerte die deutsche Kommunalbesteuerung ebenso wie das deutsche Hypothekenwesen den Boden. Wie richtig Faucher die deutschen Verhältnisse schon um 1860 beurteilt hat, beweist das immer neue Erstaunen, mit dem angelsächsische Fachleute die deutschen Zustände noch lange nachher betrachteten und das der Nationalökonom Professor Ely von der Staatsuniversität Wisconsin auf der Generalversammlung des Vereins für Sozialpolitik, Nürnberg 1911, in die Worte faßte: »Die notwendige Folge der deutschen Kommunalbesteuerung ist die Wohnungsnot.«

Faucher besaß nicht nur eine genaue Kenntnis großstädtischer, besonders Londoner, Berliner und Wiener Wohnungsverhältnisse, sondern sein eindringendes wirtschaftlich-soziales Verständnis begriff auch den Sinn der Mieterrevolten, die in den kasernierten Großstädten des europäischen Festlandes seit Ende der fünfziger Jahre immer wieder ausbrachen. Besonders aber vermochte Faucher aus den seit 1861 veröffentlichten Ergebnissen der Berliner Volkszählung die notwendigen städtebaulichen Schlüsse zu ziehen. Diese wissenschaftlich-unparteiische Arbeit des statistischen Amtes der Stadt Berlin war ein Verdienst des Stadtverordneten Sanitätsrat Dr. S. Neumann. Sie machte zum ersten Male das grauenvolle Ergebnis der preußischen Verwaltungstüchtigkeit zahlenmäßig greifbar. Der niederschmetternde Eindruck, den die amtlichen Zahlen bei allen denkenden Zeitgenossen hinterließen, ist in der Literatur der sechziger Jahre aufbewahrt. Der weitsichtige V. A. Huber, C. W. Hoffmann und ihre literarischen Mitstreiter waren nur Vorläufer gewesen; die eigentliche städtebauliche Literatur Berlins beginnt mit den Enthüllungen der ersten Berliner Volkszählung im Jahre 1861, um bald hochflutartig anzuschwellen. Hier sind einige der erschütternden Zahlen, die damals ans Licht kamen: 48 326 Menschen, also fast ein Zehntel der damals (1861) 521 933 Seelen zählenden Gesamtbevölkerung Berlins, wohnten bereits in Kellerwohnungen. (1925 lebten 70 743 Großberliner in Kellern.) Von den 105 811 Wohnungen Berlins hatten 51 909, also nahezu die Hälfte, nicht mehr als ein heizbares Zimmer;* 224 406 Bewohner Berlins wohnten in solchen Einzimmerwohnungen, die also im Durchschnitt mit 4,3 Menschen belegt waren. »Ist das die normale Lebensform oder nicht? Und wenn sie es nicht ist, was haben wir bei einer Ausnahme zu denken, welche die Hälfte beträgt? Und wenn sie es ist, soll sie so bleiben?« So setzte Fauchers Kritik ein, und er fügte hinzu:»Betrachtet man auch noch fünf Personen auf ein heizbares Zimmer als die normale Lebensform unseres Landes, so gibt es noch immer unter den 521 933 Bewohnern der größten Stadt, die unser Land hervorgebracht hat, 115 357, welche selbst diese normale Lebensform nicht erreichen.« Weit über ein Fünftel der Bewohner Berlins teilte ein einziges heizbares Zimmer mit fünf oder mehr Personen. Es gab 27 629 Menschen in Berlin, die zu je sieben ein Zimmer bewohnten, es gab 18 376 Menschen, die zu je acht, es gab

---

* Die unheizbaren Nebenräume spielen in Berlin eine verhältnismäßig geringe Rolle.

10 728 Menschen, die zu je neun, und immer noch 5640 Personen, die zu je zehn, 2904 Personen, die jeweils zu elf das eine heizbare Zimmer bewohnten, und daran schlossen sich in abnehmenden Ziffern immer noch größere und immer noch wahnsinnigere Überfüllungen. Aber nicht diese zuletzt aufgeführten Ausnahmen verdienten besondere Aufmerksamkeit, nicht die paar tausend unseliger Geschöpfe, die zu je elf, je zwölf, je dreizehn bis zwanzig in ein Zimmer zusammengedrängt waren, nicht um das Anormale, Außergewöhnliche handelte es sich, sondern um den großen Durchschnitt, um die normale Lebensform, auf der die Würde und segensreiche Zukunft der Stadt aufgebaut sein sollte. Diese normale Lebensform Berlins war monströs. Und dann handelte es sich vor allem um die Aussichten auf Verbesserung dieser monströsen Lebensform der angehenden Reichshauptstadt. Neben dem Schicksal der breiten Masse, der 224 406 in Einzimmer-, der 135 327 in Zweizimmerwohnungen Untergebrachten, verdiente dann auch die wohlhabende Oberschicht Aufmerksamkeit, die Oberschicht, deren Lebensgewohnheiten und Ansprüche in anderen Zeiten oder anderen Ländern, besonders in England, die Ansprüche und das soziale Emporstreben der vom Schicksal weniger begünstigten Schichten angefeuert hat. Aber auch da erlebte Berlin zur Zeit seines größten wirtschaftlichen Aufschwungs eine höchst bedenkliche *relative* Abnahme der vielzimmerigen Wohnungen und sogar eine *absolute* Abnahme in der Zahl der in Berlin angestellten Dienstboten, während sich gleichzeitig die zur Aftermiete wohnenden Haushaltungen vermehrten. Diese eigentümlichen Warnungszeichen waren bei dem allgemeinen Steigen des Wohlstandes und der Zahlungsfähigkeit der Bevölkerung nur zu erklären durch eine schleichende Erkrankung der Wohnungsverhältnisse. Die Zeit, wo V. A. Huber und C. W. Hoffmann die hereinbrechende Wohnungsnot angekündigt hatten, war vorüber. Die Wohnungsnot war da, und sie hatte nicht nur die unteren Klassen, sondern die gesamte Gesellschaft ergriffen. Seit 1863 hat Faucher in seiner »Vierteljahrsschrift« und seiner »Bewegung für Wohnungsreform« sowie als Landtagsabgeordneter gegen diese Krankheit gekämpft. Als einer der ersten wies er darauf hin, welche Torheit es ist, die Wohnverhältnisse alter Festungen auf offene Städte zu übertragen. Die frühere Notwendigkeit, auf dem kleinen Gebiet innerhalb der Wälle wachsende Menschenmengen unterzubringen, sicherte dem Grund und Boden außerordentliche Ertragfähigkeit (Monopolrente) und erzeugte die Sitte des gedrängten Wohnens. Infolge dieser, in der Enge der befestigten Altstädte großgezüchteten Wohnsitte stieg auch aller unbebauter Grund und Boden ungeheuer im Wert, soweit er durch ein erhofftes oder endlich erfolgtes Hinausschieben der Wälle oder durch ihre Auflassung bebaubar wurde. Er stieg im Wert, weil er eben infolge der Sitte des gedrängten Wohnens ganz anders ausgenutzt werden konnte, als mit Einfamilienhäusern möglich gewesen wäre. Das Eindringen der Mietskaserne war kein Zeichen zunehmenden großstädtischen Wesens, sondern die zwecklose Beibehaltung eines alten Übelstandes. In London fand Faucher fast so viele Häuser, wie es in Berlin Menschen gab. In London standen im Jahre 1861 450 000 Häuser bei einer Bevölkerung von dreieinhalb Millionen, was einer durchschnittlichen Besetzung jedes Hauses mit 7,7 Menschen entsprach, während in dem kleinen, aber »groß-

städtischen« Berlin schon im Jahre 1861 48 Personen auf jedes gebaute Grundstück kamen, eine Zahl, die sich in der Folgezeit um mehr als die Hälfte steigerte. Daß diese Tollheit Ereignis werden sollte, hielt Faucher noch für unmöglich. Er glaubte noch auf eine Unmöglichkeit hinzuweisen, als er in der Halbmillionenstadt Berlin schrieb: »Um den unglücklichen Stadtbauplan, den man vom König bestätigen ließ, so weit er jetzt (1865) reicht und im Süden stellenweise schon in Angriff genommen ist — denn die Fünfstöcker sind hier schon bis an diese Grenze vorgedrungen —, in dieser Weise auszufüllen, sind, nach sehr mäßiger Berechnung, vier Millionen Menschen erforderlich.«

Für dieses Berlin, das wie besessen die Pariser Wohnungsübelstände nachahmte und bereits übertraf, war es eine geniale Tat, deren Bedeutung allerdings mancher Wohnungspolitiker noch heute nicht würdigt, daß Faucher rief: Nicht die Treppen dürfen, sondern die Straßen müssen vermehrt werden, und zwar weit draußen, wo es noch keinen polizeilichen Bebauungsplan mit seinen preisaufblähenden Wirkungen gibt. London war schon zu Fauchers Zeit umgeben von einem 10 Kilometer breiten Gürtel von »Gartenvorstädten«. Ihr blühendes und im innersten Mark gesundes Leben, seine Vorbedingungen und Wirkungen, seine wirtschaftlichen und sozialen Einzelheiten hat Faucher auf das anschaulichste geschildert. Er schilderte die spielende Leichtigkeit, mit der sich der Neubau der kleinen billigen und leicht finanzierbaren Häuser auf billigem Boden vollzieht. Als Antwort auf den oft gehörten kindlichen Einwand, daß bei Einfamilienhäusern die Ausdehnung der Stadt Berlin (mit damals 600 000 Einwohnern!) zu groß und der Brief- und Warenverkehr für den Haushalt zu schwierig sei, zeigte Faucher, wie bequem sich der Verkehr der Londoner Flachsiedlungen entwickelte, und berechnete, daß bei Botengängen in Berlin die Überwindung der Treppen täglich 9000 Meilen für die Bevölkerung beträgt, die bei Einfamilienhäusern erspart würden.

Das Wohnungselend des Londoner *East End,* das durch die unermüdlichen Hinweise englischer Menschenfreunde berühmt geworden ist, hatte Faucher mit Theodor Fontane und in Begleitung eines englischen Polizeibeamten genau studiert. Er stellte fest, daß es schlimmstenfalls mit dem Elend der Berliner, die zu je 10 und 11, zu 12, zu je 13 bis 20 in Einzimmerwohnungen zusammengedrängt wohnen, verglichen werden darf. Im Gegensatz zu Berlin wohnte in London die große Masse, der Durchschnitt der Bevölkerung, menschenwürdig (die niedrige Durchschnittszahl von 7,7 Menschen in jedem Haus beweist es) und steigerte die Wohnungsansprüche beständig. Dagegen wurde in Berlin trotz seiner politischen und wirtschaftlichen Erfolge damals gerade die gesamte Bevölkerung der Mietskaserne ausgeliefert. Zweckmäßig und notwendig fand Faucher die in London übliche Zusammenfassung der Wohnungen wirtschaftlich Gleichstehender in Straßen und Stadtvierteln, die aus ungefähr gleichwertigen Haustypen zusammengesetzt sind. Die durch den Berliner Bebauungsplan und durch seine Verfasser und Verteidiger angestrebte Vermengung der verschiedenen Klassen — arme Leute in Keller-, Hof- und Dachwohnungen, »Herrschaften« in Vorderwohnungen — ist vielfach gescheitert, so daß auch in Berlin, wie in London, gewisse Stadtviertel ganz den Arbeitern ausgeliefert sind. Aber in Berlin wohnen sie meistens an sonnenlosen,

hochumbauten Hinterhöfen; in London in durchsonnten Kleinhäusern mit eigenem Hof oder Gärtchen. Obendrein wies Faucher nach, daß gerade da, wo in Berlin die angestrebte Vermengung der Klassen gelungen war, die schädlichsten Folgen für das soziale Leben, die Dienstbotenfrage und die Kindererziehung bemerkbar wurden. Fauchers Anschauungen deckten sich hier mit denen anderer Sozialpolitiker jener Zeit, wie V. A. Huber, Ernst Bruch und »Arminius« (Gräfin Dohna).
Im Gegensatz zu der spielenden Leichtigkeit, mit der sich in London der Bau kleiner billiger Häuser auf billigem Boden vollzog, fand Faucher in Berlin unerhörte Beschwerungen des Wohnbauwesens durch die scheußliche Vielregiererei, den amtlichen Bebauungsplan und seine Frucht, das »Baustellenmonopol«. Seitdem V. A. Huber auf die »Depravation« des Berliner Baugewerbes durch die Bodenspekulanten hingewiesen hatte, war die Berliner Bauunternehmung immer mehr, wie Faucher es ausdrückte, »vom Baustellenmonopol eingezwängt, mit Sorgen beladen und mit Verlust bedrückt worden; der gebildete Unternehmungsgeist hatte sich immer mehr und mehr von ihr zurückgezogen, kleinen Emporkömmlingen, denen alle Mittel und Wege gleich sind, das Feld überlassend«. Die zur Regel gewordenen skandalösen Verhältnisse im Berliner Baugewerbe hat 1876 der »Eisenbahnkönig« Strousberg deutlich geschildert (vgl. das nächste Kapitel). Seit 1892 hat sie Rudolf Eberstadt, der wie Faucher und Strousberg aus englischer Schulung kam, durch immer eingehendere Veröffentlichungen aufgedeckt. Aber schon in den sechziger Jahren hatte Faucher die preußische Notlage klar erkannt: »Um der Höhe der Baustellenpreise zu begegnen, wußte die Bauunternehmung keinen anderen Ausweg, als Stockwerk auf Stockwerk zu türmen, die Hinterflügel zu verlängern und die Höfe zu verengen.« Die Berliner Bauunternehmer folgten also gewissenhaft der Aufforderung des preußischen Staates und seiner Bauordnung von 1853. »Aber«, so fährt Faucher fort, »mit dem Nutzwert der Baustellen gingen die Baustellenpreise in die Höhe, griffen von der Front zurück in die Tiefe, und die Bauunternehmung hatte von neuem das Nachsehen ... So ist es zu den Häusern mit sechs bewohnten Stockwerken gekommen, welche rings um Berlin gruppenweise auf freiem Feld stehen ..., während es im innersten Herzen der Stadt noch viele zwei- und einstöckige Häuser gibt ... Mit dem Kreuzberg stehen die Dächer der letzten Mietskasernen an seinem Fuße schon fast gleich.« Diese Lähmung der Bauunternehmer durch das »Baustellenmonopol« ermöglichte den Vermietern der Berliner Wohnkasernen die Ausübung eines drakonischen »Wohnungsfeudalismus«. Er kam namentlich in der unerbittlichen Durchführung von Mietverträgen zum Ausdruck, deren kurze Fristen und sonstige Bedingungen höchst aufreizend wirkten. Über den Geist der Berliner Mietverträge schrieb 1873 der Geheime Ober-Regierungsrat, Direktor des Kgl. Preußischen Statistischen Büros, Dr. Ernst Engel[*]: »Der

---

[*] Wenn man erstaunt über diese (hier schon durch verschiedene andere Zitate belegte) menschliche Einsicht eines preußischen Geheimrats in einem alten Brockhaus (Konversationslexikon von 1895) nachschlägt, dann erfährt man, daß Engel Sachse war, und man liest: »Wegen seines Festhaltens an den Grundsätzen der freiheitlichen wirtschaftlichen Entwicklung und seiner Bekämpfung des Staatssozialismus sowie aus Gesundheitsrücksichten nahm Engel 1882 seinen Abschied und lebt seitdem in Oberlößnitz-Radebeul bei Dresden.«

trockene Inhalt eines Berliner Mietskontraktes kennzeichnet besser den in den Großstädten herrschenden Wohnungsfeudalismus, als es die farbenreichste Beschreibung zu tun vermöchte.«
Gegenüber dem »Wohnungsfeudalismus« kam Faucher zu der beinahe angelsächsischen Forderung einer gewissen Würde der Lebenshaltung: »Bei der Gefügigkeit der Bevölkerung, in solche Mietskasernen hineinzuziehen«, können Baustellenpreise und Mieten gefordert werden, die immer dichtere Überbauung und immer dichtere Belegung der Räume erzwingen.»Es hilft der Bevölkerung nichts, sich im Wohnungsbedürfnis einzuschränken durch Ersparnis an der Ausdehnung des Grund und Bodens, der für das Wohnungsgelaß beansprucht wird. Gibt die Bevölkerung bei gleichbleibender Zahlungsfähigkeit hierin nach, so fließt nichts in ihre Tasche; bei wachsender Bevölkerung wird nur bewirkt, daß der Baustellenpreis wächst und daß das neue Angebot von Wohnungsgelaß sich gleich auf die größere Einschränkung, d. h. auf höhere Mietpreise einrichtet. Dasselbe geschieht, wenn die Bevölkerung bei steigender Zahlungsfähigkeit ihre Ansprüche an Grund und Boden nicht steigert.«
Ausschlaggebend ist also die Gefügigkeit der Bevölkerung, in ihren Wohnungsansprüchen nachzugeben, oder die Festigkeit, mit der sie ihre Ansprüche stellt und steigert, die Lebenshaltung, die sie unbedingt fordert. Berlins Bevölkerung, auch darauf wies schon Faucher hin, besteht zum großen Teil aus Eingewanderten — »Naturen, die das *vogue la galère!* auf ihr Banner schreiben«, nannte sie Treitschke —, die gefaßt sind, sich vorläufig mit jeder beliebigen Art von Quartier abzufinden. V. A. Hubers Hoffnungen, dieser mittel- und wurzellosen Bevölkerung zu anständigen Wohnungen in gesund gebauten Vororten verhelfen zu können, waren gescheitert. Fauchers Rechnung, daß wenigstens die Wohlhabenderen sich weigern würden, auf die Dauer in den barbarischen Berliner Mietskasernen zu wohnen, schien bis zu dem alles vergiftenden Milliardenschwindel der siebziger Jahre weniger falsch. Für die Wohlhabenden, die ein gutes Beispiel geben sollten, forderte Faucher große Baugesellschaften, die neue Wohnsiedlungen außerhalb des bereits mit Mietskasernenpreisen behafteten Geländes errichten sollen.
Theodor Fontane berichtete über seine letzte Unterredung mit Faucher im Sommer 1872. Damals wurde gerade die französische Kriegsentschädigung gezahlt, von der kurzsichtige Staatsmänner Segen für Deutschland erwarteten und die 1918 ein verhängnisvolles Vorbild für Versailles lieferte. Fontane berichtet: »Auf die fünf Milliarden war Faucher schlecht zu sprechen. ›Ja‹, sagte er, ›wenn ich sie hätte, das ginge, das könnte mich damit versöhnen. Aber Deutschland hat nichts davon. Für Deutschland sind sie nichts Gutes, sie ruinieren uns‹«. Faucher ist 1878 gestorben, nachdem der erste Teil seiner Prophezeiung in so trauriger Weise wahr geworden war, wie im nächsten Kapitel geschildert ist. — Die Verwirklichung des zweiten Teiles dieser Prophezeiung wird der Youngplan liefern, wenn Deutschland nicht den Geist der »Gründerjahre« und der Inflation endlich und wirklich überwindet.

Der Fünf-Milliarden-Schwindel
und die Berliner Bau- und Bodenspekulation

> Der Fehler liegt weit weniger in dem zu starken Einfluß der Beamten, als in ihrer Beschaffenheit. Ein Staat, der sich von einer Bürokratie wie der unseren nicht durch einen heilsamen Gewittersturm losreißen kann, ist und bleibt dem Untergang geweiht, denn ihm fehlen die geeigneten Werkzeuge zu allen *Funktionen*, welche einem Staat obliegen usw. Die Bürokratie aber ist krebsfressig an Haupt und Gliedern, nur ihr Magen ist gesund, und Gesetz-*Excremente*, die sie von sich gibt, sind der natürlichste Dr... von der Welt!
> *Bismarck, am 30. Juni 1850, zitiert von Carstenn*

> Mir ist der preußische Beamte amtlich von ganzer Seele unsympathisch... Mich hat der Dünkel, das Vorurteil, die Verkennung, das Mißtrauen, die Unkenntnis realer Verhältnisse, die Engherzigkeit der preußischen Beamten Millionen gekostet, ihr Eigennutz nicht einen Heller.
> *Bethel Henry Strousberg, der preußische »Eisenbahnkönig« (1876)*

Bismarcks Kritik der »Gesetz-Excremente« des preußischen Beamtentums paßt besonders gut auf den Berliner Bebauungsplan, der zusammen mit dem Berliner Bauschwindel den Nährboden für die Inflation der »Gründerjahre« geliefert hat.

Vor dem Krieg von 1870 hat, ganz ähnlich wie vor dem Weltkrieg, der Mietskasernenbau ernstlich gestockt. Dagegen haben in den sechziger Jahren eine Reihe von Landhausunternehmen, die deutlich von Hubers und Fauchers Schriften angeregt waren, vielversprechende Erfolge erzielt. Schon 1866 wurde außerhalb des amtlichen Bebauungsplanes die reizende Landhaussiedlung Westend gegründet, deren Überreste noch heute als Fremdkörper zwischen den Schluchtreihen der Berliner Mietskasernen liegen.

Größere Aufmerksamkeit verdient aber der Hamburger Kaufmann Carstenn, den man zu den bedeutendsten Städtebauern Berlins rechnen muß. Er war wie Faucher geradezu ein genialer Mann, aber er beging — ebenfalls wie Faucher — den unverzeihlichen Fehler, die Übermacht der preußischen Bürokratie zu unterschätzen und seine in alten Kulturstädten wie Hamburg und London erworbenen Begriffe von großzügigem Arbeiten und vornehmem Leben auf Berlin übertragen zu wollen. Berlin jedoch war eigentlich noch gar keine Stadt oder gar Großstadt, sondern stellte vorläufig nur den großen Auflauf entwurzelter Menschen dar, den diese »krebsfressige Bürokratie« zu verhindern vergessen hatte, der aber noch viel zu ungeordnet war, als daß er sich mit dem von Bismarck geforderten »heilsamen Gewittersturm von der Bürokratie losreißen« konnte, deren »*Excremente*« das Berliner Bauwesen verpesteten.

Den Satz Bismarcks, aus dem diese einsichtige Kennzeichnung des preußischen Beamtentums stammt, hat Carstenn gern zitiert, nachdem er seiner Übermacht erlegen war. Er war der Begründer von Lichterfelde West, Lichterfelde Ost, Friedenau, Halensee und großer Teile von Wilmersdorf geworden, wo heute längst die Mietskaserne den Landhausgebieten Carstenns den Garaus gemacht hat, wo aber noch heute in harmloser Symmetrie Nikolsburger und Prager Platz (Seite 210) den Ruhm des deutschen Bürgerkrieges und den Stolz der Zeit vor 1870 verkünden. Vor 1870 hatte Carstenn auch dem Militärfiskus das Gelände der Lichterfelder Kadettenanstalt im Taxwert von mehr als einer Million Mark geschenkt, und er war wegen »seines patriotischen Sinnes« von Wilhelm I. mit dem Adel derer von Lichterfelde ausgezeichnet worden.

Dem vom großen »Krach« betroffenen Carstenn setzte das Kriegsministerium scharf zu. Es scheint damals schon mit der fiskalischen Niedertracht gearbeitet zu haben, die ihm 1910 beim Verschachern des Tempelhofer Feldes den Unwillen aller Gutgesinnten zuzog. Nach dem Abgang des Kriegsministers von Roon, der Carstenn gefördert hatte, zwang das Kriegsministerium den Unglücklichen im landhausmäßigen Lichterfelde zu mietskasernenmäßigen Straßen- und Kanalisationsbauten, von denen er sich in den vornehmen Landhausvierteln von Hamburg und London nichts hatte träumen lassen. In langen Prozessen nahm der Militärfiskus ihm Werte ab, die Carstenn auf weitere 9 Millionen berechnete. Unter der Last dieser Prozesse ist er zusammengebrochen. Das Eingreifen Wilhelms I. mußte ihn von der Pfändung schützen. Sein Name ist verschwunden. Die Nachschlagebücher wissen nichts mehr von diesem weitblickenden Kaufmann, dessen Name in den sechziger und siebziger Jahren zu den bekanntesten in Berlin gezählt und der als Städtebauer Großartigeres geleistet hat als irgendein preußischer Herrscher. Nur auf seinem Grabstein bei der alten Kirche von Lichterfelde findet man seine kurzgefaßte Lebensgeschichte: »J. A. W. von Carstenn-Lichterfelde, geb. d. 12. Dec. 1822, gest. d. 19. Dec. 1896. Ps. 84. 12. 13.« Herr Zebaoth, wohl dem Menschen, der sich auf dich verläßt.

Über diesen Carstenn schrieb Faucher schon 1868: »Das Verdienst, zuerst in Deutschland eine Villabauunternehmung im großen und ganzen, und zwar mit verdientem Erfolg für sich selbst durchgeführt zu haben, gebührt bekanntlich Herrn Carstenn, der die Villastadt in Wandsbeck bei Hamburg angelegt hat.« Der günstige Boden, den Berlin für ein ähnliches Unternehmen damals zu bieten versprach, lockte Carstenn in die Hauptstadt. Sein bei der Anlage von Wandsbek erworbenes Vermögen von etwa $2^{1}/_{2}$ Millionen Mark befreite ihn von dem Fluch des Kapitalmangels, der die vorhergehenden Berliner Bauunternehmungen auf staatliche Unterstützung, also auf Verständnis bei der Beamtenschaft angewiesen und damit dem Tode geweiht hatte. Er war schon 1854 nach London gegangen und studierte »an Ort und Stelle die Entwicklung dieser damals einzigen Weltstadt, welche in ihren neuen Teilen rationell angelegt war«. So lautet sein eigener Bericht*: »Die innere Stadt, das alte London, ist nämlich ringsum von Fideikommiß-

---

* Vgl. von Carstenn-Lichterfelde, Die zukünftige Entwicklung Berlins, Berlin 1892.

gütern des hohen englischen Adels eingeschlossen, die gesetzlich nicht veräußert und auch nur zeitlich auf höchstens 99 Jahre verpachtet werden dürfen. Hierdurch ist die räumliche Entwicklung Londons zum Besten der Einwohner dieser Riesenstadt bedingt worden, denn dieses Pachtverhältnis, welches einerseits die Gefahr in sich birgt, nach Ablauf der Pachtzeit die Häuser vielleicht abbrechen zu müssen, und andererseits den Vorteil bietet, den Bauplatz nicht ängstlich mit vielstöckigen Häusern ausnützen zu müssen, ließ in den neuen Stadtteilen Londons vorwiegend villenartige Anlagen entstehen.«

Mit den in London und Hamburg gesammelten Erfahrungen kam Carstenn nach Berlin und erwarb 1865 die Rittergüter Lichterfelde und Giesensdorf, um dort, außerhalb der bereits amtlich verdorbenen Zone des Bebauungsplanes, eine vornehme Villenstadt im englischen Sinne zu gründen. Später erwarb er auch das Rittergut Wilmersdorf. Diese großen Güter bestanden meist aus Schafweiden um stille Dörfer, deren geringe landwirtschaftliche Erzeugnisse mit Pferd und Wagen nach Berlin oder den nächstgelegenen Bahnhöfen Zehlendorf oder Groß-Beeren gebracht wurden. Carstenn brauchte nicht Jahrzehnte zur Aufstellung eines Straßenplanes wie der preußische Staat, der die Zeit von den Freiheitskriegen bis 1862 benötigt hatte, um seinen schlechten Berliner Straßenplan vorzubereiten. Schon 1868 verkaufte Carstenn die ersten Baustellen. Sein Gönner von Roon verschaffte ihm 1869 den Besuch Wilhelms I., dem Carstenn bei der Besichtigung der aufblühenden Siedlung Lichterfelde die Frage nach der wahrscheinlichen Entwicklung Berlins folgendermaßen beantwortete: »Majestät, nach den Errungenschaften des Jahres 1866 ist Berlin zur ersten Stadt des Kontinents berufen, und was seine räumliche Ausdehnung anbelangt, so muß Berlin und Potsdam *eine* Stadt werden, verbunden durch den Grunewald als Park.«

Dieser städtebauliche Weitblick ermöglichte Carstenn nicht nur für damalige, sondern auch für heutige Verhältnisse außerordentliche Leistungen. Um billigen Baugrund zu bekommen, war Carstenn über den teuren sogenannten »zweiten Ring« hinausgegangen und hatte, was man den »dritten« oder »Dorfring« nannte, angeschnitten. Schon 1869 konnte Faucher schreiben: »Carstenn hat es durch rege Tätigkeit in der Chaussierung, Erleuchtung mit selbsthergestelltem Gas, Anpflanzung von Bäumen und Anlagen von Gärten, Herstellung von Verbindung mit der Stadt und den nächsten Eisenbahnstationen durch Omnibus, Einrichtung eines Restaurants usw., vor allem durch die Billigkeit der Baustellen erzwungen, daß schon im zweiten Jahre (1869) genug Baustellen verkauft und zum Teil bebaut und bewohnt sind, so daß der Preis des Bodens und sämtlicher Arbeiten gedeckt ist und der größere Rest, dessen Bebauung jetzt erst recht gewiß, Reingewinn für ihn bildet.« Der Statistiker Engel teilte später mit, daß Carstenns Reingewinn an Lichterfelde auf mehrere Millionen Taler geschätzt wurde. Aber Carstenn beschränkte sich, wie erwähnt, nicht auf Lichterfelde. In seiner Verteidigungsschrift konnte er vielmehr über seine Tätigkeit folgendes berichten:

»Ich hielt mich in Preisen, welche es jedem einigermaßen vermögenden Manne möglich machten, in meinen Colonien sich anzusiedeln, denn der von mir geforderte Höchstbetrag betrug nur 75 Mark für die Quadratruthe, so daß sich ein genügend umfangreiches Villen-Grundstück von 60 Quadratruthen ($^1/_3$ Morgen = 850 qm) auf 4500 Mark und der ganze Morgen auf 13 500 Mark stellte. Ich hatte aber auch die Preise der Bauunternehmer und Handwerker angemessen nivelliert, hatte für Errichtung einer Eisenbahnstation, von Post und Telegraph und für bequeme Eisenbahn-Verbindung mit Berlin gesorgt, hatte Arzt und Apotheker an den Ort gezogen und die Errichtung höherer Knaben- und Mädchenschulen veranlaßt, kurz man konnte sich in meiner Villen-Colonie ein gesundes eigenes Heim für ein Kapital gründen, dessen Zinsen bei Weitem nicht an die Miethen der Großstadt mit ungesunder schlechter Luft heranreichten, man brauchte dabei das großstädtische Leben nicht zu entbehren, fand andererseits aber auch am Orte selbst Alles, was man für das Leben bedarf. Ich hatte weiterhin die Gemarkung Deutsch-Wilmersdorf für gleiche Villenanlagen bereits vorbereitet, hatte hier in der großen Kaiserstraße eine vortreffliche Straßenverbindung mit dem Westen von Berlin in Anlehnung an den Kurfürstendamm geschaffen und wäre in gleicher Weise Schritt für Schritt unter Berücksichtigung aller vernünftigen und sachgemäßen Forderungen, dabei aber ohne Speculation auf die Geldbeutel der *Interessenten* weiter vorgedrungen bis zu der Erreichung des mir gesteckten Zieles, der Vereinigung von Berlin und Potsdam zu einer Stadt. In richtiger Erkenntniß der Wahrung und Förderung seines Vorteils durch mich hätte sich hierbei das Publikum ganz unzweifelhaft meiner Leitung und Führung anvertraut. Dadurch aber, daß mich das Vorgehen der Bauverwaltung des Kriegsministeriums für die Verfolgung dieses Planes und Zieles *insolvent* machte, fiel das Publikum Speculanten in die Hände und mußte für die Quadratruthe bis zu 500 Mark und für den Morgen bis zu 90 000 Mark bezahlen, oder kam in Wohnplätze, welche für den Villenbau entweder garnicht oder nur ungenügend vorbereitet waren.«

Wo Carstenns Wirksamkeit nicht gestört wurde, hat er beim Verkauf seiner Baustellen landhausmäßige Bebauung durch grundbuchliche Eintragung gesichert (so daß sie noch heute vorhanden ist), ähnlich wie das in amerikanischen Städten (die ohne preußische Bebauungspläne groß wurden) noch heute geübt wird.

Die »Kolonie Grunewald« gab es damals noch nicht. Das Gelände von Halensee, das sehr günstig unmittelbar an dem »Park Grunewald« lag, um den sich Carstenns Groß-Berlin ausdehnen sollte, gehörte dem von Carstenn 1872 gegründeten Charlottenburger Bauverein. Diese Carstennsche Gesellschaft war es auch, die zuerst den Plan verfolgte, aus dem alten staatlichen Feldwege »Kurfürstendamm« eine stattliche Zugangsstraße zu ihrem Gelände im Westen und damit zum »Park Grunewald« zu machen und so eine der wichtigen Ausfallstraßen zu schaffen, die der Polizeipräsident in seinem Berliner Bebauungsplan über der weniger wichtigen »Ringstraße« vergessen hatte. Seine Wohnstraßen waren zu breit, und seine Verkehrsstraßen waren zu schmal und führten nirgends hin. Die klare städtebauliche Forderung Carstenns regte auch Bismarck an, und seine damalige vorübergehende Beschäftigung mit dem Städtebau Berlins trug, allerdings nur für Berliner Verhältnisse, reiche Frucht. Bismarck war nämlich nicht damit zufrieden, daß der Kurfürstendamm nach dem Muster der von Carstenn angelegten Kaiserallee 30 Meter breit werden sollte. In dem Gutachten, das er über diese Frage an das Königliche

Zivilkabinett richtete, schüttelte er Pariser Erinnerungen und die Theorie der Ausfallstraße aus dem Ärmel, wie sie später von Otto March und, 1910, im Großberliner Wettbewerb besonders vom ersten Preisträger Hermann Jansen vertreten worden ist. Dieses städtebauliche Gutachten Bismarcks lautete: »Denkt man sich Berlin so wie bisher wachsend, so wird es die doppelte Volkszahl noch schneller erreichen als Paris, das von 800 000 Einwohnern auf zwei Millionen gestiegen ist. Dann würde der Grunewald für Berlin etwa das Bois de Boulogne und die Hauptader des Vergnügungs-Verkehrs dorthin in einer Breite wie die Elyseischen Felder durchaus nicht zu groß bemessen sein. An der in Rede stehenden Stelle liegt allein die Möglichkeit einer großen Straßenverbindung mit dem Grunewald vor, weil eine fiskalische Straße, der Kurfürstendamm, über die gesetzlichen Anforderungen hinaus *existiert*. Mein *Votum* würde sonach dahin gehen, daß von den Anbauern die Herstellung der üblichen Straßenbreite in vollster Ausdehnung gefordert würde, ohne Rücksicht auf das Vorhandensein des Kurfürstendamms, so daß letzterer eine *exzeptionelle* Zugabe zur Straßenbreite bildete. Nur auf diese Weise würde über den Tiergarten hinaus eine bequeme *Zirkulation* der Berliner Bevölkerung ins Freie nach dem Grunewald hergestellt werden können, und nur bei diesem Prinzip wird sich ein ähnlicher Reitweg, wie ihn das sonst wenig kavalleristische Frankreich in Paris nach dem Bois de Boulogne besitzt, schaffen lassen.«

Die Pariser Avenue du Bois de Boulogne, an deren Reitweg Bismarck wahrscheinlich dachte, hat 118 Meter Breite, die Elysäischen Felder haben 100 Meter; Unter den Linden in Berlin hat 60 Meter Breite.

Auf Wunsch Bismarcks wurde die geplante Breite des Kurfürstendamms durch Kabinettsorder 1875 von den durch Carstenn vorgeschlagenen 30 Metern auf 53 gesteigert. Sie blieb somit also noch weit hinter den beinahe doppelt so breiten Elysäischen Feldern zurück. In Zukunft wird noch oft bedauert werden, daß es selbst einem preußischen Staatsmann vom Rang Bismarcks nicht möglich war, bei der Planung der angehenden Weltstadt Berlin an Wichtigeres als an seinen Reitweg zu denken. Bismarck hatte vom Pariser Städtebau nur »kavalleristische« Erinnerungen nach Hause gebracht, obgleich dort zur Zeit seiner Besuche städtebauliche Entscheidungen von viel größerer Tragweite fielen. Das Schicksal des Kurfürstendamms ist typisch für die Mängel, unter denen die Planung Berlins infolge der Phantasielosigkeit seiner Herrscher leidet.

Deutschland scheint zur Zeit der Planung des Kurfürstendamms infolge seines siegreichen Krieges und der damals unerhört hohen Tributzahlungen aus Frankreich ungefähr ebenso arm gewesen zu sein wie nach dem Weltkrieg. Ähnlich wie die Berliner Stadtverwaltung oft während und nach der Inflation von 1923 mußte auch Kaiser Wilhelm I. seine Hoffnungen auf angelsächsische Geldgeber setzen. Trotz der »wohlwollenden Förderung«, die Wilhelm I. ihm versprach, wurde aber das englische Konsortium, das die neue Hauptstraße der Reichshauptstadt bauen sollte, durch die hohen Forderungen des preußischen Fiskus verscheucht. Es dauerte ein Jahrzehnt, bis sich schließlich (1882) ein John Booth zum Bau des Kurfürstendamms verpflichtete. Er erhielt dafür einen Anspruch auf 234 ha des Grunewaldes

zu 1,20 Mark für den Quadratmeter. Auf diesen 234 ha ließ später die Deutsche Bank die »Villenkolonie« Grunewald entstehen. Bei dem verspäteten Bau des von Carstenn und Bismarck angeregten Kurfürstendamms ist der Bodenwert (verglichen mit den sechziger Jahren) um das 600fache des reinen Ackerwertes gestiegen, so daß private Vermögen im Gesamtbetrag von rund 60 Millionen Mark entstanden (Berechnung des Berliner Privatdozenten Paul Voigt). Da der Bau des Kurfürstendamms in seiner gegenwärtigen geringen Breite nur 3 bis 4 Millionen Mark gekostet hat, wäre es ein Kinderspiel gewesen, ihn in der Breite der Elysäischen Felder zu bezahlen, um die Bismarck Paris beneidete, wenn tatkräftige und weitblickende Männer in den preußischen Ämtern gesessen hätten. Selbstverständlich hätte man von einer aufstrebenden Stadt, wie Berlin es sein wollte, auch noch mehr erwarten dürfen als die versäumte vollwertige Nachahmung des Pariser Vorbildes. Für die Spekulationsgewinne hätte der Kurfürstendamm mühelos mit einer Schnellbahn ausgestattet werden können, für die es zur Zeit seines Baues bereits Vorbilder und Pläne im Ausland gab. Für die Pariser Weltausstellung von 1867 war eine Unterpflasterbahn quer durch Paris von der Bastille zum Bois de Bologne geplant gewesen, aber nicht zur Ausführung gekommen. In London dagegen baute man schon seit 1853 mit viel Erfolg Vorortbahnen, großenteils unterirdisch. New York baute seit 1870 seine wirtschaftlichen Hochbahnen; Budapest vollendete 1893 eine Unterpflasterbahn. August Orth, der die Pariser Weltausstellung mit offeneren Augen besucht hatte als Bismarck, schrieb 1871 den Satz, der heute wie eine Selbstverständlichkeit anmutet, den aber Bismarck und die Erbauer des Kurfürstendamms auch zehn Jahre später nicht zu würdigen wußten: »Es ist neu und der Betrachtungsweise der Bevölkerung fremd, daß eine Eisenbahn eine Hauptverkehrsstraße einer Stadt sei... Bei großen Städten über eine halbe Million Einwohner müssen mit Lokomotiven betriebene lokale Eisenbahnen die Hauptverkehrsstraßen bilden, deren Durchführung als Hauptstraßennetz der weiteren Entwicklung von Straßenanlagen zweckmäßig vorangeht.« Wie nützlich immerhin das Eingreifen Bismarcks beim Bau des Kurfürstendamms gewesen ist, so wenig wiegt es den Schaden auf, den Bismarck durch die Eintreibung der französischen Milliarden und durch den aus ihnen erwachsenden Schwindel der »Gründerjahre« Berlin zugefügt hat.
Die Hauptverantwortung für die »Gründerjahre« ist durch eine folgenschwere Rede des einst berühmten Landtagsabgeordneten Lasker dem preußischen »Eisenbahnkönig« Strousberg zugeschoben worden. Mit der Beseitigung des »Systems Strousberg« glaubte man die schwer erschütterte deutsche Volkswirtschaft heilen zu können. Bismarck ist der Gönner Strousbergs und seiner riesigen, bis auf den heutigen Tag nützlichen preußischen Eisenbahnbauten gewesen. Er verteidigte Strousberg, auch nachdem 1871 die Kriegswirkungen dessen weit ausgreifende Unternehmungen in Rumänien und damit das »System Strousberg« endgültig zu Fall gebracht hatten, denn — so erklärte Bismarck — »Strousberg ist keineswegs der größte Schuldige, das geht in sehr hohe Kreise, das Gründerwesen«, und »ein gescheiter Mann und ein rastlos tätiger bleibt er doch.«
Strousberg war ähnlich wie Carstenn mit ganz englischer Schulung in die preußischen Verhältnisse hineingekommen. Seine erstaunlichen Leistungen sind heute wie

die Carstenns undankbar vergessen. Es ist lehrreich zu lesen, wie Strousberg mit seiner für damalige preußische Verhältnisse fast unglaublichen geschäftlichen Spannkraft und Erfahrung die Entstehung des 5-Milliarden-Schwindels und dessen engen Zusammenhang mit dem Berliner Boden- und Bauschwindel und mit dem polizeilichen Berliner Bebauungsplan beurteilt hat. In seiner Verteidigungsschrift schrieb dieser »gescheite und rastlos tätige Mann« im Jahre 1876 folgendes: »Financiell und commerciell hat der Krieg Wenigen schwere Wunden geschlagen. Die Speculation ruhte, aber Kriegsanleihen, die bald im Course stiegen, befriedigten diesen Trieb genügend. Kriegs-Lieferungen aller Art ersetzten, was sonst dem Handel verloren gegangen... Nach dem Frieden kamen die Milliarden... Inzwischen wurden colossale Bestellungen für Kriegsremonte und Eisenbahnen ertheilt, Festungs-Erweiterungen und andere Entreprisen wurden mit voller Hand vergeben und Alles war thätig. Überall flossen dem Geldmarkt neue Mittel zu, und ein Hauptfactor, das öffentliche Vertrauen, war unbegrenzt, denn die Milliarden waren unerschöpflich... Profite, wie sonst unerhört, wurden realisiert und alle Welt glaubte, daß dies nur der Anfang einer großen anhaltenden guten Zeit sein werde... Während die Mittel so vorbereitet waren, war das Actien-Gesetz inzwischen derart verändert worden, daß an Stelle der staatlichen Concession die Constituirung von Actien-Gesellschaften nur von gewissen Vorbedingungen abhängig wurde, die leicht und schnell erfüllbar waren... Einem bevormundeten Publicum wurde plötzlich die unumschränkte Freiheit gewährt... Neben der sich aus den allgemeinen Verhältnissen ergebenden Prädisposition, veranlaßte Wohnungsnoth und die daraus sich ergebenden höheren Miethspreise und der Mehrwerth der Häuser in Berlin die erste Bewegung... Es ist mir gleich nach meiner Ankunft in Berlin vor über zwanzig Jahren aufgefallen, daß die Häuserpreise in Berlin außerordentlich und, wenn auch mit Unterbrechungen, dauernd steigen müßten; daß ihre Werthschätzung aber hier auf ganz falschen Grundlagen beruhe... Ich fand, daß der Berliner, wenn er ein Haus kaufen wollte, fast immer den Miethpreis als den ausschließlichen Werthmesser betrachtete, — die Solidität des Baues,... die Klasse von Bewohnern, das zeitweilige Nichtvermiethen als Richtschnur für die Sicherheit der Miethe, die Kosten der Erhaltung wurden selten berücksichtigt... im großen Ganzen war die Frage: ›Wie verzinst sich mein angelegtes Capital‹, nicht einmal der Kaufpreis —, sondern derjenige Theil des Geldes, den der Käufer anzahlte; und was er dann über 5 pCt. bekam, hieß Überschuß — Gewinn. Diese Verhältnisse und Anschauungen waren dem Speculationsbau günstig, denn nachdem ein Haus gebaut und vermiethet war, blieb dem Erbauer in Folge der obigen Werthschätzung beim Verkauf nicht nur Profit, sondern auch Erstattung aller Damnos und Mehrkosten, die der Credit-Bau und die Hypothekenbeschaffung mit sich brachten. Lieferanten, Baustellen-Besitzer und Wucherer fanden ihre Rechnung dabei, und so nahm diese Industrie folgende Gestalt an: kleine Zimmer- oder Maurermeister oder diejenigen, die als Polirer Erfahrung hatten, sahen sich nach Baustellen um... Es war Usance, daß der Bau-Speculant ohne Angeld kaufte, und daß sich der Baustellen-Besitzer verpflichtete, eine gewisse Summe in Form von Baugeldern zuzugeben, und zwar nach Maßgabe des Fortschrittes des Baues

und mit der Bedingung, daß er mit der Kaufsumme und mit der für die Baugelder eingeräumten Hypothek nach Vollendung des Baues zu Gunsten anderer Hypotheken innerhalb einer gewissen Höhe der Feuerversicherungs-Taxe rücken sollte... Das Geschäft war ganz sicher, einen gewissen Credit für Materialien und kleine Handwerksarbeiten hatte Jeder; im übrigen machten es die großen und kleinen Lieferanten wie der Verkäufer der Baustellen, und was zuletzt noch fehlte, die letzten Hypotheken, wurde nach Vollendung des Baues mit schwerem Damno beschafft.... Blieben Einzelne in der Ausführung stecken, so erwarb der Stein- oder Holzlieferant, der dem Gläubiger für die Baustelle nachstand, das unfertige Gebäude freiwillig oder *per subhasta* und vollendete den Bau. Die kleineren Handwerker und persönlichen Gläubiger verloren dabei, der Käufer machte aber immer ein gutes Geschäft. Diese Methode der Bauspeculation führte natürlich zur Überproduction und hatte manche anderen Übel im Gefolge.« Diese »Überproduction« hat sich aus genau denselben Gründen vor dem Weltkrieg wiederholt, so daß Wohnungen straßenweise leer stehen blieben und zum Schaden der Bauhandwerker versteigert wurden. Strousberg fuhr fort:
»Durch den Verruf, in den die Bau-Speculation kam, durch die Verluste, die manche Hypotheken-Gläubiger erlitten, wurde der Speculationsbau eine Zeit lang unmöglich... Kurz vor Ausbruch, während und unmittelbar nach dem Kriege hatten die Wohnungsnoth und die hohen Miethspreise wieder Neubauten veranlaßt und den Preis der Grundstücke gehoben. Das Capital suchte Anlage in Haus-Eigenthum, hohe Preise wurden erzielt, die Käufer verkauften leicht gleich wieder mit Vortheil, und so trat die Häuser-Speculation und damit der Schwindel ein, der nicht nur übertriebene Preise, sondern Baugesellschaften aller Art zur Folge hatte... Die Baugesellschaften erzielten durch Kauf und Verkauf nie dagewesene Vortheile. Schwindler benutzten die Situation, aber ebensoviele Narren wurden reich... Man erntet, was man säet. Ein vom Beamtenwesen bevormundetes Volk weiß Freiheit der Action nicht zu benutzen... Dem plötzlichen Steigen der damaligen Vermögens-Verhältnisse der Geschäftstreibenden entsprechend, gründeten Viele einen Hausstand weit über dem Niveau, welches sonst in Berlin üblich war, große Wohnungen, wie sonst nur wenig gebraucht worden, wurden nun massenhaft gesucht und theuer bezahlt... Die Hypotheken-Institute haben sich der für Hypotheken bestimmten Capitalien großentheils bemächtigt und treiben einen abscheulichen Wucher... In Folge dessen sind viele der neuen Häuser in einem Maaßstab angelegt, der alles hier Dagewesene übertrifft, und so sind denn jetzt, wo sich die Verhältnisse verändert, ganze Straßenzüge unbewohnt.«
Ähnlich wie Strousberg urteilt Bismarck (vgl. unten S. 285). Mit welcher Leichtigkeit damals auf dem Häusermarkt gewuchert werden konnte, schilderte Strousberg, der bei seinen Viehhofbauten, seiner in Berlin einmündenden Görlitzer Bahn und manchem anderen Berliner Unternehmen zu umfassenden Bodengeschäften Gelegenheit hatte, folgendermaßen:
»Ich kaufte in jener Zeit viele Häuser und bezahlte mehr, als andere dafür geboten hatten. Mein Urtheil war aber so richtig, daß ich, in der schlechtesten Zeit zum Verkauf gezwungen, stets mit Vortheil verkaufen konnte... Ich entschloß

mich, das Haus zu verkaufen und forderte einen bescheidenen, aber immerhin genügenden Preis. Der Käufer... war aber Berliner und verstand nichts von richtiger Werthschätzung. Annehmend, daß ich Geld brauchte und mit mir handeln lassen würde... zauderte er, während ich mir den Spaß machte, täglich 5000 Thaler mehr zu fordern. Nach dreimaligem Aufschlag... wurde ihm der Spaß zu theuer, und er zahlte mir 15 000 Thaler mehr, als ich ursprünglich verlangt hatte.«
Noch treffender ist das, was Strousberg über den engen Zusammenhang des Berliner Bodenwuchers mit dem polizeilichen Berliner Bebauungsplan geschrieben hat:

»Eine Baustellennoth kann in Berlin nie eintreten... Berlin kann sich nach allen Richtungen hin ausdehnen und hat genug Bauterrain, selbst wenn sich die Einwohnerzahl verzehnfachen sollte. Die Manie war also künstlich herbeigeführt, und schuld daran war die Behörde durch den Berliner Bebauungsplan und Herr v. Carstenn durch seine Lichterfelder Schöpfung. Angenommen, daß der Berliner Bebauungsplan, wenn ausführbar, an sich gut wäre, und es ein natürlicher Wunsch der dazu berufenen Behörden sein muß, der Erweiterung der Stadt Richtung und so weit als thunlich Form zu geben, so konnte doch nur totaler Mangel an practischer Erfahrung, das unserer Bureaukratie eigene Gefühl der Omnipotenz, der habituelle Dünkel, communale Weisheit, Verachtung des beschränkten Unterthanenverstandes und Unkenntniß der Erfordernisse sowohl als auch des Entwicklungsganges sich rapid ausdehnender großer Städte es für möglich halten, einen Bauplan zu entwerfen und auf Decennien hinaus vorzuschreiben, wie sich Alles gestalten und wohin es sich richten sollte... Jeder, der sich mit Anlage von neuen Straßen oder Herstellung von größeren Bauten in Berlin beschäftigt hat, kann bekunden, daß fast in jedem einzelnen Falle Abweichungen von dem Bebauungsplan erforderlich waren, und wird es von selbst einleuchten, welche Mühen, Zeit- und sich daraus ergebender Zinsverlust dadurch entstanden sind... Diese Abweichungen haben aber nicht nur den Bebauungsplan durchkreuzt, sondern den Zweck mehr vereitelt, als wenn man neben einem allgemeinen Gedanken die natürliche Entwicklung hätte vor sich gehen lassen. Der Bauplan hat die schreiendsten Ungerechtigkeiten und die fabelhaftesten Begünstigungen mit sich gebracht. Es kam vor, daß der Besitzer eines großen Terrains, welches in nächster Zeit Bauland werden konnte, plötzlich ohne Straßenfront oder Zugang war, während ein Anderer große Straßenfront ohne Hinterland besaß. Man kann sich denken, zu welchen Mißhelligkeiten und Erpressungen dieses Anlaß gab, und wie häufig der Eigensinn mitspielte. Dann ist im Interesse der Schönheit oder aus Sanitätsrücksichten ein großer Theil mancher Baustellencomplexe gänzlich in Anspruch genommen für Baufluchtlinien, Vorplätze und Straßen. Erstere bekommt man nicht bezahlt, und hinsichtlich der letzteren wird der Bauconsens so lange unter dem einen oder anderen Vorwand vorenthalten, bis man das Terrain der Stadt umsonst oder zu dem gewünschten Preise hergiebt. Es giebt bei uns kein Mittel, den Besitzer zu zwingen, im Interesse des öffentlichen Wohls Terrain herzugeben und sich mit einer gebührenden Entschädigung abfinden zu lassen, außer des allerhöchsten Privilegiums für die Expropriation, welches hier fast nie ertheilt wird. Andererseits herrscht seitens aller Behörden eine gänzliche Miß-

achtung der Rechte des Besitzes, und meine Erfahrung, die vielleicht größer ist als die der meisten Privatleute, geht dahin, daß der preußische Beamte, ob staatlich oder communal, der Meinung ist, daß er dem öffentlichen Wohl gedient habe, wenn er den Staat oder die Stadt auf Kosten des Einzelnen bereichert... Der große Übelstand bestand darin, daß man durch den Bebauungsplan plötzlich zahllose Handelsobjecte geschaffen hatte, die noch sehr lange ihren alten Zwecken hätten dienen können; dadurch aber wurde die Speculation in Bauplätzen veranlaßt. Was früher pro Morgen gerechnet wurde, forderte man jetzt pro Ruthe, und Preise, wie sie im Innern der Stadt bezahlt worden sind, wurden dabei als analoge bezeichnet, und hierdurch stellte sich ein ganz unnöthig und vorzeitig hoher Preis für Baustellen heraus. Es sind in Folge dessen verhältnismäßig arme Leute ohne Arbeit zu Millionären geworden; dies hat im höchsten Grade anregend gewirkt, und nichts hat so viel Chance als ein richtiges Treffen in Bauland-Speculation. Es ist natürlich, daß, da nur die Wenigsten ein richtiges Verständnis für solche Geschäfte haben konnten, später, beim Handel mit Baustellen, die Meisten Geld verloren haben. Das Beispiel der durch Bauterrain-Speculationen erzielten Reichthümer war aber zu verlockend, und so haben sich alle Klassen daran betheiligt. Der Bebauungsplan war der Schöpfer, denn bei den, seit seinem Entstehen folgenden Speculationen mit dem Plane zur Hand sah man, wie hingezaubert, Straßen und Stadttheile entstehen, und die Früchte dieser Einbildung sind in der letzten Krisis geerntet worden.« Strousberg fährt fort:
»Die Ausschreitung über die Grenzen des Berliner Weichbildes hinaus, das Außercultursetzen von zahllosen Feldern, meilenweit um Berlin, der Umstand, daß man jetzt da, wo Kartoffeln gepflanzt werden sollten, junge Bäume als Begrenzungen zukünftiger Straßen sehen kann, Terrains, die zehn Millionen Einwohner nicht occupiren könnten — Gesellschaften und Privaten gehörend — und wobei viele Tausende ihr Vermögen verloren haben — dieses Kunststück verdanken wir Herrn v. Carstenn, und hier hat sich die Tugend belohnt, denn der Adel und Millionen sind sein Lohn, außerdem ist er populär geworden... er hat als kluger Geschäftsmann gehandelt, hat die Courage gehabt, hier ein neues Feld in Angriff zu nehmen, mit eignen Mitteln, großer Energie und Ausdauer das Möglichste aus dem Vorhandenen gemacht und reichlich dabei geerntet, er verstand sein Publicum, darum gönnt es ihm seinen Verdienst; er wußte in der Hergabe des Terrains für die Cadetten-Anstalt die Wurst nach der Speckseite zu werfen, ist dafür geadelt und hat dadurch seine Baustellen zu höheren Preisen verkaufen können... Allerdings sind die Nachahmer meistens Pfuscher und Schwindler und haben nicht den Verstand, die Mittel und die Ehrlichkeit des Herrn v. Carstenn mit in das Geschäft gebracht, aber er hat den Weg gezeigt, Sandschollen Meilen weit von Berlin in Bauterrains zu verwandeln, er hat den Handel mit solchen Baustellen eingeführt. Sandschollen waren im Überfluß vorhanden. Die Zeit war günstig, und Andere setzten das Geschäft in einem Maaße fort, welches kaum berechenbaren Schaden und Verlust verursacht hat.« Soweit der gestürzte »Eisenbahnkönig« Strousberg, dem der beneidete von Carstenn bald in den wirtschaftlichen Niedergang folgte. Noch schwerer als die Gründungen von Carstenns in Lichterfelde traf der Milliarden-

schwindel die Siedlung Westend. Ihr Gründer, Quistorp, war (wie während der jüngsten Inflation Mehring-Piscators »Kaufmann von Berlin«) als ein zugrunde gerichteter Mann nach Berlin gekommen. Er hatte die ersten Mittel für Westend von seinem Bruder, einem wohlhabenden Fabrikanten, erhalten, der durch Schriften von V. A. Huber angeregt Arbeiterwohnungen für seine Fabriken in Pommern gebaut hatte und das Geld hergab, weil ihm versichert wurde, Westend solle ein gemeinnütziges Unternehmen im Sinne der Wohnungsreform werden. Man gründete die Genossenschaft »Deutscher Zentralbauverein«, veröffentlichte Baupläne für Einfamilienhäuser von 3000 Mark und gewann auch die Beteiligung wohlhabender Leute mit größeren Villen. Als dann aber nach dem Krieg das Gründungsfieber um sich griff, wurde Quistorp zu einem der »blutigsten« unter den »Gründern«, er erklärte die Genossenschaft für »das Experiment eines humanen Prinzips« und verwandelte sie in eine Aktiengesellschaft. Ihre Aktien wurden zu einem der Hauptspielpapiere der »Gründerjahre«. Westend wurde zum Knoten eines Rattenkönigs von schwindelhaften Gründungen und zu einem Musterbeispiel der verheerenden Wirkungen, die von der Bodenspekulation unter den preußischen verwaltungstechnischen, steuer- und pfandbriefrechtlichen und sonstigen städtebaulichen Verhältnissen ausgehen können, wenn steigende Mieten und Bodenpreise der Phantasie unbegrenzte Möglichkeiten vorzaubern. »An die Förderung der Genossenschaft und der Bauunternehmungen wurde gar nicht mehr gedacht, sondern vor allem an der Börse gespielt und immer neue Gesellschaften gegründet, deren Effekten zu neuen gesuchten Börsenpapieren wurden« (Wiß). Fabrikanlagen zur eigenen Herstellung der Baumaterialien und neue Terraingesellschaften, in Reinickendorf, Köpenick, Teltow und Breslau, Magdeburg, Bad Elmen, Thale am Harz, Frankfurt a. Main usw., wurden mit 90 Millionen Mark schwindelhaften Kapitals gegründet. Als dann endlich der Börsenkrach das ganze Kartenhaus zusammenblies, war der Kurswert der Aktien der meisten Gesellschaften geringer als die schwindelhaften Jahresdividenden, die früher darauf erklärt worden waren. Auf der Höhe von Westend blieben die halbfertigen Landhäuser unvollendet stehen als die sogenannten »Krachruinen«. »Längere Zeit vor der Katastrophe«, so schrieb Dr. E. Wiß, der gemeinnützig denkende Generaldirektor von Westend, »war ich in H. Quistorp gedrungen, für die Genossenschaft des Deutschen Zentralbauvereins mehr zu tun. Eine Menge von Anforderungen traten an mich heran für Villen von tausend, zwei-, vier- und mehr tausend Talern; H. Quistorp sagte, es würde zu wenig dabei verdient, er wolle nur noch Villen von mindestens 30 Tausend Talern bauen und als ich einwarf, da könne er lange warten, bis das große Baugelände bebaut sei, meinte er: ›Ach, was; die Leute müssen noch auf Knien den Spandauer Berg heraufrutschen, um eine Bauparzelle von Westend zu bekommen.‹«

Was sich in Westend begab, geschah damals in allen Himmelsrichtungen des Berliner Weichbildes. Die segensreichen Gedanken Hubers und Fauchers wurden durch die amtlich geförderte Spekulation in ihr genaues verhängnisvolles Gegenteil verkehrt. Der Gedanke, daß man mit der Bauunternehmung hinausgehen müsse aus dem schmalen Ring, der bereits von der Spekulation ergriffen war, führte

253

einfach dazu, daß die Spekulation auch den zweiten und dritten Ring ergriff, daß sich der schmale Ring der Spekulation in einen breiten Ring wandelte. Der Unfug des Berliner Bebauungsplanes mit seiner Aussicht auf Mietskasernen für vier Millionen Menschen steckte an und teilte sich der Nachbarschaft der Viermillionenkasernierung mit. Dr. Schwabe, der Direktor des Statistischen Amtes der Stadt Berlin, schätzte damals die Bewohnbarkeit der zur »Gründerzeit« in Aussicht gestellten Neubauten und fand, daß sie für eine Bevölkerung von neun Millionen Menschen ausreichten. Wenn das Polizeipräsidium, von dem man annehmen konnte, daß es konservativ und vorsichtig sei, mit seinem Bebauungsplan auf Mietskasernen für vier Millionen Menschen gerechnet hatte, war es den Phantasten der »Gründerjahre« kaum zu verargen, wenn sie für ein sehr viel größeres Gebiet auf neun Millionen spekulierten. Neun Millionen klingt phantastisch, wenn man sie mit London vergleicht, das noch heute, sechzig Jahre später und in seiner größten Ausdehnung berechnet, die Neun-Millionen-Zahl nicht überschritten hat. Aber diese neun Millionen der Berliner Bodenspekulanten sind zahm verglichen mit den bald darauf folgenden Ausschweifungen der Kgl. Preußischen Regierung. Auf Grund der Bauordnungen und Bebauungspläne, die bis zum Jahre 1913 allmählich vom preußischen Staate erlassen oder genehmigt worden waren, konnten in Groß-Berlin — nach den vom »Architektenausschuß Groß-Berlin« 1913 veröffentlichten Berechnungen — 21 Millionen Menschen Platz finden. Sogar nach der kräftigen Beschränkung der Bauhöhen (Herabzonung), die nach dem Sturz der Kgl. Regierung endlich möglich wurde, beläuft sich (so berechnet eine Denkschrift der Berliner Stadtbauräte Martin Wagner und W. Koeppen) »die in Zukunft mögliche Bevölkerung der Stadtgemeinde Berlin auf Grund der Bauverordnung vom 3. November 1925« noch immer auf 9 440 000 Personen, entsprach also überraschend genau noch immer den wilden Phantasien der Gründerzeit.

Doch 1925 wie 1873 handelte es sich nur um spekulative Wohngelegenheit auf dem Papier. Die dringend nötigen Häuser wurden im reichen Berlin von 1873 noch weniger gebaut als im armen Berlin von 1930. Statt dessen reiften in den Gründerjahren die Früchte der (im XXI. Kapitel geschilderten) Langsamkeit und Verständnislosigkeit, mit denen der preußische Staat die Verwendung landwirtschaftlich genutzten Bodens für dringende städtebauliche Zwecke endlich gesetzlich ermöglicht hatte. Es war, als habe der Staat dabei nicht für das Wohl der Gesamtheit, sondern nur für den Vorteil einiger Grundbesitzer und Spekulanten und für die Aufblähung des Fünf-Milliarden-Schwindels von 1872 arbeiten wollen. Die gesetzliche Befreiung des landwirtschaftlichen Bodens von feudalen Lasten und die allgemeine Einführung des freien modernen Grundeigentums war zwar schon durch ein Gesetz des Jahres 1850 erfolgt; aber dieses Gesetz wirkte sich erst in den sechziger und besonders in den siebziger Jahren aus: gleichsam als staatliche Vorbereitung für die Bodenspekulation der »Gründerjahre«. Durch dieses Gesetz hatte die Stadt Berlin ihr ganzes auf Erbpacht an Kolonisten ausgetanes Land und der staatliche Fiskus alle vererbpachteten Domänen verloren, ohne daß die künftigen städtebaulichen Notwendigkeiten Berlins und sein deutlich sichtbarer künftiger Bedarf an Land für öffentliche Bauten, für Parkanlagen und Freiflächen

aller Art und für Wohnzwecke dabei irgendwie gedeckt worden wäre. Die Erbpacht, deren für den englischen Städtebau segensreiche Wirkung Carstenn 1854 kennenlernte, war gleichzeitig in Berlin für die Zukunft verboten worden. Ein verständnisvoller Versuch, sie für Berlin wieder einzuführen, den der Berliner Oberbürgermeister Hobrecht (der verdienstvolle Bruder des berüchtigten Baurates) 1871, zu Zeit größter Wohnungsnot und höchster Bodenpreise, machte, scheiterte schon an dem Widerstand der Stadtverordneten, vom Staat ganz zu schweigen.
Die zahlreichen bäuerlichen »Kolonisten« in den Waldgebieten, die Bauern, ehemaligen »Kossäten« und »Büdner«, die sich seit 1850 freie Grundbesitzer nennen durften, waren noch mit der Ablösung ihrer dinglichen Lasten beschäftigt, »als auch schon in den Dörfern bei Berlin die moderne Bodenspekulation, die zu ihrer vollen Entfaltung des freien Grundeigentums bedarf, einsetzte und den märkischen Sandboden für seine Besitzer in kalifornische Goldfelder verwandelte. Bauern und Kossäten, die bisweilen noch in der Erbuntertänigkeit geboren waren, die vielfach noch selbst hatten Hofdienste leisten müssen, wurden schon in den sechziger Jahren und vor allem zu Anfang der siebziger Jahre in raschem, unvermitteltem Aufstieg aus Dürftigkeit und Unbildung, ohne die leiseste Anstrengung, ohne eine Spur eigener *Intelligenz* zu reichen Leuten, oft zu Millionären umgewandelt. Es entstand jene eigentümliche soziale Klasse, die unter dem Namen »Millionenbauern« allgemein bekannt geworden ist« (Paul Voigt).
Auf diesen Bauern lastete der Fluch der jahrhundertelangen Bauernunterdrückung, die einen wesentlichen Teil des staatlichen Systems Preußens darstellte. Es handelte sich also nicht um freie Bauern, wie sie der deutsche Westen kennt, wo die Macht Friedrichs II. und der »lastende, entwürdigende Druck seines königlichen Daseins« (Thomas Mann) nie zu voller Geltung gekommen war. Es handelte sich nicht um wirtschaftlich und geistig aufgeweckte Bauern, wie sie sich Dänemark seit 100 Jahren erzogen hatte. Es handelte sich um ostelbische »Kossäten«. Die preußische Dreiklassenverfassung war das Mittel und Sinnbild ihrer Knechtung. Aber die rächende Ironie der Geschichte wollte, daß in der Schicksalsstunde, die Berlin zur Großstadt und Reichshauptstadt machte, dieselbe preußische Verfassung gerade diesen geistig und gesellschaftlich Tiefstehenden die Herrschaft über die neue Reichshauptstadt ausliefern mußte. Denn sie waren plötzlich reich geworden. So treffend bewahrheitete sich das bereits erwähnte Bismarck-Wort der Kreuzzeitung: »Dies Wahlsystem ist nichts anderes als die *Repräsentation* des Geldkapitals mit dem lügnerischen Schein, daß es eine Vertretung des Volkes wäre. Es ist die Herstellung einer modernen Geldaristokratie, welche alles Höhere und Edlere, nach oben wie nach unten, je länger, desto mehr, in den Staub des gemeinsten Materialismus herunterzieht.«
Diese neureichen Grundbesitzer bestimmten künftig, welche für Berlin dringenden Maßnahmen jeweils verschleppt werden sollten. Aus derartigen Köpfen erwartete die preußische Hauptstadt die Einsicht, den Willen und die Fähigkeit für die größten und auf Jahrhunderte hinaus wichtigen Entscheidungen. Aus derartigen Köpfen kam auch der erbitterte Widerstand gegen die Kanalisation Berlins und später gegen die bescheidenen Maßregeln zur Bekämpfung der Mietskaserne, zu denen

sich seit 1891 die preußische Regierung allmählich aufraffte, als jahrzehntelanges Predigen und Wiederholen die selbstverständlichen Notwendigkeiten der Wohnungsreform den am wenigsten Rückständigen unter der staatlichen Beamtenschaft begreiflich zu machen anfing. Viele von den neuen »Geldaristokraten« und Bodenspekulanten blieben auch nach dem Verkauf ihrer Äcker Hausbesitzer und beherrschten das eine Hundertstel der Bevölkerung, dem die Verfassung die Hälfte der Stadtverordnetensitze zusicherte; sie wählten dank ihres neuen Reichtums in der ersten, übermächtigen Steuerklasse. Viele von ihnen blieben so die eigentlichen Gewinner des Fünf-Milliarden-Schwindels, auch nachdem mancher Käufer ihrer überteuerten Gelände Bankrott gemacht hatte.

1872 konnte der Statistiker Ernst Engel jedoch feststellen: »Auf zwei Meilen im Umkreis von Berlin ist sämtliches Land in die Hand von Baustellenspekulanten übergegangen, ohne daß an eine Bebauung dieses Landes auf Jahre hinaus zu denken wäre. Nach den bestehenden Grundsteuergesetzen bleibt solches Areal so lange ein niedrig besteuertes Liegenschaftsobjekt, als es nicht als Baustelle benutzt wird, obschon es seine wahre Natur ganz und gar verändert hat, für viele bereits eine Quelle hohen Einkommens geworden ist, bis auch der letzte Besitzer, sofern seine Spekulation glückt, an die Reihe des Erntens kommt.« Da Berlin trotz der Gründerjahre wuchs und — nach einem Berliner Börsenwort — »in seine Hypotheken hineinwuchs«, war das »Ernten« bis zum nächsten Krieg nicht gefährdet.

Seit 1871 wurde Berlin überschwemmt mit »Baugesellschaften«, deren hauptsächliches Geschäft die Bodenspekulation wurde. Soweit überhaupt gebaut wurde, kam es weniger den neuen Landhaussiedlungen als der Innenstadt zugute, wo sich die Bauabsichten häuften. Einige wurden ausgeführt. Ihre heute noch erhaltenen Überreste erwecken wenig Ehrfurcht vor der wirtschaftlichen und künstlerischen Kraft des milliardenreichen Berlin nach dem siegreichen Krieg. Damals wurde die »Kaisergalerie« gebaut, die heute noch als die »Passage« zwischen Friedrichstraße und Unter den Linden den zweideutigen Geist der »Gründerjahre« spiegelt.

August Orth tadelte mit Recht, daß beim Bau dieser anspruchsvollen »Kaisergalerie« die Verbreiterung der Friedrichstraße versäumt wurde. Noch bescheidener waren die Erfolge des »Linden-Bauvereins«, der eine »Friedrich-Wilhelm-Straße« als »Prachtstraße« bauen wollte, aus der sich die heutige »Lindengalerie« ärmlich genug entwickelt hat. Viel Aufsehen erregte damals die Beuthstraße mit dem »Industriegebäude« auf dem Gelände der alten Franzkaserne und das »Berliner Palais Royal« sowie der von »72 000 Gasflammen« erleuchtete »Stadtpark« auf dem Gelände des heutigen Centralhotels und Wintergartens. Verkehrspolitisch bedeutsam, wenn auch sehr störend für die Schönheit des Wilhelmplatzes ist die Voßstraße geworden, die als einziger von den Straßenbauplänen der »Deutschen Baugesellschaft« verwirklicht wurde. Dicht dabei wurde 1873 bis 1876 der erste große Gasthof Berlins, der Kaiserhof, gebaut, mit Möbeln von zwei neuen, bereits im Gründerkrach bankerott gegangenen Wiener Hotels eingerichtet und von Wilhelm I. eingeweiht. Angesichts des Gründerluxus sagte er zum Prinzen Karl: »Wir können es nicht so haben.« Zehn Tage später brannte der Millionenbau ab und wurde wieder aufgebaut.

Am 1. Juni 1872 gab es 25 Baugesellschaften mit einem Kapital von 104 Millionen Mark, von denen mehr als die Hälfte innerhalb des vorangehenden Jahres gegründet waren. Im folgenden Jahr wuchs die Zahl auf 45. Die Erklärung schwindelhafter Dividenden ermöglichte erstaunliche Preistreibereien mit den Aktien und riesige Börsengewinne durch ihren Verkauf. Die Folgen des siegreichen Krieges von 1870 ähneln überraschend den Folgen des Weltkrieges. Die Berliner »*Intelligenz*«, die Beamtenschaft und der Adel, über deren gleichgültige Zurückhaltung gegenüber der »Gemeinnützigen Baugesellschaft« 20 Jahre vorher Wilhelm I., V. A. Huber und C. W. Hoffmann bitter hatten klagen müssen, wurde nach 1871 wie von einem Taumel ergriffen und beteiligte sich in beschämender Weise an zweifelhaften finanziellen Abenteuern.

Der Zusammenbruch, in dem erst Strousberg und dann von Carstenn und viele weniger Mächtige zu Fall kamen, begann 1873. Von den zahllosen Bodenspekulationsgesellschaften blieben nur sieben am Leben. »Durch die Gründerjahre wurde in vollständiger Verfälschung der ursprünglichen, an die englischen Baugenossenschaften anknüpfenden Ideen die Ära der kapitalistischen Terrainspekulation für die Berliner Umgegend eingeleitet. Ein großer Teil des Grund und Bodens kam in die Hände gewerbsmäßiger Terrainspekulanten. Mit einem Schlage wurden die Grundbesitzer der Umgegend über die Möglichkeit, durch Verwandlung ihrer Sandschollen in Bauland fabelhafte Reichtümer zu erwerben, aufgeklärt. Die Wertbegriffe erfuhren eine vollständige Umgestaltung; die Bodenpreisbildung vollzog sich jetzt überall unter Rücksicht auf die Möglichkeit der zukünftigen Verwertung als Bauland. Wohl trat in der zweiten Hälfte der siebziger Jahre ein starkes Sinken der Bodenpreise ein; an vereinzelten Stellen fand sogar zeitweise eine Rückbildung zum Ackerwert statt. Im allgemeinen aber hielten begreiflicherweise die Grundbesitzer überall dort, wo einmal eine stärkere Terrainspekulation eingesetzt hatte, an der Bewertung ihrer Ländereien als Bauland fest, wenn sie auch zu erheblich niedrigeren Preisen als in den Gründerjahren zu verkaufen bereit waren.« (Dieses Zitat entstammt der 1901 veröffentlichten Untersuchung von Paul Voigt.)

Der ruhmvolle Krieg von 1871 hatte Berlin in einen ähnlichen Zustand versetzt, wie ihn der »Große« Kurfürst zu Ende des Dreißigjährigen Krieges vorfand: nach beiden Kriegen war der Berliner Grundbesitz derartig mit Verpflichtungen aus der Kriegszeit überlastet, daß ein großer Teil der Grundstücke »wüst« liegengelassen wurde und »ungenießbar« blieb. Nach dem Dreißigjährigen Krieg waren es Steuerrückstände, die auf den Grundstücken lasteten. Nach dem Krieg von 1871 stammte die Belastung aus den spekulativen Vorstellungen, die sich die Grundbesitzer vom künftigen Wert ihres Bodens machten. Ähnlich war es nach dem Siebenjährigen Krieg gewesen. Damals hatte Friedrich II. erfolglos gegen die »sich von ihrem Grundbesitz einen übertriebenen Wert einbildenden Eigentümer« gewettert. Auch nach den »Gründerjahren« sorgten preußische Regierung und Gesetzgebung dafür, daß der große »Krach« keine reinigende Wirkung auf den Bodenmarkt hatte.

Die verantwortungslosen »höheren Stände«
Treitschke, Schmoller
Gräfin Dohna: Der grüne Gürtel der Großstadt

> Der preußische Staat wurde nur durch solche durch und durch kathedersozialistische Maßregeln groß; der größte preußische König, Friedrich II., wollte nie etwas anderes sein als ein *roi des gueux*; derselbe Fürst tat den Ausspruch, die Steuern hätten neben den anderen Zwecken namentlich auch den, »eine Art Gleichgewicht zwischen den Armen und Reichen herzustellen«.
>
> *Gustav von Schmoller in dem »Offenen Sendschreiben an Herrn Professor Dr. Heinrich von Treitschke«*
>
> Die Schlechtigkeit ist immer am größten in den höheren Ständen.
>
> *Fichte, zitiert von Heinrich von Treitschke*

Die wirtschaftliche Inflation der »Gründerjahre« wurde begleitet oder verursacht durch eine geistige Inflation. Es kam zu einer Verwilderung der gesellschaftlichen Moral, wie sie schlimmer kaum in der Zeit nach dem Dreißigjährigen Krieg geherrscht haben kann. Diese Verwilderung entstellte sogar die Äußerungen der einflußreichsten Männer. Als Beispiel sollen hier und an einer späteren Stelle Äußerungen Heinrich von Treitschkes und Bismarcks mitgeteilt werden, aus denen eine heute kaum noch glaubliche Verständnislosigkeit für die lebenswichtige Wohnungsfrage des Volkes spricht. Die Spuren dieses Ungeistes bleiben im Antlitz des steinernen Berlin unauslöschlich eingegraben.

Heinrich von Treitschke — keineswegs ein Mann ohne geistige Verdienste — führte seit 1874 in seinen »Preußischen Jahrbüchern« einen scharfen Federkrieg gegen die wohnungs- und sozialpolitischen Schriften von Gustav Schmoller und »Arminius«, die beide damals den empörenden Materialismus der besitzenden Klassen gebrandmarkt hatten. In seiner Streitschrift »Der Sozialismus und seine Gönner« entschlüpfte Treitschke das bereits erwähnte Wort: »Jeder Mensch ist zuerst selbst verantwortlich für sein Tun; so elend ist keiner, daß er im engen Kämmerlein die Stimme seines Gottes nicht vernehmen könnte.« Hierauf gab Schmoller die ebenfalls bereits mitgeteilte Antwort: »Sittlich und geistig verwahrlosten Proletariermassen von den Gütern des inneren Lebens vorzureden ist ebenso müßig, als einem Blinden die erhabene Schönheit des Sternenhimmels zu erklären.«

Mit seinem frömmelnden Ausspruch bezog sich Treitschke augenscheinlich auf das Jesus-Wort des Matthäus (6,6): »Wenn du betest, so gehe in dein Kämmerlein und bete zu deinem Vater im Verborgenen; und dein Vater, der in das Verborgene siehet, wird dir's vergelten öffentlich.« Diese Worte zeigen, wie selbstverständlich es für Jesus war, daß jeder Mensch ein Kämmerlein für sich hat, in dem er allein sein und sich abschließen kann. Die Berliner Wohnungsstatistik aus dem Jahre 1871 aber, die Treitschke vorlag und die er in seiner Streitschrift mit Verbeugungen vor dem »historischen Beruf der niederen Klassen« abtun zu dürfen glaubte, wies 162 000 Menschen nach, die — während Treitschke schrieb — dicht neben ihm in sogenannten »übervölkerten« Kleinwohnungen lebten, Wohnungen, meist aus einem Zimmer mit Küche bestehend, von denen jede im Durchschnitt mit 7,2 Menschen besetzt war. Dieselbe Statistik ergab insgesamt eine Bevölkerung von 585 000 Menschen in sogenannten kleinen Wohnungen (d. h. Wohnungen ohne heizbares Zimmer oder mit einem oder zwei heizbaren Zimmern), die durchschnittlich mit 4,2 Menschen belegt waren. Das entsprach nicht dem von Treitschke entweihten Christus-Wort zur Wohnungsfrage. Treitschkes heuchlerische Berufung auf dieses Wort läßt an einen Brief denken, den er als Zweiundzwanzigjähriger, kurz vor der Veröffentlichung seiner »Vaterländischen Gedichte« (1856), schrieb und der folgende prophetische Selbstentlarvung enthält: »Wenn ich jetzt täglich eine Stunde die leichte Ware von tausenderlei Zeitschriften gelesen, die doch der handgreiflichste Ausdruck unserer modernen Bildung sind: dann überkommt mich oft eine Verwirrung und Beschämung über meine Unwissenheit und doch zugleich eine unendliche Verachtung gegen die seichte phrasenhafte Weise, womit ich die größten und tiefsten Dinge behandelt sehe. Und diese beiden Empfindungen stärken mir die Wißbegierde, den beinahe krankhaften Ehrgeiz, daß ich nie zum geistigen Pöbel gehören möge, dem die Welt nur ein Gegenstand halber Teilnahme, halben Verständnisses ist.«

Treitschkes Vorwurf des »pöbelhaften halben Verständnisses«, den er hochmütig anderen machte, paßt recht eigentlich auf seine eigene scheinheilige Vermengung der Berliner Wohnungsfrage mit der Bergpredigt und entwertet auch viele seiner übrigen Urteile, z. B. seine seherhaften Bemerkungen über die kulturelle Bedeutung der »niederen Klassen«. Treitschke erklärte: »Gerade in der bescheidenen Enge des kleinen Lebens bewahrt das Gemüt eine frische, kernhafte, unmittelbare Kraft, welche den Gebildeten oft beschämt. Darum sind die niederen Klassen der Jungbrunnen der Gesellschaft. Aus den unberührten Tiefen ihrer derben Sinnlichkeit, ihres wahrhaftigen Gefühls, steigen immer neue Kräfte empor in die Reihen der rascher dahinwelkenden höheren Stände. Die Helden der Religion, welche das Gemütsleben der Völker in seinen Grundfesten umgestalteten, waren zumeist Söhne der Armut; wer kann sich Jesus oder Luther anders vorstellen denn als kleiner Leute Kinder? Dies hatte Fichte im Auge, wenn er mit seiner schroffen Härte sagte, die Schlechtigkeit sei immer am größten in den höheren Ständen.« Treitschkes eigene sozialpolitische Harthörigkeit und Herzenshärte läßt Fichtes Urteil beinahe glaubhaft erscheinen. Treitschke erklärte weiter: »Diese heiligen Empfindungen dem Menschengeschlecht zu bewahren, war allezeit der historische Beruf der niederen Klassen; durch solchen Dienst nehmen sie unmittelbar Anteil an der idealen Kulturarbeit der Geschichte.«

Was durfte Treitschke von seiner »idealen Kulturarbeit der niederen Klassen« oder von der »bescheidenen Enge des kleinen Lebens« oder von der Andacht »im engen Kämmerlein« erhoffen, wenn gleichzeitig Stadtmissionar Bokelmann in seinem Be-

zirk Häuser fand, die von 250 Familien bewohnt waren und wo 36 Wohnungen auf einen Korridor mündeten? Treitschke erklärte: »Diese Ordnung ist gerecht; denn das wahre Glück des Lebens, den Frieden der Seele und die Freuden der Liebe verschließt sie keinem.« Gleichzeitig berichtete Stadtmissionar Bokelmann, daß im selben Hause 17 Frauen in wilder Ehe, 22 Dirnen, 17 ungetraute Paare und vier von ihren Männern geschiedene Frauen zu finden waren.
Zur Entschuldigung Treitschkes läßt sich nur sagen, daß Bismarck gelegentlich ebenso verständnislos oder gleichgültig über die Wohnungsnot gesprochen hat.
Eines der Bücher, gegen welche Treitschkes Streitschrift sich richtete, trug den Titel: »Die Großstädte in ihrer Wohnungsnot und die Grundlagen einer durchgreifenden Abhilfe, von Arminius; mit einem Vorwort von Dr. Th. Freiherrn von der Goltz, Professor an der Universität Königsberg; Leipzig, 1874.« Hinter dem Decknamen »Arminius« verbarg sich die siebzigjährige Gräfin Adelheid Dohna-Poninski. Sie hatte, bevor sie ihr Berliner Buch schrieb, in Wien gelebt und hatte in London den Adel kennengelernt, der dort der Bewegung für Wohnungsreform nahestand. Der Führer dieser Bewegung, Lord Shaftesbury, war nur drei Jahre älter als die preußische Gräfin. Auch mit den Schriften Hubers scheint sie vertraut gewesen zu sein. Mit dieser geistvollen Frau kam zum erstenmal ein männlicher Ton in des preußischen Adels unsagbar verständnis- und würdelose Äußerungen zur Wohnungsfrage. Für Liebhaber der Vererbungslehre sei erwähnt, daß der Begründer des gräflichen Hauses Dohna, dem Gräfin Adelheid entstammte, schon unter dem ersten Preußenkönig große deutsche Belange verteidigt und ein Regiment französischer Auswanderer gegen ihren König Ludwig XIV. und gegen seinen türkischen Bundesgenossen geführt hat. Auch aus dem Buch der Gräfin Poninski (geboren 1804 als Gräfin zu Dohna-Schlodien und vermählt 1841 mit Graf Lodzia Poninski, Besitzer der Herrschaft Hreherow in Galizien) klang nicht der fade kleinpreußische Ton, sondern ein vornehmer reichsdeutscher und weltmännischer Ton.
Das Buch Adelheid Dohnas umfaßt alle Teile des Städtebaues in einer vorher vielleicht noch nie dagewesenen Vollständigkeit. Aus dem Inhalt des 260 Seiten starken Bandes können hier nur einige Andeutungen gemacht werden. Die erste Anregung zu städtebaulichem Denken war der Verfasserin 1857 durch dasselbe große Preisausschreiben zur Wiener Stadterweiterung gegeben worden, das keinen einzigen preußischen Beamten zum Nachdenken angeregt hatte, obgleich die Erfolge und Mängel der Wiener Leistung erstaunlich genug waren, um eine einsichtige Frau die »Theorie der Architektur der Großstädte« fordern und entwerfen zu lassen. Sie bemerkte, was keinem einzigen preußischen Beamten bei der Aufstellung des Berliner Bebauungsplanes, der Berliner Bauordnung und sonstiger städtebaulicher Vorschriften eingefallen war: »Soll eine Großstadt erweitert werden, so ist dabei keine andere Aufgabe wichtiger als die Fürsorge für die kleinen Wohnungen, ihre Anzahl, Zweckmäßigkeit und ihr richtiges Verhältnis zu den übrigen Baulichkeiten... Gerade die Lage und Gruppierung der Arbeiterwohnungen wurde jedoch in keiner unserer Großstädte nach einem einheitlichen Plan und nach festen Grundsätzen geordnet, und nirgends ist das wahre Bedürfnis gegenüber der Laune und Willkür in seine ihm zukömmlichen Rechte getreten.«

In Berlin, so berichtete die Gräfin, hat man sich bei der Aufstellung des Bebauungsplanes von 1858 um die geeignetste Gruppierung der Kleinwohnungen wenig Sorgen gemacht, wohl aber »ging in gutunterrichteten Kreisen die Rede, daß in nächster Nähe der geplanten Neubauten die Erbauung einer Zitadelle in Aussicht genommen sei, um ein Proletariat im Zügel zu halten, dessen reichliches Zusammenströmen in dem zu errichtenden Stadtteil wegen der Nähe vieler Fabriken damals vorausgesetzt wurde«. Im reaktionären Wien Metternichs wurden gleichzeitig »Defensivkasernen« gebaut; Paris wurde damals nach militärischen Richtlinien — zur Meisterung der inneren Feinde — »saniert«. Aus demselben Geiste stammte die sozialpolitische Weisheit, mit der Hobrecht seine Mietskasernen als Mittel zu friedlichem Durcheinandermengen der Stände zu entschuldigen versuchte (vgl. Seite 232 ff.). Gegen diesen Städtebau aus sozialpolitischer Angst wandte sich Adelheid Dohna: »Die Furcht, daß Verbindungen zu einzelnen Gemeinschaften die Massen noch gefährlicher machen und das Bewußtsein ihrer Stärke erhöhen könnten, verleitete zu der falschen Absicht, ihre Kraft durch Zersplitterung brechen zu wollen. In dem verworrenen Knäuel der Massen glaubte man eine größere Sicherheit zu finden, und nur mit vereinzelten wohnungsreformatorischen Bestrebungen flickte man fort und fort an der unübersehbaren, unfaßbar großen Not in diesem Knäuel und bewältigte sie doch nicht... Leichtsinn, eigensinniges Vorurteil und vornehmlich Mangel an Verständnis für die Beschaffenheit und den Charakter zweckmäßiger Wohnungsgruppen für Arbeiter beladen die städtischen und staatlichen Autoritäten, welche hier tätig einzugreifen berufen sind, mit schwerer Verantwortung.«
Bismarck stand damals auf dem Gipfel seines Ruhmes. Über seinen Kampf gegen die Arbeitergewerkschaften fällte die Gräfin ein Urteil, das im Geist des alten Wohnungsreformers V. A. Huber geschrieben und dessen dem Kanzler überlegene Weisheit durch die spätere geschichtliche Entwicklung bewiesen wurde: »Diese *Assoziations*bewegungen der Arbeiter lenkten sich zunächst auf die Verbrüderung zur Arbeit und Lebensnotdurft, und diese sind es, die man, Wohlwollen und Zutrauen erweckend zu unterstützen versäumt hat... Es war nicht nur Befangenheit und Kurzsichtigkeit, die lange Zeit in vielen sogenannt konservativen Kreisen herrschte, sondern auch Sünde, großstädtische Arbeiter*assoziationen* in ihrer Entwicklung aufhalten zu wollen, anstatt sich leitend ihrer anzunehmen.«
Wie richtig Gräfin Dohna Bismarcks verhängnisvolle Haltung beurteilte, zeigt »die deutsche Baugenossenschaftsbewegung«.* »Das über die junge Bewegung hereinbrechende Sozialistengesetz stärkte künstlich die politischen Tendenzen, legte aber jede gesunde, offene Betätigung auf anderen Gebieten lahm. Es blieb ferner die beengende Form der Genossenschaft mit beschränkter Haftung, und es kam die Krisis der Jahre 1873/74.« Bismarck war es gelungen, politische Märtyrer aus Arbeitern zu machen, die sich unter einer weniger ungeschickten Regierung zur Wahrnehmung ihrer wirtschaftlichen Vorteile und zum Bau ihrer Häuser zusammengeschlossen hätten. Unter Bismarcks Leitung ging die Zahl der Baugenossenschaften im rasch wachsenden Deutschland stetig zurück. 1879 gab es noch 46; 1888 nur noch 28.

* Unter diesem Titel veröffentlichte Dr. Walter Voßberg, Halle 1905, eine Studie, aus der das oben folgende Zitat stammt.

Das eingehende städtebauliche Programm der Gräfin Dohna deckt sich in vieler Hinsicht mit den wohnungs- und verkehrspolitischen Forderungen Hubers, Fauchers und Bruchs; aber stärker als alle drei betonte sie die Notwendigkeit öffentlicher Grünflächen in der Umgebung der großen Städte, wie sie der Berliner Bebauungsplan von 1862 durchaus vernachlässigt hatte. Dabei hat Adelheid Dohna die Theorie des grünen Ringes der Großstädte, des Wald- und Wiesengürtels in einer plastischen Ausführlichkeit entwickelt, die jenen zwei Jahrzehnte später in Wien geführten Streit der Architekten, wer dort um 1892 als erster den »grünen Gürtel« vorgeschlagen habe, etwas lächerlich erscheinen läßt, um so mehr als Gräfin Dohna eigentümlicherweise gerade für Wien genauere Berechnungen der Ausdehnung und Lage des notwendigen grünen Gürtels schon achtzehn Jahre früher veröffentlicht hat. Schon 1874 hat sie auch folgenden, heute selbstverständlich wirkenden Gedanken ausgesprochen, den erst das moralische Trommelfeuer des Weltkrieges schließlich auch in die Köpfe der preußischen Beamten hineinhämmern konnte:
»Die Stadtgemeinde in ihren verschiedenen Schichten soll menschlich wohnen — das ist das erste und vornehmlichste Bedürfnis, das beim Aufbauen sowie bei Erweiterung der Stadt versorgt werden muß! Das Bedürfnis des menschlichen Wohnens erstreckt sich im weiteren Sinne nicht nur auf die Behausung, sondern auch auf die Erholungsstätten im Freien und Grünen im Weichbild der Stadt ... Die Erweiterung der Stadt ist so in Schranken zu halten, daß das Anrecht jedes Einwohners, innerhalb einer halben Stunde von seiner Wohnung aus die freie Flur erreichen zu können, nicht verletzt werde. Da bei dem hier anzulegenden Maßstab auch Alte, Schwache und Kinder zu berücksichtigen sind, welche im allgemeinen in einer halben Stunde nicht mehr als eine viertel Meile (=1,9 km) zurücklegen können, so wird diese Entfernung als größte angenommen. Im Weichbild der Stadt ist eine grüne Fläche abzugrenzen; sie liegt zwischen einer Linie, welche die Stadt nach dem Umfang ihrer kompakten Häusermasse umschließt, und einer weiteren Linie, welche nach außen hin von der ersteren an allen Punkten eine halbe Meile (=3³/₄ km) entfernt ist. Diese Fläche, als der kostbare grüne Ring, welcher der Stadt zu erhalten ist, darf nur in einem Fünfteile mit Gebäuden besetzt werden; der übrige Raum bleibt den Eigentümern und Pächtern zur Benützung als Garten, Feld, Wiese und Wald und dient zugleich der gesamten Bevölkerung in allen ihren Schichten zu mannigfaltigen, ihren verschiedenen naturgemäßen Bedürfnissen angemessenen Erholungsstätten in freier Natur, einschließlich der Nutzgärtnereien.«
Auf beschränkte Köpfe oder »Historiker« wie Treitschke wirkte dieser Gedanke der Gräfin Dohna damals ganz neu, erschreckend und »konfiskatorisch«, obgleich er überraschend an ein Gesetz erinnerte, das eine andere geistvolle Frau 300 Jahre früher und mit einer ganz ähnlichen Begründung erlassen hat. Im Jahre 1580, also bevor London durch das große Feuer gereinigt und zu seiner neuzeitlichen dezentralisierten Wohnweise geführt und damit für die Welt vorbildlich geworden ist. verfügte Königin Elisabeth: »Wo eine so große Masse von Menschen in kleinen Räumen wohnt, wobei viele sehr arm sind, ja sich vom Betteln und Schlimmerem nähren müssen, und beinahe erstickt werden, indem viele vielköpfige Familien in einem Hause oder in einer kleinen Mietwohnung zusammengepfercht sind, muß

notwendigerweise im Falle von Krankheiten und Epidemien die ganze Stadt gefährdet sein.« Königin Elisabeth verbot deshalb »die Verstöße, die durch die Vermehrung der Aftermieter, Zimmerabmieter und Schlafgänger innerhalb der letzten sieben Jahre gegen die guten alten Sitten der Stadt geduldet worden sind ... Der Oberbürgermeister soll schleunigst bis zum nächsten Allerheiligentag dafür sorgen, daß diese Aftermieter und Schlafgänger sich andere Wohnungen außerhalb der Stadt besorgen ... Im Hinblick auf einen so großen Vorteil für das Allgemeinwohl des Königreiches sind alle Privatpersonen durch göttliches und menschliches Recht verpflichtet, von ihrem gewöhnlichen und außerordentlichen Gewinn Opfer zu bringen ... Ihre Majestät befiehlt ausdrücklich, daß jedermann, welchen Rang er bekleiden möge, davon absteht, innerhalb dreier Meilen (also 4,8 Kilometer) von den Toren der Stadt London irgendein neues Haus oder Gebäude für Wohnzwecke zu erbauen oder zu dulden, daß mehr als eine Familie in irgendeinem der bereits vorhandenen Häuser wohne.«

Die ganze spätere Geschichte des Londoner Städtebaues wirkt wie ein erfolgreicher Kampf für den Sieg der anständigen Gesinnung, die in diesem Erlaß von 1580 zu Wort kam. Die Verständnislosigkeit für derartige große staatsmännische Gedanken ist es, die einem »Historiker« wie Treitschke, dem sie als Forderung und als Notwendigkeit lebendig begegneten, nicht verziehen werden kann.

Da das Gesetz der Königin Elisabeth erst kurz vor dem Weltkrieg wieder ausgegraben wurde, ist es unwahrscheinlich, daß Adelheid Dohna es gekannt hat. Wahrscheinlicher ist, daß sie den Plan der australischen Stadt kannte, die in ihrem zweiundzwanzigsten Lebensjahr gegründet und der ihr eigener Name gegeben wurde. Adelaide, die Hauptstadt des Staates Südaustralien, wurde nach einer anderen englischen Königin benannt und von vornherein mit einem allerdings nur 800 Meter breiten, dafür aber durchweg unbebauten Gürtel von »Park Land« umgeben.

Manches in der Fassung, die Adelheid Dohna ihrem Grüngürtelvorschlag gab, erinnert an die 20 Jahre später (seit 1895) von Ebenezer Howard und den anderen Gründern der englischen Gartenstädte angestrebte landwirtschaftliche Zone, die heute in der deutschen Gartenstadtbewegung tatkräftige Anhänger wie Migge und Hahn gefunden hat. Wie sich noch zeigen wird, liefen aber die Forderungen der Gräfin Dohna auf vernünftige Baubeschränkungen, Zonenbauordnung und Flächennutzungsplan nebst Ausweis genügender Freiflächen hinaus, also auf Maßnahmen, die in einem Land ohne bürgerliche Selbsthilfe unentbehrlich sind. Wie diese Forderungen nach dem Weltkrieg endlich verwirklicht werden konnten, wird später geschildert werden. Die Phantasielosigkeit geistiger »Führer« wie Treitschke, welche die verständigen Forderungen der Gräfin Dohna ablehnten, ist schuld daran, daß die preußische Regierung achtzehn Jahre später (also 1892) keinen Erfolg hatte, als ihre Beamten endlich die Notwendigkeit der Dohnaschen Forderungen begriffen und 26 000 ha, also fast genau das von der Gräfin geforderte Gebiet, als Landhausgebiet oder öffentliche Freiflächen schützen wollten.

Berlin umfaßte 1874, als Gräfin Dohna ihre Forderungen aufstellte, 5920 ha. Der von ihr geforderte grüne Gürtel hätte also grob gerechnet etwa 25 000 ha umfaßt. Verglichen mit den 88 381 ha, welche das 1920 geschaffene Groß-Berlin heute be-

deckt, erscheint das Gebiet, welches Gräfin Dohna 1874 unter Bauschutz stellen wollte, nicht allzu groß. Da aber diese 25 000 ha damals meistens noch unbebaut waren, hätte auf dieser Fläche, die heute großenteils mit unerfreulichen Mietskasernen bepackt ist, Mustergültiges geschaffen werden können, wenn es zur Zeit Bismarcks einen städtebaulich denkfähigen Staatsmann gegeben hätte.
Die Verwendung der geschützten Fläche, von der nur ein Fünftel gewissen streng beschränkten Bauzwecken zugeführt werden sollte, dachte sich Gräfin Dohna folgendermaßen: »Bei der Errichtung von Bauten auf dem fünften Teil (also etwa 5000 ha) vom Areal des grünen Ringes haben öffentliche Gebäude, welche dem Gemeinwohl dienen, wie Kirchen, Schulen, Seminarien, weibliche Erziehungspensionate, Diakonissenhäuser, Altersversorgungsanstalten, Herbergsasyle für junge Fabrik- und Nadelarbeiterinnen, Waisenhäuser, Unterhaltungsräume und andere, den Vorrang vor Bauten zu Privatzwecken als Zinshäuser, Villen u. dgl. Die Gründung neuer Fabriken im grünen Ring ist nirgends zulässig; dagegen gehören hierher auch Gruppen von Wohnungen für subalterne Beamte und für Arbeiter, jedoch in mäßiger Ausdehnung, so daß die richtigen Verhältnisse, welche durch die Ansprüche anderer gemeinnütziger Bauten bedingt sind, nicht überschritten werden.«
Im grünen Gürtel forderte die Gräfin Dohna »Erholungsstätten in freier Natur am Feierabend und Sonntag, insbesondere für die handarbeitenden Klassen« und »für die Intelligenten, die höheren Stände«. Sie trennte zwischen den verschiedenen Bedürfnissen nach »Gärten im Interesse des Familienlebens«, »Warte- und Spielplätzen für kleine Kinder«, »Kindergärten für Knaben und Mädchen im Schulalter«, »Feierabendstätten für die Jugend der handarbeitenden Klassen«, »für Gesellen und Lehrlinge«, »für die in Fabriken arbeitende männliche Jugend«, »für »Nadelarbeiterinnen«, »für die in Fabriken arbeitende weibliche Jugend«, »für Dienstmädchen«, »Villen mit Gärten und städtischen Hausgärten«, »Privatgärten für Familien in Gruppen angelegt«, »Lauben in Nutzgärtnereien«, und behandelt diese verschiedenen Notwendigkeiten in verschiedenen Abschnitten ihres Buches. Ein besonderer Abschnitt ist den »Gärten für besondere Genossenschaften und Institute« gewidmet. Weitere Abschnitte handeln von den »öffentlichen Restaurationsgärten«, »den öffentlichen Promenaden und Parkanlagen zwischen der inneren Stadt und den Vorstädten« und »jenseits der Vorstädte«. Besondere Beachtung schenkte sie der Freihaltung von Innenparks in solchen Städten, deren bebautes Gebiet bereits so umfangreich ist, daß den Bewohnern der inneren Teile das schnelle Erreichen des grünen Gürtels nicht mehr möglich ist. Gräfin Dohna schrieb: »Es wird wahrlich höchste Zeit, daran zu denken, daß in unseren Großstädten, deren Bevölkerung sich christlich nennt, die Gasse und der Rinnstein wie der enge Hof keine passenden Orte für die Erholung der Kinder sind und daß man Sorge tragen muß, gedeihlichere Stätten ihnen aufzuschließen und die nötigen Verbindungen herzustellen, anstatt müßig zuzusehen, wie an Abenden der schönen Jahreszeit die Kinder der untersten Schichten, aus den Hinterhäusern, aus hohen Stockwerken und Kellern hervorquellend, in zahlreichen Schwärmen die Höfe und die Straßen überfüllen, im wirren, unbeaufsichtigten Treiben.« Die Pferdebahnen, mit deren Bau Berlin hinter Bukarest und Konstantinopel einherhinkte, nannte Gräfin Dohna die »goldenen

Brücken ins Freie, die Verbindung mit der blühenden Welt in Gärten, Feldern und Wäldern«, und von der Durchführung ihrer Vorschläge erhoffte sie die Abhilfe des »gigantischen Mißstandes, daß durch rücksichtslose, willkürliche, immer weitere Ausdehnung der Häusermassen in Großstädten ein zahlreicher Teil der Bewohner eingesperrt und verrammt« wird.

Die praktischen Mittel für die dringend erforderliche Neugestaltung des Städtebaues, namentlich in den Großstädten, fand Gräfin Dohna in einer neuen gerechteren Auffassung des Eigentumsrechtes am Grund und Boden der Großstädte. »Kein Neubau darf störend in ein vorliegendes Bedürfnis irgendeiner einzelnen Kategorie der Einwohnerschaft eingreifen.« Wie die Obrigkeit bisher das Baurecht zur Sicherung gegen Feuersgefahr und beim Bau von Festungen oder Eisenbahnen beschränkt hat, bedarf es künftig einer Beschränkung beim Bau der Städte zum Schutze gegen die »ungemessenen Schäden für Moralität, Gesundheit und Sicherheit, welche aus dem willkürlichen Verbauen der freien Plätze und Felder entstehen, deren jede Hauptstadt unveräußerlich bedarf«!

Bedeutsam ist die Art, wie ein einsichtiges Mitglied des Hochadels sich die Ablösung der »wohlerworbenen Rechte der Grundbesitzer« dachte. Derartige Ablösungen sind, so führte Gräfin Dohna aus, in Preußen durchaus nichts Neues: »Gleichwie vor beiläufig 50 Jahren im Königreich Preußen die Regierung Kommissionen einsetzte, welche durch den ganzen Staat den Wert der bäuerlichen Dienste zu taxieren hatten und die Dienstablösungen handhabten, unter den verschiedenartigsten und schwierigsten Modalitäten, so wird es auch heute geschehen können. Kommissionen einzusetzen, welche nach bestimmten allgemeinen Normen den annähernd richtigen, d. i. billigen Ansprüchen genügenden Modus für die Besteuerung der Hausherren und der Eigentümer von noch unbebauten Grundstücken in großstädtischen Weichbilden herausfinden. Man wird bei den Berechnungen von einem bestimmten Jahre, etwa von 1840, auszugehen haben, wobei man die damals herrschenden Preise beim Ankauf von Grundstücken und die Preise der Wohnungsmieten als normal annimmt.«

Wenn Gräfin Dohna also auch etwas freigebiger war als der »Große« Kurfürst, der bestenfalls den Ackerwert vergütete, so kann doch das Jahr 1840 als ein brauchbarer Ausgangspunkt angesehen werden, weil damals die vom preußischen Staat und seinen Nutznießern mittels einer unverantwortlichen Bauordnung und des schlechten Berliner Bebauungsplanes verursachten schwindelhaften Preissteigerungen noch nicht eingesetzt hatten. Im Anschluß hieran entwickelte Gräfin Dohna ausführlich eine Steuertheorie, die allerdings von »Historikern« wie Treitschke als »Expropriation« abgelehnt wurde, die sich aber wenig von dem unterschied, was schon 1869 Julius Faucher und was 1872 einer der auch amtlich geschätztesten deutschen Volkswirte, der Berliner Professor Adolf Wagner, unter Berufung auf seinen Vorgänger aus der »Freihandelsschule« gefordert hatte. Ihre Steuertheorie lief praktisch auf eine Besteuerung nach dem wirklichen Verkaufswert oder dem sogenannten gemeinen Wert des Bodens hinaus und mutete den Grundbesitzern weniger zu, als in den Staaten der amerikanischen Union gang und gäbe ist.

Das eigentümliche Werk der Gräfin Dohna enthält einen ausführlichen Plan für

das Zusammenwirken von Staat, Gemeinde, Arbeiter- und Arbeitgeberverbänden sowie privaten und gemeinnützigen Vereinigungen. Die gleichzeitige Anwendung aller Mittel, Steuerreform, Boden-, Wohnungs- und Städtebaupolitik, erschien ihr erforderlich. »Nicht dringend genug kann wiederholt werden, daß halbe Maßnahmen heute die Großstädte nicht mehr retten, sondern daß man nach der Summe der Hilfen, die Gottes Hand darbietet, sich umschauen muß, und daß innere und äußere Hilfsmittel zusammenwirken sollen.« Sie forderte für die zersplitterten Verwaltungen der verschiedenen städtebaulichen Gebiete der Großstadt den Zusammenschluß zur einheitlichen und machtvollen Behörde, eine Forderung, die ähnlich in immer neuer Form wiederholt, aber bis auf den heutigen Tag nicht erfüllt wurde. Bis zum Weltkrieg hörte der bürgerliche Kleinkrieg nie ganz auf, den die verschiedenen Gemeinden Berlins, die Privat- und Staatsbahnen und die verschiedenen Ministerien des Staates mit ihrem großen Geländebesitz zum Schaden der städtebaulichen Entwicklung gegeneinander führten. Was Gräfin Dohna vorschwebte, hat etwa Lord Rosebery verwirklicht, als für Groß-London im Jahre 1888 mit dem Londoner Grafschaftsrat eine einheitliche Verwaltung geschaffen wurde. Der erste Vorsitzende, den sich der neue Rat wählte, war Lord Rosebery, einer der Führer der großen englischen Politik. Daß er als Kandidat für die Wahl zu diesem aufreibenden Amt auftrat, wurde allgemein als Beweis für seinen Gemeinsinn und für die überragende Bedeutung der neuen großstädtischen Aufgaben gewürdigt. Er war wiederholt Staatsminister gewesen, und seiner Leitung Groß-Londons folgte seine Herrschaft als englischer Premierminister. Zwanzig Jahre vorher hatte Gräfin Dohna geschrieben: »Sobald die Lebendigkeit und Energie, die heute im Auffassen und Betreiben materieller Interessen sich kundgibt, auch nur zum hundertsten Teil der Beseitigung sittlicher Notstände sich zuwenden wollte, alsdann würde die Aussicht auf ihre Bewältigung eine ganz andere sein als bis zur Stunde.«
Da dieser Antrieb fehlte, brauchte sogar der wachsame »Verein für Sozialpolitik«, der Stolz der deutschen Sozialpolitik des 19. Jahrhunderts, zehn Jahre, bis er endlich Zeit fand, die furchtbare großstädtische Wohnungsnot zum Gegenstand seines besonderen Studiums zu machen. Im Jahre 1886 veröffentlichte er auf Antrag seines Mitgliedes Dr. Miquel, des damaligen Oberbürgermeisters von Frankfurt am Main und späteren Finanzministers von Preußen, Gutachten und Berichte über »die Wohnungsnot der ärmeren Klassen in deutschen Großstädten und Vorschläge zu deren Abhilfe«. Miquel faßte die Ergebnisse seines Studiums der erschreckenden neuen Wohnungsstatistiken in die Worte: »Es hat sich herausgestellt, daß auch in Zeiten wirtschaftlicher Ruhe fast überall in den größeren Städten eine Art Wohnungsnot besteht.«
Gleichzeitig erließ der Gründer des »Vereins für Sozialpolitik«, der Berliner Universitätsprofessor Gustav Schmoller, seinen »Mahnruf in der Wohnungsfrage«. Darin heißt es: »Es ist das Eigentümliche der Lage, daß es weder an Häusern noch an reger Baulust fehlt, sondern nur an Wohnungen für die kleinen Leute und noch mehr an Wohnungen, die geeignet sind, ihr körperliches und sittliches Wohl zu fördern. Die Zustände sind so entsetzlich, daß man sich nur wundern muß, daß die Folgen nicht noch schlimmere geworden sind. Nur weil ein großer Teil dieser

Armen bis jetzt einen Schatz guter Sitte, kirchlicher Überlieferung, anständiger Empfindungen aus früherer Zeit mit in diese Höhlen gebracht hat, ist das Äußerste noch nicht geschehen. Das Geschlecht von Kindern und jungen Leuten aber, das jetzt in diesen Löchern aufwächst, das muß mit Notwendigkeit alle Tugenden der Wirtschaftlichkeit, der Häuslichkeit, des Familienlebens, alle Achtung vor Recht und Eigentum, Anstand und Sitte verlieren. Wer keine ordentliche Wohnung hat, wer nur in der Schlafstelle schläft, der muß der Kneipe, dem Schnaps verfallen, er kann schon seine animalische Wärme nicht anders herstellen... Die heutige Gesellschaft nötigt die unteren Schichten des großstädtischen Fabrikproletariats durch die Wohnverhältnisse mit absoluter Notwendigkeit zum Zurücksinken auf ein Niveau der Barbarei und Brutalität, der Roheit und des Rowdytums, das unsere Vorfahren schon Jahrhunderte hinter sich hatten. Ich möchte behaupten, die größte Gefahr für unsere Kultur droht von hier aus... Die besitzenden Klassen müssen aus ihrem Schlummer aufgerüttelt werden; sie müssen endlich einsehen, daß, selbst wenn sie große Opfer bringen, dies nur eine mäßige, bescheidene Versicherungssumme ist, mit der sie sich schützen gegen die Epidemien und gegen die sozialen Revolutionen, die kommen müssen, wenn wir nicht aufhören, die unteren Klassen in unseren Großstädten durch ihre Wohnungsverhältnisse zu Barbaren, zu tierischem Dasein herunterzudrücken.«

Schmoller war also nicht davor zurückgeschreckt, die Berliner Wohnungsnot mit Worten zu kennzeichnen, die ebenso scharf und noch schärfer waren als die von Gräfin Dohna gebrauchten Worte. Treitschke hatte noch geglaubt, das Buch dieser Frau ebenso wie die gleichzeitigen Schriften Gustav Schmollers und anderer Kathedersozialisten als überspannt und gefährlich abtun zu können. Preußen aber und seine Regierung urteilten anders. In den achtziger Jahren wuchs Schmoller zum führenden Volkswirt Preußens heran; schon 1874 war er zum Mitglied des preußischen Staatsrates ernannt worden.

Welche Taten wurden durch Schmollers Worte ausgelöst? Oder waren seine Worte belanglos? Keineswegs. Als Bismarck sein Finanzprogramm auf Schutzzölle gründen wollte, hatte Schmoller ihre wissenschaftliche Rechtfertigung geliefert. Schmoller war nach Berlin berufen worden. Gleich nach Erscheinen seines »aufrüttelnden Mahnrufes zur Wohnungsfrage« wurde Schmoller zum amtlichen »Historiographen für brandenburgische Geschichte« ernannt. Dank seiner Forschungen wurde der vorher verspottete Ahnherr des herrschenden Kaisers, der halbverrückte »Soldatenkönig«, plötzlich als »das Fürstenideal ganz Europas« erkannt (Seite 89). Schmoller wurde Exzellenz. Nur Schmollers schärfste und dringlichste Forderungen zum preußischen Wohnungswesen beachtete kein Mensch. Aber Schmoller wurde geadelt. Schmoller war der führende Volkswirt der Wilhelminischen Zeit, die moralische Verpflichtungen nicht so ernst nahm wie Spielschulden (vgl. Seite 104). So blieb alles beim alten. Bei den »großen Opfern«, die Schmoller von den »besitzenden Klassen« gefordert hatte, war nichts zu verdienen gewesen.

Erst sehr viel später sollte Schmollers wichtigste praktische Forderung in Erfüllung gehen. Er hatte ähnlich wie vor ihm V. A. Huber, Faucher und Gräfin Dohna verlangt: »Wir müssen große Aktiengesellschaften ins Leben rufen, die in den Vorstädten Einzelhäuser für die *Elite* der Arbeiter, der kleinen Beamten, der Werkmeister bauen, aber nicht in erster Linie den Verkauf ins Auge fassen, die aber noch mehr beginnen, die eigentlichen Arbeiter- und Armenquartiere im Zentrum der Städte aufzukaufen, sie, soweit es nötig ist, umzubauen nach den englischen Vorbildern, soweit es aber geht, sie nur zu renovieren und in musterhafter Weise zu vermieten... Es gibt wenige gleich dringliche Aufgaben. Um der Verrohung unserer unteren Klassen, dem schnöden Wohnungswucher, den ungesunden Mietverhältnissen unserer großen Städte entgegenzuwirken, ist die Gründung großer humanitärer Vereine und Gesellschaften das einfachste und das am sichersten wirkende Mittel.« Schmoller hoffte, daß »im Verlauf von ein bis zwei Menschenaltern wenigstens 10 v. H. der Gebäude unserer Groß- und Fabrikstädte in solchen Besitz und in solche Verwaltung übergehen und damit ein Vorbild geschaffen wird, das auch auf die privaten Vermieter notwendig zurückwirkt«. Diese wichtigste praktische Forderung Schmollers scheint durch die Folgen des Weltkrieges, der Inflation und durch die Unmöglichkeit, heute anders als mit öffentlichem Geld zu bauen, allmählich erfüllt werden zu sollen. Die großen gemeinnützigen Baugesellschaften werden von vielen Freunden der Privatwirtschaft als bedauerliche Folgeerscheinungen des Krieges verwünscht. Sie stellen die Erfüllung von Forderungen dar, die nicht nur dem seherischen Wunsche V. A. Hubers entsprachen, sondern auch das reifste Ergebnis der amtlichen sozialpolitischen Studien der Vorkriegszeit waren.

In demselben Jahre 1887, in dem Schmoller die »soziale Revolution« ankündigte, hat die preußische Regierung die unerhört schlechte Berliner Bauordnung von 1853 wirklich »verbessert«. In Zukunft war es nicht mehr möglich, wie bisher ein gewöhnliches Berliner Grundstück von 20 mal 56 Metern mit 325 Menschen, sondern nur noch mit 167 Opfern preußischen Reglementierungseifers vollzupacken. Dazu bemerkten Paul Voigt (1900) und Rudolf Eberstadt (1920): »Diese neue Bauordnung hielt die königliche Regierung in Potsdam für so ideal, daß sie nichts Eiligeres zu tun hatte, als sie unter dem 24. Juni 1887 auf fast sämtliche Vororte auszudehnen, denen damit das System des Massenmietshauses von Obrigkeits wegen geradezu aufoktroyiert wurde. Selbst für die schönen Villenorte im Südwesten wurde die fünfstöckige Mietskaserne als angemessene Bauart erklärt.« Die alte »Villenkolonie« Westend hatte im Jahre 1885 120 Häuser, in denen durchschnittlich 6,5 Menschen wohnten. Nach Einführung der neuen staatlichen Bauordnung von 1887 wurden (bis 1890) in Westend nur 10 neue Häuser gebaut, die aber durchschnittlich mit 42 Menschen besetzt waren.

»Damals versuchte Charlottenburg für die Villenkolonie Westend die landhausmäßige Bebauung durch Ortsstatut einzuführen, wurde aber von der Regierung mit seinem Antrage abgewiesen. Ebenso erging es wenige Jahre später der Gemeinde Friedenau, die den Entwurf einer den Villenbau sichernden Bauordnung fertig ausgearbeitet der Aufsichtsbehörde unterbreitete — auch vergebens. Man wußte es am grünen Tische besser und gab den Vororten im Jahre 1887 einfach die Berliner Bauordnung, welche allenthalben den Bau fünfstöckiger Mietshäuser mit geschlossenen Höfen gestattete. Die von sachverständiger Seite ausgesprochenen Warnungen hatte man unberücksichtigt gelassen, und so geschah, was vorauszu-

sehen war: der Bau der Berliner Mietskaserne wurde nun auch in den bisher davon verschont gebliebenen Vororten gewissermaßen mit Gewalt ins Leben gerufen. Selbst auf solche Orte, in denen Baugesellschaften die Errichtung von nur landhausmäßigen Häusern durch grundbuchliche Eintragungen sicherzustellen angestrebt hatten, wie die Villenkolonie Grunewald, Südende, Lichterfelde usw., wurde die Berliner Bauordnung ausgedehnt« (»National-Zeitung«, 27. Juli 1893).
Eines der Opfer der kgl. preußischen Zerstörungswut schilderte seine Leiden in einer Zuschrift an die »Berliner Vorort-Zeitung« (9. April 1893) folgendermaßen: »Mein Haus wurde erbaut, als an den Bau hoher Mietshäuser hier noch gar nicht gedacht wurde. Infolge der Übertragung der Berliner Baupolizeiordnung auf die Vororte begann auch hier der Bau hoher Mietshäuser, deren eins von vier Geschossen an meinem Garten errichtet wurde (in 6 m Entfernung, also mit Fensterrecht). Das Haus wird von sogenannten kleinen Leuten bewohnt. Diese Nachbarschaft macht mir und meiner Familie die Benutzung des Gartens oft unerträglich. Nicht nur, daß wir die Redensarten der in den Fenstern Liegenden über uns ergehen lassen müssen, haben uns auch die Schimpfworte der Kinder wiederholt aus dem Garten getrieben. Außerdem werden alle möglichen Gegenstände aus dem Fenster in meinen Garten herabgeworfen, als zerbrochenes Porzellan und Glas, mit Vorliebe Lampenzylinder, Knochen, Fleischreste, Lumpen, altes Schuhzeug etc. etc. Unter solchen Umständen blieb mir nur die Hoffnung, mein Grundstück gelegentlich zur Erbauung eines Mietshauses verkaufen zu können und dadurch meiner Familie dasselbe verwertbar zu machen.«
Aber auch diese Hoffnung glaubte die preußische Regierung ihren Opfern nehmen zu müssen. Im Jahre 1892 hatte sie endlich angefangen, die Berechtigung des nachgerade 50 Jahre alten Berliner Kampfes für Landhäuser zu begreifen, und erließ deswegen kurzerhand eine Bauordnung, mit der sie ihre früheren Sünden ungeschehen machen zu können glaubte. Unter der Herrschaft ihrer bis dahin geltenden Kasernenbauordnung waren in den 6 größten Berliner Landhausvororten (Südende, Steglitz, Friedenau, Schmargendorf, Westend, Grunewald) von 1885 bis 1890 nur 221 Landhäuser gebaut worden. In diesen 221 Häusern hatten 2232 Menschen, also weniger als der hundertste Teil des gleichzeitigen Großberliner Bevölkerungszuwachses, Platz gefunden. Die übrigen 99 v. H. waren in Mietskasernen gepackt worden. Nachdem also Groß-Berlins gesamter Bedarf an Villengelände in diesen fünf Jahren weniger als 100 Hektar gewesen war, glaubte die Regierung mit einem Federstrich 26 000 Hektar der Umgebung Berlins mit der »Bauordnung für die Vororte vom 5. Dezember 1892« belegen, d. h. zu Villengelände machen zu müssen. Plötzlich sah die Regierung keine rechtlichen Bedenken mehr gegen die Baubeschränkungen, die sie vorher abgelehnt und die sie durch ihre Verordnungen von Mietskasernen unmöglich gemacht hatte. Das amtliche »Centralblatt der Bauverwaltung« erklärte (14. Januar 1893): »Die gesetzliche Grundlage für diese Beschränkungen gewährt der § 6 des Gesetzes über die Polizeiverwaltung vom 11. März 1850. Nach diesem gehört mit zu den Gegenständen der ortspolizeilichen Vorschriften: die Fürsorge gegen Feuergefahr und die Sorge für Leben und Gesundheit. Die durch die Verfassung gewährleistete Unverletzlichkeit des Eigentums versteht

sich nur unter den in den Gesetzen gegebenen Einschränkungen ... Es wird aber nicht wohl bezweifelt werden können, daß Bestimmungen über die Anlage von Bezirken mit offener Bauweise in den Großstädten insofern zu den Gegenständen der ortspolizeilichen Vorschriften gehören, als durch diese Bestimmungen die Förderung der öffentlichen Gesundheit erstrebt wird.«
Die Regierung hatte also nach eigenem Zugeständnis ihre pflichtmäßige Sorge für die öffentliche Gesundheit 42 Jahre lang versäumt. Diese plötzliche Sinneswendung der Regierung entsprach in vieler Hinsicht den alten Forderungen der Gräfin Dohna. Aber was sehr wohl möglich war, als eine verständige Frau es forderte, erwies sich zwanzig Jahre später, als die preußischen Beamtentolpatsche es endlich begriffen, als nicht mehr möglich. Von der städtebaulichen Geschicklichkeit, mit der die Regierung ihre neue Bauordnung ausgearbeitet hatte, lieferte die »Berliner Vorort-Zeitung« (21. Mai 1893) folgende Beispiele: »Mehrfach ist in der neuen Bauordnung festgesetzt, daß diese und jene Straße beiderseits in einer Tiefe von 40 m geschlossen, also mit Mietshäusern bebaut werden darf; hinter der 40-m-Linie hebt dann der Landhausbezirk an. Nun sind aber die Grundstücke in ihrer Mehrzahl über 40 m tief: meist dürfte die Tiefe zwischen 40 und 60 m betragen, so daß die Grundstücke an diesen Straßen mit ihrem vorderen Teile im Mietshausbezirk, mit dem Rest ihrer Tiefe dagegen im Villenbezirk liegen. Die neue Bauordnung gestattet für die erste Bauklasse Gebäudehöhen von 18 m (bis zum Hauptgesims), wodurch sich mit Einschluß des Daches durchweg eine Gesamthöhe der Mietshäuser von 20 bis 23 m ergeben wird. Villen werden dagegen bei zwei Geschossen meist nicht viel höher als 10 bis 13 m gebaut, werden also durchweg gegen 10 m niedriger sein als die Mietshäuser der ersten Bauklasse. Uns sind Fälle bekannt, wo nahe einer Villa nachträglich hohe Mietshäuser errichtet wurden und das Wohnen in der Villa aufgegeben werden mußte, weil — die Schornsteine in dem niedrigen Hause nicht mehr zogen.«
Ein besonderer Reiz der neuen Bauordnung war ihre Bestimmung, daß das Kellergeschoß der »Landhäuser« bis zu drei Viertel zu Wohnzwecken eingerichtet werden durfte. Da das alte Berlin vorher durch die Bauordnung von 1887 von Kellerwohnungen in Neubauten befreit worden war und da diese Berliner Bauordnung 1887 auch den Vororten aufoktroyiert worden war, führte also die neue Bauordnung von 1892 für die Vororte »auf dem Umweg über die herrschaftliche Villa die in Berlin mit Recht verbotene Kellerwohnung glücklich wieder ein« (»Vossische Zeitung«, 24. Dezember 1892). Die halb aus der Erde ragende Kellerwohnung vernichtet einen Hauptreiz des Landhauses, seine ebenerdige Verbindung zwischen Wohnraum und Garten.
Vor ihrem städtebaulichen Dilettantismus wußte die Regierung nur sich selbst zu schützen. Vorsorglich befreite sie die staatliche Domäne Dahlem von der neuen staatlichen Bauordnung. Die staatliche Domäne sollte zugunsten des staatlichen Fiskus als eine Mietskasernendomäne in den 26 000 Hektar, auf denen sonst nur Landhäuser gebaut werden durften, aufgespart werden. »Der Fiskus kann die Werterhöhung, welche der Domäne Dahlem durch die Baupolizeiordnung zuteil geworden ist, getrost nach Millionen schätzen« (»National-Zeitung«, 14. März 1894).

Der Teltower Landrat Stubenrauch hatte diese sehr wohlgemeinte, aber zu spät kommende und technisch verfehlte Bauordnung ohne Anhörung der Gemeindevertretungen beinahe heimlich vorbereitet und erlassen. Der Widerstand gegen diese Leistung der Regierung war so stark, daß die Bauordnung wenige Tage nach ihrem Erlaß einer »Nachprüfung« seitens der Regierung unterworfen, d. h. wieder aufgehoben werden mußte. Sie wurde dann im Jahre 1897 erheblich verschlechtert. Einen weiteren bedeutenden Rückschritt brachte die Bauordnung von 1903 und die von 1907, die auch das Tempelhofer Feld mit fünfgeschossiger Bauweise belegte und damit den großen Bodenschacher vorbereitete, mit dem das Kriegsministerium sich kurz vor dem Krieg den Unwillen aller Gutgesinnten zuzog.

Die verschiedenen Gemeinden Groß-Berlins, denen die Regierung zwar nicht die Anfertigung der Bauordnungen, wohl aber die Aufstellung der Straßenpläne überantwortet hatte, versuchten unter der Führung ihrer Grundbesitzerparlamente der städtebaulichen Torheit der Regierung nachzueifern. Der Erfolg blieb nicht aus: Als die Berliner Architektenschaft unter Leitung von Otto March, Heimann und Hermann Jansen für ihren Großberliner Wettbewerb von 1910 zum ersten Male eine Zusammenstellung aus den buntscheckigen Straßenplänen der Großberliner Gemeinden machten, schilderte Hermann Jansen (der später mit einem ersten Preis in diesem Wettbewerb ausgezeichnet wurde) das Ergebnis folgendermaßen: »Allenthalben findet sich ein ganz unüberlegtes, schematisches Aneinandergliedern von Bebauungsplänen, von denen die meisten gar nicht kläglicher ausfallen konnten; es fehlt jede Rücksicht auf Örtlichkeit, Bahnlinien, überhaupt Kunst im Städtebau. Selbst beim Versagen all dieser Eigenschaften wäre es doch das Nächstliegende gewesen, wenigstens auf die Nachbarn Rücksicht zu nehmen, die eigenen Straßen mit jenen des Nachbars in Einklang zu bringen und für entsprechenden Durchgang der Hauptstraßen zu sorgen. Statt dessen ziehen sich die Hauptstraßen, mit dem Titel »Prachtstraße« dekoriert, von einem Ende der Gemeinde zum anderen und verlaufen dann tapfer im Sande oder in einer Nebenstraße. Von großzügigen Hauptverkehrslinien, wie sie der Millionenverkehr und der kommende Schnellverkehr einer Großstadt erfordern, ist nichts zu bemerken. Höhere gesundheitliche und ästhetische Grundsätze schieden erst recht bei diesem egoistischen Sondervorgehen aus; genügend große Teile für Erholungsplätze, Parkstraßen, Volksgärten freizulassen, lag natürlich ganz außerhalb des *Interesses* der Spekulanten, welche ein Maximum von Bauland herauszuschlachten als alleiniges Ziel erstrebten.«

In dem langen Kampf, den großdenkende Männer, wie Huber, Faucher, Bruch, Carstenn und viele andere hier nicht genannte, für das billige Kleinhaus auf billigem Boden gegen die große Mietskaserne auf teurem Boden gekämpft hatten, war die Mietskaserne siegreich geblieben. Unter der Leitung der preußischen Beamtenschaft und der ihr gleichwertigen, oben geschilderten Hausbesitzerparlamente gedieh die Wohnkaserne zur Befriedigung des deutschen Wohnbedürfnisses.

Wie urteilten Gebildete über den neuen Berliner Erfolg? »Der Inhalt der heutigen Stadtwohnung birgt eine Summe von Unkultur, wie sie in den Wohnungsverhältnissen der Menschheit noch nicht dagewesen ist.« Dieses Urteil über die Wohnungsform, die der preußische Staat seit den »Gründerjahren« der Stadt Berlin und allmählich den meisten deutschen Städten aufzuzwingen vermochte, stammt von dem Architekten Hermann Muthesius, der — zusammen mit Otto March und Paul Schultze-Naumburg — nach langjährigem Studium des englischen Hauses zu den vornehmsten Bahnbrechern neuer »Wohnkultur« in Deutschland gehörte und trotzdem als Geheimrat im preußischen Ministerium für Handel und öffentliche Arbeiten saß, seitdem dieses, zu spät, seine alten wohnungspolitischen Versäumnisse nachzuholen versuchte.

Julius Faucher hatte noch gehofft, daß die »gebildeten Klassen« Widerwillen gegen diese »Summe von Unkultur« verspüren würden. Der Kranz von Landhaus- und Gartenvorstädten, der Berlin vor 1870 zu umgeben anfing, schien Faucher recht zu geben. Nach dem Krieg von 1870 »verbreitete sich« dann, um mit Nietzsche zu sprechen, »der Irrtum, daß auch die deutsche Kultur in jenem Kampf gesiegt habe und deshalb mit den Kränzen geschmückt werden müsse, die so außerordentlichen Erfolgen gemäß seien«. Damals söhnten sich auch die »gebildeten Klassen« Deutschlands mit der Mietskaserne aus, die ihnen das siegreiche Berlin als die zeitgemäße großstädtische Wohnungsform bescherte. Statt Widerwillens gegen die Mietskaserne wurde (das Folgende sind wieder Worte von Muthesius) »überall der billigste Surrogatschwindel mit Behagen entfaltet. Es herrscht allein das Bestreben, dem Urteilslosen durch Prunk der Ausstattung zu imponieren. Die *Etagen*wohnung wird von den ungebildetsten Elementen des Volkes geliefert und von den gebildetsten hingenommen. Wäre nicht der deutsche Geschmack auf einen kaum zu unterbietenden Tiefstand gesunken, wäre nicht das Gefühl für die einfachsten Forderungen der Gediegenheit, für ruhigen Anstand und vornehme Zurückhaltung gänzlich untergraben, so müßte es für den Gebildeten ebenso unmöglich sein, in diesen *Etagen* zu wohnen, als er es abweisen würde, schlechtsitzende Kleider aus schäbigen Stoffen zu tragen, die äußerlich *prätentiös* aufgemacht sind. Die Forderung der Gediegenheit und geschmackvollen Zurückhaltung auch an die Wohnung und den Hausrat zu stellen, versagt der heutige Deutsche noch vollständig.« So schrieb Muthesius noch im Jahre 1907.

Auch was aus den Berliner Landhaus- und Gartenvorstädten geworden ist, auf deren heilende Wirkung Faucher und seine Freunde ihre Hoffnungen setzten, hat Muthesius geschildert. Er nannte die »deutsche Villa« eine »Ausgeburt der Lächerlichkeit«, denn »die vielfachen Unzuträglichkeiten der städtischen *Etage* sind gewohnheitsmäßig mit in das Landhaus geschleppt worden. Die verkrüppelten Vorrats- und Wirtschaftsräume, die dunklen Korridore, die Oberlichter, die wir im deutschen Landhaus vorfinden, sie alle leiten ihren Ursprung aus der *Etage* her, die darauf angelegt ist, durch Äußerlichkeiten zu imponieren. Zu diesen Äußerlichkeiten gehört die oft übertriebene Größe und Höhe der Wohnräume, das heißt vor allem derjenigen Räume, in denen der Mieter Besuche empfängt und die heute üblichen Monstregastmähler gibt. Diese Weiträumigkeit der Vorderzimmer ist aber durch einen Raub an den Wirtschafts-, Neben- und Schlafräumen erreicht... Daß im Landhaus die Forderungen des Mietshausbesitzers fallen können, ist im deutschen Villenbau noch keineswegs klar zum Ausdruck gekomken. Man hat noch nicht eingesehen, daß das Landhaus ein freies Wesen ist, das man anlegen und gestalten kann, wie man will... Statt dessen ist die Stellung der »Villa« auf dem Grundstück von vornherein dadurch gegeben, daß das Haus an der Straße liegt, so weit von dieser abgerückt, als die amtlich vorgeschriebene Vorgartenbreite beträgt; und selbstverständlich werden die Wohnräume an die Straßenfront gelegt. Liegt diese Straßenfront nach Norden, so wohnt man eben nach Norden, liegt sie westlich, so wohnt man westlich. An die Himmelsrichtung wird bei der ganzen Anlage überhaupt nicht gedacht.«

Zu dieser dummdreisten Bedürfnislosigkeit wurde der Berliner durch die staatlichen Bauordnungen für die »Villen«-Vororte gleichsam erzogen, denn diese Bauordnungen wurden von Beamten gemacht, die entweder selbst in einer Mietskaserne wohnten oder, in selteneren Fällen, sich zur »Ausgeburt der Lächerlichkeit einer deutschen Villa« aufgeschwungen hatten. Infolge von Vorschriften der staatlichen Baupolizei sind, so schrieb Muthesius, »in den landhausmäßig bebauten Bezirken um Berlin mindestens ein Viertel aller Wohnräume Kellerräume. Denn Kellerräume muß man auch schon solche Räume nennen, die 50 cm in die Erde versenkt sind; es ist eine bekannte Tatsache, daß der eigentümliche muffige Geruch — der beste Anzeiger für die ungesunde Luft — auch schon aus solchen Räumen nicht zu bannen ist.« Selbst wo das gelingt, behält Muthesius doch recht, wenn er fortfährt: »Gibt es etwas Verschrobeneres, als durch eine behördliche Maßregel die Kellerwohnungen der Stadt auf das Land zu übertragen, wo man vollauf Raum hat, sich über, statt unter der Erde ansässig zu machen? Man könnte einwenden, daß solche Räume ja nur gestattet, nicht zu bauen befohlen würden. Demgegenüber muß darauf aufmerksam gemacht werden, daß das, was polizeilich erlaubt ist, auch gebaut wird.« Das trifft bei den überhohen Bodenpreisen Berlins unweigerlich zu. Muthesius fordert deshalb: »Trifft die Baupolizei überhaupt Bestimmungen über die Höhenlage der Räume, so hätte die erste die zu sein, daß in landhausmäßiger Bebauung Wohnräume, die mit ihrer Sohle unter der Erde liegen, nicht gestattet sind. Das wäre eine natürliche Vorschrift, die zur gesundheitlichen Förderung der Bewohner beitragen würde...«

Das unselige Bild der Berliner Landhausvororte, wie es sich vielfach noch heute im alten Geist weiterentwickelt, erklärt Muthesius weiter: »Zugeschnitten auf die Bautätigkeit eines in Großstädten (mit Mietskasernenbau) aufgeschlossenen Unternehmertums, dem das Bauen gewissenloser Gelderwerb ist, das so billig und schlecht konstruiert, als es nur eben möglich ist, und das für seine Handlungen infolge der eigentümlichen Praxis des Baustrohmannes nicht haftbar zu machen ist, bevormunden und kommandieren unsere Baugesetze auch im Einzelhausbau den Bauherrn in einer Weise, als wäre er ein rückfälliger Bauschwindler... Die für die Villenvororte von Berlin erlassene Vorschrift, daß die Aufbauten an den Fronten (also hauptsächlich Giebel) nicht mehr als ein Drittel der Frontlänge des Hauses einnehmen dürfen, züchtet jene erbärmlichen kleinen Giebelchen auf den viereckigen Mauerkästen, die zu den alltäglichsten, aber traurigsten Eigentümlichkeiten des deutschen Vororthauses geworden sind. Für das Bild unserer Villenvororte wirkt auch höchst verhängnisvoll die Vorschrift der Bauwiche.« Diese Vorschrift zwingt dazu, die Häuser durch offene Zwischenräume (Bauwich) zu trennen, was dem Verbot von Reihenhäusern gleichkommt und also das unmöglich macht, was Schinkel in London jährlich zehntausendweise erstehen sah: »Drei und vier Fenster breite, aneinandergeschobene Privatwohnungen« (vgl. Seite 183). Muthesius fährt fort: »Unter gewissen Verhältnissen, das heißt für größere Häuser wird man gewiß nichts dagegen einzuwenden haben, daß jedes Haus einen eigenen Baublock bilden soll. Wenn es sich aber um kleinbürgerliche Häuschen handelt, die auf winzigen Bauplätzen von 18 bis 20 Meter Straßenseite stehen, so wird die Vorschrift des Bauwiches zu einer Lächerlichkeit... In konstruktiver Beziehung ist die 38 cm starke balkentragende Wand eine Materialverschwendung, die niemand Nutzen bringt... Mit der Entlastung von Mauerbögen durch eiserne Träger wird ein wahrer Unfug getrieben. Aber es ist erlaubt, daß man Klosettraum und Speisekammer, durch eine dünne Drahtputzwand getrennt, zu einem Raum vereinigt (in Berlin und den Vororten – so schauderhaft es auszudenken ist – die typische Anordnung).« Und hier sind es nicht die besitzenden Klassen, die Bewohner der »deutschen Villa« allein, die zu leiden hatten und vielfach auch heute noch leiden müssen, sondern, wie Muthesius an anderer Stelle ausführte, durch die übertriebenen hygienischen Vorschriften blieben »Tausende von Minderbemittelten, die sonst ein gesundes Eigenheim erwerben könnten, weiter darauf angewiesen, sich mit gemieteten Zimmern zu behelfen, deren gesundheitliche Verhältnisse oft die traurigsten sind. In dieser Beziehung sind zu hoch gespannte Anforderungen geradezu volksfeindlich.« Der »Volksfeind«, von dem Geheimrat Muthesius sprach, war der paragraphenwütige preußische Staat und seine verbildete Beamtenschaft.

Diese Warnung vor »zu hoch gespannten Anforderungen« trifft heute besonders die übertriebenen Forderungen an Breite, Tiefe und Höhe der Wohnräume und Treppen, die dem Berliner im Jahrhundert vor dem Krieg durch die schlechten staatlichen Bauordnungen angezüchtet wurden und die es ihm heute, obwohl die Bauordnung endlich verbessert wurde, unmöglich erscheinen lassen, sich mit ähnlichen Zimmergrößen zufriedenzugeben wie ein Holländer oder Engländer. Wenn man aus den anspruchslosen Wohnungen der Länder kommt, die im Weltkrieg als Neutrale oder Sieger weniger verloren als Deutschland, wirken die anspruchsvolleren deutschen Wohnungen geradezu aufreizend.

Die von Muthesius geschilderte eigenartige Form der Berliner Gartenvorstadt entwickelte sich am vollendetsten in der »Villenkolonie Grunewald«, von deren Ursprung im Zusammenhang mit dem Riesengeschäft beim Bau des Kurfürstendamms schon die Rede war. Der geschickte schottisch-deutsche Baumschulenbesitzer John Booth hatte 234 Hektar des Grunewaldes zu 1,20 Mark für den Quadratmeter erworben. Paul Voigt berichtet: »Der Selbstkostenpreis für den Quadratmeter nutzbaren Baulandes hatte sich, für die Kurfürstendamm-Gesellschaft, auf etwa 4 Mark (2 Mark für Grunderwerb, 2 Mark für *Meliorationen*) gestellt. Die Gesellschaft verkaufte ihrerseits den Quadratmeter anfänglich mit 8 Mark, später steigend, im allgemeinen mit 10 bis 17 Mark.« Dann kam die Entwicklung der Berliner »Mietvilla«, wie sie ähnlich auch in Nikolassee und anderen Berliner Vororten steht und die nur eine als Villa maskierte kleine Mietskaserne ist. Für Treppen und Aborte waren Lichtschachte von 4,75×5,30 m erlaubt. Bei derartiger Bodenausnutzung

konnten die Preise für den Quadratmeter in der »Villenkolonie« Grunewald auf 50 bis 70 Mark im Jahre 1910 steigen. Der Berliner Privatdozent Paul Voigt, der zu früh verstorbene Lieblingsschüler Gustav von Schmollers, hatte dieser Entwicklung eine besondere Studie gewidmet und schilderte im Jahre 1900 die Verhältnisse in der führenden Berliner Gartenvorstadt folgendermaßen:
»In der Kolonie Grunewald spekuliert jetzt beinahe alles: es gibt hier kaum eine populärere Erwerbstätigkeit. Wenn auch gelegentlich in den Salons der Grunewaldvillen die theoretische Frage nach der ethischen Berechtigung der *Terrainspekulation* aufgeworfen wird, so steht doch ihre praktische Bejahung längst außer Zweifel. Der *Terrain*besitz gilt als die solideste und einträglichste Sparkasse, der man seine Kapitalien zuführen kann. Angehörige aller Berufe haben eine größere oder kleinere Anzahl Baustellen zum Zweck gewinnreicher Wiederveräußerung erworben. Neben den erwerbs- und gewohnheitsmäßigen Spekulanten haben wir hier *Amateurspekulanten* in selten großer Zahl, die der *Terrainspekulation* im Grunewald ihr eigentümliches Gepräge verleihen. Neben verschiedenen Fabrikanten, Kaufleuten und Bankiers, einzelnen Handwerkern, zahlreichen Architekten und Ingenieuren, Maurern und Zimmermeistern finden wir hier Beamte der verschiedensten Rangklassen vom Wirklichen Geheimen Oberregierungsrat bis zum Postsekretär und Hauptkassenbuchhalter. Ärzte und Apotheker sind ebenso wie Schriftsteller und Gelehrte, Universitätsprofessoren und Gymnasiallehrer vertreten. Auch Künstler, Maler und Bildhauer, Sänger und Sängerinnen und Schauspieler fehlen nicht. Sogar einige Pfarrer haben es nicht verschmäht, sich durch den Besitz mehrerer Baustellen die Sorge für den andern Tag in wirkungsvoller Weise zu erleichtern.«
Die hohen Spekulationsgewinne der Pastoren und Geheimen Räte erklärten sich zu einem wesentlichen Teil aus der Steuerhinterziehung, die einem Berliner vor dem Krieg gesetzlich erlaubt war, wenn er seinen Wohnort in einem der reicheren Vororte und besonders, wenn er ihn in der »Kolonie« Grunewald wählte. Einer der Berichterstatter auf der Generalversammlung des Vereines für Sozialpolitik 1911 stellte fest, daß der Besitzer eines bestimmten Vermögens bei einem Umzug z. B. aus dem alten Berlin nach »Kolonie« Grunewald eine Villa im Wert von mehreren 100 000 Mark infolge der geringeren Steuern, die er in Zukunft zu zahlen hat, sozusagen *gratis* erwerben kann.
Es war kein Wunder, daß die Nachfrage nach Grundbesitz im Grunewald kaufkräftig war und daß die Bodenpreise in der Gartenvorstadt mietskasernenmäßig emporschnellen konnten. Kein Wunder auch, daß sich die Reichen der Vororte, welche die Steuern hinterzogen, nach Kräften gegen die Vereinigung mit Berlin wehrten, wo nach ihrer Ansicht augenscheinlich nur die Ärmeren wohnen sollten, welche die höheren Steuern zahlen mußten, damit den reichen Vororten die begehrten Vorteile Berlins ohne Teilnahme an den Lasten bequem zugänglich seien.

Bismarck als Berliner
und als Gegner unserer Hauszinssteuer

»Berlin ist mir behaglich durch Gewohnheit geworden.«
Bismarck, am 16. Juli 1894

Die tätige oder untätige Baupolitik großer Herrscher hinterläßt bleibende Spuren im steinernen Gesicht der Hauptstädte. Bismarck hat 28 Jahre lang geherrscht. Nachdem er die Schmollersche Unterstützung seiner Schutzzollpolitik ausgenutzt hatte, nahm er weder Anstoß noch Anteil, als Schmoller zum Kampf gegen die »größte Gefahr für unsere Kultur«, die Berliner Wohnungsnot, aufrief. Aber Bismarcks Sozialistengesetz bewirkte, wie bereits gezeigt, eine Schwächung der Baugenossenschaften und der wirtschaftlichen Selbsthilfe der Arbeiter. Bismarck hat einmal Deutschlands Mangel an Staatsmännern gerügt. Dazu hat er Deutschland eine Verfassung gegeben, die auf seine eigene Dauerbetätigung als Reichskanzler zugeschnitten war. Der von ihm gerügte Mangel an deutschen Staatsmännern und der entsprechende Mangel der deutschen Verfassung gestatteten es Bismarck nicht, gelegentlich aus der großen Politik auszuscheiden und die im englischen Staatsleben so oft bewährten Ferien zu nehmen, welche der politischen Gegenpartei erlauben, staatsmännische Talente zu entwickeln und zu zeigen, was sie besser und was sie schlechter machen kann.

Es ist eine reizvolle Frage, ob Bismarck, wenn er ähnlich wie Rosebery einmal die Verwaltung einer geeinten mächtigen Reichshauptstadt übernommen hätte, fähig gewesen wäre, sie vor dem sozialpolitischen und städtebautechnischen Durcheinander und vor der zersplitterten Kleinstädterei zu bewahren, in die Berlin immer schneller versank. Selbst nach seinem Sturz von 1890 war Bismarck noch kampflustig genug, daß er als politischer Leiter der Reichshauptstadt dort viel Versäumtes hätte nachholen und an der Spitze eines so machtvollen Gemeinwesens, wie die Hauptstadt es sein müßte, viel Schädliches für Stadt und Reich hätte verhindern können. In den Tagen nach seinem Sturz versicherte er immer wieder, »er fühle sich so gesund wie seit zehn Jahren nicht und habe sich darauf gefreut, dem Reichstag entgegenzutreten«.

Im Jahre 1872, in der Zeit höchster Berliner Wohnungsnot, hat Bismarck dem Oberbürgermeister Hobrecht bei seinem verständnisvollen Versuch großstädtischer Wohnungspolitik (durch Wiedereinführung der Erbpacht für Kleinwohnungen und durch Ausgestaltung des Verkehrswesens) nicht geholfen. Einige Jahre später aber ist es demselben Oberbürgermeister gelungen, Bismarck für die rechtzeitige Schaffung Groß-Berlins unter dem Namen »die Provinz Berlin« zu gewinnen. Die Notwendigkeit dazu war offenkundig. 1875 schied Berlin aus dem Kommunalverband der Provinz Brandenburg aus, und die neue Provinzialordnung versprach ein Gesetz für »die Bildung eines besonderen Kommunalverbandes aus der Haupt- und Residenzstadt Berlin und angrenzenden Gebieten«. Aber der Gesetzentwurf, den Bismarck dem Abgeordnetenhaus von 1877-78 vorlegen ließ, scheiterte an dem Widerstand der Konservativen. Da Bismarck damals gerade zur Schutzzollpolitik überging, wurden die Konservativen Regierungspartei und vermochten in diesem entscheidenden Augenblick die notwendige Entwicklung der Hauptstadt zu hintertreiben. Sie waren mächtig in den Landkreisen rings um das alte Klein-Berlin, dessen Vorteile und Bodenpreissteigerungen sie genießen wollten, ohne die damit verbundene Steuerpflicht zu teilen. Den Konservativen zuliebe mußte Bismarck seine Vorlage wieder zurückziehen. Bei einem Festmahl des gerade tagenden Teltower Kreistages wurde ein Spottlied gesungen, das ein Landrat verfaßt hatte und das mit den Worten begann: »Wer reitet so spät durch Nacht und Wind? Es ist Herr Hobrecht mit seinem Kind.« Es schloß mit dem Freudenruf: »Die Provinz Berlin war mausetot.«

Mit diesem Lied wurde die dringend notwendige Einigung Groß-Berlins auf vier Jahrzehnte begraben. Nach Bismarcks Sturz hat unter der dann folgenden, vorübergehend sozialeren Regierung noch einmal »der Herr Minister des Inneren der Angelegenheit wegen Einverleibung der Berliner Vorortsgemeinden in die Stadt Berlin näher zu treten beabsichtigt«. So hieß es in dem Erlaß des Oberpräsidenten von Achenbach an den Berliner Magistrat (9. September 1891). Aber die bürgerliche Verwaltung Berlins war damals auf einem solchen Tiefstand angelangt, daß sie diesen Vorschlag nur im Licht kleinlichster Augenblicksvorteile zu sehen vermochte. Nach langem Hin und Her zwischen Stadtverordneten und Magistrat und zwischen Staat und Stadt beharrte der Berliner Magistrat bei seiner Ansicht, »soweit das *Interesse* der bestehenden Stadtgemeinde in Betracht komme, erscheine eine Einverleibung größerer Gebiete überhaupt nicht geboten« (30. Januar 1896). Unterdessen hatte auch die Regierung die sozialen Anwandlungen der ersten Herrscherjahre Wilhelms II. überwunden. Sie sah künftig in jeder Stärkung Berlins eine politische Gefahr. Der Berliner Verwaltungsbericht (veröffentlicht 1904) konnte deshalb berichten: »Die weit ausschauenden Verhandlungen über die Eingemeindung der angrenzenden Vororte ... sind trotz des ungewöhnlich großen Aufwandes von Zeit und Arbeit gewissermaßen im Sande verlaufen ... Rixdorf und Schöneberg erlangten schließlich die schon seit einer Reihe von Jahren begehrten Stadtrechte, und nur beiläufig ... erfuhr man durch den Herrn Justizminister, daß der Plan einer Eingemeindung der Vororte nach Berlin endgültig aufgegeben sei.« Künftig wurden von der Regierung die Vorortgemeinden gegenüber der Stadt Berlin gestärkt und damit das Verwaltungsdurcheinander in Groß-Berlin systematisch vermehrt. Schon unter den Augen Bismarcks hatte sich Berlins Verwaltung in das Durcheinander aufgelöst, »dem gegenüber« nach dem behutsamen Ausspruch des späteren Berliner Oberbürgermeisters Kirschner »die Verhältnisse des seligen Römischen Reiches Deutscher Nation einfach und geregelt waren«. Bismarck hat kaum bemerkt, welche großen Schwierigkeiten hier gegen jeden Versuch pflichtgemäßer Wohnungspolitik künstlich aufgebaut wurden. Er scheint diese Schwierigkeiten nur aus dem Gesichtswinkel der Parteipolitik, seiner Zollpolitik und — so erstaunlich es klingen mag — seiner privaten Steuerrechnungen betrachtet zu haben.

Es wurde bereits geschildert (vgl. oben S. 247), daß Bismarck den großen Verkehrsproblemen der Stadt Berlin mit »kavalleristischen« Erinnerungen aus Paris gegenübertrat und damit noch wesentlich praktischer dachte als der Berliner Polizeipräsident und die Berliner Magistrate, die zur planmäßigen Lösung dieser Schwierigkeiten berufen waren, sie aber rücksichtslos vergrößerten und mit ihren Bebauungsplänen keine Rücksicht aufeinander oder auf die einfachsten Forderungen des Durchgangsverkehrs nahmen, von Park-, Spielplatz- und Freiflächen- oder gar Wohnungspolitik ganz zu schweigen.
Der schottisch-deutsche Baumschulenbesitzer John Booth, der bereits als der Erbauer des Kurfürstendamms und als der Unternehmer der »Villenkolonie« Grunewald geschildert wurde, war oft bei Bismarck zu Gast. Aus Booths ausführlichen Aufzeichnungen erfährt man, daß Bismarck am 19. März 1881 mit dem endlichen Fortschreiten des Kurfürstendammplanes zufrieden und »sehr aufgeräumt« war. »Die endliche Realisierung seiner vor acht Jahren in dem Gutachten vom 5. Februar 1873 ausgesprochenen Ideen war ihm willkommen.«
Aber es mußten noch große Schwierigkeiten überwunden werden. Zweieinhalb Jahre später schrieb Booth in sein Tagebuch: »Der Fürst erkundigte sich nach dem Kurfürstendamm, ›ça marche?‹ Ich betonte die Schwierigkeiten, die mir der Dezernent der Potsdamer Regierung bereitete. ›Wissen Sie zufällig seinen Namen?‹ Ich nannte den Regierungsrat... ›Wie kann man von dem Träger dieses Namens etwas anderes erwarten?‹ sagte der Fürst und schloß daran einige Betrachtungen über die Schwierigkeiten, die er mit einzelnen Ministern gehabt habe.« Bei einer ähnlichen Gelegenheit erklärte Bismarck: »Bei uns wird es überhaupt nicht eher besser, bis nicht alle Geheimräte mit Stumpf und Stiel ausgerottet sind« (3. April 1879); oder: »Gewisse Minister sind ja doch nichts anderes und nichts besseres als Assessoren; sie glauben ihre Pflicht zu erfüllen und zu regieren, wenn sie jedem Aktenstück einen Zettel mit Nummer aufkleben« (26. Januar 1879).
Auch vier Jahre später war der Bau des Kurfürstendamms noch nicht beendet und aus der Villenkolonie Grunewald noch nichts geworden. Am 7. März 1887 besichtigte Bismarck die Arbeiten auf dem Kurfürstendamm. Booths Tagebuch berichtet: »Der Fürst erkundigte sich auf dem Weg nach Wilmersdorf nach der Entwicklung der Grunewaldkolonie, worauf ich ihm erwiderte, daß die politischen Störungen einen Pessimismus an der Börse hervorgerufen hätten und daß man noch nicht den Mut habe, das Optionsrecht auf das fiskalische Terrain auszuüben. Auf die Bemerkung Bismarcks: ›Bei Frankreich hängt alles davon ab, was Boulanger macht‹, erwiderte ich, daß man an der Börse namentlich über Rußlands Haltung besorgt sei, worauf der Fürst mit Sicherheit sagte: ›Nein, es droht nur von Frankreich, von Rußland haben wir nichts zu fürchten.‹ Der Fürst wollte augenscheinlich die Bedenken der Finanziers über die Opportunität eines aktiven Vorgehens in Sachen der Grunewaldkolonie beseitigen.«
Nachdem der Dreißigjährige und der Siebenjährige Krieg, die Napoleonischen Kriege und der Deutsch-Französische Krieg die Entwicklung Berlins schwer geschädigt hatten, scheint Bismarck endlich beschlossen zu haben, der Villenkolonie Grunewald zuliebe für Frieden zu sorgen, eine Aufmerksamkeit, welcher der Städtebau

aller Länder in Zukunft in steigendem Maße bedarf. Vom 21. November 1887 berichtete John Booth aus Friedrichsruh: »Eine der ersten Fragen des Reichskanzlers war: ›Wie steht es mit dem Kurfürstendamm?‹ Ich erwiderte, daß unter der Leitung des Geheimrats Delbrück ein Konsortium in Bildung begriffen wäre und daß ich mit Bestimmtheit hoffe, die Sache käme zustande, um endlich aus den Händen des Fiskus herauszukommen. Nun sei aber durch die bedrohlichen Zustände an der russisch-österreichischen Grenze allen Interessenten angst geworden. Darauf sagte der Reichskanzler, dem es entschieden darauf ankam, die Bedenken bei mir und meinen Freunden zu zerstören, damit endlich der Kurfürstendamm in der Inangriffnahme des Grunewalds seinen Abschluß erhielte: ›Die Russen machen dort keinen Krieg — dafür komme ich auf‹, und bekräftigte diesen letzten Satz mit einem leisen Schlag auf den Tisch.«

Auch von Bismarcks letztem Besuch im Grunewald weiß John Booth zu berichten: »Am 25. März 1890 hatte ich das Glück, den eben aus seinen Ämtern geschiedenen Fürsten Bismarck bei dem letzten Besuch zu sprechen, den er dem Grunewald machte. Als der Altreichskanzler meiner ansichtig wurde, blieb er stehen und reichte mir die Hand. Darauf bemerkte der Fürst, zu der ihn begleitenden Dame gewendet: ›Hier kann ich Ihnen, gnädigste Frau Gräfin, den berufensten Zeugen meiner Tätigkeit im Grunewald vorstellen‹, worauf ich erwiderte: ›Was wäre wohl aus der Sache geworden, wenn Eure Durchlaucht nicht Ihre schützende Hand darüber gehalten hätten.‹ Der Fürst wollte dies aber in seiner Bescheidenheit nicht gelten lassen, und die Hand an die Mütze legend bemerkte er mit einer gewissen feierlichen Miene: ›Ich habe nur den Willen meines hohen Herrn ausgeführt.‹«

Schade, daß der »Wille seines hohen Herrn« die Aufmerksamkeit Bismarcks weniger auf die Arbeiterwohnviertel als auf die Villenkolonie Grunewald gelenkt hat. Bismarcks Haltung gegenüber der Wohnungsfrage des kleinen Mannes wird nicht angenehm beleuchtet durch eine Äußerung, die er am 4. Februar 1881 im preußischen Landtag tat, als er sich darüber ärgerte, daß die Erhöhung der Gebäudesteuer auch seine eigenen Güter betroffen hatte. Mit etwas eigentümlicher Logik erklärte Bismarck: »Wir Landwirte sollten ja eigentlich für landwirtschaftliche Gebäude keine Gebäudesteuer zahlen... Ja, die Wohnungen der Eigentümer — der Mann muß doch, wenn er sein Gut bewirtschaften will, ein Unterkommen haben —, das ist keine landwirtschaftliche Einrichtung, sondern wird behandelt wie ein Luxushaus in Berlin. Infolgedessen habe ich erlebt bei mir aus eigenster Erfahrung, daß meine Tagelöhnerhäuser, deren ich mehrere Hunderte besitze, plötzlich soundso viel mehr Miete bringen sollen, und da habe ich in ironischer Selbstbetrachtung als Minister erlebt, daß dieselben verfallenen Hütten mit denselben Strohdächern und ohne daß seit der letzten Einschätzung ich einen Dachsplitt gerührt habe, auch keine Fensterscheiben erneuert sind, plötzlich wegen des ›höheren‹ Wertes um den befohlenen Prozentsatz erhöht wurden.«

Sicher war Bismarck, gemessen an den Erwerbsmöglichkeiten, die einem Mann von seiner erstaunlichen Tatkraft offenstehen, ein sehr armer Mann. Immerhin durfte er in derselben Rede versichern: »Ich bin durch die Gnade des Königs so reich geworden, daß ich kleine Steuervorteile nicht nötig habe.« Jedenfalls erklärt Bismarcks

Armut nicht seine jahrelange Versäumnis, die »verfallenen Hütten seiner Tagelöhner« auszubessern. Diese Versäumnis läßt vielmehr auf eine Geistesverfassung schließen, die stark an Treitschkes vorhin geschilderte politische Blindheit erinnert. Diese eigentümliche Blindheit machte es Bismarck auch unverständlich, warum seine Tagelöhner zusammen mit Hunderttausenden von ostelbischen Leidensgenossen nach Berlin flohen, wo nach Bismarcks Anschauung die Leiden der Arbeiter noch größer waren als auf dem Lande.
Im Reichstag erzählte Bismarck am 18. Mai 1889: »Ich habe Leute, welche, zuerst durch das Militärverhältnis veranlaßt, vorzogen, in dem Ort, wo sie gedient hatten, in Berlin, zu bleiben, und mir nachher mit starken Krankenhausrechnungen nach Hause kamen; und das zum zweiten Male. Da habe ich gefragt: Was ist denn das, was euch in Berlin so anzieht? Wohnung, Behandlung, alles ist kaum so gut wie zu Hause. Schließlich habe ich ausfindig gemacht: das einzige, was mir die Leute mit einem gewissen Erröten als durchschlagenden Grund sagten: Ja, so einen Ort, wo im Freien Musik ist und man im Freien sitzen und Bier trinken kann, ja den hat man in Varzin doch nicht.« Dieselbe Geschichte hatte Bismarck schon 1878 und 1879 im Reichstag erzählt.
Verständnisvoller als Bismarck hat Max Liebermann die Wohnungsnot des kleinen Mannes beurteilt. Er hörte einmal die oben angeführten Worte Schmollers über die großstädtische Wohnungsbarbarei: »Nur weil ein großer Teil dieser Armen bis jetzt einen Schatz guter Sitte, kirchlicher Überlieferung, anständiger Empfindungen aus früherer Zeit mit in diese Höhlen gebracht hat, ist das Äußerste noch nicht geschehen.« Max Liebermann antwortete: »Die Berliner Verhältnisse mögen schlimm sein, aber auf dem Lande sind sie oft noch schlimmer.« Er wollte nicht wie Bismarck daran glauben, die Bauern seien ganz unpraktisch und kämen nach Berlin nur, um dort »mit einem gewissen Erröten... im Freien Musik zu hören und Bier zu trinken«. Es sieht so aus, als wäre auf Bismarck der Vorwurf zutreffend gewesen, den er selbst 1883 (12. Februar) einem politischen Gegner machte: »Das zeigt nur, wie die reichen landwirtschaftlichen Erfahrungen, die der Herr ohne Zweifel früher... gesammelt hat, in dieser Wüste von Mauersteinen und Pflastersteinen und Zeitungen in Berlin vollständig verlorengegangen sind (Heiterkeit rechts). Er hat es vergessen, wie es auf dem Lande aussieht.«
Sogar wenn Bismarck zum Verteidiger des armen Mannes gegen die Wohnungsnot wurde, scheinen ihn vor allem tagespolitische oder gar persönliche Gründe geleitet zu haben. Im Reichstag erhob er am 2. April 1881 den Vorwurf: »Da hat man sich um den armen Mann gerissen wie um die Leiche des Patroklus (Heiterkeit). Herr Lasker hat ihn an dem einen Ende gefaßt, ich versuchte ihn ihm nach Möglichkeit zu entreißen.« Dieser Vorwurf der Popularitätshascherei traf am meisten Bismarck selbst. Aber Bismarcks schlagfertige Verteidigung des »armen Mannes« gegen die Berliner Wohnungsnot hat heute wieder großen Gegenwartswert. Nicht deshalb, weil sie Bismarck in seinen persönlichen Steuerangelegenheiten kleinlich erscheinen läßt — er wehrte sich lange und erbittert dagegen, Mietzinssteuer an die Stadt Berlin zahlen zu müssen —, sondern weil er schonungslos aufdeckte, welche Ungerechtigkeit die Mietsteuer für kleine Einkommen bedeutet.

Heute spielt die Miet- oder Hauszinssteuer, die der damaligen Mietsteuer nahe verwandt ist, eine große Rolle in Berlin und im ganzen Reich. In den Jahren 1926 und 1927 wurden in Berlin 300 und 338 Millionen Mark mittels Mietzinssteuer aufgebracht, wovon Berlin mehr als die Hälfte an den Staat abführte. Von diesem rasch wachsenden Steueraufkommen leistete jeder Berliner durchschnittlich beinahe hundert Mark. Es ist wichtig zu wissen, was Deutschlands größter Staatsmann über diese Steuer gedacht hat zu einer Zeit, in der sie noch sehr viel niedriger war als heute und jeden Kopf nur mit zehn Mark belastete.

Am 4. März 1881 erklärte Bismarck im Reichstag: »Meines Erachtens muß jeder politische Minister dahin wirken, daß die Mietsteuer überhaupt ganz abgeschafft werde. Die Mietsteuer ist eine der unvollkommensten, drückendsten, nach unten hin wachsende, sogenannte *degressive* Steuer, eine der unbilligsten, die überhaupt gefunden werden kann. Der Berliner Magistrat hat selbst erklärt: ›Der Hauptvorwurf der Mietsteuer ist aus ihrer Unverhältnismäßigkeit zur Höhe des Einkommens herzuleiten.‹ Nichtsdestoweniger aber erhebt er nach dieser Steuer 48 Prozent, also nahezu die Hälfte seiner gesamten städtischen Besteuerung ... Ich halte diese Steuer um so mehr für reformbedürftig, als sie, wie ich schon erwähnte, den Armen ganz unverhältnismäßig höher trifft als den Reichen, und unter den Armen den Kinderreichen wieder höher als den Kinderlosen ... Die Stadt Berlin erhob 1876 an Mietsteuer beinahe 10 Millionen Mark; sie hatte damals Einwohner nicht ganz 1 Million, man kann also sagen, sie nahm etwas über 10 Mark auf den Kopf.«

Bismarck urteilte also genau wie die heutigen Kritiker der Hauszinssteuer, die gegenwärtig als ungerechte schwere Last nicht nur auf Berlin, wie zu Bismarcks Zeit, sondern auf dem ganzen deutschen Volke lastet. Als Oberregierungsrat Arnold Hoppe seine empfehlenswerte Schrift »Was soll aus der Hauszinssteuer (Aufwertungssteuer) werden?« veröffentlichte (1927), hätte er erwähnen können, daß — ganz ähnlich wie er oder schärfer — auch Bismarck diese Steuer verurteilt hat. Hoppe schrieb: »Wird der allgemeine Finanzbedarf nach dem Maßstab der Miete auf die Besteuerten umgelegt, so wird die minderbemittelte Bevölkerung, bei der von jeher die Miete einen größeren Anteil des Einkommens in Anspruch genommen hat als bei den wirtschaftlich günstiger Gestellten, vergleichsweise höher belastet, die kinderreiche Familie stärker für den allgemeinen Finanzbedarf herangezogen als die kinderlose, der Verheiratete höher besteuert als der Junggeselle. In der gegenwärtigen Gestalt darf die Aufwertungssteuer (Hauszinssteuer) keinesfalls für die Dauer in das deutsche Finanzsystem aufgenommen werden.«

Bismarck war derselben Meinung. Am 4. März 1881 erklärte er: »Es ist meines Erachtens eine der dringendsten Aufgaben der preußischen Regierung, mit allen Mitteln dahin zu wirken, daß dieser reformbedürftige Zustand in der Hauptstadt des Deutschen Reiches aufhöre, und ich glaube, sie wird damit auch wesentlich zur Befriedigung namentlich der großen Massen armer und mitunter erwerbsloser Leute beitragen, wenn sie diese bis in das Kleinste hinein treffende Steuer beseitigt. Der Schlafbursche muß seine Mietsteuer zahlen, nur ist der Hauptmieter, dessen Aftermieter er ist, genötigt, sie auszulegen ... Also der Mann, der nichts weiter hat als die Schlafstelle, die er mietet, ... wird in Berlin, wenn er überhaupt ein Unterkommen haben will, zu dieser Steuer herangezogen; denn natürlich wird sie auf die Miete aufgeschlagen... Wenn der Herr Vorredner ferner zugunsten der Mietsteuer angeführt hat, sie bestände seit 1815, ja, dann ist man ganz erschreckt, daß diese ungeheure Summe von Ungerechtigkeit, die darin liegt, schon so lange dauert, und über die Geduld des ärmeren Volkes... Wenn das der Berliner seit 1815 ganz ruhig ertragen und nie eine Forderung gestellt hat, so muß ich annehmen, daß die Herren Stadtverordneten mit ganz anderen Fragen als den wirtschaftlichen Fragen ihrer Stadt beschäftigt gewesen sind und sich um das finanzielle Wohl der Einwohner der Stadt sehr wenig bekümmert haben seit 1815... Ich muß überhaupt bei dieser Gelegenheit bemerken — und da wir genötigt sind, hier in Berlin zu tagen und zu wohnen, so ist die Bemerkung auch nicht unberechtigt —, daß mir das Finanzsystem dieser Stadt, die wir zu bewohnen gezwungen sind, im allerhöchsten Grade reformbedürftig erscheint und den Aufgaben, die einer so großen Verwaltung gestellt werden müssen, in keiner Weise entspricht... Es muß also, was früher der reiche Fremde zahlte, jetzt der arme Mann in Berlin und der kleine Beamte mit kümmerlichem Gehalt im Wege der Mietsteuer zum großen Teil aufbringen, lediglich wegen des Mangels an Geschick und Umsicht und des Mangels an Aufsicht seitens der Regierung über eine für das Gesamtwohl des Staates so erstaunlich wichtige Verwaltung, wie die finanzielle Verwaltung von Berlin ist... Ich möchte Sie auch bitten, mit Rücksicht auf den ärmeren Teil Ihrer Bevölkerung die Bestrebungen zu unterstützen, von denen die Reichsregierung im Bunde mit der preußischen geleitet ist, aus den Staats*revenuen* abgeben zu können an die Gemeinden, um ihnen tragen zu helfen einen großen Teil der Lasten, die ihrem Ursprung nach Staatslasten sind, die der Staat *per fas et nefas* auf die Gemeinden abgewälzt hat und für deren Leistung der Staat wenigstens die moralische Verpflichtung hat, erhebliche Zuschüsse zu machen.«

Bismarck war »erschreckt, daß diese ungeheure Summe von Ungerechtigkeit schon so lange dauert, und über die Geduld des ärmeren Volkes«. Es kann seinen Wünschen nur entsprechen, daß die Ursache seines Erschreckens, »die Geduld des ärmeren Volkes«, allmählich beseitigt wird.

Schade, daß Bismarcks überzeugende Ausführungen einen Teil seiner fast unglaublich langatmigen Verteidigung gegen seine persönliche Mietsteuerpflicht im Betrage von 746 Mark darstellen. Er hielt seine Rede vom 4. März 1881 nach eigenem Zugeständnis im eigentlichen Sinne des Wortes »*pro domo*«, d. h. für die Befreiung seines eigenen Hauses von der Mietsteuer. Sie gipfelte in den Worten: »Meine Überzeugung ist so unumstößlich fest, daß ich, solange ich lebe, ein Gegner der Mietsteuern bin und auf eine Reform der Berliner Stadtfinanzen dringen werde und auf den Schutz der Reichsbeamten auch nur vor der Vermutung einer Willkür.« Am 29. April 1881 machte er aufs neue in langer Rede seinem Groll darüber Luft, daß der Mietwert seiner Wohnung »von 15 000 auf 21 000 Mark heraufgeschoben wurde«. Sein redegewaltiger Gegner Richter hatte erklärt: »Was die Wohnung des Herrn Reichskanzlers betrifft..., so kann es ja allerdings auffallend erscheinen, daß hier gegenübersteht eine Mietwohnung im Wert von 20 000 Mark gegenüber einem Einkommen von 36 000 Mark Ministergehalt; aber ist der Reichs-

kanzler wirklich einem Minister gleichzustellen? Nein!... Er hat mit Rücksicht auf ein Einkommen, das sich auf eine Viertelmillion Mark jährlich beläuft, nicht die *Initiative* dazu ergriffen oder Veranlassung dazu gegeben, sein Gehalt von 12 000 Talern zu erhöhen. Lägen nicht diese besonderen Verhältnisse vor, so würde man unzweifelhaft ein ganz anderes Gehalt für den Herrn Reichskanzler im Etat festsetzen müssen.«
Bismarcks erbitterte Antwort hat den Reiz unfreiwilliger Komik und gibt politisch unzufriedenen Leuten mit einer Viertelmillion Mark jährlichem Einkommen wertvolle Winke, wie sie, wenigstens für Steuerzwecke, mit einer Siebenzimmerwohnung auskommen können. Bismarck erklärte: »Ich mag nicht in den Händen meiner Gegner sein; dieses Gefühl verdirbt mir jedes Gefallen an und jedes Behagen in meiner Stellung, wenn ich mich für irgend etwas in den Händen meiner politischen Gegner finde, die bei mir Haussuchung halten können in Begleitung meiner Dienerschaft, während meiner Abwesenheit meine Sachen *perlustrieren*, sich dann ein Bild zu machen, als hätte ich 30 Privatzimmer, während ich das, was ich für meinen Privatgebrauch benutze, neulich wie auch heute auf 7 Zimmer angebe, und vielleicht noch einige leere, die ich nach Belieben ab und zu benutze, um Gäste unterzubringen... Ich bewohne viel weniger als ein Viertel des Hauses, welches so verbaut ist, daß die Treppen einen sehr unbilligen Raum einnehmen. Die Flügel sind eine nur einfache Kette schmaler Zimmer.« (vgl. Seite 100) ... »Aber allerdings, ich habe vielleicht in dem Haus über 20 Dienerschaftszimmer vorgefunden, von denen stehen noch fünf bis sechs leer. Ich habe meistens verheiratete Leute, und gerade diese leeren Räume sind für die Leute die Verführung gewesen, zu heiraten, was für mich neue Belästigungen mit sich bringt (Heiterkeit). Aber ich habe nicht daran gedacht, diese Wohnungen dabei mitzurechnen, wenn ich sage, so viel habe ich zu meinem Privatgebrauch, und ich hätte jedenfalls eine viel weniger zahlreiche Dienerschaft, wie sie durch das Bewohnen eines so großen Hauses bedingt wird. Ich bin genötigt dieses anzuführen, sonst klingt es so, wenn man die wohlwollende Darstellung des Abgeordneten Richter gehört hat, als hätte ich über Sachen, die ich wissen muß, Falsches angeführt... Ich bitte also dringend, ändern Sie das Prinzip dieser Einrichtung, und ändern Sie das Prinzip dahin, daß das Gehalt die Grundlage der Besteuerung der Miete ist.«
Gemäß der preußischen Verfassung war die Stadt Berlin von den »fortschrittlichen« Besitzern der Mietskasernen beherrscht. Bismarck nannte sie den »Ring«. Sie verharrten bei ihrer rückständigen Mietsteuer. Der Berliner Oberbürgermeister verteidigte Berlin gegen Bismarcks »Vergleich der Berliner Stadtverwaltung mit dem berüchtigten New Yorker Verbrecherring« und erklärte wohl mit Recht, die Berliner »Mietsteuer wäre trotz ihrer Mängel noch lange nicht so schlecht wie die Zölle auf Lebensmittel und die Schlacht- und Mahlsteuer«, die Bismarck, der damals Schutzzöllner geworden war, als Allheilmittel predigte. Zur Rechtfertigung des anstößigen Wortes »Ring« machte Bismarck dem Oberbürgermeister den Vorwurf, den seitdem jeder Berliner Oberbürgermeister und neuerdings besonders Dr. Böß wieder zu hören bekam: »Ich halte den Herrn Oberbürgermeister nicht für so einflußreich in der Stadt Berlin, daß man ihn dafür verantwortlich machen

könnte, ich glaube, daß auch er gegen den bestehenden Ring in keiner Weise aufkommen kann.«
Gleichsam als Rache dafür, daß die Stadt Berlin ihn Mietsteuer zahlen ließ, drohte Bismarck wiederholt mit »der Verlegung der Reichsregierung, vielleicht auch der preußischen, nach einem andern Orte wie Berlin ... Die politischen Nachteile«, so fuhr Bismarck fort, »die mit den Tagungen verknüpft sind, bestehen nicht bloß in der äußerlichen Gefährdung der höchsten Behörden und des Reichstages, sondern noch mehr in dem Einfluß, welchen das Tagen an einem Ort von mehr als einer Million Bevölkerung, schließlich durch die Bequemlichkeit, hier zu wohnen, auf die Wahlen, also auf die Zusammensetzung des Reichstages übt, welche aufhört, die Zusammensetzung des Volkes richtig wiederzugeben ... wir haben jetzt zu viel Berliner im Reichstag.« (29. April 1881)
Damals schrieb die »Deutsche Rundschau« (Bd. 17, S. 457): »Unter allen seltsamen Projekten des Fürsten Bismarck aus der letzten Zeit ist das neueste und seltsamste zumal sicherlich der Plan, Reichsregierung und Reichstag aus Berlin zu verlegen. Wie unendlich ist die Gewalt dieses einzigen Mannes geworden, wenn er vermag, das an und für sich fast Unglaubliche der öffentlichen Meinung insoweit aufzuzwingen, daß sie, ob auch kopfschüttelnd, zweifelnd, spottend, es zur allgemeinen Diskussion stellen und, so oder so, sich mit ihm abfinden muß.«
Indessen, die öffentliche Meinung hatte sich doch mit jenem Gedanken nur kurze Zeit zu beschäftigen. Denn schon im November desselben Jahres 1881 erhielt der neugewählte Reichstag den Antrag der Reichsregierung, die Errichtung des Reichstagsgebäudes auf dem Königsplatz zu beschließen. Schon 1882 ging der Frankfurter Architekt Paul Wallot als erster Preisträger aus dem Wettbewerb um den Plan eines Reichstagsgebäudes hervor. 1884 wurde mit der Ausführung begonnen. Der Bau, obgleich er erst 1894 vollendet und eingeweiht wurde, gehört also noch ganz unter die Herrschaft Bismarcks und ist ein genauer Ausdruck seiner Macht- und Kulturpolitik. Das darf nicht vergessen werden, wenn Wallots Reichstagsgebäude als der eigentliche Anfang der wilhelminischen Baukunst gerühmt oder getadelt wird und wenn man sich der treffenden Kritik erinnert, die darüber einmal der konservative alte Stadtbaurat Ludwig Hoffmann, also kein Modernist, aber ein Künstler von Rang, gefällt hat. Hoffmann äußerte sich folgendermaßen über Wallots gepriesenes Werk: »Eigentlich ist alles falsch daran, alle Maßstäbe sind verkehrt. Wallot war ein vorzüglicher Zeichner; aber er ging beim Entwurf nicht von der Gesamtkomposition aus, die vor Beginn des Fassadenzeichnens im Geist des Künstlers vorhanden sein muß. Wallot ging vielmehr von der Zeichnung aus und ließ sich von ihren Reizen vergewaltigen. Sein ganzer Bau ist überdeckt mit gezeichneten Einzelheiten, die maßstäblich nicht zueinander passen. Das Ergebnis wirkt wie ein Leichenwagen erster Klasse.«
Bismarck war keineswegs blind für die Wertlosigkeit der Kunst, die auf den Mistbeeten seines Milliardensegens und der Berliner Bodenspekulation besonders üppig emporblühte. Ihre Schwächen erkannte er besonders klar im Ärger über den verhaßten Berliner Steuereinnehmer. Schon 1849 (18. Oktober) hatte er den Berlinern ihre »Vorliebe für oberflächliche und unsolide Eleganz« vorgeworfen. In seiner

großen Steuerrede vom 4. März 1881 wetterte er über das Fassadenunwesen der Berliner Häuser. Gleichviel ob diese Blitze seinem eigenen Geist entzuckten oder ihm von einem geistvollen Mitarbeiter geliefert wurden (wer könnte es gewesen sein?), diese Blitze trafen und treffen bis in unsere Zeit. Es ist zu bedauern, daß die Berliner Architekten der folgenden vierzig Jahre sich Bismarcks Winke nicht sehr viel mehr zu Herzen genommen haben. Was er zu sagen hatte, klingt wie eine Brandmarkung der gesamten wilhelminischen Baukunst, ihrer öffentlichen Bauten und besonders der anspruchsvollen Aufmachung der Berliner Mietskasernen. Was Bismarck sagte, trifft leider noch heute zu, solange sich Berliner Bauherren durch vertikale oder horizontale Fassadenmoden terrorisieren lassen.

Bismarck knüpfte an die Worte seines Vorredners an, der gesagt hatte: »In der Regel wird das öffentliche Gebäude nicht, wie es sein müßte, von innen heraus, sondern von außen herein konstruiert, d. h. es wird eine Fassade entworfen, die sich möglichst geltend zu machen sucht, und nach dieser Fassade muß der Mann, welcher innen wohnt, sich so gut, als es eben gehen will, richten.« Bismarck sagte: »Mit dem Wort ›Fassade‹ traf der Herr Vorredner gerade den richtigen Punkt; es wird hier, wie er sagt, von außen hinein gebaut auf das Aussehen. Und nächst der Fassade ist es die kolossale Treppe, lebensgefährlich und ohne Geländer; ich erinnere nur an das Bankgebäude, an das Auswärtige Amt, wo die Treppe einen kolossal großen Raum einnimmt und den Wohnraum außerordentlich einschränkt. Das dritte Erfordernis für Baubeamte sind die Prunksäle, die für Vermögen und Gehälter berechnet sind, die wir bei uns gar nicht haben, Säle, die im Gebäude einen großen Teil der häuslichen Bequemlichkeit und des Bureauraumes wegnehmen. Ich erinnere namentlich an das Gebäude in der Voßstraße für das Reichsjustizamt und an unser jetziges Handelsministerium. Ja, die Säle, die da sind, sind ohne jedes *Judicium* in bezug auf die Gehaltbeirätigkeit der Bewohner angelegt, sie stehen leer, und der Nutznießer ist in Verlegenheit, wie er sie möblieren und benutzen soll, er gibt sie zu Wohltätigkeitsausstellungen her; deshalb werden sie aber doch nach ihrem objektiven Wert zur Mietsteuer angesetzt; ob er diese riesigen Korridore und Prunksäle benutzen kann, danach wird von seiten der Stadtbehörde nicht gefragt. Wieviel nutzloser, wieviel toter Raum in dem Haus ist, das wissen die Herren nicht, sie kommen ja nicht in die Häuser hinein, wenn sie taxieren.« So war Bismarck wieder bei seinem Thema, daß er zu viel Mietsteuer zahlen müsse, gelandet.

Nachdem Wilhelm II. dem eisernen Kanzler verspätete Gelegenheit gegeben hatte, von den Berliner Streitigkeiten Ferien zu nehmen, wurde Bismarcks Herz milder für Berlin gestimmt.

Am 29. März 1894 erzählte Bismarck seinen rheinländischen Gästen sehr behaglich aus der alten Zeit: »1847 bei dem vereinigten Landtag und später bei größerer Leichtigkeit des Verkehrs kamen mehr Rheinländer als früher nach Osten und sahen mit einem gewissen Erstaunen, daß wir so wild und unzivilisiert nicht waren, wie man ihnen zu Hause erzählt hatte... Ich erinnere mich, daß ich mit einem Abgeordneten aus dem Trierschen Lande, einem alten, würdigen Herrn, auf das Schloßdach in Berlin gestiegen war, von wo wir Aussicht auf die im Bau begriffe-

nen Werderschen Mühlen hatten, die im alten Burgstil, wie er damals vom König gepflegt wurde, aufgeführt wurden. ›Das wird nun auch wieder so ein Zwing-Uri‹, sagte mein Begleiter. — ›Wieso?‹ — ›Ja, sehen Sie nicht: Bastionen, Türme, Laufbrücken, doch natürlich, um Kanonen oben aufzupflanzen und Verteidigung gegen Volksaufstände vorzubereiten.‹ — ›Aber das sind ja Mühlen, und der König baut rein künstlerisch nach diesem Stil.‹ Er blieb dabei, es sei ein Zwing-Uri.«
Es sieht nicht so aus, als ob Bismarck für den lächerlichen »Burgstil« Friedrich Wilhelms IV. und Schinkels denselben Spott gehabt hätte, mit dem er in seiner Reichstagsrede von 1881 den ebenso lächerlichen Palaststil der »Gründerjahre« traf. Noch weniger scheinen ihn die verdienten Gewissensbisse bei der Erinnerung an das spätere Schicksal der »Burgstil«-Mühlen und des Mühlendamms geplagt zu haben. Diese Mühlen auf der ältesten Übergangsstelle über die Spree standen auf dem Stück Berliner Boden, das recht eigentlich als der Ausgangspunkt der gesamten Berliner Entwicklung bezeichnet werden kann. Die Bauten auf dieser geschichtlich bedeutsamen Stelle versperren den Blick flußaufwärts und -abwärts. Die Spree gibt große Möglichkeiten zur Verschönerung Berlins, die noch längst nicht genügend ausgenützt sind. Durch eine unverzeihliche Spekulation hat die preußische Regierung unter Bismarck diese Verschönerung verhindert. Die Spree ist bis heute ein Aschenbrödel geblieben, aus dem endlich ein Retter die Königin Berlins machen wird. Bismarck ist dieser Retter nicht geworden. Auch die für das Jahr 1930 geplante Neuordnung der Berliner Schleusen scheint den innerstädtischen Dampferverkehr, der eine der großen Annehmlichkeiten von Paris war, nicht ermöglichen zu sollen.
An dem Schicksal der abbruchreifen »Burgstil«-Mühlen Friedrich Wilhelms IV. übte der scharfblickende August Orth im Jahre 1873 treffend Kritik, die auch den damals mächtigen Bismarck traf. Orth schrieb: »Besonders nachteilig für die Entwicklung Berlins ist der großenteils planlos erfolgende Verkauf fiskalischer Grundstücke, der eine einheitliche Regulierung und Reorganisation der Stadt fortwährend mehr erschwert und fortwährend die Kosten derselben steigert. So sind neuerdings wieder die Königlichen Mühlen am Mühlendamm in Privatbesitz übergegangen, und doch würden beide auf eine Regulierung der Stadt von großem Einfluß sein können. Dieselben hätten nie in Privatbesitz übergehen dürfen, sind außerdem für eine Straßenregulierung an dieser Stelle unentbehrlich. Es läßt sich die Notwendigkeit der Wiedererwerbung im Interesse der Spreeregulierung voraussehen... Der Staat hat durch seine Gesetzgebung so lange die Entwicklung großer Städte zurückgehalten, daß er dieselbe auf diese Weise für Berlin nicht hätte schädigen sollen.«

Die Stadt hatte im Vertrauen auf die Unveräußerlichkeit dieses staatlichen Grundstücks über einem öffentlichen Wasserlauf den Ankauf abgelehnt. Sie mußte es zu hohen Preisen von privaten Spekulanten zurückerwerben, die genauso gut wie der Staat gewußt hatten, daß das Grundstück für die Spreeregulierung unentbehrlich war. Diese im Durcheinander der staatlichen und städtischen Verwaltungen Berlins ebenso häufige wie schädliche Posse hatte ein tragikomisches Nachspiel. Durch den hohen Preis, den die Stadt für das kritische Grundstück auf dem Mühlendamm gezahlt hatte, hielt sie sich zur baulichen Ausnutzung verpflichtet, und sie errichtete zu Anfang der Regierung Wilhelms II. die häßlichen Verwaltungsgebäude, die den lächerlichen »Burgstil« Friedrich Wilhelms IV. wieder getreulich nachahmen. Von diesen noch heute stehenden Neubauten sagte 1898 ein Gutachten der königlichen Akademie des Bauwesens, daß sie »in beklagenswerter Weise den Blick in beide Richtungen des Spreelaufes versperren«. Wilhelm II., dessen Aussicht vom Schloß sehr unter den städtischen Neubauten litt, hat damals, so wird glaubhaft berichtet, den treffenden Ausspruch getan: »Jetzt haben wir mal glücklich in Berlin einen freien Durchblick, da bauen sie mir gleich wieder eine Brauerei vor die Nase!« Es ist sehr zu hoffen, daß mit dieser »Brauerei« endlich ein besonders häßliches Denkmal der planlosen Kreuz-und-Quer-Regiererei verschwindet, die Berlins Entwicklung unter den Hohenzollern und gerade auch unter Bismarck und Wilhelm II. geschädigt hat.

Aus der Antwort, die Bismarck am 16. Juli 1894 auf den Gruß der Berliner Geschichtsstudenten gab, sprach schließlich eine verklärte Milde, ja eine Liebe für Berlin. Sie hätte ein würdiges Verhältnis zwischen einem großen Mann und der Hauptstadt seines Landes dargestellt, wenn sie auch tätig und fruchtbar geworden wäre, was ihr leider im tatenreichen Leben Bismarcks fast nie beschert war. Damals sprach Bismarck die denkwürdigen Worte: »Ich war sechs Jahre alt, als ich zuerst nach Berlin kam. Alle Örtlichkeiten, die ich hier wiedersehe, sind für mich Repräsentanten meiner Vergangenheit. Hier wurde ich als Schuljunge spazieren geführt, hier habe ich als Student, als Referendar, als Minister gelebt. Und gegenwärtig kann ich mir sagen, daß ich immer gern in Berlin gewesen bin, obschon ich auf dem Lande groß geworden bin und im Landleben Wurzel geschlagen habe. Aber Berlin ist mir behaglich durch Gewohnheit geworden. Ich kenne es schon aus der Zeit, als es noch keine *Trottoirs* gab und man noch auf spitzen Steinen gehen mußte. Damals gab es auf der Friedrichstraße zwischen Behren- und Kochstraße noch keinen einzigen Laden. Ich habe in Berlin 1836 und 1837 so genau Bescheid gewußt, daß ich hätte Droschkenkutscher werden können, was jetzt freilich nicht mehr geht (große Heiterkeit). Berlin ist mir jetzt über den Kopf gewachsen, wirtschaftlich und politisch. Politisch bin ich ja vielleicht in manchen Beziehungen mit der Mehrheit der Berliner auseinander gekommen, aber mein Heimatgefühl für Berlin und seine Umgebung ist immer dasselbe geblieben. Ich bin ein alter Kurbrandenburger. Und unsere Stadt Berlin, der Sie, meine Herren Studierenden, vorübergehend als Berliner angehören, der ich den größten Teil meines Lebens als Bürger angehörte, sie mag werden, wie sie will – ich wünsche ihr Gedeihen und Wohlergehen. Sie lebe hoch!«

So fand Bismarck in seinem Alter noch Worte für Berlin, die ebenso schön und für einen Deutschen noch ergreifender sind als Goethes Worte an Rom:

    Straßen, redet ein Wort! Genius, regst du dich nicht?
    Ja, es ist alles beseelt in deinen heiligen Mauern.

Wie anders sähe Berlin heute aus, wenn Bismarcks »Heimatgefühl für Berlin und seine Umgebung« früher erwacht und in mächtigen städtebaulichen Taten zum Ausdruck gekommen wäre!

Verkehrsanlagen in London, New York, Paris und die fehlende Schnellbahn-Milliarde Berlins

> Bei uns im unendlichen Flachland, an den schönen Ufern der Spree und Havel wäre zweifellos Platz genug für die weiträumigste Bauweise, natürliche Hindernisse stehen hier nicht im Wege. Aber die Voraussetzung für sie ist eine einheitlich geführte, sozialpolitisch durchdachte Verkehrspolitik.
>
> *Hugo Preuß, in »Sozialpolitik im Berliner Verkehr«, 1911*
>
> Selber nicht bauen und andere verhindern zu bauen.
>
> *Alter Leitspruch öffentlicher Verkehrspolitik in Paris und Berlin*

War Bismarcks Haltung gegenüber der Berliner Wohnungsnot zweideutig, so waren die hemmenden Eingriffe des von ihm geleiteten Staates sehr eindeutig eine Hauptursache der Berliner Verkehrsnot und damit auch der Berliner Wohnungsnot. Im zwölften Jahre der Bismarckschen Regierung (1874) schrieb Treitschke: »Unsere Hauptstadt gleicht augenblicklich einem jungen Menschen in jenem anmutigen Alter, da die Beine und Arme aus den Kleidern herauswachsen und eine tropische Vegetation die Gesichtshaut bedeckt. Eine zusammengewürfelte Menschenmasse, die noch nicht heimisch geworden, lebt eingeengt in unerschwinglich teuren Wohnungen: noch fehlen fast alle Hilfsmittel entwickelten Verkehrs, welche allein dieses bedrängte Leben wieder zur Natur zurückführen können.« Bevor Treitschke dieses unnatürliche »Fehlen« feststellte, war Berlins Bevölkerung in zehn Jahren um die Hälfte gewachsen (von 632 500 im Jahre 1864 auf 932 760 im Jahre 1874). Drei Jahre später überschritt sie die erste Million. Diese »amerikanische« Vermehrung der Bevölkerung hätte eine sozialpolitisch ernstere Regierung für ebenso amerikanische Vermehrung der Verkehrsmittel sorgen oder wenigstens willkürliche Verbote neuer Verkehrsmittel vermeiden lassen. Aber die Berliner Verkehrspolitik des preußischen Staates folgte dem Pariser Leitspruch: »Selber nicht bauen und andere verhindern zu bauen.« Im September 1875 empfing der Reichskanzler den Besuch von Braun-Wiesbaden, der gerade auf seiner Balkanreise festgestellt hatte, daß damals sogar schon Bukarest und Konstantinopel von den Pferdebahnen durchquert wurden, denen die Verkehrsfeindschaft der preußischen Regierung noch den Zutritt ins innere Berlin versagte. Die sich ergebende verkehrspolitische Rückständigkeit Berlins wurde noch deutlicher, als der Berliner Magistratsbericht von 1879 gar einen Vergleich Berlins mit London wagte: »Die Segnungen, welche die Bevölkerung des dreimal so großen London genießt, dessen Behausungsziffer noch nicht den siebenten Teil der Berliner ausmacht und dessen Sterblichkeit, einst weit über die Berliner hinausgehend, jetzt weit günstiger als die Berliner steht, können auch der Bevölkerung unserer Stadt zu Teil werden, sobald ein gutes Verkehrssystem die bequeme Verbreitung derselben auf einer ... für eine Großstadt geeigneten Fläche herbeigeführt.« Noch ungünstiger als mit London fiel der später mitgeteilte Vergleich Berlins mit den kleineren amerikanischen Hauptstädten aus. Wie die kasernierte, verkehrslose Wohnweise Berlins als das Ergebnis jahrhundertelanger staatlicher Hemmungen und politischer Unfreiheit, so ist die offene Wohnweise Londons und anderer angelsächsischer Städte als das Ergebnis jahrhundertealter politischer und Siedlungs-Freiheit zu verstehen. Das stets gleichsam »reichsfreie« London und seine zahlreichen Nacheiferer unter den angelsächsischen Städten haben diese Freiheit als notwendige Lebensbedingung geben die Übergriffe des Absolutismus und anderer Schädlinge städtischer Kultur immer erfolgreich verteidigt. In London haben sich während des 17. und 18. Jahrhunderts die billigen Mietkutschen und seit 1819 die Omnibusse zu wirkungsvollen Werkzeugen der städtischen Dezentralisation und der Auflockerung des Wohnwesens entwickelt. Als der englische Adel seine kutschierende Würde und als die Themseschiffer ihren Erwerb durch diesen neuen Wettbewerb gefährdet sahen, hat der König die Mietkutschen verboten (1635). Wenige Jahre später wurde er um einen Kopf kürzer gemacht. Die Reihen der Mietkutschen wurden täglich länger. Den Londoner Omnibussen leisteten später die Bewohner der durchquerten Vorstädte erbitterten, aber vergeblichen Widerstand. Noch schärferen Widerstand erregte es, als in New York, das damals (1830) mit 200 000 Einwohnern noch um ein Fünftel kleiner war als Berlin, die Omnibusse auf Schienen gestellt, d. h. in Straßenbahnen verwandelt wurden. Aber die schärfsten Widerstände verhinderten nicht, daß dieses wirksamere neue Verkehrsmittel seit den fünfziger Jahren in allen amerikanischen Städten zur Regel wurde, selbst wenn sie viel kleiner blieben als das »amerikanischer« wachsende, aber verkehrslose Berlin. Auch drüben wurde der Verkehr bekämpft. So bekämpften die Besitzer von Wagen und Pferden die Straßenbahnen wegen ihrer störenden, damals noch hohen Schienen. Und die Haus- und Ladenbesitzer und die Steuerzahler im Innern der amerikanischen Städte bekämpften die Straßenbahnen wegen der unerhörten Stadtflucht, die sie ermöglichten. Aber bald lebten die geistigen Führer der angelsächsischen Städte dauernd auf dem Lande und sorgten zusammen mit den stadtfreudigen Farmern für immer bequemere Verbindungen zwischen Land und Stadt. 1860 bekam der Stadtingenieur von Liverpool auf seine Rundfrage folgende typische Auskunft aus Massachusetts: »Die Bewohner der Innenstadt Boston und die Besitzer von Grundeigentum an den in Frage kommenden Verkehrsstraßen haben sich der Einführung von Straßenbahnen kräftig widersetzt, aber ihre Anstrengungen waren machtlos gegenüber den Landbewohnern, deren Vertreter in den Staatsbehörden weit zahlreicher sind, so daß sie immer die städtischen Vertreter und ihren Anhang überstimmt haben.« Anders als in Berlin oder Paris gab also die politische Verfassung der angelsächsischen Städte den Feinden des Verkehrswesens kein Vetorecht gegen die Verbesserung der Verkehrsmittel. In der konservativsten Stadt Amerikas, in Philadelphia, das z. T. wegen seiner Rückständigkeit nur bis 1820 die größte Stadt Amerikas geblieben ist, hatte im Jahre 1880 jeder Einwohner doch schon beinahe viermal so lange Straßenbahngeleise zu seiner

Verfügung als in dem volkreicheren und deshalb verhältnismäßig viel verkehrsbedürftigeren Berlin.*

Mit den Straßenbahnen war eine Entdeckung, deren sich Bergwerksbetriebe schon seit Jahrhunderten bedienten, plötzlich zu höchster Wirksamkeit gekommen: es war künftig nicht mehr nötig, die gesamte Breite einer Straße zu pflastern, um sie für schnelles Fahren schwerer Wagen brauchbar zu machen. Statt sich regellos zwischen den beiden Bordkanten der Straße hin und her zu bewegen und so die teure Pflasterung der ganzen Straßenbreite zu beanspruchen, konnte die Schwere der größten Lastwagen auf zwei schmalen Eisenbändern aufgefangen werden. Diese Erfindung, deren bleibende Bedeutung heute von den verschwenderischen Anhängern des Autobusses und des privaten Kraftwagens leichtsinnig übersehen wird, war mindestens ebenso genial wie einst die Entdeckung der gotischen Baumeister, daß die Gewölbe ihrer Kirchen nicht durchweg aus schweren tragenden Steinen ausgeführt zu werden brauchten, sondern daß wenige dünne Trage-Rippen genügten, um viel größere Gewölbe in viel überraschenderen Höhen emporzutragen. Diese baumeisterliche Entdeckung hat die gesamte Baukunst des Mittelalters von Grund aus neugestaltet. Ähnlich revolutionierend wirkten im neuzeitlichen Städtebau die Schienenstraßen, wenn ihre Einführung nicht wie in Berlin durch reaktionäre Mächte verhindert wurde.

Stärker noch als bei den Pferdebahnen wirkte die befreiende Gewalt der neuen Entdeckung bei den Dampfbahnen. Nachdem 1832 in London ein Sturm der Entrüstung die erste Gesetzesvorlage für eine Dampfbahn zu Fall gebracht hatte, verkehrten zwei Jahre später bereits Dampfbahnzüge in Marylebone, einer Hauptstraße Londons. 1837 wurden die ersten sechs Kilometer Hoch- oder »Viaduktbahn« dem Verkehr übergeben, wie sie 44 Jahre später beim Bau der Berliner Stadtbahn nachgeahmt werden sollte. Eine nach der anderen führten die englischen Eisenbahngesellschaften ihre Linien bis ins Herz der engstraßigen »City«. Die englische Abneigung gegen die Eisenbahnen hatte sich schnell in die sogenannte Eisenbahnmanie verwandelt. Seit 1853 wurde die erste Untergrundbahn gebaut; 1860 wurde sie eröffnet. Die »City of London«, die ihre engen Straßen entlasten wollte, beteiligte sich mit 3,5 Millionen Mark an diesem Unternehmen. Nach seinem Anfangserfolg wurde London mit Schnellbahnen überschwemmt. Die Rauchplage in den Tunnels wurde kein Hindernis. Auch kein Polizeipräsident verbot den englischen Kapitalisten, ihr Geld millionenweise in den Untergrundbahnen zu verlieren.

Denn Untergrundbahnen sind teuer und können kaum bei stärkster Benutzung lohnend gemacht werden. Obgleich Groß-London schon 1851 2,86 Millionen Einwohner zählte, haben dort die meisten Untergrundbahnen ihren Geldgebern große

---

* Im Jahre 1880 lebten in Philadelphia 847 170 Einwohner in 146 412 Häusern (also 5,79 Bewohner in jedem Haus); 1879 betrug dort die Gleislänge der Pferdebahnen bereits 450 Kilometer. Berlin war im Jahr 1880 schon sehr viel größer; es lebten dort 1 123 608 Einwohner auf 18 138 bebauten Grundstücken (also 62 Bewohner auf jedem Grundstück, d. h. in jeder Kaserne). Die Gleislänge der Berliner Pferdebahnen betrug im Jahr 1879 nur 154 Kilometer. Vgl. Sitzungsprotokoll des Vereins für Eisenbahnkunde vom 10. Februar 1880.

Verluste gebracht. In dem viel kleineren New York wurde zwar lebhaft für Untergrundbahnen nach Londoner Muster gekämpft, doch wurde seit 1866 die sehr viel billigere Hochbahn gebaut. 1867 verkehrten bereits Züge von der Südspitze der Halbinsel bis ans damalige Nordende der Stadt. Bald darauf durchquerten die neuen Hochbahnbauten bereits weite unbebaute Gelände nördlich der Stadt. Die Erlaubnis zu diesen Bauten war in zahlreichen Prozessen, namentlich gegen die eifersüchtigen Straßenbahngesellschaften, errungen worden. Sobald aber die ersten Züge auf den billigen eisernen Gerüsten der siegreichen Hochbahngesellschaft einherpolterten, verursachte ihr ungewohnter Lärm viele neue Prozesse. Die Anlieger erhielten jedoch keinen Pfennig für die angebliche oder wirkliche Entwertung ihres Eigentums, weder von der Bahngesellschaft noch etwa von der Stadt New York.

Wo die Bahnen alte Wohngebiete durchkreuzten, war diese Entwertung vorübergehend sehr fühlbar. Trotz dieser Entwertung entwickelten sich aber New York und später Chicago, Boston und Philadelphia längs ihrer billigen Hochbahnen mit ungeheurer Schnelligkeit. Im Jahre 1878 liefen in New York bereits alle drei bis vier Minuten Hochbahnzüge in vier Parallelstraßen nebeneinander her und beförderten auf ihren 55 Kilometer langen billigen Eisenblechviadukten die Arbeiter zu halben Preisen von ihren Arbeitsstätten zu ihren Wohnstätten im Grünen. Und doch hatte New York noch im Jahre 1880 nur etwa ebenso viele Einwohner wie Berlin, wo nicht nur Hochbahnen, sondern sogar noch viele Straßenbahnen fehlten. Nicht nur *trotz* der angeblichen Entwertung durch die Hochbahnen, sondern zum großen Teil *dank* der Hochbahnen stiegen die 5600 ha der Insel Manhattan, für die im Jahre 1626 noch in Bausch und Bogen 24 Dollar gezahlt worden waren, zu einem versteuerten Boden- und Hauswert von 2,4 Milliarden Dollar im Jahre 1900. Erst im Jahre 1900 und auf Grund der Riesenwerte, die vorher durch Hochbahnen geschaffen worden waren, begann die Stadt New York mit der Verausgabung der ersten 35 Millionen Dollar für Untergrundbahnen, deren weiterer Ausbau seitdem Milliarden verschlungen hat. Aber an Geldmitteln konnte es der Stadt New York deshalb nie fehlen, weil sie durch ihre hohen (und schnell jede Steigerung des Bodenwertes erfassenden) Bodenwertsteuern eine Hauptnutznießerin der finanziellen Vorteile ist, die sie mit ihren Bahnbauten den Bodenbesitzern verschafft. Wenn heute Berlin ähnlich die Kosten seiner verspäteten Schnellbahnbauten auf die Grundbesitzer verteilen könnte, dann müßte die städtische Besessenheit, nur teure Untergrundbahnen statt billiger Hochbahnen bauen zu wollen, weniger sicher zur Verkrüppelung des Verkehrsnetzes führen.

Ein neueres Beispiel für die Wirksamkeit der billigen Hochbahnen lieferte nach New York West-Philadelphia, wo die Boden- und Hauswerte während des Baues der Hochbahn (1900—1912) um 138 Millionen Dollar stiegen. Gleichzeitig bewies das viel kleinere San Franzisko — und manche andere Halbmillionenstadt Amerikas —, daß selbst ohne Hochbahnbauten (von den fast dreimal so teueren Untergrundbahnen ganz zu schweigen) durch einfache Überbrückung der gefährlichsten Kreuzwege wirksamer Schnellverkehr in den Dienst der städtischen Dezentralisation gestellt werden kann.

Wenn von Friedrichstraße und Schiffbauerdamm häufige schnelle Fährboote die Spree- und Havelländer erschlössen und wenn auf 30 Kilometer der Umgebung die Berliner Ausfallstraßen mit zwei- bis viergleisigen geschützten Verkehrsstreifen ausgestattet und mit Schnellbahngeschwindigkeit auf Straßenhöhe befahren würden, dann genösse Berlin die Wirkungen des aufwandlosen Schnellverkehrs, der zur Grundlage der unabsehbaren Gartenvorstädte des wasserumschlossenen San Francisco geworden ist. Aber in Berlin hat man in den entscheidenden Jahren lieber das Vielfache des Geldes, das zum Bau eines derartigen ausgedehnten Verkehrssystems erforderlich ist, auf dem Umwege über gesteigerte Bodenpreise einem kleinen Gebiete in der Mitte der Großstadt zugute kommen lassen und hat sich dann der verschwenderischen Untergrundbahnmanie ergeben, die auch heute noch die neuen Berliner Schnellbahnbauten fast auf die Hälfte ihrer finanzierbaren Ausdehnung verkrüppelt.

In Berlin ebenso wie in Paris wohnten nämlich in den entscheidenden Jahren die mächtigsten Bürger nicht in den Vororten, sondern nach alter Sitte noch in den dichtbebauten Innenquartieren. Die unablässige Aufwertung der großstädtischen Bodenrente gehörte namentlich in koloniearmen Ländern zu den Haupteinnahmequellen der Luxusbedürftigen, gleichviel ob ihr Luxus wie in Paris reich und verfeinert war oder armselig und protzenhaft wie im wilhelminischen Berlin vor und nach der »Gründerzeit«. Selbst der verfeinerte Luxus von Paris machte den französischen Königen ihre übervölkerte Hauptstadt nicht erträglich. Sie zogen sich schon gegen Ende des 17. Jahrhunderts ganz zurück in ihre Gartenstadt Versailles, was die preußischen Könige in Potsdam halbgeschickt nachahmten. Aber die französischen Minister schlossen mit der mächtigen Pariser Bürgerschaft eine Art Versicherung auf Gegenseitigkeit. Die Bürgerschaft verpflichtete sich zur großartigen monumentalen Ausschmückung der alten Hauptstadt. Die ausländischen Reisenden und Diplomaten mit großstädtischem Glanz zu verblüffen erschien der französischen Regierung ebenso wichtig wie Friedrich dem »Großen« die Ausstaffierung hoher Miethausfassaden in den Berliner Hauptstraßen oder die gewissenlose »*fanfaronnade*« seines riesigen Neuen Palais unmittelbar nach den furchtbaren Verlusten des Siebenjährigen Krieges. Als Gegenleistung an die Pariser Hausbesitzer hemmten die französischen Könige im 17. und 18. Jahrhundert mit drakonischen Bauverboten die Erweiterung von Paris, dessen Häuser und dessen Bodenwerte infolgedessen noch viel schneller wachsen konnten als die Bevölkerungszahl. Das Wachsen der Bodenrenten wurde den Pariser Hausbesitzern durch die große Revolution vorübergehend zwar geschmälert und verleidet, als die verrohten Bewohner der künstlich übervölkerten Quartiere die politische Herrschaft und die Guillotine in die Hand bekamen. Durch die Revolution verlor Paris 100 000 Einwohner; gleichzeitig wurde sein Gebiet mehr als verdreifacht (von 1104 Hektar auf 3370 Hektar). Im Jahre 1841 wurde dann das Stadtgebiet noch einmal mehr als verdoppelt (von 3370 auf 7800 Hektar). So konnte die rentable Wohnungsnot erst in den fünfziger Jahren wieder überhandnehmen. Seit 1855 gab es in Paris Unternehmer, die bereit waren, Schnellbahnen nach Londoner Muster zu bauen. Aber Napoleon III. und Hausmann, die allein die städtebaulichen Geschicke der Stadt in den Händen hielten, erachteten Schnellbahnen für überflüssig. Ihre städtebaulichen Träume stammten ganz aus der Zeit des ersten Napoleon. Bahnbauten jeglicher Art mußten also aus dem Innern der schönsten Stadt der Welt verbannt bleiben. Statt der dringend benötigten Schnellbahnverbindungen zwischen der Innenstadt und den erforderlichen, weit draußen liegenden Neubaugebieten wurde 1851 eine Ringbahn, das Vorbild der Berliner Ringbahn, gebaut. Für den Güterverkehr und für Verteidigungszwecke war die Ringbahn nützlich. Auf ihr konnten Vergnügungsreisende längs der inneren Festungswerke rings um ganz Paris fahren, wozu selbst Einheimische gelegentlich einmal Lust hatten. Für den täglichen Personenverkehr war die Ringbahn wertlos. Sie wirkte vielmehr, fast genau wie die Festungswälle, als Barrikade und hemmte die Ausdehnung der Stadt. Nach dem Sturz Napoleons III. wimmelte es in Paris von neuen, baureifen Schnellbahnprojekten. Von 1871 bis 1889 wurden 23 verschiedene Entwürfe ausgearbeitet, 1875 einer von der Stadt, 1896 einer von der Regierung. Ausgeführt wurde keiner, denn die »Hausbesitzer mit ihrem alten Haß gegen die Eisenbahnen« (das Wort stammt von dem Minister Guyot) und der politisch ebenso mächtige Kleinhandel fürchteten das Abwandern der Kundschaft und der Mieter. Die Haus- und Ladenbesitzer verstanden es, einen Kampf zwischen Staat und Stadtverwaltung zu entfesseln. Staat und Stadt kämpften künftig um das Vorrecht, die dringend erforderlichen Bahnen selber zu bauen. Ihren Eifer faßte Guyot in den Leitspruch: »Den andern am Bau hindern und selbst nicht bauen!« Als in Berlin ein sehr ähnlicher Kampf zwischen Staat und Stadt den Bau des Berliner Westhafens (und wichtigere Verkehrsanlagen!) um ein Jahrzehnt verschleppt hatte, erläuterte 1912 der Vizepräsident des Reichstages, Dove, den staatlichen und städtischen Wetteifer um den Berliner Verkehr frei nach Heine:

Und da keiner wollte leiden,
Daß der andere für ihn bau,
Baute keiner von den beiden.

Erst die Verkehrsschwierigkeiten gelegentlich der Weltausstellung von 1900 — also Rücksichten auf die Fremdenindustrie, nicht auf die heimische Wohnungsnot — zwangen zum Bau der Pariser Untergrundbahn, deren dichtes Netz ängstlich innerhalb der Festungswerke zusammengepreßt wurde wie die Wurzeln einer großen Pflanze in einem zu kleinen Blumentopf. Es gab der Stadt ein ausgezeichnetes Mittel für den inneren Verkehr, bei dem sich Berlin großenteils noch mit seinen langsamen Straßenbahnen behilft. Und doch darf das Pariser Untergrundbahnnetz, das schon um 1910 doppelt so lang war wie die Berliner Untergrundbahnen noch zwanzig Jahre später, für Berlin kein Vorbild werden. Der felsige Pariser Boden macht den Bau von Untergrundbahnen sehr viel billiger als der Berliner Sand und seine Grundwasserschwierigkeiten. Auch durfte kein Ausläufer des Pariser Netzes in die weite Umgebung hinausdringen und dort etwa einen Mieter oder Kunden des altstädtischen Kleinhandels abliefern. Der Auflockerung der zu dicht gepackten Wohnstadt dienen die Pariser Untergrundbahnen wenig.
Die Berliner Verkehrsentwicklung hat wenig von den angelsächsischen Städten und von dem freien Wettkampf ihrer Verkehrsunternehmungen gelernt; sie stand viel-

mehr im Bann des schlechten Pariser Vorbildes. Die Fiaker, deren Einführung in Berlin Friedrich der »Große« seinem Vater nachrühmte, gewannen unter dem Kasernen bauenden Sohne wenig Bedeutung. Ihre Zahl ging um 36 im Jahre 1769 auf 20 im Jahre 1780 zurück. Hundert Jahre später berichtete der Berliner Magistrat: »Die Entwicklung der Droschken gibt ein getreues Bild von dem Wachstum des Straßenverkehrs ... Das Droschkenunternehmen war im Jahre 1815 mit einer Zahl von nur 30 Wagen und 50 Pferden ins Leben getreten ... Im Jahre 1860 standen, abgesehen von 60 Nachtdroschken, 999 Stück Droschken zum Dienst des Publikums bereit, das Jahr 1866 konnte 2260 Droschken verzeichnen, während im Ausgang des Jahres 1876 sich im ganzen 4242 solcher Wagen in Benutzung befanden.« Aus dieser letzten Zahl leuchtet der Milliardensegen. Der Berliner Polizeipräsident hatte die Ärmlichkeiten, mit denen Berlin vorher zufrieden war, nicht gebilligt. Schon im Jahre 1868 hatte er 1630 der vorhandenen 2460 Droschken wegen schlechter Verfassung vom Betrieb ausgeschlossen. Aber die hohe Zahl von 4242 Droschken im Jahre 1876 [*] war ein Beweis dafür, wie einseitig die polizeiliche Sorge um die Droschken gewesen und wie schädlich die staatlichen Hemmungen für die anderen, billigeren Verkehrsmittel geworden waren. Die Vermehrung der Droschken war auf lange Zeit wie abgeschnitten, als endlich mit dem Bau der Pferdebahnen Ernst gemacht wurde. Der eben zitierte Berliner Magistratsbericht fährt fort: »Erst im Jahre 1846 war in Berlin neben den Droschken ein anderes Transportmittel ins Leben getreten, dessen spezifischer Unterschied von der Droschke durch seinen Namen ›Omnibus‹ bezeichnet wird. Diese Art der Personenbeförderung bedurfte längerer Zeit, bevor sie allgemeinere Beliebtheit beim Publikum fand.« Die oft geschilderten Schrecken des Kopfsteinpflasters in der preußischen Musterstadt machten die Fahrt im Omnibus zur Folter. Die im Jahre 1864 endlich erreichte Zahl von 393 Omnibussen ging rasch wieder auf 177 im Jahre 1875 zurück, nachdem seit 1865 die erste Berliner Straßenbahn den Kupfergraben mit Charlottenburg durch glatte Schienen verband. Da Berlin seinen ungeheuren Bevölkerungszuwachs in Kasernen zusammendrängte, konnte auch die neue Straßenbahn keinen neuen Verkehr aufnehmen oder schaffen, sondern mußte die Omnibuslinien verdrängen. Das Verschwinden der Omnibusse ging sogar schneller als die Zunahme der Straßenbahnwagen. Über die staatlichen Hemmungen des Straßenbahnbaues berichtete der Berliner Magistrat im Jahre 1880: »Lange Zeit hindurch schien es, als ob die Straßenbahn vom Kupfergraben nach Charlottenburg eine Nachahmung in unserer *Residenz* nicht finden sollte. Es fehlte zwar nicht an Unternehmungslustigen, welche den Behörden die Projekte zur Ausbeutung von Pferdebahnlinien nach den verschiedensten Richtungen hin behufs Erteilung der *Konzession* unterbreiteten. Die eigentümlichen *Ressort*-Verhältnisse indessen und die *Differenzen* über die *Kompetenz* der dabei *interessierten* staatlichen und städtischen Behörden traten diesen Bestrebungen ebenso hinderlich entgegen wie die freilich unbegründeten Besorgnisse, welche nicht nur an maßgebenden Stellen bezüglich der Gefährdung des

---

[*] Zum Vergleich sei erwähnt, daß Berlin im Jahr 1928 bei seiner viermal so großen Bevölkerung und seiner ungeheuer gewachsenen Entfernungen nur 9129 öffentliche Kraftdroschken und 226 Pferdedroschken hatte.

übrigen Verkehrs durch die Geleise und Wagen der Pferdeeisenbahnen gehegt wurden. Erst im Jahre 1872 gelang es, die vorstehend angedeuteten Hindernisse so weit zu beseitigen, daß der Großen Berliner Pferdeeisenbahn-Aktiengesellschaft die *Konzession* zur Herstellung eines das ganze Weichbild und die nächste Umgebung Berlins umfassenden Pferdebahnnetzes übertragen werden konnte.« Im Jahre 1876 gab es erst 373 Straßenbahnwagen und Omnibusse, während es zwölf Jahre vorher schon 393 Omnibusse gegeben hatte.* Während so die Anzahl dieser Verkehrsmittel zurückgegangen war, hatte sich die Bevölkerung von 650 000 auf 1 Million, also um mehr als die Hälfte vermehrt. Einen stärkeren Beweis für die schädliche Wirkung des Fünf-Milliarden-Segens und für den von ihm beschleunigten Sieg der Berliner Mietskaserne kann es nicht geben.

Der Hauptgrund für die schädliche Verzögerung des Straßenbahnbaues war wieder die systematische Unordnung und die überlieferte Überzahl der staatlichen Behörden, die mit ihrem gerühmten selbstlosen Pflichteifer blindlings gegeneinanderarbeiteten. Infolge einer der alten Anmaßungen, mit denen der preußische Staat die bauliche Entwicklung Berlins hemmte, mußten alle Berliner Straßen, die *vor* 1837 angelegt waren, aus Steuergeldern erhalten werden, die durch staatliche Kassen geflossen waren. Aus dieser Anmaßung leitete der Staat das Recht ab, den Bau von Straßenbahnen auch in den anderen, sehr viel längeren Straßen zu verhindern, die *nach* 1837 angelegt und von der Stadt Berlin unter Vermeidung des staatlichen Umwegs unterhalten wurden.

Der Kampf, den die Stadt für ihre Ausdehnung und ihren Lebensraum gegen die staatliche Drosselung ihres Verkehrs kämpfen mußte, hätte mit weniger Schaden für die Stadt geführt werden können, wenn er weniger ungleich gewesen wäre. Aber die überlieferte Unordnung der preußischen Staatsverwaltung verteilte ihre angemaßten Vollmachten auf vier verschiedene Staatsbehörden, von denen jede ihren eigenen wirksamen Guerillakrieg gegen die Stadt führte. Die Stadt mußte sich gleichzeitig mit dem Berliner Polizeipräsidenten, mit der »Königlichen Ministerialbau-Kommission«, mit der »Königlichen Tiergarten-Verwaltung« und mit der Regierung zu Potsdam auseinandersetzen. Jede der genannten Behörden stellte verschiedene Bedingungen für die Genehmigung von Straßenbahnen. Auch wenn die verkehrspolitische Stoßkraft der Stadt stärker gewesen wäre, als sie es bei ihrer verkümmerten Selbstverwaltung und der Vorherrschaft der Mietskasernenbesitzer sein konnte, wäre sie durch diese bürokratischen Reibungen erschöpft worden. Seit der Erbauung der Berlin-Charlottenburger Straßenbahn im Jahre 1865 rang die Stadt vergeblich um das Eigentumsrecht über ihre Straßen, das ihr erst nach zehnjährigem Kampf Anfang 1876 endlich zufiel. Damals wurden endlich drei von den vier dreinredenden Staatsbehörden und damit wesentliche Hemmungen des Berliner

---

* Zum Vergleich sei erwähnt, daß Berlin im Jahr 1928 620 Kraft-Omnibusse sowie auf der Straßenbahn 1876 Trieb- und 1807 Anhängewagen hatte. Dazu kamen auf der Hoch- und Untergrundbahn 500 Trieb- und 497 Anhängewagen, ferner im Stadt-, Ring- und Vorortverkehr der Reichsbahn 400 Dampflokomotiven und 3220 Personenwagen; außerdem standen dem elektrifizierten Betrieb der Stadt-, Ring- und Vorortbahn 467 Trieb- und 487 Beiwagen zur Verfügung.

Straßenbahnbaues beseitigt. Mit jahrzehntelanger Verspätung entwickelte sich die Straßenbahn endlich in Berlin, d. h. also zu einer Zeit, in der sie eigentlich bereits beseitigt oder schnelleren Verkehrsmitteln untergeordnet werden mußte.
In dem Mangel an Verkehrsmitteln sah schon der Berliner Verwaltungsbericht von 1879 (S. 57 ff.) einen Hauptgrund für die schädliche Steigerung der Bevölkerungsdichte und der Bodenwerte. Diesem Bericht zufolge ist der durchschnittliche Mietwert jedes Berliner Grundstückes von 67 947 Mark im Jahre 1861 auf 169 914 Mark im Jahre 1876 gestiegen. Im Jahre 1860 zahlte jeder Berliner durchschnittlich 74 Mark, im Jahre 1876 schon 162 Mark Miete. Die im Jahre 1861 vorhandenen 9462 Berliner Grundstücke waren in fünfzehn Jahren um etwa eine Milliarde aufgewertet worden. Auch eine sehr geringe Annäherung an gerechtere Besteuerung hätte das Zehntel dieser übertriebenen Aufwertung erfassen können, das für den Bau von Schnellbahnen und für die von der Stadt damals geforderte soziale Verkehrspolitik mehr als genügt hätte. Aber Bismarck »erschrak« zu spät »über die Geduld des ärmeren Volkes« und tat auch dann wenig zur Milderung der staatlich geförderten Verkehrsnot, auf der die furchtbaren Berliner Mietwerte beruhten.
Keineswegs hatten etwa die Berliner Dampfbahnbauten die vom Staat verbotenen Straßenbahnen ersetzt. In Preußen blieb der Eisenbahnbau bis zum Weltkrieg durch ein veraltetes Gesetz geregelt, das im Jahre 1838, also vorsorglich in der Zeit *vor* dem Bau der Eisenbahnen und den daraus erwachsenden Erfahrungen erlassen worden war. Damals bekämpften der preußische Handelsminister und der preußische Generalpostmeister unter Berufung auf die schlecht besetzten Postkutschen den Bau von Eisenbahnen. Die Schwierigkeiten, die dieses biedermeierliche Gesetz dem Bau der großstädtischen Bahnen in den Weg legte, umschrieb Geheimrat Hartwich, der erste Ingenieur des Berliner Stadtbahnbaues, vorsichtig mit den Worten: »Mit den auf dem *Kontinente* bestehenden Vorschriften und *Reglements* würde man durch die Straßen der großen Städte Amerikas keine Schienenstraßen erzielt haben.«
Während sich in Amerika wie in London die verschiedenen Eisenbahngesellschaften mit ihren erfolgreichen Vorstößen in die Innenstadt überboten, stießen in Berlin die Ähnliches anstrebenden Gesellschaften auf unüberwindlichen staatlichen Widerstand. Dieser Widerstand zerschmolz nur, wenn es sich um militärische Bedürfnisse handelte. So waren seit 1844 von verschiedenen Unternehmern immer neue Vorschläge für eine Berliner Verbindungsbahn vorgelegt und von den verschiedenen Staatsbehörden abwechselnd empfohlen und gehemmt worden. Diese Bahn sollte ein noch heute erst teilweise überwundenes Berliner Leiden, die Trennung der verschiedenen Kopfbahnhöfe, rechtzeitig heilen. Noch 1911 mußte Hugo Preuß wieder feststellen, was vor ihm die führenden Verkehrsfachleute oft wiederholt hatten, »daß es ein Widersinn ist, den gewaltigen Vorortverkehr Berlins an isolierten Kopfstationen endigen zu lassen. Und nicht bloß verkehrstechnisch, auch unter den leitenden Gesichtspunkten der Ansiedlungs-, Wohnungspolitik usw. ist dies ein vollkommener Widersinn, der einen großen Teil der Segnungen, die an sich die schnelle Verbindung schaffen könnte, illusorisch macht. Das Gebiet der großstädtischen *Agglomeration*, das notwendig als eine organische Einheit zu betrachten ist, fordert unbedingt die Verbindung dieser sich hier totlaufenden Vorortstrecken, also jeden-

falls die viel erörterten beiden Durchmesserlinien vom Potsdamer zum Stettiner und vom Görlitzer zum Lehrter Bahnhof... Aber die Ermöglichung des Notwendigen fordert vor allem eins: das sozialpolitisch beseelte Zusammenarbeiten von Staat und Stadt; denn das ist eine Aufgabe, die nur Staat und Stadt gemeinsam in organischem Zusammenwirken lösen können.«
Dieses Zusammenwirken verweigerte der preußische Staat seit 1844. Die damals von ihm abgelehnte Bahn entsprach in der Linienführung z. T. schon dem, was später wieder August Orth verlangen mußte. Ein anderer im Jahre 1845 durch Kabinettsorder abgelehnter Entwurf forderte bereits die Viaduktführung nach Londoner Muster mit Ausnutzung der Stadtbahnbögen, wie sie 35 Jahre später beim Bau der von Orth angeregten heutigen Stadtbahn verwirklicht wurde und die dauernde Verzinsung eines Kapitals von 15 Millionen Mark erbrachte. Diese Stadtbahn hat wenigstens die östlichen und westlichen Bahnhöfe verbunden. Da das 1882 eröffnete Stück dieser noch heute unvollendeten Stadtbahn eine der genialsten und nachahmungswürdigsten Leistungen im Städtebau der Welt darstellt, verdient das hier zu schildernde Mißgeschick ihrer Vorgängerin, also der alten Berliner Verbindungsbahn, die Aufmerksamkeit des Betrachters.
Berlins bauliche Entwicklung wäre anders geworden, wenn dieser älteste Stadtbahnbau von der preußischen Regierung weniger erfolgreich geschädigt worden wäre. Obgleich von dieser Bahn große Erleichterungen für Güter- und Personenverkehr erwartet werden durften und obgleich die Baukosten bei der geplanten Befahrung der Straßendämme auf weniger als eine Million Thaler veranschlagt waren, scheiterten alle Entwürfe an den üblichen bürokratischen Klippen. Da drohte im Herbst 1850 der Bürgerkrieg mit Österreich. Bei der Mobilmachung des preußischen Heeres begriffen plötzlich wenigstens die preußischen Generäle, daß zwischen den sich totlaufenden Berliner Kopfbahnhöfen das Eisenbahnnetz des ganzen Staates zerriß. Unter dem Eindruck der preußischen Niederlage von Olmütz wurde dann Hals über Kopf der Verbindungsbahnbau in Form des billigsten *Provisoriums* ausgeführt. Zehn Monate später war die ganze Linie vom Stettiner über den Hamburger, Potsdamer, Anhalter zum Frankfurter Bahnhof in Betrieb. Vorher hatte sich die Regierung gegen die Durchbrechung der alten Stadtmauer gesträubt, »da diese Maßregel der Aufgabe, welche die Garnison bei entstehenden inneren Unruhen lösen sollte, in nicht zu rechtfertigender Weise entgegentreten würde« und weil die Durchbrechung dieser Mauerschranke den Einkünften aus der volksfeindlichen Schlacht- und Mahlsteuer gefährlich werden konnte. Bereits vor 1850 hatte also die Regierung ein Vorspiel zu den Schwierigkeiten geliefert, die sie später unter Bismarcks Herrschaft den Pferdebahnen und ihrem Vordringen in die innere Stadt machte. Nach ihrer erfolglosen Mobilmachung von 1850 ließ die Regierung die Stadtmauer, wo es nötig war, durchbrechen und ließ ihre Dampfbahn unbekümmert durch die Straßen laufen.
So entstand die erste preußische Staatsbahn keineswegs als sozialpolitische Tat. Nachdem die Regierung mit diesem Bau für künftige militärische Bedürfnisse gesorgt zu haben glaubte, sank sie wieder in ihre überlieferte städtebauliche Gleichgültigkeit. Das eingleisige *Provisorium* dieser Bahn blieb dreißig Jahre unverbes-

sert in Benutzung. Der Personenverkehr, von dem viel erhofft worden war, wurde gar nicht versucht. Der Güterverkehr dagegen wuchs derartig, daß die Straße überlastet und schließlich eine Neugestaltung unvermeidlich wurde. Statt damals wenigstens ihre Straßendampfbahn in eine Viaduktbahn umzubauen, die auch die erforderliche Schlagader des Personenverkehrs werden konnte, dachte die Regierung wieder nur an ihre militärischen Bedürfnisse und baute nach Pariser Muster in weitem Umkreis um die Stadt eine Ringbahn, die nach dem Urteil des Berliner Verwaltungsberichtes von 1898 (S. 39) »vielfältig gleichsam wie eine neue Stadtmauer in die Erscheinung tritt und wirkt«. Dieser Bahnring ersetzte nicht die dringend benötigten Durchmesserbahnen und die radialen Verbindungen nach den billigen Neubaugebieten, wie sie Huber, Faucher, Orth, Bruch, Dohna und der Berliner Magistrat verlangt hatten. Dieser stadtmauerähnliche Bahnring verstärkte den Ring des »Bodenmonopols«, der Berlin umschloß, statt ihn zu brechen. Eine solche Ringbahn konnte für den Berliner Personenverkehr erst ein halbes Jahrhundert später Bedeutung gewinnen, als die »kohärente Steinmasse« endlich über den einschnürenden Ring hinausgeflutet und so gewaltig gewachsen war, daß die verschiedenen Strecken der Ringbahn fast zu Durchmesserstrecken der Stadt wurden. Während die preußische Regierung den Berliner Verkehr durch ihren verständnislosen Schematismus schädigte, besaß die Hauptstadt in August Orth (1828 bis 1901) einen der genialsten Beurteiler großstädtischer Verkehrsbedürfnisse. Er erkannte klar, was Napoleon III., Hausmann und ihre Nachahmer in Potsdam und im Berliner Polizeipräsidium nie begriffen, daß »bei Städten über eine halbe Million Einwohner mit Lokomotiven betriebene lokale Eisenbahnen die Hauptverkehrsstraßen bilden müssen, deren Durchführung als Hauptstraßennetz der weiteren Entwicklung von Straßenanlagen zweckmäßig vorangeht. In Verbindung damit muß stets eine Umbildung der inneren Stadt stehen.«

Dieser städtebauliche Grundsatz erster Ordnung entstammt der schon im Jahre 1871 erschienenen, aber heute noch ganz überraschend neu wirkenden Schrift August Orths: »Berliner Zentralbahn; Eisenbahnprojekt zur Verbindung der Berliner Bahnhöfe nach der inneren Stadt.« Die Wohnungsnot der Großstädte, so führte Orth aus, ist nur zu beheben durch Schaffung eines Vorortverkehrsystems im Sinne des großen Londoner Vorbildes; die äußere Ringbahn, die für Berlin seit 1867 gebaut wurde, sei einem falschen Vorbild, nämlich der Festung Paris, nachgeahmt; Berlin dagegen sei wie London eine offene, ohne Grenzen ausdehnungsfähige Stadt und müsse deshalb ein rein radial ins Herz der Stadt dringendes Schnellverkehrsystem nach Londoner Muster erhalten. Er forderte deswegen den Anschluß sämtlicher Bahnen (also auch der in die Potsdamer, Anhalter, Stettiner, Görlitzer und Lehrter Bahnhöfe mündenden Linien) an eine zentrale Stadtbahn, ohne welche die damals gebaute Ringbahn wirkungslos und ihre Rentabilität zweifelhaft bleiben müsse. Weitblickend setzte Orth auseinander, wie eine Stadtbahn, welche die ganze Stadt durchquert, recht eigentlich ein Zentralbahnhof sein würde, welcher der gesamten Länge der Stadt zugute kommt und obendrein sehr viel weniger Raum frißt als die verkehrsstauenden Kopfbahnhöfe (Seite 227). Mit genialem Verständnis für die Zusammenhänge städtebaulicher Lösungen forderte Orth, daß der Bau dieser Zentralbahn Hand in Hand gehen müsse mit einer einheitlichen Sanierung der Altstadt im Sinne der großen Wiener und Pariser Vorbilder, aber verbunden mit einer großzügigen Stadterweiterung im Sinne der Londoner Gartenvorstädte, und daß die Unkosten dafür aus einer zielbewußten, mit dem Bahnbau verbundenen Bodenpolitik zu bestreiten seien, wie es später wieder der Verkehrsfachmann Kemmann, der Staatsmann Hugo Preuß und der Berliner Stadtbaurat Martin Wagner gefordert haben. Die hohen Bodenwertsteigerungen, die der Bahnbau sicher bringen mußte, sollten also, wenigstens teilweise, der privaten Spekulation entzogen und für die Deckung der Bahnbaukosten herangezogen werden.

So gab Orth Einblicke in das Wesen des modernen Städtebaues, deren Wert durch die Erfahrungen der folgenden sechzig Jahre bestätigt und gesteigert worden ist. Die werbende Kraft dieser klaren Gedanken Orths veranlaßte gleich nach ihrer Veröffentlichung den Berliner Magistrat, vom Minister für Handel und öffentliche Arbeiten eine Neuregelung des Berliner Verkehrswesens zu erbitten. Dieses Schreiben, das der Behörde, von der es ausging, Ehre macht, zeigt, daß damals für eine durchgreifende Lösung im Orthschen Sinn nur der zugreifende Staatsmann fehlte. Allerdings verpflichtete dieses Schreiben die Stadt Berlin zu nichts, sondern es enthielt nur ausgezeichnete Ratschläge für die Staatsbehörde, die keinerlei Verständnis dafür besaß. Wie sich die Berliner Stadtverordnetenversammlung gegenüber wohnungspolitischen Vorschlägen verhielt, die an ihre eigene Adresse gerichtet waren, zeigte Oberbürgermeister Hobrechts gescheiterter Versuch, das Erbbaurecht einzuführen. Immerhin zeugte das Schreiben des Magistrats an das Ministerium von verblüffend klarem Einblick in die Schäden des Berliner »Baustellenmonopols«, »der ausgefeilten wirtschaftlichen Regeln der *cohärenten* Berliner Steinmassen« und des Berliner Bebauungsplanes, ein Verständnis ferner für die Notwendigkeit, umgehend mit dem bisher befolgten System »der peripherischen Vergrößerung durch vielstöckige Wohnhäuser« zu brechen, die Erkenntnis schließlich, daß ein außerordentlicher Schritt zur Besserung der Verhältnisse durch schleunigen Bau von »radialen Bahnen, welche möglichst weit in die innere Stadt hineindringen«, getan werden müsse, also ganz im Sinn der neuen Forderungen Orths und vieler späterer Verkehrspolitiker. Das Schreiben verlangte nebenbei nicht mehr und nicht weniger als die Schöpfung einer Art Großberliner Zweckverbandes für Verkehrswesen, wie er 40 Jahre später (1912) endlich als Vorläufer der Berliner Einheitsgemeinde in Wirkung trat. Das denkwürdige Schreiben schloß mit den Worten: »Wenn nur gute *Communicationen* geschaffen werden, so werden wir bald genug sehen, mit welcher Begierde Berlin sich von dem Drucke seiner hochbebauten Straßen entlastet und wie neue Bebauungszentren im Kreise um Berlin entstehen.«

Was die Ausführung der Orthschen Vorschläge teilweise ganz vereitelt, teilweise viele Jahre verzögert hat, war nicht der Widerstand der Stadt Berlin oder der Privatbahnen, denen übrigens Bismarck bald darauf den Garaus machte, sondern der Staat und die Staatsbahnen. Die Deutsche Eisenbahn-Bau-Gesellschaft (später Berliner Stadteisenbahn-Gesellschaft), die sich schnell zur Durchführung des Orthschen, später von Hartwich neu gestalteten Bauplanes gebildet hatte, gewann ohne Schwierigkeit die Beteiligung der Bahngesellschaften, die sich alle eine Verbindung nach

der Innenstadt dringend wünschten. Der »Krach« der Gründerjahre schlug dann der Baugesellschaft, die sich in umfangreiche Geländekäufe zu Hochkonjunkturpreisen eingelassen hatte, tödliche Wunden. Aber die Ausführung des Stadtbahnplanes, der zu gesund war, um ganz unter den Tisch fallen zu können, fiel zusammen mit 2,4 Millionen Mark verfallener (weil nicht rechtzeitig vervollständigter) Aktieneinzahlungen der Aktionäre (der Deutschen Eisenbahn-Bau-Gesellschaft) dem preußischen Staat zu, der damals schon Besitzer der im Osten einmündenden Bahnen war und den staatlichen Bahnbesitz auszudehnen beabsichtigte. Seitdem Bismarck angefangen hatte Schutzzollpolitik zu treiben, erschien ihm der Erwerb der Eisenbahnen als das einfachste Mittel zur Verhinderung billiger Einfuhrfrachten für ausländische Waren, die seinen agrarischen und großindustriellen Parteien unbequem waren. Aber der Bau der Berliner Stadtbahn war für diesen Zweck nicht erforderlich. Er hatte auch keine militärische Bedeutung wie einst der Bau der alten Verbindungsbahn und der Ringbahn. Der Bau der neuen Stadtbahn war am wichtigsten für die Verbesserung der Berliner Vorortverkehrs- und Wohnverhältnisse. Er wurde also verschleppt. Es sollte bewiesen werden, daß Friedrich Wilhelm IV. sich getäuscht hatte, als er beim Anblick der ersten Eisenbahn ausrief: »Diesen Karren, der durch die Welt rollt, vermag niemand mehr aufzuhalten.« In der Welt Bismarcks konnte der Karren aufgehalten werden. Nicht nur an jeder Grenze der europäischen Kleinstaaten, zu deren Abrüstung Bismarck wenig beitrug, mußte der Karren haltmachen (so daß es hier transkontinentale Bahnen im amerikanischen Sinne eigentlich noch heute nicht gibt), sondern in Berlin kam der Karren überhaupt nicht ins Rollen, denn als Grundsatz der neuen Staatsbahnpolitik befolgte der Staat dort noch gewissenhafter den Leitspruch: »Selber nicht bauen und andere verhindern zu bauen.«
Künftig war der Staat nicht nur allmächtige Aufsichtsbehörde, sondern selber Erbauer und Verwalter der Eisenbahnen. Die daraus erwachsende Gefahr, auf die Hartwich, der erste Ingenieur der Stadtbahn, dringend hinwies, war um so größer, als die agrarische Regierungspartei die dringenden Empfehlungen des »Soldatenkönigs« zur *Conservation der Residentzien* (Seite 91) unvorsichtig vergessen hatte. Die preußische Agrarpolitik, die auch den Berliner Stadtbahnbau beherrschte, verfolgte andere Ziele als die Bahngesellschaften in den Hauptstädten anderer Länder. Man denke nicht nur an den Wetteifer, mit dem die Privatbahnen in das Herz der Londoner Innenstadt vordrangen, sondern auch an die neuen Milliarden-Tunnels, mit denen die Pennsylvania-Bahn und die New-York-Central-Bahn sich das Herz von New York eroberten. Die preußische Eisenbahnpolitik sah nicht das geringste Bedürfnis, »die vollständige und tief einschneidende, segensreiche, aber auch notwendige Revolution in unserem wirtschaftlichen und Verkehrsleben der Stadt Berlin hervorzurufen und zugleich deren Umbildung gerade in ihrem inneren Kern zu erzwingen«, wie Orth in seiner denkwürdigen Schinkel-Festrede von 1875 als Ziel des Stadtbahnbaues forderte. Allerdings wurde der Stadtbahngedanke nicht ganz fallengelassen. Er hatte nämlich insofern hohe Bedeutung für die Staatsbahnen, als »das westliche Ende der Stadtbahn an die damals zur Ausführung vorbereitete Staatsbahn Berlin-Wetzlar anschließen sollte, so daß auf diese Weise für

die neue Bahn die Kosten des Berliner Endbahnhofes gespart werden konnten, indem die Berlin-Wetzlarer Bahn die Zwischenstationen der Stadtbahn und den östlichen Endbahnhof für die eigenen Betriebszwecke benutzen konnte. Die hierdurch zu erzielende Ersparnis war wegen der hohen Berliner Grundstückspreise nicht unbeträchtlich« (Hartwich). Die Vollendung der Stadtbahn zwecks Ersparnis eines Endbahnhofes verlor jedoch alle Dringlichkeit vom Jahre 1877 an, weil damals der Staat die Berlin-Dresdner Bahn in Verwaltung nahm und künftighin die Berlin-Wetzlarer Züge auf dem Personenbahnhof der Dresdener Bahn abfertigen konnte, was vor der Verstaatlichung wegen der hohen Forderungen der Privatgesellschaft unmöglich gewesen war. 1880 wurde auch die Potsdamer Bahn vom Staat angekauft und für die Einmündung der Berlin-Wetzlarer Bahn benutzt. Der Bau der Stadtbahn konnte somit in aller Gemächlichkeit vor sich gehen. Bei der Wahl der Linienführung entdeckte man denn auch schnell zahlreiche »Hindernisse, die sich im wesentlichen auf die hohen Grunderwerbskosten und auf die großstädtischen Verkehrsverhältnisse bezogen«, Hindernisse, die durch entschlossene außergewöhnliche Anstrengungen zu überwinden vom fiskalischen Standpunkt aus kein zwingender Grund vorlag und die man deshalb auf dem Wege langwieriger Verhandlungen zu besiegen vorzog. »Eine annähernd geradlinige Verbindung der beiden in Aussicht genommenen Endbahnhöfe wäre über die Michaelbrücke hinweg am Spittelmarkt vorbei parallel zur Leipziger Straße und durch die zwischen Tiergarten und Landwehrkanal gelegene Vorstadt hindurch am Südrand des Zoologischen Gartens entlang möglich gewesen. Diese Führung hätte nicht nur die Bahnlänge gegenüber der ausgeführten Linie um 20 Prozent abgekürzt, sondern auch in höherem Maße die Hauptverkehrsadern der Stadt dem Bahnverkehr erschlossen. Aber die hohen Grunderwerbskosten machten diese Linie unausführbar. Es mußte vielmehr ein Weg ausfindig gemacht werden, der die dichtbebauten Häuserviertel tunlichst vermied«,* d. h. also, der den Zweck der Stadtbahn als Schlagader des Stadtschnellverkehrs unvollkommen erfüllte. Wer sich heute an dem Gedanken der geraden Linie der Stadtbahntrassierung stoßen sollte, weil sie durch das zwischen Tiergarten und Landwehrkanal gelegene Wohnviertel führt, muß sich erinnern, daß durch die heutige Führung und durch den Packhof derselbe Schaden im Norden angerichtet worden ist, der im Süden vermieden wurde. Gerade das ans Schloß Bellevue angrenzende Gebiet des rechten Spreeufers war vom Königlichen Hofmarschallamt, welchem das meiste Gelände in jener Gegend gehörte, für eine vornehme Villenkolonie ausersehen worden, die sich nahe der damals beliebtesten Promenade am Spreeufer — sie wird bereits auf dem Stich von Chodowiecki als »*la première promenade de Berlin*« bezeichnet — wunderbar hätte entwickeln können, ein Gedanke, der nach Anlage des Packhofes und der Stadtbahn begraben werden mußte.

August Orths Vorschlag, das vom Bau der Stadtbahn sicher zu erwartende Steigen der Bodenwerte für die Finanzierung des Unternehmens dienstbar zu machen, wurde nur in geringem Umfang angewendet. Die kürzere und verkehrstechnisch richtige Linie wurde geopfert, und das Streben, mühelos und billig zu bauen, führte zu

---

* Vgl. »Berlin und seine Eisenbahnen«, herausgegeben im Auftrag des Kgl. Preuß. Ministers der öffentlichen Arbeiten, 1896, I, S. 319 f.

einem Schritt, dessen verhängnisvolle Bedeutung für das architektonische Äußere der Reichshauptstadt ebenso außerordentlich ist wie die Gleichgültigkeit, mit der er von den Bewohnern Berlins hingenommen wurde: der Bau der Stadtbahn wurde zum Anlaß der Zuschüttung und Verwendung des Königsgrabens in einer Form, die den Entwurf Orths verkümmerte. Der Königsgraben war ein Stück altes Berlin, ein durchschnittlich 40 Meter breiter Wasserstreifen (mit den angrenzenden Gärten, Höfen und Lagerplätzen 80 bis 200 Meter breit), ein fast zwei Kilometer langes Stück alter Befestigung aus der Zeit des »Großen« Kurfürsten, eine Möglichkeit stattlichen Städtebaues ersten Ranges. (Die Lage des Königsgrabens ist am besten auf Tafel 25, 35, 54 erkennbar.) Wenige Jahre vorher hatte in Wien Kaiser Franz der staunenden Welt ein Beispiel gegeben, wie derartige alte Festungsanlagen einer modernen Großstadt würdige Verwendung finden können. Dank der Geldfülle, die nach dem Deutsch-Französischen Krieg in Preußens staatlichen Kassen herrschte, war ein Grund, warum die junge Kaiserstadt bei der Verwertung ihres Festungsgeländes kleinlicher sein sollte als die alte Kaiserstadt, um so weniger vorhanden, als das in Berlin noch zu rettende Festungsgelände kleiner und billiger war als das Wiener. Auch hätte selbst ein Überbieten des gelungenen Wiener Vorbildes in Berlin weniger Hirn erfordert als 15 Jahre vorher die Neuschöpfung der Wiener Ringstraße. August Orth hatte für eine seiner Lieblingsideen, die Durchlegung der Kaiser-Wilhelm-Straße, ganz besondere Hoffnungen auf die Regulierung des Königsgrabens gesetzt. »Diese Regulierung«, schrieb er 1873, »wird zweckmäßig in der Weise erfolgen, daß der Graben zu einer breiten mit Bäumen bepflanzten und mit Statuen, Brunnenanlagen usw. besetzten Schmuckstraße umgestaltet würde. Dieselbe würde in der Mitte auf einem Bogengange die Stadtbahn aufnehmen können, wenn man nicht vorzieht, dieselbe von der Straße entfernt anzulegen. Jedenfalls würde beim Zuwerfen des Königsgrabens und dessen Regulierung zu einer breiten Straße für die Nachbargrundstücke eine sehr bedeutende Wertsteigerung entstehen, welche mit Zuschütten und Regulierung auf sechs bis neun Millionen Mark anzunehmen ist. Dieselbe sollte billigerweise weder den *Adjazenten* noch der Stadtbahn geschenkt, sondern für weitere Stadtregulierungszwecke bestimmt werden. Jedenfalls würde es vollständig unzulässig sein, durch eine Lage, welche der Stadtbahn eine teilweise unentgeltliche Benutzung des Königsgrabens zu gestatten scheint, jeder ferneren Regulierung in den Weg zu treten, so wie auch der Anschlag des Unternehmens auf solche unentgeltliche Benutzung nicht *basiert* ist. Es ist zunächst ein hervorragendes städtisches *Interesse*, an dieser Stelle, wo es durch die Verhältnisse so sehr erleichtert ist, vorzugehen, aber es scheint zur Zeit das Verständnis für diese Fragen sowie der nötige Wille zu fehlen.«
Aber die Regulierung des Grabens wurde verschleppt im Hin und Her zwischen Staats- und Stadtbehörden, die sich von 1875 bis 1879 gegenseitig Rechnungen schickten (die neue Kanalisation wurde hineingemischt) und schließlich statt eines Gewinnes von 6 bis 9 Millionen ein allseitiges *Defizit* errechneten. Der von Orth entworfene Straßenzug hätte bei rechtzeitigem Zugreifen breiter sein können als der Wiener Ring und hätte die Stadtbahn in einen dicht bepflanzten mittleren Schutzstreifen wie in einem Schutzwald bergen können. Statt dessen entstand die

schmale (19 m) Dircksenstraße mit ihren zum Teil noch heute unbebauten Lagerplätzen. Um zu würdigen, was Berlin mit dem Königsgraben verlor, mag man an die Bremer Wallanlagen denken. Aber man muß sich auch vergegenwärtigen, was eine boulevardartige kurze, aber sehr breite und reich bepflanzte Ringstraße im Anschluß an »Unter den Linden« und an die Museumsinsel im Zug der heutigen Stadtbahn bis zum Märkischen Museum und im weiteren Anschluß an die dort viel zu langsam entstehenden Uferstraßen der Spree für das östliche Berlin und überhaupt für die ganze Altstadt bedeutet hätte. Man vergleiche damit die heutige Dircksenstraße und die Hoffnungslosigkeit der Berliner »City«, die zur Flucht nach dem Nollendorfplatz, der Tauentzienstraße und dem Kurfürstendamm gezwungen hat. Eine Weltstadt braucht erlesene Geschäftslagen, ohne die ihre Vergnügungs- und Luxusindustrien ihre Erzeugnisse nicht vorteilhaft anbieten können. So viel auch gegen Napoleons III. umfassende Straßenbauten einzuwenden ist, so wenig kann bezweifelt werden, daß sie der Pariser Geschäftsstadt nützten. In Berlin haben die Behörden das Ausmünzen der städtebaulichen Möglichkeiten der aufblühenden Geschäftsstadt weniger gefördert als gehemmt. Die privaten Versuche, ihre Bedürfnisse mit Anlagen wie die Beuthstraße, die beiden Passagen oder das Berliner Palais Royal zu befriedigen, wurden mit ungenügenden Mitteln oder am falschen Platz unternommen und haben Enttäuschungen gebracht. Man vergegenwärtige sich schließlich, welche Schäden der heilige Bezirk der Museumsinsel und der benachbarte Monbijoupark durch die Stadtbahn erlitten haben, und man vergesse nicht, daß das Gelände des Königsgrabens ursprünglich Berliner Gemeindeland war, das vom »Großen« Kurfürsten mehr durch *Okkupation* als durch Kauf erworben wurde und das somit nach Aufhebung der Befestigung nicht wie gewöhnlicher Boden hätte erschlossen werden dürfen.

Auch abgesehen vom Königsgraben wurden die großen von Orth erkannten Möglichkeiten, die Berliner Innenstadt im Zusammenhang mit dem Bau der Stadtbahn durchgreifend zu regulieren, nicht ausgenutzt. Am 7. Februar 1882, also 38 Jahre nach den ersten Entwürfen und 11 Jahre nach Orths erneuter Anregung, wurde die heutige Stadtbahn endlich als eine teilweise Ausführung des Orthschen Zentralbahnvorschlages eröffnet. Die Nord-Süd-Verbindung zwischen Stettiner, Lehrter, Potsdamer, Anhalter, Görlitzer Bahnhof, die Orth sowohl wie zum Teil noch Hartwich ins Auge gefaßt hatten, fehlt noch heute, obgleich sie im Großberliner Wettbewerb von 1910 von allen Preisträgern, d. h. also von den führenden Fachleuten Deutschlands, aufs neue gefordert wurde. So segensreich auch die Wirkungen des verspäteten und teilweisen Baues der Stadtbahn gewesen sind und so sehr sie die Entwicklung Berlins nach Westen und Osten gefördert hat, so wenig konnte eine derartige Entwicklung in nur zwei Richtungen den Ring des »Bodenmonopols« zerbrechen.

Solange die großen Gebiete im Süden und Norden vom städtischen Schnellverkehr unerschlossene Eisenbahnwüsten blieben, konnte auch das Neuland im Westen und Osten von der Bodenspekulation, ohne viel Mühe, fast zu Kasernenlandpreisen aufgewertet werden. Die Verhältnisse in der »Villenkolonie« Grunewald haben das bewiesen.

Vorort-, Stadt- und Ringbahnverkehr auf den Berliner Eisenbahnhaltestellen, 1904

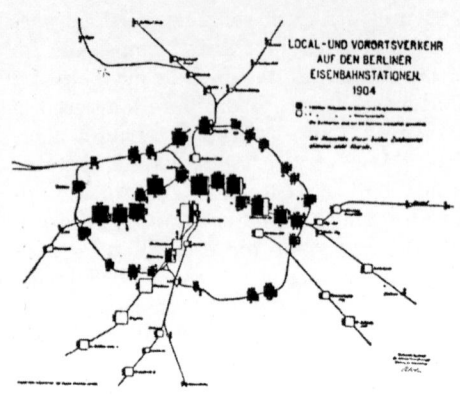

Vorort-, Stadt- und Ringbahnverkehr der Berliner Dampfbahnen, 1905

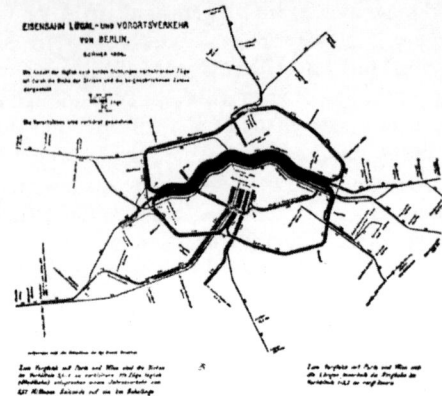

Schwarzes Feld = Stadt- und Ringbahnverkehr. Weißes Feld = Vorortverkehr

Die Anzahl der täglich nach beiden Richtungen verkehrenden Züge ist durch die Dicke der Striche dargestellt

Beide Darstellungen (von Professor Richard Petersen) zeigen die erstaunliche Überlegenheit der Durchmesserlinien der Stadtbahn verglichen mit den sich totlaufenden Kopfbahnlinien (Stettiner, Lehrter, Anhalter, Wannsee- und Potsdamer Bahnhof). Trotz der 1905 schon gewaltig fortgeschrittenen Bebauung war auch die Ringbahn noch verhältnismäßig verkehrsarm

Der verspätete Bau der 12 145 m langen Stadtbahn ist durch die »Gründerzeit« und durch üppige Aufmachung verteuert worden. Trotzdem hat er mit dem gesamten späteren Ausbau bis zur Abwicklung des »Baufonds« im Jahre 1892 nur 68,1 Millionen verschlungen. Davon wurden 15 Millionen durch die Vermietung der Stadtbahnbögen verzinst, und mindestens die Hälfte der Baukosten ist auf die Bedürfnisse des Fernverkehrs zu verrechnen, der zwei der vorhandenen vier Geleise ausschließlich benutzt. Danach wären also für den städtischen Schnell- und Vorortverkehr wenig mehr als 2 Millionen Mark je Kilometer zweigleisiger Schnellbahn zu verrechnen für eine Linie, auf der eine der internationalen Höchstleistungen des innerstädtischen Schnellverkehrs bewältigt wird. Wer behaupten möchte, daß damals Berlin nicht reif gewesen sei, vernünftig finanzierte Schnellbahnbauten zu verzinsen, vergleiche mit diesem Preis von 2 Millionen die Kosten der Untergrundbahnen, die schon vor dem Krieg in der Innenstadt etwa 10 Millionen Mark für den Kilometer verschlungen und die heute noch wesentlich teurer sind.

Welch brennendem Bedürfnis auch die nur teilweise Ausführung der Orthschen Gedanken begegnete, zeigte die geradezu rührende Begeisterung, mit der sich die Zeitgenossen nach der Eröffnung über diese »großstädtische Einrichtung« gefreut haben. Diese Anerkennung darf nicht darüber hinwegtäuschen, daß die verzögerte und teilweise ganz versäumte Ausführung der Orthschen Vorschläge zu den folgenschwersten Versäumnissen in der Berliner Baugeschichte gehört. Glücklicherweise kommen diese über das Schicksal einer Stadt entscheidenden Augenblicke nicht nur einmal und unwiederbringlich. Berlin erlebte einen ähnlichen Augenblick etwa anderthalb Jahrzehnte später, also um 1897, als dem Bau der ersten elektrischen Straßenbahn (die schon 1881 zwischen Groß-Lichterfelde und Südende verkehrte) endlich die »Umwandlung« der Pferdebahnen in elektrische Straßenbahnen und die Schaffung langer Durchgangslinien nach den Außenbezirken folgen sollte. Auch damals bot sich die Möglichkeit zu großartigem wohnungsreformatorischem Eingreifen, wenn nämlich der Ausbau des Straßenbahnnetzes in den Dienst sozialer Bodenpolitik gestellt worden wäre, wie man Verwandtes bei den großen Trambahnbauten des Londoner Grafschaftsrates gesehen hat. Aber auch diese bedeutende Gelegenheit ist versäumt worden, und wieder haben staatliche Eingriffe — zugunsten der damals privaten Straßenbahnen — der Verkehrsentwicklung Berlins schweren Schaden zugefügt. Zwei Berliner von großer gemeindepolitischer Einsicht, Stadtrat Hugo Preuß und Stadtverordneter Hugo Heimann (der heutige Vorsitzende des Haushaltsausschusses im Reichstag), die eine unabhängige Lebensstellung mit edelstem Gemeinsinn verbanden, haben dieses dunkle Kapitel der Berliner Geschichte und die ganz eigentümlich preußisch-*korrupten* Verhältnisse im vorrevolutionären Verkehrswesen Berlins geschildert und haben gleichzeitig auch ein überzeugendes verkehrspolitisches Programm aufgestellt, mit dem Berlin nach seiner 1920 endlich erfolgten Vereinheitlichung und politischen Reinigung Ernst zu machen sich — vielleicht — anschickt. In einer Rede über »die Verkehrspolitik Groß-Berlins« (1906) gab Hugo Heimann folgendes Bild der entscheidenden Jahre:

»Die Tätigkeit der Verkehrsdeputation der Stadt Berlin wird gehemmt durch die versteckte Gegnerschaft einflußreicher Mitglieder der städtischen Verwaltung selbst, durch die offene Parteinahme, welche die auf dem Gebiet des Verkehrswesens fast allmächtigen Staatsbehörden für die privatkapitalistischen Monopolgesellschaften bezeigen, und natürlich auch durch die Todfeindschaft, mit der diese Gesellschaften selber allen Maßnahmen der Deputation begegnen. Trotz des heftigen Widerstandes der sozialdemokratischen Stadtverordneten hatte der Magistrat den im Jahre 1871 abgeschlossenen Vertrag (zwischen Stadt und Pferdebahngesellschaft) mehrfach, zuletzt bis zum Jahre 1911, verlängert... Die Stadt ist nicht mehr Herrin ihrer Straßen und Plätze, sondern muß mit einer Gesellschaft verhandeln, die kraft ihrer Verträge, die sich zu einem Monopol für die Gesellschaft ausgewachsen haben, der Stadt ihre Bedingungen stellen kann. Die erste größere Arbeit, welcher die städtische Verkehrsdeputation sich zu unterziehen hatte, war die Vorbereitung des sogenannten Umwandlungsvertrages von 1898, durch welchen die Große Berliner Pferdeeisenbahn-Aktiengesellschaft verpflichtet wurde, den Pferdebetrieb in den elektrischen Betrieb umzuwandeln.«
Dieser »Umwandlungsvertrag« hatte sehr schädliche Folgen für die Verkehrs- und Wohnverhältnisse Berlins, weil sich die Stadt durch den Abschluß dieses Vertrages

unter das »Kleinbahn-Gesetz« stellte, mit dem der preußische Gesetzgeber von 1892 einen besonders häßlichen Beweis seiner sozialpolitischen Unfähigkeit und Stadtfeindschaft geliefert hatte. Hugo Preuß nannte dieses Gesetz »das unglückliche Kleinbahn-Gesetz, das für große Gemeinden, namentlich für Berlin, ganz und gar nicht paßt... Das ganze Kleinbahn-Gesetz weiß von der Gemeinde, von dem kommunalen Gemeinwesen als solchem überhaupt nichts; lediglich in ihrer Eigenschaft als Wegeunterhaltungspflichtige haben die Gemeinden gewisse Rechte nach dem Kleinbahn-Gesetz... Damit hat der Gesetzgeber die Sache aus der Froschperspektive betrachtet. Weiter gibt das Kleinbahn-Gesetz durch sein *Konzessions-* und namentlich sein Ergänzungsverfahren die Handhabe, um die Gemeinde zwischen Staatsbehörde auf der einen und Aktiengesellschaft auf der anderen Seite unter Umständen glatt auszuschalten... Das heißt meines Erachtens den einzigen Faktor ausschalten, der Träger einer wirklichen Sozialpolitik im städtischen Verkehrswesen sein kann.« So urteilte Hugo Preuß (der ursprünglich durchaus nicht aus dem staatssozialistischen Lager herkam) in seiner Rede »Sozialpolitik im Berliner Verkehr« (1911). Er nannte es eine seiner »stolzesten kommunalpolitischen Erinnerungen«, gegen den »Umwandlungsvertrag« von 1898 gestimmt zu haben, der Berlin dem unsozialen neuen Kleinbahn-Gesetz mit seinen »Fußangeln und Selbstschüssen« unterwarf.

Das Verdienst von Hugo Preuß war um so größer, als damals sogar die Sozialdemokraten durch die diplomatische Pferdebahngesellschaft mit sogenannten »sozialpolitischen« Einrichtungen (zehnstündige Arbeitszeit für die Fahrer und die Errichtung einer Pensionskasse) kirre gemacht wurden. »Wegen dieser ›sozialpolitischen‹ Errungenschaften hat schließlich in der Stadtverordnetenversammlung auch die Sozialdemokratie für die Wiege unserer Leiden, den Umwandlungsvertrag von 1898, gestimmt... So geschah das Unglück... jene ›sozialpolitischen‹ Einrichtungen waren mit den Folgen dieses Vertrages viel zu teuer erkauft. Diese Dinge müssen auch sozialpolitisch in einem weit größeren Zusammenhang betrachtet werden als dem der bloßen Arbeiterfürsorge... Die weiten Räume Groß-Berlins sind im wirtschaftlichen und verwaltungspolitischen Sinn nicht vorhanden, wenn sie bloß geographisch existieren, sondern nur, wenn sie auf eine wirtschaftliche Weise an den Verkehr angeschlossen sind. Also die Aufschließung der Räume durch den Verkehr, durch die organisierende Verkehrspolitik schafft sie in gewissem Sinne erst, indem sie sie in wirtschaftlich möglicher Weise erreichbar macht... Eine kommunale Bodenpolitik, Wohnungspolitik, Ansiedlungspolitik ist durchaus bedingt von der Gestaltung des kommunalen Verkehrswesens... Nur wenn die Gemeinde die Leitung einer sozialpolitisch einheitlichen und durchdachten Verkehrspolitik in der Hand hat, ist sie nicht, wie es heute (1911) meist der Fall ist, der Spielball des Zufalls in all diesen Fragen der Steuerverhältnisse, der Schulverhältnisse, der Armenverhältnisse. Dann kann sie, und zwar nicht mit den äußerlich mechanischen Machtmitteln der Polizei, sondern mit den innerlichen, organischen Mitteln fürsorglich pflegender Verwaltung und doch mit Übermacht hindrängen auf eine den Gesichtspunkten der Kommunalpolitik entsprechende soziale Gruppierung der Bevölkerung im Raum.« So verkündete Hugo Preuß das Programm der Verkehrspolitik, die Berlin nach Schaffung der

Einheitsgemeinde von 1921 und nach Erwerbung wichtiger Verkehrsmittel endlich wirkungsvoll anstreben kann — wenn sich machtvolle, praktische und gemeinnützig denkende Männer dazu finden.

Ganz andere Ziele als soziale Verkehrspolitik verfolgte mit Hilfe des preußischen Staates die private »Große Berliner Pferdeeisenbahn-Aktiengesellschaft« (die in folgendem kurz die Straßenbahngesellschaft genannt wird). »Sie hatte es«, so berichtete Hugo Heimann, »verstanden, alle die anderen Gesellschaften unter ihre Kontrolle zu bringen... Solche Entwicklung bedingte natürlich... enge Beziehungen zu einer unserer Großbanken (der Dresdner Bank). Als dann durch den Umwandlungsvertrag von 1898 die bisherige Pferdebahngesellschaft in unmittelbare Verbindung mit der Gesellschaft gesetzt wurde, welche die elektrische Kraft erzeugte, trat diese Gesellschaft als dritte in den Bund ein. Die Beziehungen dieser drei Gruppen von Gesellschaften, die alle von einer kleinen Handvoll Männer geleitet werden, sind so eng und verschlungen wie möglich. Die Direktoren dieser Gesellschaft sitzen im Aufsichtsrat jener Gesellschaft und umgekehrt, so daß ein einheitliches planvolles Handeln der Gesellschaften gegen die *Interessen* der Gemeinde gewährleistet ist. Aber nicht nur die Finanzkraft der Gesellschaften ist eine ungeheure, nicht nur umklammern sie durch die Macht des Geldes und die ihnen von den Gemeinden törichterweise eingeräumten Rechte wie mit Vampirarmen die Gemeinden, nein, die Große Straßenbahngesellschaft hat es auch von Beginn an verstanden, Männer ihres Vertrauens, Aufsichtsratsmitglieder und dergleichen, als Stadtverordnete in die Versammlung, als Stadträte in den Magistrat zu entsenden, so daß, ganz abgesehen von der Öffentlichkeit der städtischen Verhandlungen, selbst im engsten Zirkel der Verwaltung nichts gegen diese Gesellschaften gesprochen oder geplant werden konnte, von dem sie nicht sofort unmittelbare Kunde erhielten, wohingegen die Gemeinden natürlich von den in den Direktorialbüros dieser Gesellschaften ausgeheckten Plänen niemals etwas erfuhren. Als nun, nach Einführung der elektrischen Kraft, die Straßenbahngesellschaft bis in die entlegensten Vororte hineinfuhr und ihr Geschäftskreis immer größer wurde, da konnte es ihr nicht mehr genügen, in einigen Gemeinden ein paar Stadträte oder Stadtverordnete als Vertrauensleute zu haben. Da verfiel diese Gesellschaft auf ein geradezu geniales Mittel, ihren Einfluß ins Ungemessene zu steigern. Sie kaufte nämlich den Mann, der als Ministerialdirektor und rechte Hand des Ministers die Oberaufsicht über das gesamte Kleinbahnwesen Preußens zu führen hatte, aus dem Staatsdienst aus und machte ihn zum Direktor ihres Betriebes. In Rußland kann man erreichen, was man zu erreichen wünscht, durch die brutale Macht des Geldes; es kommt nur auf die Höhe des Bakschisches an. Das ist bei uns anders... Was man aber bei uns durch Geld nicht erreichen kann, das kann man machen durch enge freundschaftliche und kollegiale Beziehungen, die von den Direktorialbüros unserer großen Aktiengesellschaften in die Ministerhotels führen. Dieses von der Straßenbahngesellschaft zuerst erprobte Mittel arbeitete so vorzüglich, daß in der Folge sehr viele unserer großen Verkehrs- und Industriegesellschaften dem gegebenen Beispiel folgten. Es vergeht jetzt kaum eine Woche, in der man nicht hört, dieser oder jener Ministerialdirektor oder Geheimrat sei in die Direktion dieser oder jener Aktiengesellschaft eingetreten.«

Ein für Berlins Städtebau verhängnisvolles Beispiel der eigentümlich preußischen Beamtenkäuflichkeit, von der Hugo Heimann hier sprach, lieferte später »der Schutzverband für Grundbesitz und Realkredit, an dessen Spitze leider ein Mann wie van der Borght steht, den ich persönlich hochgeschätzt habe«; so äußerte sich der achtundsiebzigjährige Adolf Wagner über den Direktor des Kaiserlich-Statistischen Amts, van der Borght, der sich von dem »Schutzverband für Grundbesitz und Realkredit« hatte kaufen lassen, um den »unrichtigen Zustand im Bodenhandel« zu verteidigen, gegen den sich nach Adolf Wagners Ansicht jeder »erheben muß, der es ehrlich meint mit unserem Volk«. Aus dieser im monarchischen Preußen verbreiteten *Korruption* zogen namentlich auch die großen Versicherungsgesellschaften und der Deutsche Stahlwerksverband wichtige Vorteile, indem sie jeweils ihren bestunterrichteten Aufsichtsbeamten aus der Regierung wegkauften. »Diese Methode ist um so gefährlicher, als erfahrungsgemäß in jedem *Ressort* nur eine Persönlichkeit vorhanden zu sein pflegt, die für die Behandlung solcher verwickelter Sonderfragen die erforderliche *Kompetenz* besitzt.« (So schrieb »Die Bank«, Monatshefte für Finanz- und Bankwesen, 1911, S. 825.)

Von den Folgen, welche diese eigentümliche preußische *Korruption* auf das Berliner Verkehrswesen hatte, gab Hugo Heimann folgende Schilderung: »Herr Ministerialdirektor Micke schied also aus dem preußischen Eisenbahnministerium und wurde mit einem großen Gehalt Direktor der Straßenbahngesellschaft ... Kaum ein Jahr nach seinem Übertritt hatte der preußische Eisenbahnminister der Straßenbahngesellschaft auf ihr Ansuchen die *Konzession* um ein Menschenalter, d. h. vom Jahre 1919 bis 1949, verlängert, ohne daß die Stadt, also die andere vertragschließende Partei, gefragt oder gehört worden wäre. Es unterliegt keinem Zweifel, daß die Empörung darüber, wie sich die Gesellschaft hier hinter dem Rücken der Stadt durch persönliche Beziehungen eine Verlängerung der *Konzession* erschlichen hatte, mit zu dem Beschluß der Stadtverordnetenversammlung beigetragen hat, Bau und Betrieb neuer Verkehrslinien selbst in die Hand zu nehmen.«

Der Schaden, der damals den Berliner Steuerzahlern durch die Bestechlichkeit des preußischen Ministerialdirektors verursacht wurde, ist in der vorsichtigen Finanzzeitschrift »Die Bank« (1911, S. 827) auf 100 Millionen Mark veranschlagt worden. Zwar soll die Straßenbahngesellschaft dem treulosen Staatsbeamten nur ein Hundertstel dieses Gewinns als Entschädigung für seine geopferten Ansprüche auf staatliche Pension gezahlt haben. Trotzdem begreift man die Verachtung, mit der die Anhänger des alten Regimes auf die bescheidenere Welt des Sklarek-Skandals von 1929 und auf die Geringfügigkeit der ihnen heute gebotenen Bestechungssummen herabsehen.

Über die entscheidenden Ereignisse um 1898 berichtete Hugo Heimann weiter: »Als Ausrede für die Erschleichung der *Konzessions*-Verlängerung wurde von der Straßenbahngesellschaft und vom Minister geltend gemacht, daß die Zeit bis 1919 gar nicht hätte ausreichen können, um das Kapital zu *amortisieren*. Dieser Einwand erledigt sich glatt durch die Tatsache, daß die Straßenbahngesellschaft selber bei den Vertragsverhandlungen diese Frist als ausreichend zur *Amortisation* bezeichnet hat. In Wahrheit aber sind von der Bahngesellschaft zugunsten einer unberechtigt hohen

Dividende die nötigen Abschreibungen vernachlässigt worden. Auch die Ausstattung des Erneuerungs*fonds* bei der Gesellschaft läßt außerordentlich viel zu wünschen übrig... Bei allen, die die Verhältnisse kennen, besteht gar kein Zweifel, daß die ganze Politik der Bahngesellschaft dahin geht, durch alle ihre Verbindungen und Beziehungen sowie durch den günstigen Vertrag, den sie in Händen hat, den Gemeinden, insbesondere der Gemeinde Berlin, das Leben so schwer zu machen, daß sie schließlich zu dem Entschluß kommen: ehe wir diese ewigen Scherereien und Plackereien ertragen, lieber wollen wir doch schon jetzt das ganze Unternehmen aufkaufen. Nur so ist dieses Verfahren bezüglich der *Amortisationsquoten* zu erklären.«

Diese »ewigen Plackereien« haben für die alte Stadt Berlin — also Klein-Berlin — nie geendet. Erst ihrem Nachfolger, dem Großberliner »Zweckverband«, gelang es 1917 — eine der segensreichsten Wirkungen des Krieges —, die Großberliner Straßenbahnen und ihre Tochtergesellschaften zu einem annehmbaren Einheitsvertrag für das ganze Zweckverbandgebiet zu zwingen. Erst bei verstärkter Inflation, 1919, als der Zweckverband der Straßenbahngesellschaft die Erhöhung der Tarife verweigerte, konnten die gesamten Straßenbahnen in den Verbandsbesitz übergehen und wurden zusammen mit den 10 000 Hektar Wäldern des Verbandes eins der wichtigsten Erbstücke der kurz darauf (1920) entstehenden Einheitsgemeinde Berlin.

Als ob es nicht genügt hätte, daß 20 Jahre vorher der Eisenbahnminister die private Bahngesellschaft gegen die Gemeinde stützte, griff sogar Wilhelm II. durch Kabinettsordern zu ihren Gunsten ein. »Durch die Kabinettsorder vom September 1910«, so berichtete Hugo Heimann, »wurden wiederum, ohne die andere Vertragspartei auch nur zu hören oder zu befragen, einer großkapitalistischen Erwerbsgesellschaft Zugeständnisse gemacht zu dem ausgesprochenen Zweck, die Wirtschaftlichkeit ihres Betriebes zu erhöhen, d. h. den Aktionären dieser Gesellschaft höhere Dividenden zuzuführen... Dafür aber schwamm diese Gesellschaft so im Gold, daß sie einer kaiserlichen Anregung entsprechend jene bekannten bronzenen Jagdgruppen am Großen Stern aufstellen konnte.«

Dieser kunst- und sozialpolitische Eingriff Wilhelms II. war um so schädlicher, als die Großberliner Verkehrspolitik während der damaligen Kämpfe vor einer neuen großen Entscheidung stand: der Bau von Verkehrsmitteln, die schneller sind als Straßenbahnen, war damals so dringend nötig geworden, daß es sogar von privaten, auf finanziellen Reingewinn angewiesenen Gesellschaften für lohnend angesehen wurde, Schnellbahnen — wenigstens in der billigeren Form von Hochbahnen — zu bauen. Mit Siemens & Halske zogen sich die Unterhandlungen über die erste Hochbahn schon seit Anfang der neunziger Jahre in die Länge. Als dann endlich »mit der Herstellung des eisernen Viaduktes auf einigen Strecken östlich vom Halleschen Tor begonnen worden war« — so meldet der Berliner Verwaltungsbericht von 1904 —, »machte die freudige Erwartung, welche man früher dem Unternehmen entgegengebracht hatte, in weiten Kreisen einer Enttäuschung über den wenig ansprechenden Anblick des eisernen Bauwerks Platz«. Diese erste Hochbahn wurde zum Teil schon Untergrundbahn und wurde erst 1902 endlich eröffnet. Welche Mächte geistiger Finsternis von Grundbesitzern der Innenstadt und ähnlichen Feinden des Schnellverkehrs gegen die einzig wirtschaftliche Form der Schnellbahn, die Hochbahn, ins Feld geführt wurden, zeigt als einer unter Tausenden der »*Protest*« des Berliners Dr. Wollny, des Verfassers zahlloser philosophischer Schriften, der 1894 unter Berufung auf die »pantheistische Auffassung des Daseins, wie wir sie bei einem Giordano Bruno antreffen«, die von seiten der Hochbahn drohende Gefahr folgendermaßen schilderte: »Die Anschauungsgewohnheit, welcher die Bürgerschaft auf ihrem täglichen ernsten Geschäftsgang sich hingegeben und welche in continuirlicher Fortentwicklung mächtig auf die Ausgestaltung ihres ganzen individuellen Daseins mit eingewirkt, soll hier mit einem Male unterbrochen werden, aus dem Grunde, weil angeblich eine solche Neuerung zur Notwendigkeit geworden sein soll.« Die Stadt Berlin, in der es keine einzige Straße gab, die nicht durch architektonische Entgleisungen entstellt wurde, und in der beinahe jede Straße eine einzige lächerliche Entgleisung darstellte, war zu schön und zu heiter, um einen ernsthaften, sachlich konstruierten und lebenswichtigen Hochbahnbau, also ein Wunderwerk der modernen Technik, irgendwie oder irgendwo ertragen zu können. In derart kulturspießerischer Verkleidung gelang es den Feinden des Schnellverkehrs, auch die Sozialdemokratie zum Kampf gegen billige und deshalb sofort baubare Hochbahnen und für teure und deshalb unwahrscheinliche Untergrundbahnen einzufangen. Die verhältnismäßig wenigen Mieter an den für Hochbahnen benötigten Hauptstraßen versteiften sich, lieber den Lärm von Straßenbahnen als den Lärm von Hochbahnen zu hören. Sie wollten lieber in ihren nun einmal vertrauten Kasernen bleiben, als in die geräumigeren und gesünderen Gartenvorstädte ziehen, die durch vernunftgemäße Schnellbahnpolitik für sie und für viele Tausende ihrer Mitbürger hätten erschlossen werden können. Darum kämpften sie für den Bau von Untergrundbahnen, mit denen soziale Verkehrspolitik nicht getrieben werden kann. Daß Berlin gerade längs seiner Stadtbahn, die doch auch Hochbahn ist, gedieh, daß die viel reicheren amerikanischen Städte sich mit viel billigeren Hochbahnen abfanden und daß es immer, wie am Nollendorfplatz, Betriebe irgendwelcher Art gibt, denen Hochbahnen nichts schaden, das alles durfte nicht mehr wahr sein. Diese Hochbahnscheu ist besonders widersinnig in den älteren Teilen Berlins, wo infolge der schlechten Bauordnung und des sinnlosen Straßenplans viele der übergroßen Wohnhausblocks gerade in ihrer ruhebedürftigen Mitte lärmende Fabriken dulden müssen.

Als aber die Stadt einen bescheidenen Anfang mit dem also unvermeidlichen Untergrundbahnbau machen und der Schnellbahn von Siemens & Halske eine Unterpflasterbahn vom Potsdamer Platz nach dem Innern der Stadt angliedern wollte, wurde sie vom Staat gezwungen, diese Linie der Firma Siemens & Halske vorzubehalten. Aber »als die Stadt sich nun auf Grund dieser Anordnung mit Siemens & Halske wegen der Bedingungen über die Fortführung in Beziehung setzte, erschien die Große Berliner Straßenbahn auf dem Plan und erhob gegen dieses Unternehmen Einspruch, indem sie ausführte, dadurch, daß ihr Linien vom Potsdamer Platz ins Innere der Stadt *konzessioniert* seien, habe sie das ausschließliche Recht der Personenbeförderung auf diesen Strecken erlangt... Die Stadt erkannte diesen Anspruch nicht an, es kam zu einem Prozeß auf Schadenersatz in Höhe von

30 Millionen, der durch alle drei Instanzen geführt und vor dem Reichsgericht im September 1905 zugunsten der Stadt entschieden wurde. Nun erst konnte mit Siemens & Halske weiter verhandelt werden« (Hugo Heimann).
Dabei war die Stadt auch nach ihrem gerichtlichen Sieg noch in ihrer Verhandlungskraft geschwächt. Auf der einen Seite wurde sie erneut bedroht durch die Straßenbahngesellschaft, der Wilhelm II. mit einer neuen Kabinettsorder half. Auf der anderen Seite hatte die Staatsregierung der Firma Siemens & Halske ein Monopol eingeräumt. So mußte ihr die Stadt im Jahre 1906 einen Vertrag geben, der bis zum Jahre 1987 lief. Die letzterwähnte Kabinettsorder erging nach einer echt friderizianischen Randbemerkung des Kaisers, die berühmt geworden ist. Sie lautete: »Unten durch, nicht drüber weg!« und bezog sich auf die Überquerung von Unter den Linden und auf den immer wieder gescheiterten Versuch der Stadt, endlich die Straßenbahnen im Norden und Süden Berlins zu verbinden. Die Straßenbahngesellschaft vermochte mit ihren verschiedenen Untertunnelungsprojekten den Bau der ihr unwillkommenen, aber dringend notwendigen Schnellbahn zu verschleppen.
Das Durcheinander in den langen Kämpfen um den verschleppten Großberliner Schnellbahnbau war so arg, daß einmal — und es war in einer entscheidenden Frage — sogar die preußische Regierung auf die sozialpolitisch richtige Seite zu stehen kam, während die Stadtverwaltung des damaligen Klein-Berlin kurzsichtig den Vorteil des Grundbesitzes in der Innenstadt vertrat. In den Jahren 1906 bis 1912 rang die Continentale Gesellschaft für elektrische Unternehmungen (Schuckert & Co.) um die Erlaubnis, eine Schwebebahn von Gesundbrunnen nach Neukölln zu bauen, die die unerhörten Vorteile der erfolgreichen Elberfeld-Barmer Versuchsstrecke, d. h. also vor allem Billigkeit und bequeme Linienführung durch schmale Straßen (kleine Krümmungshalbmesser), mit verbesserter künstlerischer Ausgestaltung verbunden hätte. Die staatlichen Behörden unterstützen den Entwurf, der dem Berliner Hausbesitzerparlament angeblich zur deshalb zuwider war, weil mit dem Schwebebahnsystem eine Unterfahrung der heiligen Innenstadt nicht möglich war — und somit eine Gefährdung des scheußlichen Wustes ihrer Mietskasernen befürchtet werden konnte. Wenn diesen Schnellbahnfeinden bewiesen wurde, daß auch eine Schwebebahn ihnen Nutzen bringen mußte, waren sie überzeugt, daß eine Untergrundbahn ihnen noch mehr nützen würde. Wie, im Gegensatz zu dieser *interessenpolitischen* Untergrundbahnfreundschaft, die große Masse der Berliner über Untergrundbahnen und über den Vorteil, in einem Keller fahren zu müssen, denkt, beweisen die Verkehrszahlen, wonach die Untergrundbahn in jedem Sommer ein Fünftel ihrer Fahrgäste an die Oberflächenverkehrsmittel verliert. Nur bei schlechtem oder kaltem Wetter, wenn das Sitzen in den langsamen und schlecht geheizten Straßenbahnwagen unerträglich wird, ist der Andrang zur Untergrundbahn stärker als zur Straßenbahn und zum Omnibus. Die Hochbahn vereinigt als geradezu ideales Verkehrsmittel Billigkeit mit leichter Heizbarkeit, Belichtung durch Sonnenlicht und Aussicht in die Heimatstadt, die vielleicht mehr und mehr wieder aufhören wird, scheußlich zu sein.
Die Linie der Schwebebahn hätte für 3,5 Millionen Mark je Kilometer und in kurzer Zeit gebaut werden können. Der Fahrpreis für die ganze Strecke Gesundbrunnen —

Neukölln sollte 10 Pfennig betragen, wobei die Bau- und Betriebsgesellschaft ein gutes Geschäft gemacht hätte. Aber die Berliner Stadtverwaltung entschloß sich lieber für eine von der Allgemeinen Elektrizitäts-Gesellschaft vorgeschlagene unterirdische Bahn, deren Kosten damals auf 8,5 Millionen für den Kilometer veranschlagt waren und später noch viel höher wurden. Sie war also kilometerweise um mehr als 5 Millionen Mark teurer als die Schwebebahn, erforderte im ganzen eine Mehrausgabe von rund 100 Millionen Mark und — wird im Jahre 1930 vielleicht endlich fertig werden. Die AEG gründete für das Unternehmen eine besondere Schnellbahngesellschaft. Als nach der geschilderten jahrelangen Verzögerung endlich mit dem Bau begonnen wurde, kam der Krieg, und die Gesellschaft brach zusammen. Nach langem Hin und Her mußte die Stadt Berlin die Fertigstellung der Bahn übernehmen. Die Stadt mußte die viel umstrittene Linienführung ändern, wobei sehr kostspielige Umbauten bereits fertiggestellter Anlagen nötig wurden. So mußte z. B. der schon fertige Spreetunnel an der Jannowitzbrücke durch ein neues Bauwerk ersetzt werden. Dieser teure Tunnel kann nur noch für Rangierzwecke benutzt werden.

Jede Verteuerung und Verzögerung des Schnellbahnbaues, wie sie das Ablehnen der Schwebebahn durch die Berliner Stadtverordneten brachte, bedeutet höhere Fahrpreise und kürzere nutzbare Verkehrsanlagen für die Berliner Bevölkerung. Die Verlegung der Schnellbahnen in kostspielige Kelleranlagen unter der Straße ist nur an wenigen Stellen der Innenstadt die einzig mögliche und dann die richtige Lösung.

Anfang 1929 schrieb Oberbürgermeister Böß: »Die Ausgaben für den Schnellbahnbau sind die besten wirtschaftlichen und sozialen Aufwendungen, die man sich denken kann.« Am 8. Februar 1930 erklärte derselbe Oberbürgermeister Böß vor dem Untersuchungsausschuß des Landtages, der sich dem Sklarek-Skandal widmet: »Die Schnellbahnbauten haben die städtische Finanzverwaltung stark belastet. Ich bin vielfach den Wünschen nach Ausbau der Schnellbahnen ebenso wie der Kämmerer (d. i. der städtische Schatzmeister) entgegengetreten. Aber wir sind von der großen Mehrheit des Magistrats und der Stadtverordnetenversammlung überstimmt worden.«

Die frühere Bößsche Behauptung von der Wirtschaftlichkeit der Schnellbahnbauten trifft in der Tat nur zu, wenn die Schnellbahnen billig sind und wenn ihre Kosten auf die Grundbesitzer umgelegt werden, deren Gelände durch den Schnellbahnbau wertvoll gemacht werden. Wenn aber unter Schnellbahnen teure Untergrundbahnen verstanden werden, für die der kleine Steuerzahler aufkommen soll, dann ist das Gegenteil des Bößschen Satzes wahr, und es muß heißen: Die Ausgaben für den Untergrundbahnbau sind die unwirtschaftlichsten und unsozialsten Aufwendungen, die man sich denken kann. Alle Untergrundbahnen der Welt brauchen Zuschüsse oder stehen vor dem Bankrott. Gewiß ist richtig, was Oberbürgermeister Böß weiter schrieb: »Verkehrspolitik muß immer großzügig sein mit dem Blick auf das Ganze und in die Zukunft. Der Städtebauer kann eine gesunde Siedlung, eine organische Verbindung von Stadt und Land, eine Auflockerung der Großstadt nur erreichen, wenn der Verkehrsmann voran- und mitgeht. Verkehrsprobleme dürfen nicht an Paragraphen und Einzelarbeiten ersticken. Die volkswirtschaftliche Kapitalbildung

muß heute andere Wege gehen als früher, wo das Kapital in Schlösser, Burgen, Pyramiden u. a. gesteckt wurde. Das Volkskapital muß heute in Verkehrsmitteln, wie Bahnen, Straßen, Schiffen, in Kraftanlagen, wie Elektrizitätswerken, Gaswerken, Fernleitungen, und in Wohnungsbauten angelegt werden.«
Bei der Rechtfertigung der gewaltigen Berliner Aufwendungen für Schnellbahnbauten läßt sich ferner geltend machen, daß sie (ganz im Sinn der Forderungen, die weitblickend August Orth schon vor 60 Jahren aufstellte) im Zusammenhang mit der dringend notwendigen Sanierung der Innenstadt unternommen werden. Diesen wichtigen Zusammenhang zwischen Schnellbahnbau und Altstadt-Sanierung schilderte Stadtrat Ernst Reuter, Vorsitzender des Aufsichtsrates der großen städtischen Verkehrs-Aktien-Gesellschaft, die, 1929 mit einem Kapital von 400 Millionen gegründet, sämtliche Verkehrsmittel Berlins (mit Ausnahme der Staatsbahnen) zu einer mächtigen Einheit zusammengefaßt: »Erneuerung der Innenstadt wäre ohne die Untergrundbahnbauten (soll heißen Schnellbahnbauten) undenkbar, wirtschaftlich unmöglich und auch organisatorisch, so wie unsere Verhältnisse nun einmal liegen, kaum durchzuführen. Die Dinge, über die jahrzehntelang geredet und geschrieben worden ist, können jetzt in einer verhältnismäßig kurzen Zeit Gestalt gewinnen. Die großen Straßendurchbrüche sind heute nicht mehr Projekte, die auf dem Papier stehen, sondern Arbeiten, in deren Durchführung wir auch da, wo sie nach außen hin noch nicht sichtbar in Erscheinung getreten ist, mitten drin stehen. Zum ersten Male ist in Berlin diese grundlegend wichtige Funktion der Verkehrsbauten am Hermannplatz in Erscheinung getreten. Die Untergrundbahnbauten haben dort altes Gerümpel beseitigt, neuen Straßenraum geschaffen und ein neues Städtebild, das jetzt nach der Fertigstellung des Warenhauses Karstadt Gestalt anzunehmen beginnt, ermöglicht und zum Teil erst geschaffen ... Den Kottbusser Damm und das Kottbusser Tor wird man in wenigen Jahren nicht wiedererkennen. An Stelle des alten stehenden Gewässers des Luisenstädtischen Kanals entsteht im dichtesten Häusermeer Berlins eine wirkliche Erholungsstätte für unsere Bevölkerung. Am Bahnhof Jannowitzbrücke und in erster Linie am Alexanderplatz werden großzügige Verkehrsplätze entwickelt, und unsere Städtebauer und Architekten erhalten eine nie dagewesene *Chance*, durch neue Leistungen zu zeigen, daß auch unsere Zeit sehr wohl imstande ist, ihren eigenen Bedürfnissen einen *adäquaten* Ausdruck zu verleihen ... Große Straßendurchbrüche werden das Innere der Stadt durchlüften, werden den so oft geforderten zweiten Ostwestzug schaffen.«
Diese bewunderungswürdigen Leistungen oder Pläne hätten sehr viel sicherer und schneller ausgeführt werden können, und die Straßendurchbrüche hätten breiter und ihre Aufnahmefähigkeit für Hochbahnen größer sein können, wenn die teure unterirdische Führung der Bahnen auf Stellen beschränkt worden wäre, wo sie technisch durchaus nicht zu vermeiden war. Angesichts der Verdienste, welche sich die Großberliner Einheitsgemeinde seit 1920 um die Sozialpolitik im Städtebau erworben hat, muß es ein besonders bedauerliches Zurückfallen in die Geistesverfassung der vorkriegsmäßigen Hausbesitzerparlamente genannt werden, daß die gewaltigen Summen, welche seit dem Krieg für Schnellbahnen verausgabt wurden, zum weitaus größten Teil noch in Untergrundbahnen gesteckt wurden und auch weiterhin

gesteckt werden sollen. Diese unterirdischen Anlagen sind an vielen Stellen ein unverantwortlicher Luxus, sie verkümmerten und verkümmern weiterhin die Ausdehnung des Schnellbahnnetzes, und sie beschleunigen die Wiederaufblähung der Bodenpreise auf vorkriegsmäßige Höhe. Der Vorwurf des unverantwortlichen Luxus trifft in sehr viel geringerem Maße die Einschnittbahnen, wie sie vor dem Krieg nach Dahlem und neuerdings auf einer kurzen Strecke nach Zehlendorf West gebaut wurden. Diese Konstruktionsart erfordert sehr breite Straßen oder besondere Verkehrsstreifen zwischen den Gärten, aber sie ist sehr viel billiger als Untergrundbahnbau, und Billigkeit ist die Vorbedingung sozialpolitisch wirksamer Verkehrspolitik. Als geradezu toll muß es bezeichnet werden, daß die Schnellbahn nach Pankow als Untergrundbahn gebaut wird, nachdem man vor dem Krieg schon so viel Verstand gehabt hatte, sie als Hochbahn zu beginnen. Hier ereignete sich also etwas ganz Abenteuerliches: eine Linie, welche bereits die teure Führung als Tunnel unter der Innenstadt verlassen hatte und ganz im Sinn der Forderungen aller gewissenhaften Städtebauer zur billigen Hochbahnführung übergegangen war, mußte sich nach dem Krieg so schnell wieder unter die Erde verkriechen, wie es überhaupt technisch möglich war. Sie mußte draußen wieder in einen teuren Tunnel versenkt werden, um dem Größenwahn der Weltstädter von Pankow keinen Anstoß zu geben.*
Im Jahre 1911 schrieb Hugo Preuß: »Einer einheitlichen Wohnungs-, Siedlungs-, Bodenpolitik stellen sich ohne kommunale Einheit unüberwindliche Hindernisse entgegen ... Wir alle kennen ja die unheilvollen lähmenden Folgen der kommunalpolitischen Anarchie Groß-Berlins.« 1926 übernahm die Stadt die Aktienmehrheit der Hoch- und Untergrundbahngesellschaft und der Omnibusgesellschaft; es fehlen ihr heute nur noch die Stadt- und Vorortlinien der Reichsbahngesellschaft.
Der Übergang der Verkehrsmittel in die Hand der endlich geschaffenen Großberliner Einheitsgemeinde ist als Vorbedingung kraftvoller Sozialpolitik im Verkehrswesen zu begrüßen. Denn »wenn die Gemeinde nicht den gesamten Verkehr in ihre Hand nimmt, bekommt sie mit innerer Notwendigkeit nur die unrentablen Linien. Es erschwert ihr aber natürlich wieder die Aufschließungspolitik und damit den Einfluß auf die Ansiedlung usw., wenn die Opfer, die sie immerhin für solche Erschließungsstrecken zu bringen hat, keinerlei Ersatz aus den Einnahmen rentabler Linien finden« (Hugo Preuß). Die Verstaatlichung und Verstadtlichung aller Lebensregungen im preußischen Deutschland ist zu weit fortgeschritten, als daß heute noch Hoffnungen auf den freien Wettbewerb privater Kräfte gesetzt werden dürften. Aber die Betätigung der Gemeinde im Verkehrswesen hat nur Sinn, wenn wirklich Sozialpolitik dabei getrieben wird, und das ist in erster und letzter Linie nur möglich, wenn billig gewirtschaftet wird. »Will die Gemeinde überhaupt das Interesse der Siedlungs-, der Wohnungs- und der Bodenpolitik, der Aufschließung neuer Gelände

---

* Der Verfasser dieses Buches wohnt wie viele Tausend seiner Mitbürger im Berliner Westen an der Stadtbahn, also an einer Hochbahn, und beklagt den gemeinschädlichen Snobismus seiner irregeleiteten Pankower Mitbürger. Er wohnt gerade an der Stelle, wo Stadtbahn und Wannseebahn, also zwei Hochbahnen, sich kreuzen; es war die angebliche Notwendigkeit, eine ähnliche Kreuzung auf dem Weg nach Pankow zu vermeiden, die dort den Vorwand für den teuren Tunnelbau gab.

wahrnehmen, so kann sie das nur durch den Bau von zunächst noch nicht *profitablen* Strecken; denn nur das sind Aufschließungsstrecken. Die Aktiengesellschaften haben daran naturgemäß kein *Interesse*, die Gemeinden müssen daran ebenso naturgemäß ein großes *Interesse* haben« (Hugo Preuß).

Der Verkehrshunger, der unter dem vorkrieglichen System der verschleppten Schnellbahnbauten gezüchtet wurde und der erst in den letzten Jahren gestillt zu werden beginnt, spricht aus folgenden Übersichten: Im Jahre 1929 maß das Schnellbahnnetz Berlins (außer den Reichsbahnen) nur 58,9 km; doch gab es 635 km Straßenbahn und 250 km Autobuslinien.

Die Zahl der in Groß-Berlin beförderten Personen betrug in den

Jahren	1929	1928	1913	
auf den Straßenbahnen	929	899	652	Millionen
auf den Schnellbahnen	277	265	73	Millionen
auf den Kraftomnibussen	277	223	170	Millionen
auf den Stadt-, Ring- und Vorortbahnen	445	413	395	Millionen
insgesamt	1928	1800	1290	Millionen

Der Berliner Verkehr — heute fast zwei Milliarden Fahrten im Jahr — hat sich also gegenüber dem letzten Vorkriegsjahr um die Hälfte vermehrt. Jeder Berliner fährt, durchschnittlich, mehr als einmal täglich auf den öffentlichen Verkehrsmitteln. Aber noch immer ist die Hälfte des Berliner Verkehrs auf die langsame Straßenbahn angewiesen, und beinahe zwei Drittel des Verkehrs kleben noch immer an der Straße, sei es mit der Straßenbahn oder mit dem nur wenig schnelleren Omnibus. Nur ein Drittel genießt schon die Vorteile des Schnellverkehrs auf Hoch- und Untergrundbahn (einschließlich der Reichsbahn). Der hierdurch bewiesene Mangel an Schnellbahnen hat ein gewaltiges Wachsen des Autobusverkehrs gezeitigt, der sich, wie aller Autoverkehr, als eine besonders teure Form des Verkehrs darstellt. Abgesehen davon, daß der Omnibus seinen gerechten Anteil an den Straßenbaukosten nicht trägt, betragen die Betriebskosten beim Omnibus 82 Pfennig für den Wagenkilometer, gegenüber 46 Pfennig bei der Straßenbahn und 53 Pfennig bei der Hoch- und Untergrundbahn, wobei die Durchschnittsgeschwindigkeit der Straßenbahn 14 bis 15 Kilometer, des Autobus 16 Kilometer und der Hoch- und Untergrundbahn 25 Kilometer in der Stunde ist. Auch kann die Straßenbahn nur 10 000 bis 13 000 und der Omnibus nur 8000 Menschen befördern, während die Hoch- oder Untergrundbahn in Berlin 25 000 und bei künftigem besserem Ausbau sogar 50 000 Menschen in der Stunde in einer Richtung befördern kann.

Was oben über die Vorteile des Schienenverkehrs und über die Verbilligung des Schnellverkehrs durch Hochbahn- statt Untergrundbahnbau gesagt wurde, trifft besonders zu in einer Stadt und in einer Zeit, in der man immer wieder dieselbe Klage hört: »Bei der gegenwärtigen Finanzlage der Stadt Berlin ist kaum zu hoffen, daß die Schnellbahnen in absehbarer Zeit so ausgebaut werden können, daß sie eine wesentliche Entlastung des Straßenverkehrs bringen« (»Vossische Zeitung«, 4. Februar 1930). Der Berliner Oberbürgermeister Böß, vor dessen Rücktritt die Stadt

wegen ihrer finanziellen Schwierigkeiten unter staatliche Zwangsaufsicht gestellt wurde, hinterließ als sein schnell zerfetztes Testament die Forderung: »Der Einheitstarif von 20 Pfennig mit Umsteigeberechtigung zu allen Verkehrsmitteln muß unbedingt aufrechterhalten werden.« Böß' Rücktritt fiel zusammen mit einer Erhöhung des Einheitstarifes auf 25 Pfennig (mehr als man in New York bezahlt), und es wird damit gedroht, daß weitere Fehlbeträge des städtischen Haushaltes durch weitere Erhöhung der Fahrpreise, d. h. also durch unverhältnismäßige Mehrbelastung der kleinsten Einkommen, gedeckt werden sollen. Das sind ernste Gefahren für die allgemeinere Benutzbarkeit der Verkehrsmittel und für ihren Ausbau. 1929 schrieb Oberbürgermeister Böß: »Ein Kilometer Untergrundbahn in der inneren Stadt erfordert über 10 Millionen Reichsmark Baukosten. Es wird für die nächsten 15 Jahre mit neuen Linien von rund 85 km Länge gerechnet. Die Kosten werden auf etwa 1 Milliarde Reichsmark geschätzt. Ob und wie diese Summen aufgebracht werden können, läßt sich *noch* nicht sagen.«
Nicht nur hat Berlin beim Bau seiner dringend erforderlichen Schnellbahnen die teure Untergrundbahn — statt der halb so teuren Hochbahn — fälschlicherweise bevorzugt, sondern obendrein ist die Umlegung der Kosten des Schnellbahnbaues auf die Grundbesitzer, die durch ihn bereichert werden, versäumt worden. Die Schuld dafür liegt großenteils in der preußischen Gesetzgebung. »In Berlin ist es uns bisher nicht gelungen, auch nur in einem einzigen Fall auf Grund des Kommunalabgaben-Gesetzes (§ 9) von irgendeinem Grundbesitzer für den Wertzuwachs, welchen irgendeine kommunale Veranstaltung seinem Grundbesitz brachte, Beiträge zu erheben.« So berichtete 1906 Hugo Heimann, und die Verhältnisse haben sich seitdem kaum geändert.
Nachdem 1930 der 20-Pfennig-Tarif der Berliner Bahnen zusammen mit dem geplanten Aufwand einer Milliarde für Untergrundbahnbauten in der neuen Sparpolitik der Stadt ihr Ende finden mußte, hat Stadtbaurat Dr. Wagner mit Recht die Frage aufgeworfen: »Woher sollen die Städte die Mittel für die Durchführung der Stadterweiterung und für die Stadterneuerung nehmen? Der Gesetzgeber hat sich hierüber den Kopf noch nicht zerbrochen. In dem Städtebau-Gesetzentwurf, um dessen Verabschiedung sich das preußische Ministerium für Volkswohlfahrt seit mehr als vier Jahren bemüht, fehlt das Städtebau-Finanzgesetz! ... Jeder objektiv Denkende wird zugeben müssen, daß z. B. durch den Bau einer Untergrundbahn oder Schnellbahn in den Zonen um die Haltestellen herum ein Wertzuwachs der Grundstücke eintritt, der zugunsten des Veranstalters des Bahnunternehmens wirtschaftlich erfaßt werden müßte ... In einem Städtebau-Finanzgesetz wird man den Städten ganz allgemein die Möglichkeit verschaffen müssen, wirtschaftliche Vorteile, die den Grundeigentümern aus baulichen Vergünstigungen (stärkere Ausnutzung der Grundstücke, Höherzonungen usw.) erwachsen, oder die durch Veranstaltungen der Städte (Verkehrsbetriebe, Parkanlagen usw.) entstehen, zur Ausgabendeckung heranzuziehen. Der Gedanke der Anliegerbeiträge muß darum in dem Städtebaugesetz produktiv weitergebildet werden, und zwar um so mehr, als das Kommunalabgaben-Gesetz in dieser Richtung hin praktisch völlig veraltet ist ... Hier ergibt sich eine Erweiterung des Gedankens der Anliegerbeiträge in dem Sinn von Zonen-

beitragen. Anders wäre der Bau einer Verkehrsstraße über oder unter der Erde — und eine Schnellbahn ist nichts anderes als eine Verkehrsstraße im erweiterten Sinn — auf dem Weg von Anliegerbeiträgen wirtschaftlich nicht abwälzbar.«
Vor dem Krieg wurden die Kosten von Hochbahnen auf ein Drittel der Kosten des Untergrundbahnbaues berechnet. Da seitdem nur Untergrundbahnen gebaut wurden, sind auf ihrem Gebiet viele und verbilligende Bauweisen gefunden worden. Trotzdem kosten noch heute Untergrundbahnen doppelt soviel oder beinahe doppelt soviel wie die Hochbahnen, deren Bau noch nicht die Vorteile neuer verbilligender Bauweisen genießt. Der Hochbahnbau ist mit 50 v. H. der Kosten einer Untergrundbahn sogar noch verhältnismäßig hoch veranschlagt, weil in Deutschland größere Anforderungen an die Standfestigkeit und Geräuschlosigkeit der Hochbahngerüste gestellt werden als in Amerika, wo man heute die schweren elektrischen Züge noch über die leichten und für viel geringere Anforderungen gebauten Gerüste der achtziger Jahre — bisher ohne Unfall — fahren läßt.
Der hier von Dr. Martin Wagner ausgesprochene, für jede Stadtentwicklung grundlegende Gedanke ist besonders wichtig für deutsche Städte, die wie Berlin nicht die amerikanischen, starken Grundwertsteuern haben und sich nicht durch diese Steuern für die Geschenke bezahlt machen können, welche die städtischen Schnellbahnbauten den Grundbesitzern in den Schoß werfen. Es wurde mitgeteilt, daß schon August Orth dieselbe Forderung wie Dr. Wagner erhoben hat. Nach Orth hat der noch heute führende Berliner Verkehrsfachmann Geheimrat Kemmann dieselbe Forderung nachdrücklich vertreten und hat sie beim Bau der Untergrundbahn nach Westend auch verwirklicht. Damals zahlten nicht nur die Gemeinde Charlottenburg, sondern auch der Landwirtschaftsfiskus, der seine Grunewaldgelände erschließen wollte, besonders aber die Bodengesellschaft Neu-Westend Millionenzuschüsse zum Bau der Untergrundbahn, die auf die einzelnen Grundstücke der Gesellschaft in Form von ablösbaren Renten umgelegt wurden. Dieses Beispiel muß nachgeahmt werden.
Aber nicht nur ist das preußische Kommunalabgaben-Gesetz weit davon entfernt, den verkehrspolitischen Forderungen unserer Großstädte gerecht zu werden, sondern der Bau von Schnellbahnen und die Erneuerung unserer Städte leiden schwer unter der Rückständigkeit des preußischen Enteignungs-Gesetzes.»Abgesehen davon, daß das Enteignungsverfahren viel zu langatmig ist, haben die Eigentümer in jahrzehntelanger Praxis schon herausgefunden, wie sie den Preis der Grundstücke durch fingierte Mietsverträge, verwässerte Grundbucheintragungen u. a. m. auf eine Höhe schrauben können, die es der Stadt unmöglich macht, das Enteignungsverfahren auch wirklich durchzuführen. Eine Reform des Enteignungs-Gesetzes ist darum auch erste Voraussetzung einer Städtebaureform« (Martin Wagner).
Nur *billige* Schnellbahnen können dem steinernen Berlin einen Ring blühender Gartenvorstädte sichern. Dank der unsozialen Verkehrspolitik der Vorkriegszeit, die von der untergrundbahnlustigen Nachkriegszeit noch unsozialer und verkehrsfeindlicher gemacht wurde, wohnen vorläufig noch beinahe neunzehn Zwanzigstel der Berliner Bevölkerung in Mietskasernen und weniger als ein Zwanzigstel in Einfamilienhäusern.

Berlins Freiflächen, Bodenwucher und Bodenpolitik

> Das Vaterland soll jedem, der von ehrlicher Arbeit leben will, dazu helfen, ein vor Wucherhänden geschütztes Heim zu gewinnen, in dem deutsches Familienleben und der Aufwuchs an Leib und Seele gesunder Kinder möglich ist.
>
> *Hindenburg an Damaschke*

Ebenso vielverheißend und großartig und beinahe ebenso gefährlich wie die bereits zusammengebrochene Verkehrspolitik sind die dazugehörigen Versuche, welche die Einheitsgemeinde Berlin im ersten Jahrzehnt ihres Bestehens auf dem Gebiet reformatorischer Boden- und Freiflächenpolitik sowie mit der Reform-Bauordnung von 1925 unternahm. Die Notwendigkeit, daß die Stadt Berlin auch auf diesen drei Gebieten sozialpolitisch machtvoll eingreift, war seit dem Wirken der schlechten staatlichen Bauordnungen (vgl. Seite 212 und 268 ff.) allen städtebaulich Denkenden klargeworden. Allgemeinen Unwillen und Reformwillen rief dann der Schacher wach, den die Staatsbehörden mit ihrem umfassenden Berliner Grundbesitz zum bleibenden Schaden der Stadt getrieben haben.

Daß der Staat beim Erlaß seiner schnell wieder zurückgezogenen »Villen«-Bauordnung von 1892 seine eigene Domäne Dahlem für den fünfgeschossigen Kasernenbau aufzubewahren versuchte, wurde erwähnt. Hinzuzufügen ist, daß noch heute, nachdem Dahlem dem Landhausbau gerettet wurde, der Stadt Berlin von dort eine Gefahr droht. Der Staat beabsichtigt, dort fiskalische Wälder für Bauzwecke auszuschlachten, die im Waldgürtel Berlins ein unentbehrliches Verbindungsglied zwischen Grunewald und Pichelswerder darstellen. Durch unverständige Aufteilungen dieser Art hat der preußische Staat seit dem Jahre 1857 3250 ha gerade derjenigen fiskalischen Wälder der Bebauung geopfert, die den hochbebauten Gebieten am nächsten und darum am erhaltungswürdigsten waren (z. B. die Königsheide und die Köllnische Heide im Südosten).

Ganz fehlen Wälder im Süden Berlins. Um so wichtiger war dort die Erhaltung der historischen Freifläche des Tempelhofer Feldes, als es anfing von Hochbaugebieten umflutet zu werden. Aber auf diesem alten Exerzierplatz lieferten Militärfiskus und Kriegsminister das nachgerade klassisch gewordene Beispiel fiskalischen Bodenwuchers und staatlicher Schädigung der Volksgesundheit. Im Lärm der gegenwärtigen und bevorstehenden Kämpfe um die neue städtische Bodenpolitik bleiben die früheren städtischen Kämpfe um das Tempelhofer Feld und das damals enthüllte Bild der amtlich legitimierten preußischen Korruption, dieser ewigen Gefahr des Berliner Städtebaues, eine erinnernswerte Warnung und die Rechtfertigung städtischen Eingreifens. Dieses Bild sei hier kurz geschildert, wie es sich aus der Erinnerung eines Mitstreiters und aus vielen zeitgenössischen Veröffentlichungen* ergibt. Seit 1903 dachte der Kriegsminister an den Erwerb eines neuen Truppenübungsfeldes. Es sollte größer sein als das Tempelhofer Feld, das die Regierung gerade damals der viergeschossigen Bauordnung unterstellte und ausschlachten wollte. Mit demselben Recht hätte sie mit einem Schlag den ganzen Tiergarten für Mietskasernenzwecke zum Verkauf stellen können (ein Unternehmen, das, wie erwähnt, bisher nur stückweise auf dem Weg sehr langsamer, aber stetiger Randbebauung — Tiergartenviertel, Zoologischer Garten, Reichstag, frühere Ausstellungshallen, Capitol, Ladenbauten, Planetarium — ausgeführt wird). Als dann mit der Ausschlachtung des Tempelhofer Feldes Ernst gemacht werden sollte, reute es die Regierung sogar, daß sie dort nur den Bodenpreis viergeschossiger Mietskasernen herauszuholen unternommen hatte. Sie änderte deshalb im Jahre 1907 die Bauordnung, so daß

* Besonders aufschlußreich sind die von A. Lansburgh mit Umsicht und Vorsicht geleiteten »Monatshefte für Finanz- und Bankwesen, Die Bank«, denen die oben folgenden Zitate entnommen wurden. Führer im Kampf für die Rettung des Tempelhofer Feldes war der Großberliner Ansiedlungs-Verein (Vorsitzender Karl von Mangoldt), dessen Geschäftsführer der Verfasser bald darauf wurde. An dieser Stelle mögen einige biographische Angaben des Verfassers Platz finden. Er lernte als Schüler des Berliner Baumeisters Otto March, der lange Jahre Führer der Bewegung für Groß-Berlin gewesen ist, die Großberliner Probleme ursprünglich besonders von der künstlerischen Seite her kennen. In demselben Sinne widmete er sich dann der Baugeschichte von Paris. Bei der Französischen Revolution angelangt, kam er jedoch unter den Einfluß des Sozialpolitikers Charles Gide und verfolgte auch später in Amerika und wieder in der Heimat (als Schüler Lujo Brentanos) die großstädtischen Fragen von der volkswirtschaftlichen und sozialpolitischen Seite. In Philadelphia wurde er städtischer Wohnungsinspektor und 1909 in Boston Leiter der ersten Internationalen Städtebau-Ausstellung. Die ähnliche Berliner Ausstellung, 1910, zu deren Leitung er von Otto March aus Boston berufen wurde — sie begleitete den Wettbewerb um den Großberliner Bebauungsplan —, hatte wichtige Fortsetzungen in Düsseldorf und London. Von den Arbeitsausschüssen in Berlin und Düsseldorf wurde der Verfasser mit der Herausgabe des zusammenfassenden Werkes über die Ergebnisse der Ausstellungen beauftragt. Zwei Bände erschienen 1911 und 1913 und enthalten einen Teil der Vorarbeiten für die vorliegende Arbeit »Das Steinerne Berlin«. Nach den Ausstellungen übernahm der Verfasser die ehrenamtliche Geschäftsführung des Berliner Waldschutz-Vereins, des Großberliner Ansiedlungs-Vereins, der »Zwölfer-Gruppe für die bauliche Entwicklung Berlins« sowie einen Sitz in der Direktion der ersten Kleinhäuser bauenden Berliner Baugenossenschaft »Ideal« und begründete den Propaganda-Ausschuß »Für Groß-Berlin«, der 1912 mit damals neuartigen Mitteln die öffentliche Aufmerksamkeit auf die Notwendigkeit der Reform des Berliner Wohn-, Schnellbahn-, Freiflächen- und Spielplatzwesens lenkte. Es ist dieser Ausschuß (Dernburg, Südekum usw. vgl. Seite 335; Mitwirkende waren Friedrich Naumann und Dominikus), dessen »ersten großen Vorstoß gegen die Stadtverwaltung des alten Berlin« Stadtbaurat Martin Wagner 1929 am Anfang seiner »Denkschrift über die Freiflächen der Stadtgemeinde Berlin« schildert. (Das dort gegebene Datum 1908, statt 1912, beruht auf einem Irrtum Dr. Wagners.) Über denselben Ausschuß schrieb in seinen »Berliner Städtebaustudien« im Jahre 1926 Professor R. Heiligenthal: »Das Sprachrohr der Bewegung (für die bauliche Reform Groß-Berlins) war bezeichnenderweise keine politische Partei, die Bewegung schuf sich eines ihrer Organe selbst, als eines der wichtigsten den Propaganda-Ausschuß ›Für Groß-Berlin‹.« Nach Studienreisen in australische und asiatische Städte entwickelte sich aus einer amerikanischen Vortragsreise des Verfassers für ihn die Gelegenheit zu siebenjähriger städtebaulicher Praxis im Dienst von zahlreichen amerikanischen Städten und großen Gelände-Gesellschaften. Seit 1924 ist der Verfasser Herausgeber der Zeitschriften »Städtebau« und »Wasmuths Monatshefte für Baukunst und Städtebau«.

künftig das ganze Tempelhofer Feld mit fünf (statt vier) Geschossen und mit 70 v. H. (statt 52 v. H.) Flächenausnutzung bebaut werden konnte. So also hatte in den Köpfen preußischer Beamter und Generäle die unermüdliche wohnungsreformatorische Aufklärung gewirkt, deren Ehrenvorsitz 60 Jahre vorher Wilhelm I. übernommen hatte: alles vergessen, nichts gelernt. Auf Grund der höchsten errechenbaren Ausschlachtungsziffer suchte der Kriegsminister einen Käufer, der ihm 72 Millionen zahlen sollte. Die 37 Fußball- und die vielen sonstigen Sportvereine, die bis dahin auf dem Tempelhofer Feld gespielt hatten, sollten weichen vor dem Aufmarsch enghöfiger Mietskasernen, in denen sich 60 000 spielplatzlose Menschen verstauen ließen. (Was dort gebaut werden sollte und später tatsächlich gebaut wurde, zeigen die unteren Bilder der Tafeln 59 und 61.) Gleichzeitig befand der Kriegsminister, daß unter der damals geltenden allgemeinen Wehrpflicht in Berlin nur 28 v. H. der Gestellungspflichtigen tauglich waren gegen 64 v. H. in ländlichen Bezirken.
Man hätte verstehen können, wenn der Kriegsminister als Gegenleistung für die endgültige Auslieferung seines Tempelhofer Truppenübungsplatzes von den angrenzenden Gemeinden den Gegenwert eines ebensogut oder für militärische Zwecke besser geeigneten Feldes gefordert hätte. Ein solches Gelände, das mit etwa 6000 ha zehnmal so groß war wie das Tempelhofer Feld, hatte der Kriegsminister im Süden Berlins (bei Zossen im Kreise Teltow) gefunden. Statt es aber unter der Hand billig zu erwerben, gab er schon seit 1904 allerlei Verwandten hoher preußischer Verwaltungsbeamter Gelegenheit, es zu ihrem privaten Vorteil von den Bauern und Ziegeleibesitzern aufzukaufen, ähnlich wie vorher beim Bau des Teltowkanals von einflußreichen und rechtzeitig eingeweihten Personen Millionen auf Kosten des Staates — bei gleichzeitigen schweren Verlusten vieler machtloser Mitläufer — verdient worden waren. Obgleich die bäuerliche Bevölkerung, auf deren Rücken diese Riesengewinne gemacht wurden, sehr arm und von sehr hohen Steuern belastet war und obgleich sie rechtzeitig Anstrengungen für die Inkraftsetzung der neugeschaffenen Wertzuwachssteuer machte, gelang es den einflußreichen Zwischenkäufern, die Verzögerung des Erlasses um einige entscheidende Tage zu bewirken und dann die rückwirkende Kraft der neuen Steuerverordnung ausdrücklich verbieten zu lassen. So konnten die Zwischenkäufer bei der Weitergabe ihrer Beute an den Staat bis zu vierhundertprozentige Zwischengewinne ins trockne bringen und obendrein die bedürftigen Gemeinden um etwa 1 Million Wertzuwachssteuer schädigen.
Diese schädlichen Privatgewinne, die das Kriegsministerium beim Ankauf des neuen Exerzierplatzes in Form überhoher Bodenpreise gezahlt hatte, wollte es zusammen mit einem erklecklichen fiskalischen Gewinn ganz aus dem Verkauf des Tempelhofer Feldes, das nur ein Zehntel des neuen Truppenübungsplatzes maß, finanzieren. Zur Auftreibung des Bodenpreises gelang es ihm, einen Wettbewerb zwischen der großen Stadt Berlin und der eigens zu diesem Zweck geschaffenen Dorfgemeinde Tempelhof zu entfesseln. Für Unbeteiligte wirkte das Wettrennen zwischen dem großen Berlin und dem schließlich siegreich bleibenden kleinen Tempelhof anfangs belustigend. Der Staat hatte der Stadt Berlin seit Jahren jede Erweiterung ihres Gebietes verweigert. Die meisten ihrer kapitalkräftigen Steuerzahler waren in die niedriger besteuerten Vororte abgewandert. Die Stadt Berlin wünschte deshalb dringend, das

Tempelhofer Feld zu erwerben, und hoffte, dann auch ihre Weichbildgrenzen um diese Fläche erweitern zu dürfen; sie wollte dort eine anziehende Gartenstadt erbauen, in der sie kräftige Steuerzahler endlich festhalten konnte. Auf der anderen Seite hatte der Kreis Teltow, dem Tempelhof angehörte, infolge der verfehlten Spekulation mit dem Teltowkanal Mühe, seinen Verpflichtungen gerecht zu werden. Der Kanalbau, der sich für wenige Bevorzugte als Goldgrube erwiesen hatte, war für die Mehrheit der Kreiseingesessenen ein großer Verlust geworden. Namentlich auf ihr Drängen trat die Dorfgemeinde Tempelhof bei der Versteigerung des Tempelhofer Feldes mit immer höheren Angeboten gegen Berlin auf.»Man spekulierte darauf, durch Umsatzsteuern und Bodensteuern nach dem gemeinen Wert aus dem Tempelhofer Feld so viel herausziehen zu können, daß der Kreis seine in Unordnung geratenen Finanzen wieder rangieren könnte.« Aber die Dorfgemeinde hätte das gewaltige Risiko von 72 Millionen nicht übernehmen können, wenn nicht hinter ihr die Deutsche und die Dresdner Bank gestanden hätten. Beide Banken waren so tief in die damalige Krisis des Großberliner Geländemarktes verstrickt, daß sie in den Tempelhofer Gartenstadt-Plänen eine Gefahr für die Verkäuflichkeit der eigenen Mietskasernengelände erblicken zu müssen glaubten. Die überkapitalisierten und damals besonders tief im Kurs stehenden Großberliner Geländegesellschaften waren Tochtergesellschaften der Berliner Großbanken, die sich in Berliner Vorortgeländen zu Mietskasernenpreisen festgelegt hatten und auf deren Verkauf angewiesen waren. Nur ihre Kapitalkraft verhinderte die Verwandlung der damaligen schleichenden Krisis in einen allgemeinen Krach auf dem Bodenmarkt. Gegen welche Gefahren die Großbanken damals kämpfen mußten und welche ausschweifenden Formen der altüberlieferte Berliner Bauschwindel (vgl. Seiten 202 f., 241, 249 ff.) kurz vor dem Weltkrieg unter Mithilfe der Großbanken angenommen hatte, mögen die folgenden Zahlen andeuten. Im Jahre 1911 verlor die Frankfurter Vereinsbank ihr ganzes Aktienkapital und über 5 Millionen Depositengelder auf dem Berliner Grundstücksmarkt in Baugeldergeschäften und Hypothekenbeleihungen. Schon vorher war es zu zahlreichen Zusammenbrüchen gekommen (wie bei der Berliner Terrain- und Bau-Gesellschaft, der Hypothekenfirma Mosler, & Wersche, der Baufirma Kurt Berndt und vielen anderen), bei denen die Großbanken mit Millionenbeträgen beteiligt waren. In der ersten Hälfte des Jahres 1912 mußten in Steglitz, wo besonders viel gebaut wurde, drei Viertel aller Bauten, für welche Bauerlaubnis gegeben worden war, zur Zwangsversteigerung gebracht werden. Damals schrieb der Vorsitzende der Handwerkskammer, Abgeordneter Rahardt, über die Steglitzer Verhältnisse:»Der Pleitegeier stiert den Beschauer schon jetzt aus jedem Fenster an, und man braucht kein Fachmann zu sein, um sein Urteil dahin abgeben zu können, daß die Mehrzahl dieser auf Schwindel berechneten und von Schwindlern gebauten Kasten unrettbar dem Hammer verfallen sind und in den ersten fünf Jahren kaum vermietet werden. Keiner der vielen Menschen, die nie alle werden, kann auf Befriedigung seiner Forderungen rechnen, und die Verluste der Lieferanten und Bauhandwerker werden sich auf Millionen beziffern.« (»Handwerkszeitung«, 2. August 1912.) Ähnliche Urteile findet man zu Hunderten. Trotzdem wurde der Großberliner Baumarkt unablässig mit neuem Hypothekenkapital aus dem ganzen Reich gedüngt. Von den 11 Milliarden Darlehen der Hypothekenbanken entfiel die größere Hälfte allein auf Groß-Berlin. Ein ähnliches Verhältnis bestand bei den Ausleihungen der Lebensversicherungsgesellschaften. Noch gefährlicher waren die Riesenbeträge, welche die Großbanken zur Verfügung stellten. Sie sammelten im ganzen Reich Depositengelder und machten auf dem Berliner Grundstücksmarkt sehr einträgliche, aber sehr gewagte Kreditgeschäfte gegen Verpfändung von meist zweiten Hypotheken oder durch Bürgschaften für Hypotheken. So konnte sich kurz vor dem großen Zusammenbruch im Weltkrieg noch im größten Maßstab erfüllen, was Deutschlands größter Rechtsgelehrter, von Savigny, schon 1815 — als Berliner Professor — der friderizianischen Hypothekengesetzgebung prophezeit hatte, als er schrieb: »Man scheint gar keine Ahnung zu haben, wie wesentlich durch unser ausgebildetes Hypothekenwesen das Grundeigentum *modifiziert* wird, und ob eine solche Verwandlung des Grundeigentums in bloßen Geldreichtum, eine solche Ausmünzung des Bodens (denn das ist es bei großer Vollendung der Anstalt) wünschenswert sein möchte. Man übersieht, daß dadurch ähnliche Verhältnisse wie durch ein Papiergeld hervorgebracht werden.« Dieses gefährliche preußische »Papiergeld« schuf bereits vor dem Weltkrieg eine gesetzliche Inflation. Mit diesem gesetzlichen und dennoch schwindelhaften Papiergeld wurde der Berliner Baumarkt so überfüttert, daß er die heute geradezu irrsinnig wirkenden Straßenbauten von sich gab, mit denen das Bodengewerbe der Vorkriegszeit innerhalb der Grenzen des heutigen Berlin — nach Berechnung des Berliner Stadtbaurates Wagner — »Bauland für drei Großstädte, insgesamt 1370 km Straßenfronten, an fertigen und beinahe fertigen Straßen« geschaffen und bis auf den heutigen Tag unbenutzbar liegen gelassen hat als eine bleibende Einladung oder fast als einen Zwang zur Wiederaufnahme des Mietskasernenbaues. Ein gefährliches Erbe! An diesen Straßen hätten im eingeschossigen Flachbau 200 000 Wohnungen gebaut werden können. Da aber vor dem Krieg mit mindestens vier Geschossen gerechnet und deshalb auch die Straßen nach Breite und Ausstattung entsprechend kostspielig gebaut wurden, hätten 800 000 Wohnungen gebaut werden müssen, um die damals von den Großbanken finanzierten Aufwendungen des Bodengewerbes lohnend zu machen. Bei der Zahl von 800 000 sind die damals erlaubten und regelmäßig auch geplanten Hinterhäuser noch gar nicht mitgerechnet. Und doch konnte nur durch den Bau solcher Hinterhäuser, d. h. also durch die größtmögliche Ausschlachtung des Bodens und durch seine von der staatlichen Bauordnung noch gerade erlaubte engste Bebauung, die unverantwortliche Spekulation der Großbanken ohne Verlust auslaufen.

»Unter solchen Verhältnissen war es allerdings dringend geboten, Beschlag auf das große Feld zu legen, das in der Nähe des Berliner Zentrums für Bebauungszwecke allein noch in Betracht kam. Ein Areal wie das Tempelhofer Feld, von der Stadt Berlin nach modernen städtebaulichen Grundsätzen aufgeschlossen, mit Erholungsstätten, Spiel- und Sportplätzen reichlich versehen, wie es die öffentliche Meinung zweifellos erzwungen hätte, das wäre in der Tat ein Angriff auf die gesamten privaten Gelände*interessen* gewesen. Dem mußten die in erster Reihe beteiligten Großbanken zuvorkommen, wenn anders sie eine schmerzhafte Korrektur der hinaufgetriebenen westlichen und südwestlichen Berliner Bodenpreise hintanhalten

wollten. Indem die Großbanken ihre goldbeschwerte Hand auf das Tempelhofer Feld gelegt haben, handelten sie wie ein Kartell, das im *Interesse* der Aufrechterhaltung der Preise ein Außenseiterwerk aufkauft. Aus dem gleichen Grund konnte es ihnen auch gar nicht unerwünscht sein, daß der Preis des Feldes so hoch hinaufgedrückt wurde; denn nur dann, wenn die hier errichteten Wohnungen nicht billiger herzustellen waren als im Westen, hörten sie auf, eine Gefahr für die übrigen Grundstücks*interessen* zu sein.« (»Die Bank«, 1910, S. 944)
So wurde die Stadt Berlin von drei Seiten bedrängt: auf der einen Seite stand der preußische Staat, der kurzsichtigen fiskalischen Schacher treiben wollte und sich abergläubisch vor der Vergrößerung des sozialdemokratischen »Wasserkopfes« Berlin fürchtete; auf der anderen Seite standen die Banken, die sich vor der Tempelhofer Gartenstadt und vor niedrigeren Bodenpreisen fürchteten; und auf der dritten Seite drängten die finanziellen Sanierungsbedürfnisse des Kreises Teltow, der am Teltowkanal falsche Bodenspekulation getrieben hatte. Gegenüber diesem Dreibund war die Stadt Berlin mit ihren Gartenstadthoffnungen machtlos. Nachdem sie anfangs für das öffentliche Wohl gekämpft hatte, das der Kriegsminister mit Füßen trat, war sie gegen Schluß des Rennens zur Zahlung des höchsten Preises (mit Hilfe der Darmstädter Bank) und zum Bau der höchsten Mietskasernen bereit, wenn ihr nur dafür vom Staat auf dem Tempelhofer Feld endlich eine kleine Gebietserweiterung genehmigt würde. Aber auch das blieb ihr versagt. Statt dessen wurde die Gemeinde Tempelhof Strohmann für die neue Tempelhofer-Feld-Aktiengesellschaft und mußte ihr die Hälfte der 720 000 Mark betragenden Umsatzsteuer schenken. Diese neue Gesellschaft hatte, wie kurz vor ihr die Neu-Westend-A.-G., die anstößige Zweiteilung ihres Kapitals durchgeführt (in A- und B-Aktien), dessen eine Hälfte ohne den geringsten Baraufwand in den Händen der geschickten Gründer verblieb und auf genau denselben Gewinn Anspruch machen durfte wie die andere Hälfte, die von allzu vertrauensvollen Außenseitern voll eingezahlt war. Die Hoffnung auf die Wiederkehr derartiger unverantwortlicher Gewinne läßt heute manchen einflußreichen Politiker und Geschäftsmann auf die Wiederherstellung der Vorkriegsverhältnisse dringen.
Und doch war gerade auf dem Tempelhofer Feld das Wohnbausystem der Vorkriegszeit schon zusammengebrochen; der bereits zitierte Vorsitzende der Handwerkskammer hatte es derb, aber treffend gekennzeichnet als »den zum Himmel stinkenden Schwindel diebischer Terrainspekulanten, gewissenloser Geldgeber und Hypothekenbanken sowie deren Strohmänner und Schlepper«. Dieses System hatte so gut wie nie die notwendigen kleinen und Arbeiterwohnungen, sondern nur »Luxuswohnungen mit allem Komfort«, weit über jeden erträumbaren Bedarf hinaus, geliefert. Sein Zusammenbruch offenbarte sich kurz vor dem Krieg so deutlich, daß die Tempelhofer-Feld-Aktiengesellschaft selber mit dem Bau der fünfgeschossigen Mietskasernen beginnen mußte, deren Verkauf erforderlich war, um dem Militärfiskus den vereinbarten Millionenpreis abliefern zu können. Diese Mietskasernen stellen den Versuch des Bodengewerbes dar, seine im Bodenhandel gemachten Papiergewinne selbst zu verwirklichen und flüssig zu machen, statt sich auf den altüberlieferten Berliner Bauschwindel und seine damals allmählich alle werden-

den Opfer aus den Kreisen kleiner Handwerker und unerfahrener Sparer zu verlassen. Der Weltkrieg bewahrte Berlin vor der weiteren Bebauung des Tempelhofer Feldes mit fünfgeschossigen Kasernen. Nachdem der Krieg die Großbanken vor dem unvermeidlichen Zusammenbruch des Bodenmarktes gnädig geschützt und der gefährlichen Spekulation der Tempelhofer-Feld-A.-G. und ihrem neuartigen Bauversuch ein Ende gemacht hatte, erklärte rückblickend ihr Direktor: »Der Preis von 72 Millionen Goldmark war eigentlich ein ungeheuerlicher. Selbst unter Berücksichtigung der Tatsache, daß der Kaufpreis in 30 zinslosen Raten zu zahlen war, kam noch immer der stattliche Preis von etwa 40 Mark je Quadratmeter Rohland heraus. Wenn man bedenkt, daß einst die Kolonie Grunewald der damaligen Unternehmergesellschaft, die auch der Deutschen Bank nahestand, mit 2 Mark überlassen worden war, so kann man den Umfang des Geschäftes ermessen, das der Fiskus machen wollte, indem er eine der letzten Lungen Berlins einer Bauordnung zuführte, die schon damals von weitesten Kreisen als verfehlt bekämpft wurde.« (Vgl. Wasmuths Monatshefte für Baukunst, 1924, S. 339.)

Aber es war nicht diese verspätete Erkenntnis, sondern Krieg und Revolution, welche die Tempelhofer-Feld-A.-G. und ihren Kriegsminister zwangen, von der Verbauung des Feldes abzustehen. Nachdem die widerstrebende Heeresleitung endlich gezwungen worden war, ihren unzweideutigen Verzicht auf kriegerische Eroberungen im Ausland zu erklären, erlaubte der Kriegsminister der Stadt Berlin, auf dem Tempelhofer Feld eine friedliche Eroberung zu machen, die wertvoller war als eine widerstrebende Provinz. Gleich nach der Revolution gelang es dem Staatssekretär Scheidt vom neuen preußischen Wohlfahrtsministerium, den Kriegsminister zur Umgestaltung des Kaufvertrages zu bewegen. Ein großer Teil des Tempelhofer Feldes wurde dem neuen Flughafen gewidmet, und 100 Hektar wurden der gemeinnützigen Tempelhofer-Feld-Heimstätten-Gesellschaft zum Bau von etwa 2000 Einfamilienhäusern mit Gärten für Kriegsteilnehmer überwiesen. »Diese Zweckbestimmung ist bei der weiteren Entwicklung der Siedlung allerdings nicht eingehalten worden ... Hatte der Militärfiskus vor dem Krieg mit seinem Grundstückspreis eine Sünde gegen das soziale Leben begangen, so sündigten nach dem Krieg die verantwortlichen Staats- und Gemeindebehörden gegen den in Sack und Asche büßenden Militärfiskus, indem sie sich von dem Geist seines Vermächtnisses nach und nach befreiten. Und so entstand dann die Mittelstandskolonie, die wir immerhin als einen bedeutenden Fortschritt der Wohnkultur begrüßen müssen« (Martin Wagner).

Ähnliche Lehren wie aus der Geschichte des Tempelhofer Feldes muß die künftige Bodenpolitik Berlins aus der Geschichte der Berliner Wälder ziehen. Mit der Drohung, die fiskalischen Wälder auszuschlachten, unternahm der preußische Staat kurz vor dem Krieg, eine ähnliche Millionen-Sonderbesteuerung wie auf dem Tempelhofer Feld von der Berliner Bevölkerung einzutreiben. Wenig war dagegen einzuwenden, daß diese alten Stadtheiden, die einst die Hohenzollern der Gemeinde Berlin gewaltsam abgenommen hatten, beim Wachsen der Stadt im Sinn weitsichtigen Städtebaues neuen Bedürfnissen zugeführt wurden, wobei auch Wohnsiedlungen in den entfernter gelegenen Teilen nicht ausgeschlossen waren. Unverantwortlich aber war der Wahn der Regierung, daß hier 10 000 Hektar Wälder beinahe wie

Bauland behandelt und etwa quadratmeterweise mit demselben Preis von 1,20 Mark bezahlt werden müßten, den der Fiskus von dem geschickten und sich mit 60 v. H. Zwischengewinn bescheidenden Bismarck-Verehrer John Booth für das Gelände der vornehmen »Villenkolonie« Grunewald erhalten hatte.
Der Wunsch, einen möglichst zahlungskräftigen Käufer für 10 000 ha fiskalischer Wälder zu finden, wurde einer der staatspolitischen Gründe für die Schaffung des Großberliner »Zweckverbandes« (1912), mit dessen ausgeklügelter Verfassung der Innenminister von Dallwitz die notwendige Einheitsgemeinde Berlin umgehen zu können glaubte. In seinen »Erinnerungen« schrieb der frühere Reichsschatzsekretär und dann Berliner Oberbürgermeister Adolf Wermuth: »Ich habe in Ministergesellschaften manche Äußerung des Herrn von Dallwitz über seinen Erfolg mit angehört... Es war ihm gelungen, das unruhige Berlin mit Hilfe der Vororte und der beiden Kreise in Schach zu halten. Obwohl das alte Berlin diesen anderen Bestandteilen zusammengenommen an Einwohnerzahl gleich, an Steuerkraft überlegen, erhielt die Altstadt in der Verwaltung des Zweckverbandes weniger als ein Drittel, in seiner Gemeindevertretung nur zwei Fünftel aller Stimmen.« In ihrer Blindheit glaubte die Monarchie die Lebensnotwendigkeiten und die freiheitlichen Wünsche der Berliner Bevölkerung auf die Dauer beschränken zu können. »Herr von Dallwitz konnte die Furcht nicht abschütteln, Berlin werde seine ganze Umgebung in die überwältigende sozialdemokratische Mehrheit hineinziehen. Genau das Umgekehrte hat sich ereignet. Jener Mehrheit ist durch Zutritt der Vororte die frühere verschwindende Minderheit über den Kopf gewachsen. Wer von uns hätte in den achtziger oder neunziger Jahren ein solches Ergebnis bei gleichem Wahlrecht für denkbar gehalten?« (Wermuth). Diese Blindheit der Vorkriegszeit wurde auch dem Oberbürgermeister Wermuth verhängnisvoll, der von links her regieren zu können hoffte und deshalb von rechts her abgesägt und durch den rechts genehmeren Oberbürgermeister Böß ersetzt wurde.
Obgleich sich aber die vorkriegszeitliche Regierung ihren Käufer für die Wälder durch das Zweckverbands-Gesetz selbst geschaffen hatte, vermochte sie ihre übertrieben hohen Preisforderungen nicht durchzusetzen. Ähnlich wie beim Tempelhofer Feld mußte auch hier der Weltkrieg den städtebaulich blinden Staat zu Verstand bringen. Erst der Krieg ließ ihn mit seinem Preise so weit heruntergehen und die blinde Opferwilligkeit Berlins so weit emporschnellen, daß 1915 endlich ein Vertrag über 10 082 ha zustande kommen konnte. Auch die Berliner Wälder sind im Weltkrieg erobert worden; dieser großen Errungenschaft müßte bei jeder Gefallenenehrung dankbar gedacht werden. Zu dem Kaufvertrag von 1915 hat Oberbürgermeister Wermuth 1923 geschrieben: »Mit einiger Befriedigung habe ich aus dem kürzlich veröffentlichten Protokoll des preußischen Staatsministeriums entnommen, wie dieses mit einer geringeren Summe sich zufriedengab, weil es den Zweckverband gegen Berlin und dessen Oberbürgermeister zu stärken wünschte. Die Gesamtsumme wurde auf eine Reihe von Jahren verteilt und hierdurch die ursprüngliche Forderung des Staates wesentlich ermäßigt.«*

* Wermuths Angabe, der Ankauf der Wälder sei »unmittelbar vor dem Krieg« zustande gekommen, beruht auf einem Irrtum. Der Vertrag kam am 27. März 1915 zustande.

Der Preis von 50 Pfennig für den Quadratmeter erscheint noch immer viel zu hoch, wenn man bedenkt, daß sich aus diesem Preis eine plötzliche Sonderbesteuerung Berlins mit 50 Millionen ergab. Die Mietskasernenbevölkerung Berlins litt viel zu schwer unter den städtebaulichen Fehlern des Staates, als daß dieser unbußfertig sie obendrein mit einer Sonderbesteuerung hätte strafen dürfen. Als der Staat die Pflicht dauernder Erhaltung der fiskalischen Wälder — als »Dauerwälder« — dem Zweckverband übertrug, überlieferte er ihm ja durchaus keinen Gegenstand der Spekulation, sondern er verpflichtete den neuen Verband zu einer verspäteten ungenügenden Wiedergutmachung des Verbrechens, das gerade der Staat mit seinen Bauordnungen von 1853, 1887 usw. und mit seinem Bebauungsplan von 1862 begangen hatte. Während John Booth 1881 sein Stück Grunewald ausdrücklich zwecks Bebauung erworben hatte, wurde 1915 bei der Übertragung der Wälder an den Zweckverband vertraglich bestimmt: »Der Käufer verpflichtet sich, die gekauften Grundstücke in ihrem wesentlichen Bestand als Waldgelände zu erhalten und weder ganz oder teilweise zu veräußern noch mit dinglichen Rechten zu belasten.«

Diese im Weltkrieg gesicherten 10 000 ha »Dauerwälder« sind keineswegs ausreichend für eine Mietskasernenstadt, deren Einwohnerzahl infolge unablässiger provinzialer Zuwanderung der fünften Million zueilt. Außer den »Dauerwäldern« des Zweckverbandes, die 1920 in den Besitz der Einheitsgemeinde Berlin übergegangen sind, besitzt sie aus alten und neuesten Erwerbungen noch weitere 12 000 ha, so daß die Stadt heute rund 22 000 ha Wälder ihr eigen nennt, von denen etwa 13 500 ha innerhalb und 8500 ha außerhalb der Stadtgrenze liegen. Wenn diese in guter Absicht gemachten Erwerbungen richtig verwertet werden, dann ist ein wesentlicher Teil der vor 56 Jahren von Gräfin Dohna aufgestellten Forderungen in Erfüllung gegangen.

Die Verwirklichung ihrer prophetischen Forderungen läßt die Bauordnung erhoffen, die vom Städtebaudirektor der Stadt Berlin Fritz Elkardt bearbeitet und 1925 rechtsgültig wurde. Nach dieser Bauordnung dürfen von den 87 850 ha des Stadtgebietes nur 45 887 ha für Wohnzwecke und 3878 ha für Industriezwecke verbaut werden, wozu 216 ha für die Geschäftsstadt hinzukommen. Das gesamte Baugebiet beträgt demnach 49 981 ha, also nur wenig mehr als die Hälfte des Gesamtgebietes der Stadt. Von den verbleibenden Flächen entfallen auf Dauerwald 9317 ha, auf Stadtwald 3295 ha, auf Freiflächen 19 098 ha und auf Wasserflächen 5117 ha.

Es ist sehr wichtig für Berlin, daß die noch nicht als »Dauerwälder« festgelegten Stadtwälder und Freiflächen der Stadt im wesentlichen als Dauerwälder und Dauerfreiflächen erhalten bleiben und daß auch der Fiskus die Randstücke der Wälder nicht bebaut, die er beim Verkauf zu späterer Parzellierung zurückbehalten hat. Die Einzelheiten dieser Verhältnisse, ebenso wie das ausgezeichnete Programm für den Schutz der Baumbestände und Naturschönheiten, für die Freihaltung der Uferwege an den Berliner Wasserflächen, für Dauerkleingärten und Sportplätze sind in der Denkschrift »Die Freiflächen der Stadtgemeinde Berlin« zusammengefaßt, die beweist, daß ihre Verfasser, Martin Wagner und Walter Koeppen, vom Geist modernen Städtebaues durchdrungen sind, was von keinem Berliner Stadtbaurat der Vor-

FREIFLÄCHENSCHEMA STADTGEMEINDE BERLIN u. UMGEBEND. ZONE

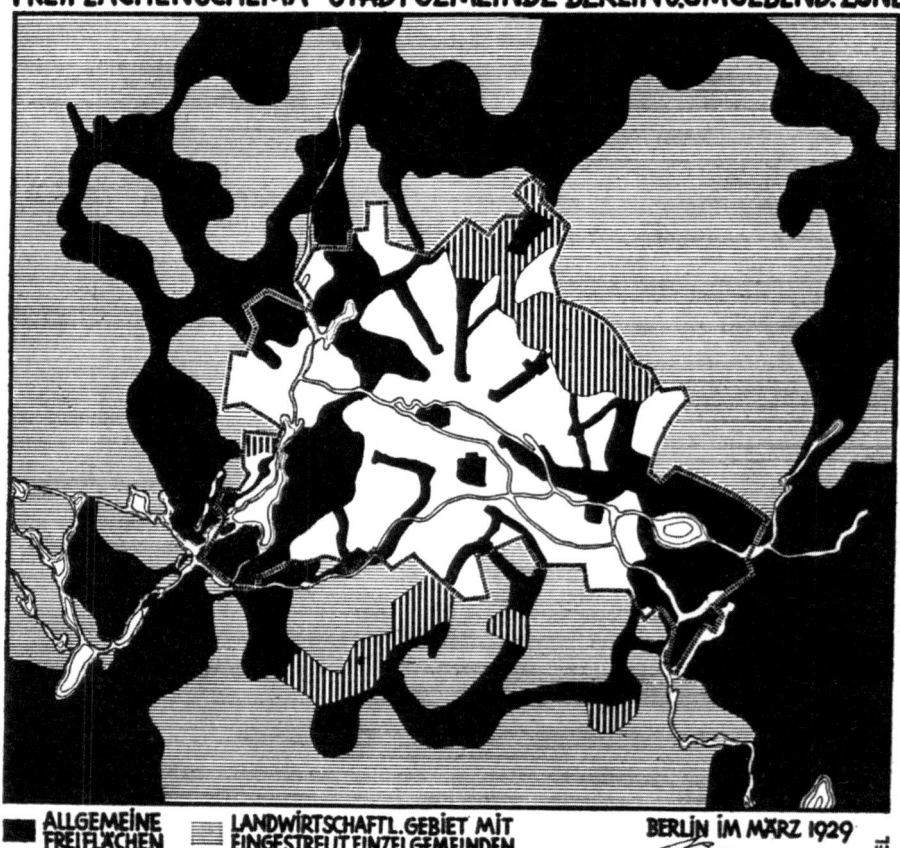

■ ALLGEMEINE FREIFLÄCHEN
▬ LANDWIRTSCHAFTL. GEBIET MIT EINGESTREUT. EINZELGEMEINDEN
|||| RIESELFELDER
--- GEMARKUNGSGRENZE BERLIN

BERLIN IM MÄRZ 1929
AMT FÜR STADTPLANUNG

Die Freiflächen Berlins nach der Denkschrift des Amtes für Stadtplanung »Die Freiflächen der Stadt Berlin« von Magistrats-Oberbaurat Walter Koeppen mit einem Vorwort von Stadtbaurat Dr. Martin Wagner

kriegszeit behauptet werden konnte. Ähnliche Vorzüge wies die Berliner Bauordnung von 1925 auf, die allerdings heute schon wieder veraltet ist, von deren trotzdem segensreicher Wirkung aber bereits die Rede war (vgl. Seite 229). Sie teilt das 45 887 ha messende Wohngebiet der Stadt Berlin in 11 Bauklassen, in deren erster Klasse etwa 50 Einwohner auf dem Hektar wohnen können, eine Zahl, die sich von Bauklasse zu Bauklasse auf 550 bis 700 Einwohner in den noch immer viel zu dicht bebaubaren Klassen (IVa, V und Va) steigert. Nach der städtischen Berechnung wohnen gerade in der dichtest und viel zu dicht mit 600 bis 700 Menschen auf dem

Hektar belegten Klasse Va weit mehr als die Hälfte aller Berliner (2 432 900), und in derselben volksfeindlichen Weise sollen dort noch weitere 648 600 Menschen zusammengepfercht werden. Wenn man die anderen, mit mehr als 450 Menschen auf dem Hektar überfüllten Bauklassen (IVa und V) hinzuzählt, findet man, daß bereits heute 3 134 000 Berliner zu Opfern dieser wucherischen Bodenausnutzung geworden sind und daß ihre Zahl nach der neuen Bauordnung auf 5 371 000 emporgetrieben werden soll. Diese Aussicht ist unerträglich; doch droht noch Schlimmeres.

Nach der städtischen Berechnung wohnen gegenwärtig mehr als zwei Drittel der Bevölkerung Groß-Berlins in fünfgeschossigen Häusern und weniger als ein Zehntel der Bevölkerung in zweigeschossigen Häusern. Die neue Bauordnung hat namentlich in den Außenbezirken eine weitgehende Herabminderung der früher zulässigen Bauhöhe herbeigeführt. Durch Festhalten an dieser Bauordnung würde also die Stadt Berlin langsam etwas mehr in den Flachbau hineinwachsen. Statt zwei Drittel der Bevölkerung soll allmählich nur wenig mehr als ein Drittel in fünfgeschossigen Häusern wohnen, und statt weniger als ein Zehntel sollen künftig beinah drei Zehntel der Bevölkerung in zweigeschossigen Häusern untergebracht werden.*

Aber so bescheiden dieser Verbesserungswunsch und so unerfreulich die Aussicht ist, daß künftig in Berlin mehr als 3,74 Millionen Menschen in fünfgeschossigen Häusern zusammengedrängt werden sollen, so lebhaft ist doch bereits der Widerstand, der sich sogar gegen diese bescheidenen Verbesserungsvorschläge wendet. Wer zur Besiegung dieses Widerstandes und zur Verbesserung der Berliner Wohnverhältnisse seine Hoffnung auf das Wirken von Bauordnungen setzt, muß — solange unser Hypothekenwesen und unser Verkehrswesen, also wichtige Grundlagen unserer Wohnsitten sich nicht geändert haben — immer wieder an das Wort Rudolf Eberstadts erinnert werden: »Die Bauordnung bildet den Hauptbereich jener ›Ergräglichmacherei‹ im Städtebau, die die Grundlagen unangetastet läßt, dabei einen immer steigenden Aufwand an Geldmitteln, obrigkeitlicher Regelung und Beamtenapparat fordert und durch die Erwartungen, die sie stets von neuem erweckt, in Wirklichkeit die bekämpften Mißstände festigt.«

Auf den wohnungspolitisch gesunden Grundlagen Londons konnte auch die Kapitalverknappung infolge des Weltkrieges dem billigen Einfamilienreihenhaus nur geringe Einbußen bringen. Auf der internationalen Städtebautagung in Wien 1926 berichtete Raymond Unwin (der Chefarchitekt im englischen Gesundheitsministerium), daß die umfangreichen Wohnungsbauten des Londoner Grafschaftsrates seit dem Krieg zu 84 v. H. Einfamilienhäuser und zu 5. v. H. zweigeschossige Zweifamilienhäuser und daß von den Wohnungsbauten der übrigen englischen Groß-

* In der »Denkschrift über die in Zukunft mögliche Bevölkerung der Stadtgemeinde Berlin auf Grund der Bauverordnung vom 3. November 1925« geben die Stadtbauräte Martin Wagner und Walter Koeppen folgende Zahlen:

Geschosse:	Heute wohnen:	Zukünftig können wohnen:
5	2 829 000 = 68,0 v. H.	3 744 000 = 40 v. H.
4	688 000 = 16,5 v. H.	1 627 000 = 17 v. H.
3	331 000 = 7,9 v. H.	1 508 000 = 16 v. H.
2	321 000 = 7,6 v. H.	2 559 000 = 27 v. H.

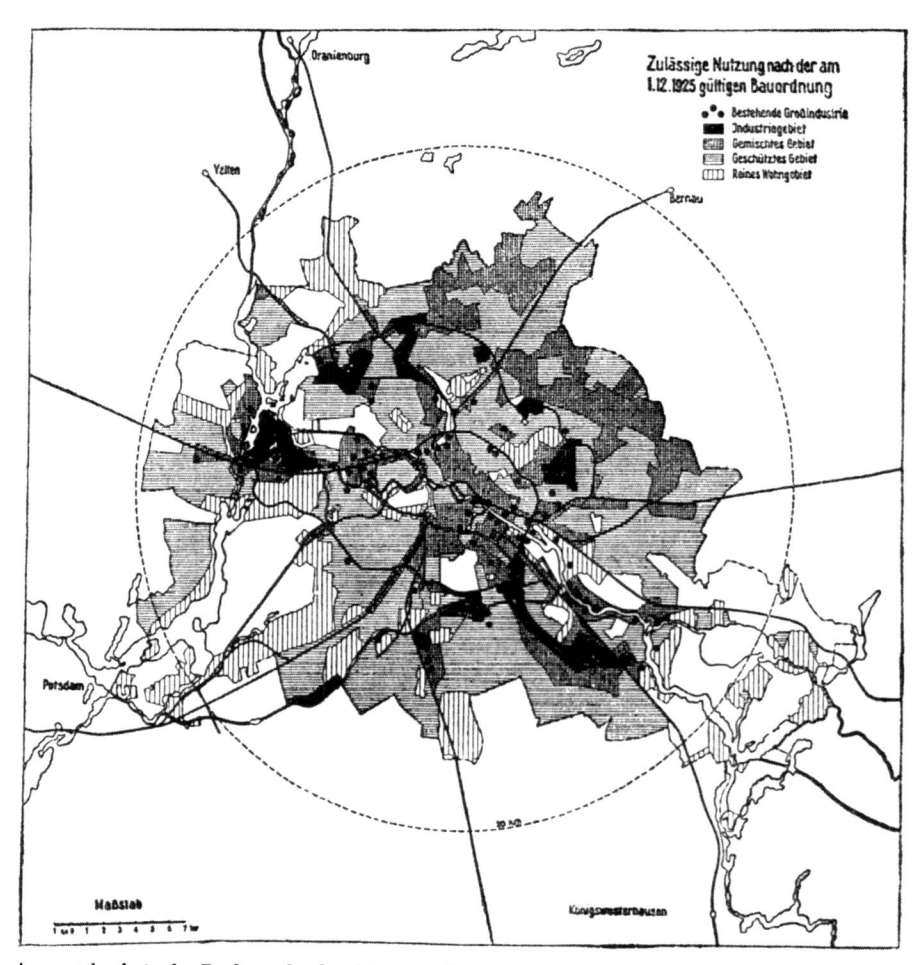

Ausnutzbarkeit des Berliner Stadtgebietes nach der seit 1925 geltenden Bauordnung. (Dieser Plan stammt aus den sehr wichtigen »Berliner Städtebaustudien« von Dr. R. Heiligenthal.)

städte sogar 97 v. H. Einfamilienhäuser sind. Anders in Berlin, wo das Kleinhaus nur gedeihen konnte, solange noch Kapitalmangel herrschte und die Hoffnung auf Wiederkehr der vorkriegsmäßigen Mietskasernenbauten und Bodenpreisauftreibungen noch schlief.

Nachdem kurz nach dem Krieg zuerst nur Kleinhäuser gebaut worden und mehrere sehr erfreuliche Flachbausiedlungen auch in Groß-Berlin entstanden sind (wie sie auf den Seiten 209 und 211 abgebildet sind), hat in den letzten Jahren bereits das vier- und fünfgeschossige Haus bei weitem wieder den Vorsprung gewonnen. Die Berliner »Wohnungsfürsorge-Gesellschaft«, die als verantwortungsberaubte Zwischenstelle zwischen »vorgesetzten Behörden« und Privatwirtschaft die Hauptgeldgeberin allen anspruchslosen Wohnungsbaues ist, konnte unter ihren Wohnungsbauten im Jahre 1924 noch 23 v. H. Einfamilienhäuser aufweisen; heute sind es kaum noch 5 v. H. Einen der Gründe für dieses Zurückdrängen des Kleinhauses liefern die übertriebenen Anforderungen, welche die Berliner Tiefbauverwaltung beim Bau auch der kleinsten Wohnstraßen stellt. Dieses alte Berliner Laster, der »Kult der Straße«, wie Eberstadt es nannte, verteuert die Baustelle durch hohe »Anliegerbeiträge«, macht das Kleinhaus für die meisten unerschwinglich und beschleunigt die Wiederkehr des von Eberstadt geschilderten Vorganges: »Das System der gedrängten Bauweise hat zur Folge, daß eine geschäftsmäßige und berufsmäßige Tätigkeit sich ausbildet, die die Auftreibung der Bodenwerte zum Gegenstand hat. In gemessenen Abständen erreicht der Bodenpreis eine Höhe, die entweder zu Mieststeigerungen zwingt oder die Errichtung von Kleinwohnungen auf dem gesteigerten Gelände unlohnend macht. In solchem Zeitpunkt pflegt eine *Agitation* einzusetzen, die die Gewährung einer stärkeren Bodenausnutzung — Hinzufügung eines Stockwerks, Ausbau des Dachgeschosses oder ähnliches — fordert. Wenn die Baupolizei nachgibt, so zeigt sich das stereotype Ergebnis, daß in kürzester Zeit der gesteigerte Bodenpreis den Wert der stärkeren Ausnutzung aufgezehrt hat. Die Anforderungen der gedrängten Bauweise kommen gegenüber den Vorschriften der Bauordnung niemals zur Ruhe und können naturgemäß zu keinem Abschluß gelangen.«

Die Bodenpreise haben sich mit erstaunlicher Schnelligkeit schon heute von ihrem Tiefstand während der Inflation erholt und wieder den Vorkriegspreisen genähert. Das kürzlich erschienene Buch »Die Baustellenwerte in Berlin 1928« (von Kalweit) berichtet zwar: »Der Vorkriegswert der vor 1918 mit Mietshäusern bebauten Grundstücke ist mindestens um den Anteil der auf sie entfallenden Hausentschuldungssteuer gesunken«, aber es fährt fort: »An neu entstandenen Brennpunkten des Verkehrs sind die Bodenpreise der Vorkriegszeit nahezu erreicht, manchmal auch wesentlich überschritten. Auch in gewissen Gegenden der Außenbezirke werden für manche Einzelbaustellen der niedrigen Bauklassen heute Preise gezahlt, die den Vorkriegswerten angenähert sind ... Der Ausbau des Schnellbahnnetzes hat den Wert bisher vernachlässigter Gegenden günstig beeinflußt.« Die in Form von teuren Untergrundbahnen gehaltenen Schnellbahnbauten Berlins gehen zu langsam vorwärts, als daß sie durch eiliges Aufschließen billigen Neulandes das Anschwellen der Bodenpreise verhindern könnten. Im Gegenteil, sie beschleunigen es.

Wie im vorigen Kapitel geschildert wurde, haben die großen Verluste, welche die teuren Untergrundbahnen der Berliner Schnellbahnverwaltung bringen, ihr Gegenstück im Steigen der Bodenwerte: die Besitzer von Geländen, die durch die unwirtschaftlichen Untergrundbahnen bedient werden, können die Verluste der Steuerzahler in Form höherer Bodenwerte einkassieren. Selbst in den Vororten wie Dahlem und Nikolassee, das nur aus der Elektrifizierung der Stadtbahn Vorteile zog, waren schon 1928 die Bodenpreise von 1914 nicht nur erreicht, sondern überschritten. Der Berliner Einheitstarif belastet auch jeden, der nur ganz kurze Strecken fährt, mit einem beträchtlichen Geldopfer. Dieses Opfer sollte denen zugute kommen, die an einer der langen Außenstrecken zur Miete wohnen oder sich ein kleines Haus erwerben wollen; aber was ihnen zugute kommen sollte, wird ihnen von den Grundbesitzern über Bodenpreise, Mieten und Bodenrenten wieder abgenommen. Vor dem Krieg hofften gemeinnützig denkende deutsche Oberbürgermeister, wie z. B. der berühmte Frankfurter Adickes, das Aufblähen der Bodenpreise, zu dem unser Hypothekensystem einlädt, durch umfassende städtische Bodenkäufe eindämmen zu können. Nach den sorgfältigen Untersuchungen eines der besten Sachkenner, Karl von Mangoldts, hatte diese städtische Bodenpolitik das entgegengesetzte Ergebnis: sie beschleunigte die Steigerung der Bodenpreise, statt sie zu hemmen. Die vielumstrittene Bodenpolitik der Stadt Berlin ist von ähnlich guten Absichten und von der großen Arbeitskraft des Berliner Stadtrats Paul Busch getragen worden. Sie griff in der entscheidenden Zeit nach der Inflation entschlossen zu, als der Wert der unbebauten Grundstücke auf ein Fünftel des Vorkriegswertes gesunken war. Das erstaunliche Ergebnis war, daß die Stadt Berlin seit Dezember 1924 3705 ha zum Preise von 79,7 Millionen Mark innerhalb des Berliner Weichbildes (also zu einem Durchschnittspreis von 2,15 Mark für den Quadratmeter) erworben hat. Von diesen 79 Millionen Mark wurden 40 Millionen aus Anleihen und das noch zu zahlende Restkaufgeld durch Hypotheken gedeckt, die bei Fälligkeit durch Grundstücksverkäufe flüssig gemacht werden müssen. Zu diesen seit 1924 gemachten Ankäufen kommen noch die großen Landbestände aus früherer Zeit, so daß die Stadt Berlin einschließlich ihrer Dauerwälder, Rieselgüter, Parkanlagen, Spielplätze, Kleingärten, Friedhöfe, Anstalten und Baulichkeiten aller Art 31 411 ha (also mehr als ein Drittel des eigenen Weichbildes) innerhalb ihrer Grenzen besitzt und weitere 28 256 ha außerhalb des Weichbildes. In der Denkschrift »Zeitgemäße Grundstückspolitik der Stadt Berlin« (Oktober 1929), worin Stadtrat Busch diese städtische Grundstückspolitik gegen die Angriffe ihrer Gegner verteidigt, berichtet er mit Genugtuung: »Man darf nicht vergessen, daß die Preise für unbebauten Grund und Boden sich in etwa 4 Jahren von etwa 20 bis 25 v. H. der Friedenspreise auf 40 bis 50 v. H. derselben erhöht haben, also mindestens 100 v. H. gestiegen sind.« Man darf ebensowenig vergessen, daß durch die städtischen Landkäufe ein »*Hausse-Moment*« in den Berliner Grundstücksmarkt gekommen ist und daß jede weitere Verdoppelung des Bodenpreises, über die Stadtrat Busch sich freuen mag, auch weitere Massen der Großstadtbevölkerung vom Wohnen im Einfamilienhaus mit Garten ausschließt. Nach von Mangoldts Berechnung bringt ein Preis von 5 Mark je Quadratmeter baureifen Landes für ein kleines Einfamilienreihenhaus mit bescheidenem Garten die erträgliche Belastung von 70 Mark im Jahr. Bei einem Bodenpreis von 10 Mark oder 20 Mark für den Quadratmeter muß der Bewohner des Einfamilienhauses eine jährliche Bodenrente von 140 und 280 Mark aufbringen; bei einem Bodenpreis von 40 Mark beträgt die jährliche Belastung des Kleinhauses bereits 560 Mark. Daraus geht deutlich hervor, wie wichtig es für Berlin gewesen wäre, seine Bodenpreise nach dem Krieg auf der damaligen Höhe von ein Fünftel der Friedenspreise festzuhalten und zu bedenken, daß in der doppelt so großen Flachbaustadt London die Bodenpreise auch vor dem Krieg nur ein Zehntel bis ein Achtel der Berliner Friedenspreise erreichten.

Die von Stadtrat Busch erwähnte Verdoppelung des Bodenpreise im nachkrieglichen Berlin muß also jedem, der auf ein Kleinhaus mit Garten hofft, weniger willkommen sein als den Freunden der Vorkriegsverhältnisse und den auf ihrem vorkriegszeitlichen Geländebesitz festliegenden Berliner Banken. Aber diese Aufwärtsbewegung des Grundstücksmarktes wird bald den Klagen abhelfen — wie sie etwa bei der Generalversammlung der Tempelhofer-Feld-Aktiengesellschaft 1929 laut wurden —: der Börsenkurs der Bodenaktien entspreche nur einem Geländewert von 15 Mark für den Quadratmeter, während er noch mit 35 Mark zu Buch stehe. Der Direktor der Gesellschaft konnte mit Zuversicht antworten, »man werde den Rest des Geländes behalten bis zu dem Zeitpunkt, wo es möglich sein wird, es zu einem höheren Preis als dem Buchwert abzustoßen. Auch diese Zeit müsse einmal wiederkommen« (»Berliner Börsen-Zeitung«, 18. Dezember 1929).

In Amerika begehen die Städte den Fehler, so gut wie nie Boden auf Vorrat zu kaufen. Ein aus Amerika kommender Beurteiler des riesigen Grundbesitzes der Stadt Berlin wirft sofort die Frage auf: »Wie kann die Stadt es sich leisten, durch den Ankauf so großer Gebiete die darauf entfallenden Bodenwertsteuern zu verlieren?« Die Antwort kann nur lauten: die Grundwertsteuer ist noch immer so verhältnismäßig gering oder ihre Einschätzung so übermäßig nachsichtig, daß der städtische Steuerverlust für geringer gilt als der Gewinn aus der Wertsteigerung des auf Vorrat gekauften städtischen Bodens. In amerikanischen Städten mußte unbebaut liegender Boden, schon bei den niedrigeren Zinssätzen der Vorkriegszeit, seinen Wert in ungefähr sieben Jahren verdoppeln (heute viel schneller), wenn gerade die Zinsen und Zinseszinsen der Kaufsumme und die auflaufenden Bodensteuern gedeckt werden sollten. Bei uns sind die Grundwertsteuern so viel geringer, daß die Stadt Berlin als Bodenspekulantin auch bei viel langsamerem Steigen der Bodenpreise noch einen Gewinn machen kann. Andererseits können aber auch die kapitalkräftigen Gesellschaften, die großen Bodenbesitz aus der Vorkriegszeit geerbt und während der Inflation abgeschrieben haben, ohne allzu großen Steuerverlust geduldig der Zukunft harren und diesen Bodenschatz als einen unübertrefflichen und verschwiegenen Spartopf behandeln. Denn wenn Berlin wirklich auf neun Millionen Einwohner wachsen und der Schnellbahnbau nur im langsamen Untergrundbahntempo fortschreiten sollte, dann in der Tat »muß auch die Zeit wiederkommen«, in der die Bodenpreise nicht nur ebenso hoch, sondern sehr viel höher sind als die Vorkriegspreise.

Gleichzeitig steigern sich die Mieten über die Vorkriegspreise hinauf zu der Höhe, die den heutigen gesteigerten Baukosten entspricht. Die Baukosten sind heute um 77,5 v. H. höher als vor dem Krieg. Zwar hat der erfahrene Berliner Bodenhändler und Bauunternehmer Heinrich Mendelssohn darauf aufmerksam gemacht, daß vor dem Krieg sehr unwirtschaftlich gebaut wurde und daß heute unter dem System des Großbaues auf einheitlichen umfassenden Baustellen und bei Masseneinkäufen der Baustoffe große Ersparnisse gemacht werden und infolgedessen nur mit einer Verteuerung um 30 v. H. (statt 77,5 v. H.) über Vorkriegspreise gerechnet werden muß. Aber diese Ersparnisse kommen dem schließlichen Bewohner der Neubauten nicht zugute. Je mehr sie aber dem Bodenbesitzer zugute kommen, desto früher

Stadt	a	b		Stadt	a	b
BRADFORD	288505	4,08		ZÜRICH	190733	17,26
LEEDS	445568	4,37		GENF	58337	23,43
NOTTINGHAM	259942	4,38		PARIS	2659128	38,00
SHEFFIELD	454653	4,65		KOPENHAGEN	403472	26,60
BIRMINGHAM	525960	4,79		JÖNKÖPING	25141	9,00
MANCHESTER	714427	4,86		NORRKÖPING	42781	14,00
CROYDON [1]	169559	4,93		GOETEBORG	162776	23,00
BRISTOL	357059	5,30		MALMÖ	90771	29,00
HORNSEY [1]	84602	5,48		STOCKHOLM	331272	32,00
EAST HAM [1]	133504	5,50		BERGEN	75388	15,97
LIVERPOOL	746566	5,57		CHRISTIANIA	242850	29,21
LONDON [2]	4522961	7,89		BREMEN	247437	7,83
NEWCASTLE u.T	266671	8,13		CREFELD	129406	12,69
ENGLD. KGREICH	5,20	5,05		FRANKFURT a/M	414576	17,09
städt. Bez.	5,40	5,23		ESSEN	294653	17,61
Ländl. Bez.	4,60	4,51		ELBEREELD	170195	18,02
GENT	167477	4,48		CÖLN	516527	18,05
LÜTTICH	170346	6,74		STRASSBURG	178891	18,25
ANTWERPEN	312884	8,11		STUTTGART	286218	18,61
BRÜSSEL [2][3]	177078	8,53		DÜSSELDORF [3]	358728	19,11
BELGIEN KGRCH	7423784	4,83		HANNOVER	302375	20,04
ALKMAAR	20467	4,28		NURNBERG	333142	20,48
LEEUWARDEN	33631	4,76		MANNHEIM [3]	193902	22,27
UTRECHT	115382	5,56		LEIPZIG	589850	27,39
GRONINGEN	68501	5,65		CHEMNITZ	287807	30,35
HAAG	265900	6,52		MAGDEBURG [3]	279629	31,08
ARNHEIM	61330	6,69		DRESDEN	548308	34,56
ROTTERDAM	408907	10,90		MÜNCHEN	596467	36,59
AMSTERDAM	550547	13,44		HAMBURG	931035	38,66
HOLLAND KGRCH	5667088	5,58		BRESLAU [4]	512105	51,97
PHILADELPHIA	1293697	5,4		POSEN	156691	51,80
BALTIMORE	508957	5,7		CHARLOTTENB.	305976	66,13
CLEVELAND	381768	6,0		BERLIN	2071257	75,90
MILWAUKEE	285315	5,2		KRONSTADT	41056	8,47
BUFFALO	352387	7,1		HERMANNSTADT	33489	10,58
CINNCINNATI	325902	8,0		REICHENBERG	34790	16,49
BOSTON	560892	8,4		TRIEST	226458	19,89
CHICAGO	1698575	8,8		SALZBURG	34176	19,96
NEW-[MANHATTAN]	2050600	20,4		LINZ	61197	25,00
YORK [BROOKLYN]	1166582	10,2		GRAZ	145338	25,59
SCHAFFHAUSEN	18101	11,19		INNSBRUCK	50389	26,24
BASEL	132276	12,90		BRÜNN	122114	35,58
BERN	85651	14,63		PRAG	218573	40,92
ST. GALLEN [4]	123153	15,18		BUDAPEST	880371	41,28
CHAUX DE FONDS	37751	16,24		WIEN	2004493	50,74

»Die Wohnweise der Völker in der Gegenwart« (nach dem unentbehrlichen »Handbuch des Wohnungswesens« von Rudolf Eberstadt, Jena 1920).
Die schwarzen Blöcke zeigen die Anzahl der Menschen, die in den verschiedenen Städten in ein Gebäude zusammengedrängt werden. Berlin hielt mit 75,9 den Weltrekord.
a = Behausungsziffer; b = Einwohnerzahl der jeweils unter c genannten Stadt. [1]) Vorort in Groß-London. [2]) Innenstadt ohne Anschlußgemeinden. [3]) Außengemeinden 6,78 bis 9,72. [4]) Siedlungsbereich. [5]) Während der Zählperiode 1905 bis 1910 Eingemeindungen größerer Außenbezirke. [6]) Behausungsziffer von 1905

wird die Rückkehr der Vorkriegsverhältnisse, d. h. der »freien Wirtschaft« lohnend und desto eher kann auf das Wiedererwachen des altüberlieferten Berliner Bau- und Bodenschwindels in großartig gesteigertem Maßstab gerechnet werden. Im Landtag dringt die Deutschnationale Volks-Partei schon jetzt auf »restlose Beseitigung der Wohnungs-Zwangswirtschaft, die der Wirtschaft großen Schaden zugefügt habe« (Abgeordneter Howe, 1. Februar 1930).
Unter diesen Verhältnissen ist mit Berlins Rückkehr zum Flachbau oder gar zum Einfamilienhaus nach Altberliner, angelsächsischem oder Bremer Vorbild nicht zu rechnen. Der Kampf, den die Wohnungsreformer seit Anfang der vierziger Jahre in Berlin gekämpft haben, wird auch in Zukunft kaum zu einem siegreichen Ausgang geführt werden. Andererseits ist die Notwendigkeit der Rückkehr zum Kleinhaus heute sehr viel geringer als vor einem halben Jahrhundert oder auch noch vor dem Krieg. Der Flachbau und das Kleinhaus sind in erster Linie erforderlich für ein kinder- und zukunftsreiches Land. Während kinderlose oder selbst kinderarme Familien sich oft in hohen Häusern in möglichster Nähe der großstädtischen Vergnügungsstätten sehr wohl fühlen, brauchen namentlich Kinder zu ihrem Gedeihen nicht nur Sonne, sondern auch Bodennähe und Hausgärten. Die Kasernierung der Bevölkerung und die kinderfeindlichen Wohnverhältnisse Berlins, welche der preußische Staat in jahrhundertelanger Arbeit für Berlin durchzusetzen vermochte, entsprechen also ganz der Notlage und der Kinderlosigkeit der Nachkriegszeit.
Nachdem in Deutschland vor dem Krieg auf das Einkindersystem Frankreichs mit Verachtung herabgeblickt und gern von »*Dekadenz*« geredet wurde, stellte Oberbürgermeister Böß in seinem Buch »Berlin von heute« 1929 fest, daß von 9 der größten Städte der Welt ein Geburtenüberschuß nur in Berlin fehlt. Während in Flachbaustädten wie London und Chicago und sogar in New York (das neben seinen scheußlich verbauten älteren Teilen weite Außengebiete mit normalen und übernormalen Wohnverhältnissen aufweist) der Geburtenüberschuß der Jahre 1921 bis 1925 7 bis 10 vom Tausend betrug und während selbst die Mietskasernenstädte Paris noch einen Geburtenüberschuß von 0,5 und Wien sogar von 0,7 hatten, gab es in Berlin ein Geburten*minus* von 0,8. »Berlin ist von den aufgezählten Weltstädten (London, New York, Chicago, Paris, Wien, Rom, Kopenhagen) die einzige mit einem *Sterbe*überschuß. Selbst Paris, die Hauptstadt des Landes mit dem stärksten Geburtenrückgang, und Wien haben keinen Sterbeüberschuß, sondern einen geringen Geburtenüberschuß ... Der Mangel an neuen Wohnungen, die Unzulänglichkeit der Altwohnungen, die Arbeitslosigkeit, die schlechte Ernährung sind vor allem schuld daran, daß Berlin die einzige Großstadt ohne Geburtenüberschuß ist« (Gustav Böß).
Nach der niedrigsten Schätzung (von Dr. Engelsmann, Kiel) beträgt die Zahl der Abtreibungen in Deutschland täglich 2000. Andere Schätzungen bringen die Zahl auf täglich fast 3000. Professor Muckermann vom Berliner Kaiser-Wilhelm-Institut meint: »Solange man Geschichte kennt, hat niemals ein Volk in dem Maße Kindermord verübt, wie es das deutsche Volk an seinen ungeborenen Kindern vollbringt.« Die italienische Zeitung »Stampa« bemerkte dazu: »Deutschland erlebt seine schwerste Niederlage erst jetzt. Seit dem Frieden hat es durch die gewaltsame

Unterbrechung der Geburten mehr Männer verloren als in den schrecklichen Jahren des Weltkrieges!« Eine der mächtigsten Ursachen dieses Verlustes ist nicht so sehr die allgemeine Armut (denn sonst wären die gewaltig steigenden Ausgaben für Tabak und Bier nicht möglich), sondern der z. T. willkürlich durch schlechte Aufschließungs- und Verkehrspolitik verschuldete Mangel an Wohnraum. Dieser Mangel vor allem verursacht auch das rasche Zunehmen der sogenannten Wohnverbrechen: Unzucht, Kuppelei, Notzucht, Blutschande und Ehebruch sowie der Geschlechtskrankheiten namentlich unter Kindern.

Der Anfang des Artikels 155 der Reichsverfassung lautet: »Die Verteilung und Nutzung des Bodens wird von Staats wegen in einer Weise überwacht, die Mißbrauch verhütet und dem Ziele zustrebt, jedem Deutschen eine gesunde Wohnung und allen deutschen Familien, besonders den kinderreichen, eine ihren Bedürfnissen entsprechende Wohn- und Wirtschaftsstätte zu sichern.« Doch findet sich im Reichstag, trotz des Drängens des verdienstvollen Adolf Damaschke und seines »Bundes der Bodenreformer«, wenig Stimmung für die Verwirklichung des verfassungsmäßigen Versprechens. Das erforderliche »Heimstättengesetz« ist zwar wiederholt zugesagt, aber nie wirklich eingebracht worden. Die zögernden Politiker können sich darauf berufen, daß nach den Feststellungen des Statistischen Reichsamtes kein Land Europas, nicht einmal Frankreich, seit dem Weltkrieg einen so starken Geburtenrückgang wie Deutschland aufweist und daß deshalb der Kampf um das Kleinhaus, die Wohnheimstätte und den Flachbau in Deutschland endlich weniger wichtig geworden ist als vor dem Krieg. Aber diese Berufung übersieht eine wichtige Tatsache: solange nicht ein Heimstättengesetz in ganz großem Umfang und im ganzen Reich in Wirkung tritt, wird die Berliner Wohnungsnot zu immer neuen Höhen steigen, allerdings nicht durch Geburtenüberschüsse seiner aussterbenden Bevölkerung, also nicht durch eigene Schuld, aber durch den wachsenden Zustrom heimstättenloser Familien aus dem ganzen Reich.

Die Überbelegung der Berliner Wohnungen, unter der namentlich die Hälfte der noch nachweisbaren 35 699 kinderreichen Familien leidet, hat sich allerdings seit dem Weltkrieg etwas vermindert. Die furchtbare Zahl, mit welcher der vom Verfasser dieses Buches begründete »Propaganda-Ausschuß für Groß-Berlin« (Dernburg, Südekum, Muthesius, Edv. Lehmann, Kuczynski, Weisbach, Francke) die Kämpfe um das Wirken des Zweckverbandes erfüllte: »In Groß-Berlin wohnen 600 000 Menschen in Wohnungen, in denen jedes Zimmer mit 5 oder mehr Personen belegt ist«, ist heute wahrscheinlich geringer geworden. Trotzdem sind die Verhältnisse heute eher schlimmer als besser. Denn infolge der abnehmenden Kinderzahl und der wirtschaftlichen Notlage gibt es heute mehr familienfremde Einmieter in den Wohnungen als vor dem Krieg. Der Familienzusammenhang und der Familienfrieden sowie die Gesundheit der Kinder ist durch die zahlreichen Einmieter und Schlafstellengänger mehr gefährdet als vor dem Krieg.

Dazu haben sich die Wohnungsverhältnisse dadurch wesentlich verschlechtert, daß die Altwohnungen, die seit Ausbruch des Krieges heruntergewohnt und abbruchreif wurden, nicht ersetzt werden können. Nach den weitgehendsten Abzügen errechnet der Berliner Stadtbaurat Martin Wagner den »objektiven Fehlbetrag« in Berlin auf rund 200 000 Wohnungen. Schon 1928 mußten rund 32 000 neu zuziehenden Familien Wohnungsberechtigungsscheine erteilt werden, eine Zahl, die jährlich um 5000 bis 6000 steigt.»Fernerhin werden Wohnungen verlangt von jährlich rund 40 00 neuen Ehen, von 11 600 Haushaltungen, die in Baracken und in Behelfswohnungen untergebracht sind, von 7000 Familien, die in abbruchreifen Altwohnungen leben, und von 36 000 Familien, die in Wohnungen leben, die in den nächsten zehn Jahren unter allen Umständen abgebrochen werden müssen... Um den Fehlbedarf und den jährlich neu hinzutretenden Bedarf auszugleichen, müßten jährlich 70 000 Wohnungen gebaut werden, um in zehn Jahren die Berliner Wohnungsnot zu beseitigen. Trotzdem sollen nach den laufenden Beschlüssen jährlich nur 25 000 Wohnungen gebaut werden, von denen meistens nur etwa 20 000 wirklich gebaut worden sind.«

Trotz dieser furchtbaren Berliner Wohnungsnot»nimmt der preußische Staat der Stadt Berlin jährlich die Mittel für 12 000 bis 15 000 Wohnungen von ihrem Hauszinssteueraufkommen fort und führt sie der Provinz zu«. So äußerte sich Stadtbaurat Wagner, der als erster — schon im Jahre 1916 — die Hauszinssteuer forderte, die damals von Doktor Luther als Generalsekretär des deutschen Städtetages bekämpft und vom selben Doktor Luther erst als Reichskanzler angenommen und zum Rettungsanker der Staatsfinanzen gemacht, das heißt um über die Hälfte ihres Ertrages dem doch so furchtbar dringenden Wohnungsbau entfremdet worden ist. Dr. Wagner fuhr fort:»Mit Berliner Mitteln in der Provinz jährlich 12 000 bis 15 000 Wohnungen mehr bauen und gleichzeitig die Provinz in ihrer Wohnungsnot noch dadurch entlasten, daß 35 000 Wohnungsuchende jährlich nach Berlin ziehen, ist eine Wohnungspolitik, die dem Herrn Minister den Beifall der Provinz einbringen muß, der Stadt Berlin aber ein jährliches Defizit von 45 000 Wohnungen verschafft.«

Diese Verschärfung der Berliner Wohnungsnot durch den preußischen Staat ist um so ungerechter und geradezu empörend, als trotz des erschreckenden Rückganges der Berliner Geburten (nach den Mitteilungen des preußischen Statistischen Landesamtes) in Berlin noch 35 699 kinderreiche Familien wohnen und fast die Hälfte davon (48,6 v. H.) in überbelegten Wohnungen hausen muß. Diesen kinderreichen Familien wenigstens und überhaupt jeder Familie, die noch heute in unserer Zeit wachsender Vorliebe für die Mietskaserne bereit und gewillt ist, im Kleinhaus mit Garten zu wohnen, müßte unter allen Umständen die Möglichkeit der Übersiedlung in die Gartenstadt geschaffen werden.

Hier muß nachdrücklich auf die Baupolitik Stockholms hingewiesen werden, die fast genau das Programm verwirklicht, das auch die Berliner Bauordnung von 1925 aufgestellt hat, indem sie 27 v. H. des künftigen Berliner Bevölkerungszuwachses im Flachbau unterbringen will. Stockholm (das infolge seiner insularen Beschränktheit ursprünglich seine Bevölkerung in fast ebenso furchtbare Mietskasernen zusammendrängte, wie Berlin es infolge der furchtbaren geistigen Beschränktheit seiner Bürokratie tat) hat seit kurz vor dem Weltkrieg 28 v. H. seines raschen Bevölkerungszuwachses in Kleinhaussiedlungen, ja sogar in freistehenden Einzel- und Doppelhäusern untergebracht. Diese Kleinsthäuser liegen innerhalb der wirtschaftlichen

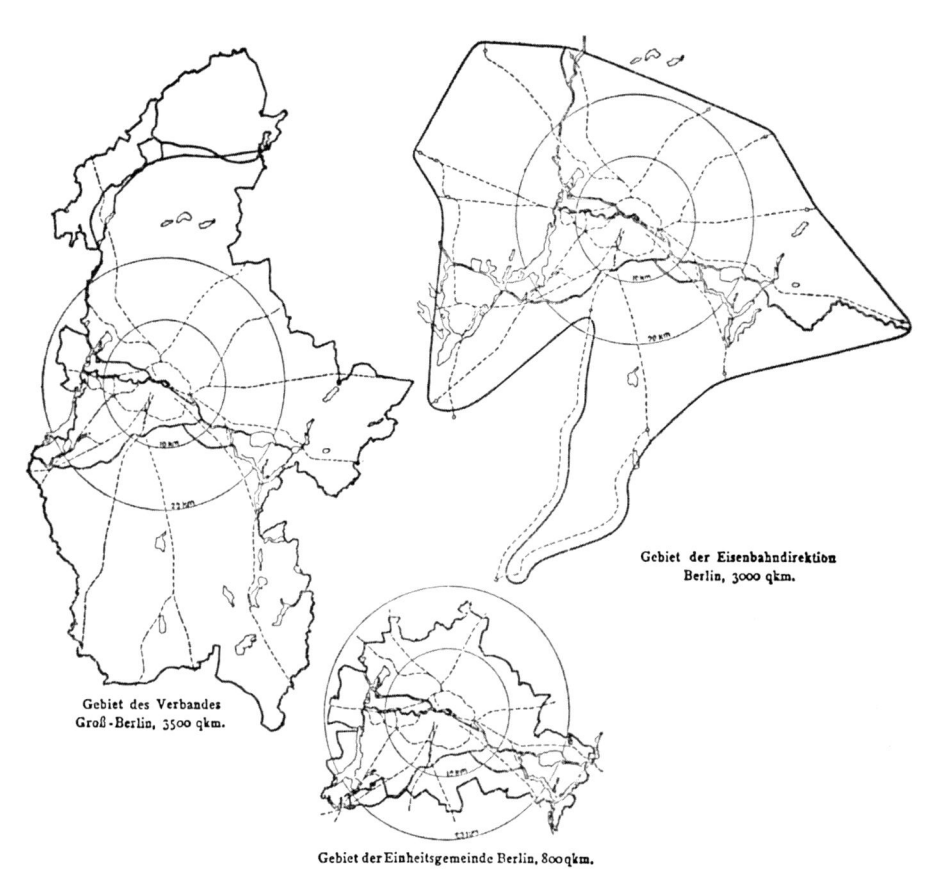

Gebiet der Eisenbahndirektion Berlin, 3000 qkm.

Gebiet des Verbandes Groß-Berlin, 3500 qkm.

Gebiet der Einheitsgemeinde Berlin, 800 qkm.

Das kleine Groß-Berlin. Der unterste dieser drei Pläne (zusammengestellt von Professor R. Heiligenthal) zeigt das Gebiet der 1920 endlich begründeten Einheitsgemeinde, das mit 87 000 ha zwar etwa vierzehnmal so groß ist wie die künstlich klein gehaltene Stadt Berlin der Vorkriegszeit (6300 ha = 63 qkm), das aber nur ein Viertel des 1912 bis 1920 bestehenden Großberliner Zweckverbandes oder der Eisenbahndirektion Berlin umfaßt. Die aus dieser willkürlichen Verkleinerung entstehenden Schäden sind auf Seite 338 f. angedeutet (vgl. auch Seite 190).

Möglichkeiten Berlins. Die Kleinstwohnung, die in diesen Stockholmer Typenhäusern aus einem zwanzig Quadratmeter großen Zimmer und einer zwölfeinhalb Quadratmeter großen Küche besteht, verursacht dort dem Bewohner alles in allem anfangs 985, später 862 Mark jährliche Unkosten einschließlich der *Amortisation*. Der Bewohner braucht keine Mieterhöhungen und nicht wie in Berlin »Lockerung der Zwangswirtschaft« zu fürchten. Er wird sofort zum Besitzer eines auf Erbpachtgelände (sechzig Jahre) stehenden Hauses mit Garten, während die nackte Miete für eine nur sechsundzwanzig Quadratmeter umfassende Kleinstwohnung in der Stockholmer Mietskaserne 974 Mark kostet. Das sind Zahlen, die mit Berliner Verhältnissen sehr wohl vergleichbar sind. Diese kleinsten Einfamilienhäuser haben, anders als die Kasernenwohnungen in Stockholm oder Berlin, neben Stube und Küche noch einen voll ausnutzbaren Keller und (für den Fall des erhofften »sozialwirtschaftlichen Aufstiegs« des Arbeiters) die Möglichkeit des Einbaues von zwei weiteren Zimmern im Dachgeschoß. Übrigens stehen die Häuser in ihren Gärten frei, so daß bei weiterem Aufstieg sogar Anbauten denkbar sind. Würden nicht viele der Familien, die heute in Berlin vergeblich mehr als 100 000 der fehlenden Kleinstwohnungen suchen, begierig nach solchen Wohnungen greifen, wenn ihre Bereitstellung in Berlin ebenso weitwichtig organisiert würde wie in Stockholm? Nur um eine Frage der Organisation handelt es sich hier, nicht um die Frage, ob etwa das schwedische Holzhaus auch dem anspruchsvolleren Berliner Arbeiter schmackhaft gemacht werden oder ob der deutsche Wald genug Holz liefern kann oder ob ein Volk, das Milliarden für seinen ausländischen Tabak ausgibt, etwa im Kampf gegen die Wohnungsnot auch Millionen für vielleicht ebenso unentbehrliches ausländisches Holz ausgeben darf. Nicht Holzhaus oder Steinhaus heißt hier die Frage; auch Plattenhäuser oder Häuser aus dem billigen neuen Schlackenpreßbeton eignen sich zur Organisation der vernunftgemäßen »Fließarbeit«, die der Berliner Stadtbaurat Wagner mit Recht immer wieder unserem noch recht altertümlich arbeitenden Baugewerbe empfiehlt und die auch die Ausnutzung der toten Wintermonate für den dringenden Wohnungsbau ermöglichen kann.

Berlin hat 1930 in seiner Geldnot angefangen, seine Gasaktien zu verpfänden, vielleicht sogar seine Elektrizitätswerke zu verkaufen. Auch von großen Bodenverkäufen wird gesprochen. Wenn Berlin so zur Bodenspekulation gezwungen wird, darf wenigstens der für Heimstätten erforderliche Boden nicht in Mitleidenschaft gezogen, das wichtigste Lebenselement des gesunden Arbeiters nicht wieder verteuert, geschmälert und Berlin weiter versteinert werden.

Aber Berlin ist auch nach der Revolution ebenso fern der vernunftgemäßen Organisation seines wichtigsten Wohnbedürfnisses, wie der Reichstag dem Erlaß des versprochenen und dringend erforderlichen Heimstättengesetzes fern bleibt und wie das preußische Wohlfahrtsministerium, dem über Berlin (infolge alter hohenzollerischer Anmaßungen) höhere Aufsichtsrechte, d. h. höhere Aufsichtspflichten als über irgendeine andere Stadt zustehen, weit davon entfernt ist, im Sinne der wohnungspolitischen Wohlfahrt Berlins davon Gebrauch zu machen. Es scheint, als ob derartige notwendige soziale Schritte nur während einer Revolution erzwungen werden können. Während und kurz nach der Revolution wurde den kleinen Siedlern auch innerhalb der Grenzen des heutigen Berlin Land angeboten. Heute dagegen müssen die landhungrigen Berliner Kleinsiedler wieder genau wie vor dem Krieg zu Zehntausenden das Stadtgebiet verlassen, um dicht außerhalb seiner Grenzen die ersehnte Heimstätte zu finden, die ihnen der wortbrüchige Reichstag, das faule Wohlfahrtsministerium und das ebenso faule Berlin versagen. Dieser Heimstätte zuliebe sind diese entschlossenen Siedler zu täglichen stundenlangen Fahrten von und zu ihrer Berliner Arbeitsstätte bereit. Aber der Stadt Berlin ist mit dieser Flucht nicht

BESTEHENDE INTERESSENGEBIETE DER STADT BERLIN AUSSERHALB DER WEICHBILDGRENZE

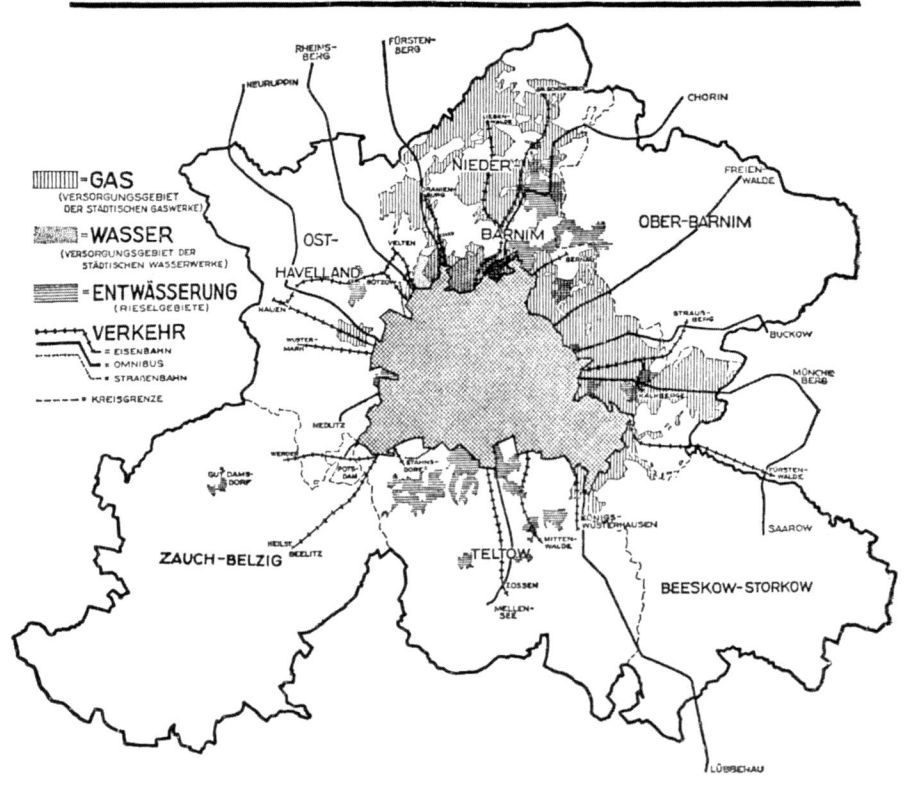

Die widernatürlichen Beschränkungen des Berliner Weichbildes. Dieser Plan zeigt den Landesplanungsverband der Provinz Brandenburg, der die hauptbeteiligte Stadt Berlin (kreuzweise schraffiertes Gebiet) bewußt ausgeschaltet hat, obgleich sie im stärksten Maß städtebaulicher Versorgungskörper für die sechs umliegenden Landkreise und für die Stadt Potsdam ist.
(Nach »Der Städtebaugesetzentwurf und der Berliner Städtebau« von Dr.-Ing. Martin Wagner, Berlin, 1930.)

gedient. So wurde die Anklage berechtigt, die der Berliner Stadtbaurat Martin Wagner noch Anfang 1930 aussprechen mußte:
»Der Hunger nach der eigenen Scholle und dem eigenen Heim ist in der Reichshauptstadt von jeher unterschätzt und von der Boden- und Bauspekulation der Vorkriegszeit sogar planmäßig und bewußt unterdrückt worden. Während des Krieges und nach dem Krieg schien es eine Zeitlang, als ob das Einfamilienhaus neben dem großen Miethaus eine Daseinsberechtigung finden sollte. Ein kurzes Aufflammen des Eigenheimbaues kam aber ebenso schnell wieder zum Erlöschen. Die Stadt Berlin brachte dieser Eigenheimbewegung von sich aus keine Förderung ent-

gegen. Zwar wurde das Bauland in großen Flächen vom Hochbau auf den Flachbau herabgezont, zwar kaufte die Stadt Berlin eine ganze Reihe von Rittergütern, die sich für eine Erschließung zu Eigenheimsiedlungen hervorragend eignen. Darüber hinaus aber geschah wenig, was das Eigenheim planmäßig zu fördern geeignet gewesen wäre. Weder wurde die Frage der Aufbringung der Anliegerbeiträge durch die Gründung einer Genossenschaftskasse gelöst, noch wurde eine Bausparkasse geschaffen, noch eine Siedlungsgesellschaft gegründet, die das Eigenheim auf städtischem Boden pflegte. Man überließ den Bedarf nach Eigenheimen zu decken der privaten *Terrainspekulation* und muß es nun erleben, daß sicherlich nicht die schlechtesten Bürger der Stadt Berlin den Rücken kehren und ihr erspartes Kapital und ihre Steuern den Landgemeinden zuführen. Um welche Summen es sich hierbei handelt, das mag man daraus ersehen, daß die kürzlich verkauften 9465 Parzellen einen Rohlandpreis von mindestens 30 Millionen Mark umfassen. Wenn die Grundstücksankäufe der Stadt Berlin einen Sinn haben sollen, dann könnte es nur der sein, diese dem Flachbau zugedachten Gelände innerhalb des Weichbildes der Stadt Berlin zur Erschließung zu bringen, anstatt, wie das heute z. B. bei einigen Omnibuslinien der Fall ist, das Gelände der *Terrainspekulation* außerhalb Berlins in der Erschließung zu fördern.«

In Martin Wagner ist der Stadt Berlin also endlich wieder ein einflußreicher Beamter erstanden, der die Notlage begreift und auf Anwendung der notwendigen Abhilfemittel dringt, wie es einst nach dem Krieg von 1870/71 der Berliner Oberbürgermeister Hobrecht tat (Seite 299). Die Gutgesinnten aller Parteien müssen heute zusammenwirken, daß Stadtbaurat Wagner mehr Erfolg hat als vor 50 Jahren Oberbürgermeister Hobrecht, dessen gute Absichten in der raffgierigen Zufriedenheit der Gründerjahre erstickt wurden.

Leider werden anfangs nur für wenige Zehntausende siedlungsbegieriger Berliner auf dem weiten neuzuerschließenden städtischen Land Heimstätten mit Kleinhäusern geschaffen werden müssen. Da es aber immer noch schwerfällige oder böswillige Menschen gibt, die behaupten, in Berlin sei einfach kein Platz für derartige Heimstätten vorhanden, muß auf die Berechtigung folgender Berechnung der »Bodenreformer« hingewiesen werden: »Wenn *jede* Berliner Familie eine Heimstätte erhielte und dazu so viel Land, wie heute der Durchschnitt einer Laubenkolonie beträgt, nämlich 400 Quadratmeter, dann brauchen wir, da Berlin rund 1 Million Familien zählt, 400 Millionen Quadratmeter Land oder 40 000 Hektar. Das Weichbild von Berlin umfaßt etwas über 87 000 Hektar. Es würde also noch nicht einmal die Hälfte des Weichbildes von Berlin in Anspruch genommen werden.« Aber leider werden nie *alle* oder auch nur ein Zehntel *aller* Berliner Familien Siedler werden. An Land fehlt es also nicht. Obendrein ist die heutigen Weichbildgrenze Berlins willkürlich viel zu eng gegriffen. Ein Blick auf das Diagramm Seite 339 zeigt, daß schon lange die gemeindliche Betätigung der Stadt Berlin auf dem Gebiet der Wasser-, Gas- und Elektrizitätsversorgung, der Abwässerbeseitigung und sogar des Verkehrswesens weit über die gegenwärtigen politischen Grenzen der Stadt hinausreicht.

Die »freie und Reichsstadt« der Zukunft

»Die Deutschen sind das eingebildetste Volk der Welt.« Ich halte diesen Satz für richtig. Sie halten sich ganz aufrichtig für *kolossal* bescheiden. Dies ist aber grundfalsch. *Theodor Fontane*

Ich kann mich umsehen, wo ich will, außer in Berlin scheint mir das Gelingen unmöglich. *Goethe*

»Die Verantwortung folgt der Zuständigkeit«, lautet ein alter und trotzdem unumstößlicher Rechtssatz. Um für die furchtbaren Schäden seines Wohnungswesens wenigstens in Zukunft verantwortlich werden zu können, muß endlich Berlin seine Freiheit und Selbstverwaltung wiederherstellen. Bevor Berlin unter die Fänge des Hohenzollern-Adlers geriet, zeigte sein Wappen zwei aufrechte Bären, die den Reichsadler schützend umstanden. So zeigte das Wappen vorahnend die Aufgabe, die eine wahre Hauptstadt wirtschaftlich und geistig im Leben eines Volkes erfüllen muß und ohne deren Erfüllung die Nation nicht gedeihen kann. Wirtschaftlich erfüllt Berlin seine Aufgabe heute mehr als je. Berlins Bevölkerung beträgt nur 7 v. H. der deutschen Gesamtbevölkerung; aber Berlins Steuerleistung beträgt von der Gesamtsumme aller Reichs- und Landessteuern an Einkommensteuer 16 v. H., an Körperschaftssteuer 25 v. H., an Umsatzsteuer 13 v. H., an Hauszinssteuer (1927) 23 v. H. und an Kraftfahrzeugsteuer 12 v. H.
Trotz dieser überlegenen Leistung der Reichshauptstadt wird sie noch weiter, wie in der Zeit der »großen« Hohenzollernkönige, als ein Gegenstand der wirtschaftlichen Ausbeutung behandelt. Aber nicht genug, daß Berlins Wohnungsnot durch die geschilderten staatlichen Eingriffe auf das verhängnisvollste verschärft wird. Obendrein wird der Stadt Berlin die Selbstverwaltung, die jede andere preußische Stadt genießt, weitgehend geschmälert. Der preußische Wohlfahrtsminister hat das Einspruchs- und Verfügungsrecht über Fragen des Berliner Städtebaues an sich genommen, das sich früher die preußische Krone angemaßt hatte und das die Revolution zu beseitigen vergaß. Ein Bauvorhaben unterliegt in Berlin der Genehmigung von bis zu 26 Dienststellen. Die Anzahl der in Berlin dreinredenden Behörden und Dienststellen soll durch das (dem Landtag vorliegende) neue Städtebau-Gesetz sogar auf 40 erhöht werden. Mit Recht fordert der Berliner Stadtbaurat Wagner, »daß die Baupolizeigewalt über Berlin dem preußischen Ministerium für Volkswohlfahrt entzogen und auf das Amt des Berliner Stadtbaurats übertragen wird«.
Adolf Wermuth hat in seinen »Erinnerungen« den Kampf geschildert, den er als Oberbürgermeister und als Mitglied des Herrenhauses um das gleiche Wahlrecht gekämpft hat, vor dessen Einführung Berlin noch viel mehr als heute der Spielball seiner Gegner und gleichsam ihrem Kuratel unterstellt war. Bei Wermuth kann man nachlesen, wie Wilhelm II. im Jahre 1917, also 102 Jahre nach einem berüch-

tigten, weil gebrochenen königlich preußischen Verfassungsversprechen, das gleiche Wahlrecht zusagte, wie dann aber Abgeordnetenhaus und Herrenhaus 14 Monate lang den Beschluß über ihr eigenes Abdankungsurteil verschleppten, und wie der 1. Oktober 1918 endlich die Entscheidung brachte: »Die Heeresleitung erbat nicht mehr und nicht weniger, als daß das gleiche Wahlrecht ohne jeden Verzug vom Herrenhaus angenommen wurde. Gebieterisch verlange die politische und militärische Lage eine völlige innere Einheit des Volkes, damit es in seiner äußersten Bedrängnis zusammenstehe. Jeder Reibungsstoff müsse sofort verschwinden, vor allem anderen der Verfassungsstreit. Daher bitte mit der Heeresleitung die Regierung inständigst, nicht morgen, sondern heute endlichen Beschluß zu fassen. Der geringste Aufschub könne verhängnisvoll sein.«
Am Nachmittag desselben Tages wurde das gleiche Wahlrecht in erster Abstimmung von denselben Mitgliedern des Herrenhauses angenommen, die, noch bevor sie zur zweiten Abstimmung schreiten konnten, für immer ihren Abschied von der Revolutionsregierung erhielten. Auf Grund dieses von der Heeresleitung so inständig erbetenen neuen Wahlrechts hat die Hauptstadt endlich einen Teil, aber erst einen Teil, des Selbstverfügungsrechtes errungen, dessen Fehlen der hauptstädtischen Kultur und vor allem dem hauptstädtischen Städtebau sowie der gesamten Politik des Deutschen Reiches verhängnisvoll geworden ist.
Auch die endliche Einigung Berlins, 1920, war eine Errungenschaft des Krieges. Er hat schon 1915 mit der Brotkarten-Gemeinschaft die eigentliche »erste Sitzung des Großberliner Magistrates« zusammengeführt, als im Inneren die deutsche Verteidigung unter dem vom preußischen Staate gepflegten Unordnungsbedürfnis litt. Vorübergehend vermochte wenigstens der Krieg preußischen Staatsmännern klarzumachen, wie gemeinschädlich und abenteuerlich die Großberliner Unordnung war, die der preußische Staat aus Angst vor einer geeinten mächtigen Hauptstadt durch immer neue Vermehrung seiner zuverlässig hemmenden Sicherheitsmaßregeln und Beamtenkörper in jahrhundertelanger fleißiger Arbeit aufgebaut hatte.
Das vorbildliche englische Wohnwesen, die Überlegenheit der englischen politischen und formalen Kultur und die politische Machtstellung Englands sind aus mannigfaltigen Vorbedingungen zu erklären. Aber vielleicht die wichtigste dieser Vorbedingungen ist gewesen, daß London von alters her immer so gut wie unabhängig war, und zwar in noch viel höherem Maß unabhängig als je eine deutsche »freie Stadt«. Die Worte, mit denen der Londoner Oberbürgermeister den englischen König im Jahre 1268 begrüßte, sind auch in aller Folgezeit der Ausdruck des wahren Verhältnisses Londons zum englischen Königtum und zum englischen Staat geblieben; der Oberbürgermeister von London sagte zum König: »Mein Lord, solange Sie uns ein guter Lord und König sein werden, solange werden wir Ihnen treu bleiben.«*
Jedesmal, wenn der König kein guter Lord für die Stadt London war, hat sie ihn über kurz oder lang verjagt oder geköpft und durch einen Mann oder eine Frau ersetzt, die der Entwicklung städtischer Kultur keine Hindernisse in den Weg legten. Jedes andere Verhältnis der Hauptstadt zum Staat muß für beide lebensgefährlich

---

* Der dänische Städtebauer und Architekt Steen Eiler Rasmussen hat zu diesem Thema wichtige Quellen gesammelt.

werden, solange die Stadt Sitz der geistigen Kultur des Volkes ist. In England, wo der Adel nicht kultur- und staatsfeindlich ist, hat er zur Steigerung der städtischen Kultur auf das glänzendste beigetragen. »In Deutschland«, wo »der Adel« nach Nietzsches Ausspruch »bisher zu den Armen im Geiste gehörte«, ist seine politische Übermacht über die Hauptstadt besonders schädlich geworden und hat die Entwicklung einer hauptstädtischen Kultur im höheren Sinn des Wortes unmöglich gemacht. Die politische Entwicklung in Deutschland und mehr noch die wirtschaftliche Entwicklung in der Welt macht es heute jeder Großstadt in viel höherem Maß als früher möglich, gestützt auf eine machtvolle wirtschaftliche und politisch unabhängige Stellung eine eigene Kultur zu entwickeln. Der Städtebauer und Verkehrsfachmann Professor Otto Blum, Hannover, wies darauf hin, daß die »Kulturstaaten unter dem Zeichen der Fortschritte des Fernverkehrs allerdings in die Weltwirtschaft hineinwachsen, daß sie aber gleichzeitig unter dem Zeichen der Fortschritte des Nahverkehrs in die Stadtwirtschaft zurückfallen... Tatsächlich leben wir heute wieder in einem wirtschaftlichen und politischen Zustand, der dem der römischen oder mittelalterlichen Stadtstaaten und ihrer großen »Städte-Bünde« sehr ähnlich ist... Verursacht ist der »Rückfall« größtenteils durch die Verbesserung der Verkehrsmittel; und zwar einerseits der Fernverkehrsmittel, weil hierdurch bestimmte Punkte ihre in bezug auf den ganzen Staat oder sogar den Kontinent bevorzugte Lage kraftvoll ausnutzen konnten, man denke an die führenden Seehäfen, die Großstädte auf den Kohlenfeldern und die maßgebenden Zentren des Binnenverkehrs (Breslau, Leipzig, Frankfurt, Basel und die niederrheinischen Großstädte); andererseits durch die Verbesserung der Nahverkehrsmittel, indem der Nachbarschafts- und Vorortsverkehr der Eisenbahnen und Straßenbahnen, später auch der Kraftwagen den Städten die Fähigkeit verliehen hat, sich über ein großes Vorortsgebiet städtebaulich auszubreiten und ein noch größeres Nachbarschaftsgebiet in wirtschaftliche und kulturelle Abhängigkeit zu bringen.
Es handelt sich hier um einen weltwirtschaftlichen Vorgang, der die höchsten Gefahren und die höchsten Verheißungen mit sich bringt. Plumpes Festhalten an den herrschenden stadtfeindlichen Vorstellungen der Vorkriegszeit kann hier unheilbaren Schaden anrichten. Von der glücklichen Vollendung dieses weltwirtschaftlichen Vorganges hängt es ab, ob Deutschland ein mächtiger Bund wirklich kultivierter Städte werden und ob Berlin ein gesünderes Wohnwesen und städtische Kultur erringen kann. Ohne gediegene hauptstädtische Kultur kann Deutschland keinen Anspruch auf Weltgeltung auch bescheidener Art machen, sondern wird der geistige Vasall der ausländischen Städte werden, die schon heute seine Wirtschaft, seinen Geschmack, seine Moden und seinen Sport überfremden.
Es wurde berichtet, wie Bismarck einmal halb im Scherz, halb im Ernst die Verhinderung des Krieges mit Rußland versprach, damit endlich eine Berliner Gartenvorstadt im Grunewald gebaut werden könne (Seite 279). Daß Friedensarbeit den Krieg verdrängen müsse, schwebte dem Verfasser dieses Buches vor, als er seit 1909 die internationalen Städtebau-Ausstellungen in Boston, Berlin, Düsseldorf usw. anregte und leitete, deren wichtigste Stücke bald darauf in London zu einer noch größeren Ausstellung vereinigt wurden. Nach dem Erfolg dieser Ausstellungen be-

gründete der Verfasser 1912 den Propaganda-Ausschuß »Für Groß-Berlin«, der mit allgemeinverständlichen Mitteln für neue und umfassende Friedensarbeit baupolitischer Art warb und die öffentliche Meinung über die gewaltigen Pflichten des damals neu entstehenden Großberliner »Zweckverbandes« aufklärte. In den folgenden Jahren folgte der Verfasser wieder einer Einladung nach den Vereinigten Staaten und leitete dort in zwanzig Städten Veranstaltungen zur Aufklärung der Öffentlichkeit über die neuen Möglichkeiten und Pflichten, die das ungeheure Wachstum der modernen Städte unserer Gegenwart und Zukunft auferlegt. Eine ähnliche Reise nach Südamerika war in Vorbereitung, als der Weltkrieg den Verfasser auf der Heimkehr aus den australischen Hauptstädten überraschte. Mit diesem in verschiedenen Ländern geführten friedlichen Feldzug für bessere Wohnungs- und Arbeitsmöglichkeiten hofften der Verfasser und seine Freunde, einer Anzahl der später verpulverten Milliarden sehr viel nützlichere Verwendung zu schaffen, als der Weltkrieg nachher zu bieten vermochte. Diese Gruppe von z. T. einflußreichen Gleichgesinnten hoffte damals, die kapitalkräftigsten Länder von der notstandsartigen Dringlichkeit ihrer baupolitischen Pflichten zu überzeugen und so tief in milliardenverschlingende, aber nicht vernichtende, sondern aufbauende und wirklich *produktive* Notstandsarbeiten zu verwickeln, daß der drohende Weltkrieg verschoben werden müßte, wie etwa die außenpolitischen Verwicklungen, die Napoleons III. umstrittene innerpolitische Stellung verlangte, verschoben werden mußten, solange die dringenden Arbeiten für die Weltausstellung von 1867 ihre beruhigende Wirkung auf Finanz, Industrie und Volksmasse Frankreichs ausübten.

Wenn man die Milliarden-Programme liest, mit denen in England kürzlich der Liberale Lloyd George und nach ihm der sozialistische »Minister zur Bekämpfung der Arbeitslosigkeit« Smith Thomas der inneren Kolonisation sowie dem Wohnungs- und Straßenbau ihres ganzen Landes und im besonderen Groß-Londons einen gewaltigen neuen Antrieb zu geben versuchten, dann könnte man beinahe Hoffnung schöpfen, daß die Völker in den kommenden Jahrzehnten nicht wieder die Friedensarbeit über der Kriegsrüstung vergessen werden. Wenn England mit innerer Kolonisation großen Stils den Anfang machte, würde sein großer Schüler Amerika nicht versäumen können nachzueifern. Im Gefolge dieser beiden Riesen könnte das Friedenswerk auf der ganzen Welt in Angriff genommen werden, und der ewige, noch nie faßliche und doch nie gelöste Widerspruch würde endlich aufhören, daß Millionen Menschen Mangel leiden, weil Millionen arbeitsgieriger Menschen nicht arbeiten dürfen.

Da im Deutschen Reich im Jahre 1928 4,7 Milliarden Mark für alkoholische Getränke verausgabt wurden und der jährliche Bierverbrauch jedes Deutschen sich von 38 Litern im Jahre 1920 auf 90 Liter im Jahre 1929 steigern konnte und da Deutschland obendrein gezwungen ist, in den nächsten Jahren seine Ausgaben für Kriegsrüstungen einzuschränken, wird es vielleicht nicht unmöglich sein, daß sogar unser krieggeschwächtes Vaterland an der neuen Friedensarbeit im internationalen Städtebau teilnimmt und wenigstens die dringendsten Notstände seines Wohnwesens erfolgreich bekämpft. Vielleicht könnte dann in der städtebaulich schwer vernachlässigten Hauptstadt allmählich sogar Mustergültiges geschaffen werden.